beck'sche reihe

bsr

Das Buch gibt einen Überblick über die mehr als fünfhundertjährige Geschichte des Schreibens und Herstellens, des Verkaufs und der Lektüre von Büchern im deutschsprachigen Raum. Der Weg des gedruckten Wortes vom Autor zum Leser in seinem historischen Wandel, die Verbreitung des Buches als Geistesgut und Handelsware durch Verlage und Buchhandel von Gutenbergs Zeiten bis zur Gegenwart werden hier umfassend dargestellt.

Reinhard Wittmann, geb. 1945, ist Leiter der Abteilung Literatur (Hörfunk) des Bayerischen Rundfunks, Honorarprofessor für Geschichte des Buchwesens und des literarischen Lebens an der Universität München und stellvertretender Vorsitzender der Historischen Kommission des Börsenvereins des deutschen Buchhandels. Zahlreiche Veröffentlichungen zur Geschichte des Buchwesens und des literarischen Lebens.

Reinhard Wittmann

Geschichte des deutschen Buchhandels

Verlag C.H. Beck

Dieser Band erschien in 1. Auflage 1991 in fest gebundener Form
im Verlag C.H. Beck, München

Mit 25 Abbildungen

Für B.

Die Deutsche Bibliothek – CIP-Einheitsaufnahme

Wittmann, Reinhard:
Geschichte des deutschen Buchhandels im Überblick /
Reinhard Wittmann. – 2., durchges. Aufl. —
München : Beck, 1999
(Beck'sche Reihe ; 1304)
1. Aufl.: u. d.T.: Wittmann, Reinhard: Geschichte
des deutschen Buchhandels
ISBN 3 406 42104 0

Durchgesehene und erweiterte Auflage. 1999

ISBN 3 406 42104 0

Umschlagentwurf: Groothuis + Malsy, Bremen
Umschlagabbildung: Johann Jelgerhuis, Interieur der Buchhandlung von
Peter Meyer Warnars in Amsterdam (Amsterdamer Rijksmuseum)

Gesamtherstellung: C. H. Beck'sche Buchdruckerei, Nördlingen
Gedruckt auf säurefreiem, alterungsbeständigem Papier
(hergestellt aus chlorfrei gebleichtem Zellstoff)
Printed in Germany

Inhalt

Vorwort

> „Die Zerstreuung eines Buches durch die Welt ist fast ein ebenso schwieriges und wichtiges Werk als die Verfertigung desselben.“
>
> Friedrich Schiller

Das Buch ist das Hauptmedium kultureller Kommunikation im neuzeitlichen Europa, Geschichte des Buches ist deshalb ein wesentlicher Teil europäischer Kulturgeschichte insgesamt. Dies ist vor allem in Frankreich, aber auch in Großbritannien eine längst vertraute Forschungsperspektive. Im Lande Gutenbergs dagegen wird Buchgeschichte, sofern sie mehr als Hilfswissenschaft benachbarter Disziplinen sein will, nach wie vor mit Mißtrauen betrachtet und hat in der Hierarchie der Wissenschaften keinen angestammten Platz gefunden.

Geschichte des *Buchhandels* stellt nur einen Teil dieser umfassenden Geschichte des Buches dar, zu der beispielsweise auch Geschichte der Schrift und des Einbandes, der Drucktechnik, der Papierherstellung, der Bibliotheken gehören. Demgegenüber ist das Thema der Buchhandelsgeschichte der historische Prozeß der Verbreitung gedruckter Bücher, der Vermittlung der Handelsware und des Geistesgutes Buch vom Autor zum Leser durch den herstellenden Buchhandel (*den Verlag*) und den verbreitenden Buchhandel (*das Sortiment*). In dieser Mittlerrolle ist der Buchhandel nicht nur ein Wirtschaftszweig, sondern ein wichtiger Faktor des geistigen und literarischen Lebens im weitesten Sinne. Diese Funktion des Buchhandels hat in den letzten Jahren im Rahmen neuer sozialhistorischer und literatursoziologischer Fragestellungen auch Beachtung von Seiten der Literatur- und Geschichtswissenschaft gefunden, insbesondere für das 18. Jahrhundert. Dabei entstanden allerdings auch eher pauschalisierende Darstellungen von „materialistischer“ und „empirischer“ Seite aus verengtem Blickwinkel. Sie vermochten ein stetig steigendes Interesse nicht zu befriedigen, das der Geschichte des Buchhandels von Studenten, von Kultur- und Sozialhistorikern, aber auch von passionierten Bücherfreunden und nicht zuletzt von geschichtsbewußten Buchhändlern entgegengebracht wird.

Deshalb ist eine wissenschaftlich fundierte, doch um Anschaulichkeit bemühte Darstellung überfällig, die auf der Grundlage eines (heute oft geschmähten) kritischen „Positivismus“ induktiv vorzugehen versucht, also vom Einzelnen zum Allgemeinen gelangen und dabei möglichst die wenig bekannten Quellen selbst sprechen lassen will, ohne ins Anekdotische abzugleiten. Seit dem grundlegenden (und nach wie vor lesenswerten) Standardwerk der „Geschichte des Deutschen Buchhandels“ von Friedrich Kapp und Johann Goldfriedrich, das in vier starken Bänden 1886 bis 1913 erschien, gibt es von nützlichen berufsbildenden Bändchen abgesehen nur eine einzige umfänglichere Darstellung dieses Themas, die Hans Widmann erstmals 1952 und in überarbeiteter Form 1975 veröffentlicht hat. Sie besticht durch ihren umfangreichen bibliographischen Apparat und durch ihre knapp-konzise Darbietung ausgebreiteter Kenntnisse, klammert aber neuere Aspekte wie die Rolle des Autors und des Publikums weitgehend aus und setzt durchgehend andere Akzente als dieses Buch; so entsprechen den vierzehn Seiten, die Widmann dem 17. und 18. Jahrhundert widmete, hier vier Kapitel.

Diese bescheidene Bilanz seit mehr denn hundert Jahren ist in der unbefriedigenden Forschungssituation begründet. Einerseits werden ihre großen Lücken immer deutlicher, je differenzierter man sich mit den Problemen beschäftigt, andererseits aber ist gerade in den letzten beiden Jahrzehnten eine Vielzahl von Arbeiten zu ausgewählten Einzelaspekten erschienen – allesamt wertvolle Mosaiksteine, die das nach wie vor fragmentarische Gesamtbild unablässig verändern, erweitern und vertiefen. Da jeder Versuch eines Überblicks nur einen aktuellen, bald überholten Forschungsstand repräsentieren kann, Einzelaspekte rigoros zurückdrängen muß und Vereinfachungen nicht scheuen darf, ist er in besonderem Maße der Fachkritik gerade von Spezialisten, die ihr Gebiet stiefmütterlich behandelt sehen, ausgesetzt. Ohnedies kann mit Fug bezweifelt werden, ob ein Einzelner, der nicht über universitäre Hilfskräfte verfügt, sich eine solche Aufgabe überhaupt zutrauen sollte – eine strengen wissenschaftlichen Ansprüchen genügende Darstellung der deutschen Buchhandelsgeschichte des 19. und 20. Jahrhunderts in sechs umfangreichen Bänden, die die Historische Kommission des Börsenvereins des Deutschen Buchhandels seit mehreren Jahren vorbereitet, wird von zehn Herausgebern betreut. Fachgelehrte, für die das Buch nicht zuvörderst bestimmt ist, werden also mit Recht Wichtiges vermissen – ein doppelter Umfang wäre mühelos zu erreichen gewesen. Auf eine Auseinandersetzung mit strukturalistischen und systemtheoretischen Modellen wurde verzichtet, die nicht immer der Gefahr entgehen, den überalterten Wein obsoleter Sekundärliteratur in die neuen Schläuche einer prätentiös-abstrakten Begrifflichkeit zu füllen. Das Ideal einer Buchhandelsgeschichte, die nicht nur alle am geistigen Kommunikationsprozeß beteiligten Faktoren berücksichtigt, sondern auch sämtlichen Einflüssen politischer, sozialer, ökonomischer, technischer und gesamtkultureller Art differenzierte Analysen widmet, ist weitaus leichter methodisch zu entwerfen als auf begrenztem Raum zu verwirklichen. Randgebiete, zu denen anderweitige Darstellungen vorliegen, mußten aus Platzgründen weitestgehend ausgeklammert werden, auch wenn sie zum Kommunikationszusammenhang des Buchhandels gehören: etwa die periodische Presse, die Buchkritik, das Buch als Objekt im Wandel seiner Erscheinungsformen (Illustration, Buchkunst, Typographie, Druckgeschichte usw.) und das Bibliothekswesen. Andere wichtige Bereiche sind noch immer so gut wie unerforscht, etwa die Geschichte des Sortiments, des Zwischenbuchhandels und des Antiquariats, des Sach- und wissenschaftlichen Fachverlages, des konfessionellen Buchhandels, des Musikalien- oder des Kolportagehandels. Erst recht gilt dies für die Sozialgeschichte des Autors und des Lesers, die hier in Umrissen (und ohne die notwendige, bisher noch nirgends geleistete soziokulturelle Binnendifferenzierung) erstmals zusammenhängend skizziert wird. Umgekehrt mag manchem von Autor und Leser allzuviel die Rede sein auf Kosten der engeren Gewerbegeschichte.

Dieses Buch ist somit, wie auch der Untertitel betont, nicht mehr als der Versuch eines Überblicks, dessen Hauptakzent auf der Geschichte des Publikums- und Literaturverlages und des Vermittlungsprozesses vom Autor zum Leser liegt. Es kann nur die großen Entwicklungslinien nachzuzeichnen versuchen, kann exemplarische Aspekte herausgreifen, spiegelt aber auch in seinen – dem Autor schmerzlich bewußten – Defiziten und Lücken den Stand der Forschung. Vielen der in jüngster Zeit erschienenen zahlreichen, gründlichen und erhellenden Einzeluntersuchungen ist es dankbar verpflichtet, vor allem natürlich den Gesamtdarstellungen von Kapp/Goldfriedrich und Widmann. Eigene Forschungen wurden insbesondere für das 17. bis 19. Jahrhundert herangezogen. Doch wurde auf einen umfänglichen Anmerkungsapparat verzichtet; auch das Literaturverzeichnis führt, ohne daß eine Wertung beabsichtigt wäre, nur eine strenge Auswahl unmittelbar benutzter Werke auf. Die im Erscheinen begriffene „Wolfenbütteler Bibliographie zur Geschichte des Buchwesens im deutschen Sprachgebiet 1840–1980“ bietet darüber hinausgehende, erschöpfende Information.

Knapp die Hälfte des Buches umfaßt den Buchhandel der Frühen Neuzeit, von Gutenberg bis zum Ende des Alten Reiches, wobei den epochalen Umwälzungen des 18. Jahrhunderts, die den Buchmarkt, den Schriftsteller und das Lesepublikum der Moderne hervorgebracht haben, besondere Aufmerksamkeit gilt. Etwa ein Viertel ist dem 19. Jahrhundert, ein weiteres schließlich dem 20. Jahrhundert gewidmet. Das letzte Kapitel zum Buchhandel der Gegenwart kann nicht alle aktuellen Tendenzen angemessen berücksichtigen und auf viele Aspekte nur hinweisen; auch sind die Quellen (nicht nur zum Buchhandel der DDR) bislang erst zum geringsten Teil zugänglich. Vielleicht gelingt es diesem Versuch trotz aller Mängel, die Bedeutung des Buchhandels für die deutsche Kulturgeschichte deutlicher als bisher ins Bewußtsein zu bringen.

Für die kritische Durchsicht des Manuskriptes habe ich meinem verehrten Lehrer Prof. Dr. Herbert G. Göpfert, der mit Fug und Recht als ein Begründer der neueren deutschen Buchgeschichte gelten kann, und Dr. Monika Estermann herzlich zu danken. Der Cheflektor des Verlages C. H. Beck, Dr. Ernst Peter Wieckenberg, hat sich des Buches mit besonderem persönlichen Engagement angenommen.

Fischbachau, im März 1991 R.W.

Vorbemerkung zur zweiten Auflage

Die 1991 erschienene erste Auflage dieses Buches hat durchweg zustimmende Aufnahme gefunden. Ausländische Rezensenten vermißten eine engere Verknüpfung mit dem gesamteuropäischen Buchhandel – sie ist angesichts der nach wie vor unzulänglichen Forschungslage noch immer nicht zu leisten. Anderen fehlte ein abschließender umfassender Ausblick auf die Rolle des Buches in der Medienlandschaft; er hätte den Rahmen eines historischen Überblicks gesprengt und wurde inzwischen von anderen Autoren vorgelegt.

Für diese Taschenbuchausgabe sind einige Versehen korrigiert worden. Eine umfassende Neubearbeitung war jedoch nicht möglich und auch nicht notwendig. Allerdings hat die Fachliteratur der letzten Jahre viele Aspekte vertieft und erweitert – neben den Arbeiten im „Archiv für Geschichte des Buchwesens" und dem 1991 begründeten „Leipziger Jahrbuch zur Buchgeschichte" seien etwa Mark Lehmstedts Forschungen zum 18. Jahrhundert genannt. Eine Auswahl wichtiger seit 1991 erschienener Veröffentlichungen findet sich am Schluß des Literaturverzeichnisses. In Bälde erscheint der erste Band der großen „Geschichte des deutschen Buchhandels im 19. und 20. Jahrhundert", die der Börsenverein des Deutschen Buchhandels herausgibt.

Aktualisiert und erweitert wurde das letzte Kapitel, vor allem hinsichtlich des Buchmarkts in der DDR und der jüngsten Vergangenheit. In ihr ist die Debatte um die Zukunft des Buches und des Buchhandels leidenschaftlicher geworden als je zuvor. Ohne Wissen um die geschichtlichen Entwicklungen und Zusammenhänge aber kann diese Zukunft nicht gemeistert werden. Dieses Wissen zu befördern ist nach wie vor das Ziel meines Buches.

Fischbachau, im Oktober 1998 R.W.

I.

Der Buchhandel vor Gutenberg und in der Frühdruckzeit

Die Geschichte des gedruckten Buches beginnt bekanntlich mit Gutenberg. Es ermöglichte als neues Medium die Vervielfältigung und Verbreitung identischer Exemplare desselben Textes an eine potentiell unbegrenzte Zahl von Lesern. Der Buchhandel jedoch, verstanden als Vertrieb von schriftlich fixierten Geisteswerken, ist weitaus älter.

Erste abendländische Zeugnisse über einen Handel mit handgeschriebenen Büchern begegnen uns im Athen des ausgehenden fünften Jahrhunderts vor Christus. Das Handelsobjekt waren einseitig ohne Zeichensetzung und Wort- oder Satztrennung beschriebene, meist ein bis zwei Meter lange Buchrollen. Das Beschreibmaterial „biblos" – das Mark der aus Ägypten importierten Papyrusstaude – wurde nach dem Exporthafen des Produktes Byblos (Gubla) benannt. Auf Stein, Tonscherben, Holz oder Häuten war schon zuvor geschrieben worden, aber erst die Papyrusrolle bot größeren gedanklichen Zusammenhängen den nötigen Raum und machte sie zu öffentlichem Besitz. Vielleicht „beginnt erst seit der Mitte des siebenten Jahrhunderts die griechische Literatur überhaupt, weil sie erst dann durch die Papyrusrolle die Möglichkeit leichter Aufzeichnung und Verbreitung gewinnt"[1]. Damit war erstmals auch ein „Rollenhandel" und damit die kommerzielle Verbreitung von Geistesgut möglich. Den spärlichen Hinweisen zufolge handelte es sich um Personen niederen Standes, die Abschriften auf Vorrat anfertigten und feilboten, aber auch „antiquarischen" Verkauf betrieben. Im dritten und zweiten Jahrhundert vor Christus beherbergten neben dem geistigen Zentrum Athen auch die berühmten, miteinander wetteifernden hellenistischen Bibliotheksorte Alexandria (mit mehr als 500000 Rollen) und Pergamon einen florierenden Handel mit Abschriften, wobei man um möglichst korrekte Editionen und textkritische Sorgfalt bemüht war. Ein Ausfuhrverbot von Papyrus nach Pergamon soll um 200 vor Christus die Entwicklung eines Ersatz-Beschreibstoffes aus Tierhäuten notwendig gemacht haben, dem die Stadt auch ihren Namen gab.

Etwas genauer sind wir über den Buchvertrieb im Römischen Reich unterrichtet. Auch hier waren die Buchhändler zunächst wie in Griechenland „bibliographoi", also Abschreiber auf Vorrat oder Bestellung. Mit der lateinischen Bezeichnung „librarii" wurden zunächst Schreiber und Buchhalter, später auch Buchhändler tituliert. Meist handelte es sich um ehemalige Sklaven, die, wie zuvor für ihre Herren, nun als Freigelassene gefragte – größtenteils importierte griechische – Texte auf eigene Rechnung kopierten und vertrieben. Das konnte eine beträchtliche Anzahl von Exemplaren sein, auch wenn die belegte „Auflage" einer Traueranzeige von 1000 Stück wohl eine Ausnahme darstellte. Wie in Athen schlugen sie ihre Stände auf dem Markt auf, neben Feigen-, Fisch- und Kuchenhändlern. Seit der augusteischen Zeit aber gab es in Rom neben öffentlichen Büchereien auch eine Anzahl von stationären Buchhandlungen, wo sich Intellektuelle zu literarischen und gelehrten Disputen trafen und auch begüterte Bibliophile einfanden: „Die schnell geschriebenen Kopien steckten in gefärbten Pergamenthüllen und waren auf Stäbe gerollt, deren Ende mit Zierknöpfen geschmückt war. An dem Knopf auf der Schauseite hing ein Etikett, der sogenannte Titulus, auf dem der Inhalt der Rolle angegeben war. Draußen an den Säulen des Ladens hingen solche Titel aus wie heute im Kiosk die Zeitschriften. Der Duft in einer solchen Buchhandlung war orientalisch zu nennen, denn die Rollen waren mit Safran und Zedernöl gegen verschiedene Ungezieferarten und Motten präpariert."[2] Einige Buchhistoriker glauben, in Ciceros Freund T. Pomponius Atticus den ersten namentlich bekannten Verleger und Sortimenter sehen zu dürfen. Aber es ist eher unwahrscheinlich, daß dieser Angehörige einer begüterten Oberschicht sich „mit einem Gewerbe wie dem Buchhandel ernsthaft abgeben konnte, das geringe Leute, Sklaven, Freigelassene, Ausländer betrieben"[3]. Sowohl die Autoren wie die Kunden sahen auf solche „rein handwerksmäßigen Hersteller und kaufmännischen Verbreiter von Schriftgut"[4] gesellschaftlich herab. Spätestens seit dem zweiten Jahrhundert nach Christus existierten Buchhandlungen auch in größeren Provinzhauptstädten, während zuvor die Versendung der Handschriften von Rom aus ins ganze Imperium üblich gewesen war.

Genauere Informationen über die Rolle der Verleger, ihr Verhältnis zu den Autoren, über Honorare und Bücherpreise sind den Quellen kaum zu entnehmen. Gegenüber der Patronage reicher und hoher Gönner, deren berühmtester Maecenas war, spielte die Honorierung durch den Verleger sicher eine untergeordnete Rolle. Dem Autor kam es, wie noch über ein Jahrtausend lang, nur auf möglichst korrekte Abschriften seines Werkes an.

Während das Römische Reich sich in steigendem Maße der Barbareneinfälle an seinen Grenzen zu erwehren hatte, vollzog sich zwischen dem zweiten und vierten nachchristlichen Jahrhundert ein grundlegender Wandel der äußeren Buchgestalt: Die Papyrusrolle wurde vom pergamentenen Codex abgelöst. Man hat dies gerne als kulturhistorisches Signal gedeutet – dieser Übergang markiere die Ablösung der antiken durch die mittelalterliche Welt; die Schriftrolle repräsentiere die Kultur des gesprochenen Wortes, der Codex aus Ziegen-, Schaf- oder Kalbshäuten jene des schriftlich fixierten. Nach dem Vorbild der zusammengeschnürten wächsernen Notizhefte war der Codex aus Lagen gefalteter Blätter gebunden und damit viel leichter handhabbar und lesbar. Während die Rolle beim Vorgang des Lesens beide Hände beschäftigte, ermöglichte die Codexlektüre gleichzeitiges Abschreiben, Exzerpieren, Vergleichen, kurz: aktive Auseinandersetzung mit einem Text. Papyrus wurde in der Regel schnell brüchig und zerfiel (außer in extrem heißem und trockenem Klima) nach rund 200 Jahren, Pergament dagegen konnte leicht ein Jahrtausend und mehr überdauern. Offenbar begann das Umschreiben von Papyrustexten auf einzelne, später zusammengeheftete Pergamentstücke zuerst mit christlicher, also staatsgefährdender „Untergrundliteratur"; vielleicht waren Codices leichter vor den Nachstellungen der Staatsgewalt zu verbergen als die unhandlicheren Rollen. Auf einem langen, ungegliederten Papyrus waren exakte Bibelstellen nur sehr mühsam auffindbar – der Codex ermöglichte schnelle und präzise Orientierung. Die ältesten noch erhaltenen Pergamenthandschriften entstammen dem fünften Jahrhundert. Bis zum siebten Jahrhundert waren alle antiken Texte, die man für erhaltenswert ansah, in die neue Überlieferungsform übertragen worden, auch wenn die Kanzlei der Merowinger noch bis 675 und die päpstliche gar noch länger am Papyrus festhielt. Das Pergament blieb ansonsten bis ins ausgehende Mittelalter der einzige Beschreibstoff des Abendlandes.

Mit der langsamen Agonie des Weströmischen Reiches und vor allem nach dem Ende der Gotenherrschaft in Italien setzte auch, soweit wir wissen, der kommerzielle Buchvertrieb für nahezu ein Jahrtausend aus. Geistiges Leben und Buchkultur, die in der antiken Welt von öffentlichen und privaten Bibliotheken gefördert worden waren, gingen nun in die so gut wie ausschließliche Obhut der christlichen Kirche über. Das Christentum als Buchreligion hat seine heilige Schrift, den Träger göttlicher Offenbarung, mit dem Gattungsnamen schlechthin als „Buch der Bücher“ bezeichnet: die Bibel. Die Klöster und die Bischofssitze mit ihren Domschulen waren fortan die einzigen Hüter der gelehrten und literarischen Überlieferung. Sie widmeten sich dieser Aufgabe mit Leidenschaft und beherbergten einen „geschlossenen Kreislauf“ der Buchkultur von Autoren, Herausgebern, Schreibern, Korrektoren, Illustratoren, Kopisten, Buchbindern und auch Lesern. Schon die frühen Benediktinerregeln machten tägliche Schriftlesungen zur Pflicht. Der Kanzler des Ostgotenreiches Cassiodor gab nach 540 in den Regeln für das von ihm gegründete Kloster Vivarium den ausdrücklichen Auftrag, neben den geistlichen auch die weltlichen Wissenschaften zu studieren und durch Abschreiben zu verbreiten, einschließlich der heidnischen Autoren. Cassiodor ist auch der Urheber des ersten noch erhaltenen Bibliothekskataloges; seine Initiative wurde als „Geburtsstunde sowohl der europäischen Bibliothek wie auch der mittelalterlichen höheren Bildung“ (Karl Bosl) verstanden.

In den folgenden Jahrhunderten stand die mittelalterliche Klosterkultur unter dem Motto: „Claustrum sine armario est quasi castrum sine armamentario“ – ein Kloster ohne Schreibstube gleicht einer Burg ohne Waffenkammer. Ein auch nur skizzenhafter Überblick über die wichtigsten früh- und hochmittelalterlichen deutschen Klosterbibliotheken, ihre gesammelten Schätze und die prunkvollen Erzeugnisse ihrer Schreibstuben kann hier nicht geleistet werden. Von der Karolingerzeit an blühte die klösterliche Buchkultur auch im herrscherlichen Auftrag, wetteiferten die Scriptorien in virtuoser Kalligraphie, verschwenderischer Illumination und edelsteinbesetzten Einbänden; viele der großen Handschriften aus der Reichenau und St. Gallen, Regensburg und Tegernsee sind auch Meisterwerke der abendländischen Kunst.

Neben den ungemein kostspieligen, zu geistlichen wie weltlichen Repräsentationszwecken angefertigten Prachtcodices stand eine unüberschaubare Fülle einfacherer Gebrauchshandschriften. Mittels eines regen Leihverkehrs zwischen den einzelnen Mönchsgemeinschaften kopierte man arbeitsteilig die Manuskripte anderer Bibliotheken für die eigene Sammlung. Dabei ging es zum weit überwiegenden Teil um die Bewahrung und Kommentierung überlieferter Texte, seltener um geistige Neuschöpfung. Auch antike Autoren wurden bis zur Erfindung des Buchdrucks über ein Jahrtausend lang in den Klöstern für die Nachwelt gehütet. So stammt die älteste bekannte Aischylos-Handschrift aus dem zehnten Jahrhundert, ist also rund 1400 Jahre jünger als der griechische Urtext. Werke von Livius, Lukrez, Tacitus und anderen Autoren sind nur durch jeweils einen einzigen Codex etwa in Corvey und Freising, Mainz und St. Gallen erhalten geblieben. Wie die Leser des „Namens der Rose“ wissen, ist dem zweiten Buch der Poetik des Aristoteles weniger Glück beschieden gewesen. Bücher gehörten auch materiell zum kostbarsten Besitz der Klöster – um die Jahrtausendwende stellten fünfzig Codices eine herausragende Sammlung dar, bis ins 15. Jahrhundert konnte die Zahl der Handschriften auf viele Tausende steigen. Sicher hat die Gewohnheit, für entbehrlich gehaltene Manuskripte abzuschaben und das Pergament neu zu beschreiben, für nicht wenige antike wie althochdeutsche Texte das unwiderrufliche Todesurteil bedeutet (und nicht alle, die den Abschreibern entgingen, haben die Zerstörungswut der Buchbinder bis ins 19. Jahrhundert hinein überstanden).

Etwa seit dem zwölften Jahrhundert kopierten die Mönche neben antiker und frühchristlicher Literatur in wachsendem Maße auch zeitgenössische, ja sogar deutschsprachige Texte, teils gegen Entgelt für ihren Konvent, und ließen ihre Bücherschätze auch weltlichen Interessenten zukommen – so erbat um 1180 Graf Berthold von Andechs aus dem Kloster Tegernsee das Buch vom „Herzog Ernst“ und schwor schleunige Rückgabe. Deutsche Kaiser und Könige konnten wie der hohe Adel auch als Literaturmäzene noch bis ins 14. Jahrhundert Analphabeten sein; mündliche Traditionen beherrschten die Dichtung. Dennoch „waren die großen Herren gewohnt, sich die Lese- und Schreibfähigkeit der geistlich Gebildeten zu Nutze zu machen“[5]. Seit dem 13. Jahrhundert wurde an Fürstenhöfen und Adelssitzen neben der mündlichen Überlieferung vor allem von lesekundigen Damen, aber auch von vorlesebegierigen analphabetischen Rittern schriftliche Dichtung, ob Minnesang oder Heldenepen, angeregt und gefördert, auch schon in teils aufwendigen Handschriften gesammelt, ohne daß Autor oder Publikum außer dem Vorleser des Lesens mächtig sein mußten: „Zwaz an den buochen stet geschriben, Des bin ich künstelos beliben“, kokettierte Ulrich von Liechtenstein und Wolfram von Eschenbach bekannte im „Parzival“: „Ine kan decheinen buochstap“, er diktierte also seine Werke.

Vom Ende des 13. Jahrhunderts an begann sich mit der Ausbreitung der Dom- und Klosterschulen und dem Aufkommen der Kanzleien und Universitäten auch ein, wenngleich sehr kleines, außerkirchliches gebildetes Publikum von „literati“, von Latein-Lesekundigen herauszubilden. An den ersten italienischen und französischen Hochschulen wurde der Buchbedarf durch Verleihen und Kopieren der Vorlesungstexte befriedigt, wobei die Professoren deren Korrektheit sorgfältig überwachten. Weltliche, niedergelassene Berufsschreiber, die den Universitäten inkorporiert waren, erscheinen in den Akten als „librarii" und „stationarii" (woran die englischen stationers noch heute erinnern). An deutschen Universitäten war dagegen das Vorlesungsdiktat gebräuchlich, so daß die Studenten keine Abschriften kaufen mußten. Auf diese Weise sind viele Tausende mittelalterlicher Gebrauchshandschriften erhalten geblieben – allerdings nur mehr zum geringeren Teil auf Pergament. Denn als durch das rege Geistesleben an den Hochschulen, aber auch durch die zunehmende Schriftlichkeit von Verwaltung und Wirtschaft der Bedarf an preiswerten Schriftträgern und Textsammlungen immer größer wurde, erschien zur rechten Zeit auch ein neuer Beschreibstoff, der nach dem antiken, ebenfalls pflanzlichen, benannt war: das *Papier.*

Aus China, wo der Minister T'sai Lun im Jahr 105 n. Chr. das Lumpen- bzw. Hadernpapier erfunden haben soll, gelangte das lange sorgfältig gehütete Geheimnis erst nach 715 allmählich in den Westen – auf der Seidenstraße über Samarkand und Bagdad im zehnten Jahrhundert nach Ägypten, schließlich um 1150 ins maurische Spanien; schon um 1250 sind die frühesten Papiermühlen in Italien und 1338 in Frankreich nachgewiesen. Von etwa 1300 an importierten deutsche Kaufleute das neue Beschreibmaterial aus textilen Fasern über den Brenner, 1390 gründete der Nürnberger Patrizier und Handelsmagnat Ulman Stromer vor den Toren der Stadt die erste deutsche „Hadermühle". Schon bis 1450 verfügte Deutschland über etwa 20 Papiermühlen mit einer Jahresproduktion von zusammen acht bis zwölf Millionen Bogen. Das Papier war gegenüber dem Pergament um das fünf- bis zwanzigfache preiswerter, es war dennoch haltbar (Papiere aus dem 14. Jahrhundert bewahren noch heute makellose Frische) und vor allem in unbegrenzter Menge herstellbar. Mit diesem Textträger verlor das Buch schon vor der Erfindung des Druckens seine Exklusivität und sakrale Aura – es wurde zum Gebrauchsgegenstand für die Herrschafts-, Bildungs- und bereits Unterhaltungsbedürfnisse einer vermögenden, teils lesekundigen Oberschicht.

Etwa gleichzeitig mit dem Papier, dessen enorme Bedeutung für die Entwicklung des spätmittelalterlichen Geisteslebens auf der Hand liegt, setzte sich eine weitere folgenreiche, jedoch zu wenig beachtete Errungenschaft durch: Es ist der Lesestein, der Vorläufer der Brille. Jahrtausendelang war wegen der zunehmenden Alterssichtigkeit Lektüre für Menschen jenseits des vierzigsten Lebensjahres nur in eingeschränktem Maße möglich gewesen. Die aus Arabien stammende

Erfindung des Lesesteins, der wie eine Lupe auf den Text gelegt wurde und diesen vergrößerte, hat sich seit dem Ende des 13. Jahrhunderts in Europa verbreitet; schon bald wurde er zur Niet- und Bügelbrille weiterentwickelt. Erst dadurch wurde „der bejahrte, lebenserfahrene Mensch in die Lage versetzt, am literarischen Leben teilzunehmen, sowohl als Verfasser als auch als Leser“[6]. Gerhard Eis erklärt damit die offenkundige Vermehrung der Handschriftenproduktion in dieser Zeit und schreibt sogar die unleugbare „Verbürgerlichung“ der spätmittelalterlichen Literatur dem Einfluß eines reiferen, realistischeren Alterspublikums zu. Tatsächlich erschienen nun in vermehrten Maße all die Trost- und Sterbebüchlein, die Legendare und Seelengärtlein auf dem Handschriftenmarkt, die dem Bedürfnis alternder Menschen nach religiösem Trost entgegenkamen. „Erst mit der Einführung des Lesesteins und der Erfindung der Brille wurde der Übergang zur Schriftlichkeit vollständig und deren dauerhafter Besitz gesichert. Erst seit dem Ende des 13. Jahrhunderts mußte kein deutscher Schriftsteller oder Leser wieder aus dem literarischen Leben ausscheiden, sobald er über 45 wurde.“[7] Vom Ende dieser Zeit an wurde auch „in den führenden europäischen Handelszentren als selbstverständlich vorausgesetzt, daß ein Kaufmann lesen, schreiben, mit geschriebenen Zahlen umgehen und auch einigermaßen Latein konnte“[8].

In Deutschland wirkten sich diese neuen Faktoren auf den Handschriftenhandel vergleichsweise spät und zögerlich aus. Ein Blick auf Italien zeigt, daß die Frührenaissance auch eine Epoche der Bücherleidenschaft war; Petrarca und Boccaccio gelten als begeisterte Bibliophile. Vom späten 14. Jahrhundert an ist dort ein lebhafter Handschriftenhandel bezeugt, dessen Mittelpunkt Florenz bildete. Hier gründete Cosimo de Medici 1444 die erste öffentliche Bibliothek der Neuzeit, hier wirkte auch der berühmteste Handschriftenhändler Vespasiano da Bisticci (1421–1498). Für ihn waren zeitweise 45 Lohnschreiber gleichzeitig tätig, er fertigte für Herzog Cosimo binnen 22 Monaten 200 Prachthandschriften an, als bereits der Buchdruck erfunden war.

Diesseits der Alpen dagegen hatte der Handel mit Handschriften weit bescheidenere Dimensionen. Immerhin waren auf größeren Märkten und überregionalen Handelsmessen des ausgehenden Mittelalters auch Buden von Handschriftenhändlern zu finden, und Ereignisse wie die Konzilien von Konstanz (1414–1418) oder Basel (1431–1449) wurden von veritablen Büchermärkten begleitet, wo sich die Herren des päpstlichen Hofstaates und die mitreisenden gelehrten Humanisten bedienen konnten, sofern sie es nicht vorzogen, in den Klöstern de Umgebung die Handschriftenschätze zu plündern. Die Brüder vom gemeinsamen Leben (Fratres vitae communis), eine 1386 in Holland gegründete ordensähnliche Laienvereinigung, sicherten ihren Lebensunterhalt mit dem gewerblichen Abschreiben und Verkaufen von Bibeln, Andachts- und Lehrbüchern. Sie besaßen städtische Niederlassungen vor allem entlang des Nieder- und Oberrheins.

Verglichen mit Vespasiano da Bisticci, aber auch mit den gleichzeitigen bedeutenden Buchkünstlern in Brabant und Flandern wirkt der bekannteste deutsche Handschriftenproduzent und -verleger ziemlich provinziell: ein Schullehrer im elsässischen Hagenau namens Diebold Lauber. Er versorgte mit den Erzeugnissen seiner Schreiberwerkstatt zwischen 1425 und 1467 vor allem die Rheinlande, Franken und die Schweiz. Lauber stellte keine kostbar illuminierten Pergamentcodices her, sondern nach dem Prinzip der Arbeitsteilung von Schreiber und Illustrator bunt bebilderte Papierhandschriften in deutscher Sprache. Er arbeitete nicht für einzelne Besteller, sondern auf Vorrat; auch die kolorierten Federzeichnungen beschränkten sich auf vielseitig anwendbare Bildmuster mit stereotypen Situationen. Das Programm des „Schreibstubenverlegers“ (H. Rosenfeld) Lauber umfaßte ein relativ breites Spektrum religiöser und profaner Erbauungs-, Unterhaltungs- und Gebrauchsliteratur, darunter Reimbibeln und deutsche Epen, Medizinisches und Juristisches. Für diese serielle Produktion warb Lauber auch mit einer Art Prospekt, der mit den Worten begann: „Item welicher hande buecher man gern hat groß oder klein geistlich oder weltlich hübsch gemolt die findet man alle by Diebolt Louber, Schriber In der burge zu Hagenow.“

Irrig wäre es, aus diesem Reklametext auf ein breiteres, gar „volkstümliches“ Publikum zu schließen. Zu Laubers Kunden zählten die Bischöfe von Straßburg und Würzburg, die Markgräfin von Baden, die Grafen von Manderscheid, der Stadtkämmerer von Konstanz – insgesamt eine klar umrissene geistliche und weltliche Oberschicht aus höchstem und hohem Adel, städtischem Patriziat und vermögenden Klerikern.

Über weitere deutsche Schreiberwerkstätten des Spätmittelalters sind die gesicherten Zeugnisse spärlich. Es ist zu vermuten, daß Lohnschreiber in den größeren Handelsstädten und Universitätsorten nicht fehlten, wo die Schriftkultur für Handel und Verwaltung unerläßlich wurde und sich mit fortschreitender soziokultureller Differenzierung beim Großbürgertum der Juristen und Mediziner, der Kaufherren und Ratsmitglieder wachsendes Interesse an Lektüre und Handschriftenbesitz abzeichnete – auch die berühmte Manessische

Liederhandschrift war ja ein patrizisches Auftragswerk. Diese Säkularisierung des Lesens beförderte auch eine allmähliche Kommerzialisierung des Buchwesens: „Das Buch ist, noch ehe es mechanisch vervielfältigt werden konnte, zum Handelsprodukt, zur Ware für den Konsum geworden."[9] Seit dem Beginn des 15. Jahrhunderts mehrten sich die Versuche, den ständig steigenden Bedarf an Schrifttum und mehr noch an Bildern rationell und effizient zu befriedigen. Neue Gewerbe entstanden oder blühten auf mit den Papiermachern und Briefmalern, Formschneidern und Miniatoren, Rubrikatoren und Buchbindern. Die Buchbinder verwandten bereits den Blinddruck von Buchstaben mit metallenen Einzelstempeln; in China und Korea gab es seit dem 11. bzw. 14. Jahrhundert bewegliche Ton- und Kupfer-Typen für den Silbendruck, wovon jedoch keine Kenntnis nach Europa gelangt war. Nun setzte sich auch der Druck von Einblattholzschnitten mit dem Reiberdruckverfahren durch.

Die Einführung des Holzschnitts um 1380, wohl in Augsburg, Ulm oder Nürnberg, sollte nicht nur die begehrten kleinen Andachtsbildchen verbilligen, sondern vor allem „der übergroßen Kartenspielnachfrage Herr werden", um derentwillen auch Ulman Stromer die profitable Gründung der ersten deutschen Papiermühle wagte.[10] Stromer hat darüber hinaus auch von Anfang an gewerbliches Papier hergestellt, Packpapier für die Nürnberger Draht- und anderen Kleinmetallwaren: „Damit bestand eine Wechselbeziehung zwischen den Gewerben, die sich innovativ gegenseitig anregten. Auf Stromerpapier entstanden die frühesten Zeugnisse europäischer Druckgraphik und es gibt triftige Indizien für eine Beteiligung an den ersten Schritten zur Entwicklung des Textdrucks mit beweglichen Lettern. Die Hadermühle war also eine Wiege der Massenmedien."[11]

Nicht nur Spielkarten und religiöse Kleingraphik wurden von Holzstöcken auf Papier massenhaft abgezogen, sondern bald auch serielle Bilderfolgen. Das Publikum solcher erst einseitig bedruckbaren, meist grell kolorierten, zu dünnen Heftchen zusammengebundenen erbaulichen „Blockbücher" war keineswegs, wie die Bezeichnung „Biblia pauperum" nahelegen könnte, das illiterate einfache Volk, sondern die halbgebildete, des Lesens und Schreibens nur unvollkommen mächtige niedere Geistlichkeit, aber auch analphabetische Angehörige von Laienbruderschaften und Klosterinsassen, die gemeinsam die Blätter betrachteten und darüber sprachen. Auch kurze erläuternde Texte wurden zuerst handschriftlich eingefügt, später ebenfalls in Holz geschnitten und abgezogen. Von diesen xylographischen Blockbüchern haben sich oberdeutsche Zeugnisse erst aus den Jahren um 1430/1440 erhalten. Zur selben Zeit wurden sie wohl auch in den Niederlanden produziert und vertrieben, vielleicht von jenem Laurens Coster in Haarlem, den holländischer Patriotismus zum wahren Erfinder der Buchdruckerkunst ausgerufen hat. Im deutschen Sprachraum waren offenbar deutlich mehr Holzschnitte und Blockbücher verbreitet als in Frankreich oder Italien. Da die Betrachtung solcher Bilderfolgen eine Vorform der Lektüre darstellt und wie diese auch erlernt werden muß, könnte gerade in Mitteleuropa ein spezifisches vor- und halbliterarisches Publikum existiert haben.

Es gab somit bereits in der ersten Hälfte des 15. Jahrhunderts kommerzielle Frühformen des Handschriftenvertriebes; der preiswerte Textträger Papier stand uneingeschränkt zur Verfügung; Xylographie und Metallschnitt, Teigdruck und Kupferstich waren als standardisierte Reproduktionsformen verfügbar; auch ein kaufkräftiges, wenngleich noch sehr begrenztes Lesepublikum stand bereit. Die Medienlandschaft und die Kommunikationssituation veränderten sich rasch – die Zeit schien in technischer wie ökonomischer, sozialer wie kultureller Hinsicht reif für die große Erfindung.

Mit Recht gilt Johannes *Gutenberg* als eine der großen Gestalten der Menschheitsgeschichte. Entsprechend umfangreich ist, vor allem seit dem 19. Jahrhundert, die Gutenbergforschung. Aber noch heute sind so gut wie alle Mutmaßungen über das Leben dieses Mannes, vor allem über die entscheidenden Perioden seiner Frühzeit, die Jahre zwischen 1444 und 1448 und sein Schicksal nach 1455, aufs heftigste umstritten. Noch immer liegen sich die Inkunabelforscher in den Haaren über die Datierung und Zuweisung seiner Drucke, noch in den neuesten Forschungsberichten häufen sich die Vokabeln „Labyrinth", „Trümmerfeld", „Wirrwarr" und „Irrgarten". Sogar die Ergebnisse naturwissenschaftlicher Verfahren wie der Elektronenradiographie werden nur von einem Teil der Fachgelehrten akzeptiert. Die meisten Darstellungen neigen zu apodiktischen Behauptungen, hinter denen sich aber kaum gesicherte Erkenntnisse verbergen.

Zwischen 1394 und 1404 wurde dem Mainzer Patrizier Friele Gensfleisch und seiner Frau Else im Hofe zum Gutenberg ein Sohn Johannes geboren. Er hat vielleicht im mainzischen Erfurt studiert und das Goldschmiedehandwerk erlernt, besuchte möglicherweise um 1431 auch das Basler Konzil, wo er den gleichaltrigen Nikolaus von Kues kennengelernt haben könnte – der reformerische Theologe und spätere Kardinal erhob besonders nachdrücklich die Forderung nach einem einheitlichen, neu redigierten und fehlerfreien Meßbuch.

Zwischen 1434 und 1444 ist Gutenberg in Straßburg nachzuweisen, und in diesen Jahren mehrten sich die Nachrichten über eine mysteriöse Tätigkeit, die in den Dokumenten nur als „Aventur und Kunst" umschrieben wird. Für sie benötigte er große Mengen Kapital, bestand aber auf strengster Geheimhaltung. Es dürfte sich um die Herstellung bleigegossener und geprägter Spiegel für die Aachener Heiltumsfahrt gehandelt haben – um Pilgerzeichen und Wallfahrtsandenken also, für die ein Massenbedarf bestand.

Zugleich experimentierte Gutenberg aber mit einem weiteren geheimnisvollen Unternehmen, zweifellos einer Vorstufe des Buchdrucks, möglicherweise auch schon mit dessen ersten Ergebnissen. Albert Kapr nimmt an, Gutenberg habe bereits in Straßburg zwischen 1440 und 1444 gedruckt, und zwar das sogenannte „Fragment vom Weltgericht" und einen „Donat", andere Forscher weisen dies zurück. Neuerdings wird vermutet, Gutenberg sei bei seinen Versuchen von Angehörigen der oberdeutschen Hochfinanz unterstützt worden, ja habe gleichsam als deren bezahlter „Entwicklungsingenieur" gearbeitet.

Bei dem erwähnten „Donat" handelt es sich um das meistverbreitete Buch des 15. Jahrhunderts, nämlich die lateinische Sprachlehre des Grammatikers Aelius Donatus. Diese bereits zuvor als Blockbuch verbreitete Schulbroschüre wurde wegen ihrer starken Abnutzung zunächst auf Pergament gedruckt. Man schätzt, daß die bisher bekannt gewordenen 24 Auflagen der Gutenbergschen Donate jeweils 200 bis 400 Exemplare umfaßten, insgesamt somit bis zu 10000 Stück. Die Ära des gedruckten Buches beginnt also mit einem „Brotartikel", einer preiswerten, langfristig risikolos in großen Auflagen absetzbaren Handelsware. Wenn nicht schon in Straßburg, so hat Gutenberg diese Donate doch wohl nach 1448 in seiner Mainzer Uroffizin hergestellt. Aus ihr ging auch Ende 1454 der „Türkenkalender" hervor, das älteste vollständig (in einem Exemplar) erhaltene und datierbare Buch. Er wurde vielleicht in amtlichem Auftrag als erste „Reichsdrucksache" und zugleich früheste politische Propagandaschrift angefertigt. Mit solchen Kleindrucken freilich konnte Gutenberg der hochentwickelten Handschriftenkultur in ihrer ästhetischen Vollendung keine Konkurrenz machen. Wollte er die traditionelle kunstreiche „Ars artificialiter scribendi" der Schreibstuben mit seiner Erfindung aus dem Felde schlagen, mußte er den Kampf auf deren ureigenstem Gebiet aufnehmen: mit einem großen, aufwendig herzustellenden und teuren, aber in sämtlichen (kaufkräftigen) Klöstern, Stiften und Pfarreien benötigten Grundlagenwerk. Kein Text eignete sich für diese Aufgabe besser als die Bibel, das abendländische Buch der Bücher schlechthin.

Für ein solches riskantes, aber vielversprechendes Projekt waren erhebliche Geldmittel aufzubringen; wie in Straßburg war Gutenberg wiederum auf die neuzeitliche Handelsform der Kapitalgesellschaft mit Teilhabern angewiesen, diesmal in Gestalt des Kaufmanns, Geldverleihers und vielleicht auch Handschriftenhändlers Johann Fust (um 1400–1466). Mit 1600 Gulden war Fust an der 1450 eingerichteten Gemeinschaftsdruckerei beteiligt – am „Werck der Bücher", wie es in den späteren Prozeßakten heißt. Vielleicht hat sein Adoptiv- und späterer Schwiegersohn, der Goldschmied und Kalligraph Peter Schöffer, die Rolle des Schriftschneiders übernommen. Von 1452 bis 1454 entstand die zweiundvierzigzeilige Bibel (B 42), in ihrer typographischen Vollendung (nur die Anschlüsse der Setzer, die gleichzeitig an verschiedenen Partien des Textes arbeiteten, waren noch nicht perfekt) bis heute eines der schönsten Bücher der Welt. Ihr Preis entsprach etwa dem Jahreslohn eines Goldschmiedes. Worin aber bestanden eigentlich Bedeutung und Umfang von Gutenbergs Leistung?

Entscheidend war zunächst das Handgießinstrument. Es ermöglichte erstmals, nach Anfertigung eines Prägestempels (Patrize) damit Hohlformen (Matrizen) herzustellen, aus denen eine fast beliebige Zahl von identischen Einzelbuchstaben (Lettern) aus Blei oder einer Bleilegierung gegossen werden konnte. Diese Gießform ist der Kern der Erfindung: „Es war ein in seiner Konstruktion einfaches und doch genial, weil ohne Vorbild erdachtes Gerät, einer der frühesten Automaten, der identische maßgenaue Stücke unbegrenzt produzieren kann [...], ein Präzisionsinstrument, das das Geheimnis eines normierten Massenartikels barg."[12] Die völlige Gleichmäßigkeit des Setzens (nicht des Druckens) ist der Schlüssel zu Gutenbergs Idee. Nur einzelne Typen von beliebiger Zusammensetzbarkeit und Zerlegbarkeit gewährleisteten die fehlerlose und identische Reproduktion eines Textes. Gutenberg hat übrigens nicht nur die Schriftzeichen des Alphabets und die Satzzeichen angefertigt, sondern eine Vielzahl von Ligaturen, diakritischen Zeichen und Abkürzungen, um dem Schriftbild der Handschriften möglichst nahezukommen; für die B 42 waren dies 290 Einzeltypen (mit Tausenden von Lettern). Eine technische Meisterleistung war bereits die optimale Legierung der Metalle Blei, Zinn und Antimon für die gestochen scharfen Abdrucke der Typen. Mit dem „Winkelhaken" wurden die Lettern, durch nichtdruckenden „Ausschluß" getrennt, zu Zeilen aneinandergereiht, diese mit oder ohne Zwischenraum („Durchschuß") untereinandergefügt und auf dem „Setzschiff“, einer mit festschließendem Rahmen versehenen Platte, zur Spalte bzw. nach deren „Umbruch“ zur Druckseite vereinigt. Bei bogenweisem Druck mußte je nach Format eine bestimmte Anzahl von Seiten gesetzt werden, die zur „Form“ vereint wurden. Nach dem Druckvorgang konnten der Satz wieder abgelegt, die Lettern in den Setzkasten verteilt oder eingeschmolzen werden, das Rohmaterial stand also für wechselnde Anforderungen stets neu zur Verfügung.

Der zweite Hauptbestandteil von Gutenbergs Erfindung war die – an eine Weinkelter erinnernde – Druckerpresse: Ihre Konstruktion mußte auf absolut saubere, genau konturierte und gleichmäßige Weise die ebenfalls neu erfundene Druckfarbe vom Satz auf das Papier beidseitig übertragen. Dies geschah, indem die Form in die Presse gehoben, mittels Ballen voll Druckerschwärze eingefärbt und ein Papierbogen unter hohem Druck auf die geschwärzte Satzform gepreßt wurde, zuerst im „Schön-“ und nach dem Trocknen des Bogens mit der Rückseite im „Widerdruck“. Ohne diese Möglichkeit zur exakten Vervielfältigung des Textes wäre seine perfektionierte Herstellung mittels des Gießinstruments nur eine ungenügende Neuerung gewesen – erst beide einander ergänzenden Verfahren zusammen revolutionierten die Buchherstellung.

Mit diesem frühindustriellen Arbeitsprozeß sprengt Gutenbergs Erfindung das mittelalterliche Handwerk. Denn die Produktionsabläufe sind nun spezialisiert und getrennt; die Erzeugung der Schrift mittels Stempelschnitt, Matrizenschlag und Letternguß erfolgt unabhängig von den beiden weiteren Arbeitsgängen der Herstellung, des Satzes und des Druckes. Durch dieses erste moderne arbeitsteilige Produktionsverfahren wurde die Arbeitsökonomie entscheidend gesteigert und langfristig betriebswirtschaftlich eine gewinnbringende Massenproduktion erst ermöglicht. Konrad F. Bauer hat Gutenberg den „Urheber der industriellen Arbeitsweise des Abendlandes“ genannt.

Die Konsequenzen dieser Erfindung, die Möglichkeit der tendenziell unbegrenzten Vervielfältigung, Verbreitung und Aneignung jedes Geisteswerkes haben die moderne Zivilisation Europas und der Welt geprägt. Die Erfindung der Buchdruckerkunst, nach den Worten Goethes „ein Faktor, von dem ein zweiter Teil der Welt- und Kunstgeschichte datiert, welcher von dem ersten ganz verschieden ist“, war eine dritte Medienrevolution nach der Ausbildung einer menschlichen Sprache und der Einführung komplexer Schriftsysteme.[13]

Bei allem Enthusiasmus sei freilich nicht übersehen, daß die Gutenbergsche Idee manche Parallelen zu einer zweiten Basisinnovation der

Frühen Neuzeit aufweist – der Erfindung des Schießpulvers. K. G. Zinn hat darauf hingewiesen, welch enger Zusammenhang zwischen der Einführung der Feuerwaffen und dem Aufkommen des Kapitalismus als Wirtschafts- und ideologischem System besteht. Das neuzeitliche Europa wurde dadurch zur „aggressionsfähigen Hochkultur". Ähnliches ließe sich über die ebenso welterobernde Neuerung des Buchdrucks sagen. Nicht das geringste Ziel Gutenbergs und seiner Geldgeber war es, das Wort Gottes massenhaft zu verbreiten, den Sieg des Glaubens zu befördern und die reine katholische Lehre in größtmöglicher Authentizität gegen alle Häretiker zu bewahren – ganz abgesehen von den Interessen konkurrierender innerkirchlicher Parteiungen und Orden an einer solchen Geisteswaffe. Das geistige Innovations- und Aggressionspotential des Buchdrucks war die Grundlage des religiösen und kulturellen Führungsanspruchs Europas.

Der geniale Erfinder konnte sich seiner Meisterleistung der 42-zeiligen Bibel nicht allzu lange erfreuen: Die etwa 175 Exemplare auf Papier und 25 auf Pergament hatten die Offizin noch kaum verlassen, als finanzielle Streitigkeiten zwischen Fust und Gutenberg ausbrachen. Es ging wohl um die Abrechnung des lukrativen Geschäfts der Ablaßbriefe, die 1454/55 in Abertausenden von Exemplaren hergestellt worden waren. Gutenberg konnte seinem Kapitalgeber eine Schuld, die dem Gegenwert von 125 Ochsen entsprochen haben soll, nicht auszahlen und mußte die Druckerei im Humbrechtshof Fust und Schöffer überlassen. Aus deren Gemeinschaftsunternehmen ging am 14. August 1457 das erste gedruckte Buch mit einem Herkunftsvermerk hervor, der Mainzer Psalter. Gutenberg selbst hat wohl weiterhin Kleindrucke hergestellt, vielleicht auch 1460 das geheimnisumwobene Wörterbuch des „Catholicon". Bei ihm könnte der Erfinder eine Weiterentwicklung des Buchdrucks versucht haben – es ist statt mit Einzellettern in festen Zweizeilenblöcken gedruckt worden, um dem Zwang zum mühsamen Neusatz des sehr umfangreichen Werkes zu entgehen, sofern eine weitere Auflage notwendig werden sollte (was 1468 und 1472 eintrat). Diese Enzyklopädie soll übrigens mit 41 bis 47 Gulden etwa den vierfachen Jahreslohn eines Schreibers bzw. den Preis von 13 Ochsen gekostet haben. Der zur Seite gedrängte Gutenberg hat vor allem aber Sorge dafür getragen, daß Fust und Schöffer ihr Monopol nicht mehr lange behielten. Mainzer Gesellen brachten die neue Kunst bereits 1459 nach Straßburg, wo 1465 die erste deutschsprachige Druckbibel entstand, und spätestens im selben Jahr nach Bamberg. Dort druckte Heinrich Keffer oder Albrecht Pfister, vielleicht mit Unterstützung des Erfinders, die zweite Bibel

(B 36). Pfister wurde mit dem frühesten illustrierten Buch, Ulrich Boners Fabelsammlung „Der Edelstein" (1461) und Johann von Tepls grandiosem „Ackermann aus Böhmen" (um 1463) zum ersten Literaturverleger. Am 3. Februar 1468 ist Gutenberg in Mainz gestorben.

Auf Straßburg und Bamberg folgten Köln (1465) und Eltville (1467), Basel (1467), Augsburg (1468), Nürnberg (1470) und Ulm (1472) – die revolutionäre Erfindung breitete sich mit enormer Schnelligkeit in ganz Europa aus. Bis 1470 gab es 17 Druckorte, bis 1480 121, bis 1490 204 und bis 1500 252, davon 62 allein im Heiligen Römischen Reich Deutscher Nation. Bis auf Greifswald erhielten alle dreizehn deutschen Universitätsorte im 15. Jahrhundert zumindest zeitweise eine oder mehrere Pressen. Schon 1464/65 siedelten sich deutsche Drucker in Subiaco bei Rom an, 1469 in Venedig, 1470 an der Pariser Sorbonne, 1473 in Ungarn, Spanien und den Niederlanden. Doch das deutsche Übergewicht schwand bald: 1476 nahm der englische Erstdrucker William Caxton seine Tätigkeit auf, der Venezianer Aldus Manutius und viele andere folgten bald.

In den gut 250 Druckorten bis 1500 erschienen nach neueren Berechnungen etwa 27000 Druckwerke in etwa 20 Millionen Exemplaren, davon knapp ein Drittel in Deutschland. Jeweils mehr als tausend Wiegendruckausgaben können die deutschen Städte Augsburg, Basel, Köln, Nürnberg und Straßburg vorweisen. Umstritten ist die Anzahl spurlos untergegangener Inkunabeln – Schätzungen reichen bis zu zehn Prozent. Etwa 77% aller Wiegendrucke wurden in Latein, der universalen Sprache von Kirche und Gelehrsamkeit, gedruckt, die restlichen in den Landessprachen: etwa 6% in Deutsch, gut 7% in Italienisch, 4,6% in Französisch, 1,3% in Spanisch, 1,1% in Niederländisch, der geringe Rest in Englisch, Griechisch, Hebräisch und Kirchenslawisch.

Die durchschnittlichen Auflagen stiegen von zunächst 150 bis 200 in den siebziger Jahren auf 400 bis 500, bis zum Jahr 1500 auf 1000 Exemplare (und überschritten diese Höhe erst am Beginn des 18. Jahrhunderts). Dagegen konnten Einblattdrucke für den kirchlichen Gebrauch wie Beichtzettel schon um 1480 in Zehntausenden von Exemplaren hergestellt werden, ohne daß auch nur einer davon sich erhalten hätte.

Das Schwergewicht der Buchproduktion lag in den ersten Jahrzehnten einerseits bei den billigen Kleindrucken – also den Kalendern und Ablaßbriefen, den Donaten mit allein 356 verschiedenen Inkunabelausgaben, aber auch kirchlichen und weltlichen Amtsdrucksachen, die in Deutschland rund ein Fünftel der Gesamtproduktion ausmachten. Sie hatten, durch den schnellen Verschleiß bedingt, allesamt hohe Auflagen. Daneben standen die kostspieligen und umfangreichen Werke lateinischer Gebrauchsliteratur, mit denen die Handschriften verdrängt werden sollten: Auch für sie bestand bei Kirchen und Klöstern, Universitäten und Gelehrten, in Rechtsprechung und Verwaltung ein kontinuierlicher Bedarf. Zum größten Teil handelte es sich dabei um theologische Literatur wie Meßbücher, Breviere und sonstige Liturgica, um Ausgaben der Kirchenväter (allen voran Augustinus und Hieronymus mit jeweils etwa 120 Inkunabelausgaben), geistliche Lehr- und Handbücher, daneben auch antike Literatur und bemerkenswert viele kirchenrechtliche Schriften. Um diese lateinische Gebrauchsliteratur bei ihren Adressaten durchzusetzen, bedurfte es – über das rein Handwerksmäßige hinaus – sorgfältiger Überlegungen der Drucker und Herausgeber, was Auswahl und Aufbereitung anging: Satzbild, Textorganisation, Vor- und Nachworte boten die alten Inhalte auf völlig neue, leser- und benutzerfreundliche Weise dar und zeigten die deutliche Überlegenheit des Buchdrucks gegenüber der Handschriftenproduktion. Nichtsdestoweniger bemühten sich die ersten Drucker um das farbige Erscheinungsbild der Handschriften – noch war der Rubrikator unverzichtbar für die freigelassenen Initialen und Überschriften sowie für Textgliederungen, noch hatte der Illuminator Randleisten und Verzierungen anzubringen. Daneben gab es genügend begüterte Bücherfreunde, die unbeeindruckt, ja angewidert von der neuen Erfindung bibliophile Manuskripte in Auftrag gaben.

Es dauerte gut zwanzig Jahre, bis sich das neue Medium völlig zu etablieren vermochte. Um 1480 liegt ein Wendepunkt, der den Übergang vom noch weitgehend mittelalterlich geprägten zum neuzeitlichen Buch signalisiert: „Um diese Zeit hatte sich das gedruckte Buch als wirtschaftlich kalkulierter Massenartikel gegen die individuelle Handschrift und gegen das schöne, in der Anlage und Ausstattung noch von großem Einfallsreichtum gekennzeichnete Druckkunstwerk durchgesetzt; um diese Zeit hörte die Vielfalt der Typen und Druckverfahren auf und machte einer Normierung und Nivellierung in den meisten Bereichen der Bücherherstellung Platz; um diese Zeit ist das Titelblatt aufgekommen und wurde das Foliantenformat mehr und mehr von kleineren Formaten abgelöst; um diese Zeit erschienen zuerst in größerem Ausmaß zeitgenössische Texte im Druck [...]; um diese Zeit waren das Lohnschreibergewerbe [...] und die Schreiberwerkstätten nahezu ganz zurückgetreten oder zur Bedeutungslosigkeit herabgesunken; um diese Zeit hatte sich schließlich das Verlagswesen als eigenständiger Zweig des Buchgewerbes herausgebildet."[14] Schließlich sanken um diese Zeit auch die Bücherpreise auf breiter Front auf die Hälfte, ja teils auf ein Fünftel. Man kann dies auch als eine frühe Krise des neuen Gewerbes deuten; Carl Wehmer nannte die Flut der Inkunabeleditionen gerade nach 1480 zum nicht geringen Teil „Niederschlag eines unökonomischen Konkurrenzkampfes und der planlosen Überproduktion eines noch jungen Gewerbes, in dem jeder blind seinen Vorteil suchte. Eine rationalistische Wirtschaftsgesinnung ist hier weder zu vermuten noch stillschweigend vorauszusetzen."[15]

Die Zeitgenossen erkannten schnell, welche technologische und gesamtkulturelle Umwälzung sich hier vollzog. In vielen Schlußschriften und Druckvermerken (Kolophonen) der frühen Inkunabeln wurde die Erfindung der Schwarzen Kunst, der „librorum multiplicatio" als Gottesgeschenk gepriesen, zuweilen klangen auch Töne nationalen Stolzes an. 1470 hat der Pariser Professor Guillaume Fichet den Buchdruck hellsichtig als „Trojanisches Pferd der Deutschen" entlarvt. Der Kölner Kartäuser Werner Rolevinck begründete in der Einleitung zu einer Predigt, warum er sie habe drucken lassen: „Weil sie auf keinem anderen Wege schneller und leichter möglichst vielen Personen mitgeteilt werden konnte, habe ich dafür gesorgt, sie durch die Kunst des Drucks der Bücher zu einer großen Zahl zu vervielfältigen." Und Johannes Campanus lobte zur gleichen Zeit, daß die Druckerpresse „an einem Tag mehr druckt, als sich in einem Jahr schreiben läßt". Vereinzelt wurden freilich Stimmen laut, die den unausweichlichen Niedergang der ästhetisch ansprechenderen Handschriften bedauerten und, so der Abt Johannes Trithemius, den gedruckten Texten höchstens 200 Jahre Haltbarkeit zugestanden.

Die Kirche war zunächst dieser neuen Möglichkeit zur Verbreitung des Gotteswortes uneingeschränkt gewogen und der Hauptauftraggeber wie -abnehmer, denn nun endlich bot sich ihr „die von allen reformgesinnten Klerikern stets herbeigesehnte Möglichkeit, der Geistlichkeit sorgfältig redigierte und einheitliche Texte an die Hand zu geben"[16]. Doch sie witterte auch besonders rasch seine Gefahren. In derselben Stadt Mainz, in der die Druckkunst ans Licht der Welt getreten war, gab Erzbischof Berthold von Henneberg 1485 auch das erste Zensuredikt heraus. Man könne jetzt, so heißt es darin, „dank einer gewissen göttlichen Kunst zu drucken [...] reichlich und bequem an die Schätze des Wissens gelangen". Leider aber mißbrauchten gewisse Leute „aus eitler Ruhmsucht oder Geldgier diese Kunst" und verkehrten so eine Gottesgabe, die der Menschen Leben bereichern solle, „auf verderbliche und verleumderische Weise ins Gegenteil". Deshalb ordnete er die Überwachung sämtlicher Übersetzungen in die Volkssprache durch Professoren der Mainzer und Erfurter Landesuniversitäten an. 1487 folgte durch Innozenz VIII. die erste einer Vielzahl päpstlicher Bullen, die bei Androhung der Exkommunikation die Vorzensur befahlen und damit so nachdrücklich wie erfolglos versuchten, den Kirchenfeinden die Geisteswaffe Buch wieder zu entwinden.

Natürlich erhielt auch der *Buchhandel* als eine Marktgesetzen unterworfene Kulturinstitution durch Gutenbergs Erfindung eine völlig neue Bedeutung – darauf muß etwas ausführlicher eingegangen werden, weil Grundtendenzen, die bereits im 15. Jahrhundert sichtbar wurden, den Verlauf der Buchhandelsgeschichte bis in die Gegenwart bestimmen.[17] Für den Handschriftenhandel war das Verhältnis von Angebot und Nachfrage klar berechenbar gewesen. Meist wurde ein einzelnes Exemplar auf individuelle Bestellung angefertigt und verkauft, in manchen Werkstätten war bereits ein kleiner Vorrat für absehbaren Bedarf, jedoch ohne größeres finanzielles Risiko, angelegt worden. Beim gedruckten Buch dagegen mußte von vornherein eine feste Auflagenhöhe bestimmt werden, die möglichst genau der voraussichtlichen Nachfrage eines meist unbekannten überregionalen Publikums entsprechen sollte. Neben die Befriedigung eines konkret vorhandenen Bedarfs trat die Lenkung eines latenten und erstmals auch die Bedarfsweckung, die sowohl auf ein einzelnes Werk wie auf die Kulturtechnik Lesen und den Buchbesitz insgesamt gerichtet war. Bisher waren Herstellung und Benutzung von Büchern im gleichen sozialen und intellektuellen Milieu, oft auch in unmittelbarer örtlicher Verbindung – bei Klöstern und Universitäten – angesiedelt gewesen. Nun wurde die Buchproduktion so gut wie ausschließlich von *städtischen* Werkstätten übernommen, die mit ihrem Abnehmerkreis nicht mehr in direkter Verbindung standen. An die Stelle der hierarchisch gegliederten institutionellen Vertriebswege traten kommerzielle. Die stets mehr oder minder spekulativ festgesetzte Auflage war durch Einsatz von Risikokapital vorzufinanzieren, und die Gelder wurden erst nach geraumer Zeit, wenn überhaupt, wieder flüssig.

Wer solche Wagnisse auf sich nehmen wollte, benötigte neben soliden Lateinkenntnissen unternehmerisches Organisationstalent und spekulativen Geist. Der Verleger als „Urbild des kapitalistischen Unternehmers" (G. Menz) stellte sich damit freilich außerhalb der Schranken des mittelalterlichen Handwerks- und Arbeitsethos und der Zunftordnungen, die jeder ungehemmten Expansion und jeder Massenproduktion abhold waren. Damit lief er auch Gefahr, bei einer Fehlkalkulation schnellen finanziellen Ruin zu erleiden – das erlebten schon einige Frühdrucker, darunter Johann Zainer in Ulm. Nicht nur zur Gründung einer Offizin waren beträchtliche Geldmittel vonnöten, sondern auch für die Herstellung umfangreicherer Schriften. Während die Erscheinung des Verlegers, der einem Gewerbe den Bedarf an Rohstoffen oder Kapital vorschoß („vorlegte"), nach dem Übergang vom Mittelalter zur Neuzeit ansonsten aus dem Wirtschaftsleben wieder weitestgehend verschwand, hat sie sich, dem besonderen Charakter der Ware Buch gemäß, als Vermittler zwischen Autor und Leser, Drucker und Sortimenter im Buchhandel über die Jahrhunderte hinweg als unentbehrlich erwiesen. Seine Bedeutung liegt in der Selektion, der Auswahl der zu verlegenden Bücher nach kommerziellen, aber auch kulturellen Kriterien. Im Ausgleich zwischen beiden sind seine Verantwortung wie sein Erfolg begründet.

Die früh einsetzende Arbeitsteilung zwischen technischer Vervielfältigung und deren Finanzierung ist in der Eigenart von Gutenbergs Erfindung angelegt: eine Buchdruckerei kann und muß ihr Typenmaterial beliebig oft wiederverwenden, das eingesetzte Kapital fordert eine dauernde rentierliche Auslastung der Pressen, gleichgültig womit. Der Verleger dagegen ist stets abhängig von den Angeboten der geistigen Urheber wie von den Absatzaussichten, jedes seiner Produkte hat sein eigenes Gepräge. Natürlich lohnt sich der Kapital- und Arbeitsaufwand des Druckens erst bei einer ausreichend hohen Auflage – ihre Festlegung ist bis heute das Kernproblem jedes verlegerischen Unternehmens. Zwar senkt eine hohe Auflage die Gestehungskosten des Einzelexemplars; mit sinkendem Preis steigt die Absatzfähigkeit, jedoch bringt eine zu hohe, damit unverkäufliche Stückzahl Verluste. Im Unterschied zu der Serienherstellung bei anderen Fabrikaten bedeutete der Druck eines Buches noch bis weit ins 19. Jahrhundert eine Gesamtherstellung. Es war bereits vorher zu entscheiden, ob die Satzform aufbewahrt werden sollte (und damit bei erfolgreichem Absatz schnelle Neuauflagen zuließ, jedoch Kapital für einen längeren Zeitraum band) oder abgelegt wurde, so daß für eine weitere Ausgabe kostspieliger Neusatz notwendig war. Die Vervielfältigung eines Buches „kann sich nicht elastisch dem Absatz anschmiegen, eilt ihm vielmehr immer bald voraus, bald hinkt sie ihm nach. Die Ermittlung des jeweiligen Herstellungsoptimums bleibt stets auf Schätzung angewiesen und belastet somit das Unternehmen immer mit einem beträchtlichen Risiko"[18]. Die Versuche, dieses Risiko zu minimieren und abzuwälzen, ziehen sich als roter Faden durch die gesamte Buchhandelsgeschichte. Mit ihm steht auch die seit dem 16. Jahrhundert stereotyp beklagte „Überproduktion" in unmittelbarem Zusammenhang, weil stets der überwiegende Teil der Verlagsproduktion die Rentabilitätsschwelle nicht oder kaum überschreitet, so daß innerbetriebliche Subvention durch die wenigen erfolgreichen Titel bzw. Mischkalkulation unumgänglich wird. Dieser Erfolg kann freilich nicht vorherberechnet werden. Zur Einschränkung des verlegerischen Risikos war auch eine gewisse Rechtssicherheit unumgänglich – deshalb bildete sich schon nach wenigen Jahrzehnten zum Schutz vor willkürlichem Nachdruck der Rechtsschutz der Privilegierung heraus, die Keimzelle des Urheber- und Verlagsrechts.

Für die Bemessung der Auflagenhöhe wie für deren schnellen Absatz war von Anfang an die Leistungsfähigkeit des Vertriebsapparates von entscheidender Bedeutung. Da nur in Ausnahmefällen die gesamte Auflage durch einen kirchlichen oder obrigkeitlichen Druckauftrag sofort abgesetzt werden konnte, kam der Vermittlung zwischen Produktion und Rezeption erstmals grundlegende Wichtigkeit für das gesamte Kommunikationssystem zu. Diese Wechselbeziehung von Herstellung und Vertrieb spielt für die Ware Buch eine zentrale Rolle. Der in größeren Mengen erfolgenden Herstellung steht der Vertrieb von einzelnen Exemplaren gegenüber, der jeweils nur einen winzigen Bruchteil der Unkosten tragen kann. Gleichsam spiegelbildlich zu diesem Spannungsverhältnis von zumindest tendenziell massenhafter Herstellung und individuellem Vertrieb bzw. stückweisem (und jeweils nur einmaligem) Absatz verhält sich jenes zwischen dem Einzelverleger als Unternehmerpersönlichkeit und einer kollektiven Organisation des Vertriebs. Während zunächst die frühen Druckerverleger und Verlegersortimenter ihre eigenen Vertriebsnetze aufzubauen suchten, wurde bald die Notwendigkeit einer spezifischen gemeinsamen Organisation unabweisbar, eines buchhändlerischen Verkehrssystems, das der territorialen Zersplitterung des deutschen Sprachraums wie auch der Dezentralisierung der Produktions- und Absatzorte einen übergreifenden Zusammenhalt entgegensetzte. Diese Aufgabe wurde im Laufe der Jahrhunderte auf unterschiedliche, aber jeweils den übrigen Wirtschaftsbereichen vorauseilende Weise gelöst.

Zwar ist die Entwicklung des Buchdrucks in den ersten Jahrzehnten nach seiner Erfindung durch eine Vielzahl von Spezialstudien erforscht, doch mangelt es an Untersuchungen zum Buchhandel der Frühzeit. Natürlich haben sich die ersten Drucker auch um den Vertrieb ihrer Produkte gekümmert. Peter Schöffer, der mit Johannes Fust

¶ Mors resecat/mors omne necat quod carne creatur
Magnificos premit & modicos/cunctis dominatur.

¶ Nobiliū tenet imperiū nulli reueretur
Tam ducibus q̄z principib⁹ cōmunis habetur.

¶ Nunc vbi ius/vbi lex/vbi vox/vbi flos iuuenilis/hic nisi pus/nisi fex/nisi terre precio vilis.

¶ Le mort
¶ Venez danser vng tourdion
Imprimeurs sus legierement
Venez tost/pour conclusion
Mourir vous fault certainement
Faictes vng sault habillement
Presses/& capses vous fault laisser
Reculer ny fault nullement
A louurage on congnoist louurier.

¶ Les imprimeurs
¶ Helas ou aurons nous recours
Puis que la mort nous espie
Imprime auons tous les cours
De la saincte theologie
Loix/decret/& poeterie/
Par nr̄e art plusieurs sont grans clers
Releuee en est clergie
Les vouloirs des gens sont diuers

¶ Le mort
¶ Sus auant vous ires apres
Maistre libraire marchez auant
Vous me regardez de bien pres
Laissez voz liures maintenant
Danser vous fault/a quel galant
Mettez icy vostre pensee
Comment vous reculez marchant
Cōmencement nest pas fusee

¶ Le libraire
¶ Me fault il maulgre moy danser
Je croy que ouy/mort me presse
Et me contrainct de me auancer
Nesse pas dure destresse
Mes liures il fault que ie laisse
Et ma boutique desormais
Dont ie pers toute lyesse
Tel est blece qui nen peult mais.
b

Totentanz mit Setzer, Drucker und Buchhändler.
Älteste Darstellung eines Buchladens (1499)

Gutenbergs Offizin übernommen hatte, war zugleich der erste Großbuchhändler; er wählte 1462 den Messeplatz Frankfurt als Mittelpunkt für seinen Aktionsradius, der sich bis Paris und zur Ostsee erstreckte. Sein Druckprogramm, das hauptsächlich theologische und juristische Werke umfaßte, war an den wichtigsten Handelsorten in Bücherlagern vorrätig und wurde durch angestellte Buchhausierer über Land vertrieben, die in seinem Auftrag auch Erzeugnisse befreundeter Offizinen mit sich führten. Schöffer hat sogar für kostspielige Kompendienliteratur eigene „Verlegereinbände" fertigen lassen und bei den Druckvermerken seiner Bücher gerne darauf verwiesen, daß seine Firma die „mit dem göttlichen Segen der Erfindung versehene Urdruckerei" darstelle.[19]

Er und die anderen frühen Druckerverleger haben sich nicht die Vertriebsformen der Handschriftenhändler zum Vorbild genommen, sondern sich am Fernhandel orientiert. Die Zentren des frühen Drucks und Verlages waren deshalb nicht die Bischofssitze, Universitäts- oder Residenzstädte, sondern die Metropolen des europäischen Fernhandels. Während die beiden ersten Jahrzehnte des Buchdrucks vom Typus des „Allroundunternehmers" geprägt waren, der den gesamten Herstellungs- und Vertriebsprozeß vom Schriftguß bis zum Kleinhandel in einer Hand behielt, begann sich ab etwa 1480, dem oben genannten Wendedatum, auch das Berufsbild der Buchgewerbetreibenden zu differenzieren.

Die Druckerverleger vertrieben gewerbsmäßig ihre eigenen Erzeugnisse und daneben auch jene fremder Offizinen und Verlage, die sie meist eintauschten („verstachen"). Ein immer größerer Teil der Drucker bevorzugte allerdings den Lohndruck in fremdem Auftrag und vertrieb daneben weitere Produkte seiner eigenen Offizin. Diese bestanden meist in Nachdrucken, entweder aus dem riesigen Bestand älterer Literatur oder des Fachschrifttums, die bereits als leicht absetzbar erprobt waren. Im 15. Jahrhundert war es nicht selten, daß der Verleger zur Vermeidung hoher Vertriebskosten den Druckauftrag einer Offizin im erwarteten Absatzgebiet erteilte; umgekehrt stellten noch 1511 und 1513 Basler Drucker Auftragsarbeiten für den niederdeutschen Markt her. Aber die auf die Fernhandelswege konzentrierten Absatzstrategien der Druckerherren verloren rasch an Bedeutung mit dem Aufbau eigener Vertriebsnetze durch den Buchhandel, der schon am Beginn des 16. Jahrhunderts weit fortgeschritten war.

Neben die Druckerverleger traten auf der Vertriebsseite die Buchführer, wie bis ins 17. Jahrhundert hinein der gebräuchliche Ausdruck für den Buchhändler lautete. Für die Zeit bis 1550 hat Heinrich

Grimm fast tausend von ihnen namentlich ausfindig gemacht, wohl drei Viertel des einstigen Berufsstandes.[20] Sie betrieben ihr Geschäft oft in und vor den Kirchen, führten häufig zugleich einen Weinausschank und hatten ihre Niederlassungen bevorzugt in und an den Rathäusern; viele hatten die Lateinschulen besucht, wobei Studierte immerhin ein Fünftel ausmachten, Magister und Doktoren waren sehr selten. Das Sprichwort „Ein verdorben Student gibt einen guten Buchführer oder Lanzknecht" deutet auf die bis heute andauernde Faszination des Gewerbes für akademische Studienabbrecher. Öfters mußten Frauen vorübergehend nach dem Tod des Gemahls die Geschäfte führen, bis die „generationenlange Versippung" (H. Grimm) innerhalb der Branche wieder weiter betrieben werden konnte. Als Sortimenter besorgten sie stationär und/oder im Umherziehen den Detailvertrieb teils auch gebundener Bücher an Klöster und Universitäten, in Reichs- und Residenzstädten und auf den Märkten. Sie arbeiteten entweder auf eigene Rechnung und bezogen ihre Ware von verschiedenen Verlegern oder waren von einer Großfirma wie dem noch zu erwähnenden Koberger abhängig. Solche Sortimenter, die nicht mit Buchhausierern verwechselt werden dürfen, konnten natürlich ihrerseits Druckaufträge an Offizinen vergeben und sich damit als Verleger erweisen. Überhaupt waren herstellender und vertreibender Buchhandel durchwegs in einer Firma bzw. Person zum „Verlegersortimenter" vereinigt, reines Sortiment oder reinen Verlag gab es nur als Randerscheinung und als Nebenberuf. Damit befaßten sich vorzugsweise Kaufleute oder Geistliche.

Der Buchhandel der Frühzeit war weitestgehend Wanderhandel, eine kalkulierbare stationäre Käuferschicht fehlte noch überall. Die Bedeutung der Märkte und Messen als Hauptabsatzort nicht nur für den breiteren Bedarf, sondern auch für gelehrte und geistliche Fachwerke kann bis ins 18. Jahrhundert hinein nicht hoch genug veranschlagt werden. Alle Buchhändler nahmen die Märkte der engeren und nach Möglichkeit auch weiteren Umgebung systematisch wahr. Die großen Handelsmessen etwa in Frankfurt am Main und Leipzig, Nürnberg und Straßburg, Basel und Augsburg (also den wichtigsten Druckorten), aber auch in Orten wie Breslau und Nördlingen dienten – bei unterschiedlichen Endverkaufspreisen – der gesamten Bevölkerung einer Region zur Deckung ihres Buchbedarfs. Ein schnell gezimmerter hölzerner Marktstand mit Schragen, wo auf Schnüren die Novitätenbögen ausgehängt wurden, brachte größeren Umsatz als ein nicht unmittelbar am Markt gelegenes Buchladengewölbe.[21] Auch in Gasthäusern und Privatquartieren betrieben die reisenden Buchführer ihr Gewerbe.

Für die Märkte war auch (weit vor jeder anderen Produktreklame) die früheste Buchwerbung gedacht – Plakate und Anschlagzettel, von denen sich einige Dutzend zufällig als Makulatur erhalten haben. Sie wurden an Kirchentüren und Wirtshausfenster, an Rathaustreppen und Universitätsmauern geklebt. Beginnend mit den Worten „Cupientes" oder „Volentes emere" enthielten sie eine Liste der angebotenen Standardwerke und Novitäten und endeten nach Zusicherung günstiger Preise mit der Einladung „Veniant ad hospicium Zu dem ...", der Name der Lokalität wurde handschriftlich eingetragen. Für wichtige Neuerscheinungen wurden Einzelanzeigeblätter ausgegeben, auch erste Voranzeigen für kostspielige Ausgaben sind überliefert, Druckersignete wurden als werbende Markenzeichen eingesetzt. Die erste erhaltene deutschsprachige Bücheranzeige stammt aus dem Jahr 1471 und bietet einen kennzeichnenden Einblick in das volkssprachliche Angebot:

„Were yemant hye, der zu kouffen begerte etlich teutsch und gedruckte bücher, der[en] nam hernach geschriben stat der kom in des schmidlins huss uf dem crucz zu dem Ginthero genant Zainer von Reutlingen da findet er die und werdent im gegeben umb ain gleich zimlich gelt: ain büchlein der siben teutschen psalmen, vesper, vigili und selmess und vil der anderen gebeten des wirdigen sacramentes, die Histori von dem leben aines kunigs uß tiria und sydonia, gehaissen Appolonius, ain epistel gezogen uß francisco petrarcha und ze teutsch gemachet, von ainer tugentreichen frowen, Griseldis gehaissen usw."[22]

In der Volkssprache ist, entsprechend ihrem Anteil an der Gesamtproduktion, allerdings nur ein Fünftel der noch nachweisbaren Plakate deutscher Drucker und Verleger abgefaßt – deutlich weniger als in England oder Spanien. In Deutschland kam für den dominierenden geistlichen und gelehrten Kundenkreis offenbar fast ausschließlich Latein in Frage. Diese Form der Plakatwerbung war noch bis weit in die Barockzeit verbreitet, auch wenn sich im Laufe des 16. Jahrhunderts die stationären Ladengewölbe und festen Bücherstände an den Rathäusern und Kirchen durchsetzten.

Der erstaunliche Umfang des deutschen Buchhandels der Inkunabelzeit und seine Rolle im kulturellen Kommunikationssystem wird durch einen Überblick über die wichtigsten Druck- und Verlagsorte und Verlegerpersönlichkeiten deutlich.

Die bedeutendste europäische Handelsstadt zwischen Venedig und dem Norden war *Nürnberg*. In ihr residierte auch der bedeutendste deutsche Buchunternehmer der Frühzeit: Albrecht Dürers Taufpate Antonius Koberger (um 1443–1513). Er übertrumpfte ab 1480 Peter

Schöffer als Druckerverleger mit 100 Gesellen an 24 Pressen. Bei ihm erschienen im 15. Jahrhundert 278 Druckwerke, meist großformatige und vielbändige Ausgaben der Kirchenväter und Scholastiker, Predigten und Bibelkommentare, aber auch die berühmte neunte deutschsprachige Bibel. Aus Kobergers Pressen kam das imposanteste Werk des süddeutschen Städtehumanismus, die Schedelsche Weltchronik von 1493 in einer lateinischen und einer deutschen Ausgabe, mit mehr denn 2000 Holzschnittillustrationen das am reichsten bebilderte Buch des 15. Jahrhunderts. Von der lateinischen Version waren allerdings noch 16 Jahre später rund 450 Exemplare unverkauft. Neben der eigenen Offizin hat Koberger als Verleger Firmen in ganz Deutschland, ja sogar in Lyon für sich drucken lassen.

Die souveräne Beherrschung aller kaufmännischen Kniffe, wie sie Oskar von Hase in seiner Koberger-Monographie schilderte, mutet ausgesprochen modern an, zeigt aber auch, welch lebhafte Konkurrenz sich auf dem noch so jungen Markt bereits entwickelt hatte: „Vereinbarung wider Nachdruck mit angesehenen Druckerverlegern, Beschäftigung der unternehmungslustigen Drucker in den Hauptdruckorten, Kommanditanteile an deren eigenen Unternehmungen sowie Vereinbarungen weit hinaus geschobener Zahlfristen, zur Androhung der Zahlungsverweigerung bei Schädigung durch Nachdruck, aufmerksames Erforschen aller geplanten Unternehmungen, Heimlichkeit der eigenen Pläne, Zurückhalten der erstmalig gedruckten Werke bis zur völligen Vollendung, billiges Losschlagen der durch drohenden Nachdruck entwerteten eigenen Ausgabe auf entlegenen Verkehrsgebieten, Aufkauf der Nachdrucksausgaben, vor allem aber Beherrschung des gesamten Literaturgebietes."[23] Tatsächlich spannte Koberger über einen großen Teil Mittel- und Ostmitteleuropas ein dichtes Netz von fast 50 „Buchführerknechten", also Reisebuchhändlern, die sich an festen Niederlagen in größeren Orten mit Nachschub versorgen konnten. Polen und Österreich, Burgund und der Süden des Reiches galten als seine Domäne, aber er besaß Niederlassungen auch in den Handelszentren Lyon und Toulouse, Venedig und Ofen. Diese Monopolstellung im Bücherfernhandel führte beispielsweise dazu, daß die hochbegehrten handlichen und billigen Klassiker- und Humanisten-Editionen des venezianischen Verlegers Aldus Manutius in Oberdeutschland fast ausschließlich über Koberger zu beziehen waren. Die „gewaltige kolonisatorische Leistung" (H. Grimm) des Nürnberger Patriziers bei der Gewinnung und Betreuung neuer Absatzgebiete wurde von seinen Erben freilich nicht weitergeführt; knapp zwanzig Jahre nach seinem Tode war das Unternehmen zugrunde gewirtschaftet.

Die produktivste Stadt des frühen süddeutschen Buchgewerbes war wegen der Vielzahl der dort tätigen Drucker *Augsburg*. Hier überwog die illustrierte volkssprachige Produktion, darunter neun der insgesamt achtzehn deutschen Bibeln des 15. Jahrhunderts. Anton Sorg und Günther Zainer, Johann Bämler und Hans Schönsperger wetteiferten in der Herstellung deutscher Holzschnittwerke, an denen insbesondere ein schwäbisches und oberdeutsches Publikum Gefallen fand. Für einen großen Teil der Auflage wurden die Illustrationen koloriert: Das bedeutete bei fünf reichbebilderten Zainer-Ausgaben mit einer Durchschnittsauflage von 300 Exemplaren die (durch Schablonen erleichterte) Handausmalung von 85 200 Holzschnitten.[24] Schönsperger druckte besonders gerne und rasch die reichillustrierten Erfolgsbücher seiner auswärtigen Konkurrenten nach. Mit Erhart Ratdolt, der zuvor in Venedig tätig gewesen war, wirkte von 1486 bis 1527 einer der größten Druckkünstler seiner Zeit in Augsburg, dessen prächtige liturgische Werke in ganz Europa begehrt waren. Als reiner Verlegersortimenter ohne eigene Offizin betätigte sich Johannes Rynmann aus dem fränkischen Öhringen (um 1460 bis 1523), der – eine typische Karriere – zuerst Goldschmied, dann Schriftgießer, später Drucker und schließlich reiner Buchhändler war. Dieser Hauptkonkurrent Kobergers konzentrierte sich vor allem auf den Absatz an Universitäten und in Kirchenkreisen; 1507 feierte ihn der fränkische Humanist Conrad Celtis als „per universam Germaniam librarius et bibliopola".

Größte Bedeutung für den Buchhandel besaß natürlich der Rhein als Kultur- und Handelsstraße. In seinem Umkreis lagen die Hauptorte des südwestdeutschen Buchgewerbes und Zentren des oberrheinischen Humanismus Straßburg und Basel, hier war der Bücherhunger der Universitäten von Basel und Freiburg, Tübingen und Heidelberg zu stillen. Unangefochtener Mittelpunkt des wissenschaftlichen und humanistischen Verlages im ausgehenden 15. und beginnenden 16. Jahrhundert war *Basel*, wo Johann Amerbach (um 1440–1513) druckte und verlegte, dessen umfangreiche Korrespondenz mit Koberger eine Hauptinformationsquelle über den Buchmarkt jener Zeit bildet. Für ihn waren die berühmtesten Gelehrten als Herausgeber und Korrektoren tätig, darunter Erasmus von Rotterdam. Mit Amerbach arbeitete Wolfgang Lachner eng zusammen, aber auch dessen Schwiegersohn Johann Froben (tätig 1491–1527), der die führende humanistische Offizin diesseits der Alpen besaß und in 36 Jahren kein einziges deutschsprachiges Buch verlegte. Er förderte vor allem Hans Holbein als Buchillustrator. Solche Sozietäten wie diese Baseler waren für einzelne kostspielige Projekte wie auch als längerdauernde Handelsgesellschaften bei den Druckerverlegern der Frühzeit beliebt, weil sie Absatzrisiko und Kapitaleinsatz verteilten. Frobens verlegerischem Rang entsprach sein Ruf in der Gelehrtenwelt; viele wetteiferten darin, bei ihm als Editor oder Kastigator zu wirken. Besonders aufwendig waren seine erste Edition des Neuen Testaments in griechischer Sprache (1516) und die große Ausgabe des Kirchenvaters Hieronymus. Erasmus beteuerte 1516, „daß in den letzten 20 Jahren kein Werk in irgend einer Offizin mit gleichen Kosten und gleichem Eifer vorbereitet worden ist“[25]. Kardinäle setzten sich beim Papst persönlich für ein Druckprivileg ein.

Die wichtigste Verlagsstadt der frühen Inkunabelperiode war *Straßburg*, dessen Produktion weit über Elsaß und Rheinlande hinaus von der Nordsee bis nach Ungarn abgesetzt wurde. Sein wohl bemerkenswertester Verleger Johann Grüninger (tätig 1482–1531) konnte als Ausnahme unter den Druckerverlegern seiner Zeit kein Latein, besaß aber einen vorzüglichen Spürsinn für den Markt. Zu seinen Autoren gehörten Sebastian Brant und Thomas Murner, bei ihm erschienen Heinrich Bebels „Facetien“, Johann Paulis „Schimpf und Ernst“, der Eulenspiegel und rund zwei Dutzend anderer Volksbücher. Daneben legte er humanistische Prachtausgaben von Terenz, Vergil und Caesar vor. Alle Bücher Grüningers schwelgen in Illustrationen, Umrahmungen und Zierstücken. Vielleicht haben gerade solche reich mit Holzschnitten versehenen „Bilderbücher“ ein begütertes, doch nur halbalphabetisches Publikum zum Lesen verführt.

Daß auch weniger bedeutende Orte zu Verlagszentren werden konnten, zeigt Speyer, wo im letzten Viertel des 15. Jahrhunderts Peter Drach (etwa 1440–1504) dank einer florierenden Druckerei einen Fernhandel aufbaute, der mit rund fünfzig festbesoldeten Buchführern ein vielleicht mit dem Rivalen Koberger abgesprochenes Quasimonopol für Böhmen und Mähren besaß. Ein Drittel seines Angebotes bestand aus Büchern eigener Produktion, die Mehrzahl aus eingetauschten Verlagswerken anderer Firmen. Drach hatte erkannt, daß auf diese Weise ein wohlausgewogenes Angebot möglich war, das dem Käufer die Auswahl auf dem bereits unübersichtlichen internationalen Markt erleichterte und ihn gleichzeitig an die Firma band.

Der Hauptort der lateinischen und theologischen Buchproduktion war die mit 35000 Einwohnern um 1500 größte deutsche Stadt des Mittelalters, die „hillige stat van Coellen“. Der *Kölner* Verleger Frans Birckman, ansässig in der Buchgasse „Unter Fettenhennen“, nahm eine führende Stellung im Bücherhandel mit den Niederlanden und

Burgund ein, beschäftigte zahlreiche auswärtige Drucker und besaß sogar einen festen Laden in London nahe St. Pauls; die fruchtbarste Kölner Offizin war jene von Heinrich Quentell mit über 400 Drukken.

Im Gegensatz zum oberdeutschen und rheinischen Buchhandel blieb der des Nordens bis ins 16. Jahrhundert hinein eher provinziell, mit Ausnahme Lübecks, wo sich der Buchexport nach den nordischen Staaten konzentrierte. Auch Sachsen vermochte erst zur Reformationszeit die Fesseln der oberdeutschen Großbetriebe abzustreifen und beschränkte sich meist auf regional absetzbare Kleindrucke. Eine Ausnahme war *Leipzig*, wo um 1514 eine für die Zeit einzigartige Buchvertriebsgesellschaft gegründet wurde: „Pantzschmanns Buchhandel". Jeder Teilhaber steuerte Bargeld oder gedruckte Bücher bei, die unter anderem in Köln, Paris, Krakau und Wien abgesetzt wurden. Nach jeweils drei bis vier Jahren wurde Generalabrechnung gehalten. Rege war für einige Zeit auch die Buchproduktion in Erfurt, als dessen Universität zwischen 1500 und 1520 eine kurze humanistische Blüte erlebte. In Österreich schließlich ist nur Wien zu erwähnen, wo die Brüder Leonhard und Lukas Alantsee mit den örtlichen Gelehrten eng zusammenarbeiteten, aber auch in Straßburg und Venedig drucken ließen. In der Buchhandelsgeschichte firmieren sie zuweilen (mit anfechtbaren Argumenten) als erste reine Verleger. Zweifellos haben sie der spezifisch verlegerischen Aufgabe der Autorenpflege besondere Aufmerksamkeit gewidmet, wie der Nürnberger Mathematiker Johann Werner 1522 in einer Vorrede an Lukas Alantsee rühmte:

„Du sorgst für die Literatur und durchstöberst die Bibliotheken, ob nicht vielleicht noch wertvolle Werke der Alten im Verborgenen ruhen. Aber auch die Schriftsteller, die vor kurzem gelebt haben, betreust du, nicht minder die noch lebenden. Es muß wunderbar erscheinen, daß du, wenn es dir zu Ohren kommt, daß in irgendeinem Winkel Deutschlands ein dir gar nicht bekannter Mensch in seinen Mußestunden sich ein wenig mit philosophischen Dingen beschäftigt, dein Haus im Stich läßt und den Mann aufsuchst."[26]

Schon dieser flüchtige Blick auf die großen Buchhandelsunternehmen der Koberger und Drach, der Froben und Rynmann zeigt, daß sich in ihnen mittelalterliche und moderne Aspekte auf eigenartige Weise vermischen. Ihre Vertriebsformen und Marktstrategien muten höchst fortschrittlich an und wurden in anderen Handelsbereichen erst Jahrhunderte später ähnlich verwirklicht. Die verblüffende Internationalität des Buchhandels trotz der ungemein schwierigen Verkehrs- und Transportverhältnisse ist allerdings Kennzeichen einer Epoche weitgehend kirchlich geprägter Gelehrsamkeit und des lateinischen Sprachuniversalismus. In dem historischen Augenblick, da die Alleinherrschaft der Kirche durch die Reformation zerstört wurde, da die Volkssprachen das Lateinische überflügelten und sich – mit deutlichen Phasenunterschieden in den einzelnen Ländern – nationale kulturelle Identitäten entwickelten, wurde eine Nationalisierung und damit nationale Differenzierung des Buchhandels unausweichlich.

So eindrucksvoll es auch erscheinen mag, daß Bücher, die in kleinen deutschen Orten gedruckt wurden, mittels eines dichten Netzes von Buchführern in ganz Europa erhältlich waren, daß deutsche Verleger häufig in Venedig und Lyon bei spezialisierten Offizinen wie Petrus Liechtenstein und Johannes Clein drucken ließen – die Ursache dafür ist eine weitgehende Homogenität des kleinen, aber zahlungskräftigen lateinkundigen europäischen Publikums. Bis nach einigen Jahrzehnten der Grundbedarf der Kloster-, Dom- und Ratsbibliotheken wie der fürstlichen und humanistischen Sammler gestillt war, konnte man einmal als absetzbar erkannte Werke ohne großes Risiko immer wieder neu auflegen. Deshalb waren rund die Hälfte aller Wiegendrucke keine Erstausgaben, sondern Nachdrucke und Neuauflagen. Insbesondere die Klöster der rivalisierenden Orden wetteiferten darin, ihre Büchersammlungen stetig auszubauen; eine stattliche Konventsbibliothek dokumentierte Finanzkraft und Geisteskultur gleichermaßen.

Die Kehrseite dieser Marktstrategie zeigte sich freilich bei volkssprachlichen Werken, für die noch kein gesicherter Absatz zu erwarten stand. Weil ihre Erfolgschancen weit schwieriger einzuschätzen waren als die des breiten Bestandes lateinischer Fachliteratur, bedeutete etwa für die wichtigen Werke des hoch- und spätmittelalterlichen Bestandes deutscher Dichtung die Erfindung des Buchdrucks paradoxerweise nicht eine Erweiterung, sondern eine Verengung des Angebotes. So gibt es keinen einzigen Frühdruck des Nibelungenliedes, obwohl davon zahlreiche Handschriften auch noch des 15. Jahrhunderts überliefert sind; der gesamte Minnesang blieb als obsolet unberücksichtigt, aber auch Meister Eckharts Predigten, wogegen seine Schüler Seuse und Tauler des Druckes für würdig befunden wurden. Wolfram von Eschenbachs „Parzival“ und der für sein Werk gehaltene „Titurel“ erschienen zwar 1477 bei Mentelin in Straßburg, waren aber ein geschäftlicher Mißerfolg – wahrscheinlich wegen der Übernahme einer jahrhundertealten, sprachlich kaum verständlichen mittelhochdeutschen Textvorlage. Besser absetzbar war die kürzere, unterhaltsame Spielmannsdichtung in Prosaversionen. Man hat geschätzt, daß von dem zu Gutenbergs Zeiten verfügbaren Kanon an etwa 5000 Werken deutscher Literatur im 15. Jahrhundert höchstens ein Zehntel gedruckt worden sei, und zwar keineswegs die literarisch bemerkenswertesten. Diese dank unwägbarer Zufälligkeiten der Überlieferung und Verfügbarkeit zustandegekommene schmale Auswahl besaß weit höhere Überlebens- und Erfolgsaussichten als die für Jahrhunderte unbeachtete Mehrzahl.[27]

Für die zeitgenössischen *Autoren* bedeutete die Erfindung des Buchdrucks keineswegs den Anbruch eines Goldenen Zeitalters. Denn angesichts des kaum zu stillenden Nachholbedarfs an tradierten Texten wurde, von Fachliteratur abgesehen, sehr wenig an Werken zeitgenössischer Schriftsteller gedruckt. Mit Sebastian Brant, Albrecht von Eyb, Stephan Fridolin, Johann Hartlieb, Heinrich Steinhöwel und Niklas von Wyle sind die wichtigsten schon aufgezählt. Allerdings war die Mitwirkung von Gelehrten bei der Buchproduktion unverzichtbar: bei der Sammlung und Bearbeitung, Einleitung und Kommentierung der Handschriften, die als Druckvorlagen dienten, aber vor allem bei der Beratung des Druckprogramms der Offizinen. Gerade in Orten wie Augsburg und Nürnberg dürften Ordensgeistliche eine wichtige Rolle als „Lektoren" bzw. „Redaktoren" bei der Auswahl aus der Überlieferung und beim Funktionswandel der lateinischen Gebrauchsliteratur gespielt haben.[28] Die Ordensleute dominierten auch als Autoren – zwei Fünftel aller Inkunabeln wurden von Dominikanern und Franziskanern verfaßt. Jeder Drucker und Verleger, der Wert auf Texttreue und Fehlerfreiheit seiner Ausgaben legte, beschäftigte „Kastigatoren", die – ob fest verpflichtet oder frei mitwirkend – Anspruch auf angemessene Gegenleistung hatten. Nicht selten wurde die Zusammenarbeit von Druckerverleger und Kastigator zur engen persönlichen Freundschaft: Das bekannteste Beispiel dafür sind Erasmus von Rotterdam und Froben in Basel, der erhebliche Summen für die Textkritik aufwandte. So gut wie alle bedeutenden Humanisten haben ihre gelehrte Laufbahn als Kastigatoren begonnen oder beendet – Philipp Melanchthon trat 1514 als Siebzehnjähriger bei Thomas Anshelm in Tübingen ein. Ähnlich stand es im Ausland: Auch die Pariser und Lyoneser Kastigatoren, vor allem aber jene des venezianischen Großverlegers Aldus Manutius (für den auch Erasmus von Rotterdam tätig war) genossen einen Ruf als Gelehrte ersten Ranges.

Verstreute Belege über frühe Autorenhonorare zeigen, daß schon damals, wie noch gut zwei Jahrhunderte lang, eine reine Geldzahlung die Ausnahme bildete – etwa die vier Gulden, die Thomas Murner 1514 von Hupfuff in Straßburg für seine „Geuchmatt" erhielt. Die Regel war die Überlassung von Freistücken, die der Autor bzw. Herausgeber seinerseits verkaufen konnte, ein Dutzend oder gar 100 Exemplare. Dazu kamen meist Naturalien oder Kost und Logis beim Druckerherren. Dennoch konnten geschickte Autoren ihr Auskommen durch die Bücher finden, vor allem mittels einer klugen Widmungsstrategie; für die vorgedruckte Zueignung zeigte sich der Adressat gerne erkenntlich. Besonders virtuos beherrschte diese Kunst Erasmus von Rotterdam: „Neben einem entwickelten Dedikationssystem betrieb er intensiven Buchhandel, indem er durch Freunde und Bekannte, später durch eigene famuli Exemplare seiner Werke an Interessenten in aller Welt verteilen ließ in der Erwartung von Gegengaben – sei es in Geld, sei es in Naturalien."[29]

Allerdings waren die Erfolge des Erasmus auf dem Buchmarkt jener Zeit einzigartig: Eine im März 1515 in 1800 Exemplaren gedruckte Ausgabe seines „Lobes der Torheit" war Mitte April bis auf 60 Stück verkauft[30], von seiner Sammlung der „Adagia" wurden von 1500 bis 1520 34 Auflagen von je tausend Exemplaren veranstaltet, und auch seine „Colloquia familiaria" waren binnen kurzer Zeit in 24000 Exemplaren über ganz Europa verbreitet. Dennoch hat Erasmus stets besonderen Wert darauf gelegt, nicht als Autor zu gelten, der um hoher Honorare willen schrieb. In einer Kontroverse mit Ulrich von Hutten warfen sich die beiden gegenseitig Dedikationenbettel und Geldschneiderei vor.

Weniger erfolgreiche, aber dafür begüterte Autoren konnten sich auch damals schon die Publikation ihrer Werke durch die Übernahme des Risikos sichern; Darlehensverträge wie Mindestabnahmegarantien sind überliefert. Manche gründeten selbst eine Offizin wie der Astronom Johannes Regiomontanus 1472/75 oder zogen sich einen Drucker heran, für den sie als Finanzier, Autor und Korrektor zugleich tätig waren – so der Ulmer Stadtarzt Steinhöwel, der 1471 den ersten Drucker in die Stadt brachte. Universitätsprofessoren stillten ihren Publikationshunger, indem sie durch „famuli" kleine Offizinen betreiben und ihre Vorlesungsskripte drucken ließen. Auch Wanderdrucker boten sich an, die ihre Presse für einige Monate aufbauten, die angehäuften Manuskripte der örtlichen Autoren druckten und die meisten Exemplare gleich am Ort absetzten. Insgesamt freilich steht die Erforschung der Rolle des Autors zur Inkunabelzeit erst in ihren Anfängen.

Sehr wenig wissen wir auch über das *Lesepublikum* vor 1500. Sowohl die zweifellos sehr geringe Alphabetismusrate, die ein bis zwei Prozent der Gesamtbevölkerung kaum überschritten haben dürfte, als auch der Lesegeschmack dieser Minderheit können nur gemutmaßt werden. Mit Skepsis ist deshalb globalen, wenn auch eingängigen Vermutungen zu begegnen, wie sie zur volkssprachlichen Buchproduktion geäußert wurden: „Von diesem massenhaft verbreiteten Kleinschrifttum aus dürfen wir mit Recht wie bei den Erzeugnissen der Briefmaler auf ein Lese- und Verbrauchspublikum in den mittleren und unteren Volksschichten schließen. Wer sonst sollte die zahlreichen Kalender, die Grammatiken [...], die vielen unterhaltenden und belehrenden Büchlein, die politischen Anschläge, die Lieder, die medizinischen und astrologischen Ratschläge für Mensch und Vieh benötigt haben?"[31] Die rhetorische Frage ist leicht zu beantworten: eben nur jene Lesekundigen, die auch Adressaten der lateinischen Fachwerke waren und deren Bedürfnis nach schneller und aktueller Information, nach Lebensregeln wie nach unterhaltender Lektüre nicht geringer war als ihr Bildungshunger. Die Bibliothek etwa des berühmten Humanisten Hartmann Schedel beweist dies exemplarisch.

R. Schenda betont mit Recht: „Die Konsumenten der populären Lesestoffe werden nicht von der sozialen Schicht, sondern von ihren psychischen, kognitiven, edukativen und soziokulturalen Dispositionen her definiert."[32] Die Vorstellung, daß die „unteren Volksschichten" Grammatiken gekauft hätten, erscheint höchst zweifelhaft. Daher räumt denn auch der oben zitierte Autor ein: „Das sogenannte ‚Volksbuch', die meist aufwendig bebilderten laientheologischen Werke wie das ‚Speculum humanae salvationis' und die Armenbibel, die Reisebeschreibungen, die Heldenbücher, Trojageschichten und anderen literarischen Werke zählten mindestens in den ersten beiden Jahrzehnten des Buchdrucks ganz sicher nicht zur Volkslektüre, sondern viel eher zu den Standardwerken für den gehobenen Anspruch."

Für Werke in lateinischer Sprache galten keine nationalen Herstellungs- und Absatzbarrieren. Ob sie in Paris oder Venedig, in Köln oder Basel gedruckt waren, sie fanden Käufer, vor allem beim Klerus, in Portugal und Schweden, England und Siebenbürgen. Darunter waren internationale Bestseller wie Amerbachs Wörterbuch „Vocabularius breviloquus" mit fünfundzwanzig Auflagen zwischen 1467 und 1504, oder die „Legenda aurea" des Jacobus de Voragine mit über hundert Ausgaben zwischen 1470 und 1500, wovon allerdings ein Drittel in den Volkssprachen erschien. Auch das erfolgreichste Erbauungsbuch der Frühen Neuzeit, Thomas a Kempis „De imitatione Christi“ brachte es schon bis zum Jahr 1500 auf 99 Auflagen.

Das volkssprachliche Buch dagegen konnte keineswegs mit mehr Lesern rechnen als das lateinische. In einem Jahrzehnte und Jahrhunderte dauernden Prozeß mußte sich erst ein breiteres Lesepublikum entwickeln. Um die ersten Lektürebedürfnisse dieser Kreise zu befriedigen, halfen die Fernhandelswege wenig, auf denen sich die lateinische Produktion so trefflich verbreiten ließ. Es galt neue lokale und regionale Vertriebskanäle erst aufzubauen, galt auch den unterschiedlichen regionalen Lektüregeschmack erst kennenzulernen und zu berücksichtigen. So war, dem Alphabetisierungsgrad in der begüterten Schicht entsprechend, unterhaltende Literatur in oberdeutscher Sprache weit besser absetzbar als in Niederdeutsch, der Sprache der Hanse.

Wegen der geistlichen und weltlichen Leser in den Städten mag der Alphabetisierungsgrad und damit die Lesefähigkeit dort bei zwei bis vier Prozent oder gar leicht darüber gelegen haben, doch stand es auf dem Lande, wo die erdrückende Mehrheit der Bevölkerung lebte, damit um so schlechter.[33] Von den insgesamt rund 12 Millionen Deutschen um 1500 waren etwa 1,5 Millionen Stadtbewohner. Auch wenn man den Alphabetisierungsgrad der letzteren auf höchstens fünf Prozent schätzt, dürften im 15. Jahrhundert kaum mehr als etwa 60000 Menschen in Mitteleuropa überhaupt die Voraussetzungen zur optischen Rezeption von Gedrucktem besessen haben, ohne daß sie deshalb schon als im engeren Sinne lesendes oder gar kaufendes Publikum gelten dürfen. Natürlich war die Zahl der passiv, nämlich akustisch Rezipierenden weitaus größer, die sich von einem Lesekundigen vorlesen ließen und immerhin die Illustrationen betrachten konnten.

Ohnehin war für den allergrößten Teil der Bevölkerung von den Umständen des Alltagslebens her nur „öffentliches“, gemeinsames Lesen möglich; zur Individuallektüre im „stillen Kämmerlein“ fehlten ihm alle sozialen Voraussetzungen (einschließlich des Kämmerleins), vor allem aber die psychischen. Auch das einsame Lesen – etwa in der Klosterzelle – war stets noch ein „lautes“, auf jeden Fall mit Murmeln oder Flüstern, vielleicht gar mit Gestikulieren verbunden. Sicherlich blieben Bücher auch nach dem Preissturz von 1480 ein Luxusgegenstand für begüterte Minderheiten, ausgenommen die Jahrmarktsproduktion von Einblattdrucken und fliegenden Blättern. Auf das beliebte Spiel von Kaufkraftvergleichen zwischen einem Buch und einigen Pfund Rindfleisch, zwischen Bogenpreisen und Handwerkerlöhnen sei hier verzichtet, weil es bestenfalls lokale Indizien liefern kann. Auf dem noch recht kleinen Feld der Leserforschung der Frühdruckzeit ist die Tendenz zur Verallgemeinerung einzelner Quellenfunde sehr groß. Erst ausführlichere und vergleichende Untersuchungen zu den Erfolgsbüchern der Zeit, zu den Verlagsprogrammen, zu Katalogen klösterlicher und privater Bibliotheken, zu Besitzeinträgen und Nachlaßinventaren werden gesichertere Aussagen ermöglichen. Dabei ist zu bedenken, daß ein nicht geringer Prozentsatz gerade volkssprachlicher Einblatt- und Kleindrucke spurlos verschwunden ist, weil er von privaten Käufern „vernutzt" wurde und nicht Eingang in die überdauernden Kloster- und Humanistenbibliotheken fand.

Vorläufig ist nur zu vermuten, daß die umfangreicheren nichtfachlichen deutschsprachigen Schriften so gut wie ausschließlich von einer kaufkräftigen Oberschicht gelesen wurden: Kaufmanns- und Handelspatriziat insbesondere in den ökonomisch prosperierenden Reichsstädten (für sie war auch das erste Wörterbuch lebender Sprachen bestimmt, der 1477 in Venedig gedruckte „Vocabolista italiano-tedesco"), städtische und fürstliche Beamte, Juristen und Ärzte, Gelehrte, ein kleiner Teil des Adels und nicht zuletzt die höhere Weltgeistlichkeit fallen darunter. Die letztere gehörte bis ins 18. Jahrhundert hinein in katholischen Landen zu den Hauptabnehmern auch weltlicher Literatur. Überhaupt darf die Rolle von Klerikern und Ordensleuten, die ja im Unterschied zu den illiteraten Laienbrüdern dem Adel und der stadtbürgerlichen Oberschicht entstammten, als Lesepublikum mit stattlichem Zeit- und Finanzbudget nicht unterschätzt werden: So kamen in Nürnberg 1449 auf rund 20000 Einwohner nicht weniger als 446 Pfarrer und Mönche mit ihren Dienern. In Ulm zählte man im 16. Jahrhundert gar bei 10600 Einwohnern 596 Geistliche, also mehr denn fünf Prozent.[34] Auch bei Nonnen und Laienbrüdern war das Interesse am Lesen weiter verbreitet als in der übrigen Bevölkerung, weil sie weniger Ablenkung und mehr Möglichkeiten zur gemeinsamen Lektüre besaßen. Schließlich diente ein nicht geringer Teil der lateinischen und deutschen religiösen Buchproduktion nicht nur der Erbauung, sondern auch der Unterhaltung – die Heiligenviten, die „Legenda aurea" und nicht zuletzt die Predigtsammlungen seien genannt, die ein Achtel der Gesamtproduktion ausmachten.

Vielleicht ist die Lektüre nach 1480 schon allmählich ins mittlere Stadtbürgertum vorgedrungen, etwa in Form schmaler volkstümlicher Traktate, Gebetbüchlein und Legenden; auch die zahlreichen gedruckten Einladungen der Städte zum Armbrust- und Büchsenschießen, zu Glückshafen und sonstigen Belustigungen (wie 1487 zum Speyerer Sau-Totschlagen für Blinde) in Plakatform zielen auf lesefähige Zünftler. Ein spezifisches literarisches Publikum waren wohl auch jene Handwerksmeister, die den Meistergesang in den süddeutschen Städten organisierten: Ihre lebhafte Produktion von (teils schon vor 1500 gedruckten) Liedern hat eine wenn auch eingegrenzte Schreib- und Lesefähigkeit zur Voraussetzung. Aber das neue Medium besaß für die große Mehrheit der Bevölkerung noch keine kulturprägende Bedeutung. Es dauerte noch einige Jahrzehnte, bis das Buch als „typographische Datenverarbeitungsanlage“[35] die allgemeine Kommunikationssituation revolutioniert und die seit zwei Jahrtausenden gültigen Prinzipien der Informationsverbreitung völlig umgestaltet hatte.

II.

Der Buchhandel im Zeitalter der Konfessionskämpfe

Im Jahr 1504 klagte der Großverleger Koberger seinem Basler Geschäftsfreund Amerbach über den Absatz einer aufwendigen Bibelausgabe: „Es ist warlich ein unkewfflich werk. Ich hett mich versehen, er solt anders von statt gangen sein. Aber der handel der bucher ist so gancz nichtz mer, das ich nicht weiß, was man machen möchte [...]. Woll hab ich das gesant allenthalben jn das lantt. Die pleyben do ligen, und wirt nichtz domitt geschafft."[1]

Zwei Jahre später zeigte sich der Humanist Johannes Reuchlin höchst befremdet, daß seine Grammatik des Hebräischen (mit der die neuzeitliche Hebraistik begann) auf der Frankfurter Messe so gut wie unverkäuflich sei. Kein Buchführer wolle sich damit abgeben. Von den 1500 gedruckten Exemplaren waren nach vier Jahren noch 600 vorrätig. Ähnlich äußerten sich andere Humanisten. Was war geschehen?

Der Buchhandel der Frühdruckzeit erlebte seine erste schwere Absatzkrise. Die unermüdliche Begeisterung, mit der die Verleger und Gelehrten immer neue Kostbarkeiten aus dem Staube der Klosterbibliotheken zogen und den Druckerpressen anvertrauten, ließ nach. Nach wenigen Jahrzehnten schien die bisher weit verstreute Überlieferung von fast zwei Jahrtausenden dank des Spürsinns und Fleißes der Editoren wieder allgemein verfügbar. Die Aufnahmefähigkeit war erschöpft, die Klöster und die Geistlichkeit waren des scheinbar endlosen Stroms kostspieliger Folianten überdrüssig: „Man hatt die pfaffen So ganncz außgelertt mit den buchern, so vil Gelczs von in czogen, Das [sie] nit mer dar an wollen", konstatierte wiederum Koberger gegenüber Amerbach.[2] Der internationale Buchhandel, der ganz Europa mit enormer Leistungsfähigkeit zu versorgen vermochte, stieß an die Grenzen der Gelehrtenrepublik.

Doch die Stagnation dauerte nicht lange. Denn just in diesem historischen Augenblick gewann das Buch eine neue Dimension: Es wurde zum Massenmedium in der Volkssprache. Vielleicht wäre es der Reformation ohne die mächtige Bundesgenossin der Druckerpresse ebenso ergangen wie noch hundert Jahre zuvor der hussitischen Bewegung – ihr religiöser und sozialer Reformeifer fand in Mitteleuropa keine schnelle Verbreitungsmöglichkeit, ihr Funke verglomm.

Schon die dürren statistischen Zahlen verraten, was geschah: Für das Jahrfünft von 1513 bis 1517 verzeichnen ältere (sicher unvollständige) Bibliographien insgesamt 527 deutschsprachige Drucke, für die folgenden fünf Jahre 1518 bis 1523 dagegen 3 113, also etwa das Sechsfache.[3] Im Jahr 1500 betrug das Verhältnis der lateinischen zu den deutschsprachigen Neuerscheinungen zwanzig zu eins, im Jahr 1524 nur mehr drei zu eins.

Dieser radikale Wandel beruhte im wesentlichen auf dem Wirken eines einzigen Mannes: *Martin Luther*. Luthers Bedeutung für das Buchwesen seiner Zeit ist erst jüngst durch eine umfassende Studie von H. Flachmann gewürdigt worden. Sie ergänzt die zahlreichen Darstellungen zur Reformationsgeschichte, in denen die Wichtigkeit des Buches für die Ausbreitung der Bewegung betont wird.

Bereits die erste lateinische Sammelausgabe von Luthers Schriften, die der Basler Verleger Froben (übrigens ohne Vorwissen des Autors) veranstaltet hatte, war binnen weniger Monate in erster und zweiter Auflage vergriffen. Froben teilte Luther am 14. Februar 1519 mit, daß er auch an der Sorbonne, in Brabant, England und Italien damit Erfolg erzielte: „Unsere Exemplare haben wir alle bis auf 10 verkauft; noch bei keinem Buch haben wir einen günstigeren Absatz zu verzeichnen gehabt."[4] Die Resonanz von Luthers folgenden Werken war noch weit heftiger: Sie erschienen in den Jahren zwischen 1518 und 1523 in Dutzenden, ja Hunderten von Editionen, großteils als Broschüren im Quart- oder Oktavformat von wenigen Druckbogen Umfang, die schnell herzustellen, schnell nachzudrucken und schnell zu vertreiben waren. Friedrich Kapp fand in seiner „Geschichte des Deutschen Buchhandels" vor gut hundert Jahren dafür die so enthusiastischen wie plastischen Worte:

„Bis auf Luther waren die in Deutschland gedruckten Bücher in der Regel große und teuere, meist vornehm ausgestattete Folianten oder auch Quartanten, welche man bequem in den Bibliotheken nach damaligem Brauch an die Kette legen, aber nicht in die Welt hinausschleudern konnte, wie die handlichen Oktavbände. Er vorwiegend führte zuerst das demokratische Flugblatt in Quart, die billigen Duodez- und Oktavschriften von wenig Bogen massenhaft in die deutsche Literatur ein. Auch das war eine revolutionäre That, die vielleicht ebenso entscheidend auf die Geschicke der Menschheit einwirkte, wie im Kriege der leichte Fußsoldat, der den gepanzerten

Ritter verdrängte, und wie im modernen Wirtschaftsleben die Siebenmeilenstiefel der Eisenbahn, welche den alten Frachtwagen überflügeln [...]. Indem Luther das heftige Kleingewehrfeuer der politischen und kirchlichen Flugschrift gegen das schwere Geschütz der Quartanten und Folianten eröffnete, erhob er erst die Buchdruckerkunst zu ihrer eigentlichen Bedeutung und gewann in ihr einen tausendzüngigen Herold, den keine mündliche Propaganda ersetzen konnte."[5]

Luthers berühmte 95 Ablaßthesen waren zunächst nur für ein gelehrtes lateinkundiges Publikum gedruckt worden. Als im Frühjahr 1518 eine deutsche Fassung mit dem Titel „Ain Sermon von Ablaß und Gnade" erschien, erlebte sie in nur zwei Jahren nicht weniger als 23 hochdeutsche und zwei niederdeutsche Ausgaben. Im August 1518 kam „An den Christlichen Adel Deutscher Nation" in der für diese Zeit enormen Erstauflage von 4000 Exemplaren heraus – und war in fünf Tagen vergriffen, fünfzehn weitere Auflagen folgten schnell. Kaum geringeren Absatz fanden Luthers folgende, mit scheinbar unerschöpflicher Produktivität veröffentlichten Schriften.

Die Wirkung auf den Buchmarkt war überwältigend: Nicht nur trat der ohnehin schleppend absetzbare scholastische und theologische Wust völlig in den Hintergrund, sondern sogar die Manuskripte der renommierten Humanisten bis hin zu Erasmus blieben liegen. Sie, deren Projekte bisher stets das geneigte Ohr der Verleger gefunden hatten, mußten plötzlich vergebens eine Offizin nach der anderen abklappern. Altgläubige Druckerverleger wie Froben, der 1524 von dem zuvor risikolosen Brotartikel „De civitate Dei" des Augustinus kein einziges Exemplar loswurde, und sogar Koberger gerieten in finanzielle Bedrängnis. Erasmus von Rotterdam beklagte sich 1523 bei König Heinrich VIII. von England, in Basel wage niemand nur ein Wörtchen gegen Luther drucken zu lassen, während man gegen den Papst schreiben dürfe, soviel man wolle. Sein Kontrahent Ulrich von Hutten lief dagegen, wie viele andere Humanisten, mit fliegenden Fahnen zur Reformation über. Er übersetzte 1520/21 seine lateinischen Dialoge in die Volkssprache mit der Begründung: „Latein ich vor geschrieben hab/ das war eim jeden nit bekannt / Jetzt schrei ich an das Vaterland / teutsch Nation in ihrer Sprach / zu bringen diesen Dingen Rach."

Der Buchhandel schien plötzlich eine Goldgrube: Junge, unternehmungslustige Drucker und Verleger konnten jahrelang bar jeden Risikos Luthers Schriften nachdrucken und unter die Leute bringen. Das zuvor völlig unbedeutende Wittenberg, der Wohnort des Reformators, wurde zu einer blühenden Metropole des Buchdrucks – man feierte es gar als zeitweilige „Medienhauptstadt des Abendlandes“[6] –, sank nach seinem Tode aber bald wieder in die Drittrangigkeit ab. Hier erschien bei dem Drucker Melchior Lotter auch Luthers bedeutendste sprachliche und literarische Leistung, die Übersetzung der *Bibel.*

Schon zuvor waren vierzehn hochdeutsche und vier niederdeutsche Versionen auf dem Markt gewesen; die hochdeutschen basierten allesamt auf einer älteren oberdeutschen (bairischen) Übersetzung. Dank der genialen Sprachkraft des abtrünnigen Augustinermönchs verdrängte seine sächsisch-mitteldeutsche Version die altgläubige –, künftig beanspruchte das modernere Lutherdeutsch des neuen Glaubens den Vorrang als Leitidiom. Zunächst übersetzte der Reformator das Neue Testament binnen nur elf Wochen. Die erste Auflage war im September 1522 in 2000 Exemplaren vollendet – verlegt und finanziert von dem Goldschmied Döring und dem ebenso bedeutenden Maler wie Geschäftsmann Lucas Cranach dem Älteren. Der Preis des gebundenen Exemplars (ein Gulden) soll dem eines schlachtreifen Schweines entsprochen haben. Bereits nach zehn Wochen folgte die zweite Auflage, und allein in Wittenberg erschienen bis 1533 vierzehn hochdeutsche und sieben niederdeutsche Ausgaben; auf jede von ihnen entfielen etwa fünf auswärtige Nachdrucke. Damit dürften zu Lebzeiten des Reformators rund 200000 Exemplare seines Neuen Testaments verkauft worden sein. Weitere Teile der Bibel kamen heraus, bis 1534 bei Hans Lufft in Wittenberg erstmals die komplette „Vollbibel“ vorlag, verlegt von einem Dreierkonsortium örtlicher Buchhändler. Bis zu Luthers Tod 1546 wurden insgesamt 354 hochdeutsche und 91 niederdeutsche Gesamt- und Teilausgaben seiner Bibelübersetzung gedruckt. Melchior Lotter war bereits 1528 nach Magdeburg übersiedelt und verhalf dieser Stadt zu ihrem Ruf als „unseres Hergotts Kanzlei“.

Der erfolgreichste und meistgelesene Autor des 16. Jahrhunderts hat für die Vielzahl seiner Schriften und Übersetzungen niemals ein Honorar gefordert: „Ich habe es umsonst empfangen und umsonst hab ichs gegeben; ich will nichts dafür, da doch Christus mein Herr es mir vielhundertfältig lohnt.“[7] Nicht nur gegenüber seinen Originalverlegern war Luther so großzügig – auch den ungefragten Nachdruck beurteilte er zunächst mild, weil auf diese Weise sein und Gottes Wort noch weitere Verbreitung fanden. Aber je mehr Offizinen sich seiner Werke bemächtigten, oft auch versteckte Winkeldruckereien in noch katholischen Territorien, desto mehr erzürnte ihn das

Erzübel des Raubdrucks, nämlich mangelnde Texttreue, Fehler und Verstümmelungen, ja gar grobe Verfälschungen des Originaltextes: „Nu wäre der Schaden dennoch zu leiden, wenn sie doch meine Bücher nicht so falsch und schändlich zurichten. Nu aber drucken sie dieselbigen und eilen also, daß, wenn sie zu mir wieder kommen, ich meine eigenen Bücher nicht kenne. Da ist etwas außen, da ists versetzt, da gefälscht, da nicht korrigiert. Haben auch die Kunst gelernt, daß sie Wittemberg oben auf etliche Bücher drucken, die zu Wittemberg nie gemacht noch gewesen sind. Das sind ja Bubenstück, den gemeinen Mann zu betriegen."[8] Um besonders das Wort Gottes vor solchen Mißhandlungen zu schützen, ließ Luther erstmals 1524 auf das Schlußblatt einer Teilausgabe des Alten Testaments einen Holzschnitt des Kreuzeslamms und daneben seine Wappenrose als Markenzeichen drucken mit der Unterschrift: „Dis zeichen sey zeuge / das solche bucher durch meine hand gangen sind / den des falschen druckens vnd bucher verderbens / vleyssigen sich ytzt viel Gedruckt zu Wittemberg."

Ebenso wie sich im 18. Jahrhundert, allerdings unter anderen rechtlichen Vorzeichen, die Nachdrucker Verdienste um die Ausbreitung der neuen Literatur und die Erschließung neuer Leserschichten erwerben sollten, so kann man auch die Rolle des Nachdrucks im 16. Jahrhundert für die schnelle Verbreitung reformatorischen Gedankengutes kaum überschätzen. Er stimulierte eine Nachfrage auch an Orten, wo die Originalausgaben nicht oder erst viel später zu haben gewesen wären. Bis zum Tode des streng altgläubigen Herzogs Georg von Sachsen, der sich dem Wormser Edikt unterwarf, im Jahr 1539 blieb sogar der natürliche Hauptumschlagplatz für Luthers Schriften, Leipzig, der neuen Lehre verschlossen, was den dortigen Buchgewerbetreibenden große Einbußen bescherte. Erst nach seinem Tode waren die fetten Jahre für Wittenberg vorbei, übernahm Leipzig auch hier die Vorherrschaft.

Wie der Buchdruck die Reformation förderte, so hat die Reformation dem Buchdruck in einem Wechselspiel der gegenseitigen Abhängigkeiten zu neuer Wirkung verholfen. Sicher ist, daß „ die theologischen Kontroversen und Polemiken, durch die neue Technologie in aufreizender Schnelle und massenhaft publiziert und kommuniziert, eine eigene, selbstlaufende Dynamik entwickelten und damit auch bestimmte Bewegungen des reformatorischen Prozesses induzierten"[9]. Luthers Reformwerk „erfüllte nicht nur das Verlangen nach einer Erneuerung der Kirche; es befreite auch bislang gedrosselte Lese- und Informationsbedürfnisse. Daß sich diese damals vornehmlich in kirchlichen Zusammenhängen artikulierten, entspricht der Verfassung einer Gesellschaft, in der geistige, soziale und religiöse Funktionsbereiche eng miteinander verflochten waren"[10]. Diese Modernisierung der spätmittelalterlichen Sozial- und Kommunikationsstrukturen führte zur Herausbildung einer allerdings zeitlich begrenzten „reformatorischen Öffentlichkeit". Ihr wichtigstes Beförderungsmittel war die neue Mediengattung der billigen, einen oder wenige Bogen im handlichen Quartformat umfassenden *Flugschrift*. Vielleicht hat sie sich vor und neben dem reformatorischen Geschehen eigenständig entwickelt und war zunächst dazu bestimmt, die spätmittelalterliche Sozialdisziplinierung durch Predigt und Verkündigung mittels des Druckes zu ergänzen. Wenn solche geistlichen und weltlichen Steuerungsabsichten vorhanden waren, gerieten sie zumindest vorübergehend außer Kontrolle. Zwischen 1519 und 1522 kehrte sich das Mengenverhältnis zwischen lateinischen und deutschen Flugschriften um: waren zuvor 72 % in der Gelehrtensprache erschienen, so kamen danach 74 % in der Volkssprache heraus. Zugleich mit den religiösen Flugschriften, wenn nicht schon vor ihnen, tauchten politische auf, die auf den Neuigkeitenhunger der Leser spekulierten, wie der Titelreim von 1511 zeigt: „Wer wissen wöll, wie die Sach stand / Itzt in dem Württemberger Land / Der kauf und les den Spruch zuhand / Er ist der arm Conrad genannt." Auch die Sensationslust wurde befriedigt: Kaum sagten die Astrologen für den Februar 1524 eine verheerende Sintflut voraus, erschienen rund hundert Flugschriften zu diesem Thema.

Als sich im Gefolge der Reformation die Zerrüttung der alten Ständeordnung zu einer für den Bestand des Reiches bedrohlichen sozialrevolutionären Situation zuspitzte und die Bauern zu den Waffen griffen, multiplizierte und potenzierte der Buchdruck ihre Parolen. Binnen eines Jahres brachten es 1525 die „Zwölf Artikel" der oberschwäbischen Aufrührer auf 24 Drucke aus 18 Offizinen. Insgesamt schätzt man die Zahl der von 1501 bis 1530 erschienenen religiösen und politischen Flugschriften auf etwa 10000, davon allein im Jahr 1523/4 mehr als 2000. Geht man von durchschnittlich 1000 Exemplaren pro Flugschrift aus, so müßte im ersten Drittel des 16. Jahrhunderts bei einer deutschen Bevölkerungszahl von rund 12 Millionen Menschen etwa „ein Flugschriftenexemplar pro Person publiziert worden sein"[11], ja von 1521 bis 1525, in der Hochphase der reformatorischen Bewegung entfielen „auf jeden Lesefähigen des Reichsgebietes nicht weniger als zehn Flugschriftenexemplare"[12]. Natürlich darf man aus diesem Zahlenspiel nicht auf eine entsprechende Breite der Rezeption schließen, wohl aber auf eine zuvor und auch danach lange nicht mehr erreichte Intensität der Versorgung insbesondere im Süden des Reiches. Wer eine Flugschrift kaufte (oder sich vorlesen ließ), war der Gattung verfallen. Auch im weiteren Verlauf des 16. Jahrhunderts blieben die „Newen Zeyttungen" über Monstren und Wunderzeichen, Katastrophen und Kriegsereignisse Favoriten in der Gunst des lesenden, vorlesenden und zuhörenden Publikums, desgleichen die illustrierten Flugblätter, die mit ihren derben, doch anspielungsreichen Bildern und Texten propagandistische und meinungslenkende Funktion besaßen.[13]

Die Buchdrucker und Buchführer, die diese enormen Mengen an Gedrucktem unter die Leute bringen wollten, standen vor einer völlig neuen Aufgabe. Bei den allermeisten vereinten sich Geschäftssinn und religiöse Überzeugung zur unbedingten Parteinahme für die neue Lehre. Sie verloren damit das altgläubige geistliche Publikum und mußten ihre Absatzstrategien noch stärker auf den Markt- und Wanderhandel hin ausrichten. Unter den teils argwöhnischen, teils wohlwollenden Augen der städtischen Obrigkeiten schossen nun die Bücherbuden aus dem Boden, zogen die Flugschriftenhausierer von Wirtshaus zu Wirtshaus. Als Kolporteure politisch und religiös heikler und sektiererischer Broschüren bevorzugten die Buchführer alte Frauen und junge Burschen, weil die Büttel diese am ehesten wieder laufen ließen.

Eine typische Figur dieses ideologisch motivierten Buchhandels war Hans *Hergot*, Drucker und Buchführer in Nürnberg, der vor allem im Sächsischen mit Flugschriften und Nachdrucken übers Land reiste. Als 1527 in Leipzig bei zwei Studenten ein aufrührerisches Traktat „Von der newen wandlung eynes Christlichen lebens" beschlagnahmt wurde, gaben diese an, es zur Verbreitung von Hergot erhalten zu haben, der auch weitere sozialrevolutionäre Pamphlete insgeheim feilgeboten hatte. Nach langen Verhören wurde Hergot als Agitator im gleichen Jahr mit dem Schwert hingerichtet. Eine Anzahl anderer Buchführer und Winkeldrucker wie Hieronymus Höltzel, Hans Hut oder Kunz Kern in Rothenburg betätigten sich in den Wirren des Bauernkrieges als Rädelsführer und Aufwiegler, wurden mit Geldstrafen belegt, des Landes verwiesen oder kamen gar um. Der Schriftsteller Pamphilus Gengenbach, mit dem das volkssprachliche Drama des 16. Jahrhunderts seinen Anfang nahm, vertrieb in seinem Baseler Buchladen und auf den Märkten die großen sozialutopischen Traktate wie Eberlin von Günzburgs „Bundsgenossen" neben Aderlaßbüchlein und Prognostiken.

Der Kolporteur mit Flugschriften, Einblattdrucken und „Newen Zeyttungen" (1588)

Auch Sebastian *Franck* (1499–1542), einer der wirkungsmächtigsten Autoren seiner Zeit, erlitt ein exemplarisches Schicksal: Zunächst katholischer Priester, dann verheirateter lutherischer Prädikant in Franken, hatte er sich von den Konfessionen losgesagt und in Straßburg 1531 seine „Chronika Zeitbuch und Geschichtbibell" veröffentlicht, die die Stadt als aufrührerisch konfiszierte. Man vertrieb ihren Autor, der nach einem Intermezzo als Seifensieder in Eßlingen 1533 in Ulm eine kleine Druckerei und einen Buchladen einrichten konnte, wo er die zweite Auflage der Chronik mit erneut aufmüpfigen Worten eröffnete: „Gedenk ein jeder / daß des lügens und hofirens genug ist. Will man aber diese freiheit den Büchern nehmen / wider jemand zu schreiben / so werden die Bücher voller Lügen und Affekt."[14] 1539 mußte Franck auch Ulm als Anarchist und Chiliast überstürzt verlassen und starb 1542 in Basel, verarmt und verfolgt.

Wie reagierten die Zeitgenossen auf diesen turbulenten Buchmarkt? Der Exfranziskaner und reformatorische Streithansel Johann Eberlin von Günzburg (1468–1533) ließ 1524 in seiner Schrift „Mich wundert, daß kein Geld im Land ist" drei Landfahrer die großen Übel der Zeit kritisieren. Auch den Buchdruckern und Buchführern gilt darin eine bewegte Klage:

„Es ist die ganze Welt auf Kaufen und Verkaufen eingestellt, wobei doch weder Treu noch Glauben gehalten wird. [...] Sieh dir an, wie bedenkenlos sich die Drucker auf die Bücher stürzen, ohne darauf Rücksicht zu nehmen, ob eine Sache böse oder gut, geziemend oder ärgererregend sei. Sie nehmen Schandbücher, Buhlbücher, Spottlieder und was ihnen in die Hand kommt und gewinnbringend scheint, zum Drucke an – wodurch der Leser Geld geraubt, Sinn und Herz verwüstet und Zeit vergeudet wird. Auf solche Weise verstricken sie sich in unzählige Sünden, weshalb ihr Tun selten zum Glück ausschlägt: was einer in zehn Jahren zusammenscharrt, das nimmt der Teufel auf einmal mit. Jetzt haben sie sich auf die Lutherischen Büchlein und die Heilige Schrift gestürzt, auch hier nur um ihres eigenen Nutzens willen: so muß auch Gottes Wort ihrem gottlosen Geize dienen [...] und wenn das Geschäft mit der evangelischen Sache ihnen nicht mehr genügend einbringen will, so stürzen sie sich so entschieden auf das Geschäft mit der päpstlichen Sache, wie es kein Papist tut [...], kurz, wenn es sich nur gut verkauft, mag es nun gut oder böse sein, so sind sie zufrieden. [...] Ich hab auch oft ein Büchlein gekauft und gelesen; wenn ich aber so närrische, bübische Titel darauf gedruckt finde wie ‚Bundesgenossen', ‚Schweizer Bauern', ‚Fuchs und Wolf', ‚Zigeuner', ‚Türk und Ungar', ‚Nachtigall', ‚Rittersporn', ‚Badreise', ‚Schelmenzunft', ,Narrenbeschwörung', ,Gauchmeyd', ,Papstgrube', ,Wolfgeschrei', ,Glockenturm', ,Luthers Feldschlacht', ,Karsthans', ,Flegelhans' und andere: wozu dienen solche Titel? Nur zur Förderung der Leichtfertigkeit, als Zeichen dafür, daß sich der Teufel weiter regt, auch wenn er sich hinter heiligen Worten versteckt."[15]

Was Eberlin hier tadelt, ist ein Buchmarkt, der sich binnen kaum eines Jahrzehnts radikal verändert hat und mit dem der Inkunabelzeit anscheinend wenig mehr gemein hat. Ihn bestimmen Drucker, Verleger und Buchführer, die zugleich „Promotoren eigennütziger kommerzieller Interessen und Multiplikatoren geistiger Ideen und Impulse"[16] sind. Ihn prägen neue literarische Kommunikationsformen, die ein begieriges Publikum mit attraktiven Titeln und derben, polemischen Inhalten ködern – wobei der gedruckte Text meist zu erkennen gibt, daß er nur ein aktueller Ausschnitt eines großen Kommunikationszusammenhanges ist; häufig in Dialog- oder Gesprächsform mehrerer Beteiligter abgefaßt, nimmt er in zugespitzter Form jene Unterhaltungen vorweg, die seine Thesen bei den gemeinsam Lesenden erst auslösen, repräsentiert „schriftgewordene Mündlichkeit". Wer nicht selbst lesefähig war, nahm indirekt an diesem Zeitgespräch teil: „Kanstu nit selbs lesen, bestel einen armen schüler, der lißt dir umb ein stück brot als vyl du ein tag bedarfft", munterte Eberlin von Günzburg 1521 auf. Insbesondere in dieser Form der Flugschrift ist das Buch zum Instrument der religiösen, sozialen und politischen Einflußnahme, Indoktrination und Reglementierung breiter Schichten geworden.

Das gilt selbstverständlich auch für die Gegner der neuen Lehre, die den Apostaten und seine Anhänger unverzüglich publizistisch bekämpften. Das von Friedrich Kapp und anderen noch bis weit ins 20. Jahrhundert hinein kolportierte diffamierende Pauschalurteil entbehrt jeder Grundlage, daß nämlich in den katholischen Territorien „die litterarische Thätigkeit [...] bald ganz aufhörte, daß das Volk des Denkens entwöhnt und einer strengen priesterlichen Dressur unterworfen, auch die Lust an geistiger Erholung verlor und infolge dessen auch das Bedürfnis des Lesens ganz einbüßte"[17]. Wir werden am Beispiel des Herzogtums Bayern sehen, daß hier im Gegenteil eine so intensive wie erfolgreiche Kultur- und Buchhandelspolitik betrieben wurde. Katholische Flugschriften antworteten den protestantischen, und auch Luthers Bibelübersetzung wurde ein altgläubiger Widerpart geboten: 1527 gab der sächsische Hofkaplan Hieronymus Emser (Luthers „Bock Emser") seine Übersetzung des Neuen Testaments heraus; weit erfolgreicher war die Vollbibel des Mainzer Dominikaners Johann Dietenberger. Sie erschien sogar noch einige Monate vor

Luthers Gesamtübertragung im Frühsommer 1534 und erlebte etwa hundert Ausgaben bis ins 18. Jahrhundert. Freilich stand die katholische Kirche der Bibellektüre in breiteren Schichten weithin ablehnend gegenüber.

Wichtiger jedoch als die publizistische Gegenoffensive war es, das Umsichgreifen der neuen Lehre mit allen Mitteln zu verhindern oder wenigstens zu behindern. Die kirchlichen und staatlichen *Reglementierungsversuche* des Buchmarktes fügen sich insgesamt in den übergeordneten Prozeß der Verrechtlichung und Disziplinierung der frühneuzeitlichen Staaten ein. Sie erreichten im 16. Jahrhundert einen ersten Höhepunkt. Schon die päpstlichen Bullen von 1487 und 1501 hatten eine Präventivzensur gefordert, auf dem Laterankonzil von 1515 wurden erstmals auch Durchführungsbestimmungen erlassen. Auf dieser Grundlage konnte der Kampf gegen Luthers Schriften beginnen. Kaiser Karl V. als Beschirmer der Christenheit und des rechten Glaubens erließ 1521 das Edikt von Worms, das den Beginn der deutschen staatlichen Bücherzensur darstellt. Es sei deshalb etwas ausführlicher zitiert, weil seine Grundzüge bis ans Ende des Alten Reiches in allen einschlägigen Verordnungen erkennbar bleiben. Befohlen wird allen geistlichen und weltlichen Obrigkeiten, „Das Ewr kainer des obgenannten Martin Luther schrifften von vnserm hayligen Vater Bapst [...] verdambt: vnd all annder schrifften. die in latein vnnd Deütsch: oder in ander Sprach bißher durch jne gemacht sein: oder hinfür gemacht werden. Als Böß: Argwenig vnd verdechtlich. Vnd von eynem offenbarn hartneggickhen Ketzer außgegangen. Kauff: verkauff, lese, Behalt: Abschreyb, Druck: oder abschreyben, oder Drucken lasse, noch seiner Opinion zufall, die auch nit halt, Predig noch beschirme, noch das in ainich ander weg, wie Menschen Synn das bedencken kan vnderstee." Alle geistlichen und weltlichen Obrigkeiten sollten diese vergifteten Schriften vielmehr „mit dem Feür zuuerbrennen [...] vnd zuuerdilgen" bestrebt sein. Derselbe Bannstrahl erging gegen „schmachschrifften: wider vnsern hailigen vater Bapst. Prelaten, Fürsten. hohe schulen vnd derselben Faculteten vnd ander Ersam personen, vnd was jnhaltet: das: so sich von den guten syten, vnd der heiligen Römischen kirchen abwendet". All solche „schrifften Bücher: zedl: vnd malerey" seien gleichfalls zu verbrennen, auch „der Dichter: Schreiber: drucker, vnd Maler auch verkauffer vnd kauffer solicher schentlichen schrifften, Bücher: zedeln, vnd Malereyen [...] leib: güter: vnd gerechtigkeyten, wo jr die bekumen mügt. Annemet. Fahet. vnd behaltet. Vnd damit nach Eürm geffallen handelt". Zugleich wurde die Vorzensur aller theologischen und sonstigen Schriften durch die örtliche kirchliche bzw. universitäre Obrigkeit angeordnet: „Das hynfüro keyn Buchtrucker, oder yemands annder. Er sey wer, oder wo Er wölle: in dem Hayligen Römischen Reyche. Auch in vnsern ErbKhünigreychen, Fürstenthumben vnnd Landen: kayn Bücher noch ander schryfften, in den Etwas begriffen wirdet, das den Christenlichen Glauben wenig oder vil Anrüret. Zum Ersten druck: nit Drucke: on wyssen vnd willen des Ordinarien desselben Orts: oder seins Substituten, vnnd verordenten, mit zulassung der Facultet: in der hayligen Geschrifft eyner der negstgelegnen Vniuersitet. Aber ander Bücher. Sy seyen in welicher Facultet vnnd begreyffen was sy wöllen, die sollen mit wissen vnnd willen des Ordinarien, vnd ausserhalb desselben kains wegs, Gedruckt. Verkaufft: noch zedrucken oder zuuerkauffen vnnderstanden: Verschafet noch Gestatet werden, in kayn weyse."[18]

In den folgenden Jahrzehnten häuften sich die einschlägigen Edikte, Mandate und Reichsabschiede. 1524, 1526, 1529, 1530, 1541, 1548 und schließlich 1570 wurden die Zensurbestimmungen immer wieder „geschärft" und erneuert, ohne daß die Ausbreitung der lutherischen Lehre dadurch wesentlich beeinträchtigt worden wäre. Konkrete Einzelbestimmungen wie jene des Augsburger Reichsabschieds von 1540, daß jedes Titelblatt Erscheinungsort und Drucker nennen müsse, wurden im Zweifelsfall umgangen oder mit fingierten Adressen düpiert. Die weitgehende Hilflosigkeit der kaiserlichen Zentralgewalt bei der Durchsetzung ihrer Bestimmungen lag in der gewachsenen Souveränität der Territorialherren begründet. Jene, die der neuen Lehre anhingen (und das wurden immer mehr), hielten sich ohnedies nicht daran und erließen vielmehr für ihre Länder ebenso rigorose antipapistische Zensurverordnungen. Die Altgläubigen ergänzten zwar oft die kaiserlichen durch landesherrliche Mandate, jedoch ohne daß die martialisch zu lesenden Verbote über längere Zeit rigoros und konsequent angewandt worden wären. Dabei bildete der erstmals 1559 erlassene päpstliche „Index librorum prohibitorum", 1564 veröffentlicht und in den folgenden Jahrhunderten immer wieder erweitert, in den katholischen Reichsteilen die Grundlage für alle Indizierungen. Auch öffentliche Buch-Hinrichtungen lutherischer Schriften in Form der feierlichen Verbrennung durch Henkershand kamen vereinzelt vor, gegen Ende des 17. Jahrhunderts wurde diese symbolträchtige Prozedur bevorzugt gegen Pasquille und politische Schriften angewandt.[19] Dagegen ließen vor allem aus wirtschaftlichen Erwägungen die reichsstädtischen Magistrate ihren Druckern und Verlegern gerne großen Freiraum.

Während die religiöse Polemik im engeren Sinn nach dem Augsburger Religionsfrieden in den Hintergrund trat und das endlose Gezänk der Konfessionen an Attraktivität für das Publikum verlor, bereitete der Obrigkeit die ungehemmte Zunahme der Famoslibelle, der Pasquille und Schmähschriften besondere Sorgen. Sie enthielten oft üble persönliche Polemiken, griffen kirchliche und weltliche Institutionen und Beamte häufig namentlich an und verschonten gar Fürsten und Kaiser nicht mit kühnen politischen Thesen – dieses Frühstadium einer kritischen Publizistik ist bisher von der Forschung kaum beachtet worden. Wenn man in Einzelfällen des Druckers, Verlegers oder gar Autors habhaft werden konnte, drohten diesen drakonische Strafen. Als 1567 eine Flugschrift namens „Die Nachtigall" über die Grumbachschen Händel in wenigen Tagen vier Auflagen erreichte, wollte der darin beleidigte Kaiser endlich ein Exempel statuieren. Der Drucker wurde in Ketten vom Frankfurter Rat nach Wien geschickt, auf ein ansehnliches Geldgeschenk der Stadtväter an den Herrscher aber wieder freigelassen; den Autor, der sich nach Paris abgesetzt hatte, konnte man nicht belangen.[20]

Auch für einen Nürnberger Schuster ging es glimpflich ab, der sich 1527 erfrecht hatte, eine Spottschrift auf das Papsttum zu verfassen. Der Stadtmagistrat reagierte aus außenpolitischen Rücksichten ärgerlich, konfiszierte das Büchlein und lud den Handwerker aufs Rathaus, wo man ihm bedeutete, es „sey solches seines Amtes nicht, gebühre ihm auch nicht, darum eines Rathes ernster Befehl, daß er seines Handwerkes und Schuhmachens warte, sich auch enthalte einige Büchlein oder Reymen hinfür ausgehen zu lassen"[21]. Der Schuhmacher und Poet dazu war nur mäßig beeindruckt – Hans Sachs wandte sich von der konfessionellen Polemik ab und der allgemeinen Moralsatire zu.

Der Buchmarkt des nachreformatorischen 16. Jahrhunderts ist in wenigen Worten kaum zu charakterisieren. Das Theologengezänk blieb als „Hintergrundrauschen" über den ganzen Zeitraum hin erhalten. In immer neuen Wogen überspülten sie die Messen und Märkte, all die – mit den Worten des Lutheraners Johann Friedrich Coelestin aus dem Jahr 1569 – „Gottlose Judische / Papistische / Schwenckfeldische / Seruetische / Widertaufferische / Sacramentirische / Osiandrische / Adiaphoristische / Maioristische / Synergistische / oder sonst Heidnische verführische oder vnnütze / vnzüchtige / ehrenruige Bücher"[22]. Viel Geld war mit ihnen freilich kaum mehr zu verdienen, nachdem das Intermezzo der reformatorischen Öffentlichkeit schon um 1530 sein Ende gefunden hatte. Aber auch der gelehrte Markt konnte seine frühere Bedeutung nicht mehr in vollem Umfang zurückgewinnen. Erasmus von Rotterdam klagte 1529: „Überall, wo das Luthertum überwiegt, beginnt die Wissenschaft zu erliegen. [...] Die Drucker behaupten, sie hätten vor der Verbreitung dieses Evangeliums viel leichter 3000 Bücher verkaufen können als heutzutage 600." In gleichem Sinn konstatierte 1547 der Prediger Martin Butzer: „So liegt leider aller Bücherverkauf in diesen betrübten Zeiten also ganz darnieder."[23]

Nichtsdestoweniger behaupteten die theologische und die gelehrte Buchproduktion gemeinsam das ganze Jahrhundert hindurch die erdrückende Mehrheit. Doch auf dem volkssprachlichen Sektor gewann das Buch der Spätrenaissance und des Frühbarock erstmals eine eigene Prägung. Die Folianten traten zugunsten des handlicheren Quart- und Oktavformates zurück, nun erst setzte sich das Titelblatt als werbendes Signal allgemein durch, nun wetteiferten die Buchkünstler in Titelbordüren, Druckermarken und Holzschnittillustrationen. Die spätmittelalterliche Vielfalt von Schrifttypen teilte sich in die Antiqua für alle lateinischen Publikationen, Klassiker, Humanisten und Fachwerke – ausgenommen die liturgischen Drucke, die ihr überkommenes Erscheinungsbild der Inkunabelperiode beibehielten, dem alten Herkommen bis in die kleinste Äußerlichkeit verpflichtet. Für die wachsende volkssprachliche Produktion dagegen setzte sich nach der altfränkisch anmutenden „Schwabacher" die „deutsche" Schrift der gebrochenen Fraktur durch, die in Dürers Nürnberger Umkreis ihre schönste Gestalt gewonnen hat.

Das umfangreichere deutschsprachige Buch des 16. Jahrhunderts war zum größten Teil ein Holzschnittbuch – reich illustriert von oft bedeutenden Künstlern wie Dürer und Weiditz, Cranach und Beham, Baldung Grien und Burgkmaier, später von Virgil Solis und Jost Ammann. Zentren der Produktion blieben Augsburg und Basel, Nürnberg und Straßburg. In Nürnberg erschien 1531 die erste deutsche Cicero-Übersetzung, ebenso verschwenderisch bebildert wie ein Jahr darauf Petrarcas Trostspiegel mit 259 großen Holzschnitten. Die Basler Firmen bevorzugten populärwissenschaftliche Schriften, Kräuter- und Tierbücher vor allem, aber auch Sebastian Münsters „Cosmographey", die erstmals 1541 in deutscher Sprache erschien, bis 1650 46 Ausgaben in sechs Sprachen erlebte und mit ihrer Überfülle von Ansichten, Bildnissen und Curiosa die Schaulust der Käufer befriedigte. Mit Berg- und Probirbüchlein wie Alchimieschriften begann gerade in den oberdeutschen Druckorten eine reichbebilderte technische und naturkundliche Publizistik. Auf diese Weise wurde früheres Arkanwissen nun zum öffentlichen, leicht zugänglichen Eigentum, das gedruckte Buch wurde zu einer „autonomen, d.h. nicht in spezielle Institutionen und mündliche Lehrsituationen eingebauten Informationsquelle für Laien, d.h. für solche Personen, die keinerlei professionelle oder ständische Anrechte auf das zuvor meist als Berufsgeheimnis weitergegebene Wissen besitzen."[24]

An den alten Druckorten vorbei schob sich in der zweiten Jahrhunderthälfte die aufstrebende Messestadt *Frankfurt am Main*, wo sich erst 1530 der Erstdrucker Christian Egenolff (1502–1555) niedergelassen hatte. Ihre wichtigste Firma war neben der von Egenolff und seinen Erben die des Sigmund Feyerabend (1528–1590), der als reiner Verleger ohne eigene Druckerei mit seinen populären Artikeln die Messen beherrschte. Seine Spezialität war das verschwenderisch illustrierte, dabei in Text und Bild eng aufeinander bezogene Buch, wie die Ständebeschreibung mit Texten von Hans Sachs und Bildern von Jost Ammann. Für die Illustrationen wurden die Künstler (anders als die Autoren) geradezu fürstlich honoriert: Feyerabend bezahlte allein für das Reißen und Schneiden der Figuren zu seiner großen Bibelausgabe 949 Gulden.[25] Eine Marktlücke füllten seine Sammelausgaben unterhaltender Prosa, so 1560 das „Heldenbuch" mit den Heldensagen des Mittelalters, ab 1569 die erste Übersetzung des endlosen Amadis-Ritterromans, 1578 das „Buch der Liebe" mit den alten Volksromanen, und 1569 auch das „Theatrum diabolorum", in dem alle „Teufelbücher" vereint waren – satirisch-didaktische Traktate, die auf deftig-ergötzliche Weise als Hurenteufel, Saufteufel, Hosenteufel, Fluchteufel, Eheteufel und dergleichen Lasterschelte und Lebensweisheit mischten und zwischen 1560 und 1590 wohl in mehr als 200000 Exemplaren verbreitet waren. In einer verlegerischen „Cumpaney" arbeitete Feyerabend mit der Firma Gülfferich-Han zusammen, die so gut wie alle überlieferten Volksbücher jahrzehntelang neu drucken ließ: Eulenspiegel und Melusine, Fortunatus und Herzog Ernst, Tristan und der Hürne Seyfried erlebten zahlreiche Auflagen von meist 2000 bis 3000 Exemplaren.

Wie Frankfurt konkurrenzlos die volkssprachliche belletristische Produktion beherrschte, so war *Köln* das Druck- und Verlagszentrum der katholisch gebliebenen Reichsteile. Das geistliche Kurfürstentum, seit 1583 wittelsbachische Sekundogenitur, galt als wichtigster Herstellungs- und Verbreitungsort gegenreformatorischen Schrifttums in Mitteleuropa. Hier erschien aber auch seit 1572 das riesige Sammelwerk des Stiftsdechanten Georg Braun, die „Beschreibung und Contrafaktur der vornehmsten Städte der Welt" mit 370 großen Foliotafeln im Kupferstich, das trotz seines sehr hohen Preises schnell vergriffen war.

Neben die großen Drucker- und Verlegerpersönlichkeiten des 16. Jahrhunderts, die bisher wissenschaftlich noch kaum untersucht worden sind, trat eine Vielzahl durchwegs unerforschter Kleinfirmen. Das Gewerbe war überbesetzt; der schon erwähnte Lutheraner Coelestin vermerkte 1569 triumphierend, daß die altgläubigen Buchhändler „nimmermehr auf einen grünen Zweig kommen", obgleich sie „viel und allerley drucken / verlegen / vnd kauffen / auch tewer genug verkauffen / rennen auch vnd lauffen von einer Stadt zur andern". Aber er mußte zugleich einräumen, daß „auch Fromme Gottselige Buchhendler Buchdrucker vnd Buchführer vielmals wenig für sich bringen können / vnd mit kummer vnd noth sich nehren"[26]. Den meisten dieser Kleinfirmen stand nur wenig Kapital zur Verfügung, sie waren auf schnellen Absatz an lokale Abnehmer angewiesen, vertrieben ihre Ware nach Möglichkeit selbst auf regionalen Märkten ohne weitere Zwischenhändler. Wem allerdings diese beschränkte Handelsform nicht genügte, wer am großen Bücherverkehr teilnehmen wollte, mußte sich auf die Frankfurter *Buchmesse* begeben.

Frankfurt lag im Schnittpunkt der wichtigsten Handelsstraßen und war deshalb seit jeher einer der deutschen Hauptmeßorte gewesen. Schon seit 1480 gewannen die Frühjahrs- bzw. Ostermesse und die Herbst- bzw. Michaelimesse für Drucker und Verleger, Buchführer und Autoren aus ganz Europa immer mehr an Bedeutung, die Neujahrsmesse spielte dagegen kaum eine Rolle. Die Meßreisen waren freilich lang (von Augsburg ritt man nach Frankfurt am Main in rund sieben Tagen), beschwerlich, kostspielig und nicht ganz ungefährlich. Aber meistens zeigten die Wegelagerer an diesem Handelsgut kaum Interesse: „Es tuen die Straßenplacker den Buchführern nichts, lassen sie ziehen, weil die Juden auf Bücher das allerwenigste Geld geben. Manche Reiter aber nehmen ein Büchel an, das man ihnen verehrt."[27] Man muß sich das Meßgetriebe in der Frankfurter Buchgasse schon damals recht turbulent vorstellen. Da quollen die angemieteten Lagergewölbe rund 120 größerer Verleger des In- und Auslandes über von Novitäten, die in aller Hast noch rechtzeitig fertiggeworden waren, aber auch von gängiger älterer Ware. Die Buchhändler, Drucker und auch der eine oder andere Buchbinder suchten einander in ihren Gewölben auf, musterten die Neuigkeiten, gaben die im vergangenen Halbjahr aufgelaufenen Bestellungen weiter und oft genug auch sonstige Post und Besorgungen von Gelehrten, die jahrhundertelang untereinander gerne so preiswert und zuverlässig wie langsam „durch Buchhändlergelegenheit“ korrespondierten, sie boten ihre eigenen Produkte an und rechneten vor allem ab.

Wie bei anderen Branchen setzte sich die Bezahlung von Messe zu Messe durch, ohne andere Zahlungsformen ganz zu verdrängen; es dauerte noch lange, bis die Abrechnungsusancen einigermaßen normiert waren. Je nach den individuellen Vereinbarungen stand Barzahlung neben ganz- und halbjährlicher Abrechnung und wurden die Rabatte ausgehandelt, die 25% des vom Verleger festgesetzten Bruttopreises kaum je überschritten. Manche setzten auch einen innerbuchhändlerischen Meßverrechnungspreis fest, die sogenannte „Tax“. Dabei wurden Foliobände einzeln berechnet, kleinere Formate als „Riessachen“ nach Bogen, und je nach Menge rabattiert. Natürlich war diese „Frankfurter Tax“ kein Ladenpreis, wie die Buchhändler ihren Kunden immer wieder erklären mußten, sondern eine Art Nettopreis, auf den ein jeder entsprechend seinen höheren oder geringeren Fracht-, Verpackungs-, Zoll- und sonstigen Spesen größere oder kleinere Aufschläge berechnete.

Neben den Buchhändlern, die ihre Neuigkeiten austauschten, zogen die Messen auch Buchdrucker an, die hofften, einen Teil ihrer lokalen Produktion wenigstens kommissionsweise absetzen zu können, desgleichen eine Vielzahl von Gelehrten, die ihre Manuskripte feilboten und ihre reichlichen Freiexemplare im Tausch anzubringen suchten, aber auch die Papierhändler. In der Hektik der Messen war eine bedächtige Auswahl aus dem verwirrenden Angebot für den einzelnen Buchhändler kaum möglich; schließlich galt es, die frische Buchware möglichst schnell auf den überall fast gleichzeitig stattfindenden Frühjahrsmärkten weiterzuvertreiben. So klingt die Entschuldigung eines Leipziger Buchführers überzeugend, der sich 1557 vor dem Rat der Stadt wegen einer anstößigen politischen Schrift zu verantworten hatte: Er und seine Kollegen hätten „solch buch zu Frangkfurt nicht gelesen, sondern wie es pflegt inn Messen in gedreng und eil zuzugehen, nicht mehr dann den Titel gesehen, und ein anzahl Exemplaria hingesetzt und alsbald eingeschlagen und aufladen lassen, und nicht eher inn erfarung kommen seind, was inn gemeltem Buch stehet, bis das sie die Buecher anher gebracht, und aus den Fassen genommen“[28].

Um die Mitte des 16. Jahrhunderts war die Buchproduktion so angeschwollen, daß eine erste bibliographische Sichtung und Orientierung nötig erschien: 1545 gab der Universalgelehrte Konrad Gesner bei dem Züricher Verleger Froschauer den ersten Versuch einer retro-

Der Nürnberger wandernde Buchführer H. Kepner
mit einem Bücherfaß (1543)

spektiven Allgemeinbibliographie heraus, die alle lateinischen, griechischen und hebräischen Bücher (etwa 15 000 Werke) enthalten sollte: Seine „Bibliotheca universalis sive Catalogus omnium scriptorum locupletissimus“, bei der laut Vorwort die Verlegernamen genannt wurden, um gute und schlechte Editionen erkennen zu können. Von dieser Zeit datieren auch die ersten buchhändlerischen Sortimentskataloge. Den entscheidenden Fortschritt in der Bibliographierung der aktuellen Produktion aber brachte der Augsburger Verleger und Großsortimenter Georg Willer. Er hatte den Einfall, den Absatz seiner aus Frankfurt jeweils mitgebrachten Meßnovitäten durch einen gedruckten Katalog zu beschleunigen und dadurch „Reisediener“ einzusparen.

1564 erschien Willers erster „Novorum librorum, quos nundinae autumnales Francofurti anno 1564 celebratae venales exhibuerunt, catalogus“. Er kam fortan zweimal jährlich heraus, wurde ab 1567 zur Beschleunigung der Aktualität schon in Frankfurt gedruckt, enthielt einen ersten Teil mit lateinischen, griechischen und orientalischen Büchern und einen zweiten mit deutschsprachigen, zu denen sich nach 1568 auch lebende Fremdsprachen gesellten. Für Willers Großsortiment machten sich die Kataloge schnell bezahlt und waren für die Kundenwerbung bei Fachgelehrten eine Hauptattraktion. Aber auch die Buchhandelskollegen erkannten die Nützlichkeit dieser periodischen Verzeichnisse, die ihr Angebot strukturierten und systematisierten, sowohl zur eigenen Information wie als Auskunftsmittel für die Käufer. Man nahm gerne in Kauf, daß Vollständigkeit nicht angestrebt war, daß Lücken und Fehler sich häuften und daß Preisangaben fehlen mußten. Den anderen Warenmärkten war der Buchmarkt mit einem solchen Hilfsmittel ohnehin um Jahrhunderte voraus.

Bald erhielt Willer Konkurrenz, konnte seinen Katalog aber bis 1627 halten, wenngleich sein Privatunternehmen ab 1598 auch gegen einen amtlichen Frankfurter Ratsmeßkatalog zu bestehen hatte, der der Obrigkeit nicht zuletzt aus Gründen konfessioneller Objektivität notwendig schien. Dieser offiziöse Meßkatalog erschien bis 1750, als die Frankfurter Messe endgültig ihrer sächsischen Rivalin unterlag. In Leipzig kamen amtliche Meßkataloge nach Willerschem Vorbild schon ab 1594 heraus, bis 1759 im Verlag von Henning Grosse und seinen Erben, danach bei wechselnden Firmen, bis das inzwischen völlig anachronistische Unternehmen 1860 endlich aufgegeben wurde. Die Bedeutung dieser Meßkataloge als Hauptinformationsmittel über den deutschen Büchermarkt für die gesamte Gelehrtenwelt kann kaum hoch genug veranschlagt werden; sie bildeten jahrhundertelang eine Lieblingslektüre der Polyhistoren und Bibliomanen. In all ihrer Lückenhaftigkeit und Unzuverlässigkeit haben sie lange Zeit auch die Funktion einer periodischen Allgemeinbibliographie übernommen. 1617 bis 1627 brachte der Londoner Buchhändler John Bill gar eine englische Ausgabe der Frankfurter Kataloge heraus. 1611 unternahm Georg Draud eine Kumulation als „Verzeichnuß aller vnd jeder Bücher / so fast bey dencklichen Jaren in Teutscher Spraach von allerhand Materien hin vnd wider in Truck außgangen / vnd noch den mehrerteil in Buchläden gefunden werden". Die rund 10000 Titel waren nach Sachgebieten geordnet, deren Abfolge und Umfang die Struktur des Meßbüchermarktes anschaulich zeigen. Die „Theologischen Bücher Augspurgischer Confession" umfassen 215 engbedruckte Quartseiten, die „Theologischen Bücher der Zwinglianer und Calvinisten" 51 Seiten, die „Bäpstischen Teutschen Theologischen Bücher" 78 Seiten, die juristischen Schriften 21 Seiten, die „Artzneybücher" 35 Seiten, die „Bücher in allerley Künsten" als eine Art Sach- und Fachbücher 37 Seiten, die „Teutschen Historischen Bücher" einschließlich geographischer und politischer Werke 109 Seiten und schließlich die Musikalien 18 Seiten.

Angesichts der weitgehenden Wirkungslosigkeit, wenn nicht gar Obstruktion der kaiserlichen Buchkontrollpolitik in den Territorialstaaten lenkten die Reichsbehörden ihr besonderes Augenmerk auf die Überwachung der Buchmessen in der Reichsstadt Frankfurt. Allerdings legte deren Magistrat keine allzugroße Kooperationsbereitschaft an den Tag. 1569 lehnten es die Ratsherren ab, die zur Messe einlaufenden Bücher einer Überprüfung und Nachzensur zu unterziehen. Daraufhin setzte Kaiser Maximilian II. eine Bücherkommission ein, die während der Messen die Stände inspizieren, Privilegien kontrollieren, Kataloge prüfen und nach anstößigen Schriften fragen sollte. 1579 und 1580 finden sich in den Akten Spuren ihrer Tätigkeit, aber erst 1597 unternahm Kaiser Rudolf II. mit der Ernennung zweier Bücherkommissare, die nicht nur zu Meßzeiten, sondern ständig die kaiserlichen und Reichsrechte wahrnehmen und durchsetzen sollten, den Versuch zur Etablierung einer festen Kontrollinstanz.

Je deutlicher allerdings im Vorfeld des Dreißigjährigen Krieges die konfessionellen Zwistigkeiten zu politischen Blockbildungen führten, desto heikler wurde die fast unlösbare Aufgabe dieser Kommissare, die in Frankfurt benachteiligten katholischen Drucker und Verleger zu unterstützen, angesichts der faktischen Marktbeherrschung des protestantischen Buchhandels auf den Messen. Fast alle kaiserlichen Bücherkommissare standen ohne Wissen des Hofes zugleich in Diensten des Papstes als „apostolische" Überwachungsinstanz des deutschen Buchmarktes. Die Gründung eines eigenen katholischen Meßkataloges im Jahre 1606, der rund zwanzig Jahre dahinkümmerte, sowie einzelne eher symbolische Durchsuchungs- und Konfiskationsaktionen der Bücherkommissare erbosten den weitgehend protestantischen Frankfurter Rat, die oft ungeschickte Buchhandelspolitik der fernen Wiener Reichsbehörden vergrößerte die Gereiztheit der protestantischen Meßbesucher. Es kann keine Rede davon sein, daß die Bücherkommission bis 1662 den „Frankfurter Rat als willenloses Werkzeug in ihren Händen hatte"[29]. Sicher spielte auch die taktisch plump vorgetragene kaiserliche Forderung nach zwei bis fünf Pflichtexemplaren jeder Novität nicht die Hauptrolle beim allmählichen Aufstieg der Leipziger Konkurrenzmesse. Auf ihr konnten die Lutherischen zuvorkommendster Förderung sicher sein. Die selbstbewußten sächsischen Buchhändler waren höchst empfindlich gegenüber kaiserlichen Zensurversuchen gangbarer Artikel. Die schwindende Bedeutung des internationalen Buchverkehrs, die konfessionelle Spaltung, das verspätete, doch desto intensivere kulturelle Leben, das sich jetzt in Nord- und Ostdeutschland zu regen begann – dies alles hat Frankfurts Stellung untergraben und die Leipzigs gefördert. Schon 1616 konnte Leipzig 264 Meßneuerscheinungen in seinem Katalog vorweisen, während sich Frankfurt mit 140 bescheiden mußte.

Zum kaiserlichen „Bücherregal", also den Hoheitsrechten des Reichsoberhauptes auf dem Gebiet des Buch- und Pressewesens, gehörten nicht nur die Zensurgewalt und die Bücherkommissare, sondern auch das Recht zur Verleihung von *Druckprivilegien*. Ein solches Privileg erteilte dem Antragsteller, ob Autor, Drucker oder Verleger, das alleinige, zeitlich begrenzte, jedoch erneuerbare Recht zur Vervielfältigung eines Druckwerkes und drohte unrechtmäßigen Nachdruckern strenge Strafen an – meist handelte es sich um die eindrucksvolle, aber fiktive Summe von „zehn Mark lötigen Goldes". Geistlichen Orden (so den Jesuiten) konnten Generalprivilegien verliehen werden, so daß alle Schriften ihrer Mitglieder im Reich nicht nachgedruckt werden durften. In späterer Zeit wurden solche Generalprivilegien aus gewerbepolitischen Gründen auch einzelnen Verlegern zuerkannt. Das Privileg wurde gegen entsprechende Gebühr und die Ablieferung einer bestimmten Zahl von Pflichtexemplaren vergeben, an denen im übrigen Nachzensur geübt werden konnte.

Das Privilegienwesen setzte am Beginn des 16. Jahrhunderts ein mit der Privilegierung einer „Klassikeredition": Der Humanist Conrad Celtis erhielt 1501 vom Kaiser Rechtsschutz für seine erste Werkausgabe der mittelalterlichen Dichterin Hrotsvith von Gandersheim. Damit sollten sowohl seine editorischen Mühen wie die kulturelle Bedeutung der Ausgabe gewürdigt werden. Von der Mitte des 16. Jahrhunderts an bemühten sich so gut wie alle Großverleger der Druckmetropolen um die Privilegierung ihrer kostspieligeren Projekte – denn ein kaiserliches Privileg gab die Gewähr, daß mit einem ansonsten rechtlich nicht zu belangenden Nachdruck wenigstens auf den Messen nicht gehandelt werden durfte. Die Privilegien dienten also als Herstellungs- und Handelsmonopole der rechtlichen Sicherung verlegerischen Eigentums gegen unbefugte Konkurrenz in einer Zeit ohne allgemeine verlagsrechtliche Bestimmungen. Daß sie zuweilen auch Autoren verliehen wurden, hat mit – noch völlig unbekanntem – Urheberrecht nichts zu tun, auch dabei ging es nur um wirtschaftlichen Schutz. Den kaiserlichen Privilegien, die im 16. und beginnenden 17. Jahrhundert besonders begehrt waren, aber noch bis ins ausgehende 18. Jahrhundert vor allem von Firmen in kleineren Reichsteilen beantragt wurden, setzten die Territorialherren in wachsendem Maße eigene landesfürstliche Privilegien entgegen. Vor allem Sachsen erkannte das Privilegienwesen als überaus wirkungsvolles Instrument merkantilistischer Wirtschaftspolitik und insbesondere als Mittel zur Bevorzugung des einheimischen Buchgewerbes auf den Leipziger Messen; davon wird noch zu sprechen sein.

Ein besonders eindrucksvolles (und das einzige bisher ausführlicher untersuchte) Beispiel für die Reglementierung, aber auch Förderung des Buchwesens zu politischen Zwecken im frühabsolutistischen Deutschland bietet *Bayern*.[30]

Das innenpolitische Hauptziel des Herzogs Albrecht V. war die Stärkung seiner Zentralgewalt gegenüber den Landständen, die teils mit dem Luthertum sympathisierten. Diesem Bestreben diente im Sinne einer konsequenten Konfessionspolitik und der Abwehr nichtkatholischer Störfaktoren von außen auch die Bücherzensur. 1565 verbot ein Erlaß des Herzogs den Verkauf und Erwerb aller religiös-erbaulichen Schriften, die nicht in einem der renommierten katholischen Druckorte erschienen waren:

„Vnd solle nemblich hinfüran kain Buchführer, er sey wer vnd er wöl, Innwoner oder frembdling, durchauß khain Buech, weder Lateinisch noch Teutsch, in Theologischen sachen, darinnen die H. Schrifft tractirt, Ein oder mehr Articul vnd Sprüch außgelegt, auch dises oder jhenes Lehr vnd Confession, vertädiget wirdet, gleichßfals khain Beth oder Gesang Büchel, in Lateinischer oder Teutscher sprach, ins Land gebracht, vnd darinn haimblich oder offentlich faihl getragen oder verhandlet werden, sie seyen dann in den nachvolgenden ortten oder Steten getruckt worden, wie volgt. Zu München. Ingolstatt. Dillingen. Maintz. Cöln. Freyburg im Preißgaw. Inspruckh. Paris. Leon [= Lyon]. Venedig. Rom. Florentz. Bononia [= Bologna]. Annttorff [= Antwerpen]. Löuen. vnnd in Hispania."[31]

Ebenso galt eine generelle Einfuhrgenehmigung auch für „alle anderen weltliche Khunst vnd Histori Bücher, so auß der offternenten Catholischen Druckereyen Werckstatten herkhummen, sey in was sprachen auch in was sachen vnd händlen es wölle". Damit war nicht nur eine konfessionelle, sondern eine gesamtkulturelle (und nicht zuletzt sprachliche) Trennungslinie gezogen, zugleich aber dem romanisch-mediterranen Kultureinfluß Tür und Tor geöffnet. Der präventiven Vorsorge gegen Importe gefährlicher Bücher entsprach die repressive Kontrolle bereits vorhandener Bestände: Bibliotheken, private Sammlungen, Nachlässe Verstorbener, Buchläden, Druckereien, Dultstände wurden visitiert. Daß auch im Lande selbst nur nach vorheriger schriftlicher Approbation gedruckt werden durfte, versteht sich. Die entsprechenden Ausführungsbestimmungen erlauben einen aufschlußreichen Einblick in die vorherrschenden Distributionsformen und -wege. So zeigt der folgende (sprachlich modernisierte) Auszug aus einer 1596 vom Münchner Stadtrat erlassenen Satzung für Buchbinder, Buchführer, Gstadtlmacher (Tütenmacher), Pirmenter (Pergamenterzeuger) und Briefmaler, welch wichtige Rolle gerade bei der Deckung des aktuellen Lektürebedarfs der mittleren und ungelehrten Schichten den nichtansässigen Händlern und Hausierern zukam:

Vom Feilhaben

55. Die hiesigen Meister mögen ihre Bücher und Waren bei ihren Läden oder da einer keinen Laden hat, an anderen erlaubten Orten wohl auslegen, feilhaben und verkaufen, doch soll an den Sonn- und andern gebotenen Feiertagen vormittags während des Gottesdienstes durchaus nichts ausgelegt, feilgehalten oder ein Laden geöffnet werden, bei ernstlicher Strafe des Rates.

56. Aber Nachmittags mögen sie die erwähnten Briefe und Kalender aushängen, jedoch allein die kleinen Türen des Ladens öffnen.

Von fremden Buchführern

57. Wenn fremde Buchführer zur Jacobi- oder Dreikönigsdult hierherkommen, sollen diese sich alsbald bei dem Herren Bürgermeister anmelden, die mitgebrachten Verzeichnisse ihrer Bücher vorweisen, dieselben, wie auch die Bücher selbst, durch die dazu Beauftragten fleißig besichtigen lassen, damit nichts der katholischen

Religion zuwiderlaufendes hergebracht, feilgehabt, viel weniger verkauft werde.

58. Was andere fremde Landfahrer, die Bücher, Traktätlein, Briefe und anderes dergleichen auf dem Rücken tragen, oder sonst, außerhalb des gefreiten Jacobi- und Dreikönigsjahrmarkts unter dem Jahr herkommen, angeht: denen soll nicht allein das Hausieren, wie bereits gemeldet, durchaus verboten und bei ernstlicher Strafe abgeschafft sein, sondern diese sollen ihre Ware nirgendwo auslegen, feilhaben oder verkaufen, es würde ihnen denn durch den Bürgermeister erlaubt, Ort und Zeit bestimmt, wo und wie lange einer feilhaben dürfe.

59. Doch sollen solchen Landfahrern alle ihre Bücher, Traktätlein, Briefe und was sie sonst herbringen, besichtigt werden, damit nichts Ärgerliches, Ketzerisches und der wahren katholischen Religion Widriges hergebracht, feilgehabt und verkauft werde.

60. Und damit die hiesigen Buchführer wissen, was solchen Fremden, die herkommen, erlaubt oder abgeschlagen werde, soll ein Ratsmitglied mit einem solchen zum Herrn Bürgermeister gehen, und daselbst des Herrn Bürgermeisters Bescheid vernehmen und anhören.

61. Würde sich jemand ohne Erlaubnis dergleichen Waren feilzuhaben unterstehen, den oder dieselbigen will ein Rat darum ernstlich strafen, es sollen auch die Hiesigen gute Achtung darauf haben, und die Übertreter dem Herrn Bürgermeister angeben.“[32]

Breuer betont zurecht, daß es sich hier keineswegs um eine klerikale Verschwörung gegen die Geistesfreiheit gehandelt hat, sondern daß die rigorose konfessionelle Überwachung des Geistesverkehrs ein willkommenes Mittel der Staatsräson und Sozialdisziplinierung gewesen sei – der Staat habe die Kirche benutzt, nicht umgekehrt: „Dem Landesherrn gelang es mit diesen Maßnahmen, bei gleichzeitiger Förderung eines attraktiven konformen Schrifttums, schon in den ersten Jahrzehnten des 17. Jahrhunderts, den Staat gegen ideologische Störungen von Außen weitgehend abzuschirmen und im Innern im Sinne der modernen absolutistischen Staatstheorie zum Zweck der Machtbildung zu disziplinieren.“[33]

Nicht nur im negativen Sinn wurde das Buch im frühneuzeitlichen Bayern zum Instrument der Staatsräson, sondern auch im positiven: durch eine gezielte staatliche Literaturpolitik. Unterstützt von der geistigen Elite des Landes, den Jesuiten, bemühten sich die bayerischen Regenten, ihre Universitätsstadt Ingolstadt und die Residenz München zu wichtigen Druck- und Verlagsorten der katholischen Reform neben Köln aufsteigen zu lassen. Zu diesem Zweck wurden gezielt Konzessionen an rechtgläubige und qualifizierte auswärtige, vor allem niederländische, Buchhändler und Drucker vergeben, wurden Buchimporte aus den katholischen Ländern Südeuropas und Übersetzungen aus deren Sprachen gefördert. Vor allem Übersetzungen aus dem Spanischen wurden gern gesehen, weil sie ein aszetisches Frömmigkeitsideal propagierten, das dem gewünschten Untertanendenken entgegenkam. Der herzogliche Beamte Aegidius Albertinus übersetzte solch erbauliches Schrifttum in großem Umfang, aber auch den „Guzman von Alfarache", und verschaffte damit dem pikaresken Schelmenroman erstmals Eintritt in den deutschen Sprachraum.

In München gründete schließlich der Jesuit Emmeram Welser im Jahr 1614, Jahrhunderte vor vergleichbaren anderwärtigen Bestrebungen, den ersten Volksschriftenverein, das „Güldene Almosen". Durch Geldspenden begüterter Bürger wurde die kostenlose Verteilung erbaulicher Schriften in hohen Auflagen ermöglicht – und zwar an eine bemerkenswert breite Adressatenschicht. Die Bücher wurden verteilt unter „den Stattschreibern, Marckhtschreibern, vnd Schvelmaistern: Auch den Kaufleutten, Würthen, Handwerckern, Kriegsleuten vnd ehehalten: Auch unsern Discipulis, das sye es ihren Elltern, freunden vnd Pfarrherrn oder Priestern geben oder schickhen."[34] Die lateinischen Titel machten einen beträchtlichen Teil des Angebotes aus: Der letzte noch erhaltene Katalog aus dem Jahr 1766 umfaßt 369 deutsche und 172 lateinische Titel. Volksbildung, Leseerziehung, Sozialdisziplinierung und Durchdringung des Alltagslebens mit religiösem Denken und Fühlen gingen hier eine einzigartige Synthese ein. Fast zwei Jahrhunderte lang prägte dieses Buchangebot die Lesekultur des katholischen Bayern.

Ein dringendes Desiderat der Forschung ist die Sozialgeschichte des *Autors* im 16. Jahrhundert. Es gibt noch so gut wie keine Untersuchungen zur sozialen Lage, dem Selbstverständnis oder den Verlegerbeziehungen einzelner Schriftsteller in dieser Zeit. Dabei war gerade bei den erfolgreichsten und produktivsten literarischen Autoren die Zusammenarbeit mit dem Buchgewerbe besonders eng. Viele wirkten als Korrektoren und Ratgeber, teils waren sie auch selbst Buchdrukker und Buchhändler wie Pamphilus Gengenbach, Sebastian Franck oder der Autodidakt Jörg Wickram. Der sprachmächtigste unter ihnen, Johann Fischart, nahm als Korrektor und Bearbeiter sowie fest verpflichteter Herausgeber eine Art von Lektorenstelle bei seinem Schwager ein, dem Straßburger Verleger Bernhard Jobin, deren Frucht neben dem deutschen Rabelais und zahlreichen anderen Schriften auch der „Catalogus Catalogorum perpetuo durabilis“ von 1590 ist, eine Satire auf den Willerschen Meßkatalog und darüber hinaus auf den gesamten Literaturbetrieb der Zeit.

Die Zahl der Autoren war nicht gering, die sich in unterschiedlichem Maße auch als Zwischenhändler mit Büchern betätigten. Exemplarisch sei der Zwickauer Stadtschreiber und Ratsherr Stephan Roth (1492–1546) genannt, der dank eines ausgedehnten Briefwechsels mit Gelehrten und Buchhändlern über alle literarischen und wissenschaftlichen Novitäten unterrichtet war und seine Informationen gerne weitergab. Selbst Gelehrter, kannte er die literarischen Bedürfnisse seiner Kollegen besser als viele Buchhändler und wurde deshalb um Bücherbesorgungen auch aus Orten angegangen, wo bereits ein stationärer Buchladen bestand. Er stellte sogar eigene Meßregister zusammen und betrieb „eine Art literarisches Vermittlungsbüro, das jedermann gegen Honorar in Anspruch nehmen konnte“[35]. Sein schwunghafter Grauhandel erregte freilich Ärgernis bei den umliegenden Firmen, die den einflußreichen Beamten aber notgedrungen gewähren ließen.

Will man – zweifellos polemisch überhöhten – zeitgenössischen Äußerungen Glauben schenken, so war die Konkurrenz der Autoren auf dem literarischen Markt bereits erheblich: „Dieweil doch nit allein der vhralten bücher heutigs tags viel widerumb herfür gezogen / auch der newen so viel außgehen / daß man schier nit genueg Truckereyen darzu hat / also gar ist die unhailsam schreibsucht / vnder die leut kommen / daß schier keiner ist / der ein zipffel von einem schulsack gefressen / er wil sich mit einem Büchel bekandt / vnnd unsterblich machen.“ Anstoß bei den Sittenwächtern erregten bereits „die vermainten / selb gewachßnen Poeten / oder viel mer Poetische Banckartten / vnd derselbigen anhang / Schalcksnarren / Pfeiffer / Fidler / Lottersbuben / vnnd vnerschambte Maler“ sowie das literarische Frühproletariat der „müssiggehenden Dolmetschen / welche sunst vor faulkeit stincken / vnd jedoch ein vnd ander schandbüchlein vnd schrifften / von einer spraach in die ander tranßferiern / vnd allerley giffts / durch solche Tractätel / gleichsam durch rörn / oder wasserlait vnder die leut bringen“.[36]

Nicht allein solche Übersetzer sind für ihre Auftragsarbeiten von den Verlegern bezahlt worden. Autorenhonorare konnten auch schon einen bescheidenen Lebensunterhalt sichern; so wurde im Jahr 1540 für eine Evangelienharmonie dem Verfasser je Exemplar der Auflage von 1200 Stück ein Kreuzer zugesichert.[37] Das entsprach mit 20 Gulden etwa dem Jahreseinkommen eines Handwerkers und scheint der übliche Honorarsatz gewesen zu sein. Für den Schweizer Naturwissenschaftler und Bibliographen Konrad Gesner bedeuteten die regelmäßig eingehenden Gelder für seine naturkundlichen Holzschnittwerke einen festen und unentbehrlichen Bestandteil seiner Finanzplanung.

Eine beträchtliche Rolle spielten daneben, oft sogar davor, die Dedikationen, dem Buch vorangedruckte Widmungsadressen an vermögende und einflußreiche Gönner, sowohl Einzelpersonen als auch Institutionen. So galten die reichen Fugger in Augsburg als besonders großzügige Förderer kostspieliger Editionen antiker Klassiker. Aus Gründen der Repräsentation zeigten die Magistrate der begüterten Handelsstädte gerne mäzenatische Neigungen. Ihnen wurde nicht selten gleich ein Teil der Auflage des dedizierten Werkes übersandt, damit es als Gastgeschenk des Rates Verwendung finden konnte. Die zum Dank dafür überreichten Ehrengaben (Honorare im eigentlichen Wortsinne) konnten, sofern der Rat Gefallen an dem Buch fand, beträchtliche Höhen erreichen, die Verlagshonorare weit übersteigen und manchmal sogar in Form lebenslänglicher Naturalrenten gewährt werden. Freilich konnte sich ein darauf spekulierender Autor auch verrechnen, wie dies dem Erzhumanisten und 1487 von Kaiser gekrönten Dichter Conrad Celtis geschah. Er hatte 1495 eine gelehrte Beschreibung der Stadt Nürnberg verfaßt und sie naheliegenderweise dem Rat der Stadt untertänig gewidmet. Doch die geizigen Pfeffersäcke speisten ihn auf eine Weise ab, die Celtis zur folgenden Scheltrede inspirierte:

„An sich selbst und den Rat von Nürnberg, da dieser ihm acht Gulden für sein Geschichtswerk bewilligte [...].

Was läufst du, Dichter, nur den unfruchtbaren Musen nach,
In ewige Mühsal eingespannt,
Da du das Lob des Vaterlandes singen willst,
Damit die Nachwelt immer wieder davon rede?
Suchst Reichtum du mit deiner Arbeit?
Bedecke dir den Kopf mit einem Pfaffenhut,
Folge dem Baldus oder Bartolus,
Oder den Lehrern der ärztlichen Kunst;
Nur diese suchen gegen reiches Honorar
Könige auf, Fürsten und Städte.
Acht Gulden, hochgewichtige, hat Nürnbergs Rat Mir
zugesprochen,

Doch ich, ich hab' mit gutem Grund die Annahme verweigert.
Denn in langer Nachtarbeit habe ich für ihn
Den herzynischen Wald bis in die letzten Winkel beschrieben,
Die Stadt mit ihrer Bevölkerung, ihre Sitten und Bräuche,
Die Burgen, Mauern, Hallen und Gebäude,
Privathäuser und Kirchen, den Himmlischen geweiht,
Und Bauten zu öffentlichem Gebrauch,
Brunnen und Marktplätze, Höfe und Gärten.
Beschrieben hab' ich auch, welcher Stern auf ihre Stadt herabschaut
Und seinen Schein von oben senkrecht auf sie wirft,
Sodann den Fluß, der schnelle Räder treibt,
Die große Kunst, das Buntmetall zu prägen,
Sebaldus, ihren Heiligen sogar,
Holt' ich vom Himmel hoch durch meine Verse.
Für so viel Mühe gibt der Rat von Nürnberg mir
Den lächerlichen Bissen von acht Gulden!
Hundert zahlt er dem Sprachlehrer im Lauf des Jahres,
Hundert dem Medikus und mehr als hundert dem Juristen,
Der sich um schwierige Prozesse kümmert;
Und mehr noch, oder ebensoviel denen, die verpflichtet sind,
Zu Gehör zu bringen, was auf der Welt geschieht.
Mir, dem deutschen Dichter, wollte man, ohne sich zu schämen,
Nicht so viel geben,
Daß davon die Lampe bei meiner Nachtarbeit brannte,
Noch daß ich davon einen Schuh bezahlen könnte,
Um die Stadt im weiten Umkreis zu besehen,
Noch das Papier, das ich mit Feder und Tinte beschrieb.
[...]
Oh, die ihr würdig seid, die lateinischen Musen zu pflegen,
Ihr, die des Lobes wert und Verehrer des Apoll
Die Nachwelt nennen wird,
So wie man von dem Mann erzählt,
Der sich einst einen Eselskopf mit langen Ohren aufsetzte.
Ihr, die ich für kommende Geschlechter besingen soll,
Auf meinen Blättern, in die ihr euren rohen Pfeffer und
Safran wickelt,
Oder die eure Scheiße nur beschmutzt,
Und nach denen die stinkende Kloake riecht:
Gehe nun, Celtis, und singe von den Vögeln aus Kytä
Und vom Schaden, den das zweigestaltige geflügelte Wahrzeichen
bringt."

Günther Hess, dem wir die Übersetzung dieses lateinischen Gedichts verdanken, betont die vom 16. Jahrhundert bis in die Gegenwart unverminderte Aktualität dieser bitteren Zeilen und verweist auf die „Diskrepanz zwischen dem esoterischen Selbstgefühl des Humanisten und seinem tatsächlichen Sozialprestige“[38].

Neueste Schätzungen rechnen für das 16. Jahrhundert mit einer Gesamtproduktion von 130000 bis 150000 bibliographischen Einheiten im deutschen Sprachraum. Während sich die Bevölkerung vom ausgehenden 15. Jahrhundert bis 1600 auf etwa zwanzig Millionen knapp verdoppelte, steigerte sich die Titelzahl um fast das Zwanzigfache. Allerdings darf daraus keineswegs auf eine entsprechende Vermehrung des *Lesepublikums* geschlossen werden; auch hier steht die Forschung noch in den ersten Anfängen.

Zweifellos gehörte das Analphabetentum zu den „epochenübergreifenden Grundstrukturen der spätmittelalterlichen und frühneuzeitlichen Welt“[39]. Rolf Engelsing hat gemutmaßt, daß sich die Zahl der des Lesens und Schreibens Mächtigen im Laufe des 16. Jahrhunderts von einem bis zwei auf mehr denn fünf Prozent vermehrt habe, ja daß sich „das Publikum in Deutschland auf 400000 bis 800000 Menschen vergrößerte“. Er geht davon aus, daß Luthers Schriften in Deutschland zwischen 170000 und 250000 Häuser bzw. Familien erreichten und damit rund das Vierfache an Lesern.[40] Dies mag für die Sonderform der reformatorischen Öffentlichkeit zutreffen, darf aber nicht verallgemeinert werden. Gerade Luthers Schriften wurden mittels des Vorlesens oder des gemeinsamen mühseligen Entzifferns auch im einfachen Volk verbreitet, ohne daß dieses eine eigentliche Lesefähigkeit besessen hätte. Ein ungemein vielfältiges Kommunikationsgeflecht vereinte die unterschiedlichsten Mischformen aus mündlicher und schriftlicher Ideenvermittlung: von der Kanzel wurden Flugschriften verlesen, Kolporteure gaben Kostproben ihres Angebotes durch „Aussingen“ und rezitierten Einblattdrucke. Die Gastwirte, kleinen Handwerker und auch Gesellen und Gesinde in den Städten waren mit ihrem bescheidenen Bedarf an Aderlaßtafeln und Kalendern, Einblattdrucken und Holzschnitten dennoch wichtige Faktoren des Buchmarktes. Der Preis eines Flugblattes betrug am Anfang des 17. Jahrhunderts etwa den Stundenlohn eines gelernten Maurers.[41] Diese Schichten gehörten auch zu den Adressaten der Vielzahl fliegender Blätter mit den aktuellen Schlagertexten – jenen „Gotlosen schamparen Buellieder / vnnd Geseng“, die nach der Klage Johann F. Coelestins von 1569 „bey Jungen vnd alten heutiges tages so gemein sindt / vnd werden / das kein Vieh oder Kindtmagt oder Roßhirt / so gering / klein jung oder tölpisch ist er weiß von denselben mehr zu singen vnd zu sagen / dann von dem lieben Catechismo".[42]

Solche Äußerungen sind bedeutsame Indizien dafür, daß die kurze Hochblüte einer reformatorischen Öffentlichkeit zwischen 1517 und 1525, die auch den gemeinen Mann einbezogen hatte, nicht spurlos vorübergegangen war. Auch wenn ihr Ziel nicht Wissensvermittlung, sondern Belehrung und Meinungsbeeinflussung war – wie alle späteren Versuche, das Medium Buch als Indoktrinations- und Disziplinierungsmittel einzusetzen –, bewirkte sie vor allem eine steigende Akzeptanz der neuen Kommunikationsform auch bei den Mittel- und Unterschichten für ihre halb- oder noch vorliterarischen Bedürfnisse an Unterhaltung und Information.

Wendet man sich dem tatsächlich lesenden, nämlich eine Vielzahl oder wenigstens Mehrzahl von Büchern rezipierenden Publikum zu, so fallen die ländlichen und städtischen Unterschichten völlig aus. Die Zahl der Leser und Bücherkäufer in den städtischen Mittelschichten hat dagegen zweifellos zugenommen, wenngleich auf unsensationelle Weise. Michael Hackenberg hat insgesamt 716 deutsche Nachlaßinventare aus der zweiten Hälfte des 16. Jahrhunderts untersucht, in denen Bücher verzeichnet sind.[43] All diese Sammlungen waren sehr klein und enthielten von wenigen Ausnahmen abgesehen so gut wie ausschließlich Bestände religiös-erbaulicher, durch stete Wiederholungslektüre intensiv genutzter Werke. Daß darin auch mehr oder minder unverhüllt ideologische Botschaften vermittelt wurden, versteht sich. Bemerkenswert erscheint, daß auch in den städtischen Mittelschichten der Kaufleute und Großhandwerker die konfessionelle Ausrichtung des Buchbesitzes am Anteil lateinischer und volkssprachlicher Titel erkennbar blieb: So konnte bei einem katholischen Kaufmann aus Hall in Tirol über die Hälfte seiner Bücher aus lateinischen Titeln bestehen, wogegen bei Protestanten fast nur deutsche Schriften auftauchten. Es ist freilich zu vermuten, daß ein nicht geringer Teil der täglichen bzw. häufigen Lektüre in den Nachlaßinventaren gar nicht aufscheint, weil er zerlesen wurde oder als wertlos, ja vielleicht unziemlich erachtet wurde. Das begüterte Stadtbürgertum Kölns etwa las schon um 1527 „geswetze, fabelen vnd nuwe mere/ Pronostication liedere", kurz eine Vielzahl schwankhafter und anderer Unterhaltungsliteratur, von denen sich keine Druckausgaben mehr nachweisen lassen.[44]

In diesen frühbürgerlichen Schichten waren Buchbesitz und Buchgebrauch nicht nur wertsetzend und wertspiegelnd, handlungsorientierend und handlungsmotivierend im religiösen Bereich, sondern auch „möglicherweise parallel mit der Entwicklung der frühmodernen, säkularen Gesellschaft wachsend, auf dem profanen Felde professioneller Aktivitäten und Interessen oder schlichter, praktischer Alltagsbewältigung“[45]. Diese Rolle des frühen „Sachbuchs“ ist noch fast gänzlich unerforscht: Der Anteil der Reit- und Fecht-, Koch- und Arznei-, Rechen- und Sprach-, Hauswirtschafts- und Gartenbücher, der „Hausväterliteratur“ und Anstandsbücher, der Briefsteller, erotischen und anderen Ratgeber wuchs seit dem ausgehenden 16. Jahrhundert stetig und steil an.

Gleichermaßen unbeachtet von der Forschung blieb bisher die Lesekultur spezifischer Berufsgruppen der frühen Neuzeit. So florierte das Buchgewerbe merkwürdigerweise überall dort, weitab von städtischen und gelehrten Rezipientenschichten, wo sich ergiebige Bergwerke fanden – etwa im tirolischen Schwaz, in Schneeberg im Erzgebirge oder an der Sudetengrenze. Dort erwiesen sich nämlich die gut verdienenden Bergknappen der Kupfer-, Gold- und Silberminen über Jahrzehnte hinweg als aufgeschlossene und großzügige Buchkäufer.[46]

Von solchen Ausnahmen abgesehen, konzentrierte sich der Buchabsatz im 16. Jahrhundert auf die städtischen, teils auch höfischen Ober- und gehobenen Mittelschichten. Dabei handelte es sich zunächst um das bisherige literate, akademisch gebildete Publikum der Beamten, gelehrten Räte, Juristen, Mediziner, Hochschulangehörigen und der Geistlichkeit beider Konfessionen. Erich Trunz schätzte, daß sich unter den etwa 20 Millionen Einwohnern Deutschlands um 1600 5000 Akademiker befanden, also ein Viertelprozent, zu ergänzen höchstens noch um knapp 10000 Studenten. In der berühmten Universitätsstadt Heidelberg beispielsweise machte die örtliche Gelehrtenschicht 70 bis 80 Personen aus, wozu noch 385 Studenten kamen. Hier, wie stärker noch in den Handelszentren, ist außerdem mit einem vielleicht mehr als fünf Prozent der Bevölkerung umfassenden nicht- oder halbakademischen Lesepublikum zu rechnen, das mehr oder minder lange die Gelehrten- und Lateinschulen besucht hatte, ohne deshalb am gelehrten Buchmarkt im engeren Sinn teilzunehmen, aber eben doch das eine und andere lateinische, vor allem aber deutsche Buch erstand.

Diese vermögenden oder wenigstens begüterten Patrizier, Handelsherren, Goldschmiede, Gastwirte, Zunftregenten und ihre Familien bildeten eine Art frühen Besitzbürgertums, das kurzweiliger Lektüre gegenüber aufgeschlossen war und beispielsweise in den Widmungen frühbürgerlicher Schwankliteratur von Kirchhof und Montanus, Frey und Wickram oft als Adressat im Tone vertrauter Herzlichkeit angesprochen wurde. Bei ihnen, aber eben auch beim gleichfalls nach derber Zerstreuung begierigen akademisch gebildeten Bürgertum ist die Rezipientenschicht all jener volkssprachlichen Erzeugnisse zu suchen, die das mißverständliche Etikett „Volksbücher" tragen. Es hat den Anschein, daß hier früheste Ansätze jenes Leseverhaltens und Geschmacks sich bemerkbar machen, die man bislang erst dem 18. Jahrhundert zuschrieb: des extensiven Konsums unterhaltender Texte. Dabei handelte es sich um „kurtzweilige Lustschrifften [...] voller guter schwänck und visirlicher bossen [...] so hin vnnd wider in den Buchläden zum verderben gueter sitten vnnd gemainer Pollicey verkaufft werden" und womit sich „die leut / besunder aber die fürwitzigen Weiber / wans regnet vnnd vnlustig wetter ist / an stat des spacierens vnnd hofetlens / dahaimb die weil vertreiben mögen".[47] Dies ist ein unverächtlicher Beleg für „moderne" Lektüre der Frauen im Bayern des ausgehenden 16. Jahrhunderts.

Unser hier mehrfach herangezogener Gewährsmann Johann Baptist Fickler aus dem Jahr 1581 äußert sich besonders eingehend zum Erfolg des damaligen gesamteuropäischen Ritterroman-Bestsellers: „Vnnd daß ich nur allein vom Amadis di Gaula sag / wissen E. F. G. vnd menigklichen / wie gemain solch buch worden / bey Weib vnnd Mannen / hoch vnnd nider stands / besonders aber bey nit wenigen grossen Frawen / so dannoch für sehr Euangelisch wöllen gehalten sein / Aber bey jnen solch welt vnnd buelbuch mehr als jhre Gebetbücher in Händen vmbgezogen / vnd vil fleissiger weder das Euangelium Christi gelesen wird. Es ist albekant vnnd jederman bewust / wie käuflich die ketzerische verderbliche Postil vorgedachtes Luthers im Teutschland gewesen / also daß schier nirgends kein Bawer auff dem Land (deren vom Adel vnd Burgerschafft zugeschweigen) er hat vermaint er müsse diß Muster im hauß haben. Aber vnangesehen dessen / hab ich im jüngst abgeloffnen Deputation vnnd Moderationstag zu Franckfurt / so Anno 1577. gehalten worden / von einem fürnemen Buchtrucker auß seinem mund gehört / daß jme dieser zeit der Amadis de Gaula mehr in seckel getragen / weder des Luthers Postill / Es künden auch solcher Gaulischen (oder vil mehr gailen) exemplar schier nit genug getruckt werden: Also vol ist dise Welt des fürwitz."[48]

Man möchte dem altbairischen Eiferer Fickler mißtrauen, würde seine Klage nicht bestätigt durch die spärlichen zeitgenössischen Buchhandelsquellen. Ein wertvolles Dokument ist vor allem das zufällig erhalten gebliebene Memorial des Frankfurter Buchhändlers Michael Harder von der Fastenmesse 1569. Er hat dort insgesamt 5918 Bücher abgesetzt, offenbar als eine Art von Kommissionär zwischen Frankfurter Offizinen und anreisenden Sortimentern. Am besten wurden aus seinem ausschließlich deutschsprachigen Angebot verkauft: das mittelalterliche Exempelbuch der „Sieben weisen Meister" mit 233 Exemplaren, ein Hausarzneibuch („Handbüchlein Apollinaris") mit 227 Exemplaren und Johann Paulis Schwanksammlung „Schimpf und Ernst" in 202 Exemplaren, die übrigens mit 36 Schillingen Ladenpreis mehr als dreimal so teuer war wie die „Sieben weisen Meister".

Auch die weiteren „Bestseller" Harders bestanden in mittelalterlichen Ritterromanen und neueren Schwanksammlungen: Fortunatus mit 196 Exemplaren, Magelone mit 176, Melusine mit 158, Ritter Pontus mit 147, sowie Kirchhoffs Wendunmuth und Wickrams Goldfaden mit je 118 Exemplaren. Daneben wurden insgesamt 343 Rechenbücher abgesetzt (worunter 150 von Adam Riese), etwa 200 Planetenbücher, 141 Kochbücher und 452 Teufelbücher, worunter am erfolgreichsten der „Saufteufel" und der „Eheteufel" waren. Allein der größte süddeutsche Sortimenter, der Meßkatalogverleger Georg Willer, nahm 1092 Exemplare dieser Unterhaltungs- und Ratgeberliteratur ab, nach Leipzig gingen 658, aber auch ins katholische Köln 598 Exemplare.[49]

Diese Titelliste belegt, daß viele der seit Jahrhunderten überlieferten Historien und Rittergeschichten beim Wettlauf um die Publikumsgunst neuere belletristische Produkte überholten. Wer freilich aus dieser „Präponderanz älterer Literatur"[50] direkt auf den Erwartungshorizont der Leser schließt, übersieht die Preisrelationen. Die älteren Titel waren großteils weniger umfangreich als die neuen und deshalb entsprechend billiger – die Struktur des Angebotes hat die Nachfrage nicht unwesentlich gesteuert.

Neben dem Privatbedarf der gebildeten und begüterten Schichten für Zerstreuung, Erbauung und Lebenshilfe sowie für berufliche Zwecke darf jener der geistlichen und weltlichen Institutionen nicht unterschätzt werden. Die Klöster und Domkapitel der katholischen Territorien benötigten das aktuelle Kontroversschrifttum und die theologische wie gelehrte Fachproduktion als Waffe im Abwehrkampf gegen die Reformation. Politische Unterstützung fand dies bei der Mehrzahl der katholischen Fürsten. Vor allem die bayerischen Herzöge erwarben neben kostbaren Handschriften auch aktuelles Schrifttum in großem Stile und kauften mit Beratung der Jesuiten ganze Sammlungen auf. In den protestantischen und zwinglianischen Gebieten bedrohten zunächst Plünderungs- und Zerstörungsaktionen die klösterlichen Buchbestände und vernichteten erhebliche Kulturwerte; so dürfte in Zürich vieles an mittelalterlicher Epik als papistische „Fabelbücher" unwiederbringlich untergegangen sein. Nach 1524 tat Luthers Schrift „An die Radherrn aller Stedte deutsches lands: das sie Christliche schulen auffrichten vnd hallten sollen" mit ihrer Forderung nach „gutte[n] librareyen oder bücher heuser[n] sonderlich ynn den grossen stedten" tiefgreifende Wirkung. Vielerorts entstanden nun in reformiertem Geiste Schul-, Kirchen und Ratsbibliotheken neu, wobei die Obhut über diese Bildungsinstitution aus kirchlicher in gemeindliche und damit bürgerliche Hand überging. Sächsische und braunschweigische Regenten legten umfängliche Sammlungen an, auch der Pfalzgraf Ottheinrich in Neuburg an der Donau und später in Heidelberg. Ihm hat 1546 der Prediger Kaspar Hedio den wohl frühesten, nicht realisierten Vorschlag einer öffentlichen Volksbücherei unterbreitet: es sei wünschenswert, auch „eine teutsche Bibliothek an einem offnen Ort für frumme gottsförchtige Bürger und Laien in einer kurfürstlichen, fürstlichen oder sunst erbar freien oder Reichsstadt zu haben, damit junge Mannspersonen, auch junge Handwerksgesellen, einen offenen Zugang hätten auf die Sonntag und Feiertag und die Zeit, so sie sunst in Wein- und Bierhäusern, auf den Kegel- und Spielplätzen oder sunst an onehrlichen Orten üppig verzehren, zur Besserung, und zu ihrer Seelen Heil anwendeten, in teutschen Büchern möchten selbs lesen oder hören lesen."[51] Dafür war die Zeit allerdings noch nicht reif. Hedios Vorschlag zeigt aber ein weiteres Mal, daß das Buch im späteren 16. Jahrhundert nicht mehr nur Gebrauchsgut einer gelehrten und begüterten Minderheit war, sondern auch in die noch immer von Mündlichkeit geprägte Alltagskultur breiterer Schichten eindrang und in steigendem Maße als Mittel der Erbauung, Information und Zerstreuung genutzt wurde.

III.

Der Buchhandel der Barockzeit – das „Tauschzeitalter"

Ebensowenig wie in der politischen und Literaturgeschichte sind in der Geschichte des deutschen Buchhandels die Epochen streng voneinander zu trennen. Markante Zäsuren wie die Erfindung des Buchdrucks oder auch die Reformation fehlen in den folgenden 200 Jahren – die Übergänge sind fließend, die Charakteristika überlagern und vermischen sich.

Die große Darstellung von Kapp/Goldfriedrich läßt auf eine erste Periode des „Wanderverkehrs" von 1450 bis 1564 eine zweite folgen, die mit dem ersten Willerschen Meßkatalog beginnt und mit dem demonstrativen Rückzug der sächsischen Buchhändler von der Frankfurter Messe 1764 endet: Es ist die Epoche des „Meß- und Tauschhandels", die ihrerseits vom Konditionssystem abgelöst wird. Eine solche exakte Aufeinanderfolge buchhändlerischer Verkehrsusancen hat es freilich nicht gegeben; der Tauschverkehr entwickelte sich erst am Beginn des 17. Jahrhunderts zur vorherrschenden Handelsform, und sein Verfall setzte schon Jahrzehnte vor 1764 ein. In diesen knapp 150 Jahren – während der literarhistorischen Perioden des Barock und der Frühaufklärung – hat er allerdings den Buchmarkt und den Geistesverkehr geprägt.

Während zur Buchhandelsgeschichte des 18. Jahrhunderts neuerdings wichtige Studien vorliegen, muß sich eine Skizze des barocken Buchwesens mit einer bescheidenen Zahl von Vorarbeiten begnügen. Gedruckte wie ungedruckte Quellen (etwa die Bestände staatlicher und kirchlicher Archive oder die Korrespondenzen zwischen Autoren und Verlegern) sind bisher nur fragmentarisch ausgewertet.

Abgesehen von der Fragwürdigkeit exakter Periodisierungen ist dieser Zeitraum als die Epoche des Meß- und des Tauschhandels zutreffend charakterisiert: Beides hängt voneinander ab und bedingt einander. Doch bevor davon eingehender die Rede ist, sind einige statistische Daten notwendig, an denen sich die Grundtendenzen des deutschen Buchmarktes im 17. und beginnenden 18. Jahrhundert ablesen lassen. Die Zahlen beruhen auf der einzigen periodischen zeitgenössischen Bibliographie, den Meßkatalogen. Diese verzeichnen allerdings nur die auf den Messen in Leipzig und Frankfurt überregional gehandelten Bücher (und auch diese nur lückenhaft). Wesentliche Bereiche des Schrifttums fehlen darin, etwa die zahlenmäßig beträchtlichen lokalen Kleinschriften und Gelegenheitsdrucke, katholische Gebet- und Erbauungsbücher, akademische Schriften und nicht zuletzt die kaum mehr rekonstruierbare Jahrmarktsproduktion populärer Art. Ein nicht unbeträchtlicher Teil aller im 17. Jahrhundert erschienenen Drucke dürfte bis heute bibliographisch noch nicht erfaßt und eine nicht geringe Anzahl gar verschollen sein. Neueste Schätzungen gehen für den deutschen Sprachraum im 17. Jahrhundert von etwa 265 000 noch erhaltenen Schriften (in 1,7 Millionen Exemplaren) aus. Die folgenden Zahlen entbehren also jeder Exaktheit, vermögen aber doch ein realistisches Bild der Tendenzen des überregionalen, gelehrten und anspruchsvollen Buchmarktes zu zeichnen.[1]

Im Jahrzehnt zwischen 1610 und 1619 erreichte die in den Meßkatalogen angezeigte Buchproduktion einen Höchststand mit einem Jahresdurchschnitt von 1587 Novitäten. Der Dreißigjährige Krieg hemmte den Meßverkehr wesentlich: In seinem schlimmsten Drittel, von 1632 bis 1641, zählte man nur mehr rund 660 jährliche Neuerscheinungen auf den Messen. Der Westfälische Frieden brachte nach 1648 einen kurzen Produktionsschub, dann pendelte sich der Durchschnitt in der zweiten Jahrhunderthälfte bei 826 neuen Titeln pro Jahr ein, zwischen 1695 und 1745 stieg er auf 1127 Titel. Der deutsche Meßverkehr erreichte in absoluten Zahlen erst 1768 wieder das einstige Volumen vor dem Dreißigjährigen Krieg. Wie sich die Bevölkerungszahl Mitteleuropas nach der radikalen, wenngleich regional unterschiedlichen Dezimierung erst binnen eines Jahrhunderts erholte, so benötigte auch der Buchmarkt zur völligen Gesundung mehr als hundert Jahre – und einen Wechsel seiner Verkehrsformen. Wieweit dabei auch die gesamteuropäischen und spezifisch deutschen ökonomischen Konjunktur- und Krisenphasen eine Rolle spielten, ist bisher noch nicht erforscht. Immerhin läge es nahe, Auswirkungen der „kleinen Eiszeit“ um 1700, der Agrarkrise nach 1720, der Nahrungskrise 1738 bis 1741 usw. auf den Buchmarkt zu vermuten; denn in der agrarischen Knappheitsgesellschaft der Frühen Neuzeit bestimmten Konjunkturzyklen und Klimaschwankungen, Ernteausfälle und Seuchen ganz unmittelbar die Existenzbedingungen breitester, auch gelehrter Schichten der Bevölkerung und wirkten ebenso massiv auf die Staatshaushalte. Diese Kaufkraftschwankungen wiederum mußten – neben den politischen und militärischen Ereignissen – auch den Buchmarkt unmittelbar beeinflussen und prägen, konnten einzelne Regionen auch kulturell veröden oder prosperieren lassen.

Schon im 16. Jahrhundert hatte die Nationalisierung des mitteleuropäischen Buchmarktes begonnen. Noch zwischen 1564 und 1579 waren rund 38% aller in den Meßkatalogen verzeichneten Werke ausländischen Ursprungs; diese Ziffer halbierte sich bis 1615 auf rund 20% wegen des starken Wachstums der deutschen Produktion. In absoluten Zahlen aber nahm der Anteil französischer, niederländischer, italienischer und englischer Firmen sogar zu: Von 1610 bis 1619 wurden 918 Neuerscheinungen aus Frankreich, 798 aus Holland, 781 aus den spanischen Niederlanden (dem heutigen Belgien), 559 aus Italien und 151 aus England angezeigt. 79% dieser Titel waren in lateinischer Sprache gedruckt. Die Frankfurter Messen erwiesen sich damit als Europas Hauptumschlagplatz für internationale gelehrte und geistliche Literatur. Nach dem Dreißigjährigen Krieg aber ist diese Internationalität weitestgehend zerstört: Italien (mit nur 40 Novitäten 1650–1659) und England sind nach 1650 so gut wie nicht mehr vertreten, auch der französische Anteil geht stark zurück. Dagegen besuchten fünfzehn niederländische Firmen die Mainmetropole nach wie vor, insbesondere Verleger aus Amsterdam, und dies mit steigenden Umsätzen. In den holländischen Verlagshäusern wie der berühmten Dynastie der Elzeviere wurden für einen gesamteuropäischen Markt Nachdrucke französischer Belletristik und politische Schriften, in handlichem Duodezformat adrett gedruckt, aber auch Erotica und Scandalosa mit fingierten Druckorten hergestellt – eine Mischung, die vor allem adeliger Kundschaft auch in Deutschland sehr zusagte. Bis gegen die Mitte des 18. Jahrhunderts vertrieb zum Mißfallen der einheimischen Firmen Arkstée en Merkus aus Amsterdam in Leipzig fremdsprachige Werke auf den Messen.

Der Anteil der Gelehrtensprache Latein am deutschen Buchmarkt steht in engem Zusammenhang mit der Rolle Frankfurts – der Rückgang der lateinischen Produktion signalisiert den Niedergang der Frankfurter Messen und den Aufstieg der national-deutschsprachig dominierten Leipziger Konkurrenz. Noch im Jahrzehnt vor dem Dreißigjährigen Krieg waren 58% aller auf den Messen gehandelten Novitäten in lateinischer Sprache gedruckt worden, doch in den Folgejahrzehnten setzte sich das Deutsche stetig durch, auch wenn erst ab 1692 die deutschsprachigen Neuerscheinungen auf Dauer überwogen. Dann freilich beschleunigte sich die Tendenz: 1714 wurden doppelt soviele deutsche wie lateinische Schriften angezeigt, 1735 bereits dreimal soviele.

Auch die Schwerpunkte des Büchermarktes verändern sich im beginnenden 18. Jahrhundert auf charakteristische Weise: Einem statisch-beharrenden Bereich steht ein flexibler gegenüber. Statisch sind die großen klassischen Universitätsdisziplinen der Jurisprudenz und der Medizin, daneben die Geschichte mit ihren Nachbarbereichen wie Geographie, Reisen und Politik sowie die Musik. Zwischen 1625 und 1750 pendelt der Anteil juristischer Literatur um sieben bis acht Prozent, ebenso jener der Medizin. Die Geschichte und ihre Randbereiche halten meist eine Marke um 16 % besetzt. Die relative Produktionshöhe dieser statischen Gruppen bleibt im ganzen 17. Jahrhundert und noch im ersten Drittel des 18. Jahrhunderts bei etwa 36 % und geht auch bis 1800 nur auf rund 32 % des gesamten Buchangebotes auf den Leipziger Messen zurück.

Die radikalen Veränderungen der flexiblen Sachgruppen deuten dagegen geistes- und kulturgeschichtliche Umwälzungen von großer Tragweite an. Die dominierende Stellung der Theologie bzw. der religiösen Schriften ändert sich zwischen 1625 und 1735 nur wenig: Sie pendeln stets um etwa 40 %. Dann aber beginnt ihr schneller Abstieg, der freilich schon in die folgende Periode der Buchgeschichte gehört: 1745 erreichen sie noch 31 %, 1775 knapp 20 % und 1800 nur mehr bescheidene 6 %. Die „modernen“ Wissenschaften wie Philosophie und Pädagogik, Naturwissenschaften, aber auch Philologie und Handelswissenschaften haben zwischen 1625 und 1735 einen Anteil von rund 20 %, der 1745 auf 30 % gestiegen ist und 1800 fast 40 % erreichen wird.

Die Schöne Literatur schließlich nimmt im selben Zeitraum zwischen drei und fünf Prozent der Gesamtproduktion ein; im Jahr 1700 werden ihre 2,8 % sogar von der Musik mit 3,5 % übertrumpft. Aber schon 1745 ist sie bei 6,4 % angelangt, 1775 werden es 14,3 % und im Jahr 1800 gar 27,3 % sein. Das Zeitalter der belletristischen Lesekultur hat begonnen.

Genug der Zahlen – halten wir die wichtigsten statistischen Ergebnisse für den Buchmarkt der Barockzeit nochmals fest: Die am Beginn des 17. Jahrhunderts blühende Buchkultur in Deutschland wird durch den Dreißigjährigen Krieg tiefgreifend geschädigt. Erst nach vielen Jahrzehnten ist die einstige Publikations- und Kommunikationsdichte wieder erreicht, allerdings unter gewandelten Vorzeichen. Die Internationalität und Latinität, die von den Frankfurter Messen verkörpert wurde, ist stark zurückgegangen, der volkssprachlich-nationale Buchmarkt mit dem Mittelpunkt Leipzig hat seinen Aufstieg begonnen.

Wer handelte im 17. und beginnenden 18. Jahrhundert in Deutschland mit Büchern? Die Frage ist keineswegs so einfach zu beantworten, wie man vermuten möchte; denn die verschiedenen Sektoren des gesamten Buchangebotes besaßen durchaus unterschiedliche, sich nur teilweise überschneidende Vertriebswege. Vier Hauptgruppen von Buchvermittlern, jeweils mit einem spezifischen Marktsegment, lassen sich unterscheiden:

Erstens: „Der reguläre Buchhändler damaliger Zeit, der meßfähige Buchhändler ist der mit seinen gleichartigen Berufsgenossen im Tausch- oder Changeverkehr stehende Verlegersortimenter."[2] Er besuchte beständig die zweimal jährlich stattfindenden Buchmessen in Frankfurt und/oder Leipzig. 1650 handelte es sich dabei um 138 Firmen aus 52 Orten, die jeweils etwa zur Hälfte dem Süden und Norden des Reiches zugehörten. Neunzig Jahre später hat sich die Zahl der Firmen auf 187, die der Verlagsorte auf 69 erhöht – nun stellte der Norden zwei Drittel, der Süden nur mehr eines. Hinzu kamen jene Buchhändler, die sich einen regelmäßigen Meßbesuch wegen der hohen Kosten und weiten Entfernungen nicht leisten konnten, aber mit den Meßplätzen durch einen dortigen Geschäftsfreund in Verbindung standen, der sie mit den gewünschten Novitäten zuweilen auch das ganze Jahr über versorgte – aus solchen Vorformen entwickelte sich später das Kommissionswesen.

Zu den knapp 140 Firmen, die gleichsam das obere Drittel des Gewerbes bildeten, kann man vielleicht dieselbe Zahl solch gelegentlicher Meßbesucher hinzuzählen, außerdem einige Dutzend, die nur indirekt mit den beiden Zentralorten Kontakt hatten und die dortigen Novitäten zum größeren Teil durch Barzahlung erwerben mußten. Manche davon spezialisierten sich als wandernde „Disputenhändler" auf den Vertrieb der Unzahl akademischer Kleinschriften, die der Meßbuchhandel verschmähte, und besserten ihren Gewinn durch politische Pasquille und andere klandestine Ware auf. Im deutschsprachigen Mitteleuropa dürfte es um 1700 höchstens 500 (eben nicht „zünftige") Buchhändler im weitesten Sinn gegeben haben. Um diese Zeit entfiel auf etwa 96000 Einwohner im Heiligen Römischen Reich eine ständig meßbesuchende Buchhandlung, und eine sonstige (einschließlich meßbesuchender Drucker) auf etwa 31000 Einwohner.[3] Ihr Metier war der Handel mit lateinischer Gelehrtenliteratur und der Aufnahme in die Meßkataloge würdiger, überregional absetzbarer deutschsprachiger Produktion. Das theologische Element spielte dabei neben dem juristischen und medizinischen Fachschrifttum die Hauptrolle. Das schloß freilich nicht aus, daß auch gutverkäufliche

Ein Buchhändler der Barockzeit in seinem Gewölbe – beim Verpacken von Meßgut (1698)

aktuelle Ware für einen breiteren Bedarf gehandelt wurde – etwa politische Flugblätter und Neue Zeitungen.

Im Unterschied zu anderen Gewerben war der durchaus kräftezehrende Buchhandel der Barockzeit, von raren Ausnahmen abgesehen, eine männliche Domäne, wie Adrian Beier 1690 konstatierte: er sei „nicht vor die Frauen/ sie müsten denn auch Latein verstehen/ Sondern müssen Ihn uf tödtlichen Hintrit ihrer Männer von erfahrnen Leuten und Factoren/ oft mit großer Gefahr regieren lassen“[4]. Wie eine barocke Buchhandlung aussah, zeigen zeitgenössische Kupferstiche: Der Buchbinder wird mit einem offenen Laden, (glaslosem) Schaufenster, an dem die Titelblätter von Neuerscheinungen sowie Holzschnitte angeschlagen sind, und Regalen gebundener Schriften dargestellt. Der Buchhändler dagegen, dessen Geschäft man sich eigentlich so vorgestellt hätte, erscheint in einem großen Lagerraum voller Ballen und Pakete; in ein wuchtiges Holzfaß werden Bücher zum Transport auf die Messen verpackt, in den Regalen liegen verschnürte Stöße von Rohbögen und nur eine Handvoll gebundener Bücher. Wichtiger als Verkaufstheke und Stehpult waren möglichst geräumige, hohe und trockene Gewölbe für die Unmengen eigenen und eingetauschten bedruckten Papiers. Der direkte Ladenverkauf scheint also gegenüber dem Markthandel noch immer zweitrangig gewesen zu sein. In norddeutschen Städten wie Lübeck, Schleswig und vor allem Hamburg waren Bücherstände in den Kirchen üblich – als willkommene Nebeneinnahme für die hanseatischen Kirchenkapitel.

Als *zweite* große Gruppe sind nach den „Verlegersortimentern“ die „Druckerverleger“ in rund 330 deutschen Druckorten zu nennen, von denen gleichfalls einige Dutzend die Messen zu besuchen pflegten. Ihre Offizinen produzierten ohne großes Absatzrisiko hauptsächlich für den lokalen und regionalen Bedarf. Sie besaßen meist eine solide finanzielle Grundlage als Hof-, Kanzlei-, Universitäts- oder Ratsbuchdrucker, waren von ihrer territorialen, geistlichen, städtischen oder akademischen Obrigkeit privilegiert oder gar mit einem Monopol ausgestattet, wofür ihnen allerdings oft die Preisgestaltung der Massenartikel vorgeschrieben wurde – in Kursachsen beispielsweise 1623 drei Heller pro Bogen. Solchermaßen abgesichert konnte etwa die kleine Stuttgarter Offizin Treu zwischen 1681 und 1684 nicht weniger als 16500 Exemplare der „Kinderlehre“, des württembergischen Schulkatechismus, absetzen. Zuweilen nahmen insbesondere akademische Drucker auch umfangreichere Schriften unter die Presse, meist von ortsansässigen Gelehrten, die sie auf den Messen zum Tausch anboten. Den größten Teil ihrer Einkäufe mußten sie freilich bar bezahlen, da ihr geringes Tauschkontingent bald erschöpft war. In manchen kleineren Residenzen oder Reichsstädten deckte der ansässige Buchdrucker bis ins 18. Jahrhundert hinein den gesamten Buchbedarf und verstand es, alle Buchhändler abzuschrecken, die sich (vor allem aus dem überbesetzten Sachsen kommend) ansiedeln wollten. Ihre Gesamtzahl ist kaum abzuschätzen. David L. Paiseys Verzeichnis der Drucker und Verleger des deutschen Sprachraums 1701–1750 schließt eine Fülle von Klein- und Kleinstfirmen mit geringer Produktion ein; es enthält (mit Mehrfachnennungen bei Ortswechseln etc.) mehr als dreitausend Namen allein für diese Periode.

Ihre Haupteinnahmequelle beim Handel war nicht die gelehrte Ware, sondern die „kurrentesten Materien", wie sie J. J. Becher 1668 beschrieb: Gebet- und Erbauungsbücher, medizinische und Hausväter-Ratgeber, Wetter- und astrologische Prognostiken, Flugschriften und Kalender, Neue Zeitungen und Schwanksammlungen, Hochzeits- und Leichencarmina, Schulreden und Verordnungen. Diese Gattungen konnten in teils hohen Auflagen regional, auf Jahrmärkten und Dulten, durch Hausierer und Zwischenträger abgesetzt werden, die sich im wörtlichen Sinne als „Marktschreier" betätigten. In den meisten deutschen Territorien war den Druckerverlegern zwar nur der Handel mit eigenen Erzeugnissen gestattet, aber sie hielten sich zum steten Verdruß ihrer buchhändlerischen Konkurrenten so gut wie nirgendwo daran. Gerade Kalender waren ein begehrter Artikel, dessen Druckprivileg von der Obrigkeit teils gegen Höchstgebot unter den ansässigen Firmen vergeben wurde.

Eine erst jüngst durch H. J. Schrader[5] ins Blickfeld gerückte Gruppe von kleinen Druckerverlegern etablierte sich um die Jahrhundertwende auf einem isolierten, dennoch bedeutsamen Neben- oder Sub-Buchmarkt, dem des radikalen Pietismus. Eine erstaunlich große, bibliographisch noch unzureichend erfaßte Zahl von mystisch-asketischem, theosophisch-spekulativem, kirchenkritischem und separatistischem Schrifttum konnte den strengen Überwachungs- und Zensurnormen zum Trotz innerhalb der Reichsgrenzen erscheinen und auf Schleichwegen ihr Publikum finden. Seine Zentren waren Orte in drei unbedeutenden Duodezherrschaften: das isenburgische Offenbach (mit dem Winkeldrucker Bonaventura de Launoy) und Büdingen, das nassauische Idstein und das wittgensteinische Berleburg. Obgleich theoretisch die Bücheraufsicht in allen Territorien mit Vor- und Repressivzensur, auch Kontrollen privaten Buchbesitzes ausgeübt wurde, ergab sich in der Praxis doch mancher Ermessensspielraum: persönliche Kontakte der Gelehrten und Verleger mit ihren oft selbst publizierenden Zensoren, Zuständigkeitsquerelen, auch massive wirtschaftliche Rücksichten (bei sorgfältiger Verbergung des Druckortes drückte man ein Auge zu, wenn eine inländische Offizin mit Anstößigem gute Geschäfte machte). Dies galt sogar für schwärmerische, die mühsam ausbalancierte interkonfessionelle Equilibristik störende Schriften, sofern eine Landesobrigkeit, ob der Fürst selbst oder Zensoren, solch normverletzendes Schrifttum tolerierten und schützten, wie etwa im philadelphisch-pietistischen Offenbach. Bei solcher Rückendeckung waren die Einwirkungsmöglichkeiten der Reichsinstanzen sehr begrenzt. Was diese florierenden Winkelpressen in der Provinz anonym herstellten und auch (vor allem aus Holland) importierten, fand außerhalb des regulären Buchhandels bei Gleichgesinnten rege Abnehmer.

Von nicht geringer Bedeutung auch für solche „Nebenmärkte" war eine *dritte*, oft unterschätzte Vermittlungsinstanz: die etwa 1500 Buchbinder. Bei ihnen handelte es sich im Gegensatz zu den begüterten Druckerherren meist um bescheidene Kleingewerbetreibende, die ihr Heil deshalb in einer straffen zunftmäßigen Organisation sahen und stets korporativ auftraten. Sie konnten auch als Verleger von Kleinliteratur wirken, besaßen aber vor allem das verbriefte und eifersüchtig verteidigte Recht, alleinige Anbieter *gebundener* Bücher auf Märkten und Messen zu sein. Wie ihr Angebot des „Brotbedarfs" breiter Schichten aussah, beschrieb J. G. Zeidler 1708 anschaulich: ihnen seien nur „die gemeinsten Bücher vor die Haußväter/ wie auch allerhand deutsche und Lateinische Schulbücher zu führen vergönnet. Nemlich Bibeln/ Postillen/ Gebet= und Gesangbücher u.d.gl. Item N. Testament/ Psalter/ Sirach/ Evangelienbücher/ Catechismus/ Abcbücher/ Schreibtaffeln/ Calender/ allerhand deutsche kleine Romane/ als Ritter Pontus/ gehörnter Seyfried/ Keyser Octavianus, die schöne Magellona/ die Schildbürger/ Fabeln Esopi/ Clauß Narr/ Eulenspiegel/ Albertus Magnus/ Gartenbüchlein/ Farben- und Illuminir-Büchlein/ Dreh=Rädgen/ Planetenbüchlein und dergleichen unzehliche Dinge/ welche in Erffurt und Magdeburg in grosser Menge gedruckt/ und mit einem Fältzgen gebunden und auff dem Marckt feil sind."[6] Der Ehrgeiz vieler Buchbinder ging freilich weiter; oft dienten sie größeren Verlegersortimentern als eine Art Filiale und nahmen auf diese Weise sogar mittelbar am Meßverkehr teil. Ihre wesentliche Vertriebsform war der Wanderhandel auf den umliegenden Märkten, und oft genug trat die eigentliche Buchbinderei in den Hintergrund. Zwischen den Zweigen des Buchgewerbes bestand angesichts der desolaten wirtschaftlichen Situation ein Klima erbitterter Feindschaft und des Brotneides; die Archive sind übervoll von fast rituell anmutenden Suppliken, Protestationen, Beschwerden, Denunziationen, Beleidigungsklagen und dergleichen. Wer auch immer mit Protektion der Obrigkeit neu in den Markt drängte, sich als Gehilfe oder „Buchhandlungs-Diener“ selbständig machen wollte, das Bürgerrecht zu erwerben oder zu erheiraten suchte, mußte vehementer, oft jahrelanger Abwehr der Altetablierten gewärtig sein.[7] Von der Mitte des 17. Jahrhunderts an sollten an manchen Orten die ersten Buchhändler-Examina und geregelte Lehrzeiten von fünf bis sechs Jahren die Abgrenzung gegen fachfremde Konkurrenten sichern.

Schließlich sind *viertens* die „Auchbuchhändler“ nicht zu übergehen, die in den Buchvertrieb pfuschten. Das konnten Geistliche und Studenten sein, Angehörige verwandter Berufe wie Kupferstecher, aber auch Kaufleute, die ein regelrechtes Vertriebsnetz für solche fachfremde Ware organisierten, vor allem zahllose schwer kontrollierbare Wanderhausierer mit oft anstößigen und sektiererischen Erzeugnissen. Diese hatten neben Büchern unter anderem auch Brillen, Rosenkränze, Spielkarten, Maultrommeln, Bürsten, Kämme, Scheren, Messer und Schreibutensilien in ihren Ranzen und Butten, Kästen und Rucksäcken. Die folgende (sprachlich modernisierte) gemeinsame Eingabe aller württembergischen Buchbinder an ihren Herzog aus dem Jahr 1670 läßt über den konkreten Anlaß hinaus ahnen, welch einschneidende Folgen der Dreißigjährige Krieg für die gesamte Kommunikationssituation besaß:

„Zu den guten Zeiten, vor gewaltsamer Occupation und feindlicher Devastation des Landes, haben wir notgedrängte Supplicanten, ohne Jemandes Eintrag, Neuerung und Hindernis, neben unserem Handwerk auch den Buchhandel, sonderlich mit den Kalendern und Nürnberger Waren getrieben, also unsere Weib und Kinder um soviel desto besser nähren und erhalten können.

Anitzo aber nach erfolgtem Totalruin und bei so erbärmlichem Zustand unseres geliebten Vaterlandes, da wir um unser Vorrätlein, ja mehrerteils gar um unser Armütlein und ganze Substanz kommen, nichts mehr als (neben unserem Handwerkszeug) arme, verderbte, durch Hunger und Kummer halb verschmachtete Weib und Kinder übrig haben, da uns auch die Nahrung, die wir vermittels unsers erlernten Handwerks und gedachten, von uralten Zeiten rührig hergebrachten Buchhandels haben sollten, bei den Doctorn, Pfarrern, Kirchen- und Schuldienern, auch anderen dergleichen ehrlichen und ansehnlichen Leuten, die bei den Studien und bei der Feder herkommen, also sich der Bücher befleißigen, wegen der notorischen Dürftigkeit, allenthalben erscheinenden Mangels und verarmter Zeit, ganz abgehet und sich allerdings verloren – – da fängt ein Kaufmann von Ulm namens Georg Häusler neuerdings und wider uraltes Herkommen an, uns vollends den Garaus zu machen, indem er (ohngeachtet er ein vermöglicher, von Gott wohl gesegneter Mann ist und seine Nahrung von seiner erlernten Hantierung mit Ulmer Waren, also von seinem ordentlichen Beruf genugsam haben kann) nichtsdestoweniger dergleichen Buchbinderwaren aus lauter Gewinnsucht zu unserem völligen und äußersten Verderben an sich gebracht hat, hernach diese etlichen Nichtbürgern und Ausländern (und wer weiß, ob da nicht Kundschafter mit unterlaufen), herumschweifenden oder hin und wider streichenden Hausierern, Waalen, Wälschen und Scheurenkrämern anhängt und diese schier wöchentlich von Ulm aus damit versieht, zu Zeiten auch selbst damit auf die Jahrmärkte kommt. [...] Und müssen hingegen wir eingesessene Bürger mit höchsten Schmerzen sehen, daß solche unverbürgerte, weder Steuer, Schatzung noch andre Beschwerden tragende oder leidende Hausierer und Landstreicher, ja vielleicht teils Kundschafter, mit ihrem wöchentlichen öffentlichen Feilhaben, auch sträflichem Hausieren, so sie teils selber persönlich, teils durch ihre Jungen in allen Wirtshäusern und Gassen verrichten, uns [...] das Brot vom Mund abschneiden. Denn wann schon etwa einer von uns durch äußerstes Bemühen so viel Geld aufbringt, daß er Kalender, Praktiken, Nürnberger und dergleichen Buchbinderware ins Land bringt (welche Waren doch kaum ein Vierteljahr um Martini und zur Weihnachtszeit verkäuflich sind), in der Hoffnung, ein Stück Brot damit zu gewinnen, so bleiben diese uns doch wegen des ordnungswidrigen Hantierens und Hausierens der Landstreicher und Scheurenkrämer zu unsrem äußersten Verderben in unseren Läden liegen, weil wir sie hernach nicht mehr zu Geld machen können.“[8]

Die ungelenk-weitschweifige Eingabe zeigt, welch wichtige Rolle der Wanderhandel im 17. (und wohl noch 18.) Jahrhundert spielte. Auch renommierte Buchhändler bereisten entweder selbst oder durch Gehilfen monatelang sämtliche Messen und Märkte der Umgebung. Denn während ansonsten die örtlichen Buchbinder und Drucker ihren Platzvorteil mit allen Mitteln zu wahren suchten, durfte zu Marktzeiten jeder Händler seine Bude aufschlagen und ihnen Konkurrenz machen. Gerade für das Publikum in der Vielzahl kleinerer Orte bedeutete dies eine wichtige Möglichkeit, über die bescheidene lokale Auswahl hinaus die Breite der überregionalen Produktion kennenzulernen. Die berühmte Nürnberger Drucker- und Verlegerdynastie der Endter war beispielsweise im ganzen 17. Jahrhundert auf den Münchner Dulten vertreten und hat dafür ebenso eigene Kataloge gedruckt wie später der Dresdner Verlag Walther für die Prager Jahrmärkte. Diese Strapazen des Reisebuchhandels dürfen nicht unterschätzt werden – während die kleinhandwerklichen Buchbinder ein zwar kümmerliches, doch hohes Armenhäusleralter zu erreichen pflegten, und die gutsituierten Buchdruckerherren – nach den Porträtstichen zu schließen – hauptsächlich von der Fettleibigkeit bedroht waren, starben zahlreiche Buchhändler ausweislich ihrer Leichenpredigten entkräftet und abgearbeitet im besten Mannesalter.

Wir müssen uns im folgenden auf den Buchhandel im engeren Sinn beschränken und die so reizvolle wie quellenmäßig schwer erfaßbare Distribution durch andere Gewerbe außer acht lassen.[9]

Auf der Frankfurter Messe traf sich die internationale Buchhandels- und Gelehrtenwelt; sie war mit den Worten von Leibniz „das universaleste Emporium litterarum durch Teutschland". Obgleich sie nach dem Dreißigjährigen Krieg ihre einstige Rolle wieder zu erreichen schien, wurde nach einigen Jahrzehnten der Stagnation am Ende des 17. Jahrhunderts ihr Niedergang unausweichlich. Dafür gab es eine Vielzahl von Gründen: Ein wesentlicher waren kriegerische Ereignisse wie die Franzoseneinfälle am Oberrhein und der spanische Erbfolgestreit, die Frankfurt im Unterschied zur östlichen Konkurrentin Leipzig nicht unberührt ließen. Demgegenüber spielte das oft als rigide Zensurinstanz verkannte kaiserliche Bücherkommissariat nur eine untergeordnete Rolle. Man war sich dort im klaren darüber, daß spektakuläre Verbote den Absatz eines Buches nur beschleunigten. Wenn man sich dennoch zu einer solchen Maßnahme durchrang, dann konnte sogar ein kleiner Buchhausierer, der eine antikatholische Schrift verbreitet hatte, 1738 keck zu Protokoll geben, er „könte und würde Keinen Kreuzer von dieser andictirten Straf abtragen und wäre dieses seine geringste Sorge"[10].

Auch bei Privilegienstreitigkeiten suchte die Bücherkommission die gütliche Beilegung; allerdings blieb die Pflichtexemplarregelung ein Stein des Anstoßes, weil sie nicht nur die kaiserliche Bibliothek kostenlos bereicherte, sondern auch der Marktkontrolle diente. Vor allem nord- und mitteldeutsche Buchhändler verzichteten lieber auf Registrierung von Novitäten im Meßkatalog, lieferten die Belegexemplare nur schleppend oder gar nicht, oft auch nur in Form lückenhafter Remittenden. In den zwanziger Jahren des 18. Jahrhunderts organisierten die Leipziger Firmen gar einen systematischen Widerstand.[11]

Ein folgenschwerer taktischer Fehler des Frankfurter Rates war 1710/11 die Terminverschiebung der Frühjahrsmesse, die bisher an Judica (dem zweiten Sonntag vor Ostern) begonnen hatte. Zwischen der dreiwöchigen Frankfurter und der anschließenden Leipziger Messe blieb den Verlegersortimentern eine keineswegs üppig bemessene Frist von zwei Wochen für Aus- und Einpacken und Transport. Nun wurde aber der Frankfurter Messebeginn auf den ersten Sonntag nach Ostern verschoben, wobei diese drei Wochen in einer Periode spürbarer Klimaverschlechterung (der „kleinen Eiszeit" um 1700) für die aus ganz Europa anreisenden Firmen merklich mildere Temperaturen und bessere Wegeverhältnisse bedeuteten. Was Frankfurts Attraktivität steigern sollte, behagte jedoch den Leipzigern nicht. Dort weigerte sich der Rat, seinerseits die Messe entsprechend zu verschieben. Fortan überschnitten sich die Termine also teilweise, und immer mehr Firmen mußten sich für die ihnen wichtiger erscheinende Messe entscheiden – das aber war für die Nord- und Mitteldeutschen die an der Pleiße.

Je mehr der Charakter des Buchmarktes sich veränderte, desto hartnäckiger galt Frankfurt am Main als Hort der gelehrten, altväterlich lateinischen, kaiserlich bevormundeten und vor allem oberdeutsch-katholischen Produktion. Die sächsischen und preußischen Firmen fühlten sich hier immer mehr auf fremdem Boden, ja in Feindesland, fanden immer weniger Tauschmöglichkeiten mit ihren bayerischen oder niederrheinischen Kollegen. Die konfessionelle Kluft wurde auch auf dem Buchmarkt immer mehr zur kulturellen, wobei sich die nord- und mitteldeutschen Buchhändler nicht zu Unrecht als die fortschrittlicheren sahen. Ihr Mittelpunkt wurde vom ausgehenden 17. Jahrhundert an Leipzig, wo ja schon seit 1594 ein eigener konkurrierender Meßkatalog erschien, Meßprivilegien vergeben wurden und sich eine kursächsische Bücherkommission installiert hatte, die alles tat, um den protestantischen und besonders den einheimischen sächsischen Buchhandel großzügig zu fördern.

Die „bibliopolische Zweiteilung" Deutschlands wurde so immer deutlicher. Die katholisch-lateinisch geprägten Firmen beharrten auf ihrem Meßplatz Frankfurt, das nun als Zentrum des „Reichsbuchhandels" galt – seine Hauptadern waren Donau, Main und Rhein, sein Einzugsgebiet reichte von den geistlichen Kurfürstentümern Köln, Trier und Mainz bis zu den schwäbischen, bairischen und österreichischen Landen. Auch Franken und die Schweiz wurden dazugerechnet, obgleich hier protestantische Verlagshäuser die Geschäftsbeziehungen mit ihren nördlichen Kollegen über Leipzig pflegten.

Die bis heute immer noch klischeehaft betonte „Rückständigkeit" des süddeutschen Buchmarktes bezeichnet freilich nur die Inhalte, keineswegs den Umfang der Produktion oder gar den Geschäftserfolg. Renommierte Verlegerdynastien und Druckergeschlechter des 17. Jahrhunderts waren in Frankfurt am Main und Nürnberg ansässig: in *Frankfurt* etwa Johann Baptist Schönwetter mit seinem wissenschaftlichen Fachverlag und vor allem die Meriane mit der in 21 großen Foliobänden erschienenen Bilderchronik des „Theatrum Europaeum" und ab 1642 den berühmten Topographien, die verschwenderisch mit Hunderten von Kupferstichen geschmückt waren. Doch wurde Frankfurt noch von *Nürnberg* übertrumpft. Die Reichsstadt in Franken war der wichtigste süddeutsche Kommissionsplatz, wo auch zwischen den Messen süd- wie norddeutsche Firmen Bücherlager unterhielten, sie war die Nahtstelle zwischen katholischem und protestantischem Geistesgut. Von hier aus wurde das altgläubige Bayern ständig mit neuen, nördlichen Ideen infiltriert, von hier aus schickte aber auch der zum Katholizismus konvertierte Grimmelshausen seinen „Simplicissimus" in die Welt. Vom 16. bis ins 18. Jahrhundert blühte die weitverzweigte Drucker- und Verlegerfamilie der Endter, die Kalender und Bibeln, Erbauliches und Unterhaltendes in großem Stile produzierten. Hier wirkten auch wichtige Verleger der Barockliteratur wie Felßecker und Hoffmann, hier gab Harsdörffer seine „Frawenzimmer-Gesprechspiele" (1641) und seinen „Poetischen Trichter" (1647) heraus, hier gediehen schließlich auch Kunstverlag (Christoph Weigel) und Landkartenverlag (die Homann'sche Offizin).

Unbestrittenes Zentrum des katholischen Druck- und Verlagswesens war *Augsburg*, an dessen Domäne – religiöser wie weltlicher Graphik, kostspieligen Theologica und einer Unzahl erbaulicher Kleinschriften – sich 1740 nicht weniger als 14 Druckereien, 141 Maler, Illuministen und Briefmaler, 61 Kupferstecher und 36 Buchbinder beteiligten. Es überrascht nicht, daß hier der Verleger Augustus Sturm 1725 den ersten Versuch einer „förmlichen illustrierten Zeitung"[12] in Deutschland unternahm. *München*, ansonsten recht unbedeutender Druckort der Barockzeit, konnte einen für jene Zeit ungewöhnlichen buchhändlerischen Erfolg verzeichnen: Der Verleger Cornelius Leysser hat von den Schriften des jesuitischen Hofpredigers Jeremias Drexel allein zwischen 1620 und 1642 mit Beteiligung zweier weiterer Münchner Drucker insgesamt 170 700 Exemplare herausgebracht, wozu eine Vielzahl von Nachdrucken und Übersetzungen kam. Dieter Breuer verweist darauf, daß die gesamte Führungsschicht der mittel- und westeuropäischen Staaten „durch die

Drexelsche Schule der religiösen Bewußtseinsbildung gegangen“ sei.[13]

Für die erste Hälfte des 18. Jahrhunderts läßt sich eine „Rangliste“ der deutschen Buchgewerbeorte[14] erstellen, die herkömmliche Meinungen über das unbedeutende oberdeutsch-katholische Druck- und Verlagswesen klar widerlegt. Demnach gab es zwischen 1701 und 1750 in folgenden deutschen Orten die meisten buchgewerblichen Betriebe: Augsburg (150 Firmen), Leipzig (145), Nürnberg (99), Frankfurt/Main (98), Köln (93), Hamburg (76), Halle/Saale (61), Jena (58), Berlin (53), Wien (ebenfalls 53) und Basel (41). Unter den ersten fünf konnte sich also allein Leipzig gegen Städte des „Reichsbuchhandels“ behaupten. Dieser besaß offensichtlich noch am Ende der Tauschhandelszeit enorme Kapazitäten und verfügte über internationale Kooperations- und Absatzstrategien auf dem Gebiet des traditionellen gelehrten Schrifttums, insbesondere der Theologie (man denke an die Gemeinschaftsunternehmen von Augsburger und venezianischen Verlagen). Mit der rigorosen Nationalisierung des deutschen Buchmarktes in der zweiten Hälfte des 18. Jahrhunderts und im Gefolge der Aufklärung verschwand diese alteuropäisch-supranationale Verbindung völlig. Ähnlich erging es der bis heute kaum erforschten, überaus umfangreichen volkstümlichen Druckproduktion der Gebetzettel und Bruderschaftsbüchlein, Wallfahrtsführer und illustrierten Erbauungswerke, Heiligenviten und Mirakelsammlungen, die der allumfassenden Säkularisierung der bürgerlichen und bäuerlichen religiösen Kultur zum Opfer fielen.

In der zweiten Hälfte des 17. Jahrhunderts begann der Aufstieg nord-, mittel- und ostdeutscher Verlagsorte: Berlin und Königsberg etwa, aber auch Hamburg, wo schon um 1700 Verlage wie Th. von Wierings Erben die frühbürgerliche englische Literatur durchsetzten und Defoes „Robinson Crusoe“ nach Deutschland brachten, und vor allem *Breslau*, wo die schlesischen Barockautoren ihre Werke erscheinen ließen. Martin Opitz brachte seine Gedichte in sechs Auflagen und sein „Buch von der teutschen Poeterey“(1624) bei seinem Freund David Müller heraus, eine Generation später verlegte dort Jesaias Fellgiebel die Schriften von Gryphius, Hofmannswaldau und Lohenstein.

Einen besonders starken Aufschwung verzeichneten die sächsischen und thüringischen Universitätsorte Halle und Jena. In *Halle* entwickelte sich die von August Hermann Francke gegründete „Buchhandlung des Waisenhauses“ zu einem fruchtbaren religiösen und wissenschaftlichen Verlag – in ihrem Tochterunternehmen, der

Cansteinischen Bibelanstalt, wurden zwischen 1712 und 1739 fast 850000 Exemplare billiger Bibelausgaben hergestellt.[15] In *Jena* brachte die Verlagsfirma Bielcke zwischen 1665 und 1739 insgesamt 2203 Neuerscheinungen heraus, aber auch in Bautzen ließ David Richter von 1714 bis 1739 1005 Artikel in den Meßkatalogen anzeigen. Schon im Zeitalter des Tauschhandels konnte auch in kleineren Orten dank der Rührigkeit örtlicher Verleger ein Produktionsvolumen erreicht werden, das in anderen europäischen Staaten jener Zeit außerhalb der Metropolen kaum vorstellbar war.

An erster Stelle freilich stand (vom Sonderfall Augsburg abgesehen) seit 1680 endgültig *Leipzig*, nicht zuletzt dank der liberalen sächsischen Zensur und der staatlichen wie städtischen Obsorge für den prosperierenden Wirtschaftszweig des Buchgewerbes. Den Druckereien Leipzigs wie des übrigen Kursachsen kam zugute, daß viele auswärtige Verleger ihre Neuerscheinungen gleich hier drucken ließen und sich so die erheblichen Transportkosten zur Messe sparten: Sie nahmen selbst nur den eigenen Lokalbedarf mit nach Hause und vertauschten den größeren Rest auf der Messe. 1739 verzeichnete Leipzig bei 28000 Einwohnern 20 Buchhandlungen, 15 Druckereien, 22 Buchbinder, 11 Kupferdrucker, 8 Kupferstecher und drei Schriftgießereien. Zwei bis drei Prozent der Stadtbewohner dürften unmittelbar vom Buchgewerbe gelebt haben. Hier brachte der Buchhändler Theophil Georgi 1742 sein vierbändiges großformatiges „Europäisches Bücherlexicon" heraus, die erste brauchbare Allgemeinbibliographie für buchhändlerische Zwecke, mit Umfangsangaben und erstmals auch mit Preisen versehen.

In Leipzig entwickelte sich auch ein neuer, wenn man will „kapitalistischer", Typus des Buchhändlers – der Großverleger. Drei miteinander mannigfach verschwägerte Familien konkurrierten um 1700: die des Thomas Fritsch (1666–1726), die von Johann Friedrich Gleditsch (1653–1716) und vor allem Moritz Georg Weidmann d.Ä. (1658–1693). Die Firma Gleditsch brachte 1681 bis 1739 2700 Bücher heraus, bei Weidmann erschienen 1688 auch die ersten Hefte der ersten deutschsprachigen Zeitschrift, des Christian Thomasius' „Monatsgespräche"; noch unternehmender war sein Sohn M. G. Weidmann d.J. (1686–1743). Sowohl kostspielige wissenschaftliche und theologische Werke wie Belletristik, darunter höfisch-historische und frühbürgerliche Romane, von Lohenstein und Ziegler, von Christian Weise und Johann Beer, bildeten einen festen Bestandteil ihres Verlagsprogramms. Eine wesentliche Rolle spielten sie auch bei der Durchsetzung der gelehrten Nachschlagewerke, die die vom Barock angesammelte riesige Büchergelehrsamkeit einem wißbegierigen frühaufklärerischen Publikum vermittelten und für die Lebens- und Berufspraxis fruchtbar machten. Gleditsch brachte neben seinem erstmals 1704 erschienenen „Realen Staats-, Zeitungs- und Conversations-Lexicon", das bis 1825 31 Auflagen erlebte und dann von einem neuen Lexikontypus abgelöst wurde, noch zehn weitere Lexikonprojekte heraus, die allesamt erhebliche Geldmittel erforderten.[16] Diese Großverleger setzten ihre Marktbeherrschung mit oft rüden Methoden durch, erschlichen und verletzten Privilegien kleinerer Firmen, griffen auch bedenkenlos zum verpönten Nachdruck und verweigerten zunehmend den Tauschhandel mit ihren Kollegen. 1711 klagte der Tübinger Buchhändler J. G. Cotta: „Die Leipziger nehmen nur gute Sachen und geben dafür, was dort schlechten Abgang findet. [...] Bei den Leipzigern heißt es: wir habens Recht und Macht allein, wer ists der uns solt meistern."[17]

Diese wachsende Marktbeherrschung der Leipziger Firmen, die wenige Jahrzehnte später den Anstoß zu einer fundamentalen Umwälzung des Buchmarktes geben sollte, war eine Folge der damaligen buchhändlerischen Verkehrsformen – des bereits mehrfach erwähnten *Tauschhandels.*

Das 17. Jahrhundert gilt in der Wirtschaftsgeschichte als jene Zeit, in der sich die Staatsdoktrin des Kameralismus durchsetzte. Ihm ging es nach dem Vorbild des französischen Merkantilismus einerseits um die Förderung des Wettbewerbs innerhalb der eigenen Grenzen. Das führte zu vermehrter Konzessionierung von Druckereien und Buchhandlungen und zur Subventionierung des Exports. Zugleich suchte man die Konkurrenz von außen durch Importbeschränkungen, Zölle und weitere Maßnahmen zu behindern. Das Geld sollte im Lande bleiben, nicht aber für auswärtige Produkte ausgegeben werden und damit die eigene Wirtschaftskraft schwächen. Angesichts dieser für einen großen Zentralstaat entwickelten Doktrin, die Rang und Macht eines Gemeinwesens nach dem Maße seiner wirtschaftlichen Autarkie bestimmte, stand der Buchhandel in den vielen Einzelstaaten des deutschen Sprachgebietes vor einem existenzgefährdenden Problem: schließlich war der Buchvertrieb seit jeher seiner Natur nach auf Grenzüberschreitung, auf Im- und Export angewiesen. Wie sollte er sein Kommunikations- und Distributionssystem bei solchen Handelsschranken, gerade in den Jahrzehnten nach dem Dreißigjährigen Krieg, dennoch aufrechterhalten?

Als Lösung bot sich der Tausch- oder Changehandel an, der als Verrechnungsverfahren den Geldverkehr weitgehend zu vermeiden suchte.

Sein Grundprinzip war es, auf den Messen in Frankfurt und Leipzig alle Neuerscheinungen der einzelnen Verlage ohne Rücksicht auf ihren jeweiligen Inhalt bogenweise zu tauschen, quasi auf der Basis gleichen Papierwertes. Wer 10000 Bogen seiner theologischen und juristischen Verlagsnovitäten mitbrachte, konnte dafür ebensoviele Bogen gleichen Formates an neuen Romanen und medizinischen Schriften mit heimnehmen. Dies war nur möglich, weil nach wie vor der Kundenkreis des „gelehrten" Meßbuchhandels überall weitgehend homogen war. Wenn Ausstattung und innerer Wert der Bücher allzusehr differierten, wurde im Verhältnis 1:2, 1:3 oder gar 1:4 verrechnet.

Jeder Buchhändler mußte also, um überhaupt an diesem Markt teilnehmen zu können, Verleger und Sortimenter in Personalunion sein. Zwar gab es neben dem Tauschhandel auch während der ganzen Changezeit den Barverkehr, etwa mit manchen Druckerherren oder mit Firmen, die als unsolide galten, aber er erwies sich für alle Beteiligten als erheblich umständlicher und kostspieliger. Der unschätzbare Vorteil des Tauschhandels war, daß der Einsatz an Betriebskapital relativ gering gehalten werden konnte. Gerhard Menz hat den Buchhandel dieser Ära treffend bezeichnet als „gewissermaßen einen einzigen großen Genossenschaftsverlag und zugleich dessen Vertriebsfilialnetz [...]. Die Messen waren die Genossenschafterversammlung, auf der jeder seine Erzeugung vorlegte und einlieferte und seinen Anteil an der Gesamterzeugung für den Vertrieb auswählte und übernahm."[18]

Unter Geschäftsfreunden – und das waren so gut wie alle Buchhändler, die regelmäßig an den Messen teilnahmen – galt es als ausgemacht, von jedem neuen Artikel einer anderen Firma vier bis sechs Exemplare abzunehmen, sie zu „schreiben", wie der Fachausdruck lautete. Wenn die Tauschrechnung nicht glatt aufging, wurden zwar Saldi notiert, aber deren Ausgleich jahrelang aufgeschoben: „Blieb das Buch selbst aus: zur nächsten Messe brachte der Geschäftsfreund etwas anderes, an dem man sich dafür erholen konnte."[19] Die Kalkulationsgrundlage für den Endverkauf war dabei nach wie vor der sogenannte Frankfurter „Tax", ein Meßverrechnungspreis pro Ballen (5000 Bogen) bedruckten Papiers für den Verkehr der Firmen untereinander, der meist als Tauschbasis diente, manchmal aber auch in bar verlangt wurde. Auf diesen Tax schlug der Buchhändler entsprechend seinen Unkosten – vor allem Meßspesen, Verpackung und Fracht – eine Summe auf, die seinen speziellen Ladenpreis ergab. Kompliziert wurden die Abrechnungen der Firmen untereinander durch die unterschiedlichen Rabattsätze, die üblicherweise ein Drittel oder Viertel des Tax betrugen und dementsprechend als „Ordinär"- (also üblicher) und „Netto"-Rabatt bezeichnet wurden. Wegen dieser für jede Firma unterschiedlichen Kalkulation waren Preisangaben in Publikumskatalogen lange Zeit ungebräuchlich und erschienen erst gegen 1730. Natürlich waren die Unkosten der Firmen an und nahe den Meßorten deutlich niedriger. Sie konnten deshalb auch den Kunden günstigere Endverkaufspreise berechnen.

Die Vorzüge des Tauschhandels waren evident, um so mehr als er zwischen befreundeten Firmen oft jahrzehntelang behaglich getrieben werden konnte, ohne daß jemals eine bilanzierende Abrechnung in Geld erfolgte. Nicht nur die Buchhändler hatten den Nutzen davon, sondern auch das Publikum. Nur auf diese Weise konnte die gesamte Produktion gleichsam umgewälzt werden und erreichte über das weitverzweigte genossenschaftliche Vertriebsnetz auch die entferntesten Interessenten zwischen Königsberg und Basel, Kopenhagen und Budapest. Die Breite des Angebots umfaßte je nach der Leistungsfähigkeit der eintauschenden Firma den gesamten Markt: Dem Universalverlag entsprach zumindest tendenziell ein Universalsortiment.

Im Laufe der Jahrzehnte traten freilich auch die Kehrseiten des Changehandels immer deutlicher zutage. Denn, wie Goldfriedrich betont, „in die Fesseln dieses Systems geschlagen, hatte so jeder das Bestreben, die Ungunst der Verhältnisse, unter der er selbst zu leiden hatte, als Gunst der Verhältnisse dem andern gegenüber nach Möglichkeit auszunutzen. Und so produzierte der Verlag in gewisser Hinsicht weniger für das Publikum als für den Buchhandel."[20] Für jeden Verlegersortimenter bestand ja Messe für Messe die Notwendigkeit eigenen Verlags, jeder kehrte mit vollen Fässern von den Messen zurück, gefüllt mit Tausenden von Bogen bedruckten Papiers und sah sich oft genug vor der unlösbaren Aufgabe, die hastig produzierte oder ein entlegenes Thema traktierende Verlegenheitsware eines Hamburger Kollegen in Tübingen als wichtige Novität verkaufen zu müssen, wollte er seinerseits das für die eigene Produktion eingesetzte Geld wieder hereinbringen. Die Konsequenz war: „Da heizte und feuerte man auf der einen Seite und bremste auf der andern; man baggerte als Sortimenter den versandeten Fluß aus und warf als Verleger ganze Ladungen neuen Sandes in die trägen Fluten."[21]

Schon um 1680 mehrten sich die Klagen der Zeitgenossen über die Unmengen überflüssiger Bücher. Um möglichst viel tauschen zu können, wurden auch die Auflagen erhöht. Gebräuchlich wurden 1500 bis 2000 Exemplare, welche „vielmahls der Buchhändler wohl 10. und mehr Jahre/ vorschießen muß/ ehe er sein gantz Capital ohne

Herrn
Joh. Burckhardt Menckens
Zwey Reden
von der
Charlatanerie
oder
Marcktschreyerey
der Gelehrten,
Nebst verschiedner Autoren Anmerckungen.
Mit Genehmhaltung des Hrn. Verfassers nach
der letzten vollständigsten Auflage übersetzt,
Und mit des Frantzösischen Ubersetzers, auch einigen
andern Anmerckungen aufs neue vermehrt.

Ex libris
J. N. Weisinger
1728.

Leipzig,
Bey Joh. Friedrich Gleditschens seel. Sohn.

Charlatanerie
Der
Buchhandlung,
welche den
Verfall derselben
Durch Pfuschereyen, Praenumerationes,
Auctiones, Nachdrucken, Trödeleyen
u. a. m. befördert.
Von zwey der Handlung Beflissenen
unpartheyisch untersuchet.
Zweyte Auflage.

Sachsenhausen,
bey Claus Peter Mistfütz, 1732.

Vorzeichen eines modernen Buchmarktes:
zwei Satiren über kommerzorientierte Autoren und Buchhändler (1732)

Schaden wieder daraus nehmen kan“[22]. Von einer „Verlagspolitik“ der Barockverleger im heutigen Sinn kann unter solchen Umständen kaum gesprochen werden. Eine Spezialisierung, eine Ausrichtung des Programms auf wenige oder gar nur einen Sachbereich hätte die Chancen beim Tausch eher verringert, wogegen ein möglichst vielseitiges, den heutigen Betrachter buntscheckig anmutendes Angebot die Voraussetzung für erfolgreiche Tauschgeschäfte bildete.

Die Gewölbe füllten sich mit Abertausenden von ungebundenen Bogen – denn die Buchführer durften ja nach wie vor nur mit „rohen Materien“ handeln, das Einbinden und der Verkauf gebundener Bücher waren, wie erwähnt, eifersüchtig gehütetetes Buchbinderprivileg. Die Lager wurden immer umfangreicher und verloren infolge ihrer Überalterung an Wert. Einige Firmen versuchten, die Bestände durch umfangreiche Lagerkataloge abzusetzen, andere veranstalteten Bücherauktionen und Lotterien. Die ersten deutschen Buchauktionen sind in den ausgehenden fünfziger Jahren des 17. Jahrhunderts zu verzeichnen; sie blieben lange eine Domäne Nord- und Mitteldeutschlands und sind im katholischen Süden bisher nicht nachgewiesen. Bei solchen Versteigerungen aus Nachlässen oder Firmenbeständen konnten sich Gelehrte und Studenten oft günstig versorgen.[23]

Zwanzig Jahre nach dem großen Krieg wurden die ersten Reformvorschläge veröffentlicht: des Merkantilisten Johann Joachim Becher „Politischer Discurs" (1668), dann die Traktate der Juristen Ahasver Fritsch (1675) und Adrian Beier (1690). Sie plädierten für vermehrtes Solidarbewußtsein der Buchhändler, aber auch für stärkere Staatsaufsicht. Besonders entschieden äußerte sich der bedeutendste deutsche Gelehrte dieser Zeit, Gottfried Wilhelm Leibniz. Er plante eine gemeinsame „societas subscriptoria" der Gelehrten, damit wichtige Werke ohne Rücksicht auf die Profitgier der Buchhändler erscheinen konnten, sowie einen „Nucleus librorum" als unabhängiges Informationsorgan dieser wissenschaftlichen Buchgemeinschaft und forderte insbesondere eine umfassende obrigkeitliche Lenkung des Buchhandels im Sinne der merkantilistischen Doktrin, damit dieser endlich wieder seiner Aufgabe der Verbreitung von nützlichem Wissen gerecht würde. Zu diesem Zweck schlug er vor: „Die Schäden im Buchhandel sind zahlreich und groß und dem Staate außerordentlich schädlich. Sie bestehen darin, daß stets das Beste nicht gedruckt wird. Gedruckt wird viel Verderbliches, noch mehr Überflüssiges und alles, was verwirrt ist; und was nicht erbärmlich oder lächerlich und noch dazu schädlich ist, findet keinen Absatz. Es sind darum Maßregeln zu ergreifen, um den Vertrieb schlechter und überflüssiger Schriften zu verhindern und einzudämmen, denjenigen guter Schriften zu unterstützen. Dasselbe gilt aber auch für den Druck. Es müßte keine Schrift gedruckt werden dürfen, von der der Verfasser nicht in einem Vorwort angegeben hätte, was er darin bisher Unbekanntes zum Nutzen des Gemeinwesens geleistet habe."[24]

Gerade die besondere Rolle des Buchhandels im absolutistischen Staat, an der Leibniz Anstoß nahm, jenseits des zünftlerischen Immobilismus und der ökonomischen Beschränktheit des traditionellen Erwerbslebens, machte ihn besonders anziehend für unternehmerische Köpfe, die oft über ebensowenig Kapital wie Vorkenntnisse verfügten. Den herkömmlichen Firmen, die sich an den alten Sozial- und Handelsnormen des „gerechten Preises" und des bescheidenen Auskommens orientierten und bedächtig-altväterlichen Tauschhandel betrieben, erwuchsen damit Konkurrenten, die auf Dynamik und Expansion, Risikobereitschaft und Spekulationsgeist setzten. Die erfolgreichste Verkörperung dieses neuen Typus waren die erwähnten Leipziger Großverleger; ihnen eiferte am Beginn des 18. Jahrhunderts

Æ. H.
Gepriesener Büchermacher
Franckfurt am Mayn. 1666.

Gepriesener
Büchermacher
Oder
Von Büchern/und Bücher machen ein zwar kleines/ jedoch lustiges und erbauliches Büchlein.
Der heutigen Gelehrten
Welt zugeeygnet/ und in wenig Bögen entworffen
Von
ÆGIDIO HENNINGEN,
zu Eichen und Erbstat in der Löblichen Graffschafft Hanau deß Göttlichen Wortes Prediger.
Predig. c.12.
Viel Büchermachens ist kein Ende.
Franckfurt/
In Verlegung Johan David Zunners.
Gedruckt bey Henrich Friesen/
Im Jahr 1666.

Der barocke Autor in seiner Studierstube – Frontispiz und Titel des ersten deutschen Buches über die Schriftstellerei (1666)

eine neue Generation nach, die auf die allmähliche Entstehung eines neuzeitlichen Buchmarktes vor allem in Sachsen sowohl reagierte als auch ihn beförderte. Sie versuchten mit wachsendem Erfolg, dem Tauschverkehr zu entgehen und ihre Produkte nur gegen Bezahlung als „Kontant-Artikel“ abzugeben.

Ein Pasquill aus dem Jahr 1732 kritisierte den wagemutigen jungen Verleger Zedler, bei dem ab 1731 das erste deutsche Universallexikon in 64 Bänden erschien, als Verkörperung der „Charlatanerie der Buchhandlung, welche den Verfall derselben durch Pfuschereyen, Praenumerationes, Auctiones, Nachdrucken, Trödeleyen u. a. m. befördert“. Ein Jahr später veröffentlichte Johann Adam Birnbaum „Eines Auffrichtigen Patrioten Unpartheyische Gedancken über einige Quellen und Wirckungen des Verfalls der ietzigen Buchhandlung“, worin er die Krisensymptome des Buchmarktes treffend charakterisierte:

„Fast das allermeiste trägt zum verfall des buchhandels bey, die vorictzt insonderheit in Leipzig überhäuffte menge der afterbuchhändler und pfuscher. Pfuscher überhaupt sind solche leute, die sich an eine kunst, profeßion oder wissenschafft wagen, und dieselbe ausüben, die sie entweder gar nicht, oder doch nicht gebührend gelernt haben. Der buchhandel ist allerdings eine sache, welche ihre besondere wissenschafft, kunstgriffe und erfahrung, ja noch mehr, einen starcken geldverlag braucht. Es gehört zeit, gedult und unermüdeter fleiß darzu, alles dessen recht aus dem grund kundig zu werden, was zu des buchhandels volkommen glücklicher ausübung nöthig ist. Die preisse einiger bücher wissen, dieselben verkauffen und vertrödeln können; macht noch lange nicht das wesen eines verständigen buchhändlers aus. Derjenige demnach, der sich des buchhandels unterzieht, und die darzu nöthige wissenschafft und erfahrung nicht besitzt; heist mit vollkommenen recht ein afterbuchhändler, pfuscher, und damit ich das kind bey seinem rechten nahmen nenne, ein tollkühner *enterpreneur*. Dennoch finden sich dergleichen leute anietzt eine zahlreiche menge. Vom Buchhandel sind sie nicht hergekommen, die lehrjahre sind sie noch schuldig. Ihre vorige profeßion haben sie verlassen. Ihr unartiges leben hat ihnen bey nahe alle mittel, in der welt fortzukommen, beschnitten. Der buchhandel, eine sache, die sie noch weniger als alles andere verstehen, soll die letzte zuflucht ihres auskommens seyn. Verdorbene *Magistri*, halb oder gar unstudirte studenten und quacksalber, allzu ehr= und geldgeitzige buchdrucker, aus ihrer zunfft gestossene buchdruckergesellen, verlauffene buchdruckerjungen, fallit wordene kauffleute, liederliche kauffdiener, ungeschickte kupfferdrücker, armseelige schneider, herrn= und ehrlose laquaien, wollen bey der aus noth erwehlten buchhandlung glücklich, reich und ehrlich werden. [...] List und Boßheit sind hier sinnreich genug, allerhand unternehmungen ausfündig zu machen. Man nimmt hier und da bücher auf credit auf. Man verschleudert sie um den halben preiß. Man bezahlt nicht wieder, was man geborgt hat. Man druckt und verlegt allerhand ärgerliche und schändliche schrifften. Gesellet sich zu der thorheit im willen einige lebhafftigkeit des verstandes; verfällt man auf allerhand windmacherische projecte. So vortheilhafftig dieselben auch anfangs aussehen; so lauffen sie doch endlich auf schaden und schande hinaus."[25]

Dieselben Anschuldigungen finden sich rund zwanzig Jahre später kaum verändert in „Mirmidons Abhandlung von der heutigen Buchhandlung und deroselben Verbesserung" (1756). Sie belegen, daß der ständische, eher egalitäre „Genossenschaftsverlag" der Tauschhandelsperiode ungeeignet war, den sich vom Beginn des 18. Jahrhunderts an langsam konstituierenden neuzeitlichen Buchmarkt, der auf Expansion und Bedarfsweckung gerichtet war, funktionsfähig zu erhalten. Nun schlug die Stunde der „tollkühnen enterpreneure". Davon wird im nächsten Kapitel die Rede sein.

Im Jahr 1666 hat der Hanauer Prediger Aegidius Henning (um 1630–1682) bei dem Frankfurter Verleger Zunner das erste umfänglichere Werk über die Nöte und Sorgen des Bücherschreibens veröffentlicht. Es trägt den Titel „Gepriesener Büchermacher Oder von Büchern und Bücher machen ein zwar kleines/ jedoch lustiges und erbauliches Büchlein" und enthält auch das folgende (gekürzte) Kapitel über das Verhältnis zwischen *Autor* und Verleger – den wohl frühesten deutschsprachigen Text über die zeitlosen Argumente der letzteren.

„Wie übel es deme/ welcher ein gutes Werck gemachet gehe/ biß Er es untergebracht hat.

WEm der liebe Gott die Gnade gegeben hat/ daß Er ein Geist- und sinnreiches Werck außfertigen können/ wolte es auch gern unterbringen. Ein gedrucktes Werck/ ein lebendig gemachtes Werck/ und was sind Buchführer und Drucker anders/ als Hebammen unserer GemütsGeburten? [...] Zu dem Ende nun begiebet sich auch/ der eine Schrifft gemachet/ ungeseumbt zu den Herren Buchführern und Druckeren/ zeiget seine Arbeit und Werck/ rühmet die Materi/ bezeuget über alles seinen angewanten sonderbaren Fleiß. Wer solte nicht dencken/ daß einem Sinnreichen Schrifftsteller Angesichts die hülffliche Hand gebotten würde? Allein es gehet gar anders/ als man sichs dißfalls selbsten eingebildet. Höret doch der betrieglichen Buchführer/ und Drucker gewöhnliche Außreden und Entschuldigungen.

Ja euer Werck ist gut/ wanns nur nicht so weitleufftig were.

Nun gesetzt/ es were dem also/ daß ein Werck weitleufftig; in dem gleichwol/ der es gemachet/ nichts überflüssiges oder unnötiges darinn gesetzet/ soll man seiner mit solchen ungegründeten Außreden und Beschuldigungen verschonen. [...] Je mehr Arbeit ! Je mehr Nutzen ! Je mehr Verstandes. Dem Buchführer und Drucker [...] ist die vermeinte Weitläufftigkeit aus dem Sinn geredet worden. Vielleicht lässet Er sich weisen?

Ja wann es ein Politisch= Historisch= oder sonst lustiges Werck were.

Ich bekenne/ mit den geistreichesten und besten Bücheren ist der heutigen *Alamode* Welt am wenigsten gedienet. Welt wil Welt- und keines weges geistliche Bücher haben. Indessen weil die Leute dieser Welt rechte garstige Hurenhengste/ müssen dann theils Herren Buchführer und Druckere die HurenWirthe und Kuppeler seyn? [...] Wann es nur zuträget [...]/ es sey Gottes Wort gemäß/ was geschrieben wird/ oder nicht gemäß/ der Gewissenslose Buchführer und Drucker hält es vor gut und angenehm. [...]

> Itzund ist eine schwere Zeit/ man muß sehen/ wie man zum Stücke Brodts kommet.

So höre ich wol/ der Teuffel und nicht der liebe GOtt soll dir zu deinem stücke Brodtes helffen. [...] Welch ein weites Gewissen und unchristliches Christenthumb haben unzehliche Buchführer und Druckere ! [...] Im übrigen kommets einmahl dazu/ daß Buchführer und Druckere/ (allweg nehme ich die Gewissenshaffte auß) ein Werck verlegen/ und der Welt damit bedienet seyn wollen.

> Was (fragen sie den *Concipienten*) wil der Herr von dem gedruckten Bogen/ (drey geschriebene Bögen vor einen getruckten gerechnet) oder über Haupt seinem gantzen Wercke haben?

Den seine Arbeit/ Kopffbrechens und Arbeit genug gekostet/ dencket/ ich wil nicht zu viel forderen/ weil ohne das die Herren Buchführer und Druckere nicht gern zu viel geben/ und fordert von dem Wercke überhaupt so und so viel/ von dem getruckten Bogen/ so und so viel. Mein Herr Buchführer und Drucker bedencket sich eine Weil auff die Forderung/ zuletzt spricht Er/

> Wann der Herr von dem getruckten Bogen ein Kopffstück/ sechs Batzen/ halben Gulden etc haben wil/ wil ich sehen/ wie ich ihm thue.

O du Gewissensloser Buchführer und Drucker! Meinestu dann/ der *Concipient* habe seine Arbeit gestohlen/ daß er sie so wolfeil und umb ein Schand-Geld weggeben solle? Redliche und billiche Bezahlung/ gewisser Segen und erwünschte Nahrung. Viel Buchführer und Drucker schinden und schaben/ und gerathen doch endlich an den Stecken: Was machts? Sie wolten mit anderer Schaden reich und groß werden. Indem auch der *Concipient* meinet/ Er wolle ein stück Geldes vor seine Arbeit bekommen/ höret er über alles Vermuthen/

> Ja ich kan euch kein Geld geben/ ich wil euch Bücher geben!

Hie dencke du/ dem es an keinem Verstande mangelt/ wie wird der vortheilhaffte und geitzige Verleger so theuer seine Plack=Bücher anschlagen/ bey Teuffel holen daß Er von anderen so und so viel davor haben können/ und auch verkauffet/ sich vermessen.

> Was wolt ihr sagen? Ihr habt die Zuschrifft? Schreibet einem grossen Fürsten euer Werck zu/ oder einem reichen Kauffman/ das wird euch euere Müh gnug und übergnug belohnen. Sonsten stünde mir von Rechts wegen die Zuschrifft zu/ aber/ daß ihr nicht über mich klaget/ müget ihr sie immerhin in GOttes Namen behalten/ und damit *profit* machen.

Auff daß einem Wercke an Zierd und angenehmen Wesen nichts ermangele/ wiewol es sonst fertig und außgearbeitet/ machet der Schrifftsteller unentberliche *additamenta*, gedencket/ weil das Andere *utcunque* und mit Ach und Weh bezahlet/ der Zusatz/ als welcher nicht in den *Contract* gehöret/ sondern nach der Hand erst zu Papier gesetzet/ werde Ihm nicht weniger gut gemachet werden. Unser lieber Herr Buchführer und Drucker aber/ wann man Ihm *de solvendo* saget/ wird seine unzehlbare Geschäffte vorschützen/ hat er dann einen Diener oder Sohn/ der dem Handel im Namen seines *Principalen* und Vaters vorstehet/ an statt deß Geldes sollen sie mit unnützen Worten zahlen. Mancher junge Reckel/ der etwan nichts/ als Heering/ Käß/ Habergrütz und Stockfisch gefressen/ und erst in die Welt zu gucken beginnet/ agiret einen *Criticum*/ verachtet deß *Concipienten* Arbeit/ biß der *Concipient* deß Lauffens und Anredens müde/ sein Recht vor dißmahl fahren lässet/ und hinführo besser auff seine Schantze Achtung giebet. Also ! Also ! gehets den meisten Schrifft=Stellern und Bücher=Machern/ wann sie gern ihren Schweiß und Arbeit unterbrächten.“[26]

So holprig, weitschweifig und moralisierend Hennings Jeremiade auch anmutet, sie belegt doch ein bemerkenswertes auktoriales Selbstbewußtsein, das sich nicht mehr mit Gotteslohn oder dem stolzen Bewußtsein, gemeinem Nutzen zu dienen, abspeisen lassen will. Auch die damals wie heute üblichen Argumente der Verleger überzeugen den geistlichen Herrn nicht – der zu große Umfang, der schlechte Absatz nicht gängiger Ware, die allgemeine Krise. Er begnügt sich weder mit einem Honorar in Form von Büchern, noch akzeptiert er die Möglichkeit einer Dedikation an einen reichen Gönner als Ersatz. Auch wenn ihm noch die urheberrechtlichen Begriffe fehlen, hat Henning doch bereits eine klare Vorstellung vom materiellen Wert seines geistigen Eigentums.

Er ist damit seiner Zeit ebensosehr voraus wie Johann Balthasar Schupp (1610–1661). Dieser kampfeslustige Hamburger Prediger ließ seine kleinen, in vergleichsweise hohen Auflagen erscheinenden Streitschriften auf eigene Kosten drucken und vertrieb sie selbst. Aber er vermochte, nicht an das Distributionsnetz des regulären Buchhandels angeschlossen, die Nachfrage nicht zu befriedigen. Deshalb griff ein Verlegersortimenter zur Selbsthilfe und ließ ein begehrtes Werk Schupps ohne Zustimmung des Autors nachdrucken. Dergleichen war nicht ungewöhnlich – Aufsehen erregte es vielmehr, daß der geprellte Autor sich öffentlich zur Wehr setzte: 1658 prangerte Schupp den Fall in einer Flugschrift „Der Bücherdieb“ an und ließ diese auf der Frankfurter Messe an die anwesenden Buchhändler verteilen. Darin gab er bekannt, daß er künftig bei einer Frankfurter Firma eine Kommissionsauslieferung all seiner Schriften einrichten wolle – was freilich auch das Eingeständnis bedeutete, daß ohne die Einschaltung eines kommerziellen Vermittlers auch der selbstbewußteste Autor wenig ausrichten konnte.

Henning und Schupp blieben allerdings Ausnahmefälle. Noch immer war die gängige Rechtsauffassung, der Autor müsse dankbar sein, wenn der Verleger sich seines Manuskriptes annehme und ihm das Risiko des Selbstverlages erspare. Ahasverus Fritsch stellt 1675 kurz und bündig fest: „Die Schrifften derer Autorum werden den Buchdruckern und Buchführern um einen gewissen Preiß verkaufft, jedoch so, daß diese den Profit, jene aber die Ehre davon haben.“[27] Immerhin ist damit das Sacheigentum des Autors akzeptiert, um dessen genaue Definition sich in der ersten Hälfte des 18. Jahrhunderts renommierte Juristen wie Böhmer und Gundling bemühten. In Birnbaums bereits zitierten „Auffrichtigen Gedancken“ wird schon die Auffassung vertreten, daß der Autor auch beim Verkauf seines Manuskripts an den Verleger das geistige Eigentumsrecht behalte. Damit trat das obrigkeitlich gewährte Privileg in den Hintergrund, das ausschließlich dem Schutz von erworbenem Verlagseigentum galt, und wurde abgelöst „durch die dem liberalen Markt entsprechende Rechtsform des privatrechtlichen Vertrages, zu dem sich Autor und Verleger als autonome und gleiche Partner zusammenfanden“[28].

Soweit jedenfalls die Theorie. Die Realität sah anders aus. Eine typische Kontraktformulierung übereignete dem Verleger das Manuskript des Autors, um es „zu druckhen, mit aller gerechtigkeit, damitt nach allem seinem Belieben und Willen zu handlen, auch so offt und viel widerumb auffzulegen alß Er, oder die seinige ihren Nutzen damit zu schaffen wissen werden"[29]. Wie beim Tauschhandel der Verleger untereinander versuchte der mit überquellenden Lagern geplagte Buchhändler oft, den Autor seinerseits mit Gedrucktem zu entschädigen. Tatsächlich gingen manche bücherhungrige Gelehrte darauf ein, etwa Benjamin Schmolcke, der 1719 dem darob entzückten Verleger schrieb: „Vor meine labores verlange ich eben kein Geld, und will es an Büchern nehmen." Typisch ist auch der Verlagskontrakt eines Pfarrers aus Nordhausen, der sechs Freistücke erhielt, sich aber sein Honorar von 16 Groschen pro Druckbogen auf die laufenden Bücherschulden anrechnen lassen mußte – „den Rest der Bücherschuld aber, der nach Abzug des Betrags der Honorarbücher stehen blieb, erbietet sich im Kontrakt seinerseits wiederum der Verfasser, durch ein neues Manuskript zu tilgen: ein waschechter Verlagskontrakt der Tauschzeit; bar Geld ging dabei zwischen Sortimenterverleger und Autorkunden überhaupt nicht hin und her"[30].

Während herkömmliche Verleger die Forderungen der Autoren nach finanziellem Entgelt dreist fanden, suchten die fortschrittlichen Leipziger renommierte Schriftsteller durch großzügige Honorare an sich zu binden. Sie zahlten sogar für literarische Übersetzungen aus dem Französischen einen Taler pro Duodezbogen und Thomas Fritsch behauptete 1724, er habe den fünf Herausgebern des vier Foliobände umfassenden Buddäischen Lexikons „mehr als 10000 Reichsthaler baares Geld würcklich bezahlet"[31]; das entspräche in heutiger Kaufkraft etwa einer halben Million Mark.

Der im Laufe des 17. Jahrhunderts allmählich zunehmende und vom zweiten Drittel des 18. Jahrhunderts an steil ansteigende Stellenwert der Schönen Literatur auf dem Buchmarkt zeigte sich auch im Wandel der Rolle des literarischen Autors. Bis auf wenige Ausnahmen waren die „Schriftsteller" der Barockzeit (die Bezeichnung ist übrigens damals entstanden) allesamt Angehörige des Gelehrtenstandes. Sie besaßen Gymnasial- und Universitätsbildung und wirkten als protestantische, seltener katholische, Geistliche, als Juristen und Mediziner, Hochschullehrer und fürstliche oder städtische Beamte. Manche hatten keine Akademie besucht und mußten ihr Brot eine Stufe tiefer verdienen – als Schreiber und Verwalter wie Grimmelshausen oder als höfischer Musicus wie Johann Beer. Ein nicht geringer Teil der Autoren gehörte dem niederen Beamtenadel an, einige sogar der höheren und höchsten Nobilität. Die Sprachgesellschaften, die „eigentlichen literarischen Zentren des 17. Jahrhunderts" (Ferdinand van Ingen) waren Kristallisationspunkte eines schriftstellerischen wie auch gesellschaftlichen Gemeinschaftsgefühls, das sich um die Aufhebung der Standesunterschiede in der gemeinsamen „nobilitas litteraria“ bemühte. Unerforscht ist freilich bislang, ob die Sprachgesellschaften auch eine korporative Strategie gegenüber dem Buchhandel verfolgten.

Nicht wenige Autoren des 17. Jahrhunderts waren auf Vorstufen eines literarischen Marktes zur Sicherung ihres Lebensstandards angewiesen. Nur ihr Marktwert sicherte ihnen ständige Aufträge von Gönnern wie Verlegern. Doch half Philipp von Zesen trotz des kaiserlichen Adelspatentes und der Dichterkrönung sein Renommee wenig: Er mußte dennoch auf den Buchmessen oft ausstehenden Honoraren nachjagen. Johannes Klaj soll einige Jahre dem Verhungern nahe gewesen sein. Geschickter war Sigmund von Birken, dessen Tagebücher detaillierten Aufschluß über seine Literatenexistenz geben können; so hat er im Jahr 1665 Autoreneinkünfte in Höhe von immerhin 450 Gulden bezogen. Wie Birken wirkte auch Georg Philipp Harsdörffer in dem literarischen Vermittlungszentrum Nürnberg: Albrecht Schöne charakterisiert ihn als „Musterbeispiel eines literarischen Großkaufmanns, der von überallher Texte und Anregungen aufnimmt, bearbeitet, übersetzt, weitergibt, umschlägt, Gelehrte und Studenten auf Kavalierstouren empfängt, die kommen, um bei ihm oder Dilherr ‚einzukaufen‘, und die erworbenen geistigen Güter dann etwa nach Preußen zu transportieren“[32]. Wenn sich die umworbenen Nürnberger Verleger „grob und geizig“ gaben und Harsdörffer über diese „hiesigen Eseln“ weidlich schimpfte, mußte er zuweilen auch in Hamburg drucken lassen. Harsdörffer wie Birken bezogen allerdings den größeren Teil ihrer Einkünfte nicht von den Verlegern, sondern von ihren Mäzenen – den Adressaten ihrer Casualpoesien und Dedikationen, denen im Huldigungsbrief unverblümt auch schon die erwartete Höhe der „Verehrung“ mitgeteilt wurde (so etwa Birken an den Fürsten Windischgrätz). Dem sonst so geschickten Harsdörffer unterlief dabei 1648 ein grober Patzer: In einem Lobgedicht auf den schwedischen General Wrangel besang er dessen Siege über die Truppen des Kaisers und des bayerischen Kurfürsten. Beide protestierten nachdrücklich beim Nürnberger Rat, der seinen Patrizier immerhin in mehrtägigen Arrest nahm und ihm klarmachte, „daß es ihme alß einem priuato nicht gebührt, große Potentaten in seinem vermainten lobgesang durch zuziehen, vielweniger solches ohne vorhergehende censur [...] trucken zulaßen“[33].

Die florierenden Literaturfabriken der Nürnberger Poeten waren jedoch Ausnahmen. Auch Dichter von hohem Rang und Ruf mußten wie der Metzgerssohn Martin Opitz die größte Zeit ihres Lebens in materiell bescheidenen Umständen und in rasch wechselnden Stellungen verbringen. Simon Dach (1605–1659), immerhin bescheiden besoldet als Professor der Poetik in Königsberg, dichtete zum Broterwerb: „Die massenweise Herstellung von Auftragscarmina war in seinem Fall offenbar lebensnotwendig, also eben nicht gerade ein Produkt poetischer Nebenstunden, wie immer wieder behauptet wurde. Bei Dach belief sich diese Produktion auf mehrere Drucke pro Woche (sic!) – über tausend separat gedruckte Veröffentlichungen insgesamt. Nicht die Kasualpoesie also, sondern die wissenschaftliche Liebhaberei war für einen Gelehrten wie Dach das Produkt von Nebenstunden. Auch von anderen Hochschullehrern [...] lassen sich jeweils mindestens hundert routinemäßig gegen Vergütung angefertigte Auftragsgedichte in Kasualdrucken nachweisen. Erst diese zusätzliche Einnahmequelle mag es den Gelehrten überhaupt ermöglicht haben, sich in Muße ihren wissenschaftlichen Neigungen zu widmen."[34] Sogar die höfischen Auftragsdichter, die sich stets zur Verfertigung von Huldigungsadressen, Festliedern, Komödien und Oratorien zur Verfügung halten mußten, lebten wie Benjamin Neukirch in Ansbach, Johann Ulrich Erhard in Stuttgart oder gar Christian Reuter in eher bescheidenen materiellen Verhältnissen. Allein den Dresdner Hofpoeten Johann von Besser und Johann Ulrich König leuchtete die fürstliche Gnadensonne auch in finanzieller Hinsicht: König konnte 1723 mit einem Jahresgehalt von 1333 Talern rechnen.

Am Ende des 17. Jahrhunderts überschwemmten die verkrachten Studenten, stellungslosen Gelehrten, gestrandeten Hofmeister nicht nur den Buchhandel, sondern entdeckten den Buchmarkt auch als Produzenten, und erwiesen sich damit als Vorgänger und Frühformen des freien Schriftstellers. Solche literarischen Tagelöhner und Vielschreiber fertigten im Auftrag der Verleger schnelle Übersetzungen pikanter französischer Belletristik an, stoppelten galante Romane zusammen und konnten sich durch derlei Auftragsarbeiten über Wasser halten. Der Prediger und Korrektor Johann Christoph Beer, der jahrzehntelang Erbauungsschriften und historische Relationen, Briefsteller und Erzählsammlungen vor allem für Nürnberger Verleger produzierte, bot ein „breites historisch-geographisches Panorama in Gestalt eines immensen Abklatsches, einer ‚verbessernden' Kopistenarbeit aus den Schriften der meist eben verstorbenen oder aus anderen Gründen wehrlosen Vorgänger"[35], darunter auch aus Grimmelshausens Kalendern. Auch namhafte Dichter verschmähten es keineswegs, wissenschaftliche Werke zu übersetzen oder Küchen- und Gartenhandbücher zu verfassen. Vor allem aber betätigten sich, wie schon erwähnt, so gut wie alle Barockautoren als Poeten auf Bestellung, um für zahlende Kunden in deren Auftrag und Namen wohlgesetzte Hochzeits-, Kindbett-, Geburtstags-, Promotions-, Genesungs-, Leichen- und sonstige Gelegenheitsverse zu schmieden. Zwischen 1650 und 1730 dürften solche „Casualcarmina" in Hunderttausenden von Exemplaren lokal und regional verbreitet worden sein – jeweils in kleinen und kleinsten Auflagen, aber entsprechend dem adeligen, patrizischen oder nur bürgerlichen Stolz des Auftraggebers mit teils stattlichen Honoraren. Aus Stockholm sind für deutschsprachige Gelegenheitsdichtungen Beträge von 10 Talern – für ein Epicedium vom Umfang eines Folioblattes – überliefert, was dem Monatsgehalt eines Schullehrers entsprach; bei repräsentativen Anlässen und größerem Umfang waren sogar vierstellige Talerbeträge zu erzielen.[36] Üblich war allerdings eher eine handwerksgerechte Entlohnung, bei der es auf die Menge, nicht die Qualität der Verse ankam. Die Rolle der Casualpoesie muß bei der Untersuchung schriftstellerischer Existenzmöglichkeiten im Barock künftig als entscheidend gelten. Zwei der bedeutendsten Dichter um 1700 zeigen die Möglichkeiten und Grenzen solchen halbprofessionellen Dichtertums: Johann Christian Günther (1695–1723) und Christian Reuter (1665–1712).

Günther ist am Widerspruch zwischen seinen hochfliegenden Dichteridealen und der Notwendigkeit des Geldverdienens gescheitert, weil er sich weigerte, gleich den Modepoeten vom Schlage der Corvinus, Henrici und Hunold im Solde der Leipziger Großverleger leicht absetzbare Ware zu produzieren. Christian Reuter dagegen hat für eine eng umrissene Zielgruppe, nämlich seine Leipziger Kommilitonen, gut verkäufliche Lokalsatiren geschrieben: eine Komödie auf seine Wirtin („L'Honnete Femme oder die Ehrliche Frau zu Plißine"), für deren 600 Exemplare er 10 Taler Honorar erhielt, einen satirischen Roman über deren Sohn („Schelmuffskys Curiose und sehr gefährliche Reißebeschreibung zu Wasser und zu Lande"), eine zweite Komödie auf die Wirtin in 1200 Exemplaren und gar eine satirische Leichenpredigt auf sie. Für die schnell vergriffenen Studentenspäße wurde Reuter allerdings von der Universität verwiesen und in den Karzer gesteckt. Eine bürgerliche Karriere war damit verbaut, und ihm blieb nur höfische Auftragsdichtung als Geldquelle übrig.[37]

Schon 1690 konnte sich Christian Thomasius rühmen: „Die Buchführer kommen und überbiethen immer einer den anderen/ und geben mir noch die besten Worte dazu/ daß ich ihnen für andern mein Werckgen in Verlag geben wolle."[38] Im ersten Drittel des 18. Jahrhunderts war das Bewußtsein bei den Poeten weit verbreitet, die Publikation von Literatur bedeute nichts anderes als „eine Art Waaren öffentlich zur Schaue und zu feilem Kauffe auszulegen“. Folgerichtig nannte der Hamburger Privatlehrer Christoph Gottlieb Wend, von dem diese Erkenntnis stammt, seine Gedichtsammlung: „Poetische Waaren, zu Marckte gebracht von Selimantes“ (Hamburg und Leipzig 1729).

Von einer „freien Konkurrenz unabhängiger Literaturproduzenten“[39] konnte um diese Zeit freilich noch nicht die Rede sein. Die Binsenweisheit, daß jeder literarische Text adressatenkonform sein muß, wenn der Autor von der Feder leben will, war den Casualpoeten längst bekannt. Sie schrieben dennoch, wie die Dichter des Barock insgesamt, für ein festumrissenes, sozial und bildungsmäßig klar definierbares Publikum, als Mitglieder einer Literaturgesellschaft mit weitgehend einheitlichem ästhetischem Kanon und klaren Geschmackspräferenzen, noch nicht für eine anonyme Leserschaft im neuzeitlichen Sinn.

Freilich sind wir über die *Lesekultur* des 17. und beginnenden 18. Jahrhunderts kaum besser unterrichtet als über die früherer Epochen. Es ist zu vermuten, daß das Analphabetentum in diesem Zeitraum wegen der politischen und kriegerischen Ereignisse eher wieder anstieg, während die Bevölkerungszahl deutlich zurückging. Zwar dekretierten zahlreiche Territorien die allgemeine Schulpflicht per Verordnung, doch ließ deren Umsetzung bis ins beginnende 19. Jahrhundert weithin zu wünschen übrig. Sicher bestehen zwischen den einzelnen Regionen manche Unterschiede, doch herrscht ein recht eindeutiges Bild vor: Bäuerliche und unterbäuerliche Schichten besuchten die Schule so gut wie gar nicht, auch der Bildungsstand der handwerklich-ackerbürgerlichen Bevölkerung änderte sich kaum. Mag sein, daß sich die rudimentäre Schreib- und Lesefähigkeit der städtischen Unter- und unteren Mittelschicht ein wenig gebessert hat, ohne daß dies spürbare Konsequenzen für den Buchmarkt gehabt hätte. In den Elementarschulen nahm vielleicht ein Viertel der pflichtigen Kinder überhaupt am Unterricht teil, davon dürften sie gut zwei Drittel durchlaufen haben, ohne über das stockende Entziffern des Katechismus hinausgekommen zu sein. Auch wer lesen gelernt hatte, verlernte es mangels Interesse und Übung meist binnen kurzer Zeit wieder. Vorherrschend war eine Lesefähigkeit, die sich auf unablässige Wiederholungslektüre desselben Werkes beschränkte und in größte Verwirrung geriet, wenn derselbe wohlbekannte Text nur eine etwas abweichende äußere Form besaß. Ein exemplarischer Beleg dafür ist die Entscheidung des Stuttgarter Verlegers Augustus Metzler, seine repräsentative und quasi amtliche Bibelausgabe von 1704 seiten- und buchstabengetreu der Wittenberger Edition nachzubilden, weil viele diese von Jugend an gewohnt seien und nun „wegen deß herbey⸗rückenden Alters/ und zu verschonen habender Augen/ ihre Memoriam localem an einem fremden und unbekannten Exemplar nicht gerne verderben wolten".[40]

Während die durchwegs restriktive Elementarschulpolitik der absolutistischen Staaten darauf achtete, daß die unteren Schichten durch Bildung nicht in ihrer Fügsamkeit beeinträchtigt wurden, bestand doch weithin Bedarf an einer möglichst qualifizierten Beamtenelite. Das Niveau der „Gelehrtenschulen" war oft erstaunlich hoch, unabhängig von der Konfession. Die katholischen Jesuitengymnasien legten auf das Lateinische besonderen Wert, weshalb man etwa im Kurbayern des 17. Jahrhunderts „mit einem unverhältnismäßig breiten gelehrten Lesepublikum rechnen"[41] konnte. Auch die in den Meßkatalogen verzeichnete deutschsprachige Buchproduktion wurde nach wie vor fast ausschließlich von der schmalen gebildeten Schicht rezipiert. Adrian Beier konstatierte 1690 lakonisch über das Publikum des Buchhandels: „Seine Wahren sind von ⸗ und vor niemand als Gelehrten/ kaufft iemand von and'n Professionen zu Zeiten ein Teutsch⸗ oder bey anderen Nationen in seiner Mutter⸗Sprach gestelletes Büchlein/ so geschiehets zufälliger Weise und selten/ daß daruf keine Rechnung oder Staat zu machen." Und er faßt dies in der oft zitierten Wendung zusammen, daß „der gemeine Hauffe den Buchladen nicht viel kothig" mache.[42] Man muß aber auch die Kehrseite dieses Satzes beachten: Wenngleich die Schwellenangst den gemeinen Mann (erst recht die gemeine Frau) vor dem Betreten eines Buchladens zurückschrecken ließ, so konnte er seinen zwar sehr bescheidenen, aber eben doch massenhaft vorhandenen Bedarf anderweitig decken. Hunderttausende von Kalendern und Aderlaßtafeln, Prognostiken und Einblattdrucken wurden durch Hausierer und auf den Märkten unter die Leute gebracht. Hinzu kam eine Vielzahl religiösen Kleinschrifttums, das zum größten Teil spurlos untergegangen ist.

Zu Beginn des 17. Jahrhunderts lebten im deutschen Sprachraum etwa 50000 Personen mit Universitätsabschluß[43], an dessen Ende vielleicht 80000. Diesem Publikum mit Hochschulbildung sind die Absolventen der Lateinschulen und sonstige Angehörige der städtischen Oberschichten mit ihren Frauen hinzuzurechnen, sicher auch ein (allerdings nicht zu überschätzender) Teil des ländlichen Adels.

Mit gut 100000 Personen dürfte das gesamte, nicht nur potentielle, sondern tatsächlich lesende Publikum Deutschlands um 1700 einigermaßen zutreffend geschätzt sein.

Beiers Wort, daß nur Gelehrte – also Gebildete – des Buchhandels Waren produzieren und konsumieren, trifft insbesondere für den nicht literarischen Teil des Marktes zu, die Fachbücher. Das 17. Jahrhundert war die Blütezeit einer enzyklopädischen Büchergelehrsamkeit, eines unersättlichen Polyhistorentums; nicht umsonst kamen in dieser Zeit die Bücherräder auf, unförmige Vorrichtungen, die wie Mühlräder aufgeschlagene Bücher zur vergleichenden Lektüre und zum Exzerpieren bereit hielten. Jeder Gelehrte benötigte eine möglichst umfangreiche Bibliothek, die nicht nur das Sozialprestige steigerte, sondern wirklich unentbehrliches Arbeitsinstrument war. Denn die wenigen „öffentlichen" Büchersammlungen der Universitäten, Städte und Höfe unterlagen größtenteils rigorosen Benutzungseinschränkungen und waren teils in desolatem Zustand. Viele Lebensbeschreibungen berichten von Barockgelehrten, die unter drückendsten Umständen vegetierten, aber eine stattliche Bibliothek ihr eigen nannten: „Es kan keine Biene so grosse Lust bey ihrer Blume empfinden / wenn sie den Safft heraus zeucht / als ein Gelehrter unter seinen Büchern / es ist wahrhafftig die gröste Vergnügung / so man auff der gantzen Welt haben kan."[44] In Württemberg mußte der Herzog bei schwerer Strafe verbieten, daß die Pfarrer in die Kirchenkasse griffen, um sich Neuerscheinungen anzuschaffen. Ein Privatbestand von vier- bis fünftausend Bänden war häufig, einer von zwanzig- bis dreißigtausend ist mehrfach belegt. Vor allem in den Universitätsorten profitierte der Buchhandel von dieser Bibliomanie erheblich – neu sich etablierende Firmen suchten deshalb möglichst am Sitz einer Hochschule unterzukommen.

Die frühbürgerliche Intelligenzschicht schuf sich um 1700 auch ein neues Kommunikationsmedium, das soziale und Entfernungsschranken überwand: die *Zeitschrift.* Sie diente zuerst wie die Leipziger „Acta Eruditorum" (1682–1731) als Mittel zur Verständigung über neue Bücher und den darin sich manifestierenden Fortschritt an Wissen und Erkenntnis. Christian Thomasius kleidete 1688 sein erstes deutschsprachiges Journal in Gesprächsform – als schriftlich fixierte Mündlichkeit, die über Geschriebenes räsonniert: „Freymüthige Lustige und Ernsthaffte iedoch Vernunfft- und Gesetz-mäßige Gedancken Oder Monats-Gespräche, über allerhand, fürnehmlich aber Neue Bücher". Das tatsächlich freimütige, gegen die Orthodoxie gerichtete Journal wurde von Universität und Oberkonsistorium bei der Leipziger Zensurbehörde verklagt, der Autor mußte nach Brandenburg fliehen und gab nach zwei Jahrgängen die Zeitschrift auf. Sein Unternehmen aber machte Schule. Die deutsche Gelehrtenrepublik war zu groß und zu rege geworden, als daß das traditionelle langsame Medium der Korrespondenz, des individuellen Gedankenaustausches oder auch des Buches noch ausgereicht hätte. Die Zeitschrift beschleunigte und dynamisierte die Kommunikation. Die Verständigung über einen Fortschritt, der weitestgehend in gedruckter Form erfolgte, war ebenfalls nur mehr mittels dieses Mediums möglich, das eine neue Öffentlichkeit jenseits der Arkanzirkel schuf. Schnell wurde die Zeitschrift auch zum regionalen Forum der Wissenschaften wie des historisch-politischen Diskurses. Bereits 1702 eröffnete eine „Nutz= und Lust=erweckende Gsellschaft der Vertrauten Nachbarn am Isarstrom" den intellektuellen und politischen Meinungsaustausch in Kurbayern, 1717 begann die südwestdeutsche Journalistik mit des jungen J.J. Mosers „Württembergischen Nebenstunden Oder Alerhand nützliche Nachrichten und Anmerkungen/ Denen Liebhabern der Gelährsamkeit und gelährten Geschichten zum verhoffenden Vergnügen/ in müßigen Stunden zusamen getragen".

Neben dem streng gelehrten Buchmarkt gewann der literarische wachsende Bedeutung. Alberto Martino hat in einem anregenden Beitrag versucht, das literarische Publikum der Barockzeit im engeren Sinn zu umreißen. Er geht dabei von einer unmittelbaren Proportionalität des Anteils der Schönen Literatur an der gesamten Buchproduktion mit dem Konsumtionsanteil aus[45]: die knapp 5% literarischer Werke seien ebenfalls von knapp 5% der oben genannten 100000 Leser rezipiert worden. Daß im Deutschland des 17. und beginnenden 18. Jahrhunderts nur „wenige tausend Personen" schöngeistiges Schrifttum lasen, ist recht vorsichtig geschätzt. Immerhin ist das belletristische Publikum auch durch die sehr hohen Preise der höfisch-heroischen Belletristik keineswegs von der Gattung überhaupt abgehalten worden. Tatsächlich waren dickleibige und vielbändige Romane wie Lohensteins „Arminius" oder Herzog Anton Ulrichs „Octavia" als repräsentative Hauptwerke barocker Dichtung so teuer wie ein umfängliches Lexikon: Der Preis des „Arminius" entsprach etwa dem Monatseinkommen eines mittleren städtischen Beamten. Diese 8 Taler waren aber nicht der Durchschnittspreis für Romane: Jene von Christian Weise kosteten bei ihrem Leipziger Großverleger nur vier bis fünf Groschen, Zieglers „Asiatische Banise" zehn Groschen, und auch der dicke „Simplicissimus" war für einen Taler und drei Groschen zu haben. Während die höfisch-heroischen Romane also tatsächlich nur für jene adelige und patrizische Oberschicht erschwinglich waren, an die sie sich auch richteten, konnten die genannten frühbürgerlichen Autoren einen breiteren, auch studentischen Käuferkreis erreichen. Wie Untersuchungen mittelständischer Nachlaßinventare zeigen, fehlte solche Lektüre aber weiterhin, von einzelnen Ausnahmen abgesehen, in den Hinterlassenschaften von Handwerkern und Kaufleuten auch größerer Städte. Diese beschränkten ihre Buchbestände nach wie vor auf erbaulich-religiöse, berufs- bzw. handwerksbezogene und hauswirtschaftliche Themen.[46]

Dieser Befund gilt auch für die sogenannten „Volksbücher" und die populäre Schwankliteratur. Obwohl solche billigen, teils in den Meßkatalogen als Tagesware nicht verzeichneten Drucke meist von Buchbindern und Hausierern vertrieben wurden, darf man sie nicht als Massenlektüre im heutigen Sinn ansehen. Johann Peter von Memels (alias Johann Praetorius') „Lustige Gesellschaft", das Paradestück dieser Gattung, erreichte in 50 Jahren die hohe Zahl von 22 Auflagen. Bei jeweils 1500 Exemplaren wären dies allerdings 33000 Käufer aus einer Gesamtbevölkerung von rund 8 Millionen Erwachsenen um 1670, davon rund 500000 erwachsenen Städtern. Studenten, Akademiker und begütertes Stadtbürgertum blieben die Hauptabnehmer solcher „volkstümlichen" Schwankliteratur wie auch von Grimmelshausens Simplicianischen Schriften, die ebenso gerne von höfischen Beamten gelesen wurden.

Das Publikum der „hohen" barocken Dichtung im engeren Sinn bestand, wie angedeutet, aus Adel und Patriziat sowie nobilitiertem aufsteigenden Großbürger- und Beamtentum der kaiserlichen, landesherrlichen und städtischen Bürokratie, also aus den Führungsschichten. Eingehendere Untersuchungen zu den adeligen und gelehrten Büchersammlungen der Barockzeit stehen noch aus; sicher muß hier weitaus stärker differenziert werden, als bisher geschehen. So konnten Adelsbibliotheken universalistischen Zuschnitts mehrere tausend Bände umfassen wie die des schlesischen Grafen Clemens Wenzel von Nostitz, aber beim kleinen Landadel auch aus kaum ein paar Dutzend Jagd- und Pferdebüchern, Hausväterschriften und Postillen bestehen. An den Höfen verschmolzen die alte adelige Feudalkultur und ein Gelehrtentum bürgerlich-humanistischer Tradition teilweise zur Kultur einer ständeübergreifenden Funktionselite. Diese erstaunliche soziale Mobilität des 17. Jahrhunderts innerhalb der gesellschaftlichen Eliten, die Konvergenz von Stand, Besitz und Bildung war eine der Voraussetzungen der anspruchsvollen barocken Kunstdichtung. Doch am Beginn des 18. Jahrhunderts grenzte sich diese erweiterte Oberschicht gegenüber den unvermindert nachdrängenden Intellektuellen wieder ab – diese wurden von höfischen Karrieren erneut ausgeschlossen, verloren dadurch an Sozialprestige und „verbürgerlichten", wie Alberto Martino betont: „Zwischen der Verdrängung der bürgerlichen Intelligenz in eine soziale Randposition und der politischen, sozialen und ästhetisch-literarischen Ideologie der Aufklärung besteht eine genetische Verknüpfung. Die Intelligenz, die an der politischen Macht nicht mehr beteiligt ist wie im 17. Jahrhundert, reagiert damit, daß sie das System in Frage stellt."[47]

In den protestantischen Gebieten führte auch das Vordringen des Pietismus vom ausgehenden 17. Jahrhundert an zu einem Wandel im Leseverhalten. In dieser teils separatistischen und in Zirkel zerfallenden kirchlichen Erneuerungsbewegung spielte die gemeinsame wie die Privatlektüre allerdings nur geistlicher Schriften eine wichtige Rolle; die Pietisten lasen (und besaßen wohl auch) eine deutlich höhere Zahl von Büchern als ihre Umgebung. Wie bereits erwähnt, bemühten sich radikale Winkeloffizinen um die Deckung dieses Buchbedarfs, aber auch größere Verlage räumten einschlägigen Erbauungs- und Gesangbüchern und Predigtsammlungen soviel Platz in ihrem Angebot ein, daß von einer erheblichen Nachfrage ausgegangen werden darf. Für die Sammlung erbaulicher Biographien von J. H. Reitz „Historie der Wiedergebohrnen" hat H. J. Schrader einen Rezipientenkreis von 200000 Personen angenommen. Im 18. Jahrhundert, da sich der Pietismus in Richtung einer umfassenderen Empfindsamkeit säkularisierte, hat er keine geringere lektüreprägende Kraft besessen, wie eindringlich Karl Philipp Moritzens autobiographischer Roman „Anton Reiser" schildert.

Zugleich mit diesem religiös ausgerichteten entstand im ausgehenden 17. Jahrhundert ein säkulares frühaufklärerisches Publikum, dessen Lektüreerwartungen sich vom höfischen Geschmack immer deutlicher abzugrenzen begannen. Im kaufmännischen Bürgertum, das mit der beamteten Funktionselite durch familiäre und gesellschaftliche Verbindungen eng verflochten war und das eine bisher zu wenig beachtete Trägerschicht der Frühaufklärung bildete, gab es immer mehr begüterte Handelsherren, die „sich bey einer müssigen Viertel-Stunde öffters mit Lesung Poetischer Sachen zu divertieren belieben"[48]. Sogar die „Herren Kaufmanns-Bedienten" wurden zur Zielgruppe von Romanen. Der wohl wichtigste Träger des neuen Lesegeschmacks aber fand sich an den Universitäten: Die Gattungen der galanten Lyrik und des galanten Romans wurden zu einem nicht geringen Teil von Studenten für Studenten produziert. Johann Christian Günther beschrieb die Lektüre der Modeautoren Bohse, Hunold und Ziegler als Zeitvertreib auf hohen Schulen: „Die andern lieben die Geschichte,/ Und schaun sich nach Talandern um,/ Menant verderbet ihr Gesichte, /Sie sitzen sich beym Zieglern krumm;/ Und sind darinnen so beschlagen,/ Daß, wenn man nur vom Niesen spricht,/ So können sie uns hurtig sagen,/ Wie viel in Pegu Mord geschicht."[49]

Solche bereits „extensiven", auf raschen Konsum und Abwechslung gerichteten Lektürebedürfnisse konnte der Buchhandel nicht mehr auf die bisherige Art befriedigen – ein literarischer Markt zeichnete sich ab, der im weiteren Verlauf des 18. Jahrhunderts eine umfassende Modernisierung des Schreibens, Verbreitens und Lesens von Büchern hervorrief.

Aus diesem hier skizzierten Rahmen fällt allerdings eine Lektüregattung, deren Produktion, Distribution und Rezeption eigenen Gesetzen gehorchte: die der *Zeitungen,* die am Beginn des 17. Jahrhunderts entstanden, und in eingeschränktem Maße auch die der Zeitschriften, die an dessen Ende aufkamen.

Schon im 16. Jahrhundert hatten „Newe Zeyttungen" als Flugschriften in hohen Auflagen über aktuelle politische Ereignisse und Sensationen berichtet. Aus ihnen bildeten sich regelmäßig erscheinende „Relationen" mit einem Überblick über das Geschehen des vergangenen Jahres oder Halbjahrs – so ab 1591 die „Meßrelationen" des Frankfurter Verlegers Latomus, denen ihr pünktliches Erscheinen zur Buchmesse weiteste Verbreitung sicherte. Zugleich hatten sich auch professionelle „Avisenschreiber" und „Novellanten" entwickelt, die regelmäßig handschriftliche Nachrichten für begüterte Interessenten verbreiteten. Solche „wöchentlichen Avisen" lieferte auch Johann Carolus in Straßburg, der nach neuesten Forschungen 1605 seine „Relation: Aller Fürnemmen und gedenckwürdigen Historien" zu drucken begann. Aber erst aus dem Jahr 1609 stammen die ältesten erhaltenen Nummern politischer gedruckter Wochenzeitungen aus Straßburg und der „Aviso" aus Wolfenbüttel. Von 1609 bis 1700 lassen sich 162 deutsche Zeitungsunternehmen in mehr als 70 Städten nachweisen, die wöchentlich, halbwöchentlich und auch schon täglich erschienen. Damit nahm Deutschland auf dem Gebiet der periodischen Presse eine führende Stellung in Europa ein. Schon bald begann der Buchhandel, mit Anzeigen in den Gazetten zu werben.

Schon sehr früh finden sich Belege für kollektiven Zeitungsbezug, vor allem in Klöstern, aber auch an den Höfen und in städtischen Kanzleien. Der Dichter Kaspar Stieler mußte als Secretarius des Grafen von Schwarzburg-Rudolstadt an der Tafel die Zeitung vorlesen und erläutern; reichsstädtische Ratsherren hechelten gemeinsam die auswärtigen Blätter durch, wobei sie nach zeitgenössischen Klagen „die armen Bedrängten/ welche über Unrecht klagen wollen/ auch mitten im härtesten Winter so lange vor der Thür stehen [ließen] / biß die Neugierigkeit vergnüget worden ist"[50]. Auch Studenten und städtisches Bürgertum wie die Mitglieder des Nürnberger „Pegnesischen Blumenordens" vereinigten sich im späteren 17. Jahrhundert gern zu gemeinsamen Zeitungsabonnements, zu geselliger Lektüre und Diskussion über das Gelesene. Martin Welcke hat Belege dafür zusammengetragen, daß die Zeitungsrezeption bald auch die kleinbürgerlichen, ja sogar Unterschichten erreichte – allerdings kaum durch eigene Lektüre, sondern auf dem Weg des Vorlesens durch Dorfpfarrer, Schulmeister, Wirt oder Krämer samt anschließendem Räsonnieren. In den Städten wurden die Wirts- und Kaffeehäuser, Garküchen und Weinschänken zu den „wirksamsten Multiplikatoren der Tagespublizistik"[51]. Sogar Frühformen von gewerblichen Lesezirkeln sind aus den ersten Jahrzehnten des 18. Jahrhunderts belegt. Welcke spitzt seine Untersuchungen in der These zu: „In allen Schichten und Ständen mit Ausnahme der sozial völlig Deklassierten wird bereits am Ende des 17. Jahrhunderts nach Zeitungen verlangt. Die seit dieser Zeit sich häufenden Klagen über die ‚unzeitige Neue-Zeitungs-Sucht' und die um sich greifende ‚Lesewut' lassen sich nach allem, was wir heute über den Umfang der Zeitungsproduktion und die Formen der kollektiven Rezeption wissen, nicht als bloße rhetorische Überhöhung abtun."[52]

Die Leserforschung hat sich mit dieser These bisher noch nicht auseinandergesetzt. Auch wenn man zwischen der aktiven Rezeption einer Vielzahl von Büchern mittels eigener Lektüre und der akustischen Vermittlung kurzer Novitäten deutlich unterscheiden muß, ist doch unbezweifelbar, daß die soziale Praxis des Lesens schon um 1700 weiter verbreitet war, als es die übliche Lehrmeinung von der „Leserevolution" des ausgehenden 18. Jahrhunderts annimmt. Auch Frühformen extensiver Lektüre sind in begrenzten Publikumsschichten bereits zu registrieren. Dies sollte bald auch für den Buchmarkt weitreichende Konsequenzen haben.

IV.

Die Entstehung des moderenen Buchhandels: Nettohandel, Nachdruck, Reformversuche

Das ausgehende 18. Jahrhundert gilt der neueren Geschichtsschreibung als „Sattelzeit“, als Periode des großen Epochenumbruchs zwischen dem frühneuzeitlichen, teils noch von spätmittelalterlichen Strukturen geprägten, altständischen Ancien régime bzw. Altreich und der Moderne, die durch Säkularisierung, Industrialisierung und Demokratisierung gekennzeichnet ist. Ebenfalls vermehrtes Interesse findet diese Periode unter sozialhistorischen Aspekten in der Literaturgeschichte. Denn auch für die Entstehung einer modernen „Kulturwarenindustrie“, eines fortschrittlichen kulturellen Kommunikationssystems wurden die Grundlagen gelegt, als sich die feudal-ständische Gesellschaft in eine bürgerliche zu wandeln begann: Buchhandel, Schriftstellertum und Lesepublikum veränderten ihr Erscheinungsbild in ständiger Wechselwirkung, jeweils auf die Entwicklung der beiden anderen Faktoren reagierend und sie vorantreibend. Der Komplexität dieses Strukturwandels kann ein Überblick wie der folgende sicher nicht gerecht werden.

Wie schon für den Buchmarkt des 17. Jahrhunderts bieten die Frankfurter, vor allem aber Leipziger Meßkataloge auch für jenen des 18. die Möglichkeit, Grundstrukturen und Entwicklungstendenzen der Buchproduktion zu erfassen. Weiterhin sind dort wichtige Bereiche ausgeklammert: neben den akademischen und Schulschriften die lokalen Novitäten, insbesondere aber die süddeutsch-katholischen Erzeugnisse. Sie bleiben in den nun die Oberhand gewinnenden sächsischen Meßverzeichnissen stark unterrepräsentiert, weil zum interkonfessionellen Tausch tatsächlich nur ein geringer Teil der oberdeutschen Buchproduktion geeignet war. Allerdings sollte man daraus nicht so leichthin wie bisher ein Qualitätsurteil ableiten.

Die folgenden Zahlen sind somit keine absoluten Produktionsziffern, sondern bezeichnen nur jene Bücher, die überregional und interkonfessionell auf den großen Umschlagplätzen Frankfurt und insbesondere Leipzig gehandelt wurden. Auffallend erscheint zunächst der steile Anstieg des Handelsvolumens: Im Jahr 1763 sind 265 Novitäten mehr in den Meßkatalogen angezeigt als 1721. Im ebensolangen Zeitraum von 1763 bis 1805 aber verzehnfacht sich diese Steigerungsrate: 1805 kommen nämlich 2821 Bücher mehr auf die Messen als 1763.[1] Um 1740 rechnete man mit etwa 750 jährlichen Neuerscheinungen, in den achtziger und neunziger Jahren schätzten Zeitgenossen die Produktion des deutschen Sprachraums ohne das Habsburgerreich auf rund 5000 Novitäten pro Jahr.

Parallel zum rapiden allgemeinen Wachstum der Buchproduktion im letzten Jahrhundertdrittel ist ein rascher Niedergang der jahrhundertelang unverzichtbaren lingua franca der Gelehrtenrepublik festzustellen. Nun bildete sich eine deutsche Wissenschaftssprache mit differenzierter Begrifflichkeit heraus. Noch 1740 wurden 27,7 % aller Meßnovitäten in lateinischer Sprache gedruckt – dabei ist die umfangreiche katholisch-theologische Produktion noch kaum berücksichtigt. 1770 hat sich der Prozentsatz auf 14,25 % fast halbiert, und wiederum dreißig Jahre später ist er auf unbedeutende 3,97 % geschrumpft. Der Buchmarkt ist nun auch in Deutschland, gut ein Jahrhundert später als in anderen europäischen Nationen, keine Domäne der Gelehrten und Gebildeten mehr.

Dieser Befund bestätigt sich bei einem Blick auf die Verteilung der einzelnen Sachgebiete. Die klassischen akademischen Disziplinen Medizin und Jurisprudenz vermochten auch im 18. Jahrhundert ihren Anteil zu halten, was eine entsprechende Steigerung der Produktionsziffern voraussetzte. Die „Arzneygelahrtheit" pendelte um 8 %, die Rechtswissenschaft um 5 bis 6 %; bei beiden ging der Anteil des Lateinischen nur zögernd zurück. Wie im Zeitalter der Aufklärung nicht anders zu erwarten, ist die Vorherrschaft der „Gottesgelahrtheit" nun endgültig gebrochen, wobei offenbar das geistesgeschichtlich entscheidende Dezennium zwischen 1770 und 1780 liegt. 1770 war noch ein Viertel des Buchangebotes auf den Messen theologischen und religiösen Inhalts, 1780 nur mehr 18% und 1800 etwa 13,5 %. Eine nähere Betrachtung der Erscheinungsorte zeigt, daß der Süden ein Hort der Theologie blieb, während in Sachsen längst modernere Sachgebiete von den Verlegern bevorzugt wurden – beispielsweise die Geographie unter der Rubrik „Erdbeschreibung und Reisen". Ihren bescheidenen Anteil von etwa 1,8 % in den Stichjahren 1740 und 1770 konnte sie 1800 mit 4,5% mehr als verdoppeln. Einen ähnlichen Zuwachs verzeichneten die popularphilosophischen und -moralischen, die pädagogischen, naturkundlichen und die politischen Schriften.

Besonders deutlich zeigt sich die tiefgreifende Umwälzung der Marktstruktur an der *Schönen Literatur*. 1740 nahm sie mit knapp

6% in der Rangordnung der Sachgruppen den sechsten Platz ein, 1770 stand sie mit 16,5% bereits an zweiter Stelle, und im Jahr 1800 hatte sie mit 21,45% den ersten Rang erreicht und die Theologie überflügelt. Diese Zahlen verweisen auf einen literaturhistorischen Vorgang größter Tragweite – auf die Entstehung einer deutschen Nationalliteratur für ein anonymes, verbürgerlichendes Lesepublikum. Charakteristisch ist auch die Verteilung der literarischen Gattungen: Unangefochten an der Spitze steht die einst verpönte Spezies der Romane, nun Lieblingslektüre der neuen Leser. 1740 hatten sie 2,6% zum gesamten Buchangebot beigesteuert, 1770 waren es schon 4% – und 1800 fast dreimal soviel, nämlich 11,7%. In dem Ostermeßkatalog des Jahres 1800 stehen 300 neue Romane 64 neuen Schauspielen und 34 Gedichtbänden gegenüber.

Eine vergleichende Topographie der Verlagsorte könnte belegen, daß dieser fundamentale Wandel auf recht unterschiedliche Weise verlief. Die modernen, ihren Marktanteil ständig erweiternden Sachgebiete wurden fast ausschließlich in Sachsen, Preußen und dem übrigen Norddeutschland produziert. Von den rund 300 Buchhandlungen, die im letzten Drittel des 18. Jahrhunderts regelmäßig die Messen besuchten, kam etwa jede zehnte aus Leipzig selbst. Dort gab es ebenso viele Firmen wie in Berlin und Wien zusammen. Die weitere Rangfolge lautete: Berlin, Frankfurt am Main, Wien, Nürnberg, Halle, Hamburg, Augsburg, Basel, Breslau, Jena, Dresden, Prag, Göttingen und Kopenhagen. Die ehrwürdigen Druckmetropolen Augsburg, Basel und Nürnberg haben den Kampf gegen die aufstrebenden Universitätsorte und die Residenzstädte schon so gut wie verloren.

Es war diese nicht nur zahlenmäßige Übermacht des sächsischen und vor allem Leipziger Buchhandels, die den Markt und die Verkehrsformen revolutionierte. Zur Blütezeit des Changehandels zwischen 1650 und 1750 konnten die gut anderthalbhundert Geschäftskollegen, die so miteinander verkehrten, darauf vertrauen, „daß die gegenseitigen Konten auf das behaglichste Jahre hindurch fortlaufen, ohne daß an eine Saldierung gedacht wurde, selbst wenn der Saldo auf der einen Seite ziemlich bedenklich anschwoll“[2]. Barzahlung hatte keiner zu erhoffen (als Verleger), noch zu befürchten (als Sortimenter): „Gerade wegen dieses engen, freilich auch in so mancher Hinsicht läßlichen freund-brüderlichen Zusammenhangs und Zusammenhalts vermißte man später, als die frisch-kalte Zugluft des Nordens ihn verwehte, den Tauschhandel so bitter. [...] Man [...] sah erst jetzt mit Furcht und Bangen ein dem buchhändlerischen Wesen völlig fremdes ‚kaufmännisches‘ Zeitalter anbrechen.“[3]

Die Vorzüge dieser rückständig, ja patriarchalisch anmutenden Handelsform über alle Grenzen des wie ein Fleckerlteppich mit selbständigen Territorien übersäten Heiligen Römischen Reiches hinweg waren auch für das lesende Publikum offensichtlich. Noch in ihrer Agonie sang Goethes Schwager Schlosser 1789 ihr Loblied: „Wie wäre es möglich, daß ein Buchführer, wenn er Papier immer mit baarem Geld bezahlen müßte, noch ein nur etwas vollständiges Sortiment haben könnte? Gerade der Tausch ists, der dieses überbesetzte Commerz in seinem Schwung erhält; gerade die Pièce du jour, der kleine Roman, die unbedeutende Operette, die leichte Anekdoten-Sammlung, das Buch für jedermann, gerade das ist noch die Schmiere, die das Rad laufen macht. Gerade dadurch wird noch der Leser am Bodensee mit dem Autor am Belt bekannt."[4] Der Buchhandel wurde großteils ohne Geldverkehr betrieben, nach Maximen, wie sie J. Goldfriedrich charakterisierte: „Erwerb und Herstellung eines Werks oder Werkchens mit möglichst geringen Kosten oder auf Kredit; Eintausch fremden Verlages, womöglich bessern, als der eigene war; Zahlung aus dem Absatzgewinn, an den Changekollegen überhaupt nie eine Geldzahlung, der Autor mit Freiexemplaren, der Drucker womöglich ebenfalls mit Büchern befriedigt."[5]

Doch wenn man die eigenen Novitäten glücklich vertauscht hatte und nun für das Eingetauschte endlich Bargeld zu erhalten hoffte, schlug die Stunde der Wahrheit: Von dem zweimal jährlich anrollenden Meßgut konnte, je nach Geschmack und Kaufkraft des örtlichen Publikums, je nach dem politischen, konfessionellen und kulturellen Umfeld des Firmensitzes nur ein Teil verkauft werden. Der Rest staute sich in den Gewölben – vieles, wofür man wertvollen Verlag gegeben hatte, erwies sich als unabsetzbare Makulatur. Die allgemeine Lagerentwertung am Ende der Tauschhandelszeit war groß, nachdem sich langsam, aber stetig überall der neue Lesegeschmack durchgesetzt hatte und die alten Ladenhüter hoffnungslos unzeitgemäß wurden. Einen Eindruck davon, welch riesige Bestände sich nach mehr als hundert Jahren Tauschhandel angesammelt hatten, geben die „Universal-Cataloge", wie sie zahlreiche renommierte Firmen als Verzeichnisse ihrer Lagerbestände zwischen 1740 und 1770 oft mehrbändig herausgaben; sie enthielten teilweise einige zehntausend Titel. Andere versuchten der Unmenge toten Kapitals durch Bücherlotterien und Verlosungen Herr zu werden; auch der Beginn eines eigentlichen Antiquariatsbuchhandels ist um diese Zeit anzusetzen.[6]

Natürlich sahen die Firmen insbesondere des „Reichsbuchhandels", die in Österreich, der Schweiz, Süddeutschland und am Rhein beheimatet waren, die immer drückenderen Nachteile ihrer Handelsform mit Besorgnis. Sie ergänzten den Tausch deshalb etwa vom zweiten Drittel des 18. Jahrhunderts an immer mehr durch den *Konditionsverkehr* (Bedingtverkehr). Nicht nur beim persönlichen Treffen in Leipzig oder Frankfurt, sondern das ganze Jahr über schickten sie einander ihre Neuerscheinungen „pro novitate" zu. Konnte der Empfänger diese binnen einer vereinbarten, meist jährlichen Frist nicht absetzen, ließ er sie zurückgehen wie beim heute gebräuchlichen Remissionsrecht oder „disponierte" für ein weiteres Jahr. Erst nach der Remittierung wurde abgerechnet und, wenn nötig, auch bar bezahlt. Dieses „Mittelding zwischen Tausch- und Bezahlungshandel" (so ein Zeitgenosse) verringerte spürbar das Absatzrisiko des Buchhändlers, soweit er Sortimenter war; er genoß für seine Ware mindestens einjährigen Kredit. Da er jedoch zugleich meist selbst verlegte, wuchs sein verlegerisches Risiko entsprechend; er mußte fürchten, einen großen Teil seiner Novitäten als „Krebse" im nächsten Jahr in Leipzig zurückzuerhalten. Dies dämpfte zunächst den beim Tauschhandel so verhängnisvollen Hang zur Überproduktion, bis er um die Jahrhundertwende bei einem gewandelten Lesepublikum erneut durchbrach. Aber diese sogenannte „Reichsbuchhändler-Handlungsart" verdrängte das bequeme Changesystem nur allmählich, beide bestanden jahrzehntelang nebeneinander, und eng befreundete Firmen im Süden tauschten noch bis ins 19. Jahrhundert hinein. Wahrscheinlich hätte der konsequente Übergang zum Konditionsverkehr auch im Norden und Osten den deutschen Buchhandel vor manchen schweren Problemen bewahrt, mit denen er gegen Ende des 18. Jahrhunderts zu kämpfen hatte.

Doch sowohl der Fortführung des etablierten Tauschens wie der Einführung des modernen Konditionsverkehrs verweigerten sich die Buchhandelsfürsten, auf die es ankam: die Leipziger und sächsischen Großverleger. Ihre Artikel waren überall die begehrtesten, und sie wollten dafür verständlicherweise keinen unverkäuflichen Ballast eintauschen, aber auch nicht die Gefahr der Remission eingehen. Sie waren ohnedies in vielfacher Hinsicht begünstigt, so durch eine liberale Zensur und staatliche Förderung auf Kosten ausländischer Firmen, durch die Gewohnheit frachtfreier Lieferung aller Bücher vom und zum Meßort Leipzig, auch durch die Vielzahl konkurrierender leistungsfähiger Druckereien am Ort.

Leipzig war der unbestrittene Mittelpunkt der Aufklärung: Hier wirkte der Literaturpräzeptor Johann Christoph Gottsched und focht seine Fehden, die das gebildete Deutschland in Aufregung versetzten, hier war das Zentrum der Zeitschriftenproduktion. Im modernen „Klein-Paris“ und „Pleiß-Athen“ funktionierte das Zusammenwirken von wirtschaftsinnovatorischem Bürgertum aus Handel und Manufaktur und seinen staatlichen Förderern besser als andernorts; das kulturell aufgeschlossene und begüterte Lesepublikum Sachsens nahm die Bücher gerne auf, die von der Vielzahl ansässiger Autoren und auch von Auswärtigen den renommierten Leipziger Verlagen angetragen wurden. Dies war bereits in der ersten Jahrhunderthälfte deutlich geworden, aber erst mit dem Ende des Siebenjährigen Krieges trat eine Persönlichkeit auf den Plan, die als umstrittener „Fürst des deutschen Buchhandels“ den entscheidenden Anstoß zu den großen Umwälzungen gab: *Philipp Erasmus Reich* (1717–1787).

Gebürtiger Hesse, war Reich zunächst in Frankfurt tätig, dann seit 1745 als Geschäftsführer des Leipziger Großverlegers Weidmann. Obgleich der Verlag später als „Weidmanns Erben und Reich“ firmierte, ist Reich nach jüngsten Forschungsergebnissen von M. Lehmstedt zeitlebens festbesoldeter Angestellter geblieben – was seinen riskanten Reformeifer und seine hohen Autorenhonorare in neuem Licht erscheinen läßt. Mit bemerkenswertem strategischen Geschick ging er daran, anstelle des Tauschverkehrs den zuvor vereinzelt geübten *Nettohandel* (auch „Kontanthandel“) als Geschäftsprinzip durchzusetzen. Kollegen, die seine Verlagswerke beziehen wollten, mußten sie bar bezahlen, ohne Rückgaberecht und mit nur geringem Rabatt. Damit war der endgültige Übergang von der Tausch- zur Geldwirtschaft im deutschen Buchhandel eingeleitet, begann die Anonymität des buchhändlerischen Warenverkehrs, setzte die Trennung von Verlag und Sortiment ein und entstand erst eigentlich das kapitalistische Konkurrenzdenken in diesem Berufsstand.

1759 übernahm Reich den Verlag des Leipziger Meßkataloges, dessen Titel und Systematik er sofort modernisierte. Damit war er im Besitz des nach wie vor wichtigsten buchhändlerischen Informationsinstrumentes, hatte den umfassendsten Marktüberblick – und jeder auswärtige Buchhändler, der seine wie meist erst in letzter Minute fertiggestellten Novitäten noch ins Meßverzeichnis bringen wollte, durfte sichs mit ihm nicht verderben.

1760 überraschte Reich die Kollegen mit der Mitteilung, er wolle künftig „den Reichs-Cours zum Fundament“ seiner Geschäftsbeziehungen machen. Hinter der harmlosen Information über eine Änderung der Umrechnungsmodalitäten verbarg sich eine eklatante Verteuerung all seiner Verlagswerke. Umgehend schlossen sich die Leipziger Kollegen diesem Vorgehen an, ebenso die sächsischen und einige auswärtige. Das traf keineswegs nur einige von Reich abhängige Kleinfirmen hart, sondern die weit überwiegende Mehrheit aller durchwegs kapitalschwachen nichtsächsischen Buchhändler. Denn der ohnedies geringe „Viertelrabatt" von 25 % wurde gerade beim Verkehr mit süddeutschen Firmen auf 16 % bei Barzahlung herabgesetzt. Die Gegenrechnung der Reichsbuchhändler freilich sah folgendermaßen aus: für Transportkosten etwa 15 % vom Ladenpreis, nicht eingerechnet die allgemeinen Meßunkosten (Reisespesen, Gewölbemieten, Emballage, Bezahlung der Meßhelfer), die mindestens weitere 5 % verschlangen.

Durch die für sächsische Firmen günstige Änderung der Währungsumrechnung hatten auswärtige Meßbesucher zwischen 15 und 25 % Agio- bzw. Kursverluste hinzunehmen. Damit konnte von einer Deckung der Unkosten, erst recht von angemessenen Gewinnen nicht mehr die Rede sein. Nur wenige Firmen durften mit den Leipzigern wenigstens einen Teil ihrer Produktion tauschen und damit ihre Verluste mildern. Eine süddeutsche „Defensionsschrift" von 1779 belegt anhand kalkulatorischer Beispiele, daß der Handel auf den Leipziger Messen für die Firmen des Reichs „eine Art von Lotto" darstellte. Auch der Wiener Verleger Johann Thomas (von) Trattner (1717–1798) hat seine umfängliche Nachdruckstätigkeit erst aufgenommen, nachdem ihm von Seiten der Leipziger Verleger für seine Bestellungen nur 16 % Rabatt zugestanden wurden, obwohl schon seine Transportspesen 17 % betrugen.

Indem Reich und die ihm folgenden Nettohändler auf diese Weise das gesamte Risiko auf das Sortiment abwälzten, konnten sie erheblich gewinnträchtiger kalkulieren, somit höhere Autorenhonorare zahlen und die Attraktivität ihrer umfangreichen und gefällig ausgestatteten Verlagsproduktion weiter erhöhen. Allerdings warnte schon 1761 ein Leipziger Kollege Reich vor den Folgen – bei solch rigorosen Usancen müsse er gewärtigen, „daß Sie nicht den dritten Theil Ihres bisherigen Absatzes haben werden. Des Nachdrucks Ihrer besten Bücher, dem Sie dadurch Tür und Thor öffnen, will ich nur im Vorbeygehen Ihnen zu Gemüthe führen".[7]

Gegen die Gefahr verminderten Absatzes fand Reich ein probates Mittel: kräftige Preiserhöhungen, die freilich auch einem gesamtwirtschaftlichen Trend dieser Jahre entsprachen. Während ein Alphabet (23 Bogen) lange Zeit vier bis fünf Groschen gekostet hatte, verlangten die Leipziger Verleger nach 1760 16 Groschen, um 1785 war der Durchschnittspreis gar auf einen bis anderthalb Taler, also 24 bis 36 Groschen gestiegen. Vor allem die begehrten literarischen Werke, die

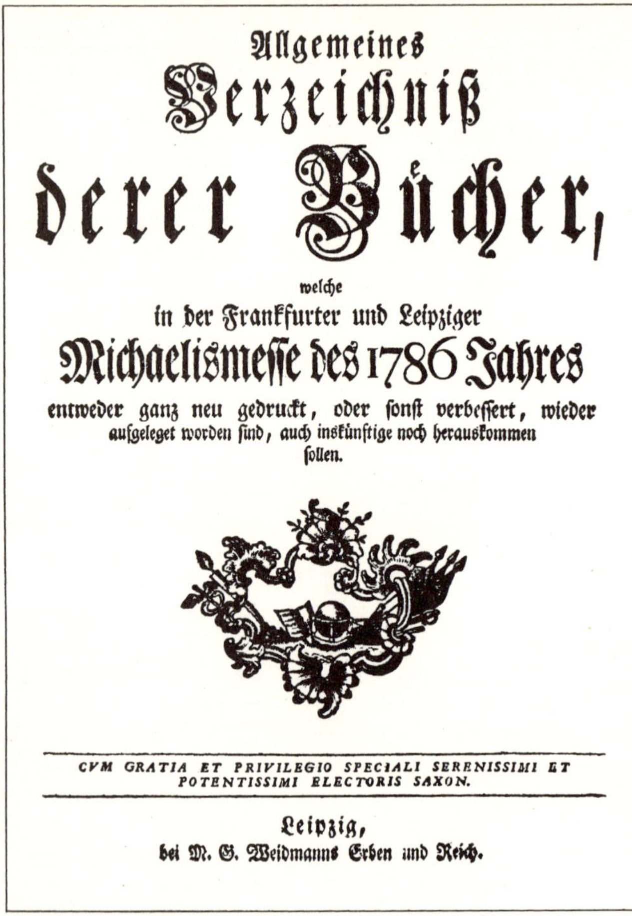

Allgemeines
Verzeichniß
derer Bücher,
welche
in der Frankfurter und Leipziger
Michaelismesse des 1786 Jahres
entweder ganz neu gedruckt, oder sonst verbessert, wieder
aufgeleget worden sind, auch inskünftige noch herauskommen
sollen.

CVM GRATIA ET PRIVILEGIO SPECIALI SERENISSIMI ET
POTENTISSIMI ELECTORIS SAXON.

Leipzig,
bei M. G. Weidmanns Erben und Reich.

Titelblatt des Leipziger Herbstmeßkataloges (1786)

großteils bei sächsischen Firmen erschienen, waren von diesen Preissteigerungen betroffen. Dabei kalkulierten die Nettohändler so, daß sie, wie ein Leipziger Drucker verriet, „gleich in der ersten Messe bei einer mäßigen Abnahme die ganzen Verlagskosten herausbekommen“[8]. Zeitgenössische Angaben über die Höhe dieser Deckungsauflage schwanken zwischen 100 und 600 Exemplaren, jedenfalls war bereits mit dem Absatz in Sachsen allein die Gewinnzone erreicht. Die Leipziger Nettohändler waren offensichtlich noch keine spekulativen

Kaufleute; sie setzten sich nicht der Gefahr aus, am Geschmack des Lesepublikums vorbeizuproduzieren. Sie betrieben das Geschäft der Aufklärung tatsächlich im puren „Verwertungsinteresse des Verlagskapitals“, wie es marxistische Deutungen für den gesamten Buchmarkt jener Zeit behaupten.

Reich wirkte eng mit den sächsischen Staatsreformern zusammen, die das absolutistische Kurfürstentum modernisieren und ihm die wirtschaftliche Vorherrschaft im Reich sichern wollten. Diese Beamten erkannten die wichtige Rolle des Buchgewerbes als ökonomischen Faktor ersten Ranges sehr genau und taten alles, um die Leipziger Vorherrschaft auszubauen. Mit ihrer Rückendeckung inszenierte Reich auch 1764 wirkungsvoll und symbolträchtig seinen endgültigen Abschied von der Frankfurter Messe, die längst ihre Bedeutung für den Gesamtbuchhandel eingebüßt hatte. Diese Aktion des Leipzigers genau in jenem Jahr, da im selben Frankfurt Josef II. zum Römischen König gekrönt wurde, war ein „unmißverständlicher Affront gegen die kaiserlichen Behörden“[9].

Wiederum ein Jahr darauf, 1765, gründete er zur Ostermesse eine „Buchhandlungsgesellschaft“, der insgesamt 56 von 220 Meßbesuchern, meist aus Sachsen und dem Norden, beitraten. Diese „Selbsthilfeorganisation mit gleichsam eigener Exekutive“[10] versprach, als „gemeinnützige Societät“ alle Mitglieder gegen drohenden Nachdruck dadurch zu schützen, daß den Nachdruckern mit gleicher Münze heimgezahlt, nämlich deren eigene Verlagswerke korporativ ebenfalls nachgedruckt würden. Der Anlaß dieses Schutzbundes waren Drohungen von Reichs Opponenten, seine Produkte, wenn sie zu gerechten Bedingungen nicht zu haben waren, mittels Nachdruck unter die Leute zu bringen.

Dieser erste Vorläufer einer buchhändlerischen Standesorganisation, der zwar nur partikulare Interessen vertrat, aber doch einen überterritorialen und autonomen Anspruch erhob, wurde von der sächsischen Regierung jedoch nicht unterstützt; er zerfiel binnen kurzem wieder. Kursachsen erließ statt dessen 1773 ein Buchhandelsmandat, das als wirtschaftspolitisches Instrument erstmals ein generelles staatliches Schutzversprechen für Verlagseigentum enthielt, sofern es in Sachsen gedruckt war, ob von einheimischen oder auswärtigen Verlegern. Darüber hinaus wurden alle Nachdrucke vom Vertrieb und Transit auf den Leipziger Messen ausgeschlossen. Als Beweis der Rechtmäßigkeit des Verlagseigentums galt der Nachweis eines privatrechtlichen Vertrages mit dem Autor sowie die Eintragung in ein Leipziger Protokoll, die „Bücherrolle“. Damit war für Sachsen und die Buchmessen ein entscheidender Schritt zur Rechtssicherheit getan, die bisherige Einzelprivilegierung als Gnadenerweis wurde durch globale staatliche Fürsorge für diesen Wirtschaftszweig abgelöst. Als angenehmer Nebeneffekt ergab sich eine weitere Bevorzugung der einheimischen Firmen auf dem wichtigen Marktsektor der Übersetzungen, die bis zu einem Drittel der Novitäten ausmachen konnten: „Als Messeveranstalter waren die Leipziger die ersten, die sich die Übersetzungsrechte einer Neuerscheinung im Ausland durch Eintragung in die Bücherrolle sichern konnten. Damit bestand praktisch ein Leipziger Übersetzungsmonopol."[11]

Reich hatte sein Ziel erreicht – von den Zeitgenossen teils bewundert, teils geschmäht, hatte er unbeirrt seine merkantilen Interessen durchzusetzen verstanden, die identisch waren mit denen des wirtschaftlich potentesten deutschen Territorialstaates. Dabei hat dieser höchst modern anmutende Unternehmer auch die Entwicklung der Literatur wesentlich gefördert: Für einen Nettohändler, der seine Novitäten rasch und bar verkaufen wollte, war ein attraktives Programm viel wichtiger als für einen Tauschhändler. Reich tat deshalb alles, um nach der Durchsetzung seiner Reformen seinen Verlag beim Lesepublikum begehrt zu machen. Seine Firma importierte und übersetzte mehr englische und italienische Bücher als alle anderen. Um sich die beliebten Übersetzungen aus dem Englischen zu sichern, beschäftigte er Informanten in London. Vor allem aber bemühte er sich, bedeutende und zugkräftige Autoren an seinen Verlag zu ziehen und mittels hoher Festhonorare auch zu binden – der bekannteste von ihnen war Christoph Martin Wieland. Die kleine Gruppe engster Berater und Freunde unter den Autoren erhielt „ein erstaunlich großes Mitspracherecht bei der Gestaltung und Entwicklung des Verlagsprofils"[12]. Der Verleger selbst beschränkte sich offenbar vor allem auf die herstellerischen und merkantilen Belange. Die Ausstattung seiner Verlagswerke mit Illustrationen der besten Zeichner und Stecher machte diese ebenso begehrt wie kostspielig. Das aufwendigste Buch des Verlages waren Johann Caspar Lavaters berühmte „Physiognomische Fragmente" (1775 – 78) mit 343 Kupfertafeln und 488 Vignetten. Reichs Ehrgeiz, sowohl hinsichtlich der Quantität wie der Qualität der Produktion an der Spitze zu stehen, erhöhte zwar seinen Umsatz, aber nicht seinen Gewinn. Friedrich Nicolai konstatierte gegenüber seinem Freund Lessing trocken: „Er sollte nur den dritten Theil drucken von dem, was er druckt, so hätte er ruhigere Tage und käme weiter als jetzt."[13]

Wie sich der traditionell am Tauschverkehr festhaltende Reichsbuchhandel gegen die Nettohändler zur Wehr setzte, wurde bereits angedeutet: mit dem *Nachdruck.* Nun begann das „Nachdruckzeitalter" – begleitet von einer Jahrzehnte umfassenden und umfangreichen, publizistischen wie juristischen, Kontroversliteratur. Für die Forschung war die Bewertung der redlichen Originalverleger und der obskuren nachdruckenden Raubritter lange eindeutig; erst jüngst wurde versucht, an diesem geläufigen Bild einige Korrekturen anzubringen.[14]

Der Nachdruck war seit der Inkunabelzeit eine Art Kavaliersdelikt gewesen, eine Form der Marktregulierung, wenn die Nachfrage nach einem begehrten Buch nicht anders befriedigt werden konnte. Auch Leipziger Großverleger hatten noch nach 1700 den Nachdruck mehrfach praktiziert, um lästige kleine Konkurrenten auszuschalten. In der zweiten Hälfte des 18. Jahrhunderts aber kam ein wesentlicher Faktor zu den innerbuchhändlerischen Problemen hinzu. Während Sachsen und auch Preußen am Schutz der einheimischen Originalverleger gelegen war, besaß der Kameralismus anderer Territorien die gegenteilige Interessenlage. Denn durch das Fast-Monopol der sächsischen Verleger auf die in ganz Deutschland begehrten Neuerscheinungen wurde die Außenhandelsbilanz gerade kleinerer Reichsteile, wurde die Ertragskraft ihrer Papiermühlen, Druckereien und Buchhändler geschädigt. Dem war mittels Selbsthilfe zu entkommen, wie ein badischer Raubdrucker mit verlockenden Farben schilderte: „Der Nachdruck hat auch eine ausnehmende politische Wichtigkeit für die einzelnen Länder des Reichs. Das Geld, das alles durch eben so viele Röhren, als Bücher von Wichtigkeit verlegt werden, nach Sachsen geleitet würde, bleibt jetzt im Reich und macht, daß wir in der Handelsbilanz mit Sachsen nicht mehr, wie sonst, verliehren. Es ist dadurch ein neuer Zweig von Industrie, der so vielen und so vielerlei Arten von Bürgern Nahrung schafft und mit in die Kassen der Fürsten einfließt, eröfnet worden."[15]

Besonders wichtig war dies für Österreich, dessen originale Buchproduktion und literarische Kultur sich um die Mitte des 18. Jahrhunderts in ziemlich desolatem Zustand befanden, so daß auswärtige Buchhändler dort hohe Exporterlöse erzielten. Es war ein Gebot der wirtschaftlichen Vernunft, einheimische Firmen zum Nachdruck zu animieren, wie es Kaiserin Maria Theresia bei ihrer ersten Audienz für den Wiener Nachdruckerfürsten J. T. Trattner getan haben soll: „Unterdessen aber, lieber Trattner, sagen Wir ihm, daß es unser Staatsprinzip sei, Bücher hervorbringen zu lassen, es ist fast gar nichts da, es muß viel gedruckt werden. Er muß Nachdrucke unternehmen, bis Originalwerke zustande kommen. Drucke Er nach. Sonnenfels soll ihm sagen, was.“ [16] Es war nur konsequent, daß zeitweise zum Schutz einheimischer Nachdrucke keine Originalausgaben der betreffenden Werke nach Österreich eingeführt werden durften.

Ähnlichen Schutz ließ der Markgraf von Baden dem industriösen Nachdrucker Christian Gottlob Schmieder in seiner Residenz Karlsruhe angedeihen, und vor allem für manche wirtschaftlich höchst bedrängten kleineren Reichsstädte wie Reutlingen war das Nachdruckgewerbe etwa eines J. G. Fleischhauer fast unverzichtbar. Die Hoffnung des Hessen-Kasselschen Erbprinzen, der von ihm protegierte „Hanauer Bücherumschlag“ des Jahres 1775 könnte sich als eine Art Nachdrucksmesse der Reichslande etablieren, erfüllte sich freilich nicht.

Kaum zu überschätzen ist neben dem ökonomischen der kulturpolitische Aspekt: Für die rasche und weitreichende, dabei den Staat finanziell nicht belastende Verbreitung modernen, fortschrittlichen Denkens und Wissens gab es kein besseres Mittel. Trotz aller Angriffe von seiten österreichischer Gelehrter hielt deshalb auch Kaiser Josef II. am Nachdruck als unentbehrlichem Aufklärungsfaktor fest. Angesichts dieses wirtschaftlichen und kulturellen Nutzens für die Territorien des Reichs ließen sich die Klagen über die Unrechtmäßigkeit des „Verlagsraubes“ überhören, da es ja auch kein einheitliches Verlags- oder gar Urheberrecht gab. Zwar schützten die jeweiligen Privilegien innerstaatlich gegen den Nachdruck, waren aber ohne jede grenzüberschreitende Wirkung – und die politischen wie ökonomischen Interessen der einzelnen Flächen-, Duodez- und Stadtstaaten waren oft völlig entgegengesetzt. Die Zersplitterung des Buchmarktes entsprach der politischen, und auch die sächsischen Nettohändler, die den Nachdruck als Bruderkrieg verdammten, kämpften für ihre Partikularinteressen, nicht für ein imaginäres Allgemeinwohl. So betrachtet, erscheint das bespöttelte Selbstverständnis der Nachdrucker als Verbreiter der Aufklärung nicht ganz ungerechtfertigt: Sie verstanden sich als Patrioten, indem sie ein schädliches auswärtiges Büchermonopol verhinderten, das einheimische Gewerbe beschäftigten und nützliche Bücher wohlfeil in die Hände der weniger begüterten Bevölkerung brachten.

Die in der umfangreichen zeitgenössischen Polemik gegen den Nachdruck aufgestellte Schadensbilanz für Buchhandel, Autoren und Publikum erweist sich im Lichte historischer Objektivität als Erfolgsbilanz für die Aufklärung. Der Hauptvorwurf gegen den Nachdruck, er habe die überhöhten Bücherpreise verschuldet, läßt die chronologische Abfolge außer acht. Denn die Verteuerung war, wie bereits angedeutet, die Folge des konsequenten Nettohandels, der ohne feste Absatzerwartung wie beim Tauschhandel frei kalkulieren mußte. Um das Risiko möglichst klein zu halten, wählte er eine niedrige Deckungsauflage und damit einen höheren Preis. Billige Originalausgaben von Nettohändlern sind bis gegen das Ende des 18. Jahrhunderts auf literarischem Gebiet im wesentlichen nur bei den Erfolgsautoren Gellert und Rabener nachzuweisen, die ihren Verlegern umgerechnet Millionenbeträge einbrachten. Dennoch war die Nachfrage nach deren Werken im Süden nur mit Nachdrucken zu befriedigen. Angesichts der relativ mühelos erzielbaren Gewinne beim schnellen Absatz der Deckungsauflage in Sachsen und dem Norden zeigten sich die Verleger an intensiven Geschäftskontakten mit den Reichsbuchhändlern kaum interessiert, die entweder hochmütig abgewiesen oder skrupellos übervorteilt wurden. Projekte, den eigenen Bücherabsatz in kaufkraftärmeren Gegenden zu steigern, unterstützten sie nicht, wie das des rheinpfälzischen Verlegers Schwan, der 1779 eine Mannheimer „freie Niederlage" als frachtfreies Auslieferungslager nördlicher Originalausgaben anbot. Friedrich Perthes erinnerte sich an die Verhältnisse um 1780: „Als ich vor 40 Jahren zum Buchhandel kam, existierte Oesterreich für denselben noch nicht; Nürnberg im südlichen, Frankfurt im westlichen Deutschland waren (mit Ausnahme von Tübingen und Zürich) die letzten Grenzorte, die mit dem Verein am Stapelplatz Leipzig in Verbindung standen."[17]

Ein geregeltes Vertriebssystem für Originalausgaben bestand somit beim Reichsbuchhandel nicht. Wer sie unbedingt haben wollte, mußte sie meist teuer und langwierig direkt in Leipzig bestellen. Da Ende der sechziger Jahre des 18. Jahrhunderts im Süden des deutschen Sprachraums noch kaum Nachfrage nach neuer Literatur zu erkennen war, gingen die ersten Nachdrucker ein nicht geringes Risiko ein, weil sie den mutmaßlichen Bedarf ihres Absatzgebietes nur vermuten konnten. Um ihre Produktion abzusetzen und jeden möglichen Käufer zu erreichen, waren sie gezwungen, ein eigenes Vertriebsnetz aufzubauen. Erst als diese Spekulation aufging, als literarisch scheinbar verödete Landstriche plötzlich bücherhungrig zu werden begannen, beklagten die Nettohändler ihre verpaßten Chancen, ohne freilich nun den Nachdruckern mit reduzierten Preisen auf ihrem eigenen Terrain den Kampf anzusagen. Nun waren auch Firmen, die bisher mit Originalausgaben gehandelt hatten, zum Vertrieb der begehrten preisgünstigen Nachdrucke bereit, der ihnen das geschäftliche Überleben ermöglichte. Daß das relativ dichte Netz von Buchhandlungen im Süden und Westen des Reichs die Periode des strengen Nettohandels überstehen konnte, ist neben dem Konditionsverkehr, der die Geschäftsbeziehungen untereinander stabilisierte, auch dem inkriminierten Nachdruck zu verdanken.

Neben den herkömmlichen Wegen der Distribution haben die Nachdrucker somit neue Vertriebsmethoden entwickelt bzw. den früheren Wanderhandel wiederbelebt. In Gegenden ohne stationären Buchhandel knüpften sie Verbindungen mit Buchbindern, sonstigen Kleinhändlern, über Land ziehenden Hausierern aller Art, aber auch mit Predigern, Hofmeistern, Studenten und Lehrern, die ihr schmales Gehalt aufbessern wollten; gerade die Lehrer waren wirksame Multiplikatoren der Bücher selbst wie von deren aufklärerischen Inhalten. Auf diese Weise wurden von den Nachdruckern Regionen für die Anfänge einer neuzeitlichen Lesekultur erschlossen, um die sich zuvor kein Buchhändler gekümmert hatte. Hier ist vor allem der Wiener buchgewerbliche Großunternehmer Johann Thomas von Trattner zu nennen, der neben seiner Druckerei mit 26 Pressen, einer Schriftgießerei, Bindewerkstatt und Kupferdruckerei und mehreren innerösterreichischen Niederlassungen Filialen und Depots in folgenden Orten Mittelost- und Südosteuropas besaß: Agram, Brünn, Budweis, Cilli, Görz, Hermannstadt, Königgrätz, Kremsier, Laibach, Lemberg, Marburg an der Drau, Neusohl, Ödenburg, Olmütz, Panczowa, Pest, Plan, Postegga, Prag, Raab, Temeschburg, Teschen, Triest, Troppau, Warschau und Wischau. In all diesen teils entlegenen und verschlafenen Provinzstädten, meist außerhalb des deutschen Sprachraums, war Trattners gesamtes Nachdruckprogramm erhältlich – ein solider Grundstock an nördlicher Aufklärungsliteratur und auch an wissenschaftlichen, vor allem medizinischen Novitäten, meist in uniformen Bänden zum Einheitspreis.

Weit ärgerlicher als der florierende Absatz der Nachdrucke in den Reichslanden, um den sich die Originalverleger ohnehin nicht bemühten, war der Vertrieb solcher Raubausgaben auch im Norden, wo wie im Süden die Devise galt: „Da alles theuer und das Geld rar ist, so fängt man an, die Bücher unter den Luxus zu zählen und kauft nichts oder nur wenig und will noch wohlfeil kaufen. Die Leser in ganz Deutschland unterstützen die Nachdrucker, nur um wohlfeilere Bücher zu haben."[18] So vertrieb ein Hamburger Postsekretär die Karlsruher und Reutlinger Nachdrucke, und ein Dresdner Tabakhändler verteilte ein mehr als 100 Bände umfassendes Verzeichnis der bei ihm erhältlichen Raubeditionen; mehr oder minder verblümte Anzeigen dieser Art fanden sich in zahlreichen Intelligenzblättern Norddeutschlands. Einige Jahre unterstützte sogar Preußen einheimische Nachdrucker gegen die sächsischen Monopolisten. Dieser Einbruch in ihre ureigenste Interessensphäre brachte die Originalverleger zweifellos um einen Teil ihres möglichen Gewinns, erschloß allerdings auch dort kaufkraftärmere Leserschichten. Nichtsdestoweniger florierten jene Verlage am sichtbarsten, denen am meisten nachgedruckt wurde: Weidmanns Erben und Reich, Crusius, Weygand, Dycks Witwe, die die Preise für ihre attraktive Ware eben weiter erhöhten. Dieses Vordringen des Nachdruckvertriebes auch in Norddeutschland und gar in Sachsen hat sicher dazu beigetragen, daß sich der konsequente Nettohandel mit Barzahlung ohne Rückgaberecht bei geringem Rabatt auf die Dauer nicht halten konnte.

Es gab freilich bis ins ausgehende 18. Jahrhundert eine Anzahl von Buchhandlungen, denen die Auseinandersetzungen um Nachdruck und Nettohandel herzlich gleichgültig sein konnten. Sie hatten keinerlei Verbindung zum Leipziger Meßverkehr, sondern spezialisierten sich auf eine Form des Buchvertriebes, die an die Druckerherren der Inkunabelzeit erinnert. Der bayerische Aufklärer Johann Pezzl hat zwei dieser Firmen, die in Augsburg ihren Sitz hatten, so boshaft wie treffend geschildert: „Rieger versieht das ganze katholische Deutschland mit Predigten. Sein Verlag ist sehr dick, und er hat dabei ein schönes Vermögen gesammelt. Er hält das ganze Jahr hindurch einige dreißig Kerle, die mit Butten auf dem Rücken oder mit Karren voll heiliger Sermone ganz Tyrol, Baiern, Schwaben, Franken und Oesterreich durchstreifen, und den gemächlichen Pfarrern das Futter für ihre geistliche Heerde auf Jahre lang verkaufen. Es soll manchen alten Ruraldekan geben, der schon den ganzen Riegerschen Verlag durchgepredigt hat. – Wolf hat die geistliche Nahrung der katholischen Laien im Verlag; alle die Himmelsschlüsseln, Paradiesgärtlein, Seelenwecker etc. [...] Er ist ein lebendiger Beweis von dem Satz im Sebaldus Nothanker: ‚Je dümmer das Publikum ist, desto größeres Glück macht der Buchhändler.‘ Sein Verlag ist der dümmste; aber er hat sich damit einen prächtigen Pallast und Garten in der Stadt, ein gräfliches Landgut und Kutschen und Pferde erhandelt.“[19] Neben solchen Großfirmen florierte bis ins 19. Jahrhundert hinein im Süden und den Rheinlanden ein noch kaum erforschter Auchbuchhandel, der durch eine Vielzahl kleiner Buchbindereien in Marktflecken gekennzeichnet war und eine Grundversorgung in der Provinz sicherstellte.

Für all jene kleineren Firmen jedoch, die sich – ob im Norden oder Süden – bemühten, ihrem Kundenkreis die kostspieligen sächsischen Originalausgaben zu liefern und am Meßverkehr teilzunehmen, wurde gegen das Jahrhundertende die Lage immer schwieriger. Sie hatten den eigenen, kaum mehr absetzbaren Verlag stark eingeschränkt, entwickelten sich in Richtung des reinen Sortiments und waren der ungemein geschickten, noch ungewohnten Absatzstrategie der Großverleger ausgeliefert: Zugkräftige Titel, propere Ausstattung und Illustrationen von beliebten Kupferstechern wie Chodowiecki, Anzeigenserien auf Zeitschriftenumschlägen, bezahlte Rezensionen und dergleichen fachten die Nachfrage des Publikums an. Eine erste „Buchhändlerzeitung", die 1778–1785 in Hamburg erschien, versuchte den Standesgenossen ebenso einen Überblick über den Markt zu verschaffen wie 1780–1782 ein Leipziger „Magazin des Buch- und Kunsthandels". Nichtsdestoweniger konnte die unberechenbare Leserschaft eine hochgepriesene Novität, von der man sich zwanzig Exemplare fest und bar besorgt hatte, zum Ladenhüter werden lassen, dagegen begierig nach einem Werk verlangen, um das man sich auf der Messe nicht gekümmert hatte. 1784 stieß ein geplagter Buchhändler den Stoßseufzer aus:

„Wo will das hinaus? Mit Schrecken sehen wir die fürchterlichen Ballen bedruckten Papiers ankommen; wir wissen ja wohl, daß der größte Theil darunter Makulatur ist, und doch müssen wirs nehmen. So sonderbar ist die Lage keines Kaufmanns. Aber was sollen wir thun? Was Predigten und Romane und Schauspiele und Reisebeschreibungen heißt, ist nun einmal kurrente Ware, auch wenn jedem vernünftigen Menschen davor ekelt."[20]

Solche Klagen waren nicht nur von süddeutschen Firmen zu vernehmen, sondern auch von vielen anderen, die in den Randgebieten deutscher Kultur oder gar außerhalb dieser an der buchhändlerischen Kommunikation teilzunehmen versuchten, etwa in Siebenbürgen oder in den baltischen Ländern. Der mit Herder befreundete Rigaer Buchhändler Hartknoch erklärte seinen oft verständnislosen Kunden die besonderen Probleme seines Berufs:

„Der Buchführer muß zur Messe reisen, ein großes Kapital zum Ankauf der Bücher anlegen, die theure Fracht und Assekuranz bezahlen: von den mitgebrachten Büchern sezt er etwa den vierten Theil ab, aber gemeiniglich auf Credit; die Bezahlung erfolgt erst nach geraumer Zeit, wohl gar mit einigem Verlust. Manches Buch liegt mehrere Jahre unverkauft. Und dennoch wundert man sich, wenn er einen billigen Vortheil bey seiner Handlung sucht, von welcher er gleichwohl seinen Unterhalt nemen, zu derselben Betreibung Leute halten, einen weitläuftigen Briefwechsel führen, seinen Commissionären einen Rabat zugestehen, und für die im Land umher versandten Bücher Fracht bezahlen muß. Wenn er keinen Buchladen unterhielte, sondern jedem Liebhaber blos die aufgegebenen Bücher verschriebe und gegen baare Bezahlung ablieferte; so würde er mit einer kleinen Provision zufrieden seyn; auch überhaupt die Preise weit niedriger ansetzen, wenn er seinen Käufern nichts als elende Nachdrücke in die Hände spielte."[21]

Der lange aufgestaute Ärger der süddeutschen Firmen entlud sich zur Ostermesse 1788 – der ersten Zusammenkunft nach dem Tode von Philipp Erasmus Reich. Ein von 114 Firmen unterzeichneter Aufruf forderte die Verlegung der österlichen Leipziger Messe auf einen späteren Termin und den ersatzlosen Wegfall der Herbstmesse. Sowohl dieses Ansinnen wie die Vorschläge eines neuen Umrechnungsmodus, einheitlicher Rabatte und einer „Börse zum Rechnen" als Meßversammlungslokal wurden von den sächsischen und Berliner Firmen zu Fall gebracht. Doch die süddeutschen Reformer gaben nicht auf und brachten ihre Forderungen nun als förmliche Resolution vor, als *Nürnberger Schlußnahme*. Darin wird den Leipziger Großverlegern in aller Schärfe der Kampf angesagt: Sie ruinierten durch ihre „unerlaubt theuren Bücherpreise" das Sortiment und damit die gesamte Literatur. Durch ihre Profitgier sei die Buchproduktion so maßlos angeschwollen und sei das Publikum zu einem unkalkulierbaren, auf stete Abwechslung versessenen Moloch geworden:

„Sie sind weder gelehrte noch spekulative Kaufleute. Ohne Rücksicht auf wahren, innern Werth für das Publikum kaufen sie Romane, Gedichtgens, Journale, Reisebeschreibungen etc. von Gelehrten, Halbgelehrten und Studenten, drucken 500 Exemplare, taxiren wegen der kleinen Auflage einen hohen Preiß, dann lassen sie durch alle Journale und Zeitungen posaunen, und machen mit Geschrey auch das schlechte Zeug durch ganz Deutschland bekannt. – Das Publikum, das immer neues haben will, das alte seyn läßt, bestürmet die Buchhändler, will die neuen Wunder sehen. Hat es dann der Buchhändler nicht, oder vielleicht die paar Exemplare schon verkauft, [...] so erfolgen bittere Vorwürfe einer schlecht bestellten Buchhandlung. Diese sehr unangenehme Lage setzet natürlich den Sortimenthändler in Gefahr, entweder seine Käufer mißvergnügt zu machen, zu verlieren, oder, ohne Gewißheit des Verkaufes, allen Quark anzuschaffen, und von den HHrn. Fabrikanten zu kaufen. Dabei verliert der ehrliche Mann jährlich viele hundert Thaler."[22]

Zur Abhilfe der ungerechten Verteilung des Risikos zwischen den Bücherfabrikanten und den (vor allem süddeutschen) Sortimentern schlüg die Nürnberger Schlußnahme unter anderem vor:

– die mittel- und norddeutschen Verleger sollten nicht nur zu den Messen, sondern das ganze Jahr über ihren Verlag in Leipzig ausliefern, also einen umfassenden Kommissionsbetrieb etablieren.
– jährliche Abrechnung jeweils zur Ostermesse zu einem gerechten Umrechnungskurs.
– Rücknahme unverkaufter Exemplare, also Konditionssystem bzw. Remissionsrecht nach Art des Reichsbuchhandels.

Dies waren Reformvorschläge, die ebenso in die Zukunft wiesen wie die von Reich durchgesetzten Neuerungen. Die süddeutschen Reformer waren freilich keine kapitalistischen Unternehmerpersönlichkeiten, sondern noch immer dem Solidaritätsideal der Tauschhandelszeit verpflichtet. Hinter der scheinbar nur innerbuchhändlerischen Polemik, die in Zeitschriften wie dem 1795 in Erlangen erschienenen „Neuen Archiv für Gelehrte, Buchhändler und Antiquare“ ausgetragen wurde, wird in Umrissen eine exemplarische geistesgeschichtliche Kontroverse sichtbar: Die Auseinandersetzung zwischen den Nettohändlern und den süddeutschen Firmen entsprach – mutatis mutandis – jener zwischen Aufklärung und Gegenaufklärung. Deshalb betonte der fortschrittliche Frankfurter Buchhändler Wilhelm Fleischer: „Der Tauschhandel ist ein Krebsschaden des Buchhandels und der Litteratur, ein bisher noch unerkanntes Hinderniß der Aufklärung.“ Der Leipziger Nettohandel beförderte dagegen die Aufklärungsbewegung und habe damit, so sinngemäß die Nürnberger Schlußnahme, an die Stelle altständischen Gemeinsinns den Triumph des spekulativen Egoismus gesetzt, eine Geschmacksdiktatur inszeniert, in zersetzender Weise die Ordnungsfaktoren des Buchmarktes zerstört, dessen ungehemmtes Wuchern verursacht, den Leser seiner Orientierung beraubt und ihn den raffinierten Einflüsterungen der Meinungsmacher ausgeliefert. Solche Vorwürfe hat vor allem der Schweizer Buchhändler Johann Georg Heinzmann in seinem umfänglichen Pamphlet: „Appel an meine Nation. Über die Pest der deutschen Literatur“ (1795) ausgebreitet.[23]

Bei Heinzmann kommt zu dieser Argumentationskette eine weitere hinzu: Der allgegenwärtigen Verschwörung der aufklärerischen Meinungsmacher auf dem Buchmarkt entspreche eine politische, hinter der die Illuminaten und ihre Schüler, die Jakobiner, steckten. Wie der Nettohandel das Publikum zur Gier nach Novitäten und Aktualitäten und zur Genußsucht treibe, so habe die Aufklärung die Unzufriedenheit mit den bestehenden Verhältnissen, den Emanzipationshunger des Bürgertums und damit die Französische Revolution hervorgerufen. Mit solchen, alle nationalen Unterschiede der sozioökonomischen Entwicklung leugnenden Überlegungen wurde Heinzmann zu einem der Stammväter jener Verschwörungstheorie der Gegenaufklärung, die bis ins 20. Jahrhundert hinein das Weltbild des Konservativismus maßgeblich bestimmte.

Die Buchhandelsgeschichtsschreibung hat bislang die Reformvorschläge der Süddeutschen großteils als Gezänk der Zukurzgekommenen abgetan. In Wahrheit aber sind die entscheidenden Entwicklungen am Jahrhundertende nach Reichs Tod, die einen Ausgleich zwischen Nettohändlern bzw. Großverlegern und den kaum mehr verlegenden Frühsortimentern zustande brachten, auf die Anregungen der Nürnberger Schlußnahme zurückzuführen.

Der *Kommissionshandel* setzte sich schon vor 1800 rasch durch. Die vielbeklagte Überproduktion und die neuen Handelsformen machten es unmöglich, wie zur Blüte des Tauschverkehrs ein möglichst vollständiges Lager zu besitzen. Der Buchhändler konnte aber das novitätenhungrige Publikum auch nicht mehr, wie um 1700, ein halbes Jahr warten lassen, bis er das Bestellte von der Messe mitbrachte. Zur raschen Lieferung der jeweils benötigten Titel stand deshalb ein Leipziger Kollege als Sortimenterkommissionär zur Verfügung, der außerhalb der Messen all das auslieferte, was Leipziger oder auswärtige Verleger dort ständig aus ihrer Produktion bei ihrem Verlegerkommissionär auf Lager hielten. Neben diesem Versand zwischen den Messen war die zweite Hauptaufgabe des Kommissionärs die Interessenwahrnehmung seiner Geschäftsfreunde auf den Messen, sofern sie nicht selbst anwesend waren. Aber auch den teilnehmenden Firmen wurde ein solcher Vertreter, der übers Jahr die Abrechnungsgeschäfte übernahm, immer unentbehrlicher. So gibt eine Liste aus dem Jahr 1801 die Anzahl der „über Leipzig verkehrenden Firmen" mit 307 an (nebst sieben weiteren Leipziger Kommittenten) – ihrer nahmen sich als Kommissionäre 34 Leipziger Firmen an, die neben ihrem eigenen Verlags- und Sortimentsbetrieb auf fremde Rechnung für ihre auswärtigen Kollegen Lager unterhielten, Bestellungen sammelten, diese austauschten, die Bücher auslieferten, spedierten und auch die laufenden Rechnungsgeschäfte besorgten. Sie gewährten gerne Kredite und wurden so bald zu einer Art von Bankiers des deutschen Buchhandels. Schon bald wurde über die Macht der Leipziger Kommissionäre ebenso geklagt wie zuvor über die der dortigen Nettohändler; seine marktbeherrschende Stellung sollte der Zwischenbuchhandel jedoch erst im Laufe des 19. Jahrhunderts erringen.

Nicht der gesamte buchhändlerische Verkehr des deutschen Kulturraums lief über Leipzig – natürlich verkehrten eine Stuttgarter und eine Nürnberger Firma auch direkt miteinander, eben mittels der „Reichsbuchhändlerhandlungsart“, der unaufgeforderten Zusendung von Novitäten in zuvor vereinbarter Anzahl mit Drittelrabatt und Rückgaberecht *à condition* bzw. im *Bedingtverkehr*. Die Novitäten, die zur nächsten Ostermesse remittiert oder bei Verkauf abgerechnet werden sollten, entpuppten sich freilich oft als „Disponenden“, wurden also auf neue Rechnung für ein weiteres halbes oder ganzes Jahr zur Verfügung gestellt. Dieses in Süddeutschland entwickelte Konditionssystem bewahrte, wie J. Goldfriedrich urteilt, „die Leistungen, die das Tauschsystem der Litteratur und Lektüre geboten hatte, in einer den veränderten neuzeitlichen Verhältnissen sich anpassenden Form und vertiefte und erhöhte sie, der Vertiefung und Erhöhung der litterarischen Anforderungen entsprechend“[24].

Der einstige Sortimenterverleger konnte sich nun endgültig in den reinen Verleger und den Buchhändler im engeren Sinn, den Sortimenter, differenzieren. Allerdings sprachen schon seit der Mitte des 18. Jahrhunderts zeitgenössische Äußerungen häufig von reinem Sortiment – die gern kolportierte Legende, Friedrich Perthes in Hamburg habe 1796 das erste Sortiment gegründet, bedarf deshalb der Überprüfung, auch wenn sein Geschäft besonders fortschrittlich nach dem Motto „Der Nerv des Buchhandels ist der Sortimentsbuchhandel, das ist die Kunst, Bücher unter die Leute zu bringen“ organisiert war. Umgekehrt waren noch bis weit ins 19. Jahrhundert hinein Personal- bzw. Firmenunionen von herstellendem und vertreibendem Buchhandel häufig. Diese Trennung erleichterte ebenfalls um 1800 zur Verwertung der Unmengen nun überflüssiger älterer Lagerbestände die Herausbildung des *Antiquars* als anerkannter Profession, der zuvor keinen sehr soliden Ruf besessen hatte. Besonders die Säkularisierung nach 1803 wirkte auf Jahrzehnte hinaus befruchtend für dieses Geschäft, da mit ihr Millionen älterer Bücher aus den Klosterbibliotheken, darunter eine Vielzahl von Kostbarkeiten, auf den Markt kamen. Seine Blütezeit und seinen Weltruf erreichte das deutsche Antiquariat jedoch erst im letzten Drittel des 19. und beginnenden 20. Jahrhundert.

Wenn sich der von Reich propagierte extreme Nettohandel mit Festbezug hätte durchsetzen können, wäre dem Organismus des deutschen Buchhandels schwerer Schaden zugefügt worden: Ein unabhängiges Sortiment hätte sich jedenfalls in kleineren Orten nicht halten können. Mit dem Konditionssystem dagegen war das Hauptrisiko wieder beim Erzeuger, dem Verleger. Dabei blieb der wesentliche Vorzug des Tauschsystems, die schnelle Verbreitung einer möglichst großen Vielfalt von Novitäten an möglichst viele Sortimenter und damit an ein breites Publikum, erhalten. Gleichfalls erhalten blieb freilich die Überproduktion, die – obgleich dem bedarfsweckenden Buchhandel unverzichtbar – schon den Humanisten anstößig schien, die man später als einen Hauptschaden des Tauschhandels getadelt und dann dem Nettohandel vorgeworfen hatte. Ja, sie steigerte sich noch, weil nun dem spekulativen Element im Verlagshandel Tür und Tor geöffnet war. Schon vom Beginn des 19. Jahrhunderts an führte die Überproduktion zur „Schleuderei" und erzwang bald erneut einen Wandel der Usancen. Der Konditionsverkehr brachte auch stark vermehrte Warenbewegungen mit sich. Die Versendung der Novitäten, Remittierungen, Nachlieferungen usw. waren arbeits- und kostenintensiv; um so wichtiger wurde der Zentralplatz Leipzig, der den Buchverkehr zusammenfaßte und rationalisierte.

Mit dieser Trennung konnte sich vom Beginn des 19. Jahrhunderts an auch erst der Verlagsbetrieb im modernen Sinn entwickeln. Räumlich und personell bis heute oft bescheiden ausgestattet, spielen bei ihm weniger materielle Produktionsmittel als immaterielle die Hauptrolle – entscheidend sind die Verlagsrechte und vor allem die Persönlichkeit des Verlagsunternehmers selbst. Um 1800 mehrten sich die Definitionen des Verlegers als „Direktor der Literatur, der die Kräfte der Gelehrten dahin leiten solle, wo sie am nützlichsten sind und sich am wirksamsten zeigen können" (so Wilhelm Fleischer) und der sich „des Schriftstellers nur als eines Werkzeuges bedient" (so Friedrich Nicolai). Immanuel Kant sah 1798 in seiner gegen Nicolai gerichteten Schrift „Ueber die Buchmacherei" die Rolle des marktkonformen Verlegers nicht ohne Ironie: „Ein erfahrner Kenner der Buchmacherei wird als Verleger nicht erst darauf warten, daß ihm von schreibseligen, allezeit fertigen Schriftstellern ihre eigene Ware zum Verkauf angeboten wird; er sinnt sich als Direktor einer Fabrik die Materie sowohl als die Façon aus, welche mutmaßlich [...] die größte Nachfrage oder allenfalls auch nur die schnellste Abnahme haben wird."[25]

Für den Konditionsverkehr war ein persönlicher Kontakt zwischen Verlegern und Sortimentern auf den Messen nicht mehr Voraussetzung. Trotz der Kommissionäre ließ sich aber die bei dieser Verkehrsform notwendige jährliche Abrechnung mit den vielen Geschäftsfreunden nach wie vor am schnellsten in Leipzig bewerkstelligen. Hier konnten bei gegenseitigen Besuchen in den Meßquartieren Unstimmigkeiten durch Vergleich der Rechnungsbücher geklärt, konnten Zahlungsprobleme diskret bereinigt werden. Doch wurde das Bedürfnis nach Rationalisierung und Zentralisierung des langwierigen

Abrechnungsgeschäftes immer dringender. Der Kommissionär Paul Gotthelf Kummer (1750–1835), der als erster und zunächst einziger Leipziger für die auswärtigen Firmen eintrat, setzte die Forderung der Nürnberger Schlußnahme nach einer „Börse zum Rechnen" 1791 in die Tat um und mietete den großen Saal im zweiten Stock des Richterschen Kaffeehauses während der Buchmessen als Abrechnungslokal. 1797 zog diese „Buchhändler-Börse" ins Paulinum der Universität um.

Auch wenn am Ende des 18. Jahrhunderts die Spannungen zwischen Nord und Süd, zwischen Nettohändlern und Nachdruckern, zwischen Leipzigern und Auswärtigen durch die genannten Reformen wesentlich entschärft wurden, blieb die Buchhandelsbranche unruhig, sah sich nach wie vor in einer krisenhaften Situation, die nur zum Teil mit den politischen Unruhen und Umwälzungen im Gefolge der Französischen Revolution zusammenhing, sondern eher als eine Folge der „Leserevolution" wie der neuen buchhändlerischen Verkehrsformen erschien. Die Hauptprobleme waren die enorme Vermehrung der Titelproduktion auf der Verlegerseite und die Vermehrung der Firmenzahl auf der Sortimenterseite. Zwischen 1771 und 1800 hatten sich die Novitäten in den Meßkatalogen von rund 2000 auf 4000 jährlich verdoppelt. Dies machte auch ein neues bibliographisches Hilfsmittel unabweisbar: das seit Jahrzehnten überholte Bücherlexicon Georgis wurde 1793 ersetzt durch J. W. Heinsius' vierbändiges „Allgemeines Bücher-Lexikon", in dem „alle" 1700–1793 in Deutschland erschienenen Schriften verzeichnet waren; es erschien später in überarbeiteter Form neunzehnbändig für den Zeitraum 1700–1892.

In gleichem Maße wie die Titelzahl war seit Reichs Tod die Zahl der Firmen gewachsen. In Preußen hatte sich 1802 die Zahl der Buchhandlungen seit den sechziger Jahren gar verdreifacht, in ganz Deutschland zählte man 473 Unternehmen dieser Branche. Nicht nur in den großen Städten siedelten sich neue Sortimente an, sondern auch in kleinen Marktflecken; „jeder dumme Junge etabliert sich", klagte ein Zeitgenosse. Dabei stiegen zwar die Umsätze der Verleger, zersplitterten aber auch immer mehr, womit die Unkosten überproportional zunahmen. Verlage wie Sortimente wurden mit geringem Kapital und geringen Kenntnissen eröffnet, als wollten sie im Nachhinein das nüchterne Wort des Aufklärungskaisers Josef II. bestätigen: „Um aber Bücher zu verkaufen, braucht es keine mehrere Kenntniß, als um Käs zu verkaufen; nämlich ein jeder muß sich die Gattung von Büchern oder Käs zeitlich anschaffen, die am mehresten gesucht werden und das Verlangen des Publikums durch Preise reizen und nützen."[26] Die Weimarer Dichterfürsten hatte dieser Ausspruch zu dem boshaften Xenion veranlaßt:

„Mit dem Käsehandel verglich er Euer Geschäft?
Wahrlich der Kaiser, man sieht's, war auf dem Leipziger Markt."

Übermächtig war die Versuchung für viele Berufsfremde, auf Schulden einen Verlag zu gründen, vor allem natürlich im Buchhandelsmekka Leipzig und in Sachsen. Stellungslose Duodezbeamte, Professoren aufgelassener Universitäten, verabschiedete Offiziere, säkularisierte Ordensleute, kurz das Strandgut der Umwälzungsjahre um 1800 riskierten spekulative Auflagen mehr oder minder reißerisch betitelter Werke, die unverlangt an alle Sortimenter gingen, in der Hoffnung auf schnellen Profit. Angesichts der so vermehrten Konkurrenz begann auch die spöttisch als „Buchhändlerpoesie" titulierte Publikumswerbung in Zeitschriften und Intelligenzblättern ungeahnte Dimensionen anzunehmen: der Leipziger Großverleger Voß soll um 1800 jährlich 1200 bis 1500 Taler für Inserate ausgegeben haben, was etwa der Hälfte des durchschnittlichen Sortimentsumsatzes entsprach. Verdächtig zahlreich waren unversehens die anonymen Firmen, „die Bureaux, Industrieanstalten, Expeditionen, Magazine für Literatur, Comptoirs, Erziehungsanstalten und dergl. – metaphorische Umschreibungen, die einestheils bestimmt waren, der Firma einen besseren Klang zu geben, als ihr der Name des Besitzers geben konnte, anderentheils aber Letzterem im gegebenen Moment das Verschwinden ermöglichen sollten, ohne seine Person den Erregtheiten verstimmter Gläubiger auszusetzen"[27].

Dementsprechend war die Versuchung für den Sortimenter ebensogroß, sich nur mehr auf den Vertrieb unverlangt einlaufender Novitäten, von Brotartikeln und Nachdrucken zu konzentrieren, ohne ein kostspieliges Lager zu unterhalten, dieses schnell veraltende Gut aber gegen die wachsende Konkurrenz mit allen Mitteln abzusetzen. Die Zahl der Bankrotte im Buchhandel (in früheren Zeiten fast undenkbar) nahm zu, immer mehr Firmen griffen zu zweifelhaften Wettbewerbsmethoden, insbesondere zur Extremform von Kundenrabatten, der *Schleuderei*.

Preisnachlässe ans Publikum hatten sich schon im 18. Jahrhundert an Orten mit großer Konkurrenz gerade in Sachsen und Preußen eingebürgert; vor allem sollte damit die eher seltene Barzahlung des Kunden honoriert werden. Der Rabattsatz stieg von zunächst zehn auf zwanzig Prozent am Jahrhundertende, ja manche Leipziger Geschäfte gaben 25% und mehr. Vor allem Firmen, die neben dem Sortiment noch einen florierenden Verlag führten, konnten sich zum Schaden der reinen Sortimenter eine solche Wettbewerbspolitik leisten.

Diese geschäftlichen Mißstände, eine Regelung der Standesorganisation und der gemeinsame Kampf gegen den – beim Bedingtverkehr besonders lästigen – Nachdruck waren die dringlichsten Reformanliegen. Gerade der Nachdruck hatte seine moralische Berechtigung als Notwehr gegen die Leipziger Nettohändler längst verloren und war nur mehr krude kommerzielle Spekulation, die alle Bemühungen um einheitliche Handelsbräuche in Nord und Süd empfindlich störte. Zur Ostermesse 1802 berief der reformeifrige Potsdamer Buchhändler Carl Christian Horvath (1752–1837), der schon die Buchhändlerbörse im Paulinum organisiert hatte, eine Reformversammlung ein, auf der allgemein über den fehlenden „Gemeingeist" geklagt und die Rabattfrage erörtert wurde. Der renommierte Georg Joachim Göschen legte anschließend eine Broschüre „Meine Gedanken über den Buchhandel" vor, deren klare und entschiedene Sprache Aufsehen bei den Standesgenossen erregte. Erstmals wurden darin eine buchhändlerische Verkehrsordnung und Börsensatzung sowie bindende Bestimmungen für den Verkauf an das Publikum entworfen. Jeden Rabatt an Nichtbuchhändler lehnte Göschen ab, der Rabatt der Buchhändler untereinander dürfe 33¹/₃% nicht überschreiten, jeder müsse sich den Verordnungen der Börse unterwerfen. Göschens Votum kennzeichnet ihn gleichermaßen als Leipziger wie als reinen Verleger: Leipzig sollte nicht nur Sitz der Messen, sondern auch der Börsenorganisation und damit Zentrum des gesamten deutschsprachigen Buchhandels sein. So gut wie alle seine Reformideen gingen zu Lasten des Sortiments: Barzahlung, kein Kredit für Neulinge und dergleichen war ganz im Sinne des weiland Philipp Erasmus Reich. Ein Gegenmodell, das der Erlanger Buchhändler Palm im Sinne des alten, auf Dezentralisation und Genossenschaftsdenken eingeschworenen Reichsbuchhandels entwarf, fand in Sachsen keinen Anklang. Auch von drei Dutzend anderen Deputierten lief eine Vielzahl von Reformvorschlägen ein, in denen es um Rabattverbot und Kreditbeschränkung, strengere Buchhändlerprüfungen und Frachtkosten, Remissionsrecht und Abrechnungsmodalitäten und insbesondere den Nachdruck ging. Mehrere Buchhändler publizierten wie Göschen ihre Ideen und Kritik in eigenen Broschüren.[28]

Alle Anregungen erlitten das übliche Schicksal, auf endlosen Sitzungen zerredet zu werden. Ein gemeinsames Kompromißpapier namens „Vertrag der Buchhändler über einige Gegenstände ihres

Der entfesselte Markt – satirische Darstellung des Reklamerummels auf der Leipziger Buchmesse (1801)

Handels" enthielt wenig mehr Konkretes als die Forderung nach solidarischem gemeinsamen Kreditentzug bei unkollegialem Verhalten. Für energische Lösungen der Standesprobleme, gar für eine gesamtdeutsche Organisation des Buchhandels waren die Zeitumstände freilich besonders ungeeignet. Die unter Napoleons Expansionsdrang um ihr politisches Überleben kämpfenden Duodezherrschaften und Territorialstaaten, das ganze in Agonie befindliche Heilige Römische Reich Deutscher Nation hatten wichtigere Probleme als die der Bücherkrämer und verhielten sich abweisend. Eine reichseinheitliche Lösung war auch angesichts der divergierenden Interessen der Einzelstaaten nicht durchzusetzen. Sachsen fürchtete um seine Privilegierungssporteln, die übrigen neideten ihm sein Monopol. So erlahmte der Reformeifer, nicht zuletzt auch angesichts der krisenhaften wirtschaftlichen Situation, für rund ein Jahrzehnt. 1808 beschrieb Johannes von Müller den Zustand des Buchmarktes: „Ueberhaupt herrscht unter den Buchhändlern unerhörte Muthlosigkeit, Abspannung; höchstens Journale gehen; auch das Besuchen der Universitäten nimmt ab; hingegen zeigen sich allerlei Spuren wiederkehrenden Mittelalters, ausgenommen dessen, was gut an ihm war." Der Buchverkehr mit dem Königreich Westphalen und den linksrheinischen Gebieten kam zeitweise fast zum Erliegen. Erst mit der Gründung des Deutschen Bundes 1815 und dem Wiener Kongreß setzten die Bemühungen um Rechtssicherheit gegen den Nachdruck und um interne Reformen wieder ein, die schließlich zur Gründung des „Börsenvereins der Deutschen Buchhändler" führen sollten.

Was bisher mit gebotener Ausführlichkeit über den grundlegenden Strukturwandel des Buchmarktes im ausgehenden 18. Jahrhundert gesagt wurde, umgreift freilich nur einen Teil der buchhändlerischen Wirklichkeit jener Zeit, sagt noch wenig aus über die alltägliche Rolle des Buchhandels als Kulturvermittler im einzelnen. Hier fehlen Detailuntersuchungen zu vielen Verlagen; nicht einmal die bekanntesten wie Reich, Nicolai oder Göschen sind genügend erforscht, geschweige denn kleinere Firmen; nach wie vor harren Archive und Korrespondenzen der Auswertung. Über das entstehende Sortiment gar fehlen bislang so gut wie alle Kenntnisse.

Philipp Erasmus Reich war die erste Verkörperung eines neuen Verlegertypus gewesen: Er zeigte eine unbeirrbare Zielstrebigkeit bei der Verfolgung eigener Interessen, gepaart mit besten Kontakten zu staatlichen Behörden, und die Fähigkeit, sich rasch auf veränderte Marktstrukturen einzustellen, er erkannte erstmals auch die Wichtigkeit der Autorenpflege. Reichs Vorbild machte schnell Schule, seine Nachahmer wurden von ihren Kritikern als „spekulative Professionisten", „Entrepreneurs" und „Verlagsmanufakturisten" tituliert. Es waren strikt markt- und umsatzorientierte Verleger, die vom alten Berufsethos nicht mehr viel hielten, einen sicheren Instinkt für die Lektürebedürfnisse des neu entstandenen bürgerlichen Publikums hatten und sich deshalb besonders nachdrücklich um die Akquisition zugkräftiger Manuskripte kümmerten. Ein Berufsgenosse tadelte die „sehr unlöbliche Emsigkeit so mancher meiner Herren Kollegen [...], die mit neidischen Blicken auf die Verlagsartikel anderer umherschauen, und wann sie den ungenannten Verfasser ausgespähet haben, sogleich an ihn schreiben und ihre Dienste nebst ihren Louisd'ors ganz gehorsamst anbieten; oder die, wenn der Verfasser eines guten Buches sich auf dem Titel genannt hat, weder Mühe noch Geld sparen, um ihn an sich zu locken, und dem ehrlichen Manne, der es zuerst wagte, diesen Schriftsteller mit Gefahr einer beträchtlichen Geldsumme dem Publikum vorzustellen, nun, da sein Werth entschieden ist, abspenstig zu machen, und ihn so zu überbieten, daß er endlich abstehen und den erwarteten Vortheil seinem gierigen Nebenbuhler überlassen muß."[29] Die sächsischen und insbesondere Leipziger Verleger widmeten auch der Buchausstattung besondere Aufmerksamkeit: typographische Zierformen (sogenannte „Röslein"), dekorative Kupferstichvignetten und Frontispize wie Kupfertafeln schienen ihnen unverzichtbarer Schmuck für jede belletristische Novität. Künstler wie Daniel Chodowiecki und Johann Wilhelm Meil, aber auch die Stecher, die ihre Entwürfe umsetzten, waren über Jahrzehnte hin mit Aufträgen überhäuft. Die Zahl der Buchillustrationen des 18. Jahrhunderts wird auf etwa 50000 geschätzt; ganze Stecherfamilien verdienten sich auf diese Weise ihr Brot. Für die Preiskalkulation spielten die Illustrationen eine Hauptrolle: das Publikum zeigte sich gerne bereit, für einen von Chodowiecki illustrierten Roman tiefer in die Tasche zu greifen.

Besonders berüchtigt waren die beiden Leipziger Verleger Engelhard Benjamin Schwickert und Johann Friedrich Weygand. *Schwickert* hatte als vermögensloser Buchhandelsbedienter begonnen und skrupellos die Autorenkontakte der alteingesessenen Firma Dycks Witwe, bei der er angestellt war, für sich zu nutzen gesucht. Er gründete eine fiktive Firma Dodsley und Compagnie, unter deren Namen er unter anderem Lessings „Hamburgische Dramaturgie" nachdruckte, er bestach einen Druckergehilfen, um an die Fahnen des ersten deutschen Musenalmanachs zu kommen, den er dem düpierten Originalverleger deshalb nicht nach-, sondern vorausdrucken konnte, und dergleichen mehr. Mit solchen Methoden gelang es Schwickert binnen weniger Jahre, in den Kreis der mächtigsten Leipziger Firmen aufzusteigen.

Geschickter ging *Weygand* vor, der eine Witterung für vielversprechende junge Autoren besaß. Die naiven Talente des Sturm und Drang und des Göttinger Hains, denen er sich als väterlicher und großzügiger Freund andiente, vertrauten ihm ihre Manuskripte an, und sein größter Erfolg wurde der Erstlingsroman eines Frankfurter Jungadvokaten: Die 1774 erscheinenden „Leiden des jungen Werthers" erwiesen sich als literarischer Bestseller des Jahrzehnts. Aber Weygands Spürnase unterlag seinem Geiz, seine Profitgier ließ ihn in den

Autoren, wenn er sie kontraktlich verpflichtet hatte, nichts anderes mehr sehen als entlohnte Zulieferer seiner Verlagsmanufaktur. „Die Erzschmierer, die wie der Wind ihre Bogen voll haben, sind seine Leute", klagte der Lyriker Hölty. Weygand feilschte und knickerte so mit den Honoraren, daß er zu dem von seinen Autoren meistgeschmähten Verleger des 18. Jahrhunderts avancierte – was seinem kommerziellen Erfolg aber nicht den geringsten Abbruch tat.[30]

Neben den unbeholfenen Provinzverlegern und den skrupellosen Geschäftemachern wurde der deutsche Buchhandel im ausgehenden 18. Jahrhundert zu einem beträchtlichen Teil durch redliche Kaufleute repräsentiert; sie schreckten zwar vor unseriösen Spekulationen zurück, akzeptierten aber doch das neue Selbstbewußtsein der Autoren und bedienten den veränderten Publikumsgeschmack – Verlage wie Bohn in Hamburg oder Hartknoch in Riga, Korn in Breslau oder Breitkopf in Leipzig, Voß in Berlin oder Kanter in Königsberg, Frommann in Züllichau oderBertuch in Weimar, Dieterich in Göttingen oder Metzler in Stuttgart betrieben das Geschäft der Aufklärung auf unspektakuläre, aber erfolgreiche Weise, wirkten konsequent für die Wissenschaften wie für die Literatur. Vor allem drei Namen haben ihren Klang bis heute behalten: Nicolai, Göschen und Cotta, denen wir auch im folgenden Kapitel wiederbegegnen werden.

Christoph Friedrich *Nicolai* (1733–1811)[31] gilt als die Verkörperung des Aufklärungsverlegers. Der Autodidakt, der 1758 die väterliche Firma in Berlin übernahm, hatte bereits 1757 mit seinen Freunden Lessing und Moses Mendelssohn die Zeitschrift „Bibliothek der schönen Wissenschaften und freyen Künste" begründet, 1759 eröffneten die drei mit den „Briefen, die neueste Litteratur betreffend" ein neues Zeitalter der deutschen Literaturkritik. Seit 1765 war Nicolai in Personalunion Verleger und Herausgeber der „Allgemeinen deutschen Bibliothek", des bedeutendsten Rezensionsorgans der Aufklärung, das in einer Auflage bis zu 2500 Exemplaren mit universellem Anspruch die gesamte wissenschaftliche wie belletristische Buchproduktion deutscher Sprache kritisch durchmusterte. Mit den insgesamt 256 Bänden der AdB, die bis 1805 erschienen, wurde Nicolai zum bewunderten und umschmeichelten, aber auch geschmähten und verhöhnten Präzeptor und Papst der Berliner Aufklärung, und zur kritischen Instanz mit Unfehlbarkeitsanspruch. Ohne daß er seinen florierenden Verlag oder auch das Berliner Sortiment darüber vergaß, nahm er mit grimmiger Leidenschaft an allen Fehden des Fortschritts gegen echte oder vermeintliche Rückständigkeit teil, kämpfte in seinen Romanen wie dem „Sebaldus Nothanker" mit satirischer Schärfe und in seiner zwölfbändigen Beschreibung einer Deutschlandreise mit rationalistischer Pedanterie gegen alle Hindernisse auf dem Wege zu einer schönen neuen Welt. Je mehr er freilich, wie seine irrationalistischen Gegner, auch seinerseits überall Verschwörungen der Obskurantisten witterte, wurde er zum Gespött der jüngeren Generation. Goethe und Schiller in den „Xenien" wie die Romantiker haben ihre bissigsten Seitenhiebe und Satiren dem verknöcherten Berliner „Nickel" zugedacht, und auch Immanuel Kant hat Nicolai in seiner Schrift „Ueber die Buchmacherei" platter Beschränktheit geziehen. Dies hat das Bild des unermüdlichen Kämpfers für bürgerliche Emanzipation, des weitwirkenden Vermittlers von Aufklärung, der in Deutschland bis heute einzigartigen Personalunion von Autor, Kritiker, Verleger und Sortimenter (der noch selbst vier Monate des Jahres auf die Messen und norddeutsche Jahrmärkte mit seinen Bücherständen reiste!) nachhaltig verzerrt.

Der folgenden Verlegergeneration gehörte Georg Joachim *Göschen* (1752–1828) an.[32] Zunächst Faktor und Kommissionär der Dessauer Gelehrtenbuchhandlung, eröffnete er seinen Leipziger Verlag 1785 und gliederte ihm kurz darauf eine Druckerei an, die bald zur angesehensten deutschen Offizin wurde. Göschen verstand sich als redlicher, aber kühl kalkulierender Geschäftsmann und formulierte provokant: „Ob ein Goethe das Buch geschrieben hat, ob es die höchste Geisteskraft erfordert hat, darauf kann ich als Kaufmann keine Rücksicht nehmen; ein Krämer kann kein Mäcen seyn." Aber er handelte nicht nach dieser Maxime, sondern wurde neben Cotta zum großen Verleger und – mit seiner Offizin zu Grimma – auch Drucker der deutschen Klassik. Bei ihm erschien 1787 die erste autorisierte Gesamtausgabe von Goethes Werken, und seine Freundschaft mit Schiller krönte er 1802 durch eine Prachtausgabe des „Don Carlos". Zum Reformator der deutschen Buchausstattung und (neben J. F. Unger) Hauptvertreter der klassizistischen Typographie in Deutschland wurde Göschen durch seine Klopstock-Gesamtausgabe, vor allem jedoch durch die große Edition von Wielands Werken, wohl die erste Prachtausgabe eines zeitgenössischen Autors; sie erschien zwischen 1794 und 1802, in Antiqua gedruckt, zugleich in 42 luxuriösen Quartbänden als „Fürstenausgabe" und in drei preiswerten Oktavausgaben. Scheitern mußte Göschen allerdings wie auch der Weimarer Verleger Johann Justin Bertuch mit dem Bemühen, an die Stelle der traditionellen Frakturschrift mit ihren „gothischen Mönchsbuchstaben" die außerhalb des deutschen Sprachraums übliche Antiqua durchzusetzen; das deutsche Publikum hielt am Gewohnten fest.

Der mit Recht berühmteste Verleger um 1800 allerdings war Johann Friedrich *Cotta* (1764–1832).[33] Er übernahm 1787 die alteingesessene Tübinger Familienfirma und verlegte sie 1811 nach Stuttgart. Cotta war eine singuläre, über den Buchhandel weit hinausgreifende Unternehmerpersönlichkeit, die binnen weniger Jahre aus einer dahinkümmernden Provinzbuchhandlung eines der größten buchgewerblichen Unternehmen seiner Zeit, mit eigener Druckerei und Papierfabrik, machte. Zu einem wesentlichen Teil beruhte Cottas Erfolg auf der Pflege seiner Autoren, denen er über Jahrzehnte hin die Treue hielt: „Ich glaube derjenige zu sein, der zuerst den größeren Ehrensold den Gelehrten gegenüber einführte; ich habe das nicht bereut. Die Literatur kann sich nur heben, wenn man sie wirklich achtet, und die Empfänglichkeit des Publikums steht in der genauesten Wechselwirkung mit dem Felde überhaupt, das man dem Gelehrten eröffnet."[34] So wurden Goethe und Schiller zu den Säulen seines Verlages – die am Leben scheiternden Einzelgänger Hölderlin und Kleist freilich kamen mit ihm nicht zurecht. Man sah ihn als „Rentmeister, der die Rente der Nation für ihre großen Klassiker verwaltetete, und im Laufe der Jahre an Schiller 32000 und an Goethe 270000 Gulden ausgezahlt hat"[35]. Doch gerade am Beispiel des Verhältnisses zwischen Goethe und Cotta wird im folgenden Kapitel exemplarisch der Wandel des Schriftstellertums im 18. Jahrhundert zu zeigen sein. Denn zugleich mit dem Strukturwandel des Buchmarktes begann die Emanzipation des literarischen Autors, der sein neues Selbstbewußtsein autonomen Schöpfertums an den Bedingungen des anonymen Warenverkehrs zu bewähren hatte.

Auch diese Leitfiguren des Buchhandels im ausgehenden 18. Jahrhundert sind freilich nicht repräsentativ für ihre Berufskollegen zwischen Kiel und Bozen, Basel und Königsberg. Ohnedies wäre es eine gröbliche Verallgemeinerung, global von einem „deutschen Buchhandel" zu sprechen. Denn die politischen, rechtlichen, sozialen und kulturellen Verhältnisse waren in den einzelnen Territorien und Reichsstädten so unterschiedlich, daß Pauschalaussagen (auch über „Norden" und „Süden") fragwürdig bleiben müssen. Das jeweils spezifische gesamtgesellschaftliche Klima konnte im einen Staat zu einer langdauernden Blütezeit des Buchmarktes führen (wie in Sachsen), im benachbarten zu frostigen Perioden mit nur kurzen Tauwettern (wie in Bayern). Das gilt besonders für die wichtigste staatliche Rahmenbedingung, die *Zensur*, über die an dieser Stelle wenige Andeutungen genügen müssen.

Im 18. Jahrhundert erwies sich in verstärktem Maße, was bereits im 16. und 17. unübersehbar war – daß die Wirksamkeit der kaiserlichen Zensurgesetzgebung sehr begrenzt blieb. Entscheidend waren die Ausführungsbestimmungen der einzelnen lokalen und territorialen Obrigkeiten. Vom kaiserlichen Edikt des Jahres 1715, das wieder einmal konfessionelle Schmähschriften bekämpfen und die publizistische Diskussion über staatsrechtliche und politische Fragen beschneiden wollte, bis zur Wahlkapitulation des vorletzten deutschen Kaisers Leopold II. im Jahre 1790, in der es besonders um die Kontrolle politischer Schriften unter dem Eindruck der Französischen Revolution ging, hatte keine der Verordnungen aus der Wiener Hofkanzlei erhebliche Bedeutung für den deutschen Buchhandel.

Unterhalb der Reichsebene galt die *sächsische* Zensur als besonders großzügig. Dies erzielte den von der Regierung auch beabsichtigten Effekt, wie ein Zeitgenosse bemerkte, „selbst den am entferntesten wohnenden und durch die Censur gedrückten Buchhändler zu reitzen: auch seine Werke daselbst drucken zu lassen, wodurch er dann dieser ausweicht und ohnehin die Transportkosten erspart“[36]. Das noch heute verbreitete Lob der Aufklärer für die Geistesfreiheit in *Preußen* dagegen muß hauptsächlich als ein Ergebnis der „gezielten Presse- und Informationspolitik“[37] Friedrichs II. gelten. In der Regierungszeit des Soldatenkönigs war von Toleranz kaum die Rede, wurde der berühmte Aufklärungsphilosoph Christian Wolff rüde behandelt und waren seine Schriften bis 1736 verboten. Auch Friedrich II. hat entschiedene Bestimmungen zur Vorzensur für politische und religiöse Schriften erlassen, die von den Zensoren im Sinne des Königs meist liberal gehandhabt wurden (insbesondere, sofern es sich, wie Lessing anmerkte, um Schriften gegen die Religion handelte). Der Nachfolger des Alten Fritz dagegen, Friedrich Wilhelm II., sah nach 1788 „Preßfreyheit in Preßfrechheit“ ausarten und führte ab 1789 strengste Überwachungsmaßnahmen ein, unter denen auch Immanuel Kant zu leiden hatte.

Österreich unter Kaiserin Maria Theresia war bei den Aufklärern neben Bayern als schlimmster Hort geistiger und geistlicher Reaktion verpönt. Tatsächlich dauerte es Jahrzehnte, bis die Anhänger tolerant-aufgeklärter Religiosität politisch die Oberhand gewannen und sich im Zensurkollegium durchsetzen konnten. Das Verzeichnis der verbotenen Bücher, das ab 1754 in ständig revidierten und erweiterten Ausgaben erschien, avancierte schnell als Spezialführer zum heimlichen Bestseller, so daß es 1777 seinerseits verboten wurde und seine Konsultation staatlichen Organen vorbehalten blieb.[38] Verglichen mit

CATALOGUS
verschiedener
Bücher,
so von dem Churfl. Büchercen-
surcollegio theils als religionswidrig,
theils als denen guten Sitten, theils auch als
denen Landsfürstlichen Gerechtsamen nach-
theilig verbothen worden.
Verlegts
Johann Nepomuck Fritz
Churfürstl. akademisch- und bür-
gerlicher Buchhändler in München nächst
dem schönen Thurme.
München 1770.

Der kurbayerische Zensurkatalog – der Titel nennt die Verbotsgründe (1770)

dem dickleibigen österreichischen Katalog erweist sich der bayerische „Catalogus verschiedener Bücher, so von dem Churfl. Büchercensurcollegio theils als religionswidrig, theils als denen guten Sitten, theils auch als denen Landesfürstlichen Gerechtsamen nachtheilig verbothen worden“ aus dem Jahr 1770 als dünnes Heftchen.

Nicht nur die Produktion, sondern auch der Import wurde in Österreich streng überwacht; immerhin durften Gelehrte anstößige Schriften „erga schedam“ (gegen einen Erlaubniszettel) ausleihen. Der seit 1765 mitregierende Kaiser Josef II. betrieb unbeirrt gegen alle kirchlichen Widerstände die Lockerung der Zensur – und als er

1780 die Herrschaft übernahm, gehörte zu seiner Kulturrevolution von oben neben der Klosteraufhebung auch eine radikale Änderung der einschlägigen Gesetzgebung. Zwar schien ihm wegen der inneren Sicherheit des Staates völlige Zensurfreiheit noch nicht möglich, doch wurden nun protestantische Bücher zugelassen, gewährte er vor allem dem bisher besonders verpönten politisch-kritischen und satirischen Schrifttum weitestgehende Publikationsfreiheit: „Kritiken, wenn es nur keine Schmähschriften sind, sie mögen nun treffen, wen sie wollen, vom Landesfürsten an, bis zum Untertan, sind nicht zu verbieten, besonders, wenn der Verfasser seinen Namen darzu drucken läßt, und sich also für die Wahrheit der Sache dadurch als Bürge darstellt. Für jeden Wahrheitsliebenden muß es eine Freude sein, wenn ihm dieselbe auch auf diese Art zukömmt."[39]

Daraufhin setzte in Österreich ein „Tauwetter" ein, das mit einer kaum überschaubaren Flut belletristischen und politischen, satirischen und insbesondere religionskritischen Tagesschrifttums in der deutschen Literaturgeschichte völlig einzigartig ist. Auch Leipzig oder Berlin hatten bis 1848 nichts dieser radikal aufklärerischen Großstadtliteratur Vergleichbares vorzuweisen. Doch als Josef II. bereits nach zehn Jahren der Alleinherrschaft 1790 starb, begann angesichts der politischen Umwälzungen erneut eine allumfassende Geisteskontrolle. Nun wurden erstmals poetische Werke als besonders gefährlich erkannt; die Zensoren hatten auch ästhetische Kriterien anzuwenden und insbesondere Romane streng zu prüfen, weil diese geeignet seien, die Einbildungskraft der Leser zu verwirren, ihre Phantasie zur Unzufriedenheit mit den bestehenden Verhältnissen zu reizen.

Ähnlich wie in Österreich verliefen die Perioden der Zensurgeschichte auch in anderen geistlichen wie weltlichen Territorialstaaten des Reiches: Ein aufgeklärter, von wohlmeinendem Reformeifer beseelter Landesherr hob einen Großteil der Restriktionen auf, ohne freilich den Zensurapparat selbst anzutasten. Ein liberaleres Geistesklima war die Folge, das jedoch spätestens beim Tode des Regenten, nicht selten auch schon durch dessen abrupten Sinneswandel nach dem Schock der Französischen Revolution endete: Die Angst vor dem Machtverlust hatte die Wiederaufnahme umfassender bürokratischer Kontrolle des Buchmarktes zur Folge. Ja sogar das fortschrittlichste deutsche Staatswesen auf deutschem Boden im 18. Jahrhundert, die kurzlebige Mainzer Jakobinerrepublik, verkündete zwar großtönend allgemeine Preßfreiheit, behielt sich aber das Recht vor, „volksfeindliche" Schriften streng zu verfolgen.

Auch wenn das Bild der Zensur in den deutschen Kleinstaaten des 18. Jahrhunderts insgesamt eher harmlos, ja zuweilen kurios anmuten mag, auch wenn es für Drucker, Verleger, Sortimenter und Leser viele Möglichkeiten gab, verbotene Ware dennoch zu produzieren und zu konsumieren, auch wenn man von den Möglichkeiten totalitärer Geisteskontrolle nichts wußte, wie sie das 19. und vor allem das 20. Jahrhundert zur Perfektion entwickelten – zuweilen kulminierten Indolenz und Planlosigkeit eben doch in unvorhersehbaren Akten brutaler Willkür, deren bevorzugtes Ziel politische Zeitschriften bildeten.

Eindringlichstes Beispiel dafür ist der schwäbische Dichter Christian Friedrich *Schubart* (1739–1791), dessen „Deutsche Chronik" eines der lebendigsten und freimütigsten Journale der Aufklärungszeit war. In der Reichsstadt Ulm konnte Schubart mit milder Zensur für seine journalistischen Husarenstückchen rechnen; doch der württembergische Herzog Carl Eugen war so erzürnt über Schubarts Kritik an seinem Soldatenhandel, daß er diesen im Januar 1777 auf württembergisches Gebiet locken und dort verhaften ließ, um „durch sichere Verwahrung seiner Person die menschliche Gesellschaft von diesem unwürdigen und ansteckenden Gliede [zu] reinigen"[40]. Mehr als zehn Jahre war Schubart unter unwürdigsten Bedingungen auf dem Hohenasperg eingekerkert. Auch andere aufgeklärte Journalisten wie Wekhrlin mußten stets der Verwarnung, des Arrestes und der Ausweisung gewärtig sein – ihre Drucker und Verleger dagegen kamen mit Geldstrafen davon. Als empörendstes Beispiel der Zensurwillkür galt neben Schubarts Schicksal jenes des bayerischen Beamten Andreas Zaupser, der 1780 eine harmlos aufklärerische Ode gegen die Inquisition verfaßt hatte, die das Zensorenkollegium auch hatte passieren lassen. Auf kirchliche Intervention schaltete sich jedoch der Kurfürst Carl Theodor persönlich ein – der Autor mußte öffentlich seine Rechtgläubigkeit beschwören, wurde mit Schreibverbot belegt und seine Behörde angewiesen, „erwehnten Secretarium Zaubser mit der Kanzlei Arbeit so weit zu beschäftigen, damit ihm zu theologischen und andern ausschweifenden Schreibereien keine Zeit übrig verbleibe".[41]

V.

Der Dichter auf dem Markt – die Entstehung des freien Schriftstellers

Die Herausbildung einer nationalen, bürgerlich orientierten Literaturgesellschaft im Deutschland des 18. Jahrhunderts war bekanntlich Teil des umfassenden geistigen und gesellschaftlichen Wandels, der mit den Schlagworten Aufklärung und Säkularisierung bezeichnet wird. Damit wurde literarische Kommunikation erstmals zur Angelegenheit einer potentiell unbegrenzten Öffentlichkeit. Der Buchmarkt mußte neue Strategien entwickeln, um das Buch als massenhaften Gebrauchsgegenstand wie als Kulturware absetzen zu können – davon war im vorigen Kapitel die Rede. Zugleich aber mußte auch die Produktion literarischer (ebenso auf bisher so gut wie unerforschte Weise wissenschaftlicher) Werke auf diesen Wandel ihrer Vertriebsbedingungen und ihres Publikums antworten.

Trotz erster Anzeichen eines neuen schriftstellerischen Selbst- und Marktbewußtseins am Beginn des 18. Jahrhunderts war, von Sachsen und wenigen Orten im Norden wie Hamburg abgesehen, weder der Buchhandel so organisiert noch war die Leserschaft so zahlreich, daß sie eine unabhängige schriftstellerische Existenz ermöglicht hätten. Bis in die Jahrhundertmitte beherrschte deshalb der Typus des *ständischen Dichters*, der Vorform des freien Schriftstellers, das Feld. War die Poesie des Barock größtenteils das Werk dichtender Gelehrter und gelehrter Hofpoeten gewesen, so kamen nun sowohl die gravitätische Regelpoetik wie die Gelegenheitsdichtung aus der Mode; Fürstenhöfe, Adel und Patriziat legten kaum mehr Wert auf Standesverherrlichung mittels Poesie. Der ständische Dichter konnte also *nicht mehr* auf Gönner und *noch nicht* auf eine angemessene Honorierung durch den Buchhandel hoffen. Er benötigte deshalb einen einträglichen Hauptberuf wie der Literaturprofessor Gottsched, der Naturwissenschaftler von Haller, die Staatsbeamten Rabener, Uz und Weiße – oder er war dank seines sozialen Ranges als Patrizier (wie Brockes) oder Edelmann (wie Hagedorn) ebenfalls fest ins altständische System integriert. Der ständische Dichter verkörperte jene Synthese von Besitz und Bildung, wie sie dem deutschen Bürgertum des 19. Jahrhunderts als Ideal gesellschaftlichen Prestiges vorschwebte.

Dank ihres gesicherten Sozialstatus konnten diese Autoren ohne Gefährdung ihrer Reputation ihre Mission bürgerlicher Aufklärung betreiben. Natürlich ließ sich eine solche dezidiert *nicht*-höfische, teils auch antihöfische Aufgabe eher in den Metropolen weltoffenen Handels und in republikanisch gesinnten Freien Städten wie Hamburg, Leipzig oder Zürich durchführen, auch wenn diese zugleich Bastionen lutherischer Orthodoxie waren; schwieriger war dies in fürstlichen Residenzen wie Dresden, München oder Stuttgart und auch im vorfriderizianischen Berlin. Die Residenzen und teils auch die Universitätsorte folgten phasenverschoben erst im Laufe der zweiten Jahrhunderthälfte nach. Das Fehlen einer deutschen Hauptstadt hat die Professionalisierung des Schriftstellertums verlangsamt: In London oder Paris war die Autorenemanzipation viel weiter fortgeschritten – so kannte England bereits seit 1709 das erste Urheberrechtsgesetz, die „Act Anne“. In Deutschland dagegen mußten noch lange literarische Gruppenbildungen als Ersatz eines solchen Mittelpunktes dienen: „Liebe- und Lobebünde“ wechselseitiger Anerkennung, Schutz- und Trutzgemeinschaften wider gegnerische Literatensekten. Auf diese Weise fanden und zerstritten sich Leipziger Gottschedianer und Zürcher Bodmerianer, die „Bremer Beiträger“ und der Göttinger Hainbund.

Die ständischen Autoren waren zwar weitgehend unabhängig vom merkantilen Ertrag ihrer Produktion und damit deutlich „freier“ als spätere professionelle Schriftsteller, aber sie schrieben doch mit klarer Wirkungsabsicht für ein bürgerliches Publikum. Ihr utilitaristisches Dichtungsverständnis, noch immer allem Regel- und Zügellosen abhold, paarte sich mit moralischem Sendungsbewußtsein und trug schon Züge des künftigen Anspruchs der Autoren auf geistige Führerschaft. Mit der Literaturbewegung um die Jahrhundertmitte, die gegen die verknöcherte Regelpoetik des Barock und gegen Gottscheds trocken-rationalistische Literaturtheorie revoltierte und für ein neues, subjektivistisches Dichtungsverständnis eintrat, begann auch die „Inkubationszeit“ des freien Schriftstellers, die etwa die beiden Jahrzehnte zwischen 1748 und 1768 umfaßt. Zwei Autoren und ihr Schicksal auf dem Buchmarkt kennzeichnen diese Übergangsphase: Gellert und Klopstock.

Christian Fürchtegott *Gellert* (1715–1769) stammte aus ärmlichem Pfarrerhause; zeitlebens kränkelnd, lehrte er seit 1745 an der Leipziger Universität mit großem Zulauf Poesie, Beredsamkeit und Moral.

Seine rührenden Lustspiele beeinflußten die Entwicklung des deutschen bürgerlichen Dramas maßgeblich, sein ebenso gefühlvolles wie turbulentes „Leben der Schwedischen Gräfin von G." eröffnete den modernen deutschen Originalroman. Am erfolgreichsten aber wurden seine „Fabeln und Erzählungen", die 1746/48 bei dem Leipziger Verleger Wendler erschienen. Gellert erhielt für diese gefälligen Moralrezepte ein einmaliges Honorar von 20 Reichstalern, die in heutiger Kaufkraft vielleicht knapp 1000 Mark entsprechen, wogegen Wendler mit einem der meistgelesenen Bücher des 18. Jahrhunderts zum reichen Mann wurde. Nichtsdestoweniger vertraute der bescheidene Gellert 1754 auch seine „Lehrgedichte und Erzählungen" demselben Verleger an, der dem Erfolgsautor diesmal gut das Doppelte ausbezahlte, etwa dem damaligen Durchschnittshonorar entsprechende 45 Reichstaler. Wendler, der typische Leipziger Nettohändler und einst Vorgänger P. E. Reichs als Geschäftsführer der Weidmannschen Buchhandlung, verkaufte die hohe Erstauflage von 6000 Exemplaren für jeweils 6 Groschen, was ihm bereits einen Erlös von 1200 Talern verschaffte, von zahlreichen weiteren Auflagen zu schweigen. Gemäß der herrschenden Auffassung vom „ewigen Verlagsrecht" hatte Gellert keinen Rechtsanspruch auf eine weitere Beteiligung am Erfolg der 100 000 Exemplare wohl übersteigenden Gesamtauflagen. 1756 endlich wechselte der Dichter zum Weidmannschen Verlag, wo er von Reich für seine „Geistlichen Oden und Lieder" immerhin 150 Reichstaler erhielt.

Die kärgliche Honorierung des sanftmütigen Gellert schien den zeitgenössischen Autoren empörendes Symbol ihrer eigenen Mißachtung durch die Verleger. Sie verglichen, wie sich Goethe erinnert, „ihren eignen, sehr mäßigen, wo nicht ärmlichen Zustand mit dem Reichtum der angesehenen Buchhändler, sie betrachteten, wie groß der Ruhm eines Gellert, eines Rabener sei, und in welch häuslicher Enge ein allgemein beliebter deutscher Schriftsteller sich behelfen müsse, wenn er sich nicht durch sonst irgend einen Erwerb das Leben erleichterte. Auch die mittleren und geringern Geister fühlten ein lebhaftes Verlangen, ihre Lage verbessert zu sehen, sich von Verlegern unabhängig zu machen."[1]

Die bedeutendste Gestalt dieser schriftstellerischen Unabhängigkeitsbewegung war Friedrich Gottlieb *Klopstock* (1724–1803). Kaum ein Autor des 18. Jahrhunderts ist uns so fremd geworden wie dieser spröde Rhapsode, der jahrzehntelang Gesang um Gesang des großen biblischen Epos ausarbeitete, mit dem dichterische Unsterblichkeit zu gewinnen er sich einst als Gymnasiast vorgenommen hatte –

des „Messias". Doch kann Klopstocks Rolle für die Autorenemanzipation wie für die Entwicklung des Lesepublikums kaum hoch genug veranschlagt werden. Er war selbstbewußt genug, ausgerechnet am heiligsten aller Stoffe die subjektive Bekenntnisdichtung zu erproben. Solche Poesie konnte nicht mehr in „Nebenstunden" nach schematischem Regelwerk betrieben werden, sondern galt ihm als gottgegebene, über die gewöhnlichen Sterblichen hinaushebende Verpflichtung, ja als eine nur mit religiösen Kategorien zu fassende Berufung.

Diese Funktion des „heiligen Dichters" aber duldete weder demütigende Abhängigkeit von der Gnade eines fürstlichen Gönners noch gar die vom kläglichen Honorar eines Buchhändlers. Klopstock erhob gegenüber der literarischen Öffentlichkeit erstmals den Anspruch, nur seinem dichterischen Amte zu leben. Der außerordentliche Erfolg der ersten Gesänge des „Messias" bei Kritik und Publikum führte dazu, daß der Sechsundzwanzigjährige im Frühjahr 1750 vom dänischen Königshof eine Pension von zuerst 400, später 800 Reichstalern jährlich erhielt, die ihn aller finanziellen Sorgen enthob. Im Unterschied zum bisherigen höfischen Patronat war Klopstock „seinen fürstlichen Gönnern zu keinerlei Gegenleistungen in Form von Gelegenheits- oder Lobgedichten verpflichtet" und konnte „auch ohne äußere Verbindung mit dem Hofe, seine Pension an einem selbstgewählten Orte – sogar im Ausland – verzehren"[2].

Mit Klopstock schien endlich die Ära erreicht, in der, so Goethe, „das Dichtergenie sich selbst gewahr würde, sich seine eignen Verhältnisse selbst schüfe und den Grund zu seiner unabhängigen Würde zu legen verstünde"[3]. Klopstock verstand die stattliche dänische Hofpension als selbstverständlichen, ihm von der deutschen Kulturnation geschuldeten Dank, durch deren Edelste abgestattet – er, der Führer und Seher schuf dafür seinerseits ja weiterhin unsterbliche Verse. Den ökonomischen Wert seiner literarischen Produktion schätzte der keineswegs seraphisch weltfremde Dichter entsprechend hoch ein – er war gegenüber dem Buchhandel ein „zäher, auf kleinste Vorteile bedachter Verhandlungspartner, der auch den juristischen und editorischen Aspekten bei der Verlagsübernahme seiner Werke die volle Aufmerksamkeit widmete"[4]. Einer seiner darob befremdeten Dichterfreunde, Ewald von Kleist, spottete, „der Messias wäre 2mahl verkauft worden, einmahl von Judas an die Hohenpriester, und einmahl von Klopstock an Hemmerde". Tatsächlich trieb der Dichter sein Honorar für die einzelnen Bände des umfänglichen Bibelepos von drei Talern pro Druckbogen im Jahr 1749 auf 12 Taler pro Bogen

1773 hinauf und stand damit neben Wieland an der Spitze der schriftstellerischen Einkommensskala.

So empört die Schriftstellerwelt den Fall Gellert diskutierte, so neidvoll sah sie auch Klopstock scheinbar mühelos sein hochfliegendes Ideal dichterischer Autonomie verwirklichen. Aber die Patronage des dänischen Hofes blieb ebenso singulär wie das geförderte Werk. Deutsche Fürsten, die – wenn überhaupt – nur französisch lasen, sahen zur Unterstützung bürgerlich-aufklärerischer Literaten keinen Anlaß: „keines Mediciäers Güte" (so Schiller) leuchtete als Gnadensonne über den Originalgenies.

Väterlich-kollegiales Mäzenatentum betrieb dagegen Johann Wilhelm Ludwig *Gleim* (1719–1803), der schon in vergleichsweise jungen Jahren eine Kanonikatsstelle mit ergiebiger Pfründe in Halberstadt erhielt und so ohne materielle Sorgen, quasi als später ständischer Autor, seine anakreontischen Wein-, Weib- und Gesang-Liedchen teilweise in Privatdrucken publizieren konnte. Sein Hauptlebenszweck aber war eine umfassende Nachwuchsförderung: Vielversprechende junge Autoren, die sich hilfesuchend an ihn wandten, erhielten nicht nur finanzielle Unterstützung, sondern wurden an Kritiker und Redakteure, Verleger und Dichterfreunde weiterempfohlen. Etwa ein halbes Jahrhundert lang hat der allseits verehrte „Vater Gleim" als uneigennütziger Mentor ganzer Dichtergenerationen gewirkt – seinem Selbstverlagsunternehmen, einer 1767 gegründeten „Typographischen Gesellschaft zu Berlin", war freilich kein Erfolg beschieden. Solche Patronage, die sich selbst die potentiellen Konkurrenten auf dem Buchmarkt heranzog, wollte sich kein anderer Autor leisten.

Vom Beginn der sechziger Jahre an, als der neue belletristische Lesegeschmack sich in Mittel- und Norddeutschland immer rascher ausbreitete, als die Nettohändler die Gunst der Stunde nutzten, die begehrte literarische Ware verstärkt anboten und zur Sicherung des nötigen Nachschubs nach geschwind und billig produzierenden Zulieferern Ausschau hielten, erkannten die Autoren immer deutlicher, was der Preis dafür war, sich von den ständischen Fesseln zu lösen und das Publikum als alleinigen Souverän anzuerkennen. Denn zugleich galt es, in scharfer Konkurrenz mit ähnlichen literarischen Produkten, das eigene Geisteswerk dem „wirtschaftlichen Selektionsprinzip des Marktes und den Bedingungen des anonymen Warenverkehrs"[5] auszusetzen. Mit der Nachfrage nahm auch das Angebot zu – die Zahl der Autoren wuchs ständig. Schon 1761 seufzte Rochus Friedrich Graf zu Lynar pikiert: „Wir leben überhaupt in einer Zeit, da [...] fast alle Menschen von der Autor-Sucht angestecket sind. Vom

Throne bis zur Schäfer-Hütte, wer nur die Feder halten kann, der schreibet Bücher." Dabei war in den sechziger Jahren das „gelehrte Teutschland" noch einigermaßen überschaubar: Johann Georg Meusels Schriftstellerlexikon weist um 1766 noch keine 3000 Autoren nach. Aus ihnen wurden 1776 mehr denn 4300, 1788 fast 6200, 1795 etwa 8000, und im Jahre 1806 war ihre Zahl auf rund 11000 angestiegen. Glaubt man dieser sicher großzügigen Namensliste, hätten sich in nur vierzig Jahren die zur Autorenexistenz Berufenen etwa vervierfacht, und die Relation der Schriftsteller zur Gesamtbevölkerung (1 zu 2700) hätte sich seitdem nicht mehr wesentlich verändert. Die Zahl hauptberuflicher Autoren dürfte etwa ein Viertel davon betragen haben.

Das Selbstbewußtsein all dieser Schreibenden war nicht gering – sie verstanden sich als die wesentlichen Träger der Aufklärungsbewegung und damit des Fortschritts, als Instanzen der Erziehung des Menschengeschlechts. Allerdings stand solche Überzeugung oft genug in einem unübersehbar krassen Kontrast zu ihrer materiellen Lage und ihrer sozialen Rolle. Der Schreibdrang hatte meist sehr prosaische Motive: Wie sich im 17. Jahrhundert Dichter und Gelehrte durch die Produktion von Gelegenheitsschriften über Wasser hielten, so konnte ein großer Teil der Akademiker auch noch im 18. Jahrhundert von seinem Hauptberuf kaum leben, geschweige denn eine Familie ernähren; ein Tübinger Universitätsprofessor verdiente mit rund 275 Gulden etwa ein Fünftel eines hohen Staatsbeamten, ähnlich stand es mit den Pfarrern. Die zusätzlichen Naturaliendeputate an Brennholz, Wein und Getreide ließen sich kaum zu Geld machen, so daß am ehesten die schöngeistige, fachgelehrte, volksaufklärerische oder pädagogische Schriftstellerei zusätzliche Einnahmen versprach. Einen immer wichtigeren Anteil am Autorenbudget nahmen die Hunderte von Zeitschriften ein. Man hat die Aufklärungszeit zu Recht auch als Geburtsstunde des Journalismus bezeichnet, und tatsächlich bot die Periodizität des Erscheinens wie die Kleinteiligkeit und Vielfalt des Inhalts eine bisher ungeahnte Fülle von Publikationschancen. Über damalige Zeitschriftenhonorare ist freilich so gut wie nichts bekannt. Der Verleger Friedrich Nicolai charakterisierte in seinem satirischen Roman „Das Leben und die Meinungen des Herrn Magister Sebaldus Nothanker" (1773–76) am unverblümtesten die Tätigkeit des Autors als kommerzielle Verrichtung: „Der größte Haufen der Schriftsteller von Profeßion, treibt ein Gewerbe, so gut als die Tapetenmaler oder die Kunstpfeifer und sieht die wenigen wahren Gelehrten, fast eben so, für zudringliche unzünftige Pfuscher an [...]. Der Autor will gern dem Verleger so wenig Bogen Manuscript als möglich, für so viel Geld als möglich ist, überliefern. Der Verleger will gern so viele Alphabete [hier soviel wie: Druckbogen, R. W.] als möglich, so wohlfeil als möglich einhandeln, und so theuer als möglich verkaufen. Der Autor will gern so wenig Zeit, Mühe, Ueberlegung und Geschicklichkeit an sein Buch wenden, und doch so viel Ruhm, Belohnung, Beförderung, von der Welt einärndten, als möglich. [...] Da ist mehr als ein Verleger, der seinen Autoren aufträgt, was er zu brauchen denkt: Geschichten, Romane, Mordgeschichten, zuverläßige Nachrichten, von Dingen die man nicht gesehen hat, Beweise, von Dingen die man nicht glaubt, Gedanken, von Sachen die man nicht versteht. Ich kenne einen der in seinem Hause an einem langen Tische zehn bis zwölf Autoren sitzen hat, und jedem sein Pensum fürs Tagelohn abzuarbeiten gibt."[6]

Je mehr Literaturproduzenten mit ihrer Ware auf den Markt drängten, desto wichtiger wurden die Torhüter zu Ruhm und Erfolg, die Verleger. Nur allzugerne schoben die Autoren ihre Probleme beim Erreichen des intendierten Lesers der Unfähigkeit und Habgier dieser kommerziellen Vermittlungsinstanzen zu. In diesen Jahrzehnten werden die satirischen Ausfälle der Schriftsteller gegenüber dem Buchhandel Legion. Das konnte sich auf freundschaftlich-derbe Weise manifestieren wie in der Äußerung Johann Gottfried Herders zu seinem Verleger Hartknoch: „Euch Buchdrucker, Verleger und Buchhändler sollte überhaupt alle der leidige Teufel holen. [...] Die Autoren leben von den Brosamen, die von des reichen Herrn Tische fallen, wie die Hündlein, und dann wollen sie noch knausern. Verbrennen sollte man euch, wie Sardanapal auf Euren Papierschätzen, mit Weib und Kindern."[7] Das konnte sich aber auch zu fast klassenkämpferischem Pathos des literarischen Lohnabhängigen steigern: „Sie wohnen in Palästen, und der Gelehrte nur zu oft in einer schlechten Hütte – Sie haben getäfelten Fußboden und marmorne Säle, und der Gelehrte hat kaum ein enges Stübchen – Sie opfern dem Gott Bacchus in Champagner und Tokaier, und der Gelehrte trinkt seinen Gerstensaft – Letzterer muß auf den folgenden Tag sorgen und Nächte bei der Lampe arbeiten, um seiner Familie den nothdürftigen Unterhalt zu verschaffen, und Sie durchschwelgen die Nächte, halten sich Maitressen und Kebsweiber, und leben alle Tage herrlich und in Freuden."[8]

Es blieb nicht bei rhetorischen Ausfällen. Im selben buchhandelsgeschichtlichen Moment, da Philipp Erasmus Reich demonstrativ die kapitalistische Ära eröffnete, setzten einige Autoren ihren Willen in die Tat um, die Verbreitung ihres individuellen Geistesproduktes ohne kommerzielle Mittler zu bewerkstelligen, sie den Buchhändlern aus den Händen zu nehmen, die eine poetische Schöpfung zum Handelsobjekt entwürdigten. Statt dessen galt es, sich unmittelbaren Zugang zu einem kongenialen oder wenigstens verehrungsvollen Publikum zu verschaffen, das Kunstwerk damit seines Warencharakters zu entledigen und gleichsam durch einen persönlichen Akt der Übereignung des Buches mit dem Leser in Kontakt zu treten. 1766/67 beginnt die zwar kurze, aber intensive Blütezeit des *Selbstverlages* in Deutschland. Was schon seit Jahrhunderten aus unterschiedlichen Motiven gelegentlich versucht worden war, wurde nun zum programmatischen Akt der Emanzipation erhoben. Nur die wichtigsten Selbstverlagsunternehmen können hier skizziert werden:

- Druckerei und Verlag von Bode und Lessing in Hamburg (1767)
- Klopstocks Projekt der „Deutschen Gelehrtenrepublik“ (1773)
- die Gründung von C. M. Wielands „Teutschem Merkur“ (1773)
- und schließlich die 1781 in Dessau eröffnete „Buchhandlung der Gelehrten“.

Bodes und Lessings Unternehmen verstand sich als demonstratives Gegenmodell zum etablierten Buchhandel und beanspruchte kulturpolitische Signalwirkung. Der Übersetzer Johann Joachim Christoph Bode hatte schon 1765 eine Druckerei in Hamburg gekauft und seinen Freunden als nichtkommerzielle Publikationsstätte angetragen. Besonders begeistert zeigte sich Lessing, der 1766 als Dramaturg am Hamburger Nationaltheater wirkte: er entwarf ein Projekt namens „Deutsches Museum“ – unter diesem Generaltitel sollten die besten deutschen Autoren ihre Werke bei Bode drucken lassen. Alleiniges Auswahlkriterium sollte literarische Qualität sein, typographische Schönheit und Gediegenheit des Papiers waren selbstverständlich. Der Verlagsvertrag galt jeweils nur für eine Auflage, die Autoren blieben also zeitlich unbefristet Eigentümer ihrer Werke. Die gesamte Auflage sollte mit einem Aufschlag von 20 % auf die Druckkosten einem interessierten Buchhändler zur weiteren Verbreitung verkauft werden.

Lessing selbst trat als Teilhaber in Bodes Offizin ein und ließ dort ab Mai 1767 seine „Hamburgische Dramaturgie“ drucken, die teils per Post an die Abonnenten, teils über den Buchhandel in Kommission ausgeliefert wurde. Lessing betrieb sozusagen Nettohandel: Ein Bezug des Werkes war nur gegen bar, ohne Remissionsrecht und direkt (also nicht über die Messen) moglich.

Der etablierte Buchhandel verstand dies als Kampfansage und reagierte schnell. Ganz im Sinne jener Reichschen Leipziger „Buchhandelsgesellschaft", die sich 1764 zur gemeinsamen Revanche gegen alle unbotmäßigen Firmen zusammengeschlossen hatte, wurde die „Hamburgische Dramaturgie" umgehend nachgedruckt. Hinter dem fiktiven Verleger „Dodsley und Compagnie" verbarg sich der im vorigen Kapitel schon erwähnte E. B. Schwickert, der sich in einer beigedruckten „Nachricht an die Herren Buchhändler" brüstete: „Wir haben uns mit Beyhülfe verschiedener Herren Buchhändler entschlossen, künftig denenjenigen, welche sich ohne die erforderlichen Eigenschaften in die Buchhandlung mischen werden (wie es, zum Exempel, die neuaufgerichtete in Hamburg und anderer Orten vorgebliche Handlungen mehrere), das Selbst-Verlegen zu verwehren, und ihnen ohne Ansehen nachzudrucken; auch ihre gesetzten Preiße alle Zeit um die Hälfte zu verringern. Die diesem Vorhaben bereits beygetretene Herren Buchhändler, welche wohl eingesehen, daß eine solche unbefugte Störung für alle Buchhändler zum größten Nachteil gereichen müsse, haben sich entschlossen, zu Unterstützung dieses Vorhabens eine Casse aufzurichten, und eine ansehnliche Summe Geldes eingelegt, mit Bitte, ihre Namen vorerst noch nicht zu nennen, dabey aber versprochen, selbige ferner zu unterstützen."[9]

Lessing witterte hinter diesem falschen Biedermannston Philipp Erasmus Reich selbst, der ihn schon einmal als Autor rüde behandelt hatte, und setzte sich im 101. bis 104. Stück der Dramaturgie zur Wehr:

„Um ein paar armen Hausdieben das Handwerk zu legen, wollen sie selbst Straßenräuber werden? ‚*Sie wollen dem nachdrucken, der ihnen nachdruckt.*' Das möchte seyn; wenn es ihnen die Obrigkeit anders erlauben will, sich auf diese Art selbst zu rächen. Aber sie wollen zugleich das Selbstverlegen verwehren. Wer sind die, die das verwehren wollen? Haben sie wohl das Herz, sich unter ihren wahren Namen zu diesem Frevel zu bekennen? Ist irgendwo das Selbstverlegen jemals verbothen gewesen? Und wie kann es verbothen seyn? Welch Gesetz kann dem Gelehrten das Recht schmälern, aus seinem eigenthümlichen Werke alle den Nutzen zu ziehen, den er möglicher Weise daraus ziehen kann? ‚*Aber sie mischen sich ohne die erforderlichen Eigenschaften in die Buchhandlung.*' Was sind das für erforderliche Eigenschaften? Daß man fünf Jahre bey einem Manne Pakete zubinden gelernt, der auch nichts weiter kann als Pakete zubinden? Und wer darf sich in die Buchhandlung nicht mischen? Seit wenn ist der Buchhandel eine Innung? Welches sind seine ausschließenden Privilegien? Wer hat sie ihm ertheilt? [...] Ich habe nie etwas auf meine Kosten drucken lassen, und werde es schwerlich in meinem

Leben thun. Ich kenne, wie schon gesagt, mehr als einen rechtschaffenen Mann unter den Buchhändlern, dessen Vermittelung ich ein solches Geschäft gern überlasse. Aber keiner von ihnen muß mir es auch verübeln, daß ich meine Verachtung und meinen Haß gegen Leute bezeige, in deren Vergleich alle Buschklepper und Weglaurer wahrlich nicht die schlimmern Menschen sind. [...]"[10]

Und am Schluß der „Hamburgischen Dramaturgie" fügte Lessing hinzu: „Es ist die lautere Wahrheit, daß der Nachdruck, durch den man diese Blätter gemeinnütziger machen wollte, die einzige Ursache ist, warum sich ihre Ausgabe bisher so verzögert hat und warum sie nun gänzlich liegen bleiben."

Der Spekulant Schwickert hatte es zustande gebracht, das großangelegte kritische Unternehmen des empfindlichen Dichters abzuwürgen. Lessings schriftstellerische Emanzipationspläne blieben fortan in seiner Schublade, vor allem das in seinem Nachlaß aufgefundene Projekt „Leben und leben lassen", das das Hamburger Modell fortentwickelt: Urheberrecht und verlegerische Initiative verbleiben beim Autor, der für seine Werke Subskription ausschreibt und damit den Absatz genau kalkulieren kann; der Ladenpreis teilt sich auf in ein Drittel für den Autor, ein Drittel Herstellungskosten, ein Drittel für das Sortiment. Der Buchhandel fungiert zu attraktiven Konditionen, allerdings gegen Barzahlung, als reine Verteilungsinstanz der vorausbestellten Bücher. Indem Lessing so zumindest dem Sortiment eine Funktion zubilligte, zog er die Konsequenz nicht nur aus dem Vertriebsfiasko seiner „Hamburgischen Dramaturgie", sondern vor allem aus dem aufsehenerregendsten Versuch der Autorenemanzipation im 18. Jahrhundert.

Es war Klopstock, der 1773 mit einem radikalen Entwurf an die Öffentlichkeit trat. Der gefeierte Nationaldichter, der noch immer an seinem biblischen Epos arbeitete, kündigte ein neues Werk mit geheimnisvollem Titel an. Die in vielen Zeitschriften publizierte Anzeige begann programmatisch:

„Subskriptionsplan zu folgender Schrift:

‚Die deutsche Gelehrtenrepublik. Ihre Einrichtung, ihre Gesetze, Geschichte ihres letzten Landtages. Auf Befehl der Aldermänner durch Salogast und Wlemar. Herausgegeben von Klopstock. Erster Teil.' (Es folgt noch einer.)

Vorerinnerung: man sieht diesen Plan von einer falschen Seite an, wenn man glaubt, daß ich ihn genannter Schrift halben gemacht habe. Meine Absicht ist, zu versuchen, ob es möglich sei, daß die Gelehrten durch so eingerichtete Subskriptionen Eigentümer ihrer Schriften werden. Denn jetzt sind sie dies nur dem Scheine nach; die Buchhändler sind die wirklichen Eigentümer, weil ihnen die Gelehrten ihre Schriften, sollen sie anders gedruckt werden, wohl überlassen müssen. Es wird sich bei diesem Anlasse zeigen, ob man darauf hoffen könne, daß das Publikum den Gelehrten und diese sich untereinander (von dem letzten weiß ich schon jetzt nicht wenig) dazu beförderlich sein werden, daß sie zu dem wirklichen Besitze ihres Eigentums gelangen. Ich wünsche nichts so sehr, als bald Nachfolger zu haben; und diese bitte ich, mir zu schreiben, weil ich glaube, ihnen dies und jenes nicht ganz Gleichgültige über die Sache sagen zu können."

Klopstocks Modell war von radikaler Einfachheit. Der gesamte traditionelle Buchhandel sollte ersetzt werden durch ein allumfassendes System schriftstellerischer Solidarität: Jeder Autor, der ein Werk publizieren will, kündigt es öffentlich an und setzt eine Subskriptionsfrist für Vorausbesteller fest. Auf diese Ankündigung hin tritt über ganz Deutschland, ja bis an die Grenzen der europäischen Gelehrtenwelt ein dichtes Netz von *Kollekteuren* in Erscheinung. Nicht nur Freunde und Gesinnungsgenossen, sondern alle, denen der freie Geistesverkehr am Herzen liegt, sammeln eifrig Subskribenten und melden die eingehenden Bestellungen dem Autor. Kommen genügend Interessenten zusammen, wird das Buch gedruckt und vom Verfasser selbst oder beauftragten Kommissionären den Kollekteuren zugesandt, die es ihrerseits ausliefern und binnen 14 Tagen den Kaufpreis dem Autor überweisen. Neben „Beförderern", die ihre Sammeltätigkeit aus purem Enthusiasmus und um Gotteslohn betreiben, bestenfalls Unkostenersatz erhalten, sind auch semiprofessionelle Kollekteure vorgesehen, die zwischen 15 und 20% Rabatt verdienen sollen. Das dichte Vertriebsnetz des Buchhandels wird ersetzt durch insgesamt 68 „Transport-Örter" in Deutschland, wohin die Kollekteure ihre bestellten Exemplare franko geschickt erhalten.

Dies war, ganz eindeutig, eine Kriegserklärung – ihre Verwirklichung hätte „den Berufsbuchhandel von der deutschen Erde glatt hinweggefegt"[11]. Denn hier trat nicht ein schrulliger Sonderling auf den Plan, sondern *der* Nationaldichter, gegenüber dem sich die Lesewelt nun endlich als Mäzen beweisen konnte. Goethe beschreibt die Wirkung des Aufrufs: „Viele wohldenkende Männer, darunter mehrere von großem Einfluß, erboten sich, Vorausbezahlung anzunehmen, die auf einen Louisdor gesetzt war, weil es hieß, daß man nicht sowohl das Buch bezahlen, als den Verfasser, bei dieser Gelegenheit, für seine Verdienste um das Vaterland belohnen sollte. Hier drängte sich nun jedermann hinzu, selbst Jünglinge und Mädchen, die nicht viel aufzuwenden hatten, eröffneten ihre Sparbüchsen; Männer und Frauen, der obere, der mittlere Stand trugen zu dieser heiligen Spende bei, und es kamen vielleicht tausend Pränumeranten zusammen. Die Erwartung war aufs höchste gespannt, das Zutrauen so groß als möglich."[12]

Der Buchhandel freilich war aufs höchste alarmiert. Anonym meldete sich Philipp Erasmus Reich zu Wort mit der Broschüre „Zufällige Gedanken eines Buchhändlers über Herrn Klopstocks Anzeige einer gelehrten Republik". Er verteidigte darin vehement die alleinige Kulturmission des Buchhandels und verdammte jedes Selbstverlagsprojekt als moralisch verwerflich, weil für den redlichen Partner Buchhandel ehrverletzend. Den entscheidenden Punkt, nämlich die Lehre vom „ewigen Verlagsrecht", umging er geschickt und klagte dafür den Nachdruck als Hauptschuldigen an. Damit war ein Nebenschauplatz eröffnet, auf dem sich trefflich weiterstreiten ließ. Vom Eigentumsrecht des Autors und den Möglichkeiten seiner Durchsetzung war nicht die Rede.

Klopstocks Rechnung schien glänzend aufzugehen. Dem 1774 erscheinenden ersten (und einzigen) Teil der „Deutschen Gelehrtenrepublik" war eine stolze Subskribentenliste vorangestellt – sie umfaßte nicht weniger als 3678 Unterzeichner aus 263 Orten. Bei genauerer Betrachtung wird allerdings deutlich, wie wesentlich dieser Erfolg vom jeweiligen Eifer der Kollekteure abhing. Der Göttinger Hainbund, jener Zirkel junger Dichterstudenten, der zum Zwecke der Klopstockverehrung gegründet worden war, hatte dort 342 Vorbesteller mit 781 Exemplaren zusammengetrommelt, im kleinen ostpreußischen Mitau waren es 140, in Hildesheim 110 und noch im südlichen Tübingen und Mannheim je 81 Interessenten. Dagegen fanden sich in Berlin nur 91, in Leipzig gar nur 21 Subskribenten. Dies lag nicht nur an Boykottmaßnahmen der großstädtischen Buchhändler, sondern vor allem am fortgeschrittenen Lesegeschmack des dortigen Publikums, das sich nicht mehr an hehren Sängern, sondern nur noch an unterhaltsamer Lektüre interessiert zeigte. In den kleineren Orten dagegen, wo der Anonymisierungsprozeß nicht so weit gediehen war, herrschte noch die gefühlvolle, oft gemeinsame Dichterverehrung vor, die man der lesenden Öffentlichkeit durch den dem Buche vorgedruckten Namen dokumentierte.

Die Bedeutung der Kollekteure, der befreundeten Vermittler also, die den Buchhandel ersetzen sollten, kann in diesem Stadium der Autorenemanzipation und der literarischen Öffentlichkeit kaum hoch genug eingeschätzt werden. Sie waren in mehrfacher Hinsicht das unentbehrliche Bindeglied zwischen Dichter und Leser. Der zwar sendungsbewußte, aber vom literarischen Markt eingeschüchterte oder angeekelte Autor konnte so seine persönliche Botschaft durch ausgesuchte, mit ihrer Reputation für den Rang des Werkes bürgende Freunde an Leser (und insbesondere Leserinnen) gelangen lassen, die ihrerseits nur darauf warteten, aus der passiv-schweigenden Rolle des Rezipienten herauszutreten und sich dem Autor, in dessen Werk man solchen Seelengleichklang zu entdecken glaubte, als fühlende Seele zu offenbaren. Das empfindsame Bürgertum um 1770/80 hungerte danach, an einer Welt außerhalb seines begrenzten, das neuerwachte Gefühlsleben erstickenden Pflichten- und Sozialgefüges teilzuhaben. Als Kollekteur konnte ein solcher Leser die Anonymität abstreifen, das dichtende alter ego unterstützen, ja sich verpflichten. Wer sich in den Dienst des poetischen Ingeniums stellte, ließ einen Abglanz davon auch auf den Beförderer fallen, gerade in den kleinstädtischen Zirkeln mit ihrer ästhetischen Gemeindebildung. Auf diesem Felde durften sich auch die Frauen bewähren, für die Subskribentenjagd zu einem amüsanten gesellschaftlichen Wettspiel werden konnte: Wem gelang es als erster, die regierende Fürstin zur Unterzeichnung für 5 Exemplare zu überreden?

An diesem Versuch einer persönlichen Verbindung zwischen Autor und Verehrer außerhalb der merkantilen Atmosphäre des Buchmarktes beteiligten sich vor allem Angehörige des bürgerlichen Standes in kleineren Orten und Residenzen. Sie verstanden ihre Aufgabe als „eine geistige Heyraths Angelegenheit, […] eine Verheyrathung des Wercks mit seinem Leser“[13]. Für Prediger und Hofmeister, Advokaten und Sekretäre, aber auch Frauenzimmer und Angehörige des niederen beamteten Adels war diese tätige Teilnahme an einem unsichtbaren geistigen Kommerzium, diese schöngeistige Betriebsamkeit ein potenziertes Leseerlebnis, die aktive Vermittlung neuer Schriften und Ideen war ein Akt der Emanzipation zum geistigen Weltbürger. Das Phänomen der Kollekteure (und in gewisser Weise auch der Subskribenten) um 1775–1785 ist Ausdruck des Protestes sowohl gegen die Fessel einer den aufkommenden Subjektivismus unterdrückenden rationalistischen Doktrin, als auch gegen den sich anonymisierenden literarischen Markt, der das lesende Individuum seiner Diktatur zu unterwerfen schien. Eine Utopie der Solidarität zwischen Autor und Leser im Kampf um ein bürgerliches Weltbild und eine bürgerliche Gesellschaftsordnung an einem literatur- wie sozialhistorisch bedeutsamen Wendepunkt erscheint hier in Ansätzen verwirklicht, die nach dieser Übergangszeit nicht mehr möglich war.

Angesichts dieses Enthusiasmus mußte es wie ein Schock wirken, als Kollekteure und Subskribenten Klopstocks „Deutsche Gelehrtenrepublik“ endlich in Händen hielten. Was immer man erwartet hatte – jedenfalls nicht diese steifen, in altfränkischem Bardenton vorgetragenen Reflexionen über Poesie, diese lakonisch verrätselten Sprüche, dieses lederne längere Gedankenspiel über eine Druidenrepublik. Goethe erinnerte sich an die Reaktion des Publikums: „[...] der Liebhaber, der Leser ward nicht aufgeklärt, ihm blieb das Buch versiegelt, und doch hatte man es in alle Hände gegeben, und indem jedermann ein vollkommen brauchbares Werk erwartete, erhielten die meisten ein solches, dem sie auch nicht den mindesten Geschmack abgewinnen konnten. Die Bestürzung war allgemein, die Achtung gegen den Mann aber so groß, daß kein Murren, kaum ein leises Murmeln entstand. Die junge schöne Welt verschmerzte den Verlust und verschenkte nun scherzend die teuer erworbenen Exemplare. Ich selbst erhielt mehrere von guten Freundinnen, deren keines aber mir geblieben ist.

Diese dem Autor gelungene, dem Publikum aber mißlungene Unternehmung hatte die böse Folge, daß nun so bald nicht mehr an Subskription und Pränumeration zu denken war.“[14]

Es ist müßig, darüber zu spekulieren, wie das Selbstverlagsmodell reüssiert hätte, wenn statt der „Deutschen Gelehrtenrepublik“ die „Leiden des jungen Werthers“ auf diese Weise erschienen wären. Die Enttäuschung, die man dem verehrten Klopstock nicht zu zeigen wagte, bekamen viele jungen Autoren zu spüren, die in den folgenden Jahren das Modell des Meisters übernahmen und ihre Werke gleichfalls über Kollekteure am Buchhandel vorbei an die Leser zu bringen versuchten. Erfolgreich war noch Gottfried August Bürger, dessen Gedichte unter wohlwollender Förderung seines Verlegerfreundes Dieterich 1789 etwa 2000 Subskribenten fanden, und Klopstock selbst stellte unverdrossen die Ausgabe letzter Hand des „Messias“ 1780 erneut zur Subskription und erntete wiederum ansehnliche Vorbestellungen. Aber desto zurückhaltender reagierte die lesende Öffentlichkeit auf vergleichbare Unternehmungen etwa von Leopold Günther von Goeckingk oder Johann Heinrich Voß. Es bedurfte langer Jahre und mehrerer, wachsende Verbitterung verratender Appelle ans Publikum, bis Voß endlich genug Vorbesteller fand, um seine epochale Übersetzung von Homers „Odyssee“ im Selbstverlag herausbringen zu können. Allerdings galt um 1780 immer mehr unseriösen Schreiberlingen die Ausschreibung einer Subskription oder noch besser Pränumeration, also Vorausbezahlung, als probates Mittel, ihren

Lebensunterhalt auf das möglichst blumige Versprechen eines bedeutenden Werkes hin im voraus zu finanzieren; Betrügereien häuften sich, ja einige sollen gar mit den eingesammelten Geldern auf Nimmerwiedersehen verschwunden sein.

Aber auch abgesehen von solchen Auswüchsen ging die Rechnung auf den Lesegeschmack eines verständigen Publikums nicht auf. So mancher Autor, der überzeugt gewesen war, ohne die lästige Vermittlung des Buchhandels selbst am besten mit seinen Lesern ins Reine kommen zu können, sie umworben und ihrer Urteilskraft geschmeichelt hatte, gewann jetzt die bittere Erkenntnis, daß die Verleger nicht umsonst gegenüber anspruchsvolleren Werken zurückhaltend blieben – denn das Publikum war es gleichermaßen. Der von seiner dichterischen Berufung überzeugte Autor begann vom doch nicht so kongenialen anonymen Literaturkonsumenten abzurücken. Goeckingk schrieb nach dem Mißerfolg seiner Selbstverlagsprojekte verächtlich: „Ein Hundsfott – der für *das* Publ. nur ein Lied macht." Und Schiller, der 1784 enthusiastisch erklärt hatte: „Das Publikum ist mir jetzt alles, mein Studium, mein Souverain, mein Vertrauter", besiegelte die Entfremdung später mit den Worten: „Das einzige Verhältnis gegen das Publikum, das einen nicht reuen kann, ist der Krieg." Die Ernüchterung über die lesende Öffentlichkeit führte zum resignierten Kompromiß mit dem Buchhandel. Der Traum von einer unabhängigen dichterischen Existenz, die durch den Ehrensold einer Gemeinschaft bewundernder Freunde ermöglicht werden sollte, war zerstoben – gescheitert auch an den Vertriebsproblemen. Die Selbstverleger hatten die Funktion des vertreibenden Buchhandels nicht ungestraft mißachtet. Als bitteres Fazit blieb: „Das Herausgeben der Bücher auf Subskription und Pränumeration hat tausend Beschwerlichkeiten, die man sich hat vorher nicht träumen lassen, und am Ende gewinnt der Verfasser selten so viel, als ihm ein Verleger gegeben haben würde. Also will ich niemand rathen, diesen Weg einzuschlagen. Er bleibe vielmehr bey den Verlegern, die das Ding besser verstehen."[15]

Als Goeckingk dieses Resümee 1785 formulierte, war auch der aussichtsreichste Versuch eines Autorenselbstverlags gescheitert: die 1781 als Solidargenossenschaft eröffnete *Buchhandlung der Gelehrten* in Dessau. Ihr Begründer, der Magister Carl Christoph Reiche, ging nicht den Weg der Konfrontation mit dem etablierten Buchhandel wie Klopstock. Sein Modell sah vor, daß die Autoren literarischer wie Fachwerke ihr Buch auf eigene Kosten drucken ließen und es der Gelehrtenbuchhandlung zum Kommissionsvertrieb übergaben, die es ihrerseits nach Art der Nettoverleger an das bar zahlende Sortiment

Nachricht
und
Fundations-Gesetze
von der
Buchhandlung
der Gelehrten,
die
in der
Fürstl. Anhalt. Residenzstadt Dessau
errichtet ist.

Dessau,
in der Buchhandlung der Gelehrten.
1781.

Das Gründungsmanifest des ersten deutschen „Autorenverlages" (1781)

weiterverkaufte. Der selbstverlegende Autor gewährte Drittelrabatt, wovon die Gelehrtenbuchhandlung einen Kommissionärsrabatt von sechseindrittel Prozent, das Sortiment einen solchen von 27 % erhalten sollte. Dabei verpflichtete sich die „Buchhandlung der Gelehrten", nur über das Sortiment auszuliefern und nicht an Privatkunden zu verkaufen. Das Sortiment hatte dabei keine weiteren Spesen, immerhin 27 % Rabatt als Gewinnspanne und fungierte als „das Vertriebsorgan der Schriftsteller, das Bezugsorgan des Publikums"[16] wie bisher. Um den Autoren die Druckfinanzierung zu erleichtern, gründete Reiche parallel zur Gelehrtenbuchhandlung die de jure selbständige „Verlagscasse für Gelehrte und Künstler", die Kredite vergab, sich jedoch im Unterschied zur Gelehrtenbuchhandlung ein Recht zur Prüfung bzw. Ablehnung aussichtsloser Projekte vorbehielt.

Obwohl das Unternehmen mit viel Sympathie von der Schriftstellerwelt aufgenommen wurde und auch ein renommierter Autor wie Wieland dort seine Horazübersetzung publizierte, erlitt es doch sehr bald Schiffbruch. Der reguläre Buchhandel hatte auch diesen Konkurrenten zwei Jahre lang auf den Messen vollständig boykottiert, der zunächst bereitwillige Leipziger Kommissionär zog sich plötzlich zurück, Bestellungen des Publikums wurden nur zögernd weitergeleitet. Noch ärgerlicher aber war, daß die Dessauer Autoren bald eine negative Auslese darstellten: Wer dort sein Heil suchte, hatte zuvor meist vergeblich den Buchhandel abgeklappert. Darunter litten das Verlagsprogramm, das Renommée und der Absatz. Nach eher abenteuerlichen Rettungsversuchen ihres Gründers (der beispielsweise in großem Stil nach Amerika exportieren wollte) ging die Gelehrtenbuchhandlung 1785 in Liquidation. Alleiniger Nutznießer war der junge Geschäftsführer der „Verlagscasse", Georg Joachim Göschen, der die besten Autoren und Konnexionen als Grundstock in seinen eigenen neugegründeten Verlag mitnahm.

Nur einem einzigen Autor jener Zeit gelang tatsächlich die Verwirklichung der erträumten Existenz als freier Schriftsteller, weil er bereit war, „seine Träume auf ein realisierbares Maß zu reduzieren"[17]: Christoph Martin *Wieland*. Er gewann seine Unabhängigkeit durch die Gründung einer literarischen Zeitschrift, des „Teutschen Merkur", dessen Verleger, Herausgeber, Redakteur, Kritiker und Hauptbeiträger er in Personalunion war. Dies verlangte von ihm die Fähigkeit zum Ausgleich „zwischen dem Willen zur Selbstverwirklichung seiner poetischen Potenz und der Rücksichtnahme auf den oft widersprüchlichen Publikumsgeschmack, dessen Kenntnis und Beeinflussung wiederum spezifische Begabung und langjährige Erfahrung voraussetzten"[18].

Da Wieland all seine nach 1773 erscheinenden Werke zunächst als Vorabdruck im „Teutschen Merkur" veröffentlichte, behielt er das Verfügungsrecht darüber auch für die separaten Buchausgaben, die er einem Weimarer Verleger entweder zeitlich befristet oder auf Kommissionsbasis zum Vertrieb überließ. Wieland lehnte für sich jedes wohlfeile Berufungsbewußtsein ab und pochte nicht auf genialische Autonomie; literarische Tätigkeit galt ihm ebensoviel „wie jeder andere bürgerliche Beruf [...] in einer arbeitsteilig organisierten Welt"[19].

Auch wenn eine nüchterne Bilanz der Versuche, „die Buchhandlung [...] den Idioten [...] aus den Klauen zu reißen“ (so Wieland) und schriftstellerische Unabhängigkeit zu gewinnen, insgesamt recht bescheiden ausfällt, so ist deren mittelbare Bedeutung doch nicht zu unterschätzen. Sie trugen zu einer deutlichen Steigerung der Honorarsätze bei, vor allem aber brachten sie die Entwicklung des *Urheberrechts* einen wichtigen Schritt voran. Bei den lebhaften Auseinandersetzungen um den Nachdruck standen die Autoren eher abseits, sofern sie sich nicht gegen Verhunzung und Verstümmelung ihrer Texte durch eilfertige Verlagsräuber wehren mußten; dem Verlegerargument, daß ohne Nachdruck die Honorare wesentlich höher wären, traute kaum einer. Natürlich verurteilten die meisten den Nachdruck aus moralischen Gründen (wogegen ihn einige wie Knigge vehement verteidigten), aber es ließ sich nicht übersehen, daß manchen jene Gesamtausgaben von den Nachdruckern beschert wurden, die ihnen die Originalverleger verweigerten. Insbesondere wußten sie um die unschätzbare Rolle, die der Nachdruck bei der Erschließung neuer Leserschichten spielte.

Die gegen die Nachdrucker so verbissen verteidigte Doktrin vom „ewigen“, durch einmalige Zahlung an den Autor erworbenen Verlagseigentum geriet erheblich ins Wanken, als sie in der Diskussion um den Selbstverlag gegen den Urheber des Geisteswerkes selbst herhalten sollte. Denn mit vermögensrechtlichen Zugeständnissen, mit besseren Honoraren und Beteiligung an der Buchgestaltung gaben sich die Autoren nicht mehr zufrieden. Mit dem Aufkommen der Genieästhetik und der Emanzipation des auktorialen Selbstbewußtseins trat nun das Persönlichkeitsrecht in den Vordergrund. Originalität und Individualität des literarischen Schaffens, Phantasie und Einfallsreichtum erhielten im Konkurrenzkampf der Autoren untereinander unmittelbaren Markt- und Tauschwert. Auch Immanuel Kant hat über das geistige Eigentum am einzelnen Werk hinaus ein angeborenes, unveräußerliches Persönlichkeitsrecht des Urhebers proklamiert.

Die juristische Kodifizierung hinkte diesen vorausweisenden Ideen allerdings hinterher. Noch im kursächsischen Mandat von 1773 war der Autor ein bloßer Statist im wirtschaftspolitischen Kalkül. Auch bei bilateralen Verträgen gegen den Nachdruck, etwa zwischen Sachsen und Preußen, galt er als juristisch irrelevant. Erstmals wurde das Verhältnis zwischen Autor und Verleger 1794 im „Allgemeinen Landrecht für die Preußischen Staaten“ kodifiziert. Allerdings hatte Friedrich Nicolai im letzten Augenblick noch erreicht, daß am „ewigen

Verlagsrecht" festgehalten wurde. Immerhin hatte der Autor nun Anspruch auf dauernde Mitbestimmung beim Schicksal seines Werkes, konnte bei Neuauflagen und Neuausgaben mitreden und eine zweite Ausgabe auch einem anderen Verleger übertragen. Eine entscheidende Schlappe erhielt das ewige Verlagseigentum in Sachsen, dem bisherigen Hort verlegerischer Allmacht. In einem drei Jahre währenden Musterprozeß setzte Wieland durch, daß er den Verleger einer Gesamtausgabe seiner Schriften frei wählen durfte (nämlich Göschen) und nicht an die Einzelverträge seines bisherigen Verlages Weidmanns Erben und Reich gebunden war. Damit war die geistige Leistung des Urhebers als schützenswertes Rechtsgut an die Stelle der Ware Buch getreten.

Erst am Beginn des 19. Jahrhunderts setzte die Kodifizierung dieses neuen Urheberrechtsbewußtseins ein, wobei die Rheinbundstaaten dem französischen Vorbild folgten. Als erster deutscher Staat sicherte Baden 1806 und 1810 dem Autor lebenslangen Schutz gegen Nachdruck zu; von den „Rechten des Urhebers" ist 1813 erstmals die Rede – in einem bayerischen Gesetzbuch. Eine intensive gesetzgeberische Tätigkeit zum Urheberrecht ist in den deutschen Bundesstaaten erst nach dem Wiener Kongreß zu registrieren.

Nach einem kaum fünfzig Jahre umfassenden Prozeß schien um 1800 die Emanzipation des Schriftstellers gelungen: Marktwirtschaftliche Honorare hatten sich eingebürgert, das neu entstandene Lesepublikum verlangte unersättlich nach belletristischer Kost. Aber der kaum erst etablierte literarische Markt war bereits außer Kontrolle geraten. Eine breite Diskussion über „die Ursachen der ietzigen Vielschreiberey in Deutschland" setzte ein, Satiren befaßten sich mit dem „Fabrikautor" und dem „allzeitfertigen Schriftsteller". Besonders präzise beschrieb Christoph Martin Wieland die chaotisch anmutende Situation und deren Konsequenzen für die Literatur selbst:

„Jedermann schreibt Bücher, Bärtige und Unbärtige, Gelehrte und Ungelehrte, Meister, Gesellen und Lehrjungen; wer sonst nichts in der Welt kann und seinem Leibe keinen Rat weiß, schreibt ein Buch. In jedem noch so kleinen Städtchen des deutschen Reichs sitzt ein Buchhändler oder wenigstens ein Buchbinder, der mit Verlagsartikeln auf die Messen ziehen oder doch in seiner Gegend herum hausieren will. Daher die unzählbare Menge von Buchfabriken; daher die tagtäglich häufiger werdenden literarischen Entreprisen (wie's die Herren nennen), die nichts als Buchhändlerspekulationen sind; daher die eilfertigen Übersetzungen jedes elenden französischen Produkts, selbst solcher, wovon zu Paris keinem Menschen von Geschmack nur die Existenz bekannt ist; daher, daß unsre ganze Literatur beinahe nichts mehr als Kompilation oder Sudelkocherei ist. Unter Zwanzigen, welche die Unverschämtheit haben, mit Prose oder Versen vor dem Publiko zu erscheinen, sind kaum Drei, die nicht vonnöten hätten, noch in eine Trivialschule zu gehen; unter Zwanzigen kaum Fünfe, die eine Seite Deutsch ohne Sprachschnitzer schreiben können. Niemand macht sich eine Schande daraus, unrecht zu deklinieren und zu konjugieren; von richtiger Konstruktion, von Proprietät und Bestimmtheit des Ausdrucks, von allem, was zum Stil gehört, wenn er wenigstens nur nicht ungekämmt und ungewaschen sein soll, ist (selbst bei vielen sonst geschickten und in ihrem Fache gelehrten Männern) gar nicht die Rede mehr. Man eilt zu sehr in die Druckerei, um auf solche vermeinte Kleinigkeiten Aufmerksamkeit und Zeit wenden zu können. Sogar die unentbehrliche Kenntnis des Gebrauchs der Unterscheidungszeichen verliert sich zusehends bei unsern Büchermachern; die meisten kennen keine andern als Komma und Punkt, wissen aber auch nicht einmal, diese zu setzen, wo sie hingehören. So steht es mit unsrer Literatur und Schriftstellerei, und doch will alles rezensiert, angekündigt und angepriesen sein. Autoren und Verleger drängen sich herzu; alle Posttage erscheinen zwei oder drei in demütiger oder trotziger Stellung [...] und bitten um geneigte Anzeige in Exz. beliebtem Journal. [...] Das beste Buch ist nicht mehr verkäuflich, sagen sie, wenn es nicht in Zeitungen und Journalen bekanntgemacht wird. Ich will es gerne glauben. Das lesende Publikum ist so oft durch verführerische Titel oder große und dreiste Versprechungen in Subskriptionsankündigungen angeführt worden, daß niemand mehr trauen will. Aber dies macht es doch nicht allein aus. Wenn jedermann schreibt, wer soll lesen? Und wenn beinahe jedermann elend schreibt, wer kann Journalisten zumuten zu loben und dem Publiko zu kaufen?«[20]

Die Aporie, die Wieland hier kennzeichnet, ist exemplarisch für die soziale Situation und das Selbstverständnis des Schriftstellers um 1800. Wer sich den Gesetzen der entstehenden „Kulturwarenindustrie" unterwarf, willfährig nach dem Geschmack des anonymen Publikums produzierte, kompilierte, rezensierte und übersetzte, konnte als literarischer oder gelehrter Handwerker sein Auskommen finden, vielleicht auch eine gesicherte Position in der Gesellschaft einnehmen. Manche Erfolgsautoren erschrieben sich ein, wenngleich kleines, Vermögen. Wer sich hingegen eine geistige Führungsrolle anmaßte, Kompromisse verweigerte und das konsumierende Publikum verachtete, hatte sich fast immer als Außenseiter ohne Marktchancen zu bescheiden. Die „Antinomie von dichterischem Geist und bürgerlicher Erwerbsgesinnung“ (Haferkorn) wurde konstitutiv für das Selbstverständnis des Dichters seit der Spätaufklärung, Klassik und Romantik. Hohe Literatur gewinnt nun immer mehr monologischen Charakter, der freie Schriftsteller wird zum freischwebenden. Die für einen kurzen historischen Augenblick erreicht geglaubte prästabilierte Harmonie von bürgerlicher Gesellschaft und literarischer Intelligenz erwies sich als Chimäre.

Nicht vergessen werden darf in diesem Zusammenhang auch der politisch-ideologische Aspekt: Die selbsternannte Elite der Aufklärungsautoren wurde nicht nur von den Mechanismen des entfesselten Buchmarktes bedroht, sondern mehr noch von dem Klimawandel im Gefolge der Französischen Revolution. Sie erkannte, „daß sie zwar die Kraft besessen hatte, einen Meinungsbildungsprozeß in Gang zu setzen, aber nicht über die Macht gebot, sich gegen die verschärft zugreifende Zensur der Regierungen zur Wehr zu setzen. [...] Der Eliteanspruch der aufgeklärten Schriftsteller schlug hier um in eine Abwehr- und Verteidigungshaltung, die für die deutsche Spätaufklärung charakteristisch ist.“[21]

Es wäre ebenso reizvoll wie ergiebig, diese Entwicklungen an konkreten Autorenschicksalen zu exemplifizieren – an Lessing und Schiller, Jean Paul[22] und Kleist, Hölderlin und E. T. A. Hoffmann. Doch dafür ist hier nicht der Raum. Nur die Rolle *eines* Dichters auf dem Buchmarkt, sein Verhältnis zu seinen Verlegern und zum Marktwert seiner Produktion, sei in Umrissen geschildert, weil sich an ihm in besonderer Schärfe der grundsätzliche Zwiespalt zwischen dem berufungsbewußten und seines Wertes sicheren Autor und dem darauf mit Unverständnis reagierenden Buchhandel zeigt. Es ist das freilich singuläre Verhältnis von Johann Wolfgang von *Goethe* zu seinen Verlegern, an dem die abstrakten Entwicklungstendenzen sich gleichwohl eindrucksvoll veranschaulichen lassen.[23]

Es war ein Buchhändler, nämlich J. G. Fleischer aus Frankfurt, der dem gerade sechzehnjährigen stutzerhaften Großbürgerssohn anno 1765 das Entree in die für deutsche Verhältnisse „große Welt“ verschaffte. Er nahm den angehenden Studenten in seiner Kutsche zur Leipziger Buchmesse mit und machte ihn dort mit zwei einflußreichen Verlegern bekannt: dem Besitzer der renommierten Breitkopfschen Offizin und dem mächtigen Philipp Erasmus Reich. Die frechen Gedichte des vermögenden Schöngeistes erregten lokales Aufsehen, und Breitkopf junior brachte 1769 Goethes erstes Buch, die „Neuen Lieder“, als reizvollen bibliophilen (und anonymen) Privatdruck heraus. Doch dem verheißungsvollen Auftakt folgte eine jähe Ernüchterung: Nach Frankfurt zurückgekehrt, schrieb Goethe das kleine Lustspiel „Die Mitschuldigen“, aber sowohl Fleischer wie Reich lehnten es strikt ab, die paar Bogen in Verlag zu nehmen.

Man kann diesen Schock und seine Folgen kaum überschätzen. Ausgerechnet in einer bedrohlichen psychosomatischen Krisensituation, als Goethe endlich den Mut faßte, sich über die Anerkennung intimer Privatzirkel hinaus der lesenden Öffentlichkeit zu stellen, wiesen ihn zwei scheinbare Freunde schroff zurück. Dieses traumatische Erlebnis einer Demütigung bestimmte bis an sein Lebensende seine Einstellung zu den Verlegern – tiefreichendes Mißtrauen gegen diese Bücherkrämer.

Folgerichtig brachte der Student unter dem Einfluß Johann Heinrich Mercks seine nächsten Schriften bei heimischen Druckern anonym und im Selbstverlag heraus. Im Juni 1773 erschien „Götz von Berlichingen mit der eisernen Hand. Ein Schauspiel“, auf Kosten Goethes und Mercks gedruckt. Merck mußte verreisen, der völlig unerfahrene Goethe hatte die Stube voller Bücherballen. Wohin mit den Exemplaren, wie die Druckkosten wieder hereinbringen? An Freunde wie Kestner gingen Brandbriefe: „Hört, wenn ihr mir wolltet Exemplare vom Götz verkaufen, ihr tätet mir einen Gefallen.“ Für ein paar Dutzend fanden sich Buchhändler als Abnehmer, doch dies änderte nichts am finanziellen Debakel des Selbstverlagsexperiments. Als sich in den literarischen Zirkeln wie ein Lauffeuer die Nachricht von dem kraftgenialischen Stück verbreitete, zogen Nachdrucker ihren Nutzen aus der marktfernen Publikation. In kürzester Zeit befriedigten sie die Neugier mit fünf Raubausgaben, natürlich ohne Entschädigung für den Dichter. Goethe konnte sich in seiner Überzeugung bestärkt fühlen, daß auf dem Buchmarkt die Gesetze des Urwalds herrschten: Sobald der Autor sein Werk aus der Hand gab, war es auch finanziell für ihn verloren.

Immerhin war man nun auf den Avantgardisten aufmerksam geworden. Das verlegerische Wettrennen gewann Johann Friedrich Weygand in Leipzig – jener im vorigen Kapitel erwähnte Nettohändler, der sich als Förderer der kühnen jungen Dichter vor allem des Sturm und Drang zu profilieren suchte. Nach der Enttäuschung mit dem Selbstverlag des „Götz“ erschien 1774 als erstes Buch mit Goethes Namen auf dem Titelblatt der „Clavigo“, zur Herbstmesse desselben Jahres (diesmal wieder anonym) die „Leiden des jungen Werthers". Sie avancierten zum Modebuch nicht nur dieser Saison; sofort erschienen einige Nachdrucke. Aber auch Weygand hielt sich schadlos, natürlich auf Kosten des Autors. Er veranstaltete Doppeldrucke, also zusätzliche Auflagen, die äußerlich identisch mit der Erstausgabe waren – bis hin zum rückdatierten Erscheinungsjahr. Solche Doppeldrucke, die oft ein Vielfaches der dem Autor fest und im voraus honorierten ersten Auflage ausmachten, waren gang und gäbe; man ersparte sich dadurch lästige Nachforderungen des Verfassers. Leider ist der Briefwechsel zwischen Goethe und Weygand verschollen, so daß die Höhe des Werther-Honorars unbekannt bleibt. Es scheint gerade die Schulden für den „Götz" gedeckt zu haben. Auf jeden Fall war der Dichter ausgerechnet an den von seinen Autoren meistbeschimpften Verleger seiner Zeit geraten: „Knicker", „Filz", „niedrigster, geizigster und unbilligster Mensch" waren die üblichen Vokabeln – Goethe selbst resümierte nur bitter im Dezember 1774 gegenüber einer Freundin: „Mir hat meine Autorschaft die Suppen noch nicht fett gemacht."

Damit aber hatte der Fünfundzwanzigjährige seine Lektion endgültig gelernt. Künftig bestimmte er selbst die Höhe seines Honorars: Ob Einzelwerke oder Gesamtausgaben, sie wurden für eine hohe Summe feilgeboten, ohne daß der interessierte Verleger das Manuskript überhaupt einsehen durfte. Akzeptierte er nicht, hatte er fortan keine Chance mehr. Dergleichen hatte bisher noch kein Autor gewagt, und der erste, bei dem Goethe diese neue Taktik ausprobierte, reagierte auch entsprechend ungehalten. Es war August Mylius in Berlin, dem das Schauspiel „Stella" für die runde (und noch durchaus mäßige) Summe von 20 Reichstalern angeboten wurde (denselben Betrag, den ein Vierteljahrhundert vorher Gellert für seine „Fabeln" erhalten hatte). Mylius wand sich, aber sein Spekulationsgeist trug den Sieg davon: „Es ist allerdings wohl Eigensinn vom Herrn Dr. Göthe, wenn er seine Msc. auf die Art verkaufen will; denn, unter uns gesagt, es ist etwas sonderbar, unbesehen und nach dem Sprüchwort, die Katze im Sack zu kaufen. [...] Mich wundert übrigens, daß der Herr Dr. Göthe die Buchhändler so quälen will, da er, wie ich immer gehört habe, solches aus öconomischen Gründen nicht nöthig hat. Soll es also vielleicht Ruhm seyn, daß ihm seine Msc. so theuer sind bezahlt worden?"

Daß der weimarische Staatsminister aus Patrizierhause das Geld nicht nötig habe, meinten sein Leben lang viele Neider. Goethe selbst vertraute gegen Ende seines Lebens Eckermann rückblickend an: „Man muß [...] Geld genug haben, seine Erfahrungen bezahlen zu können. Jedes Bonmot, das ich sage, kostet mir eine Börse voll Gold; eine halbe Million meines Privatvermögens ist schon durch meine Hände gegangen, um das zu lernen, was ich jetzt weiß, nicht allein das ganze Vermögen meines Vaters, sondern auch mein Gehalt und mein bedeutendes literarisches Einkommen seit mehr als fünfzig Jahren. [...] Es ist nicht genug, daß man Talent habe, es gehört mehr dazu, um gescheit zu werden; man muß auch in großen Verhältnissen leben und Gelegenheit haben, den spielenden Figuren der Zeit in die Karten zu sehen und selbst Gewinn und Verlust mitzuspielen."

Solche Worte, die einem begüterten Mäzen, einem kunstbeflissenen Regenten geziemen mochten, hatte Deutschland noch nie aus dem Munde eines literarischen Autors gehört – der hatte armer Poet zu sein und sich bestenfalls am Dufte überreifer Äpfel billig zu berauschen. Goethe dagegen stellte auch seinen Marktwert stets unter die Devise: „Nur die Lumpe sind bescheiden." Desto verdrießlicher mußten ihm jene insgesamt zehn Gesamtausgaben erscheinen, die von eilfertigen Nachdruckern aus den Schriften des famosen Dichters geklittert wurden, teils durchaus hübsch ausgestattet, aber ohne einen Kreuzer Honorar. Der Berliner Raubdrucker Himburg besaß gar die Unverschämtheit, Goethe als Entgelt ein Porzellanservice der Berliner Manufaktur anzubieten, worauf dieser empört replizierte:

„Was man andern nach dem Tode thut,
That man mir bey meinem Leben.
Doch ich schreibe nicht um Porcellan noch Brod –
Für die Himburgs bin ich todt."

Da traf es sich günstig, daß ein junger, von Schillers Freund Körner finanzierter Verleger entschlossen war, sein Glück mit der ersten rechtmäßigen Goethe-Ausgabe zu machen: Georg Joachim Göschen in Leipzig. Auch ihm wurde 1787, nun erstmals über den Weimarer Unternehmer Bertuch als Vermittler, die Katze im Sack angeboten: Die acht geplanten Bände sollten fast zur Hälfte aus Fragmenten bestehen, deren Fertigstellung der Dichter nicht verbindlich zusagen wollte, die andere Hälfte war Längstgedrucktes. Für diese einmalige Ausgabe von 3000 Exemplaren forderte Goethe insgesamt 2000 Reichstaler, nach heutiger Kaufkraft vielleicht 100000 Mark. Fast halb soviel kosteten den Verleger die Kupferstichillustrationen zur Ausgabe. Göschen akzeptierte zähneknirschend und reiste zur Unterzeichnung des Kontraktes eigens nach Karlsbad, wo er den kurenden Autor aber nicht mehr antraf – dieser hatte, ohne nur einen Tag auf den Verleger zu warten, seine Italienische Reise angetreten. Die

Druckvorlagen tröpfelten in den folgenden Monaten nur sehr langsam, wobei Goethe seinem Diener von Rom aus immer wieder brieflich einschärfte, jedes Manuskript nur gegen bares Geld herzugeben: „Der Contrakt besagts, und man muß keine Complimente machen."

Wie einst Weygand suchte sich auch Göschen schadlos zu halten für seine erheblichen Kosten, an denen sich freilich Bertuch zu einem Drittel beteiligt hatte. Der Verkaufserfolg der teuren Edition ließ zu wünschen übrig, so daß er – auch zur Abwehr drohenden Nachdrucks – eine zusätzliche billige Ausgabe in 2000 Exemplaren herstellte und vom Satz der Gesamtedition eine Reihe von Einzelausgaben mit separaten Titelblättern veranstaltete, die teils auch als Doppeldrucke über Jahre hinaus abgesetzt wurden. Dennoch war Göschen über die herablassende Behandlung so verärgert, daß er einen folgenschweren Fehler beging. Denn in Italien entdeckte Goethe seine naturwissenschaftlichen Neigungen und bot, endlich zurückgekehrt, Göschen seine erste einschlägige Schrift an: „Ueber die Metamorphose der Pflanzen", kaum mehr als eine Broschüre mit sechs Bogen Umfang. Da der Autor sogar dafür den Vermittler Bertuch einschaltete, kam es zu Mißverständnissen und Göschen lehnte mit der spitzen Bemerkung ab, Goethes „Sachen seien nicht so kurrent als andere, an denen ein größeres Publikum Geschmack findet" – und schließlich: „Ob ein Goethe das Buch geschrieben hat, ob es die höchste Geisteskraft erfordert hat, darauf kann ich als Kaufmann keine Rücksicht nehmen. Ein Krämer kann kein Mäcen sein."

Daß ihm wie einst dem jungen Debütanten erneut ein Manuskript refüsiert wurde, hat der selbstbewußte Dichter dem Verleger nie verziehen: „Ich konnte schwer begreifen warum er mein Heft zu drukken ablehnte, da er, im schlimmsten Falle, durch ein so geringes Opfer von sechs Bogen Maculatur einen fruchtbaren, frisch wieder auftretenden, zuverlässigen, genügsamen Autor sich erhalten hätte." Er ignorierte Göschen fortan und gab 1791, nun mit Karl Philipp Moritz als Vermittler, dem Werben des renommierten Berliner Drukkerei- und Schriftgießereibesitzers Johann Friedrich Unger nach, dessen Offizin schon seinen Luxusdruck „Das Römische Carneval" (allerdings zu des Dichters Mißfallen) betreut hatte und der nun zur Durchsetzung seiner neuen „Unger-Fraktur" ein Werk von „Deutschlands erstem Schriftsteller" erbat. Anders als der empfindliche Göschen war der Berliner Unger von jener naiven Unverblümtheit, wie sie Goethe später an seinem Altersfreund Zelter so schätzen sollte, und trat gegenüber dem „höchst zu verehrenden Herrn Geheimrath" stets als eifriger Bewunderer auf. Diesmal ohne förmlichen

Vertrag erschienen bei Unger in lockerer Folge bis zum Jahr 1800 sieben Bände „Neue Schriften", auf bestem Papier gefällig gedruckt, allerdings mit manchen Druckfehlern, über die sich Goethe ungemein erregen konnte. Nun forderte und erhielt er rund das Doppelte dessen, was wenige Jahre zuvor Göschen bewilligt hatte, nämlich je Band zuerst 500, dann 600 Taler, also jeweils gut 25000 Mark. Was nach heutigen Maßstäben für den größten deutschen Dichter nur angemessen erscheinen mag, brachte ihm damals Neid und Empörung ein. Wilhelm von Humboldt schrieb 1795 aus Berlin an Schiller: „Von seinem Benehmen mit seinen Verlegern, das hier durchaus hart und unbillig genannt wird, höre ich hier sehr viel sprechen. Indes sind auch die Berliner Gelehrten über diesen Punkt von einer ganz eigen wahren oder affektirten Unschuld. So fragte mich neulich Herz in ganzem Ernst, ob denn Goethe in der Tat Geld nehme."

Unger brachte seine Großzügigkeit nicht an den Bettelstab; er hielt sich vielmehr mit Nachauflagen und Doppeldrucken schadlos, von denen im Kontrakt nicht die Rede gewesen war, woraufhin Goethe auch mit ihm brach und 1802 zu Schiller bemerkte, daß er dem „Packzeug" der Verleger „immer größern Haß widme und gelobe". Er bedachte allerdings nicht, daß ja sein Verhalten die Vertragspartner dazu provozierte, der noch immer vorherrschenden Auffassung vom ewigen Verlagsrecht gemäß das teuer Erworbene als ihr unumschränktes Eigentum zu betrachten, über dessen Verwertung man dem Autor keine Rechenschaft schuldete.

Seinen Höhepunkt erreichte dieser Konflikt zwischen Goethes moderner Urheberrechtsauffassung und dem traditionellen Verlagsrechtsdenken seiner Geschäftspartner im Falle von „Hermann und Dorothea". Friedrich Vieweg in Berlin suchte nämlich 1796 für einen der gefragten literarischen Taschenkalender einen besonders zugkräftigen Inhalt und wandte sich deshalb über den Literaten Böttiger an Goethe. Dieser hatte soeben sein Hexameter-Epos abgeschlossen, dem er weite Verbreitung wünschte. Ohne Unger zu informieren, brachte er das Werk auf eine an moderne Bestsellerversteigerungen gemahnende Weise auf den Markt: „Was das Honorar betrifft, so stelle ich Herrn Oberconsistorialrath Böttiger ein versiegeltes Billet zu, worinn meine Forderung enthalten ist und erwarte was Herr Vieweg für meine Arbeit anzubieten können glaubt. Ist sein Anerbieten geringer als meine Forderung, so nehme ich meinen versiegelten Zettel uneröffnet zurück, und die Negotiation zerschlägt sich, ist sie höher, so verlange ich nichts mehr als in dem, alsdann von Herrn Oberconsistorialrath zu eröffnenden Zettel verzeichnet ist."

Ohne eine Zeile des Manuskriptes zu kennen, ließ sich der Verleger auf das Hasardspiel ein. Böttiger hatte offensichtlich gespickt, denn Vieweg bot genau, was Goethe gefordert hatte: eintausend Reichstaler. Das war etwa fünfmal mehr als ein vergleichbares Unger-Honorar und zehnmal mehr als das Göschensche – nach heutiger Kaufkraft für ein Bändchen im Umfang eines Reclamheftes etwa fünfzigtausend Mark. Goethe räumte gegenüber Schiller denn auch ein: „O ja, recht gut, ich kann leidlich zufrieden sein."

Obgleich sich das literarische Deutschland über die unerhörte Forderung erregte, hat Goethe den Verleger damit keineswegs in den Ruin getrieben. Vieweg hatte das Verlagsrecht zwar nur für zwei Jahre erworben, aber die Firma druckte (fast hundert Jahre lang) eine Ausgabe nach der anderen, ohne auf die matten Proteste des Autors zu achten. Wieder sah sich dieser in seiner Überzeugung bestärkt: „Die Druckerleute sind um desto gefährlicher, da sie für ehrliche, ja generose Leute wollen gehalten seyn und überall Recht haben wollen, weil kein Gesetz in dieser Anarchie obwaltet."

Doch um 1800, da Goethe im Zenit seines Ruhmes stand, verband er sich endlich mit dem ihm angemessenen Verleger, dem von den Zeitgenossen bewunderten und geschmähten „Bonaparte des Buchhandels", Johann Friedrich Cotta. Friedrich Schiller, längst seinem schwäbischen Landsmann verbunden, hatte diesen immer wieder angestachelt: „Ein Mann wie Goethe, der in Jahrhunderten kaum einmal lebt, ist eine zu kostbare Acquisition, als daß man ihn nicht, um welchen Preis es auch sey, erkaufen sollte." Cotta erwies sich tatsächlich nie als Krämer, verlegte ohne Murren jahrelang kleine Gelegenheitsarbeiten zu großzügigen Honoraren, trug auch spürbare Verluste wie bei der Zeitschrift „Propyläen" ohne Klagen. Goethe ließ sich die behutsame Vermittlung Schillers gerne gefallen, der die peinlichen Honorarangelegenheiten für ihn regelte; keineswegs ein weltfremder Idealist, kannte Schiller die Gesetze des Buchmarktes sehr genau und legte Cotta am Beispiel des langerwarteten „Faust" mit erstaunlicher Offenheit das problematische Verhältnis Goethes zum Buchhandel dar: „Aber außerdem, daß es zweifelhaft ist, ob er dieses Gedicht je vollendet, so können Sie sich darauf verlassen, daß er es Ihnen der vorhergehenden Verhältnisse und von Ihnen aufgeopferten Summen ungeachtet, nicht wohlfeiler verkaufen wird als irgend einem andern Verleger, und seine Forderungen werden groß seyn. Es ist, um es gerade herauszusagen, kein guter Handel mit G. zu treffen, weil er seinen Werth ganz kennt und sich selbst hoch taxirt, und auf das Glück des Buchhandels, davon er überhaupt nur eine vage Idee hat, keine

Rücksicht nimmt. Es ist noch kein Buchhändler in Verbindung mit ihm geblieben. Er war noch mit keinem zufrieden und mancher mochte auch mit ihm nicht zufriedenseyn. Liberalität gegen seine Verleger ist seine Sache nicht.“

Mit dem großzügigen und taktvollen Cotta schien dies anders zu werden. 1805 übertrug ihm Goethe den Verlag einer Gesamtausgabe in 13 Bänden für 10000 Reichstaler (wiederum ungenau auf heutige Verhältnisse übertragen: etwa 500000 Mark). Kaum war sie 1810 abgeschlossen, drängte er bereits auf eine weitere große Edition, in der merkwürdigen Angst, wie er Cotta 1812 schrieb, „nach einem mühsamen und mäßigen Leben verschuldet von der Bühne“ abtreten zu müssen. Schließlich gab der Verleger nach: In 20 Bänden kam 1815 bis 1820 eine neue Werkausgabe heraus, die diesmal mit 16000 Talern honoriert wurde. Selbstverständlich wurden Neuerscheinungen wie „Dichtung und Wahrheit“ und der „West-Östliche Divan“ eigens abgegolten (von der Erstausgabe des letzteren waren noch zu Beginn des 20. Jahrhunderts zahlreiche Exemplare auf dem Verlagslager). Angesichts der Cottaschen Liberalität zeigte sich Goethe nun doch etwas geniert, „mit Personen, mit denen man nur in sittlichem Verhältnis zu stehen wünscht, über öconomische Gegenstände zu handeln“, um so mehr, als der Erfolg der Alterswerke ein durchaus begrenzter blieb. Dabei betonte Cotta stets, obgleich „der Kaufmann hier ganz leer ausgehet“, sehe er seine Zahlungen nur als „Approximation der wahren Entschädigung“. Das Gütesiegel, das der Name des großen Dichters seiner Firma aufdrückte, die in ganz Deutschland nun als der Literaturverlag schlechthin galt, war freilich an Marktwert unschätzbar.

Von 1824 an bereitete Goethe seine Ausgabe letzter Hand vor – sein großes geistiges Vermächtnis an die Nation und zugleich das finanzielle Hauptvermächtnis an seine Nachkommen. Als einzigartige Reverenz vor dem Dichterheros gewährten erstmals die Souveräne sämtlicher deutscher Bundesstaaten dieser Ausgabe ein umfassendes Schutzprivileg gegen jeglichen Nachdruck. Nun begann ein hektisches Wetteifern von insgesamt 22 Verlegern, die auf blendende Verdienstchancen hofften. Cotta, auf ein vertragliches Vorkaufsrecht vertrauend, hielt sich zunächst vornehm zurück. Das verdroß Goethe, der ohnedies wegen eines Wiener Nachdrucks den Verleger beargwöhnte, und sein Sohn August taktierte und intrigierte in ureigenstem Interesse. Die Gebrüder Brockhaus boten 50000 Taler (umgerechnet rund 2,5 Millionen), Cotta erhöhte auf 60000; Brönner in Frankfurt steigerte auf 80000, andere gingen bis 110000, ja eine obskure Gothaer Aktiengesellschaft übertrumpfte alle mit 200000 Talern, also etwa 10 Millionen Mark. Goethe zeigte sich höchlich irritiert. Natürlich war ihm bewußt, daß Cotta nicht nur ein moralisches Recht und juristische Ansprüche auf die Ausgabe besaß, daß er vielmehr auch die beste Gewähr für deren solide Herstellung und breiten Absatz bot – aber die hohen Angebote wollten bedacht sein. Wieder wurde ein neutraler Vermittler in Gestalt von Sulpiz Boisserée eingeschaltet, der mit größter Behutsamkeit vorgehen mußte, weil erneut das alte Mißtrauen aufkeimte, wie ihm der Dichter am 12. Januar 1826 gestand: „Lassen Sie mich doch das Hauptübel, das bey dieser Verhandlung obwaltet, aussprechen: es ist dies: daß der Verleger jederzeit genau weiß, was ihm und seiner Familie frommt, der Autor dagegen völlig darüber im Dunkeln ist. Denn wo sollte er in dem völlig gesetzlosen Zustand des deutschen Buchhandels Kenntnis nehmen, was darinnen Rechtens ist, was Herkommens und was nach sonstiger Convenienz Buchhändler sich einander verzeihen und gegen die Autoren erlauben. Daher kommt es denn, daß der Verleger sich gar bald, auch in den wichtigsten Fällen, entschließt, der Autor dagegen schwanken und zaudern muß."

Schweren Herzens, im Innersten fest überzeugt, zu billig verkauft zu haben, gab er schließlich Cotta den Zuschlag – für 65000 Taler. Bei einem Überschreiten der vorgesehenen Auflage von 20000 Exemplaren (zu dem es nicht gekommen ist) wurde ein Zusatzhonorar vereinbart. Cotta seinerseits, der den nur mäßigen Absatz der teuren Ausgabe klar voraussah – sie war erst 1840 ausverkauft –, mußte sich, als Freiherr und Großunternehmer, als Fürst des deutschen Buchhandels, der Goethe entgegengekommen war wie noch kein Verleger zuvor einem Schriftsteller, verletzt fühlen.

Daß keineswegs alles im Lot war, zeigte sich wenig später. 1827 bot Goethe Cotta seinen Briefwechsel mit Schiller zum Verlag an; dieser willigte sofort in das verlangte Honorar von 8000 Talern ein. Doch auch nach drei Jahrzehnten der Zusammenarbeit konnte sich der Dichter nicht enthalten, die hochrenommierte Firma mit beleidigendem Mißtrauen zu behandeln und Cotta kühl zu schreiben: „Daß ich ohne vorgängigen Abschluß des Geschäftes das Manuskript nicht ausliefere, werden Dieselben in der Betrachtung billigen, daß ich den Schillerischen Erben, worunter sich zwey Frauenzimmer befinden, responsable bin und mich daher auf alle Fälle vorzusehen habe."

Sogar Schillers Sohn Ernst fand dies „albern", und endlich erkühnte sich Cotta am 11. Februar 1828, Goethe tiefbetroffen vorzuhalten, daß „dieses Mißtrauen nicht einem fremden unbekannten Verleger gezeigt wird, sondern einem Mann der mehr als dreyßig Jahre in Verbindung steht, und der nie, nur einen Tag seine Geldobliegenheiten unerfüllt ließ". Ja, er gab jede Förmlichkeit auf und sprach von Mensch zu Mensch: „Mögen Sie nun nach dieser offenen vor meinem Inneren gleichsam abgelegten Erklärung auch Ihr Inneres sprechen lassen – denn bey allem meinem Kummer kann ich mich doch und will ich auch nicht mich eines Gedankens entschlagen, dem nämlich, daß Ihr Inneres in jenem Schreiben sich nicht aussprach."

Mit diesem Appell war Cotta seinem Autor endgültig zu nahe getreten; Goethe hielt es für unter seiner Würde, darauf zu erwidern, und ließ den Vermittler Boisserée pikiert wissen: „Der von Ihnen, mein Werthester, angekündigte Brief des Herrn v. Cotta ist angekommen, aber leider von der Art, daß man mit Ehren darauf nicht antworten kann. [...] Jedermann wird diese Vorsicht billigen, über welche Herr von Cotta sich höchst unanständig gebärdet." Er lasse den Verleger ersuchen, die Korrespondenz künftig ausschließlich in schicklichem Geschäftsstile zu führen – was dieser denn auch tat. Er verschwieg Goethe weder den schlechten Absatz des Briefwechsels mit Schiller, noch scheute er sich, Honorarforderungen herunterzuhandeln. Bei aller Verbindlichkeit des Briefwechsels kann von einer Versöhnung oder gar von Herzlichkeit zwischen den beiden (die in seltsamer Symbiose im selben Jahre starben) nicht mehr die Rede sein.

Goethes Verhältnis zum Buchhandel endete nach sechzig Jahren, wie es begonnen hatte; auch der wohl bedeutendste deutsche Verleger brachte ihn nicht von seinem lebenslangen Argwohn ab, den er 1826 Zelter offenbarte: Es sei notwendig, „die Düsternheit der deutschen Buchhandeley immer mehr und mehr aufzuklären, die Decke zu lüpfen, unter welcher Autor und Publicum bedrängt und betrogen sind, und die Sosien ihr lucratives Spiel forttreiben".

Goethe war der besthonorierte Autor seiner Zeit – man schätzt, daß ihm allein Cotta insgesamt rund fünf Millionen Mark zukommen ließ – und fürchtete sich dennoch sein Leben lang vor Geldmangel. Schillers Schwägerin spottete 1831: „Er hat den Schlüssel des Holzstalles unter seinem Kopfkissen und läßt das Brot abwiegen." Diese unbegründeten Ängste sind gleichwohl exemplarisch für die Situation des Dichters auf dem Markte; Goethe hat sie überkompensiert, indem er gegenüber den Verlegern die Rollen vertauschte, seinerseits auf Vorauszahlung und Gewinnmaximierung bestand. „Anarchie", „Dunkel", „Düsternheit" – die Worte, mit denen er zeitlebens den literarischen Vermittlungsprozeß und seine Instanzen bezeichnete, stehen dem autonomen Bezirk künstlerischer Freiheit und dem auratischen Kunstwerk antagonistisch gegenüber. Auch wenn die Professionalisierung des Autors weiter fortschritt, so spielte dieser Antagonismus doch bis ins 20. Jahrhundert für das Selbstverständnis des Dichters in der bürgerlichen Gesellschaft und auf einem sich unablässig ausdehnenden und ausdifferenzierenden Buchmarkt eine wesentliche Rolle.

VI.

Die Entstehung des modernen Publikums – die „Leserevolution"

In seiner vielbeachteten Untersuchung „Strukturwandel der Öffentlichkeit" bezeichnet Jürgen Habermas das 18. Jahrhundert als jene Periode, da sich eine „höfisch-repräsentative" Öffentlichkeit zu einer spezifisch bürgerlich-modernen gewandelt habe – mit weitreichenden Folgen auch und gerade für den Strukturwandel des Lesens. Die Thesen von Habermas sind in den letzten Jahren kontrovers diskutiert und stark modifiziert worden; er selbst ist inzwischen zu einem eher systemtheoretischen Erklärungsmodell übergegangen.[1]

Ohne dabei weiter zu verweilen, sei kurz der Gedankengang von Habermas zur zentralen Rolle der Literatur bei der Entstehung bürgerlicher Identität angedeutet. Er definiert die bürgerliche Öffentlichkeit als „die Sphäre der zum Publikum versammelten Privatleute", die mittels des Warenverkehrs im Austausch ihrer für den Markt produzierten Güter neue antifeudale Verkehrs- und Kommunikationsstrukturen entwickelten. Bevor jedoch das öffentliche Räsonnement der bürgerlichen Privatleute politische Dimensionen erreichte, konstituierte es sich in einer unpolitisch-literarischen Vorform, in dem „Übungsfeld eines öffentlichen Räsonnements, das noch in sich selber kreist – ein Prozeß der Selbstaufklärung der Privatleute über die genuinen Erfahrungen ihrer neuen Privatheit. [...] Indem Kultur Warenform annimmt und sich damit zu ‚Kultur' (als etwas, das um seiner selbst willen dazusein vorgibt) recht eigentlich erst entfaltet, wird sie als der diskussionsreife Gegenstand beansprucht, über den sich die publikumsbezogene Subjektivität mit sich selbst verständigt."[2]

Institutionen dieser neuen, quasi „privaten" Öffentlichkeit waren Freundeskreise, literarische und sonstige Zirkel bis hin zu Geheimgesellschaften, Theater- und literarischer Kritik und nicht zuletzt die Zeitschriften. An dem literarischen Räsonnement nahm auch und vor allem die bürgerliche Familie teil, die sich als intime Sphäre der Humanität verstand, Moral und Bildung als ihr gemäße nichthöfische Attribute kultivierte, aber im Erfahrungsaustausch Teil einer literarischen Öffentlichkeit wurde, in der sich „die Subjektivität kleinfamilial-intimer Herkunft mit sich selbst verständigt“[3].

Sicher muß diese (hier nur grob umrissene) These erheblich differenziert werden. Sie unterschätzt vor allem die Rolle der Frau im Wandel des Leseverhaltens, auch die chronologische Priorität der literarischen Emanzipation vor der wirtschaftlichen und politischen ist fraglich. Natürlich durchdrangen sich in dieser Umbruchszeit retardierende und antizipierende Momente. Gleichwohl ist Habermas zuzustimmen, was die Bedeutung der Literatur, und damit der Lektüre für die bürgerliche Bewußtwerdung angeht: Sie hat den Wandel der deutschen Gesellschaftskultur im 18. Jahrhundert wesentlich bestimmt.

Das bisher weitgehend von der Forschung akzeptierte und im folgenden umrissene Erklärungsmodell für diesen Wandel hat Rolf Engelsing vorgelegt. Er stützt sich dabei allerdings fast ausschließlich auf Quellen aus dem protestantischen Nord- und Mitteldeutschland. Die teilweise abweichenden (nicht nur „rückständigen“) Entwicklungsprozesse des Lesens in katholischen Territorien Süddeutschlands (geschweige denn West- und Südeuropas) werden davon nur unzureichend erfaßt, etwa hinsichtlich der Rolle des Lateinischen oder der religiösen Legitimierung der Lektüre. Freilich hat gerade das katholische Wien mit dem josefinischen „Tauwetter“ das weitaus modernste Phänomen literarischer Produktion und Rezeption im 18. Jahrhundert vorzuweisen.

Bis etwa 1740/50 herrschte in Deutschland, von gelehrter Fachlektüre und dem bereits erwähnten Oberschichtpublikum abgesehen, die *intensive* Wiederholungslektüre vor. Nur eine kleine Auswahl von Büchern oder gar nur ein einziges wurde ein Leben lang immer wieder gelesen, als Reproduktion eines im Gedächtnis bereits vorgegebenen Inhalts, im rückversichernden und verstärkenden Nachvollzug vertrauter Orientierungsmuster zur Bewältigung weltlicher und geistlicher Probleme. Nicht selten freilich war dies keineswegs „intensive“, sondern eher mechanische sinnentleerte Repetition eines sehr begrenzten Kanons: Katechismus, Erbauungsbuch, Traktate, vielleicht die Bibel, dazu Kalender. Das Buch, oft über Generationen vererbt und verehrt, besaß zeitlose Autorität; es wurde als unmittelbar praxisbezogene, normative Anleitung konsultiert. Dieses „exemplarische Lesen“ war schichtenübergreifend, unabhängig von Alter, Stand und Geschlecht; A. Assmann hat diese noch nicht reflektierende Lektüreform als „wildes Lesen“, E. Schön als „ritualisiertes Lesen“ bezeichnet. Diese „einfache“ Rezeptionsweise sank im Laufe des ausgehenden 18. und des 19. Jahrhunderts schnell ab und konzentrierte sich auf die bäuerlichen und unterbäuerlichen Schichten.

Neue Formen des Lesens wurden am Beginn der Aufklärungszeit vor allem anhand der Zeitung erprobt. Hier überlagerte sich die Wiederholungslektüre des periodisch erscheinenden Mediums mit der einmaligen, *extensiven* Lektüre der jeweils aktuellen Ausgabe. Zugleich stand die Zeitungslektüre „als äußerste Form einer diskursiven Lektüre im strikten Gegensatz zur konzentrativen Erbauungslektüre"[4], weil sie sich auf innerweltliche Information ohne transzendenten Bezug beschränkte. Allerdings konnte gerade diese „extensive" Lektüre ganz besonders „intensiv" sein, als spannend verschlungen werden – die Fragwürdigkeit solcher Etikettierungen deutet sich hier an.

Um 1730 wich die soziale Mobilität und relative Durchlässigkeit der absolutistischen Eliten des 17. Jahrhunderts einer Tendenz zur erneuten Abschottung der Führungsschichten. Eine akademische Ausbildung garantierte keine beamtete Pfründe, keinen gesicherten hohen Sozialstatus mehr. Eine „freischwebende", ständisch isolierte, sozial unruhige Intellektuellenschicht bildete sich aus, die um geistige wie emotionale Autonomie bemüht war und sich dem entstehenden literarischen Markt als aussichtsreichstem Artikulationsmedium zuwandte. Zugleich begann das Bürgertum, wie bereits im dritten Kapitel angedeutet, ein nichthöfisches Selbstbewußtsein zu entwickeln. An die Stelle des geburtsständischen Status trat individuelle Identität. Am ehesten war Autonomie in der geistigen Sphäre zu behaupten: Durch eine aufgeklärte Nützlichkeitsmoral und das Streben nach Bildung grenzte sich das Bürgertum nach oben und unten ab. Der Lektüre war dabei ein besonders hoher Stellenwert zugewiesen. Sie erweiterte den moralischen und geistigen Horizont, bildete den Leser zu einem nützlicheren Glied der Gesellschaft, ließ ihn seinen Pflichtenkreis besser beherrschen, beförderte aber auch das weltliche Fortkommen in Konkurrenz zu den weniger gebildeten Ständen (wozu auch der Adel gerechnet wurde). Nun erst stand dem wirtschaftlich erstarkenden Bürgertum sowohl ausreichend Zeit für Lektüre wie auch genügend Finanzkraft zum Bücherkauf zur Verfügung. Unter diesen Voraussetzungen konnte die extensive Lektüre ihren Siegeszug antreten – die Rezeption und bald der Konsum einer potentiell unbegrenzten Menge stets neuen, abwechslungsreichen Lesestoffs zur Information und Zerstreuung. Vor allem das akademisch gebildete Bürgertum eignete sich dieses Leseverhalten schnell an; es blieb jedoch nicht standesspezifisch, sondern breitete sich auch ins Kleinbürgertum und den

Adel aus. Rolf Engelsing war der Überzeugung, daß es sich dabei um ein spezifisch deutsches Phänomen gehandelt habe:

„Die einzelnen Länder leisteten ausgangs des 18. Jahrhunderts sehr unterschiedliche Beiträge zur Revolutionierung der traditionellen europäischen Lebensverfassung. In England dominierte die Revolution in Außenhandel und Industrie, in Frankreich die politische Revolution, in Deutschland die Leserevolution. [...] Die Leserevolution war der eigentümliche Ausdruck dafür, daß in Deutschland die Spannungen zwischen den Antrieben zur Spontaneität und Mobilität und ihrer Wirkung und Nutzung im öffentlichen Leben viel größer als in England und Frankreich waren. [...] All das Außerordentliche, was die englischen Seefahrer und Entdecker, die Pioniere und Parteien in Nordamerika und die Wegbereiter und Helden der Französischen Revolution vollbrachten und erlitten, erlebte das deutsche Publikum in Nachvollzügen und Ersatzformen der Literatur. Vor allem in der spezifischen Form der Lektüre wurde das Außerordentliche am Ende des 18. Jahrhunderts in Deutschland zu einer neuen Dimension des bürgerlichen Lebens. [...] Nun darf man sich die Leserevolution, trotz mancher quietistischer und pfahlbürgerlicher Züge, nicht passivischer vorstellen, als sie war. Hand in Hand mit der Zunahme und Bereicherung der Lektüre ging die Zunahme und Bereicherung des Ausdrucksvermögens. Die Leserevolution hatte eine Revolution der Mitteilung von Erfahrungen, Erfindungen, Gedanken und Empfindungen sowohl zur Voraussetzung wie zur Folge.“[5]

Soweit Engelsings einleuchtende These, die freilich dringend der Untermauerung (oder auch Widerlegung) durch umfängliche Quellenstudien bedürfte, wie sie bisher nur in ersten Ansätzen geleistet wurden. Skepsis ist schon bei einer Grundvoraussetzung geboten, nämlich dem Grad der Alphabetisierung, also der Lese- und Schreibfähigkeit. Derzeit werden die Schätzungen von Engelsing und R. Schenda[6] allgemein akzeptiert, die den Trend folgendermaßen konstruieren: Um die Mitte des 18. Jahrhunderts habe die Zahl der Leser unter der erwachsenen Bevölkerung im deutschsprachigen Mitteleuropa etwa 10% betragen (was bereits für die erste Hälfte des Jahrhunderts eine nicht näher erklärte Verdoppelung gegenüber dem 17. Jahrhundert bedeuten würde). Bis 1770 sei die Zahl der Lesekundigen auf 15% gestiegen, bis 1800 weiter auf 25%, 1840 seien 40% und 1870 bereits 75% erreicht gewesen. Im Jahre 1900 schließlich seien 90% der über sechs Jahre alten Bevölkerung Mitteleuropas als potentielles Lesepublikum in Frage gekommen.

Diesen gefälligen Zahlen liegen kaum empirische Daten zugrunde, von wenigen Einzelstatistiken abgesehen. Allerdings sind sie ebensowenig generell zu widerlegen. Doch ist das Problem der Alphabetisierung im 18. Jahrhundert bedeutsam genug, um etwas genauer betrachtet zu werden – nicht zuletzt deshalb, weil es exemplarisch auf die Diskrepanz zwischen aufklärerischer Theorie und ihrem praktischen Scheitern, ja generell auf die Problematik von Leseerziehung und Leserlenkung verweist.

Zu berücksichtigen sind zunächst die verschiedenen Stadien des Alphabetismus und der Lesefähigkeit. Konnte wirklich „lesen", wer nach jahrelangem stumpfsinnigen Eintrichtern in der Dorfschule den Katechismus stockend entzifferte? War er überhaupt fähig (und willens), eine Vielfalt ständig wechselnder Lektüre zu rezipieren? Sicher verbietet sich auch eine plane Verbindung von Signier- und Lesefähigkeit. Wer seinen Namen unter eine Heiratsurkunde zu kritzeln vermochte, beherrschte damit noch nicht das Schreiben und Lesen als kulturelle Kommunikationstechniken. Oder darf man gar, wie manche Forscher es tun, jeden als „Leser" vereinnahmen, der einem Vorleser zuhört?

Sehr hoch muß für das 18. und noch Teile des 19. Jahrhunderts das Bildungsgefälle zwischen Stadt und Land veranschlagt werden. Für größere Residenz-, Universitäts- oder Handelsstädte mag der von Schenda angenommene Alphabetisierungsgrad gegolten haben. Ja, in manchen kleineren Regionen ist er sogar weit übertroffen worden. So wurde für das Zürcher Oberland, ein Pioniergebiet früher Industrialisierung, im 17. und 18. Jahrhundert eine Verbreitung der Schreib- und Lesefähigkeit nachgewiesen, wie sie im übrigen Europa kaum irgendwo erreicht wurde: hier stieg die Alphabetisierung vom frühen 17. bis zum ausgehenden 18. Jahrhundert von zehn auf nahezu hundert Prozent – dabei handelt es sich allerdings um Statistiken der Pfarrherren, die wohl kaum der Kulturtechnik Lesen im heutigen Sinn galten. Doch die weit überwiegende Mehrzahl der zeitgenössischen Quellen spricht eine andere Sprache. Schon in den meisten kleineren Ackerbürgerstädtchen sah es anders aus. Zwei ostdeutsche Beispiele: 1820 konnten von 900 zunftmäßig organisierten Tuchmachermeistern in Grünberg (Schlesien) ein Drittel ihren Namen gar nicht, ein weiteres nur unbeholfen schreiben; 1848 vermochten von 53 Einwohnern der ostpreußischen Kleinstadt Osterode 31 eine solche Signatur nicht zu leisten. Mit der Lesefähigkeit stand es eher noch schlechter: Von einem Viertel der Bevölkerung als möglichem Publikum konnte in den zahllosen Marktflecken und Provinzstädten sicher nicht die Rede sein.

Vor allem aber hatten sich auf dem mehr oder minder platten Lande die Verhältnisse kaum gegenüber früheren Zeiten verbessert, obgleich sich zumindest im ausgehenden 18. Jahrhundert ein relativ dichtes Netz von Grundschulen über Mitteleuropa spannte. Aber von wenigen Ausnahmen abgesehen war der Zustand dieser Landschulen, die rund 80% der Bevölkerung mit Bildungsrudimenten versehen sollten, ziemlich erbarmungswürdig – Zeugnisse dafür gibt es in großer Zahl von der Schweiz bis ins Baltikum.[7] Die Bilder gleichen sich in erschreckender Weise: Klassen von etwa 50 Kindern wurden im Winter täglich fünf bis acht Stunden in die Schulmeisterwohnung gepfercht, die oft nicht mehr als 25 Quadratmeter des schlechtesten Hauses im Dorf ausmachte. Dort sollte den Landkindern im Verlaufe einiger Jahre vor allem Religion, dann Schreiben, Lesen und teilweise auch ein wenig Rechnen beigebracht werden – und zwar von Lehrern (oder deren Frauen oder Kindern), die selbst „zur Noth lesen und unorthographisch hin und wieder etwas schreiben" konnten, die von Hungerlöhnen zu leben hatten und insgesamt „auf keiner höhern Stufe von Cultur, als der gewöhnliche Bauer" standen. Manche darunter waren hauptberuflich Kuhhirten, die nur dann Unterricht erteilen konnten, wenn das Vieh nicht ausgetrieben werden mußte, meist handelte es sich um invalide Soldaten oder Professionisten, die nach den Bedürfnissen des Dorfes ausgewählt wurden – Schneider, Schuster oder Weber etwa, die auch während des Unterrichts ihr Handwerk betrieben.

Begreiflicherweise konnten solche Lehrer ihre Amtsautorität nur mit Prügeln aufrechterhalten. Die Kinder verabscheuten die Schule, der Schulmeister bedeutete ihnen nicht selten „die gehäßigste Person in der ganzen Gemeinde". Den Bauern war kaum zu verargen, daß sie wenig Neigung zeigten, ihre Sprößlinge in solche Schulen ohne praktischen Nutzen zu schicken. Immer wieder mußten die Obrigkeiten eingreifen, weil die Schule als Fremdkörper im Dorfe galt, die Bevölkerung passive Resistenz dagegen übte. Vor allem die Sommerschule, wenn die Kinder als unentbehrliche Arbeitskräfte auf dem Felde gebraucht wurden, besuchte nur ein geringer Teil der Jugend. Und von den Kindern, die zur kalten Jahreszeit ein Dutzend Wochen lang tatsächlich die Schulbänke drückten, hatte der größte Teil „des Sommers [...] meist alles vergessen, was im Winter kümmerlich und unterbrochen gelernt war". Durfte der Zwölf- bis Vierzehnjährige die verhaßte Schulstube endgültig verlassen, war ihm an brauchbaren Fertigkeiten kaum etwas vermittelt worden – außer der tiefeingewurzelten Abneigung gegen jegliches außengeleitete Lernen unter Zwang. Ein schwäbischer Aufklärungspfarrer resümierte noch 1793: „Kaum lernt das Kind buchstabiren, nie etwas mit Verstand lesen, kaum seinen Namen schreiben, niemals aus seinem Kopf etwas zu Papier bringen, es stammlet seinen Katechismus, ohne etwas vom Inhalt zu wissen, her; dabei bleibts in seinem Leben."

Dieser Zustand der Landschulen entsprach völlig den Absichten der unmittelbaren bäuerlichen Obrigkeit, den Grund- und Gutsherren. Auf schlagende Weise hat der als großer Aufklärungsfürst glorifizierte Friedrich II. von Preußen die Staatsmaximen zur Volksbildung zusammengefaßt:

„Daß die Schulmeister auf dem Lande die Religion und die Moral den jungen Leuten lehren, ist recht gut, und müssen sie davon nicht abgehen, damit die Leute bei ihrer Religion hübsch bleiben und nicht zur katholischen übergehen; denn die evangelische Religion ist die beste und weit besser als die katholische; darum müssen sich die Schulmeister Mühe geben, daß die Leute Attachement zur Religion behalten, und sie soweit bringen, daß sie nicht stehlen und morden. Sonsten ist es auf dem platten Land genug, wenn sie ein bisgen lesen und schreiben lernen; wissen sie aber zu viel, so laufen sie in die Städte und wollen Sekretairs und so was werden; deshalb muß man auf'n platten Lande den Unterricht der Leute so einrichten, daß sie das Notwendigste, was zu ihrem Wissen nötig ist, lernen, aber nach der Art, daß die Leute nicht aus den Dörfern weglaufen, sondern hübsch dableiben."

In diesem Sinne hat auch die Bewegung der Volksaufklärung im 18. Jahrhundert zu einem nicht geringen Teil ihre Aufgabe darin gesehen, der Landbevölkerung ihren Pflichtenkreis zu verdeutlichen, mittels Fortbildung ihre Produktivität zu steigern, aber den unumschränkten Gehorsam gegenüber der Obrigkeit nie in Frage zu stellen. Während für den sich emanzipierenden Bürger das Recht auf umfassende Geistesfreiheit gefordert wurde, wandten sich die Volksaufklärer entschieden gegen jede bäuerliche Unzufriedenheit, die das ständische Gefüge von unten her hätte bedrohen können. Der ländlichen Bevölkerung wurde eingeschärft: „Du kannst in deiner niedrigen Hütte vergnügter leben als dein gequälter Mitmensch auf dem sorgenvollen Throne." Für die Leseerziehung, die rund vier Fünfteln der deutschen Bevölkerung zuteil wurde, bedeutete dies mit den Worten des Erzaufklärers Adolph von Knigge:

„Daß man den Bauern nach und nach zu bewegen suche, von manchen ererbten Vorurtheilen in der Art des Feldbaues und überhaupt in Führung des Haushaltes abzugehen, daß man durch zweckmäßigen

Schulunterricht die törichten Grillen, den dummen Aberglauben, den Glauben an Gespenster, Hexen und dergleichen zu zerstören trachte, daß man die Bauern gut schreiben, lesen und rechnen lehre, das ist löblich und nützlich. Ihnen aber allerlei Bücher, Geschichten und Fabeln in die Hände zu spielen, sie zu gewöhnen, sich in eine Ideenwelt zu versetzen, ihnen die Augen über ihren armseligen Zustand zu öffnen, den man nun einmal nicht verbessern kann, sie durch zuviel Aufklärung unzufrieden mit ihrer Lage, sie zu Philosophen zu machen, die über ungleiche Austeilung der Glücksgüter plappern [...] – das taugt wahrlich nicht."

Der Bauer sollte also lesen lernen, um einen kleinen Kanon ihm empfohlener Schriften aufnehmen zu können, der nicht mehr wie bisher von der Kirche, sondern nun von den Aufklärern zusammengestellt wurde. Dies hieß eine Säkularisierung der intensiven und eine Domestizierung der „wilden" Lektüre, nicht aber ein Übergang zum sozial brisanten extensiven Lesen.

Die Erfolge solch autoritärer Leseerziehung blieben jedoch gering, sofern sie nicht an den Lektürebedürfnissen der Landbevölkerung orientiert war. Diese zeigte sich, wie die Aufklärer immer wieder enttäuscht konstatieren mußten, von wenigen immer wieder in den Vordergrund gedrängten Einzelfällen „gelehrter Bauern" abgesehen, höchst widerspenstig gegenüber den wohlmeinenden Ratschlägen in Buch- und Broschürenform. Dieser Abneigung gegen herablassende Bevormundung entging auch der bekannteste Bestseller der Aufklärungspädagogik nicht, Rudolf Zacharias Beckers „Noth- und Hülfsbüchlein für Bauersleute".[8] Dessen unbezweifelbar enorme Verbreitung spricht nicht von vornherein für ebenso starke ländliche Aufnahme seiner Inhalte. Die bis 1811 auf etwa eine Million Exemplare gestiegene und damit tatsächlich einzigartige Auflage des „Noth- und Hülfsbüchleins" war das Ergebnis einer geschickten Werbestrategie des Autors nicht beim Zielpublikum, sondern bei deren Obrigkeiten. Becker erreichte, daß mehrere Fürsten das Buch in größeren Mengen kauften und anschließend als mustergültige Landesväter unentgeltlich verteilen ließen. So schenkte der Markgraf von Baden seinen ländlichen Untertanen 20000 Exemplare, der Ansbacher Fürst 10000, der sparsamere bayerische noch 3000. Das Buch gelangte auf diese Weise sicherlich in den Besitz der angestrebten Leserschichten – aber ob diese unerbetene Gabe dort auch gelesen wurde, muß offenbleiben. Der unbezweifelbare Erfolg war einem anderen Publikum zu verdanken, das in den Titeln bald direkt angesprochen wurde: Hieß der erste Band 1788 noch „Noth- und Hülfsbüchlein für Bauersleute", so fiel der Standeszusatz beim zweiten fort, und die katholische Bearbeitung präzisierte ab 1793 ihre Zielgruppen, nämlich „Bürgers- und Bauersleute". Die Ackerbürger der Kleinstädte und Marktflecken waren es, die einem Ratgeber vertrauten, der bürgerlicher und nicht bäuerlicher Weltanschauung entsprang.

Am Ende des 18. Jahrhunderts allerdings wandelte sich das Leseverhalten der ländlichen Bevölkerung. Dabei spielten die Anfänge der noch vortechnischen industriellen Revolution eine wichtige Rolle, etwa die textile Verlagsindustrie in Sachsen und Schlesien, die eine umfassende Säkularisierung und Lockerung traditioneller Mentalitäten und Lebensformen mit sich brachten. Entscheidend aber war der Schock der Französischen Revolution. Die Bauernunruhen, die er mit unterschiedlicher Intensität in ganz Europa auslöste, ließen auch die deutsche Landbevölkerung erstmals seit der Reformationszeit wieder zum politisch handelnden Subjekt werden.

Wiederum erwies sich das gedruckte Wort als Unruhestifter. Auf dem Lande wuchs unversehens das Interesse an den Neuigkeiten aus dem revolutionären Frankreich. Wie zur Bauernkriegszeit tauchten auch jetzt überall Multiplikatoren auf: Winkeladvokaten, entlaufene Schulmeister, aufsässige Studenten, reformfreudige Geistliche, Gastwirte und Posthalter lasen in den Schulstuben und Schenken die Zeitungen laut vor und ermunterten zu lärmenden Debatten. Noch geschah die Rezeption gedruckter Texte durch Zuhören, aber wie etwa hundert Jahre zuvor beim Bürgertum, so ermöglichten die Zeitungen nun auch bei den Bauern den Einstieg in die extensive Lektüre. Immer mehr Angehörige der Landbevölkerung wollten wissen, was in der Welt vorging – zum Mißbehagen der politischen und gesellschaftlichen Führungsschichten und auch der irritierten Volksaufklärer, denen die Zügel zu entgleiten drohten. Wie zuvor gegen die bürgerliche „Lesewut", so wurde nun auch gegen übermäßige Volksbildung ein breiter Feldzug eröffnet. Dem Lesen wurde unterstellt, es führe zu Unbotmäßigkeit.

So ergab sich ein paradox anmutender Befund. Jahrzehntelang hatte sich die ländliche Bevölkerung mißtrauisch geweigert, das zu lesen, was ihr ein Heer wohlmeinender Aufklärer zur Festigung ihres Untertanengeistes und Stärkung ihrer Arbeitsmoral aufzudrängen suchte. Aber kaum zeigte sie nach der Erschütterung von 1789 endlich Ansätze geistiger Bewußtwerdung, verbündeten sich die meisten Volksaufklärer mit der Obrigkeit und blockierten diese Emanzipation. Erst die Tätigkeit der Volksbildungsvereine, die nach 1840 die

Erwachsenenbildung vorantrieben, die Ideologie des liberalen Bürgertums, das in der Landbevölkerung einen Verbündeten gegen das drohende Arbeitsproletariat erhoffte, und vor allem die Ausweitung des Buchmarktes durch billige Massenauflagen und Kolportagevertrieb ließen im Laufe des 19. Jahrhunderts den lesenden Landmann zur Realität werden.

Eine Ausnahme bildeten dabei große Teile der städtischen und insbesondere höfischen Unterschichten meist ländlicher Herkunft: Lakaien und Zofen, Gärtner und Stubenmädchen, Wachsoldaten und Köchinnen, Handwerksgesellen und Gesinde. Allein das Dienstpersonal konnte zwischen zehn und zwanzig Prozent der städtischen Gesamtbevölkerung ausmachen. Viele Angehörige dieser Unterschichten waren erfolgreich in ihrem Bemühen, ins Kleinbürgertum aufzusteigen, und übernahmen dessen Lebensformen, wozu auch ein fortgeschrittener Grad der Alphabetisierung zählte. Gerade das Dienstpersonal konnte sich in der Nachahmung seiner Herrschaft pseudobürgerliche Formen von Lesekultur aneignen – man denke an die bei der langwierigen Coiffure vorlesenden Zofen. Während Teile insbesondere des katholischen Gesindes bis weit ins 19. Jahrhundert hinein ihren Kanon intensiver Lektüre beibehielten, übernahmen andere den extensiven Konsum ihrer Herrschaft, indem sie die aus der Leihbibliothek entliehenen Bücher insgeheim selbst verschlangen. So hat ein Wiener Autor 1781 bei den Stubenmädeln eine wahre belletristische Leidenschaft registriert: „Hiermit noch nicht zufrieden, spielen sie auch die Rollen der Empfindsamen, machen Anspruch auf die Schöngeisterey, lesen fleißig Komödien, Romane, Gedichte, lernen ganze Scenen, Stellen oder Strophen auswendig und räsonniren sogar über die Leiden des jungen Werther."

Insgesamt aber war die „Leserevolution" des 18. Jahrhunderts nur zum geringen Teil eine zahlenmäßige – sie bestand wesentlich in einer Veränderung und Intensivierung der Lektüre bei schon zuvor potentiell lesenden Schichten. Eine tatsächliche Demokratisierung des Lesens setzte erst Jahrzehnte später ein. Freilich konnte für die Zeitgenossen auch eine Zunahme des regelmäßig lesenden Publikums von nur zwei auf vier Prozent als faktische Verdoppelung und damit auch quantitativer Sprung gelten.

Dabei handelte es sich zum überwiegenden Teil um eine Angelegenheit der Mittel- und Oberschichten (ein wenig präziser: der oberen Mittelschicht und der unteren Oberschicht), die üblicherweise und so auch hier mit dem sicherlich allzu pauschalen Notnamen „Bürgertum" belegt werden.

Der bereits erwähnte Prozeß begann im wesentlichen in den Handelsstädten Sachsens und des protestantischen Nordens. Neben Leipzig spielte Hamburg als Einfallstor englischen Aufklärungsdenkens die entscheidende Rolle. Hier wurde eine Zeitschriftengattung begründet, die sich in den Jahren zwischen 1720 und 1760 der ethischen und auch Lese-Erziehung des Bürgertums erfolgreich annahm, die Moralischen Wochenschriften, die die „Botschaft der Tugend" verbreiteten.[9] Ihre Absichten sind bereits aus den Titeln ablesbar, die den englischen Vorbildern („Spectator", „Tatler", „Guardian") nachempfunden wurden: „Der Patriot", „Der Weltbürger", „Der Vernünfftler", „Der Biedermann", „Der Menschenfreund", „Der Freygeist", „Der Gesellige", „Die vernünfftigen Tadlerinnen" und dergleichen. Sie hatten sich das Ziel gesetzt, ihrem Publikum die spezifisch bürgerliche Tugendlehre und Bildung der Aufklärung in Abwendung vom höfisch-galanten Lebensideal zu vermitteln. Mit den appellativen Strategien der früheren Erbauungsbücher und deren unmittelbarer Zuwendung an den Leser transportierten sie nun, um Kurzweiligkeit bemüht, auch weltliche Inhalte. Solche nützliche und tugendbefördernde Lektüre war für den Handelsmann wie den Studenten, das gesittete Frauenzimmer wie den redlichen Beamten kein müßiges Vergnügen, sondern geradezu sittliche Pflicht – die Moralischen Wochenschriften wurden nicht müde, diese Botschaft zu verkünden und damit für sich und das Lesen insgesamt zu werben. Sie wurden zur Keimzelle des nichtfachlichen und nicht gelehrten Zeitschriftenwesens in Deutschland. Ihr Vorbild machte schnell im ganzen Sprachraum Schule. Kein anderer Sektor des Buchmarktes expandierte so schnell wie dieser: Zwischen 1741 und 1750 sind 260 Neugründungen von Zeitschriften nachweisbar, zwischen 1751 und 1760 nochmals 331. In ihnen artikulierte sich ein anscheinend ungehemmter Drang, alle nur denkbaren Wissensbereiche aktueller periodischer Kommunikation zu unterwerfen.

Im letzten Jahrhundertdrittel wurde die Werbung fürs Lesen auch auf Kinder und Jugend des Bürgertums ausgeweitet: Gleichzeitig mit der „Entstehung der Kindheit" als eigenem Lebensabschnitt entdeckte die Aufklärungspädagogik und Philanthropie die Lektüre als Erziehungsmittel und moralische Anstalt. Nun erschienen erste Zeitschriften für jugendliche Nachwuchsleser wie C. F. Weißes „Der Kinderfreund" (1775 –1782), unterhaltend-belehrende Bearbeitungen einstiger Erwachsenenliteratur wie J. H. Campes „Robinson der Jüngere" (1779) und für den Nachwuchs der begüterten Schichten auch farbenfrohe und abbildungsreiche Kupferwerke wie F. J. Bertuchs

„Bilderbuch für Kinder“ (12 Bde., 1790 ff.). Allein zwischen 1770 und 1789 sind im deutschsprachigen Raum 43 Zeitschriften für „Kinder aus gesitteten Ständen [...], die nicht andere Verhältniße zwingen, Handwerk oder Brodkunst zu lernen“ nachweisbar (bemerkenswerterweise mit einem ungewöhnlich hohen Anteil adeliger Käufer).[10] Aus solchen Anfängen wurde die Kinder- und Jugendliteratur im 19. Jahrhundert zum schließlich titelstärksten Marktbereich; bereits 1787 klagte der aufklärerische Schulmann Gedike: „Indessen wird itzt in Deutschland nicht leicht irgend ein Feld der Litteratur so eifrig gedüngt und bearbeitet, als die Schriftstellerei für *Kinder* und *Schulen,* und keine einzige litterarische *Manufaktur* ist so sehr im Gange als die Büchermacherei für die Jugend nach allen ihren Gradationen und Klassen. Jede Leipziger Sommer- und Wintermesse spült wie die Flut des Meers eine zahllose Menge Bücher der Art ans Ufer.“[11] Nichtsdestoweniger bestand die alltägliche Kinder- und Jugendlektüre sicher großteils aus „gesunkenem Kulturgut“ – aus zerlesenen Romanen der Großväterbibliotheken, aus Volksbüchern und Kupferstichwerken sowie erbaulichem Bodensatz der Barockzeit.

Die Lektüre beförderte ein neues Gruppenselbstverständnis des Bürgertums, das in seinem Prozeß der Emanzipation aus den feudalen und altständischen Strukturen der Gefahr der Orientierungslosigkeit zu entkommen suchte und eine neue korporative soziale wie kulturelle Identität erstrebte. Die von Habermas betonte „Selbstaufklärung der Privatleute über die genuinen Erfahrungen ihrer neuen Privatheit“ als Hauptcharakteristikum der bürgerlichen Kommunikation wurde im wesentlichen auf zwei Wegen betrieben: Die Selbstbeobachtung ging „eine teils neugierige, teils mitfühlende Verbindung ein mit den seelischen Regungen des andern Ichs“ (Habermas) sowohl mittels des Briefes wie mittels des Lesens. Der Brief war die im gesamten 18. Jahrhundert wichtigste Probebühne der Selbstvergewisserung, auf der der Leser sich als Autor bewies und mit kaum stillbarem Mitteilungsbedürfnis die eigene Innenwelt und Privatheit einem ebenso privaten Gegenüber erschloß, das zugleich aber eine Öffentlichkeit von Freunden repräsentierte. Denn, so Goethe, es „war überhaupt eine so allgemeine Offenherzigkeit unter den Menschen, daß man mit keinem Einzelnen sprechen oder an ihn schreiben konnte, ohne es zugleich als an Mehrere gerichtet zu betrachten. Man spähte sein eigen Herz aus und das Herz des Andern“.

Das entfesselte Bedürfnis nach Kommunikation wurde von einem ebenso unstillbaren Hunger nach Identifikation begleitet; der Gleichklang der Emotionen, der den Genuß von Freundesbriefen so seelen-

Die wichtigste Einkaufsquelle für Kinder- und Volksbedarf: Bücherbuden auf dem Markt (um 1790)

stärkend machte, war bei der Lektüre eines schöngeistigen Buches noch weit intensiver. Die Vereinzelung des Lesers wurde überdeckt von dem Bewußtsein, einer Gemeinschaft von Gleichgesinnten anzugehören, zu der Produzenten wie Rezipienten von Literatur zählten. Zwischen Autor und Leser bestand ein apriorisches Vertrauensverhältnis, wie es Justus Möser 1746 ausdrückte: „Wenn also ein Schriftsteller uns vergnügen soll: so muß er unser unbekannter Freund sein."

Ein solcher Zugang zur Lektüre war insbesondere für das weibliche Lesepublikum des 18. Jahrhunderts kennzeichnend. Den Gattinnen und Töchtern des Bürgertums stand bei wachsendem wirtschaftlichem Wohlstand mehr Freizeit zur Verfügung, auch die Bildungsvoraussetzungen verbesserten sich spürbar. Der weibliche Lektürekanon, der bis zum Beginn des 18. Jahrhunderts so gut wie ausschließlich auf erbaulich-religiöse Schriften beschränkt war (auch wenn, wie früher gezeigt, diese Restriktionen nicht immer erfolgreich waren), durfte sich nun erweitern. In den Moralischen Wochenschriften wurden „Frauenzimmerbibliotheken“ empfohlen, die zwar ähnlich wie bei der Volksaufklärung ihr Hauptaugenmerk auf „verhältnismäßige“ Bildung entsprechend dem häuslichen Pflichtenkreis richteten, aber doch dem weiblichen Wissensdurst etwa mit Reisebeschreibungen und Fabeln Linderung verschafften.

Aber bei diesem „nützlichen Lesen“ (A. Assmann), das den literarischen Text allegorisierte und moralisierte, blieb es nicht lange. Einen entscheidenden Fortschritt bei der Herausbildung autonomen weiblichen Lesens brachte Klopstocks „Messias“. Er behandelte einen erbaulichen und damit auch für Frauen uneingeschränkt erlaubten Stoff, eben das Leben Christi, jedoch auf kühn subjektive, gefühlsträchtige Weise und stand damit genau an der Nahtstelle zwischen religiös-intensiver und weltlich-extensiver Lektüre. Er wurde „von seinen Lesern in dem Augenblick ergriffen, in dem sie sich zur Emanzipation von der traditionellen schulischen Erbauungslektüre anschickten, und in dem Augenblick aufgegeben, in dem sie die Emanzipation beendet hatten und mit Dichtung und Belletristik so selbstverständlich und so selbständig umgingen, daß sie nicht mehr begriffen, wie ihnen Klopstocks ‚Messias‘ einmal so viel hatte bedeuten können“[12]. Ähnlich war der Erfolg von Gellerts Werken begründet. Im ersten bürgerlichen Roman Deutschlands, seinem „Leben der Schwedischen Gräfin von G.“ (1746), war die erbaulich-moralische Absicht über jeden Verdacht erhaben, und desto begieriger durfte man die abenteuerlichen Begebenheiten verschlingen, wobei, wie Joseph von Eichendorff erkannte, „die Wogen [...] nur noch durch das obenauf schwimmende Öl der Moral beschwichtigt und niedergehalten“ wurden.

Die Frauen, die in der Briefkultur des 18. Jahrhunderts unbestritten die Führung übernahmen und sich dieser Ausdrucksform aufs Virtuoseste zu bedienen wußten, wurden bald auch zum wichtigsten Publikum der Belletristik. So es irgend ging, bevorzugten sie das gesellige Lesen, das eine unmittelbare Kommunikation über die Lektüre erlaubte; an die Stelle des autoritativen, „frontalen“ Vorlesens durch Hausvater, Pfarrer oder Lehrer trat eine durch Lektüre legitimierte und formalisierte Geselligkeit, deren Bedeutung in der „Erfahrung empathischen Rollenspiels“[13] lag, also einer kontrollierten und disziplinierten Bewältigung von literarischen Texten. Exemplarisch dafür ist ein Tageslauf, wie ihn Luise Mejer 1784 in einem Brief an ihren Freund Heinrich Christian Boie schilderte. Sie war als Gesellschafterin im holsteinischen Tremsbüttel bei einer Gräfin Stolberg tätig, deren Gatte und Schwager als Dichter reüssiert hatten:

„Um zehn Uhr wird gefrühstückt. Dann liest Stolberg ein Kapitel aus der Bibel und einen Gesang aus Klopstocks Liedern vor. Jeder geht nach seinem Zimmer. Ich lese dann in dem ‚Spectator', der ‚Physiognomik' und noch einigen Büchern, die mir die Gräfin gegeben hat. Sie kommt zu mir herunter, indess Lotte übersetzt, und ich lese ihr den ‚Pontius Pilatus' von Lavater eine Stunde lang vor. Indessen sie ihre lateinische Stunde hat, schreibe ich ab für sie oder lese für mich, bis angerichtet ist. Nach Tisch und Kaffee liest Fritz aus den ‚Lebensläufen', dann kommt Lotte zu mir herunter und ich lese mit ihr den Milton eine Stunde. Dann gehen wir wieder hinauf und ich lese dem Grafen und der Gräfin aus dem Plutarch vor, bis es Teezeit ist um 9 Uhr abends. Nach dem Tee liest Stolberg ein Kapitel in der Bibel und einen Gesang aus Klopstock vor, damit Gute Nacht."[14]

Luise Mejers Urteil: „Man stopft hier die Menschen mit Lektüre, wie man Gänse mit Nudeln stopft", ist kaum zu widersprechen. Immerhin handelte es sich bei der Moralischen Wochenschrift und Klopstock, Milton und Lavater durchwegs um Erbauliches, noch nicht um jene Lektüre, die sich spätestens mit dem „Werther" durchzusetzen begann, den Roman. Hier witterten die Aufklärer verständlicherweise höchste Gefahr. Denn gerade Goethes Bestseller wurde von vielen seiner Leser exemplarisch mißverstanden.[15] Sie nahmen die Vorbemerkung, das Büchlein solle „des Lesers Freund seyn", allzu wörtlich und begriffen das Kunstprodukt ohne ästhetische Objektivierung im Sinne des „nützlichen Lesens" als Anweisung zum Nachvollzug – die jedoch keine erbauliche Diesseitsmoral predigte, sondern einen Selbstmord vorführte. Eine Suizidwelle und Verbotsforderungen von Sittenwächtern kennzeichnen die schlimmen Folgen solch obsoleter Rezeptionsweise. Moderner verhielten sich jene Leser, die sich mit dem „Werther" nur auf säkulare Weise identifizierten, indem sie die Kleidung des Helden (blauen Frack und gelbe Beinkleider) zum Signal rebellischer Jugend erhoben und Kultgegenstände wie die bekannte Werthertasse kauften. Auf diese Weise konnte die Identifikation sich auch zur eigenen Identitätsfindung weiterentwickeln.

Auch Leseweisen und Leseverhalten änderten sich im letzten Jahrhundertviertel deutlich. Schon mit dem Beginn der bürgerlichen Lesekultur des Aufklärungszeitalters hatte sich das handliche Oktavformat durchgesetzt, über die Jahrzehnte hinweg wurden die Bücher nun immer schlanker und kleiner. Jean Paul glossierte diesen Wandel: „Himmel! wenn man sich erinnert der alten vielpfündigen Folianten, in Bretter, Leder, Messingbeschläge und Klammern gefaßt, gleichsam lederne, mit Messingnägeln besetzte Großvaterstühle des gelehrten

Sitzlebens, und wenn man dagegen ein Taschenbüchlein hält: so kann man wahrlich nicht klagen. Aus dem Schweinleder wurde Saffianleder, aus Messingspitzen Goldränder, aus Klammern und Schlössern ein Seidenfutteral, und die Kette, an die man jene Riesen sonst in Bibliotheken legte, wurde ein seidnes Ordenbändchen zum Freimachen."[16] Kleinoktav, Duodez und gar das zierliche Sedez waren die bevorzugten Formate des belletristischen Lesepublikums.

Dem zierlichen Äußeren korrespondierte oft das Innere – die literarischen, vor allem lyrischen Kleinformen behaupteten sich neben dem Roman als bevorzugte Gattungen. Die ihnen gemäße Präsentationsform war der Almanach, das poetische Taschenbuch als Medium jener literarischen Gesellschaftskultur, die auch das Subskriptions- und Kollekteurswesen getragen hatte. Nach dem Vorbild des ersten Göttinger Musenalmanachs von 1770 entstanden gut dreißig Jahre lang bis in die entlegensten Außenposten des deutschen Sprachraums solche Sammlungen. In ihnen fanden sich „nicht nur fast der gesamte Kanon der klassischen Lyrik, sondern auch dramatische und epische Werke von größter Bedeutung"[17]. Sie waren allerdings ebenso Tummelplätze lyrischer Dilettanten; zu den literarischen gesellten sich bald populär- und fachwissenschaftliche Taschenbücher, politische und satirische Almanache; insgesamt sind mehr als zweitausend solcher oft gefällig, ja luxuriös ausgestatteten Bändchen erschienen.

Nicht mehr nur in der Studierstube und beim geselligen Vergnügen konnte man solche Büchlein lesen, sondern sie überallhin bequem in der Rocktasche mitnehmen – nicht zuletzt als Begleiter in die nun entdeckte Natur, zum Lesen unter freiem Himmel, das als Verhaltensmodell für empfindsame Lektüre propagiert wurde. Die demonstrative Flucht vor der Gesellschaft, vor den Zumutungen des Hofes, der Stadt und der alltäglichen Pflichten in die sentimentale Einsamkeit trat man mit einem literarischen Vademecum an, steigerte so die Emotionen im Wechselspiel von umgebender Realidylle und imaginierten Schicksalen. Dies war allerdings nur ein Entwicklungsstadium der bürgerlichen Lesekultur: „Erwachsen werdend, lernten es die Leser im 19. Jahrhundert aber immer mehr, den Übergang in die fiktionale Welt nur in der Phantasie zu vollziehen"[18], und in ihre Alltagsrealität zu integrieren.

Die neue Intensität der Lektüre dehnte sich auch auf den bürgerlichen Wohnbereich aus. Hatten bisher nur Gelehrte Stunden und Nächte gesundheitszehrend über ihre Folianten gebeugt verbracht, so wurden nun der Abend und die Nacht als „Freizeit" auch für den literarischen Lesegenuß gewonnen. Die Luxusfabrikanten boten erst-

Gesellige Modelektüre im ausgehenden 18. Jahrhundert: Almanache (1783)

mals „Lesemöbel“ an, die längeres Sitzen bei spannender Lektüre komfortabel machten: Lese-Chaiselonguen mit eingebautem Lesepult, Verwandlungsmöbel für die Dame von Stande, die zugleich als Putz-, Eß-, Schreib- und Lesetisch dienen konnten, bequeme „englische Lese- oder Schlaf-Stühle“ und dergleichen mehr.[19] Erich Schön hat die Veränderungen der Körperhaltung beim Lesen im 18. Jahrhundert eingehend analysiert – vor allem die Männer sträubten sich zunächst gegen das bewegungslose Sitzen am Schreibtisch; die Immobilisierung, die den Körper vom sinnlichen Miterleben des Lektüreaktes ausschloß, ging einher mit dem Ende des lauten Lesens, das bisher das Rezeptionserlebnis gesteigert hatte. Ein „Dominanzgewinn des Kognitiven“[20] war die Folge, ein kontrollierterer Umgang mit der vermittelten Welt des literarischen Textes: die Erlangung der „Fähigkeit zum schnellen und problemlosen Übergang von einem Sinnbereich in einen anderen“[21].

Die Folgen dieser insbesondere Frauen und die junge Generation wie eine Seuche befallenden „Lesewut" schienen den Kulturkritikern alarmierend in höchstem Maße. Weit umfangreicher und erbitterter noch als die Debatte über die Vielschreiberei ist am Jahrhundertende jene über die für die gesamte Gesellschaft bedrohlichen Dimensionen der Lektüre, sofern sie die Schranken der Aneigung von Moral und Wissen sprengt, sich emotional und subjektivistisch orientiert. Exemplarisch sei die Stimme des konservativen Schweizer Eiferers Johann Georg Heinzmann aus dem Jahr 1795 zitiert:

„So lange die Welt stehet, sind keine Erscheinungen so merkwürdig gewesen als in Deutschland die *Romanenleserey*, und in Frankreich die *Revolution.* Diese zwey Extreme sind ziemlich zugleich mit einander großgewachsen, und es ist nicht ganz unwahrscheinlich, daß die Romane wohl eben so viel im Geheimen Menschen und Familien unglücklich gemacht haben, als es die so schreckbare französische Revolution öffentlich thut. Wenn man bedenkt, daß Sittenlosigkeit, Spott über ernsthafte Gegenstände, Leichtsinn, der alles zu unternehmen im Stande ist, Religions-Verachtung und thierische Triebe der Wollust in unsern neu aufblühenden Geschlechtern durch die Romanenlektür ausserordentlich verbreitet worden; so kann man warlich die Folgen nicht geringer berechnen – als daß eine Total-Revolution in der bescheidenen, alttreuherzigen Denkungsart vorgehen müsse, und die Nachkommen noch weit elender seyn werden, als wir es jetzt schon sind.

Wer von der ausserordentlichen Menge von Romanen, die jährlich in Deutschland erscheinen, einen deutlichen Begriff hat, wer die Buchhändlermessen in Leipzig seit einigen zwanzig Jahren mit angesehen hat, wer auch die überall und täglich sich vermehrenden öffentlichen Leseläden, Lesegesellschaften nach ihrer innern Einrichtung genauer kennt, und welche Bücher und Zeitschriften da vorzüglich mit Begierde gelesen werden; wer sich mit dem wahren Gedanken familiarisirt: Hier in diesen Romanen sind verstekt: die leichtfertigsten und die revolutionärsten Urtheile, die frechesten, die schamlosesten, auch die plattesten Meynungen und Schildereyen. Sie bedeuten weit mehr, als das was sie scheinen. Man glaubt gemeiniglich, es gehe alles nur auf Liebschaften und gleichgültige Händel hinaus; aber die Schriftsteller unter dieser Maske tragen oft den gefährlichsten Stoff mit sich, den sie auf keine bessere Weise unter die grosse Menge der Leser auszustreuen wissen, als in der Gestalt eines Romans. [...]

Jährlich erscheinen in Deutschland, wenn man wenig sagen will, gegen 300 neue Romane; es gab Jahre, wo bis auf 5 und 6 Hundert erschienen sind, da fast die ganze deutsche Litteratur, sogar alte und neue Geschichte, Moral, Religion, Philosophie, Staatskunst, in Form von Romanen abgehandelt worden. Unsre Leseläden enthalten ohnehin fast nichts als Romane, Schauspiele, Reisen; und die Reisen sind ja größtentheils Roman; halb Lüge und halb Wahrheit. Rechnet man diese zu der Modelektür, so hat man alljährlich eine unabsehliche Menge von Schriften, wodurch unaussprechlich viel falsche, verkünstelte, überspannte, hämische Urtheile und Ideen verbreitet werden; und der wahren Aufklärung, so wie der Humanität und ächten Menschenglückseligkeit die unübersteiglichsten Hindernisse in Weg legen.

Betrachtet man noch weiter die Folgen der verliebten Romanen, so wird man da noch weit mehr zu tadeln finden. Unsern jungen Leuten, Männern und Weibern, wird die Zeit lange, sie haben kein nützliches Geschäft unter Händen, und Müßiggang führt sie zur *Romanen*-Lektür. Da wird die noch ungebildete Vernunft in alle Irrgänge der Phantasie geführt; da thut sich überall ein Feenpallast auf, ein reizendes Tugendbild, eine übermenschliche Vollkommenheit, eine bezaubernde Unschuld erscheint; und diese noch edlen Bildern verwöhnen sie gegen das wirkliche Leben, und versezen sie in Mißlaune und Gleichgültigkeit. Nun aber führt die Abwechslung – auch Rittergeschichten und höchst schreckhafte Scenen herbey, die schwachen Nerven werden angespannt, das eitle unerfahrne Herz wird von einer Welle des Sturms zu einer andern Felsenkluft hingetrieben; sie leben nicht mehr in der wirklichen Welt, sie sind in den höchsten Träumen der Einbildung ihren Mitmenschen entrissen.

Nun vollendet aber eine dritte und die allerniedrigste Klasse von Schriften das Elend der Romanenleser. Die grosse Anzahl von Lesern greift nach den freygeisterischen, schmuzigen und ärgerlichen Dingen, wodurch ihre schon elende Seele ihre noch tiefere Verwerflichkeit schaffet. Und solcher Schriftsteller haben wir, wie solcher Leser die Menge! Die Liebhaber zu solcher sittenverderblicher Lektür, finden sich unter allen Ständen, unter Frauenzimmern und unter dem männlichen Geschlechte. Und man muß fast ohne Ausnahme die Romanenlektüre verdammen, weil sie früher oder später zu dieser Verwilderung hinführt."[22]

Heinzmanns Polemik wurde deshalb so ausführlich zitiert, weil sie so gut wie alle Argumente der Zeit anklingen läßt. Der Hauptakzent liegt auf der Schädlichkeit der Lektüre für besonders beeinflußbare Gruppen: Die bürgerliche Jugend und die Frauen werden durch die Romane von der Realität der bürgerlichen Gesellschaft und ihren sanktionierten Werten entfremdet, vermögen die Lektüre nicht in ihr

Alltagsleben zu integrieren. Durch die politischen Ereignisse erhielten diese zunächst nur von Theologen, Pädagogen und Moralphilosophen vorgebrachten ethischen Argumente eine aktuelle antirevolutionäre Komponente. Ebenso gefährlich wie der eskapistische Konsum von Belletristik erschien mit Heinzmann der staatlichen Obrigkeit die Einmischung der keineswegs vom literarischen Opium betäubten Jugend in öffentliche Angelegenheiten, ihr Interesse an – man beachte die Reihenfolge – „Politik, Revolution, Sektirey und Dichtung".

Die gesellschaftsverändernde Wirkung von Lektüre wurde von den rationalistischen Aufklärern nur solange bejaht, als sie soziabel blieb, sich auf geordnete und gesittete Weise manifestierte. Das Veränderungspotential einer anonymen, individuell-unkalkulierbaren Lektüre wurde von Aufklärern wie Gegenaufklärern mit gleichem Argwohn betrachtet, weil sie zum „Umsturz aller sittlichen Ordnungen und aller Regierungsform" führe. Doch wie das „Volk" die leitende Hand der Meinungsführer ausschlug, so auch das mittelständische Lesepublikum. In diesem Zusammenhang verlor zugleich die literarische Kritik für die lesende Öffentlichkeit rapide an Bedeutung. Was fürs gesellige Räsonnement über Lektüre noch unverzichtbar gewesen war, blieb irrelevant beim partikularisierten Konsum von Lesefutter. Das war zweifellos eine im Sinne des Modells der ästhetischen Gesellschaftskultur unerfreuliche Entwicklung. Es ist allerdings fraglich, ob eine Schuldzuweisung an den „kapitalistischen Buchmarkt, der seine Interessen eindeutig gegen diese aufklärerische literarische Öffentlichkeit durchsetzte (Motto: Mode statt Moral)"[23] sehr hilfreich ist. Sie übersieht, daß Markt und Öffentlichkeit in enger, ja unauflöslicher Wechselbeziehung stehen – beide sind im 18. Jahrhundert gemeinsam, nicht gegeneinander, entstanden. Die These eines Buchmarkts, der sich gegen sein Publikum verschwört, dessen Bedürfnisse über Jahrzehnte hinweg negiert, und dabei horrende Gewinne erzielt, zeugt von grotesker Verkennung der Aufgaben und Möglichkeiten literarischer Vermittlung. Vielmehr münden obrigkeitliche, kirchliche oder ideologisch bestimmte Versuche, das Verhältnis von Markt und Öffentlichkeit zu beeinflussen, stets in Tendenzen totalitärer Kontrolle der freien Kommunikation. Folgerichtig stellte im Sinne einer solchen Verschwörungstheorie der radikale Gegner der Aufklärung Heinzmann die provokante Frage, „ob man einem großen Theile von Menschen noch anrathen soll, lesen zu lernen". Die Obrigkeit sah solche Verunsicherung mit Wohlgefallen – die Karlsbader Beschlüsse und die Zensur der Restaurationszeit konnten ihre rigorosen Markteingriffe damit legitimieren.

Das neu entstandene Lesepublikum organisierte seine „Lesewut" in zwei zunächst sehr unterschiedlich anmutenden, bald aber konvergenten Formen: den *Lesegesellschaften* und den *Leihbibliotheken.* Von ihnen muß ausführlicher die Rede sein.

„Mit den Lesegesellschaften tritt in der Geschichte der freien gesellschaftlichen Organisierung das moderne Vereinsprinzip der Assoziation zum erstenmal in einer massenhaften Verbreitung auf. Als ständeübergreifende, demokratisch organisierte und der Aufklärung verpflichtete Vereinsform haben die Lesegesellschaften wesentlich zur Entstehung moderner Gesellschaften in Europa beigetragen."[24] Mit solchen Worten hat man dieser Institution eine herausragende Rolle für die Entwicklung der europäischen Demokratien zugewiesen. Noch steckt gerade die außerdeutsche Forschung zu sehr in den Anfängen, als daß man dieser These entschieden zustimmen könnte. Zweifellos waren die Lesegesellschaften der Kreuzungspunkt zweier zentraler Errungenschaften der bürgerlichen Emanzipation: einerseits des extensiven Lesens, dessen Stoffhunger die finanziellen Möglichkeiten des Einzelnen meist überstieg, andererseits des Strebens nach einer gesellschaftlichen Organisierung dieses neuen Publikums räsonnierfreudiger Privatleute in einer nicht mehr ständisch reglementierten Form.

Eine Lesegesellschaft kann definiert werden als ein selbstverwalteter Zusammenschluß von Personen zum Zweck der preiswerten Bereitstellung von Lesestoff für ihre Mitglieder ohne kommerzielle Interessen. Darin unterscheidet sie sich von der Leihbibliothek, deren Gründung und Betrieb stets Sache eines gewinnorientierten Unternehmers waren. Die historische Entwicklung der Lesegesellschaften begann mit dem gemeinsamen Zeitungsabonnement im 17. Jahrhundert; um die Mitte des 18. Jahrhunderts sind auch erste Zeitschriftenabonnements von Freundeskreisen oder sozial Gleichrangigen nachzuweisen. 1750 konstituierte sich in Stralsund ein „Privatverein zum Studium der englischen Sprache und Literatur", wenig später eine Pastorengesellschaft in Bremen, deren Mitglieder aus England die neuesten Wochenschriften bezogen und reihum lasen. Auch mit Büchern verfuhr man ähnlich. Solche Lesezirkel, die der Stillung des Informationshungers und der Orientierung über politische Veränderungen dienten, hielten sich oft bis ins 19. Jahrhundert hinein ohne weitergehende Institutionalisierung. Jeder Teilnehmer blieb mit der zirkulierenden Lektüre in seiner Privatsphäre, ohne organisierte Kommunikation über das Gelesene.

Seit den siebziger Jahren des 18. Jahrhunderts traten straffere Organisationsformen in den Vordergrund: „Lesebibliotheken" entstanden, bei denen die angeschaffte Lektüre in einem eigenen Raum aufgestellt und zur Benutzung bereitgehalten wurde – neben Periodika immer mehr Bücher. Für Erwerb und Ausleihe, Finanzen und Verwaltung benötigte man Richtlinien, ein Vorstand mußte bestellt werden, Vereinsstrukturen entstanden. Der Aufbewahrungsort der Bücher wurde bald zum Versammlungsort, wo man über das Gelesene diskutierte und seine Meinung bildete. Ein offensichtlich weitverbreitetes Bedürfnis nach solchen Stätten lektürevermittelnder und lektürevermittelter Kommunikation führte zu einem Gründungsboom: bis 1760 sind fünf Lesegesellschaften bekannt, bis 1770 wurden nur acht weitere eröffnet – doch im folgenden Jahrzehnt entstanden rund fünfzig neue, zwischen 1780 und 1790 gar 170, und im letzten Jahrzehnt des aufgeklärten Jahrhunderts war mit etwa 200 Neugründungen der Höhepunkt erreicht. Bis 1810 kamen nochmals 130 hinzu, bis 1820 aber nur mehr 34 weitere. Leider steht dieser eindrucksvollen Gründungsstatistik keine entsprechende Datensammlung über die Lebensdauer solcher Gesellschaften gegenüber.

Zweifellos hing ihre besondere Attraktivität gegen das Ende des 18. Jahrhunderts mit der Erweiterung ihrer Aktivitäten zusammen. Immer mehr „Lesebibliotheken" und „Lesekabinette" bzw. „Lekturkabinette" ergänzten den Leseraum durch ein Sprechzimmer, in dem geplaudert und geraucht werden durfte, wo Bediente Erfrischungen reichten, und nicht selten kamen weitere Klubräume für gesittete Zerstreuungen wie Billard und andere Spiele hinzu. Als Beispiel sei die Stuttgarter Lesegesellschaft genannt, die den zweiten Stock im Hause des Buchhändlers Metzler gemietet hatte. 1793 betrug ihre Mitgliederzahl bei einem nicht geringen Jahresbeitrag von zehn Gulden 128 Personen, ausgewählt wegen ihrer „Vorzüge des Geistes und Herzens, und Liebe zur gesellschaftlichen Ordnung". In den Statuten war von Standesgrenzen keine Rede, vielmehr galt „Gleichheit aller Mitglieder in allen gesellschaftlichen Rechten und Obliegenheiten" als „ein GrundGesez des Instituts". Nichtsdestoweniger war soziale Homogenität hier wie in den anderen Lesegesellschaften dadurch gewährleistet, daß es zur Aufnahme neuer Mitglieder eines Mehrheitsbeschlusses bedurfte – „die in den meisten Statuten garantierte ‚Gleichheit aller Stände' wurde dadurch wohl ziemlich illusorisch"[25]. Das Stuttgarter „Museum" veranstaltete ab Dezember 1787 in seinen Räumen wöchentlich literarische Lesungen, später monatlich ein Konzert. Schillers Lehrer Abel hielt zweimal wöchentlich Vorlesungen über die Moral für ledige und verheiratete Frauenzimmer, die

Honoratioren der Stadt konnten sich bis acht Uhr abends in diesem Club zwanglos treffen.

Solche Lesegesellschaften, oft mit Namen wie *Harmonie, Societät, Museum, Ressource* oder *Kasino* dienten Besitz- und gebildetem Bürgertum wie dem beamteten Adel zur Erweiterung ihrer sozialen Kontakte – das Lesen wurde in diesen vor allem nach unten sorgfältig abgeschotteten Treffpunkten eher zur Nebensache. Es scheint, daß besonders in Handelsstädten des protestantischen Deutschland nach dieser Geselligkeit aufstiegswilliger und bereits aufgestiegener Bürger ein verbreitetes Bedürfnis bestand. In Bremen sollen insgesamt 36 Lesegesellschaften existiert haben, in Städten wie Hamburg und Lübeck, Oldenburg und Frankfurt an der Oder gab es mehrere zugleich, und in den neunziger Jahren war so gut wie keine größere oder mittlere Stadt ohne diese Institution. Die Mitgliederzahlen konnten von zwei Dutzend bei kleineren Gesellschaften über etwa 100 (in Bonn oder Worms), 180 (in Frankfurt/Main) bis zu 400 in Hamburg oder gar 452 bei der besonders regen Mainzer reichen.

Umfang und Zusammensetzung der Lektürebestände unterschieden sich gleichfalls beträchtlich. In der Frühzeit herrschten neben der periodischen Presse die erbaulich-moralischen und didaktischen Schriften vor, in den Fachlesegesellschaften von Ärzten und Juristen, Predigern, Lehrern und Ökonomen standen berufsspezifische Publikationen im Vordergrund. Gegen das Jahrhundertende wurde die Unterhaltungslektüre vor allem in Form von Romanen bei den eher geselligkeitsbezogenen Gesellschaften immer beliebter. Zum Grundbestand gehörten neben den Periodika jedoch stets die „Sachbücher“, das populärwissenschaftliche Schrifttum. Viele Lesegesellschaften hatten den Ehrgeiz, ein besonders breites Angebot zu besitzen, von aktuellen Almanachen bis zu den großen Rezensionsorganen, den neuesten Reisebeschreibungen bis zur politischen Tagespresse, auch in französischer und englischer Sprache.

Nimmt man eine durchschnittliche Mitgliederzahl von 100 an, so haben die Lesegesellschaften insgesamt ein Publikum von etwa 60 000 Personen erreicht und für die politische Bildung wie Lesekultur dieser Elite große Bedeutung besessen. Hier scheint das Habermas'sche Modell fast idealtypisch verwirklicht – ein Publikum gebildeter Privatleute stellte im geselligen Räsonnement über Lektüre einen Konsens über seine kulturellen und politischen Interessen her. Die Statuten konnten sich als Spielwiese demokratischen, ja gar republikanischen Denkens bewähren, wenngleich die Umsetzung solch fortschrittlicher Strukturen kaum je konsequent beabsichtigt war.

Dennoch genügten schon die Absichtserklärungen, um diese autonomen Zirkel der Obrigkeit suspekt erscheinen zu lassen; die Bekämpfung der „Lesewut" nahm auch die Lesegesellschaften als Orte der Einübung extensiver Lektüre ins Visier. Ohnedies war fast überall eine behördliche Konzessionierung einer solchen Vereinsgründung unerläßlich; oft wurden die Buchbestände überwacht, Verzeichnisse angefordert und zensiert. Besonders argwöhnisch standen die katholischen Territorien der organisierten Lektüre gegenüber. Die 1785 gegründete Würzburger Gesellschaft wurde ein Jahr darauf schon wieder verboten, da der Fürstbischof nach Aussage eines Zeitgenossen „das Lesen politischer Schriften für gefährlich, unbedingte und unbeschränkte Lektüre überhaupt für schädlich" hielt und weil insbesondere „die in Mainz zustande gekommene Lese Gesellschaft in einen politischen und revolutionären Klubb ausgeartet war"[26]. 1793 verbot der Trierer Fürstbischof alle Lesegesellschaften, 1795 ordnete der Mainzer erneut strengste Kontrollen an. In Bayern waren Lesegesellschaften als Illuminatennester schon 1786 verboten worden, in Österreich rang man sich nach längerer Überwachung erst 1798 dazu durch. Bezeichnend ist die Begründung, mit der 1799 in Hannover alle Lesegesellschaften unter polizeiliche Kuratel gestellt wurden. Wieder einmal werden darin sittliche und politische Gefährdung in eins gesetzt – daß nämlich „Unordnung, Liederlichkeit, auch wohl hornartige und andere Krankheiten in mancher Familie entstehen, wenn der Primaner seinen ‚Portier des chartreux', das halbmannbare Mädchen seinen ‚Sopha' und ‚Ecumoire', die junge Hausfrau ihre ‚Liaisons dangereuses' u.s.w. wohlfeil und bequem studiren kann, und daß diese und ähnliche Schriften, da man sie seit dem Zeitpunkt der *großen Aufklärung* in Deutschland auch insgesammt in unserer Muttersprache haben kann, sehr leicht durch Lesebibliotheken und Lesegesellschaften in allen Klassen und Ständen gang und gebe werden können, wenn diese *Aufklärungsfabriken* ohne alle öffentliche Aufsicht bleiben."[27]

Ob den Lesegesellschaften tatsächlich eine solche konstitutive Rolle für die bürgerliche Öffentlichkeit zukam, wie einst die Gegner der Aufklärung und heute die Forschung (welche wieder einmal die Polemik der ersteren für bare Münze nimmt) meinen, ist noch ungeklärt. Daß sie um 1800 ihr Gesicht veränderten, lag wohl nicht nur an den obrigkeitlichen Repressionen, sondern am veränderten Stellenwert der Lektüre, die keineswegs jene direkte gesellschaftliche Sprengkraft entwickelte, die viele befürchteten. Lesen wurde vielmehr zu einer kulturellen Tätigkeit wie andere auch – situativ, zweckgerichtet auf Bildung, Zerstreuung, Information, oder aber als individuelle Rückzugsbastion gegen die Forderungen der Außenwelt. Die Lesegesellschaften wurden vom Ort gesellschaftlichen Diskurses zur Stätte geselligen Beisammenseins. In dieser veränderten Form haben einige als Honoratiorenverein das gesamte 19. Jahrhundert überdauert und manche gar die Gegenwart erreicht (wie die Bonner „Lese"). Aus den privat gegründeten Lehrerlesegesellschaften, die der berufsständischen Emanzipation dienten, entwickelte die Obrigkeit die staatlichen Schulkonferenzen weiter. Möglicherweise aber dienten die Lesegesellschaften im Vormärz kleinbürgerlichen Geselligkeitsvereinen als Vorbild, aus denen sich wiederum die ersten Arbeiterbildungsvereine entwickelten. Diese waren Keimzellen der Gewerkschaften und der sozialdemokratischen Partei. Nach 1820 sind handwerkliche Lese- und Bildungsorganisationen nachweisbar, die Zentren schichtspezifischer Kommunikation waren und auch die unterbürgerlichen Schichten zu politischer Bewußtwerdung anregten. Ohne daß von direkter ideeller oder gar personeller Kontinuität die Rede sein kann, könnten damit Organisationsstrukturen und Bildungsgedanken der bürgerlichen Lesegesellschaften gerade in Industriezentren wie Hamburg und Bremen, Leipzig, Berlin und dem Ruhrgebiet untergründig den Boden für die Arbeiterbewegung bereitet haben.

Wichtiger als Institution der Lektürevermittlung aber war im ausgehenden 18. Jahrhundert die *Leihbibliothek*. Ihre überragende Bedeutung ist erst in letzter Zeit insbesondere durch die Forschungen von Georg Jäger und Alberto Martino deutlich geworden.

Die erste Phase ihrer Entwicklung läßt sich auf die Zeit zwischen etwa 1770 und 1820 datieren. Sie ist gekennzeichnet durch „die Ausbildung der Institution und ihre erste Differenzierung in Typen, die unterschiedliche Bedürfnisse bedienen, sowie durch die Konsolidierung und gleichzeitige Typen-Erweiterung in den ersten Jahren der Restaurationszeit"[28]. Erste verstreute Belege für die Möglichkeit, gegen Entgelt Bücher aus dem Lager eines Buchhändlers zu entleihen, sind vom Ende des 17. Jahrhunderts aus anderen Ländern bekannt. Im deutschen Sprachbereich gibt es Nachrichten über einzelne Firmen in Berlin und Zürich aus dem zweiten Drittel des 18. Jahrhunderts. Sie fanden jedoch offenbar kaum Nachahmer, obgleich gerade die schon 1730 erwähnte Möglichkeit, „dieselbe um ein gewisses Tagegeld [zu] verleihen"[29] neben den Bücherlotterien zur Verwertung der großen Tauschlagerbestände hätte beitragen können. Offenbar war der Markt erst mit dem Aufkommen neuer Distributionsformen und eines neuen Lesegeschmacks reif dafür.

Leihbüchereien nahmen etwas früher als die Lesegesellschaften ihren Aufschwung. Aus Frankfurt am Main und Karlsruhe sind Gründungen der fünfziger Jahre belegt, weitere erfolgten 1765 in Königsberg, 1767 in Braunschweig, vor 1771 in Göttingen, 1772 in München, Prag und Wien. In den achtziger und neunziger Jahren war in den allermeisten auch kleineren Städten und Märkten mindestens eine Leihbibliothek zu finden; Leipzig besaß um 1800 neun, Bremen zehn und Frankfurt am Main gar achtzehn solcher Etablissements. Aber auch in einem Städtchen wie dem preußischen Oranienburg verlieh der Postmeister mehr als 12000 Bände und ließ rund 100 Zeitungen gegen Gebühr lesen. Für den extensiven Lektürekonsum, der sich gerade im Mittelstand schnell ausbreitete, waren die Leihbibliotheken die idealen Partner. Wer aus sozialen, finanziellen oder lokalen Gründen keine Möglichkeit besaß, einer Lesegesellschaft beizutreten, konnte hier sein Bedürfnis nach Literatur aller Art bei geringer Kaufkraft und geringer Kaufmotivation befriedigen – dies zum nicht geringen Mißfallen des Buchhandels, der um 1800 ein Sinken der Durchschnittsauflagen von 1500 bis 2000 Exemplaren auf nur mehr 500 bis 750 beklagte. Das betraf wohl insbesondere jene zahlenmäßig starken Publikumssegmente, denen die Lesegesellschaften grundsätzlich verschlossen blieben, obwohl gerade sie an der „Lesesucht" am heftigsten erkrankt waren: Studenten und Handwerksgesellen, junge Mädchen und Frauen, soziale Randgruppen teils akademischer Provenienz wie Hofmeister und Informatoren, nichtadelige Militärs und Schreiber.

Vom Beginn des 19. Jahrhunderts an überflügelten die Leihbibliotheken überall die Lesegesellschaften; diese Entwicklung belegt die Individualisierung und zugleich Anonymisierung der literarischen Rezeption. An die Stelle der geselligen Beschäftigung mit Literatur in freundschaftlich-vertrautem Kreis trat der separierte, teils eskapistische, teils auch der Realieninformation gewidmete Lektürekonsum, der gewerblicher Vermittlung bedurfte.

Dieselben zeitgenössischen Stimmen, die gegen die verhängnisvolle Lesewut eiferten, haben sich vor allem der Leihbibliotheken als wichtigster Brutstätten dieses Lasters angenommen. Sie galten als „moralische Giftbuden und Bordelle", die ihr „Arsenik des Geistes" jung und alt, hoch und niedrig einträufelten. Sicher war dies Pauschalurteil, wenn überhaupt, nur auf eine bestimmte Kategorie von Leihbüchereien anzuwenden, von der Heinrich von Kleist am 14. September 1800 in einem Brief an seine Braut eine plastische Schilderung gab. Er wollte in Würzburg seine Maxime überprüfen: „Nirgends kann man den Grad der Kultur einer Stadt und überhaupt den Geist ihres herrschenden Geschmacks schneller und doch zugleich richtiger kennen lernen als – in den Lesebibliotheken." Beim Betreten eines solchen Etablissements entspann sich das folgende Zwiegespräch:

,„Wir wünschen ein paar gute Bücher zu haben."
– Hier steht die Sammlung zu Befehl. –
„Etwas von Wieland."
– Ich zweifle fast. –
„Oder von Schiller, Goethe."
– Die möchten hier schwerlich zu finden sein. –
„Wie? Sind alle diese Bücher vergriffen? Wird hier so stark gelesen?"
– Das eben nicht. –
„Wer liest denn hier eigentlich am meisten?"
– Juristen, Kaufleute und verheiratete Damen. –
„Und die unverheirateten?"
– Sie dürfen keine fordern. –
„Und die Studenten?"
– Wir haben Befehl, ihnen keine zu geben. –
„Aber sagen Sie uns, wenn so wenig gelesen wird, wo in aller Welt sind denn die Schriften Wielands, Goethes, Schillers?"
– Halten zu Gnaden, diese Schriften werden hier gar nicht gelesen. –
„Also Sie haben sie gar nicht in der Bibliothek?"
– Wir dürfen nicht. –
„Was stehn denn also eigentlich für Bücher hier an diesen Wänden?"
– Rittergeschichten, lauter Rittergeschichten, rechts die Rittergeschichten mit Gespenstern, links ohne Gespenster, nach Belieben. –
„So, so." – –‘

Augenscheinlich bestand das Würzburger Lektüreangebot – für ein durchwegs mittelständisches Publikum – tatsächlich aus jenen Schauerromanen, denen die Volkserzieher besonders mißtrauten: „Von progressiver Seite wird bemängelt, daß die in diesen Romanen dominanten Reizmomente die Selbsttätigkeit des Verstandes blockieren und zu besinnungslosem Konsum verführen; von der konservativen Seite wird Klage erhoben, daß solche Romane die Phantasie reizen, die Moral verderben und von der Arbeit ablenken. [...] Für die weitere Entwicklung der Leihbibliothek ist dabei von Bedeutung, daß sich die Bestimmung von ‚Trivialliteratur‘ [...] an den bevorzugten Leihbibliotheksromanen orientiert und damit auch die Institution als solche mit negativen Vorurteilen belastet wird. Die Leihbibliotheksromane [...] nehmen in den ersten Ansätzen der Trivialliteraturdebatte die Stellung ein, die heute den Kiosk- und Heftromanen zukommt."[30]

Leihbibliotheken mit solchem überwiegend belletristischen Bestand, wozu neben den Ritter-, Räuber- und Gespenstergeschichten auch die empfindsam-rührseligen Liebes- und Familienromane gehörten, wurden oft verächtlich als „Winkeletablissements" tituliert. Oft war ihr Bücherbestand überaltert und variierte zwischen wenigen Dutzend Titeln und gut tausend Bänden. Dieser frühe Typus der rein unterhaltenden Konsum-Leihbücherei wurde häufig von Antiquaren, Buchbindern oder gänzlich Branchenfremden geführt, aber auch mancher seriöse Buchhändler in kleineren Städten sah sich genötigt, sein Angebot auf solche Kost auszurichten. In Württemberg waren 1809 neun Zehntel aller Leihbüchereien in den Marktflecken solche Winkelfirmen mit Beständen zwischen hundert und sechshundert Bänden. Freilich war auch in größeren Orten der Lesegeschmack keineswegs auf höherem Niveau. Als ein Hofmeister 1795 seine Stellung aufgab, um in Dresden „im Vertrauen auf den geläuterten Geschmack der Dresdner" ein „Lektürekabinett" zu errichten, hatte er große Pläne. Er wollte es, so ein zeitgenössischer Bericht, „nur Leuten von Kenntniß und Geschmack widmen und über den Werth gewöhnlicher Leihbibliotheken erheben [...]; deshalb sollten denn auch nur wissenschaftliche Werke darin ihren Platz finden – und gewöhnliche Romane, Ritter-Geschichten und dergleichen Wust ganz ausgeschlossen sein. – Allein auch hier fand sich M. wieder getäuscht. Von 100 Abonnenten verlangten nur 3–4 wissenschaftliche und geschmackvolle Werke, die übrigen alle forderten schlüpfrige Romane, Ritter- und Geister-Geschichten und allen den Unsinn, womit unsere zeitigen schönen Geister Teutschland bis zum Ertrinken überschwemmt haben. – Ja es verging kein Tag, an dem man nicht auch nach den so genannten heimlichen Büchern fragte."[31]

Ein ähnliches Bild wie in der sächsischen Residenz zeigt ein Dillinger Katalog von 1815 – in diesem schwäbischen Provinzflecken, wo Ackerbürger, Militärs, Geistlichkeit und kleine Beamte das Hauptkontingent der Leser stellten, bot die Leihbibliothek 338 Titel an, davon 210 Romane. Der Bestand an anspruchsvoller Dichtung war stark überaltert und klein: zwei Nebenwerkchen von Wieland, von Goethe nur der „Wilhelm Meister", von Schiller die beiden blutrünstigsten Schriften (die „Räuber" und der „Geisterseher"), aber weder Tieck noch E. T. A. Hoffmann, und nicht einmal Jean Paul waren zu finden.

Vertraute

Briefe

über

die jetzige abentheuerliche

Lesesucht

und

über den Einfluß derselben

auf die

Verminderung des häuslichen und öffentlichen Glücks.

Hannover,
in Commission bei Chr. Ritscher,
1794.

I. G. Hoches Warnung vor der ungezügelten Ausbreitung der Lektüre

Doch diesem vielgescholtenen Typus der Leihbibliothek stand schon in der Frühgeschichte der Institution ein anderer gegenüber, der sich am Vorbild der Lesegesellschaften orientierte, mit diesen konkurrierte und zuweilen auch aus einer solchen entstanden war. Die Bestände dieser „Lesekabinette" oder „Museen" verraten einen geradezu enzyklopädischen Anspruch. Hier fand sich die gesamte Breite des zeitgenössischen Buchmarktes repräsentiert, von wissenschaftlichen Fachpublikationen bis zu Werkausgaben der Dichter, aber auch fremdsprachige Publikationen. Zusätzlich bot ein oft angegliederter Journallesezirkel in- und ausländische Periodika. Solche Firmen, die spätaufklärerisches Selbstverständnis bei aller kommerziellen Motivation bewiesen, konnten vor den wenigen unzureichenden öffentlichen bzw. Universitätsbibliotheken mehr als bestehen. In den Metropolen des Handels und der Bildung vereinten diese Etablissements Sortiment und Leihbibliothek mit Lesesälen, wo Nachschlagewerke bereitstanden, mit Ausstellungsräumen für Novitäten, teils auch für Kunstgegenstände und Gewerbeartikel, mit Musikzimmern und Salons, in denen Erfrischungen gereicht wurden.

In Wien führte der Buchhandelsfürst und Nachdrucker Johann Thomas von Trattner ein „Cabinet littéraire de Vienne", das allein 2000 französische Bücher zur Ausleihe anbot, in Frankfurt am Main richtete Wilhelm Fleischer ein Leseinstitut ein, das täglich von neun bis ein und drei bis acht Uhr geöffnet war. Man konnte Bücher für zwei Kreuzer pro Tag und Band nach Hause mitnehmen, aber auch gegen ein Jahresabonnement von sechs Laubthalern die Räumlichkeiten mit Zeitschriften und Lexika, Neuerscheinungen des In- und Auslandes und Periodika nutzen. Berühmt war das „Beygang'sche Museum" in Leipzig, das 1795 gegründet wurde und nach wenigen Jahren einen Bestand von 70000 Bänden umfaßte. In solchen niveauvollen Leihbibliotheken überwog die bildende und informierende Lektüre die unterhaltende bei weitem. In der Restaurationszeit allerdings orientierten sich auch diese Firmen um und wandten sich der Belletristik zu. Davon wird im folgenden Kapitel zu sprechen sein.

Unbeschadet dieser „gehobenen" Institute wurden die Forderungen nach Überwachung der politischen und moralischen „Giftbuden" immer lauter, insbesondere nach der Französischen Revolution. Eine lebhafte publizistische Diskussion darüber setzte ein, auf welche Weise die obrigkeitliche Lenkung der Lektürevermittlung zu geschehen habe, über deren Notwendigkeit sich auch die einst so emanzipationsfreudigen Aufklärer einig zeigten. Um 1800 gab es in sämtlichen deutschen Staaten entweder ein Totalverbot aller Leihbüchereien (wie von 1799 bis 1811 in Österreich) oder zumindest strenge Kontrollbestimmungen (in Preußen das Wöllnersche Edikt von 1788, in Bayern von 1803); allerdings wurden die Leihbibliotheken dabei nicht strenger behandelt als die übrigen Vermittlungsinstanzen Buchhandel, Antiquariate, Lesegesellschaften. Über die Wirksamkeit solcher Maßnahmen fehlen Detailuntersuchungen; ihr Erfolg dürfte eher gering gewesen sein. Erst Jahrzehnte später förderten auch die staatlichen Instanzen, was fortschrittliche Beobachter als einzig wirksames Gegenmittel längst gefordert hatten: einen „Strukturwandel des öffentlichen Bibliothekswesens überhaupt, der durch staatliche und kirchliche Volksbibliotheken und Vereinsbibliotheken sich allmählich in der zweiten Hälfte des 19. Jahrhunderts abzuzeichnen begann."[32]

Erinnern wir uns an Johann Georg Heinzmanns zugespitzte Behauptung: „So lange die Welt stehet, sind keine Erscheinungen so merkwürdig gewesen als in Deutschland die Romanenleserey und in Frankreich die Revolution." Tatsächlich besteht ein ursächlicher Zusammenhang zwischen der Ausbreitung des Lesens und dem Entstehen der öffentlichen Meinung und damit der politischen Bewußtwerdung des Bürgertums in Deutschland, der Auflösung der altständischen Ordnung und sozialen Mobilisierung, der beschleunigten Emanzipation von den bisherigen religiösen, geistigen, ethischen und emotionalen Normen, kurz: der umfassenden Modernisierung der Gesellschaft und Kultur.

Allerdings muß nochmals betont werden, daß diese „Leserevolution" des ausgehenden 18. Jahrhunderts, so schichtenübergreifend sie im Bewußtsein der Zeitgenossen auch erscheinen mochte, nach wie vor nur einen relativ geringen Teil der Bevölkerung betraf. Schätzt man mit Jean Paul das breite literarische Publikum auf höchstens 300000 Personen einschließlich der Benutzer von Lesezirkeln und Leihbüchereien wie der Mitglieder von Lesegesellschaften (die oft identisch waren) so dürften damit wohl alle „modernen" extensiven Leserinnen und Leser erfaßt sein. Die meisten von ihnen hatten trotz geringer Kaufkraft bei hohen Bücherpreisen durch die billigen Nachdrucke und die Leihbibliotheken die Chance, einen Großteil ihrer Lektürebedürfnisse informierender wie unterhaltender Art zu stillen. Diese Erweiterung ihres geistigen Horizontes, diese Möglichkeit der Ausbildung einer sozialen Identität durch Lektüre – für Studenten und Predigtamtskandidaten, für Aktuare und Kaufmannsbediente, Gouvernanten und Beamtentöchter, Pfarrersgattinnen und Landadelige – ist in ihrer gesellschaftlichen Produktivkraft kaum hoch genug einzuschätzen.

Dennoch ist Rudolf Schenda zuzustimmen, wenn er die Klagen über eine in allen Ständen grassierende Lesesucht als „ideologische Fälschung" qualifiziert.[33] Eine tatsächlich numerische Demokratisierung des Lesens wurde erst rund hundert Jahre später mit der „zweiten Leserevolution" erreicht. Als (sicher nicht repräsentatives) Beispiel sei Württemberg genannt. Hier zählt „Das Gelehrte Wirtemberg" von Balthasar Haug 1790 die Angehörigen der Honoratiorenschicht im Herzogtum recht präzise auf, die im wesentlichen auch die Träger der literarischen Gesellschaftskultur gewesen sein dürften: 834 Geistliche, 388 Vikare und Stipendiaten in Tübingen, 452 Juristen (wohl einschließlich der höheren Beamten), 218 Mediziner und Apotheker, 300 (zu zwei Dritteln adelige) Offiziere, etwa 200 graduierte Studenten, 75 Kaufleute in Stuttgart und etwa 450 auf dem Lande und schließlich 1324 „Schreiber", mittlere Beamte ohne Universitätsbildung also.[34] Zählt man zu diesen gut viertausend Besitz- und Bildungsbürgern noch zweitausend Frauen und Jugendliche und ein paar hundert Mitglieder des Adels hinzu, so kommt man auf ein „extensives" Lesepublikum Württembergs im ausgehenden 18. Jahrhundert von etwa siebentausend Personen – wenig mehr denn ein einziges Prozent der Gesamtbevölkerung. Wer ansonsten las, griff nach wie vor zu den erbaulichen „alten Tröstern", zu Bibel und Kalender.

Aber schon diese relativ bescheidene Publikumserweiterung der Aufklärungszeit hatte für den Buchmarkt einschneidende Konsequenzen. Der Beruf des Verlegers im modernen Sinn, der sich mit den neuen Handelsformen entwickelte, mußte und konnte einem tendenziell unbegrenzten und anonymen Publikum gegenübertreten, dessen Lesegeschmack und Bedürfnisse sich immer mehr ausdifferenzierten, dem gleichzeitig an Fachbüchern zum beruflichen Aufstieg *und* an politischer Information, an blutrünstigen Schauerromanen *und* an geistlicher Stärkung gelegen war. Den speziellen, einander überlagernden Interessen entsprach dennoch eine Homogenisierung des Lesegeschmacks über die einstigen Standesgrenzen hinaus. Dieselbe rührende Familiengeschichte wurde von der Aristokratin wie von ihrer Kammerzofe gelesen, derselbe Schauerroman vom Kammergerichtsrat wie vom Schneidergesellen – sie alle konnten sich aber ebenso zum Publikum der kanonisierten Nationalliteratur hinauflesen. Dies gab sogar der kritische Jean Paul zu, der in seiner „Konjekturalbiographie" die Leserschaft charakterisierte: „In Deutschland gibt es drei Publikume oder Publika: 1) das breite, fast ungebildete und ungelehrte der Lesebibliotheken – 2) das gelehrte, aus Professoren, Kandidaten, Studenten, Rezensenten bestehend – 3) das gebildete, das sich aus Weltleuten und Weibern von Erziehung, Künstlern und aus den höhern Klassen formt, bei denen wenigstens Umgang und Reisen bilden. (Freilich kommunizieren oft die drei Kollegien.)"[35]

Wie Buchhandel und Schriftstellertum, so hatte um 1800 auch das Lesepublikum die Schwelle zwischen Früher Neuzeit und Moderne überschritten.

VII.

Der Buchhandel zwischen Wiener Kongreß und Märzrevolution

Am Beginn des 19. Jahrhunderts war der erste große Innovationsschub des Buchhandels abgeschlossen. Die buchhändlerischen Verkehrsformen hatten den Konditionshandel an die Stelle des altväterlichen Tausches gesetzt, die bibliopolische Einheit zwischen Nord und Süd war im wesentlichen wiederhergestellt, die allmähliche Trennung von Verlag und Sortiment belebte und erweiterte, spezialisierte und aktualisierte das Angebot, die schroffe Konfrontation mit den Autoren war überwunden, das geistige Eigentum wurde zumindest akzeptiert, wenngleich noch nicht überall respektiert, der stetig wachsende Lesehunger eines mittelständischen Publikums vervielfachte wegen der eingeschränkten Kaufkraft zwar noch nicht die Auflagen, führte aber zu einer Differenzierung der Nachfrage und zu einer kontinuierlichen Ausweitung der Produktionsziffern.

Die Entwicklung der folgenden Jahrzehnte war geprägt von technischen Neuerungen, die für die massenhafte Verbreitung preiswerter Schriften und damit für eine tatsächliche Demokratisierung des Lesens sorgten, von Strukturkrisen und korporativen Reformbestrebungen des Buchhandels, von markanten, teils dominierenden Unternehmerpersönlichkeiten im Verlagswesen, aber auch von massiver staatlicher Kontrolle und Lenkung des Handels mit Geistesgut, mit freiheitlichen oder gar demokratischen Ideen.

Einen ersten Überblick der Tendenzen in der ersten Jahrhunderthälfte kann wiederum die Meßkatalogauswertung geben. Die Ziffern gewinnen nun an Genauigkeit, repräsentieren immer mehr die tatsächliche Produktion, sind aber bis in die vierziger Jahre von bibliographischer Exaktheit noch weit entfernt.

Im Jahr 1805 hat der deutsche Buchverkehr auf den Messen die Titelzahl von 4181 Novitäten erreicht. Die starke Beeinträchtigung des gesamten Wirtschaftslebens und auch des Buchmarktes durch die Napoleonischen Kriege ließ die Ziffern jedoch bis 1813 stetig wieder sinken; erst mit dem Wiener Kongreß konsolidierte sich die Zahl der Neuerscheinungen und übertraf 1821 die Marke von 1805. Am Ende der zwanziger Jahre beschleunigte sich das Tempo des Wachstums, die jährliche Zunahme an Titeln lag nun bei etwa 700 gegenüber dem Vorjahr. Der Gipfelpunkt war im Jahr 1843 mit 14 039 Neuerscheinungen erreicht, nachdem bereits 1837 die Zehntausendermarke überschritten worden war. Nun aber kühlte aus nicht völlig erklärbaren Gründen die überhitzte Buchkonjunktur schlagartig ab – der Buchmarkt geriet parallel zur allgemeinen Wirtschaftsentwicklung in eine Stagnationsphase. 1845 erschienen nur mehr 13 008 Titel, 1846 gar nur 10 536, 1848 wurden die Zehntausend wieder unterschritten, und erst 1878 war der Höchststand von 1843 wieder erreicht.

Ein besonders sensibler Indikator für die Schwankungen des Buchmarktes ist weiterhin die Schöne Literatur. Sie hatte 1800 nach einem steilen Anstieg im letzten Drittel des 18. Jahrhunderts die Theologie im ersten Rang der Sachgebiete abgelöst. Zwar behielt sie diesen Spitzenplatz weiterhin, fiel jedoch von 29,4 % im Zeitraum 1801–1805 auf 17,7 % in den Jahren 1841–1845 zurück. Besonders extreme Ausschläge zeigt die Kurve der Romanproduktion, der bürgerlichen Surrogatlektüre par excellence: Den Höchststand von 1801 (429 Titel) erreichte sie erst 1828 mit 423 Novitäten wieder; dann aber stieg sie steil an auf nicht weniger als 1 130 neue Romane anno 1843 (eine Zahl, die hundert Jahre zuvor nicht einmal das gesamte Novitätenangebot auf den Messen erreicht hatte), um schon 1846 wieder auf 369 Titel abzusinken. Dementsprechend änderte sich der prozentuale Anteil der Romane am Gesamtangebot: Von 10,7 % (1828) sank er langsam auf 8,1 % im Jahr 1843, um 1846 nur mehr 3,5 % auszumachen. Zweifellos verweisen diese nüchternen Zahlen auch auf einen Wandel des Lesegeschmacks oder doch der Kaufpräferenzen. Dem Abstieg des Romans trotz zunehmender absoluter Titelzahl korrespondierte der Aufstieg der ökonomischen und politischen Schriften; ironischerweise gewann auch die von der Schönen Literatur so schmählich deklassierte Theologie wieder deutlich an Boden und machte ausgerechnet im Jahr 1846 einen Sprung nach vorne, mit einer Zunahme der Neuerscheinungen gegenüber dem Vorjahr von fast tausend Titeln.[1]

Auch die Verlagstopographie veränderte ihr Bild. Im Jahr 1801 war die Rangordnung der Verlagsstädte nach ihrer Titelzahl noch weitgehend von den universitären Zentren der Aufklärung bestimmt: Leipzig, Berlin, Halle, Hamburg, Göttingen, Nürnberg, Frankfurt/Main, Braunschweig, Altona, Breslau, Augsburg und Jena. 1846 standen Leipzig und Berlin noch immer weit voran, aber Halle und Nürnberg, Göttingen und Braunschweig, Altona und Jena gehörten nicht mehr zum Führungsdutzend. An dritter Stelle stand nun als Zentrum einer neuen „speculativen Richtung" der Buchproduktion Stuttgart. Hamburg, Frankfurt und Breslau konnten sich behaupten, an siebter Stelle war endlich München zu finden, danach Augsburg. Es folgten Orte, an denen eine oder zwei Firmen spekulative Überproduktion betrieben: Karlsruhe und Köln, Quedlinburg und Weimar. Die beiden letzteren verschwanden bald wieder von den vorderen Plätzen, doch die neuen Zentren Stuttgart und München behaupteten sich.

Natürlich versuchte auch das Sortiment, an dieser Konjunktur teilzuhaben, und wie die Zahl der Verlagsneugründungen stieg (abhängig auch von der Strenge des örtlichen Konzessionszwangs) die der Buchhandlungen in Deutschland, Österreich und der Schweiz markant an:

1820 gab es	in 163 Orten	519 Firmen
1830	in 251 Orten	860 Firmen
1840	in 385 Orten	1340 Firmen.[2]

Die Zahlen lassen auch erkennen, daß nur ein Teil der neuen Firmen sich in kleineren Orten und buchhändlerisch bisher unerschlossenen Regionen ansiedelte. Nicht wenige zogen es vor, in einer größeren Stadt dem bereits etablierten Buchhandel Konkurrenz zu machen – mit allen Begleiterscheinungen solcher Rivalitäten wie Kundenrabatten bis zur „Schleuderei". Leipzig besaß 1840 113 Buchhandlungen, Berlin 108, Wien 52, Frankfurt am Main 35, Stuttgart 30, Nürnberg 26, Dresden 25, Hamburg und München 22, Breslau und Prag je 20.

Der Wandel der Verkehrsformen erleichterte Neugründungen – gerade die spekulativen Verleger versandten, um ihre Großauflagen rasch unters Publikum zu bringen, ihre Novitäten freigebig und unaufgefordert an alle Sortimenter. Bald war auf diese Weise ein Lager der kurrentesten aktuellen Artikel zusammengestellt, die Bevorratung mit älteren, anspruchsvolleren Werken verlor stark an Bedeutung. Die wachsende Konkurrenz vermehrte auch die (freilich bequeme) Kundenwerbung – der Sortimenter schickte die von den Verlegern unverlangt zugesandten Neuerscheinungen seinerseits umgehend als Ansichtsexemplare an potentielle Käufer weiter. Klagen über die prekäre Lage des Sortiments inmitten der spekulativen Überproduktion einerseits und der Kaufunlust des Publikums andererseits begleiteten fortan die Entwicklung dieses Branchenzweiges.

Der Gesamteindruck eines dynamisch-spekulativen und dadurch krisenanfälligen Buchmarktes ist auch in den technischen Neuerungen begründet, mit denen nach dem Distributionsbereich nun auch die Buchproduktion auf die Erweiterung des Publikums reagierte. Von einigen eher marginalen Verbesserungen abgesehen, wäre jede Offizin des ausgehenden 18. Jahrhunderts Meister Gutenberg auch nach 350 Jahren wohlvertraut erschienen. Nun aber erfaßte die Mechanisierung und Automatisierung alle Bereiche des Buchgewerbes (einschließlich des Autors – auch die mechanische Schreibmaschine ist ein Produkt des späteren 19. Jahrhunderts).

Dank der *Langsieb-Papiermaschine*, die der Franzose Nicolas Robert 1799 erfunden hatte, wurde die Herstellung des noch immer relativ teuren handgeschöpften Druckträgers Papier wesentlich ökonomischer. Die 1818 in Berlin aufgestellte erste deutsche Papiermühle mit Dampfbetrieb verzehnfachte die bisherige Tagesproduktion. 1844 löste F. Gottlob Keller das seit Jahrzehnten drängende Rohstoffproblem der kaum mehr in ausreichender Menge beschaffbaren hochwertigen Hadern und Lumpen, indem er das *Holzschliffpapier* erfand; allerdings vergilbten und zerfielen die stark holzhaltigen billigen Papiere, die nicht mehr mit organischen Leimen, sondern mit Alaun bzw. Aluminiumsulfat geleimt wurden, besonders schnell. 1874 wurde die in Amerika entwickelte *Sulfitkochung* in Deutschland eingeführt, die Zellstoffproduktion. Dieser neue, auch ohne Zusatz von Hadern gut verfilzende und kaum mehr vergilbende (allerdings ebenfalls durch die Reaktion der Leime mit Feuchtigkeit säurebildende und dadurch unter wachsender Umweltbelastung immer schneller zerfallende) Rohstoff ermöglichte zum Jahrhundertende hin eine fast unbegrenzte und vergleichsweise billige Verfügbarkeit ansprechenden Papiers. Die Zahl der Beschäftigten in der papiererzeugenden und verarbeitenden Industrie stieg von 23 000 im Jahr 1849 auf 45 000 im Jahr 1861 und 102 000 im Jahr 1882. Die wichtigste Voraussetzung für tatsächliche Massenauflagen war damit geschaffen.

Die Typenherstellung wurde zwar durch die Handgießmaschine nach 1838 stark erleichtert, doch erst nach 1883 durch die vollautomatische *Gießmaschine* industrialisiert. Auch die *Setzmaschine* breitete sich nach wenig befriedigenden Vorstufen erst kurz vor der Jahrhundertwende aus, vor allem Otmar Mergenthalers automatisch ausschließende Zeilensetz- und Gießmaschine *Linotype* von 1884, zu der noch vor 1900 die Monotype kam. Doch ermöglichte die Erfindung der *Stereotypie* schon ab etwa 1820, den Satz zunächst in eine Gipsmasse abzudrücken und diese dann mit Blei auszugießen; nach 1830 wurde das Verfahren zur Papierstereotypie verbessert. Dadurch konnten von einer einzigen Satzvorlage gleichzeitig mehrere Parallelabdrucke angefertigt und somit höhere Auflagen billiger und schneller hergestellt werden. Dank der Stereotypie sicherten etwa die Verleger Metzler, Tauchnitz und Teubner die Zuverlässigkeit der Neudrucke und den niedrigen Preis ihrer griechischen und römischen Klassikereditionen. Auch für Lieferungsausgaben wurde das Verfahren gerne angewandt.

Durch das Aufkommen neuer oder doch grundlegend verbesserter *Illustrationsverfahren* wie der Senefelderschen Flachdruck-Lithographie, des Holzstichs, der in einem Arbeitsgang mit dem Text gedruckt werden konnte, und des Stahlstichs, vor allem aber mit der 1836 entdeckten Galvanoplastik wurde die reiche Bebilderung von Büchern und Periodika bei hohen Auflagen, passabler Qualität und geringen Herstellungskosten ermöglicht. Ab 1882 setzte sich der Rasterdruck zur schnellen Reproduktion von Photographien, die Autotypie, durch. Auch der Bucheinband wurde nach der Jahrhundertmitte in immer stärkerem Maße maschinell gefertigt, wobei der neue Bezugsstoff Kaliko billige „repräsentative" Pressungen erlaubte: 1878 wurde die Draht-, 1885 die Fadenheftmaschine eingeführt, 1890 die Falzmaschine.

Am bedeutsamsten aber war die – nach den Verbesserungen um 1800 von Haas und Stanhope – erste große Neuerung auf dem Gebiet des Buchdrucks seit Gutenberg: die von Friedrich Koenig (1775–1833) konstruierte *Schnellpresse*. Koenigs entscheidende Idee war es, vom Prinzip des Druckens einer flachen Satzform auf einen planen Papierbogen abzugehen und statt dessen einen großen eisernen Zylinder zu verwenden, der den Papierbogen so gegen die sich unter ihm hinwegbewegende Druckform preßt, daß er die Druckfarbe abnehmen kann. Der Papierbogen wird dabei automatisch von einem Stapel gezogen, exakt positioniert und anschließend bedruckt weiterbefördert. Weil Koenig in Deutschland keine Unterstützung fand, entwickelte er seine Erfindung in England, wo 1814 die „Times" erstmals nach dem neuen Verfahren gedruckt wurde. 1817 gründete Koenig mit seinem Kompagnon Bauer in Oberzell bei Würzburg die erste Druckmaschinenfabrik, ab 1823 wurden in Berlin, Augsburg und Hamburg die ersten Dampfschnellpressen für den Zeitungsdruck aufgestellt. Metzler in Stuttgart war, gefolgt von Brockhaus, der erste Buchverlag, der eine solche Maschine für seine Druckerei bestellte, und bald wurde auch Goethes Ausgabe letzter Hand bei Cotta industriell gedruckt. Zur Bedienung dieser Schnellpresse waren, wie der Erfinder stolz an einen Berliner Kunden schrieb, „bloß noch zwei ‚möglichst arme Gassenjungens' (zum Anlegen und Abnehmen), denen man nur ein paar Groschen mehr zu geben brauchte, als sie bei einer beliebigen anderen Dienstleistung bekommen hätten, ein Lehrjunge als ‚Beschauer' und ein allgemeiner Aufseher nötig, der aber kein gelernter Buchdrucker zu sein brauchte"[3]. Zwar kostete eine solche Maschine 15000 Gulden, doch standen ihren 800 Gulden jährlichen Betriebskosten Einsparungen von 20000 Gulden jährlichem Druckerlohn gegenüber.

Die hochqualifizierten und handwerksstolzen Buchdrucker setzten der Einführung solch kapitalistischen Teufelszeugs erbitterten, aber wenig erfolgreichen Widerstand entgegen. Auch die meisten Buchdruckereibesitzer blieben noch jahrzehntelang eher zurückhaltend – zur Freude ihrer wagemutigeren Kollegen, die nun bei einem Bruchteil der früheren Lohnkosten den Ausstoß enorm beschleunigen konnten. Nun wurden spekulative Massenauflagen von Büchern und Zeitschriften erst rentabel: ob man ein Buch in zehntausend oder zwanzigtausend Exemplaren drucken ließ, fiel kalkulatorisch kaum mehr ins Gewicht, erst recht dank der Weiterentwicklungen der Schnellpresse bis zur Rollenrotationsmaschine (1865), die für Zeitungen wie Bücher Verwendung fand. Die unersättliche Maschine mußte pausenlos gefüttert werden, die vielgescholtene Überproduktion wurde nun von der lästigen Begleiterscheinung zum notwendigen Übel. Die Spekulation auf den erwarteten Lesegeschmack des anonymen Publikums wurde zwar herstellerisch erleichtert, aber die Absatzrisiken stiegen desto mehr an.

Nicht allein die neuen technischen Errungenschaften veränderten die Wege der Buchherstellung und -verbreitung. Auch die staatliche Kontrolle über den Buchmarkt sah sich stärker als zuvor mit der Gefahr konfrontiert, daß die massenhafte Verbreitung von Geistesgut direkte politische Auswirkungen hatte. Das obrigkeitliche Interesse am Buch wurde umfassender und systematischer – sowohl mit positiven wie negativen Folgen.

Die *urheber- und verlagsrechtliche Situation* am Beginn des 19. Jahrhunderts war geprägt durch die Diskrepanz zwischen dem Bewußtseinsstand der Autoren und Verleger und der höchst unbefriedigenden juristischen Kodifizierung. Als die politischen Turbulenzen der Napoleonischen Zeit überstanden waren und sich die Bundesfürsten beim Wiener Kongreß zur Restauration der früheren Verhältnisse zusammenfanden, entsandte der Buchhandel Cotta und Bertuchs Sohn mit einer Denkschrift des Erfolgsautors August von Kotzebue dorthin, um die versammelten Staatsmänner zur Schaffung eines einheit-

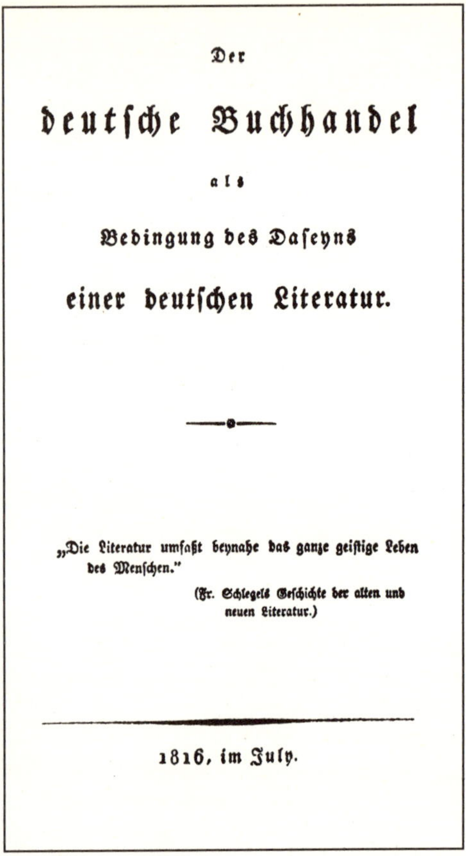
Der

deutsche Buchhandel

als

Bedingung des Daseyns

einer deutschen Literatur.

„Die Literatur umfaßt beynahe das ganze geistige Leben des Menschen."

(Fr. Schlegels Geschichte der alten und neuen Literatur.)

1816, im July.

Die einflußreiche Programmschrift von Friedrich Perthes (1816)

lichen überterritorialen Rechtsschutzes zu bewegen. Der Publizist Heinrich Luden unterstützte die Mission 1814 durch einen Essay in seiner Zeitschrift „Nemesis" mit dem Titel „Vom freien Geistes-Verkehr". Darin tauchen so kühne Ideen wie eine Bibliotheksabgabe zugunsten der Autoren und die Forderung nach einem festbesoldeten und dadurch unabhängigen „National-Schriftsteller" auf. Tatsächlich wurde in die Bundesakte vom 8. Juni 1815 als letzter Artikel die Absichtserklärung aufgenommen: „Die Bundesversammlung wird sich bei ihrer ersten Zusammenkunft mit der Abfassung gleichförmiger

Verfügungen über die Preßfreiheit und die Sicherstellung der Rechte der Schriftsteller und Verleger gegen den Nachdruck beschäftigen."[4]

Als ein Jahr später noch nichts geschehen war, richtete der Verleger Friedrich Christoph Perthes im Juli 1816 an die Bundesversammlung einen erneuten flammenden Appell mit dem programmatischen Titel: „Der deutsche Buchhandel als Bedingung des Daseyns einer deutschen Literatur". Das einigende nationale Band der Deutschen über die Grenzen der Bundesstaaten hinweg seien die deutsche Sprache und Literatur; um dieses Band zu erhalten und zu verstärken, sei aber der deutsche Buchhandel unverzichtbar – ein „auf sich selbst beruhendes, aus dem Eigensten deutscher Geschichte und Verfassung hervorgegangenes Institut". Er finanziere den Druck, honoriere den Autor angemessen und sichere die Verbreitung des Geistesgutes. Bei dieser kulturpolitischen Aufgabe, die Einheit der deutschen Literatur (und damit gleichsam nach Hofmannsthals Worten „das Schrifttum als geistigen Raum der Nation") zu erhalten, bedürfe der Buchhandel unbedingt des staatlichen Rechtsschutzes und der Freiheit.

So sehr die Perthes'sche Flugschrift das kulturelle Selbstbewußtsein des Buchhandels stärkte, so wenig Wirkung zeigte sie angesichts der unterschiedlichen Interessenlage der Bundesstaaten. Vor allem in Österreich, aber auch in Württemberg war der Büchernachdruck noch immer ein florierender Wirtschaftszweig. In Wien erschien noch 1811 ein regelrechtes „Verzeichniß der von der k.k. Censur zum Nachdruck erlaubten Werke". Erst nach gut zehn Jahren hatten sich alle Länder überhaupt zu einer Stellungnahme bequemt. Im Jahre 1829 ergriff Preußen die Initiative und beantragte, die bestehenden Einzelverträge gegen den Nachdruck auf den ganzen Bund auszudehnen. Da inzwischen auch Österreich seinen Originalverlag seit 1810 vervierfacht hatte, war endlich ein Konsens zu erzielen: 1835 beschloß die Bundesversammlung ein generelles Verbot des Nachdrucks, beließ es aber hinsichtlich des Urheberrechts bei einer Absichtserklärung.

Wiederum ging Preußen voran und stellte in seinem Urheberrechtsgesetz des Jahres 1837 erstmals die Interessen des Autors über jene des Verlegers. Den Vorschlägen des Buchhandels folgend wurde eine Schutzfrist von 30 Jahren nach dem Tode des Verfassers festgesetzt. 1845 wurde diese Frist von allen Ländern des Bundes übernommen; 1856 half man den unterschiedlichen Geltungsdauern dadurch ab, daß die Rechte sämtlicher vor dem 9. November 1837 verstorbener Autoren (also der allermeisten klassischen und romantischen Nationaldichter) vom Stichtag des 9. November 1867 an für frei erklärt wurden. Über die Auswirkungen dieses „Klassikerjahres" auf den Buchmarkt wird im folgenden Kapitel zu sprechen sein. Ein umfassendes reichseinheitliches Urheberrechtsgesetz erlangte jedoch erst 1870/71 allgemeine Gültigkeit.

Diese allmähliche bundesweite Vereinheitlichung des Urheberrechts erfüllte ein Hauptanliegen der Autoren wie der Verleger und brachte ein wichtiges Stück Rechtssicherheit. Der Autor konnte ein marktwirtschaftliches Honorar fordern und wurde zum gleichberechtigten Geschäftspartner des Verlages, dieser wiederum konnte des umfassenden Schutzes seiner Produktion in allen Staaten des Deutschen Bundes sicher sein. So sehr die Obrigkeit jedoch auf diese Weise den freien Geistesverkehr unter ihre Obhut nahm, so entschieden unterdrückte sie ihn zugleich und brachte Schriftsteller wie Buchhändler gegen sich auf – mit der *Zensur*.

Die Regierungen waren nicht erst seit der „Leserevolution" des ausgehenden 18. Jahrhunderts darauf bedacht, die Verbreitung mißliebiger und gefährlicher Schriften zu unterbinden. Die Kontroll- und Steuerungsmechanismen beschränkten sich jedoch zunächst auf das traditionelle Instrumentarium: Kataloge indizierter Bücher, Konzessionierungspflicht für Buchhandlungen, Leihbibliotheken und Lesegesellschaften, Überwachung der Buchbestände durch Listen und Stichproben, Präventivzensur sehr unterschiedlicher Intensität und Reichweite. Zur Napoleonischen Zeit schien den bedrängten Staaten eine umfassende politische Mobilisierung des Bürgertums für den gemeinsamen Abwehrkampf geboten. Buch und Presse als Träger der öffentlichen Meinung wurden solchen politischen Zwecken dienstbar gemacht. Der Nürnberger Buchhändler Johann Philipp Palm, der die antinapoleonische Flugschrift „Deutschland in seiner tiefen Erniedrigung" verlegt und verbreitet hatte, mußte dafür 1806 mit dem Leben bezahlen und galt weithin als Märtyrer der Preßfreiheit.

Doch die kurzfristige Interessenharmonie zwischen den Regierenden, denen an ihrem Machterhalt gelegen war, und einem liberalen Bürgertum, das nationale und freiheitliche Ideen hegte, endete mit dem Wiener Kongreß. Vor allem Fürst Metternich tat als Verfechter eines rigorosen Neoabsolutismus alles, um eine umfassende Meinungskontrolle und Geistesüberwachung zu etablieren. Sein Credo zur Pressefreiheit lautete: „Ich unterscheide: Denken, Reden, Schreiben, Druckenlassen. Denken? Ja, das ist frei. Der Mensch ist frei geboren. Reden? Da muß man wieder unterscheiden, ob man rede, um Gedanken auszutauschen oder um zu lehren. Im ersteren Fall muß unterschieden werden, ob man vor vielen rede, im letzten Fall muß der Staat aber immer genaue Kontrolle üben. Schreiben ist frei wie das Denken, es ist nur ein Festhalten der Gedanken. Aber anders und eine ganz eigne Sache ist es mit dem Druckenlassen. Da muß der Staat die engen Schranken ziehen, die wir Zensur nennen."[5]

Der bereits zitierte letzte Satz der Bundesakte von 1815 mit der Versicherung einer umgehenden Vereinheitlichung der Preßfreiheit wurde nach solchen Leitprinzipien 1819 in die Tat umgesetzt – jedoch in Form einer rigorosen Präventivzensur.

Ihr entscheidender Anstoß war wohl der Mord an dem Erfolgsautor und russischen Staatsrat August von Kotzebue durch den radikalen Burschenschaftler Sand. Auf den verblendeten terroristischen Akt antwortete umgehend die staatliche Repression: Als provisorisches Bundesgesetz wurden die berüchtigten *Karlsbader Beschlüsse* verkündet, bald auf unbestimmte Zeit erneuert und somit Grundlage der Geistesunterdrückung bis 1848. Sie verordneten die obligatorische Vorzensur für sämtliche Zeitungen und Zeitschriften sowie für alle Bücher mit einem Umfang von höchstens 20 Bogen, also 320 Oktavseiten. Umfangreichere Publikationen seien, so vermuteten die Regierungen nicht ohne Grund, wegen ihres Preises und geistigen Anspruchs von geringerer staatsgefährdender Brisanz. „Neunzehn Bogen sind gefährlich, Aber zwanzig machen ehrlich. [...] Zwanzig Bogen kauft man nicht", spottete Robert Prutz.

Dies bedeutete für den weitaus größten Teil der deutschen Buch- und Periodika-Produktion, daß die Manuskripte bzw. Fahnen vor dem Druck dem zuständigen Zensor eingereicht werden mußten. Dieser konnte einzelne Passagen, Formulierungen, Absätze, Kapitel oder auch das ganze Werk kassieren. Daß und wieviel der Zensor gestrichen hatte, konnte der Leser an den Zensurlücken, langen Gedankenstrichen im Drucktext, merken, die schließlich Heinrich Heine als literarischen Kunstgriff einsetzte. Folgerichtig verbot Preußen 1837 auch jede Kennzeichnung der Zensureingriffe.

Für Schriften von mehr als zwanzig Bogen Umfang galt selbstverständlich die Nachzensur nach erfolgtem Druck. Auch hier war die Gefahr aufmüpfiger Manifestationen vergleichsweise gering; als hinreichendes Regulativ erwies sich das beträchtliche finanzielle Risiko, „das mit dem Verlag dieser in der Herstellung kostspieligeren Werke verbunden war, weil der Verleger die Gefahr entschädigungsloser Beschlagnahme einging"[6]. Zensureingriffe konnten nicht nur von dem Mitgliedsstaat des Deutschen Bundes eingeleitet werden, in dem der Verlag bzw. die Druckerei ihren Sitz hatten, sondern auch von allen anderen Bundesgliedern, die sich beleidigt fühlten, und vor allem von der Pressekommission der Bundesversammlung. Auf diese Weise konnten die strengeren Staaten wie Österreich und Preußen auf die liberaleren wie Sachsen und Württemberg diskreten, doch massiven Druck ausüben.

In den zwanziger Jahren waren spektakuläre Zensurhändel ziemlich selten – noch hatte sich die oppositionelle literarische Intelligenz nicht formiert. Exemplarisch für den Widerstreit der Interessen in der Restaurationszeit ist die Affäre um Joseph Görres' politische Schriften „Europa und die Revolution“ (1821) und „Die Heilige Allianz und die Völker auf dem Congresse von Verona“ (1822). Württemberg hatte trotz der Karlsbader Beschlüsse die Vorzensur nur sehr lax gehandhabt, was seine Hauptstadt zum Magnet für unternehmungslustige Verleger werden ließ. Durch die vom Stuttgarter Verlag Metzler unbehelligt vertriebenen Schriften von Görres fühlte sich jedoch vor allem Preußen so gekränkt, daß es beim württembergischen König intervenierte. Aber erst nachdem längst die gesamten Auflagen im Deutschen Bund verbreitet waren, inszenierte man in Stuttgart als Zeichen politischer Willfährigkeit ein spektakuläres Verbot. Während das Außenministerium die befreundeten Mächte stolz auf die drakonische Strenge hinwies, tat das Innenministerium alles, um den Fall geräuschlos aus der Welt zu schaffen. Das Verbot wurde gerichtlich überprüft und stillschweigend aufgehoben.[7]

In den dreißiger Jahren war von solcher Liberalität nur mehr wenig zu spüren. Die Pariser Julirevolution von 1830 und vor allem das Hambacher Fest von 1832 ließen die Regenten um den Bestand ihrer Throne bangen. Um die schlimmen Folgen bisheriger Toleranz zu beseitigen, griff man zu desto rigoroseren Disziplinierungsmaßnahmen. Im Mittelpunkt des Argwohns stand neben den eigentlich politischen Schriften die Schöne Literatur, zunächst die oppositionelle Prosa, später auch die Tendenzlyrik. Die geistige Bevormundung gipfelte 1835/6 im bundesweiten Verbot der Schriften des „Jungen Deutschland“, womit gleichermaßen die fortschrittlichen Autoren wie ihre Verleger getroffen werden sollten. Nach 1843 schien nicht nur der Höhepunkt der Buchproduktion, sondern auch der vormärzlichen Literaturverfolgung überschritten; an die Stelle der Unterdrückung einzelner Autoren und Verleger trat nun die Lenkung der Rezeption. Konfessionelle und staatliche Volksbildungsbestrebungen, Volksbüchereien und Vereine bemühten sich, der Politisierung des belletristischen Lesegeschmacks entgegenzuwirken.

So nachdrücklich und langwierig die staatliche Zensur und der Kampf gegen sie das Verhältnis von Staat und Buchhandel prägten, so falsch wäre doch ein Bild des Buchmarktes in der ersten Hälfte des 19. Jahrhunderts, das nur unter dem Zeichen allumfassender Repression stünde. Neben einem großen Bereich fachlicher und wissenschaftlicher Schriften, für den die Zensur so gut wie keine Rolle spielte, gedieh ein kaum geringerer, der sich mit dem vorgegebenen staatlichen Rahmen arrangierte und statt auf Konfrontation auf die Entdeckung und Besetzung von staatsfreien Nischen setzte. Denn während die Regierungen argwöhnisch darüber wachten, daß breitere Mittel- oder gar Unterschichten von allen freiheitlichen Tendenzen in Büchern und Periodika ferngehalten wurden, tolerierten sie zugleich scheinbar unverfängliche, rein kommerzielle Unternehmungen, deren gesellschaftliche Sprengkraft aber kaum geringer war, weil sie dank billiger Massenauflagen ein enorm großes Publikum erreichen und beeinflussen konnten.

Exemplarisch läßt sich die politische Dimension solcher verlegerischer Aktivitäten an zwei Persönlichkeiten zeigen, beide Außenseiter im Buchhandel: Friedrich Arnold *Brockhaus* (1772–1823) mit seinem „Conversationslexikon“ und Carl J. *Meyer* (1796–1856) mit seinen „Groschenbibliotheken“. Der zeitgenössische Buchhandelschronist August Prinz sah mit dem Auftreten der Konversationslexika und Realenzyklopädien eine neue Ära des Buchmarktes beginnen. Die Napoleonischen Kriege hatten nicht nur die politischen, sondern auch die sozialen Systeme gründlich durcheinandergewirbelt. Eine Vielzahl neuer Möglichkeiten gesellschaftlichen Aufstiegs, rascher Karrieren im Staatsdienste und der Wirtschaft, bei der Reorganisierung und Reformierung der Verwaltung bot sich an. Für solche Perspektiven aber war Bildung oder zumindest deren Anschein unentbehrlich; nicht mehr durch mühsame polyhistorische Büchergelehrsamkeit war sie zu gewinnen, sondern durch die zeitsparende und zielgerichtete Lektüre konzentrierter Informationen in Nachschlagewerken.

Die Brockhaus'sche Erfolgsbilanz begann noch nicht mit der ersten sechsbändigen Ausgabe des Lexikons von 1809, die nur in zweitausend Exemplaren auf den noch kriegsgeschädigten Buchmarkt kam, sondern erst in den folgenden Friedens- und Konjunkturjahren. Die fünfte, zehnbändige Ausgabe von 1818 bis 1821 war 1823 in 32000 Exemplaren verbreitet, wozu Nachdrucke und Übersetzungen kamen. Wesentliche Ursache für diesen Erfolg war der günstige Ladenpreis von nur zwölf Talern und 15 Groschen für das 615 Bogen umfassende Werk. Eine spätere Lieferungsausgabe wurde in 240 Heftchen zu 50

Pfennig angeboten. Bis zur Mitte des 19. Jahrhunderts sind allein vom Brockhaus-Lexikon mit seinen verschiedenen Ausgaben, Supplementen und Nebenwerken gut 150 000 Exemplare abgesetzt worden, und sicher wird man dieselbe Zahl für die Nachahmungen und Konkurrenzunternehmen von Meyer, Pierer und anderen annehmen dürfen. Damit hatte erstmals ein vielbändiges, umfangreiches Werk anspruchsvollen Bildungsinhalts wirkliche Massenauflagen erreicht. Ein großer Teil des bürgerlichen Mittelstandes besaß ein solches preiswertes und doch repräsentatives Zeugnis seines Bildungsstrebens und Aufstiegswillens. Brockhaus blieb daneben ein Universalverlag von erstaunlicher Breite; mit den Gewinnen des Lexikons betrieb der Verleger Mischkalkulation, wie er an Lorenz Oken schrieb: „Wir müssen beim Verlagsbuchhandel durchaus die Chance haben, etwas Erkleckliches in einzelnen Fällen gewinnen zu können, da wir als Regel annehmen müssen, daß wir von 20 Unternehmungen bei 10 verlieren, bei 5 auf unsere Kosten kommen, bei 4 ordentlich und bei einer tüchtig gewinnen. So hält eins das andere in der Balance."[8]

Noch höhere Auflagen und viel weitere Verbreitung erzielten die Verlagswerke von Carl Joseph Meyer. Er war wie Brockhaus von Traditionen und Standesrücksichten unbelastet. 1826 gründete er in der thüringischen Duodezresidenz Gotha das später nach Hildburghausen verlegte Bibliographische Institut und eröffnete sein Verlagsprogramm mit einer billigen Shakespeare-Edition und einer „Miniaturbibliothek deutscher Klassiker". In Hunderttausenden von Subskriptionsprospekten, die Kolporteure von Haus zu Haus verbreiteten, wurden deren Lieferungen zu je zwei Groschen annonciert, eine jede mit dem programmatischen liberalen Motto „Bildung macht frei" auf dem Umschlag. Der außerordentlich billige Preis, die ungewohnte Reklamestrategie, der Einsatz von Kolporteuren außerhalb des etablierten buchhändlerischen Vertriebssystems, die Vereinigung von Druck, Verlag und Vertrieb in einer Hand, die Erleichterung des Kaufs durch Erscheinen in Lieferungen – all das machte Furore beim Publikum und auch beim Buchhandel, der den Außenseiter mit Empörung ablehnte, ja zunächst boykottierte.

Allerdings hatte Meyers Unternehmen einen unseriösen Beigeschmack, denn sämtliche Verlagsrechte der in seiner Sammlung vertretenen Autoren waren ja geschützt, und er konnte Prozessen nur dank einer Unklarheit im Gesetz entgehen, das Abdrucke in Anthologien und auszugsweise Wiedergabe erlaubte. So erschienen bei Meyer die Schriften der begehrten, im Originalverlag durchwegs recht kostspieligen Nationaldichter zwar zerstückelt und oft im Erscheinen monate- und jahrelang durch Teillieferungen anderer Autoren unterbrochen. Gleichwohl konnte sich der Unternehmer im Bewußtsein sonnen, der deutschen Nation ihr literarisches Erbe preiswert zu verschaffen, auf das die Originalverleger ein so hartnäckiges Monopol beanspruchten. Vier Jahre nach ihrer Gründung mit nur zwei Handpressen war Meyers Offizin hinter Cotta, Decker, Teubner und Brockhaus die größte in Deutschland. Bis in die fünfziger Jahre brachte sein Verlag nach dem erfolgreichen Rezept weitere Sammlungen von Fast-Nachdrucken heraus, die gleichfalls in Hunderttausenden von Exemplaren Verbreitung fanden, darunter eine „Groschen-", „Cabinetts-", „Hand-" und „Familienbibliothek", letztere mit dem Motto „Deutsche Hausmannskost dem deutschen Geiste". Trotz der enormen Profite seines buchgewerblichen Großbetriebes verlor Meyer seine volkserzieherischen Ideale nie aus den Augen, ja er trieb seinen freimütigen Oppositionsgeist so weit, daß 1832 ein Bundesverbot aller Periodika seines Verlages erfolgte. Seine Antwort war das Lieferungswerk „Meyers Universum", das aus Lieferungen von acht bis zwölf Textseiten und meist vier Stahlstichen für jeweils sieben Groschen bestand und eine Überfülle historischer, länderkundlicher und zeitgeschichtlicher Informationen bot, oft mit Texten, die der Verleger selbst verfaßte, wobei er kaum verhüllte liberale Agitation betrieb. Da die Lieferungen zusammen stets einen Band mit mehr als 160 Quartseiten ausmachten, fielen sie nicht unter die Vorzensur.

Meyers Ideen fanden viele Nachahmer; vor allem die Lieferungsausgaben setzten sich schnell durch, auch für reich illustrierte populärwissenschaftliche Werke oder die fortschrittliche Weltgeschichte des Liberalen Rotteck in einer Volksausgabe, das Heft zu fünf Silbergroschen in einer Erstauflage von 20000 Exemplaren. Schnellpressen und Lieferungsausgaben waren wie füreinander bestimmt – eine Startauflage der ersten Lieferungen konnte spekulativ überhöht und nach einiger Zeit auf den tatsächlichen Bedarf gesenkt werden. Der Chronist August Prinz konstatierte: „Auflagen, die man früher auf 1000 oder 1500 beschränkte, erhöhte man jetzt gleich von vornherein, und wir sahen Auflagen von 15000 bis 20000 Exemplaren machen."[9] Das mit dem Konditionsverkehr verbundene Risiko der Remission verstärkte einerseits die Tendenz, mit einer möglichst geringen Deckungsauflage zu kalkulieren, andererseits mußten Lieferungswerke so preisgünstig wie möglich erscheinen.

Auch die Periodika paßten sich dieser Entwicklung an. Anfang der dreißiger Jahre wurden nach amerikanischem Vorbild und englischem bzw. französischem Muster die „Pfennig-" und „Hellermagazine" gegründet, so 1833 von Johann Jacob Weber das „Pfennig-Magazin der Gesellschaft zur Verbreitung Gemeinnütziger Kenntnisse". Diese populären Massenblätter verstanden die Vermittlung von Allgemeinbildung und praktischem Wissen als emanzipatorischen Akt, der auch dem mittleren und Kleinbürgertum die Beteiligung am öffentlichen Leben ermöglichen und sie für den sozialen Aufstieg qualifizieren sollte. Dabei spielten die Holzstichillustrationen auch für weniger gebildete Leser eine wichtige lektüremotivierende Rolle. Die Auflagenzahlen stiegen nach zeitgenössischen Berichten bald über 100000. Ob sich in diesen Magazinen tatsächlich, wie zuweilen vermutet wird, ein bewußt apolitischer Rückzug von der aktuellen Gesellschaftsproblematik manifestierte, ist fraglich. Ebenso wie die Vielzahl belletristischer Journale der Restaurationszeit für das liberale Bürgertum dienten auch die Pfennigmagazine fürs handwerkliche Kleinbürgertum als Mittel sozialer Identitätsbildung, als Reservate eines zwar unterdrückten, aber doch intensiven Interesses an öffentlicher und politischer Kommunikation.

Gegen die zunehmende staatliche Bevormundung ihres Standes, gegen die ungewohnt aggressive Konkurrenz einer neuen Unternehmergeneration, gegen die weiterhin bestehende Marktdominanz der „schleudernden" Leipziger Großfirmen und zahlreiche weitere Krisensymptome des regellos expandierenden Marktes suchten die deutschen Buchhändler ihr Heil in einer korporativen Gliederung. Anfang der zwanziger Jahre war der alte Streit zwischen Nord und Süd wieder aufgeflammt und der Plan einer eigenen süddeutschen Buchhändlermesse in Nürnberg wurde unter wohlwollendem Interesse der bayerischen Regierung aufs Tapet gebracht. Doch die Nürnberger Verleger lehnten dies kategorisch ab, und ihr wichtigster, Friedrich Campe, ergriff im Gegenzug in Leipzig die Initiative. Zur Ostermesse 1825 wählten die versammelten auswärtigen Firmen unter Campes Leitung einen neuen Börsenvorstand und setzten eine neue Börsenordnung fest, der jeder unbescholtene Buchhändler beitreten konnte. 99 Buchhändler setzten am 30. April ihre Unterschrift unter die neuen, die Gründungs-Statuten des *Börsenvereins der Deutschen Buchhändler*, nämlich 70 aus Nord- und Ostdeutschland, 29 aus Süd- und Westdeutschland, darunter nur sechs aus Leipzig selbst.

Die Großfirmen der Buchhandelsmetropole sahen die scheinbare Entmachtung durch Auswärtige mit Unbehagen; hier war ja der Zwischenbuchhandel konzentriert, war der Stapel- und Umschlagplatz fast aller in Deutschland überregional gehandelten Bücher, hier wurde nach wie vor zum jährlichen Termin *Cantate* (vier Wochen nach Ostern) von allen Firmen gemeinsam abgerechnet. Immer mehr Verleger nutzten die Vorteile des „Leipziger Platzes", die Leistungsfähigkeit der buchgewerblichen Großbetriebe für die Herstellung und die der Kommissionäre für die Auslieferung. 1842, im Gründungsjahr der Leipziger *Bestellanstalt* zum zentralen Austausch der Sortimentsbestellungen, summierte sich der Bücherverkehr zwischen Verlegern und Sortimentern über die stets für fremde Rechnung arbeitenden Leipziger Kommissionäre bereits auf mehr denn zehn Millionen Einzelpakete im Jahr. Die Marktmacht dieser kapitalstarken Zwischenhändler, die teils eigenen Verlag besaßen, vor allem von K. F. Koehler (gegründet 1789) und Friedrich Volckmar (gegründet 1829), deren enorme Investitionen und stete Rationalisierung des Buchverkehrs die Schnelligkeit und Effizienz des deutschen Buchhandels wesentlich mitbewirkten, war auch im Vormärz oft Gegenstand der Kritik auswärtiger Sortimenter. Neben Leipzig gab es jedoch weitere süddeutsche, heftig miteinander konkurrierende Kommissionsplätze: Frankfurt am Main, wo um 1830 fast ein Drittel der Leipziger Kommittentenzahl betreut wurde, daneben Nürnberg, Augsburg und Stuttgart. Die württembergische Hauptstadt trug in den vierziger Jahren den Sieg davon und hat sich jahrzehntelang als Zentrum des „Gulden"-Gebietes behauptet: 1860 erreichte sie 506 Kommittenten, als Leipzig 2391 besaß. Für den österreichischen Buchhandel war natürlich Wien Kommissionsort (1860 mit 267 Kommittenten), 1859 schufen sich die Schweizer Firmen mit Zürich ihren Mittelpunkt (1860 mit 51 Kommittenten).

Auch sonst trat der Zentralisierung durch die Gründung des Börsenvereins der alte Partikularismus entgegen: ein üppiges Verbandswesen mit Regional-, Lokal- und Spartenvereinigungen entstand. 1845 wurde ein süddeutscher, 1849 ein Schweizer, 1859 ein österreichischer Buchhändlerverein ins Leben gerufen, 1848 die Corporation der Berliner Buchhändler; andere örtliche Verlegervereine folgten wie auch 1863 ein „Verein der deutschen Sortiments-Buchhändler" und schließlich zahlreiche Bildungsvereine von Lehrlingen und Gehilfen.

Die Leipziger Firmen organisierten sich separat 1833 in einem „Verein der Buchhändler zu Leipzig". Die Mitgliederzahl des neuen Börsenvereins der Deutschen Buchhändler stieg von 108 in den Jahren 1825/6 auf 311 in den Jahren 1829/30, 1834 auf 450 und 1845 auf 700. Seit dem 3. Januar 1834 gab zunächst der Leipziger Verein, ab 1835 der Börsenverein das *„Börsenblatt für den Deutschen Buchhandel und für die mit ihm verwandten Geschäftszweige"* heraus, das sich von Anfang an nicht nur als Vereinsorgan, sondern als Meinungsforum für den ganzen Buchmarkt verstand. Es erschien zunächst wöchentlich, ab 1837 zweimal wöchentlich und ab 1867 täglich, mit einem Verzeichnis der aktuellen Neuerscheinungen in jeder Nummer. 1834 wurde mit dem Bau eines gemeinsamen Abrechnungsgebäudes auch für die Leipziger Kommissionäre, der Buchhändlerbörse, begonnen, und zwischen den rivalisierenden Vereinen Frieden geschlossen.

Der Börsenverein kümmerte sich nicht nur um interne Standesprobleme und Verkehrsusancen, setzte nicht nur die Wechselkurse für die Abrechnungen fest, sondern vertrat auch die Interessen eines freien Geistesverkehrs und einer nationalen Einigung, die er selbst durch seine alljährlichen Zusammenkünfte und seine korporative, staatenübergreifende Gliederung vorwegnahm. Er hat vor allem in den vierziger Jahren nachdrücklich gegen Willkürakte der Zensur protestiert und sich in einer Denkschrift von 1845 dagegen verwahrt, daß „Buchhandel und Literatur wie Feinde des Staates betrachtet werden, gegen welche das Recht des Stärkern rücksichtslos zu üben sei". Diese Solidarität der offiziösen Buchhandelsorganisation mit der verfolgten literarischen Opposition war freilich erst nach heftigen internen Diskussionen erreicht worden. Die überwiegende Mehrzahl der Mitglieder blieb skeptisch gegenüber der sich radikal wandelnden literarischen Szenerie, der Demokratisierung des Lesens und auch des Schreibens, der Kapitalisierung des Geisteswerkes und der ideologischen Indienstnahme des Buches. Wie ein Manifest dieses grundsätzlichen Unbehagens wirkt der anonyme Eröffnungsartikel des Börsenblattes Nr. 1 vom 3. Januar 1834, dessen Autor niemand anderer als Friedrich Christoph Perthes war:

„Unverkennbar ist seit einigen Jahren im deutschen Buchhandel eine Unruhe, ein Drängen, Treiben und Jagen bemerkbar geworden, von welchem die frühere Geschichte desselben wohl schwerlich ein Beispiel aufzustellen hat. Im unaufhaltsamen Fortschreiten vermehrte sich in den letzten Jahrzehnten die Zahl deutscher Buchhandlungen dergestalt, daß jetzt fast jede nur einigermaßen bedeutsame Landstadt auch ihren Buchhändler hat, der sich nicht etwa auf ein der Örtlichkeit angepaßtes Sortimentsgeschäft beschränkt, sondern sofort auch einen eigenen *Verlag* zu erstreben sucht, wozu ihm, im besten Falle, die Nähe und der bereitwillige Fleiß irgendeines Gelehrten, öfters aber freilich, leider! nur ein versprengtes Glied der federschnellen Zunft der Scribler die allzeit fertige Hand bietet. Dadurch ist unser Büchermarkt mit einer Flut teils unnützer und überflüssiger, teils wirklich schlechter und schädlicher Schriften überschwemmt worden, und die Abfassung oder Ausarbeitung eines Buches ist – ebenso wie das *Abschreiben* desselben *vor* Erfindung der Buchdruckerkunst – jetzt nur zu häufig und augenfällig zum fabrikmäßigen Betrieb, ja zum *Handwerk* herabgewürdigt worden. Man wollte den Geist wie *Ware*, die dem bloßen Erwerb dient, behandeln, und er entwich zürnend und ließ nur seine Hülle zurück, deren Blöße aber keine auch noch so elegante Ausstattung durch Druck und Papier zu decken vermochte. Daß aber die geldjagende Hast, die sich, wie gesagt, in der neusten Geschichte des deutschen Buchhandels gezeigt hat, bei dieser traurigen Erscheinung nicht ohne Schuld sei, läßt sich ebensowenig leugnen als die ehrende, unumstößlich feststehende Tatsache, *daß deutscher Buchhandel bis dahin der Träger deutscher Wissenschaftlichkeit, Gründlichkeit und Gediegenheit gewesen und – wer möchte widersprechen? – in seinen besseren Teilen noch jetzt ist, ihm selbst zu bleibender Ehre, dem deutschen Vaterland aber und dem Gesamtgebiet wahrer Gelehrsamkeit und Bildung zu Förderung und Nutzen.* Daß nun dieses Palladium dem deutschen Buchhandel nicht entrissen, daß der Unruhe und der unwürdigen Buchmacherei gesteuert, der Buchhandel in allen seinen Teilen wiederum mehr in den Dienst der Wissenschaft und der *wahren (!!) Volksbildung* zurückgeführt werde – dafür zu sorgen, ist eines jeden deutschen Buchhändlers, der Ehre höher achtet als Geldgewinn, heilige Verpflichtung, an welche aber zu erinnern gerade jetzt so recht an der Zeit ist. Denn einige glänzende Unternehmungen, welche deutsche Industrie und richtige Beachtung des augenblicklichen Bedürfnisses auf deutschen Boden verpflanzt hat – wir meinen das *Pfennigmagazin und alle diejenigen periodischen und enzyklopädischen Werke, die mit ihm in Konkurrenz getreten sind* –, haben das oben gerügte unruhige Treiben bis zu einer schwindelnden Höhe gesteigert und könnten leicht durch ihr Beispiel um so gefährlicher wirken, als sie deutschem Volke und seiner zeitgemäßen Fortbildung zu dienen zum löblichen Zweck sich gesetzt haben. [...] Allein eine Klippe droht, die zu bezeichnen die Pflicht gebietet: *Es ist das Versinken in den Dienst der Seichtigkeit, der Oberflächlichkeit, der Vielwisserei, des Bilderkrames unter der täuschenden Firma der Volksbildung nur um des Gewinnes willen!* Und wehe unserem Volke und seiner Kultur, wenn der deutsche Buchhandel diese Klippe zu vermeiden nicht im Stande sein sollte; [...] *Deutschlands Buchhandel hat, so wie deutsche Gelehrsamkeit und Wissenschaftlichkeit, eine europäische Bedeutung und wird sie behalten, solange er im Bunde mit jenen steht*; er wird sie aber verlieren und, trotz des ehrenhaften

Zweckes einzelner volkstümlicher Unternehmungen, zum *Kolporteurgeschäft* herabsinken, wenn er jene alte ehrenhafte Verbindung je trennen und Enzyklopädien und populäre Zeitschriften als hinlänglichen Ersatz für wissenschaftliche und klassische Werke dem höher gebildeten Publikum – welches doch, Gott sei Dank, in Deutschland noch nicht so klein geworden ist – je anbieten könnte."[10]

Die Expektorationen von Perthes wurden deshalb so ausführlich zitiert, weil sie mehr als ein Jahrhundert lang in ihren wesentlichen Gedanken die Grundlage des korporativen Selbstverständnisses der deutschen Buchhändler darstellen sollten. Die Überzeugung von der eigenen Kulturmission, die Verachtung jeder Profanisierung der geistigen Güter, die Skepsis gegenüber allen Zugeständnissen an die Lektürebedürfnisse der unterbürgerlichen Schichten, die Ablehnung neuer Vertriebsmethoden, die Verfemung unverbrämten Gewinnstrebens – all dies hatte bereits eine Generation vorher J. G. Heinzmann in antiaufklärerischem Affekt ähnlich vorgebracht. Dieses Mißtrauen gegen eine sich demokratisierende und zugleich kommerzialisierende Medienlandschaft wurde nun zum Credo jenes weit größeren Teils der deutschen Buchhändler, der wie das gesamte Bürgertum vom Liberalismus zu einer nationalkonservativen Haltung schwenkte und damit vor allem nach 1848 nach außen hin das Bild des Standes und seiner Organisation prägte. Friedrich Christoph Perthes (1772–1843) selbst, der markanteste konservativ-christliche Verleger, war in seiner Programmschrift über die Bedeutung des deutschen Buchhandels für ein einheitliches Urheber- und Verlagsrecht eingetreten, nicht aber für die Preßfreiheit. Im Gegenteil befriedigt darüber, daß die Karlsbader Beschlüsse „dem Schreibervolk aufs Maul geschlagen" hätten, inszenierte er 1827 feierlich eine Verbrennung von pikanten Verlagserzeugnissen eines mißliebigen Kollegen durch den Vorstand des kurz zuvor gegründeten Börsenvereins. Neben Perthes selbst, dem bedeutendsten Geschichtsverleger seiner Zeit, könnten für diesen Verlegertypus zahlreiche Namen, darunter die meisten frühen Börsenvereinsvorsteher, genannt werden. Hingewiesen sei nur auf Georg Andreas Reimer (1776–1842), der als glühender Patriot an den Befreiungskriegen teilgenommen hatte, 1819 mit Turnvater Jahn als „Demagoge" verdächtigt wurde und für die Berliner Geistesgeschichte über Jahrzehnte hinweg als Hauptverleger wirkte – zu seinen Autoren, denen er auf bemerkenswert moderne Weise erfolgsabhängige Honorare zahlte, gehörten Kleist und Jean Paul, Tieck und Fichte, die Gebrüder Grimm und die Brüder Humboldt, Fouqué und Schleiermacher. Ein charakteristisches Genrebild dieses Buchhändlerschlages zeichnete

F. J. Frommann am Beispiel Ferdinand Dümmlers (1787–1846). Der Schwager Reimers brachte unter anderem 1823 Heines „Tragödien, nebst einem lyrischen Intermezzo“ heraus, vor allem aber verlegte er jahrzehntelang zahlreiche Hauptschriften der renommierten Berliner Universitätsgelehrten. Frommann erinnerte sich:

„In seinem engen Locale an seinem ins Fenster eingeklemmten kleinen Pulte auf dem einzigen Stuhle, der nebst einem mäßigen Packtische von weißem Holze das ganze Mobiliar des Ladens bildete, ohne andere Hilfe als die seines Bruders Ludwig und eines Ausläufers, machte er ein glänzendes Geschäft, namentlich mit Professoren und Studenten. Vorher hatte er im Freiheitskriege als Husar tapfer mitgefochten. Seine kurze, derbe Art, mit Menschen aller Stände zu verkehren, war keine angelernte Manier, sondern durch und durch wahr und ihm eigenthümlich [...]. Er liebte es nicht, sich lange herumzustreiten, ließ lieber Unrecht über sich ergehen, machte aber dann ohne Umstände Schicht. So hatte er die erste Auflage von ‚Goethes Briefwechsel mit einem Kinde‘ [der Bettina von Arnim], die sehr gut gegangen war, commissionsweise vertrieben, und als es nach der Messe zur Abrechnung mit der Verfasserin kam, verlangte diese den ganzen Betrag nach dem Buchhändlerpreise, ohne darauf Rücksicht zu nehmen, daß er Verlust am Geld, an schlechten Zahlern und dazu die ganze Arbeit des Verkaufs gehabt hatte. Er, ohne sich mit ihr in lange Verhandlungen oder gar in Prozeß einzulassen, zahlte ihr den ganzen Betrag in Preuß. Courant aus, rückte aber nachher ins Börsenblatt ein, daß er den Vertrieb des Buches aufgäbe, überhaupt mit Weibern nichts mehr zu schaffen haben wolle.“[11]

Daß Unternehmer solch patriarchalischen Schlages die belletristische Lesekultur verachteten, überrascht nicht. Gerade diese jedoch bestimmte als Miturheberin der beklagten Mißstände wesentlich den Buchmarkt in der ersten Hälfte des 19. Jahrhunderts: Nun wurde nicht mehr nur der vorhandene Lektürebedarf befriedigt, sondern in großem Stile neuer Bedarf geweckt – mittels ebenso kühner wie einträglicher Spekulationen auf den Geschmack eines sozial heterogenen Publikums. Dieser Literaturmarkt soll im folgenden umrissen werden.

Was Meyer mit seiner „Miniaturbibliothek deutscher Klassiker“ 1826 so erfolgreich begonnen hatte, führten ein Jahr später die Gebrüder Franckh in Stuttgart weiter. Sie brachten eine umfangreiche Lieferungsausgabe der Romane des englischen Dichters Walter Scott heraus, wobei jedes Heftchen im Duodezformat mit acht Bogen Umfang samt Titelkupfer nur zwei Groschen kostete. Ein ganzer Roman Scotts, für den man zuvor drei bis fünf Taler hatte bezahlen müssen, war nun für 15 bis 20 Groschen zu haben. Natürlich erhielt der mit seinen romantischen Ritterromanen auch in Deutschland überaus beliebte Autor beim Fehlen jeglicher internationaler Urheberrechtsvereinbarungen keinerlei Honorar. Die Spekulation der Brüder ging auf. Die Startauflage von 20000 Exemplaren mußte bald vervielfacht werden, und binnen dreier Jahre soll die unerhörte Zahl von drei Millionen Bändchen abgesetzt worden sein.

Das Vorbild machte Schule – vor allem Stuttgart, wo ein relativ liberales Klima herrschte, wurde schnell zum Zentrum der „speculativen Richtung", über die sich die Kollegen mokierten. Diese belletristischen Groschenbibliotheken funktionierten allesamt nach dem gleichen Rezept: leichte Romankost ausländischer, daher nicht zu honorierender Autoren, schnelle Übersetzungen durch karg entlohnte Studenten und Militärs, billige Ausstattung, Massenauflagen und zudringliche Publikumswerbung. Vom Ende der zwanziger Jahre an konnten die Leser unter Dutzenden solcher konkurrierenden Unternehmen wählen, die „Buchhandels-Bijouterie-Fabrication" (so Perthes) wurde immer hektischer. Konkurse und Firmenveränderungen häuften sich gerade in Stuttgart, wo die Zahl der Verlage und Ladengeschäfte von 1812 bis 1852 von zwei auf 52 anstieg. Das Sortiment war über diese Belebung seines Geschäftes keineswegs glücklich; Wilhelm Hauff läßt in seiner Skizze „Die Bücher und die Lesewelt" einen Buchhändler klagen: „Diese Uebersetzungen, diese wohlfeilen Preise werden uns ohnedieß bald genug ruiniren. Was ist denn jezt schon unser schöner Buchhandel geworden? Nichts als ein Verkaufen im Abstreich; Alles soll wohlfeil seyn und so wird Alles schlecht und in den Staub gezogen. In jeder Ecke des Landes sizt einer, der mit wohlfeiler Schnittwaare handelt, und wir andern, die wir uns noch dem Verderben entgegen stemmen, gehen darüber zu Grunde."[12]

Freilich darf nicht übersehen werden, daß aus heutiger Sicht diese billigen Übersetzungsreihen neben mediokrem Lesefutter auch durchaus respektable Kost boten: Hier waren neben Walter Scott etwa Edward Bulwer-Lytton und James Fenimore Cooper, Washington Irving und Charles Dickens, George Sand und die beiden Dumas verfügbar. Die literarische Geschmacksbildung breiter lesender Schichten zwischen 1830 und 1860 ist durch die vielgeschmähten spekulativen Projekte der Gebrüder Franckh, Schumanns in Zwickau und ihrer Nachahmer insgesamt positiv beeinflußt worden. Ähnlich machte eine bei Metzler in Stuttgart ab 1827 lieferungsweise erscheinende

Übersetzungsbibliothek griechischer und römischer Klassiker in 729 Bändchen die Schätze humanistischer Bildung einem breiten Publikum zugänglich. Die Kehrseite der Übersetzungsreihen für das deutsche Literaturleben hat wiederum Wilhelm Hauffs Buchhändler genau erkannt: „Aber jedes Nähtermädchen kann sich für ein paar Thaler eine Bibliothek klassischer Romane anschaffen. Unnatürlich schnell hat sich die Sucht nach dieser Art von Dichtungen verbreitet, und hunderttausend Menschen haben jezt durch diese Groschenbibliotheken einen Maßstab erhalten, nach welchem sie eigensinnig unsere deutschen Produkte messen."[13]

Tatsächlich geriet die deutsche Originalliteratur gegenüber dem unerschöpflichen Ausstoß der Übersetzungsfabriken ins kommerzielle Hintertreffen – in Franckhs „Belletristischem Ausland" erschienen zwischen 1843 und 1865 nicht weniger als 3618 Bändchen. Das lesende Publikum, sofern es nicht Literatur ohnedies nur in den Leihbibliotheken konsumierte, gewöhnte sich schnell daran, als tägliches Lesefutter die spannenden Übersetzungen zu kaufen (wobei ein Roman oft weniger kostete als die Gebühr für seine Entleihung). Die Durchschnittsauflage von deutschen Originalromanen lag dagegen schon 1825 (nach J. A. Bergk) bei nur 300 bis 350 Exemplaren. Auch die Werke deutscher Autoren von Rang waren teuer – vor allem bei jener Firma, die so gut wie alle Größen des nationalen Parnasses unter ihrem Dach versammelte: *Cotta.* Sein Ruf als Literaturverlag schlechthin hat bis heute seinen legendären Glanz bewahrt. Zwar umfaßte das Verlagsprogramm der Stuttgarter Firma in eindrucksvoller Universalität auch Wissenschaften, dazu kam ein Presse-Imperium, das auf dem Kontinent seinesgleichen suchte, und mit dem Flaggschiff der „Augsburger Allgemeinen Zeitung" die wohl beste Zeitung des 19. Jahrhunderts besaß, daneben Fach- und Kulturzeitschriften wie das berühmte „Morgenblatt für gebildete Stände". Aber vor allem verband man mit dem Namen Cotta die nationalen Dichterheroen Goethe und Schiller, deren unsichtbares Gütesiegel auf allen Produkten des Hauses zu prangen schien. Daß Johann Friedrich Cotta zugleich ein höchst generöser Mäzen junger aufmüpfiger Talente wie Börne und Heine war, vergaß das zeitgenössische Publikum gerne.

Nach des alten Cotta Tod, der seinem größten Autor im selben Jahr 1832 folgte, legte sein Sohn Georg den Hauptakzent des literarischen Verlages auf Lyrik. Die bedeutendsten Erzeugnisse „reiner" Poesie der nächsten Jahrzehnte sind größtenteils bei Cotta erschienen – Rückert und Platen, Hebbel und die Droste, vor allem natürlich die

Lyriker der „schwäbischen Schule", der Kreis um Uhland, Kerner, Lenau und Mörike. Als einzigartiger lyrischer Erfolgsartikel erwiesen sich Ludwig Uhlands 1815 erstmals erschienene Gedichte: sie erlebten über die Jahrhundertmitte hinaus jährliche Neuauflagen von tausend bis zweitausend Exemplaren; dagegen blieben Mörikes Gedichte kaum verkäufliche Ladenhüter. Was der Cottasche Verlag an mäzenatischer Autorenpflege betrieb, holte er durch hohe Verkaufspreise wieder herein. Eine Sammlung von Schillers oder Uhlands Gedichten, gar eine Klassikergesamtausgabe aus dem Originalverlag war für den gebildeten Mittelstand ein begehrter, aber kostspieliger Geschenkartikel. Cotta begann mit seinem Pfunde allzusehr zu wuchern und galt schließlich als überalterte und überteuerte Klassikerbewahranstalt. Sein konservatives, hohen ästhetischen Ansprüchen verpflichtetes Literaturprogramm wurde respektvoll zur Kenntnis genommen – aber der aktuelle Meinungsstreit wurde auf anderen Feldern ausgetragen. Daneben hat Cotta freilich als staatswissenschaftlicher Verlag sein Ansehen zu wahren verstanden und pflegte bereits seit den zwanziger Jahren mit J. G. Dinglers „Polytechnischem Journal" und einer „Technologischen Enzyklopädie" eine zukunftsträchtige Sparte.

Vor allem nach der Pariser Julirevolution von 1830 ging ein Teil der jungen Schriftsteller auf entschiedenen Konfrontationskurs zum Unterdrückungssystem Metternichs und entwickelte eine neue Literaturkonzeption: mit Goethes Tod sei das Ende der „Kunstperiode" erreicht, nun gelte es für den Dichter und die Literatur, direkt ins Zeitgeschehen einzugreifen, es kommentierend zu begleiten und aktiv mitzugestalten. Heinrich Laube rief den Schriftsteller zur Führungsgestalt des sich politisierenden Bürgertums aus: „Schon zappelt's Millionen in Händen und Füßen, modern zu handeln. [...] Fünfzehn Romane und die Millionen sind auf den Weg gebracht. Wer schreibt sie?"[14]

Wie schon erwähnt, nahm die staatliche Obrigkeit solche Proklamationen des „Jungen Deutschland" nicht tatenlos hin. Nun begann das vormärzliche Katz- und Maus-Spiel zwischen den Regierungen und deren literarischen Widersachern, die freilich ohne die Unterstützung ihrer Verleger keinerlei Chance gehabt hätten. Neben die konservativen Programmverleger wie Cotta und Perthes, neben die erfolgreichen Spekulanten wie Franckh und Meyer traten erstmals in der deutschen Buchhandelsgeschichte Männer, die vor den Augen der sympathisierenden lesenden Öffentlichkeit und der erbosten staatlichen Überwachungsorgane ihre Aufgabe in der Verbreitung oppositioneller Literatur sahen. Die wichtigsten von ihnen und ihre Strategien seien kurz vorgestellt.[15]

Ihre unbestrittene Galionsfigur, quasi der linke Cotta, war *Julius Campe* (1792–1867), Inhaber der Firma Hoffmann und Campe in Hamburg, die er ab 1823 leitete. Er war vorsichtig genug, als sicheres Standbein seines Verlages wissenschaftliche Werke und auch konventionelle Belletristik zu betrachten – so steht an erster Stelle seiner Autoren der epigonale Dramatiker Ernst Raupach mit 27 Schriften in 47 Ausgaben. Aber dicht darauf folgt jener Dichter, der für Campe vergleichbaren Stellenwert besaß wie Goethe für Cotta: Heinrich Heine. Von ihm hat Campe 22 Titel in 70 Ausgaben und Auflagen sowie zwei Gesamtausgaben publiziert. Zugleich galt sein Verlag als Heimstatt der fortschrittlichen Literaten des „Jungen Deutschland". Insgesamt umfaßt sein Verlagsverzeichnis 146 Werke von 36 Oppositionsautoren, von liberalen Konstitutionalisten bis zu radikalen Demokraten, getreu seinem Motto „Mein Hauptverlag ist junge Literatur".

Edda Ziegler nennt Campe den „Prototyp des frühkapitalistischen Verlegers liberaler Provenienz, der geschäftliche Wirkungskraft und literaturpolitisches Engagement schöpfte und nährte aus der Wechselbeziehung zwischen politischem Anspruch und ökonomischem Gewinn".[16] Mit anderen Worten: Campe verstand es, aus seinen Überzeugungen auch Profit zu schlagen. Dies war angesichts der selbstbewußten Honorarforderungen seiner fortschrittlichen Autoren, allen voran Heine, nur zu notwendig. Aber gerade dieser wußte sehr genau, daß die Verbreitung seiner Werke unter den herrschenden restriktiven Bedingungen niemand so virtuos inszenieren konnte wie Campe. Die beiden ersten Bücher Heines waren noch in Berlin bei Maurer und Dümmler herausgekommen, alle weiteren aber trugen die Hamburger Firma auf dem Titelblatt, angefangen mit den „Reisebildern" (1826 in 1500 Exemplaren) und dem „Buch der Lieder" (1827 in 2000 Exemplaren). Bis in die fünfziger Jahre erschienen seine Schriften meist in Auflagen von 3000 Exemplaren; der „Romanzero" allerdings wurde 1851 in vier kurz aufeinanderfolgenden Drucken mit zusammen 21000 Exemplaren auf den Markt gebracht. Heines Erfolge standen keineswegs vereinzelt. Die trotz ihres ironischen Titels natürlich brisanten „Unpolitischen Lieder" Hoffmanns von Fallersleben erreichten 1840/41 ebenfalls 20000 Exemplare, nur wenig geringer war der Absatz von Dingelstedts „Liedern eines kosmopolitischen Nachtwächters" und der Werke Ludwig Börnes. 1841 erschien bei Campe auf vier Blättern auch Hoffmanns von Fallers-

Ein Treffpunkt des liberalen Bürgertums:
die Buchhandlung Hoffmann & Campe in Hamburg (1830)

leben „Lied der Deutschen", die heutige Nationalhymne, als provozierendes Bekenntnis gegen Kleinstaaterei.

Den so erfolgreichen Verleger von Oppositionsliteratur glaubten die Regierungen entscheidend zu treffen, als 1835 das Verbot aller Schriften des „Jungen Deutschland" unter Ziffer 3 ihn als einzigen namentlich nannte: „Die Regierung der Freien Stadt Hamburg wird aufgefordert, in dieser Beziehung insbesondere der Hoffmann- und Campe'schen Buchhandlung zu Hamburg, welche vorzugsweise Schriften obiger Art in Verlag und Vertrieb hat, die geeignete Verwarnung zugehen zu lassen" – eine wirkungsvolle Empfehlung für alle, die nach verbotener Ware begierig waren. Es ist hier nicht der Ort, Campes kluge, am jeweiligen Einzelfall orientierte Publikationsstrategie zu schildern, mit der er den Zensurapparat immer wieder düpierte. Eine kennzeichnende Anekdote sei jedoch nicht unterschlagen, die sich um V. von Andrians Schrift „Oesterreich und seine Zukunft" rankt. Campe hatte es 1843 herausgebracht, und die erzürnte Wiener Regierung war entschlossen, den Autor herauszufinden. Ein Prager Polizeikommissar namens Muth erhielt den Auftrag, in Hamburg Recherchen anzustellen, logierte sich dort unter falschem Namen ein und begab sich unverzüglich in die Campesche Buchhandlung. Er sei Wiener Kaufmann auf Reisen und wolle gerne einige der verbotenen Schriften kaufen, die er daheim nie zu Gesicht bekomme. Campe legte Einschlägiges vor, Muth kaufte. Einige Tage später erschien er erneut: Besonders das Buch „Oesterreich und seine Zukunft" habe ihn tief beeindruckt. Wer denn wohl dessen Verfasser sei? Ein hoher österreichischer Beamter, erwiderte Campe, der aber nicht genannt werden wolle. Kommissar Muth zog mit weiteren Einkäufen von dannen und unternahm kurz darauf einen erneuten Vorstoß. Nun gestand Campe, weil er so oft nach dem Autor gefragt werde, habe er diesem geschrieben, ob er ihn – streng vertraulich – denen nennen dürfe, die so großen Anteil an ihm nähmen. Er erwarte mit jedem Posttage Antwort. Der Polizeikommissar verlängerte seinen kostspieligen Aufenthalt um weitere 14 Tage und erschien erst dann wieder bei Campe. Dieser empfing ihn freundlich, führte ihn in sein Privatkontor und eröffnete ihm: „Nun endlich kann ich Ihre Neugier befriedigen – also in strengstem Vertrauen: der Verfasser des skandalösen Buches ist der Polizeikommissar Muth aus Prag." Er hatte den Spitzel dank seiner Informanten längst identifiziert.

Julius Campe hat die zensurpolitischen Realitäten seiner Zeit kühlen Sinnes akzeptiert – ohne Märtyrerpose, mit Augenmaß und zuweilen auch im Widerspruch zu seinen Autoren, die eine kompromißlosere Haltung forderten. Kein anderer Verleger aber hat jahrzehntelang so souverän an den Toleranzgrenzen des Regimes laviert, keiner die Möglichkeiten eines zensierten Literaturmarktes besser genutzt. Damit hat er seinen Autoren sicher einen besseren Dienst erwiesen als mit radikalen Kampfansagen an die Obrigkeit.

Als die beiden weiteren Hauptzentren literarischer und verlegerischer Opposition galten Leipzig und das badische Mannheim. Die sächsische Metropole war bevorzugtes Domizil emigrierter österreichischer Autoren geworden, und so etablierte sich dort als besondere Gattung vormärzlicher sächsischer Buchproduktion die Oppositionsliteratur gegen die Metternichsche Stickluft. Von Leipzig aus als dem Mittelpunkt des gesamten deutschsprachigen Bücherverkehrs war die Einschmuggelung dieser verbotenen Ware ins Habsburgerreich besonders leicht möglich; dabei halfen auch die dortigen Kommissionäre fintenreich mit. So sehr Spitzel sich bemühten, hinter die fingierten Verlagsadressen und anonymen Autoren zu kommen (und sie waren, liest man ihre einschlägigen Geheimberichte, erstaunlich gut im Bilde), so groß der Kontrollaufwand an den Grenzen, in den Buchhandlungen und Leihbibliotheken, ja auch bei Privatpersonen war – kein einziges der oft sehr aggressiven Pamphlete konnte aus Österreich ferngehalten werden.

Schon Jahrzehnte, bevor sein Name zum Synonym für billige Reihen wurde, hat Anton Philipp *Reclam* seinen 1828 in Leipzig gegründeten Verlag zum Sammelpunkt liberaler Publizistik zu machen versucht; die politischen und belletristischen österreichischen Emigranten bevorzugten ihn und die Brüder Georg und Otto *Wigand* als Adresse, weshalb gerade diese drei Verlage 1846 von Metternich mit ihrer gesamten Produktion verboten wurden. Otto Wigand galt darüber hinaus als Herbergsvater der Linkshegelianer mit den berühmten „Hallischen Jahrbüchern" (später „Deutschen Jahrbüchern") und verlegte so radikale Autoren wie den Edelanarchisten Max Stirner, Friedrich Engels und Arnold Ruge, Feuerbach und Bruno Bauer, aber auch den jungen Richard Wagner.

In Mannheim verwickelte sich ab 1831 Heinrich *Hoff*, den seine Freunde etwas großspurig als badischen Cotta titulierten, vor allem mit aufmüpfigen Zeitungsprojekten in eine Zensurfehde nach der anderen. Der radikale Republikaner wurde 1848 als Aufrührer verhaftet und erst nach einem halben Jahr freigelassen, was seinen Verlag ruinierte. Einer zweiten Verurteilung zu zwanzig Zuchthausjahren entzog er sich durch die Flucht nach New York. In Mannheim spielte sich auch das kurze Leben des einzigen rein literarischen Tendenzverlages des Vormärz ab. Der junge Dr. Zacharias *Löwenthal* hatte 1835 sein Tätigkeit mit einem Paukenschlag eröffnet: mit Karl Gutzkows „Wally die Zweiflerin", die politischen wie sittlichen Anstoß erregte. Im selben Jahr standen Laubes „Moderne Charakteristiken", zwei politische Essays Ludolf Wienbargs sowie die ambitionierte Oppositionszeitschrift „Deutsche Revue" auf dem Eröffnungsprogramm. Doch aus diesen Plänen wurde nichts. Die Zensur statuierte ein Exempel und unterdrückte die Zeitschrift noch im Erscheinen, Preußen verbot sofort den gesamten Verlag. Nach einer denunziatorischen Rezension der „Wally" durch Wolfgang Menzel wurden der Roman verboten und konfisziert (natürlich auch binnen weniger Wochen ausverkauft), Autor und Verleger vor Gericht gestellt. Gutzkow hatte vier Wochen Gefängnis abzusitzen, Löwenthal wurde freigesprochen, mußte jedoch noch im selben Jahr 1835 den Bankrott anmelden, weil ihm ohne ein nichtliterarisches Verlagsprogramm ein finanzielles Überleben unmöglich war. Das warnende Beispiel wurde allgemein verstanden, kein Verleger versuchte künftig sein Glück allein mit progressiver Belletristik. Auch Zacharias Löwenthal, später Loening, hatte die Lektion gelernt: Neun Jahre später gründete er mit Joseph Rütten eine *Literarische Anstalt*, die als *Rütten & Loening* bis in die Gegenwart Bestand hat.

Wer sich als kompromißlos fortschrittlicher Verleger betätigen wollte, mußte sich dem Zugriff der Obrigkeit von vornherein entziehen und seine Firma ins Ausland verlegen. Solche ersten „Exilverlage" unterschieden sich freilich von denen während des Dritten Reiches grundlegend darin, daß sie ihr Publikum in Deutschland selbst suchten und fanden. Man siedelte sich deshalb möglichst nahe der Grenzen an, am liebsten im deutschsprachigen Ausland. So wurde Straßburg nach der Julirevolution von 1830 zu einem bevorzugten Erscheinungsort politischer Kontroversliteratur. Auch in Paris, wo sich deutsche Emigrantenzirkel zusammenfanden und Heinrich Heine wohnte, sind einzelne solche Verlagsprojekte zu verzeichnen.

Besonders rege waren die Schweizer Oppositionsverlage. Dazu zählten alteingesessene Firmen wie Jenni in Bern oder Orell in Zürich (bei diesem erschienen die Werke des emigrierten Österreichers Karl Postl alias Charles Sealsfield). Bekannter jedoch wurden drei Neugründungen: das *Literarische Institut* in Herisau, der Kreuzlinger *Belle-Vue Verlag*, hinter dem ein demokratischer (aber kaufmännisch unbegabter) Konstanzer Advokat stand, und vor allem das *Literarische Comptoir* in Zürich und Winterthur. Es wurde 1840 von dem exilierten Demokraten Julius Fröbel, dem Bruder des berühmten Pädagogen, gegründet, unter finanzieller Beteiligung von Gesinnungsfreunden wie August Follen und Arnold Ruge. Wie zuvor Löwenthal, so gelang es auch Fröbel, gleich zu Beginn ein aufsehenerregendes Werk vorzulegen. Im Juli 1841 erschienen Georg Herweghs „Gedichte eines Lebendigen", die schnell zu einer der meistverkauften Lyriksammlungen avancierten. Binnen zweier Jahre erschienen sechs Auflagen von zuerst 1000, bald 6000 Exemplaren sowie ein zweiter Band, der nicht mehr so zügig abgesetzt werden konnte. Der Erfolg ließ die fortschrittlichen Dichter aufhorchen, zumal Fröbel auch sehr großzügige Honorare zahlte. Das *Literarische Comptoir* wurde fortan mit Manuskriptangeboten überschüttet, von denen die meisten Ablehnung fanden, darunter auch Poesien des jungen Theodor Fontane. Um 1845 konnte der Verlag jährlich bis zu 40 Novitäten vorlegen, neben literarischen, meist lyrischen Oppositionsschriften auch philosophische, darunter Werke Feuerbachs. Zu den bekanntesten Produkten des lyrischen Genres gehörten neben Herweghs Gedichten Hoffmanns von Fallersleben „Deutsche Lieder aus der Schweiz" (1842) und seine „Hoffmannschen Tropfen" (1844).

Die Regierungen des Deutschen Bundes sahen Fröbels Treiben mit größtem Mißfallen. Immerhin dauerte es bis 1845, daß sein Verlag durch Bundestagsbeschluß verboten wurde. Um seine Produktion dennoch abzusetzen, mußte Fröbel hohen Aufwand treiben. Da der direkte Weg aus der Schweiz über die süddeutschen Grenzen durch strenge Kontrollen versperrt war, schickte er die Bücherballen von Zürich per Schiff nach Rotterdam und von dort über die Nordsee weiter ins dänische Altona, so daß sie aus dem unverdächtigen Dänemark zu kommen schienen. Dennoch wurden immer mehr Sendungen entschädigungslos konfisziert, der Kapitalbedarf immer größer; Fröbel führte beredte Klage darüber, daß die deutschen Liberalen seine Verlagswerke zwar gerne lasen, aber zu keiner finanziellen Beteiligung am Unternehmen bereit waren. Zum unverhältnismäßig kostspieligen Vertrieb kamen die aus Überzeugung gezahlten hohen Autorenhonorare, so daß das Schicksal des *Literarischen Comptoirs* vorausbestimmt war: 1847 mußte Fröbel endgültig aufgeben.

Trotz solcher Auseinandersetzungen zwischen oppositionellen Schöngeistern und ihren Verlegern auf der einen und der staatlichen Repression auf der anderen Seite, trotz Bespitzelungen und Gerichtsverfahren, trotz mancher vorsorglichen und vorübergehenden Emigration (wie bei Dingelstedt und Freiligrath, Hoffmann von Fallersleben und Heine) darf nicht übersehen werden, daß andere Bereiche der öffentlichen Kommunikation unter der Zensur noch stärker zu leiden hatten als die Tendenzliteratur. Das staatliche Unterdrückungssystem diente nicht weniger als sieben Hauptzwecken: der Präventivpolizei, der Religionspolitik, der Bildungspolitik, der Volkserziehung und Gewerbepolitik, aber auch der literarischen und sogar Fachkritik.[17] Noch in den vierziger Jahren wurden im katholischen Süden weitaus die meisten Buchverbote aus religiös-konfessionellen Gründen ausgesprochen, wogegen in Preußen die politischen Verbote dominierten.[18] Das Hauptaugenmerk galt dem brisantesten Medium mit der größten Multiplikatorenwirkung: der periodischen Presse. Der wohl spektakulärste Zensurakt gegen einen Dichter im Vormärz betraf nicht ein literarisches Werk, sondern eine revolutionäre Flugschrift. Der Aufruf „Friede den Hütten, Krieg den Palästen“ von Georg Büchners „Hessischem Landboten“ war nicht ans liberale Bürgertum adressiert, sondern an die noch immer absolutistischer Willkür ausgesetzten Unterschichten. Die hessische Regierung verfolgte deshalb das staatsgefährdende, im Untergrund verbreitete Pamphlet mit besonderer Strenge: gegen alle Beteiligten wurden Verfahren eingeleitet, ein Freund Büchners nahm sich nach zwei Jahren

Haft das Leben. Der Autor selbst konnte sich nach ersten Verhören ins französische Exil absetzen, verfolgt von einem Steckbrief: „Der hierunter signalisirte Georg Büchner, Student der Medizin aus Darmstadt, hat sich der gerichtlichen Untersuchung seiner indicirten Theilnahme an staatsverrätherischen Handlungen durch die Entfernung aus dem Vaterlande entzogen. Man ersucht deshalb die öffentlichen Behörden des In- und Auslands, denselben im Betretungsfall festnehmen und wohlverwahrt an die unterzeichnete Stelle abliefern zu lassen."

Unter solchen Vorzeichen war keine der Büchnerschen Dichtungen in originaler Gestalt druckbar; von „Dantons Tod" erschienen bis 1879 nur verstümmelte, von den Herausgebern geglättete Ausgaben.

Büchners illusions- und kompromißlose Radikalität, die jedes kecke Lavieren verweigerte, stand außerhalb der Toleranzgrenzen des Systems (und auch des Publikums). Wer dagegen dem brutalen, aber schwerfälligen Koloß Zensur mit dem literarischen Florett gegenübertrat, konnte mit der unverhohlenen Sympathie der Leser rechnen, die sich auch im Markterfolg niederschlug – sowohl die Verleger wie die oppositionellen Literaten zogen aus ihrer liberalen Gesinnung monetären Gewinn. Es entwickelte sich eine eigene Kommunikationsstrategie des „Ideenschmuggels" (K. Gutzkow)[19], eine spezifische Schreibart der Andeutungen und rhetorischen Mittel, die – wie in den jüngstvergangenen sozialistischen Diktaturen – auf ein Publikum rechnen konnte, das zwischen den Zeilen zu lesen verstand. Heinrich Heine klagte 1848 nach der Aufhebung der Zensur ironisch: „Ach! ich kann nicht mehr schreiben, ich kann nicht, denn wir haben keine Zensur! Wie soll ein Mensch ohne Zensur schreiben, der immer unter Zensur gelebt hat? Aller Stil wird aufhören, die ganze Grammatik, die guten Sitten. Schrieb ich bisher etwas Dummes, so dachte ich: nun, die Zensur wird es streichen oder ändern, ich verließ mich auf die gute Zensur. – Aber jetzt – ich fühle mich sehr unglücklich, sehr ratlos! Ich hoffe auch immer, es ist gar nicht wahr und die Zensur dauert fort."

Die bisher nur unzureichend erforschte Skala der Möglichkeiten *schriftstellerischer* Existenz war in der ersten Hälfte des 19. Jahrhunderts erstaunlich, ja entmutigend breit. Hermann Hauff, der Bruder des Dichters und Redakteur am „Morgenblatt für gebildete Stände" resümierte 1840: „Früher fiel ein junger Mann, der Verse machte und schriftstellerte, in seiner Umgebung als ein ungewöhnliches Wesen auf. Heutzutage ist fast die Ausnahme zur Regel geworden. Man geht unter das junge Deutschland, wie man sonst unter die Soldaten ging, wenn man nichts Gescheiteres zu thun weiß oder von andern Laufbahnen zurückgewiesen worden ist, und wem seine Amtsfeder in den Subsistenzmitteln eine Lücke läßt, der führt in verlorenen Stunden die Musenfeder spazieren, und wie der Appetit im Essen, so kommen im Schreiben die Gedanken. Es gibt heute in Deutschland kein Beamten- und Lehrercollegium, kein Comptoir eines Großhändlers oder Buchhändlers, keinen Regimentsstab, keine Adelscorporation, keine Schulbank, vor Allem keine Judengasse, die nicht fortwährend zum irregulären Milizheer der schönen Literatur ihre Rekruten lieferte, wo nicht wenigstens Einer mit einer Buchhandlung oder Redaktion im Briefwechsel stände, sey es als Lieferant von lyrischen Ergüssen, oder von Lesefrüchten, Gedankenspänen und anderm Dutzendkram, sey es als Novellist, Humorist, Genre-, Landschafts-, Vieh- und Porträtmaler; sey es als eigentlicher Kritiker oder nur als Correspondent, der die Kunstausstellung, Concert, Oper, Schauspiel und das Intendanzelend bespricht; sey es endlich, und meistens, als barbarischer Übersetzer und Sprachschänder nach der Elle: ein die Sonne der Poesie verfinsterndes Heuschreckenheer, das Tag für Tag hundert Ballen weißes Papier besprenkelt."[20]

Hauffs Sittengemälde schließt alle Spielarten des Schriftstellergewerbes ein. Offenbar am häufigsten waren die literarischen Pauper, die in den Jahren zwischen dem Beginn des Studiums und einer festen Anstellung ihr einigermaßen kümmerliches Auskommen fanden, indem sie – so ein Beobachter 1845 – „heute einen kritischen Artikel, morgen eine Correspondenz für ein Journal verfassen, zwischendurch an einem Roman arbeiten, oder ihre für Alles zugeschnittene Feder an der Uebersetzung eines ausländischen Buches abnutzen und bald an dieses, bald an jenes Journal wie an einen letzten Rettungsanker sich anklammern". Nicht wenige der liberalen oder republikanischen Intellektuellen besaßen auch akademische Titel, einige konnten sich dank multimedialer Präsenz von kurzlebigen Zeitschriften bis zu den angesehenen Cottaschen Journalen, von literarischen Almanachen bis zu Reisenovellen, vor allem aber mittels professionellen Übersetzens einen gutbürgerlichen Lebenszuschnitt erschreiben. Diese Existenz schien vielen so verführerisch, daß E.T.A. Hoffmanns Freund Julius Eduard Hitzig 1838 ein „Wort der Warnung für Jung und Alt" mit dem Titel „Ueber belletristische Schriftstellerei als Lebensberuf" veröffentlichte.

Neben solcher „freischwebenden Intelligenz" standen die Erfolgsliteraten, die nach Platens Motto „Morgens zur Kanzlei mit Acten, Abends auf den Helikon" meist einen Beamtenberuf innehatten und daneben in unermüdlicher Produktivität gemütvolle Familienromane oder leicht pikante Liebesgeschichten als Leihbibliothekenfutter fabrizierten: etwa August Heinrich Lafontaine (1758–1831) oder Carl Heun alias H. Clauren (1771–1854), Gustav Schilling (1766–1839) und Christian August Fischer (1771–1829) alias Althing (dessen Frivolitäten Perthes verbrennen ließ). Sie waren Angehörige des saturierten, biedermeierlichen Besitzbürgertums geworden.

Auch die liberalen und oppositionellen Autoren des Jungen Deutschland vermochten für einige Jahre vom Markterfolg ihrer Tendenzliteratur auskömmlich zu leben, standen freilich nicht nur unter staatlicher Beobachtung, sondern auch unter Erfolgszwang und konnten, wenn dem verwöhnten Publikum ihre Schriften nicht mehr aufmüpfig genug erschienen, schnell in die gehetzte Literatenexistenz absinken. Für sie, wie für alle Autoren des Vormärz galt, daß ein Löwenanteil ihrer Produktion in die periodischen Publikationen floß – Almanache, Taschen- und Jahrbücher, Zeitschriften und Zeitungen. Das hatte natürlich auch formale, Gattungs- und inhaltliche Konsequenzen (etwa die nun aufkommenden Sammelbände mit verstreuten Schriften) und führte zu Vernetzungen literarischer Gruppen, die sich gegenseitig als Redakteure, Rezensenten, Beiträger unterstützten und propagierten. Die ersten Zeitungsromane eröffneten ein besonders ergiebiges Feld für schriftstellerische Fronarbeit: Den politischen Fortsetzungsroman „Leben und Taten der berühmten Ritters Schnapphanski" von Georg Weerth nahm Chefredakteur Karl Marx 1848 in die „Neue Rheinische Zeitung" auf. 1850 folgte die „Kölnische Zeitung" mit Unterhaltungsromanen von F. W. Hackländer und Levin Schücking.

Anläßlich der Gutenbergfeiern von 1840 setzte sich bei den oppositionellen Literaten, Publizisten und Verlegern erstmals die Idee einer Interessenvertretung im Kampf um die soziale Sicherheit des Schriftstellerberufs und seine Anerkennung als legitime bürgerliche Erwerbstätigkeit durch. 1842 wurde deshalb der *Leipziger Literatenverein* ins Leben gerufen, ein Zweckbündnis von rund 130 Autoren und Verlegern, die ideologisch durchaus unterschiedliche Tendenzen verfolgten. Der Verein meldete sich mit Eingaben an die sächsische Regierung und Resolutionen gegen Zensur, Zeitungsnachdrucke und Mißstände im Pressewesen und gründete einen Unterstützungsfonds für bedürftige Autoren. Es gelang ihm sogar, vom 27. bis 29. April 1845 eine erste deutsche Schriftstellerversammlung einzuberufen, die lebhaft diskutierte und Pressefreiheit forderte. Daraufhin verboten die Behörden ein zweites Treffen, auch Versuche, in andere Bundesstaaten überzuwechseln, blieben erfolglos. Nach 1848 stand der Leipziger Literatenverein unter strenger Polizeiaufsicht und durfte nur nach vorheriger Genehmigung und in Gegenwart eines Beamten tagen, was ihn zur Bedeutungslosigkeit verdammte.[21]

Einige der bedeutendsten Dichter dieser Zeit verweigerten sich dem politischen Meinungskampf skeptisch bis angewidert, lehnten jedes Zugeständnis an den aufgeregten Zeitgeist wie den trivialen Massengeschmack ab und schrieben in weitgehender Marktferne – etwa Platen und Grillparzer, die Droste und Mörike. Ihr künstlerisches Selbstverständnis war durch Resignation und Abgrenzung geprägt. Die Konsequenz solcher Verweigerung hieß demütigender kommerzieller Mißerfolg auf dem Buchmarkt bis hin zu grotesk niedrigen Verkaufsziffern von einigen Dutzend Exemplaren. In der zweiten Hälfte des 19. Jahrhunderts sollte sich dieser Grundkonflikt zwischen autonomem Künstlertum und bürgerlicher Gesellschaft weiter verschärfen.

Für die Entwicklung des *Lesepublikums* bezeichnet die erste Hälfte des 19. Jahrhunderts die Konsolidierungsphase der ersten und die Inkubationsphase der zweiten Leserevolution. Noch konnte von einer wirklichen Demokratisierung der Kulturpraxis Lesen nicht die Rede sein, aber die Lektürefrequenz der bereits lesenden Mittelschichten nahm spürbar zu. Der sozialgeschichtliche Leitprozeß des Jahrhunderts, nämlich der Übergang von ständisch-agrarischen Lebensformen zu demokratisch-industriellen hatte auch für den Buchmarkt und die Lektüre erhebliche Konsequenzen. Alle Schichten, abgesehen vom Hochadel, wurden einer umfassenden und tiefgreifenden sozialen Mobilisierung unterworfen.

Noch immer lebte der weitaus größte Teil der Bevölkerung auf dem Lande, aber mit der Modernisierung der alten Agrarverfassungen und Agrarstrukturen (vor allem durch die „Bauernbefreiung") wurden die nicht landbesitzenden unterbäuerlichen und Teile der kleinbäuerlichen Schichten, die am Bevölkerungswachstum überproportional beteiligt waren, sozial eher schlechter gestellt. Nicht wenige von ihnen verließen den Agrarbereich als eigentumslose Arbeitssuchende. Hunger, Elend, soziale Entwurzelung und Desintegration führten zu bedrohlichen sozialen Spannungen. Der Pauperismus konnte sich jedoch politisch noch kaum artikulieren – dies gelang erst der industriellen Lohnarbeiterschaft nach 1848.

Wie die Landbevölkerung war auch das kleinbürgerliche Handwerk und Gewerbe im Zeichen der Frühindustrialisierung und Lokkerung der Zunftverfassungen sozialen Krisen ausgesetzt. Nur wenige Meister konnten den Aufstieg zum Fabrikanten vollziehen, die meisten Kleinhandwerker und Gesellen sanken dagegen ab – der Abstand zu den Kaufleuten, Unternehmern, höheren Beamten nahm zu. Das Handwerk wurde so zu einer wesentlichen Triebkraft der Ereignisse von 1848.

Mit der beginnenden Industrialisierung, dem schrittweisen Vordringen der Gewerbefreiheit, aber auch mit dem steigenden Bedarf der staatlichen Verwaltungen an mittlerem und einfachem Personal wurden immer mehr qualifizierte Fachkräfte benötigt. Dabei wurde Bildung zu einer gesellschaftlichen Produktivkraft, sofern sie berufspraktisches Realienwissen umfaßte. Gerade diese Realienbildung aber vermochten die staatlichen Institutionen, für die humanistische Bildungsideale noch im Vordergrund standen, nur zum geringen Teil zu vermitteln. Somit wurde für die soziale Selbstbehauptung und den Aufstieg in der mobilen protoindustriellen Welt Lektüre immer wichtiger, konnte der Buchmarkt des Vormärz die Funktion einer sekundären Bildungsinstitution wahrnehmen – mit Konversationslexika und Pfennigmagazinen, mit populären Weltgeschichten und naturkundlichen Enzyklopädien.

Die neuen Vertriebsformen des spekulativen Buchhandels erschlossen neue Käuferschichten, die tendenziell bereits lesemotiviert waren, vor allem im Mittelstand und Kleinbürgertum. Carl J. Meyer hob hervor: „Der Sortimentsbuchhändler [...] tadelt die Zerstückelung der Werke in Lieferungen, weil ihm die Verteilung der kleinen Portionen mehr Umstände macht, als wenn er ein voluminöses Werk zum hohen Preis mit einem Male seinem Kunden senden kann [...]. Er sieht nicht, oder will nicht sehen, daß die Heftliteratur nicht nur das *Erzeugnis*, sondern weit mehr das *Bedürfnis* unserer Zeit ist."[22] Die Kolportage an der Haustür überwand die Schwellenangst vor dem Betreten einer Buchhandlung, das Erscheinen in Lieferungen senkte (scheinbar) den Buchpreis und gewöhnte an ein regelmäßiges Lektürebudget, die bescheidene Ausstattung machte den exklusiven Wissens- und Erbauungsvermittler Buch zum alltäglichen Gebrauchsgegenstand und Hilfsmittel.

Je mehr die Abneigung des traditionellen Sortiments gegen die Groschenartikel und damit gegen die Erweiterung seines Kundenkreises nach unten schwand, desto vielseitiger wurde das Angebot, wurden auch die Vertriebsmethoden. Neben die wachsende Bedeutung der Lektüre als Vermittler von Fach- und Sachwissen trat der Hunger nach politischer Information und Artikulation, von der periodischen Presse bis zur Tendenzlyrik. Er konnte in den unruhigen Jahren vor der 48er-Revolution den Buchmarkt unmittelbar beeinflussen, wie der Chronist August Prinz wenig später anmerkte: „Privatleute, welche sonst größere Summen auf Bücher verwandten, kauften nichts und lasen nur Zeitungen. Hierdurch trat nicht nur eine momentane Stockung ein, sondern auch das Schlimmste, daß die Käufer sich des Kaufens für längere Zeit entwöhnten. [...] Die reichen Leute, welche sonst Bücher kauften, hielten ihr Geld fest, da sie stets einen Umsturz erwarteten, der sie am Ende nöthigen könnte, das Land zu verlassen. [...] Die Zeitungspresse nahm Alles in Anspruch, es hatte Niemand Zeit etwas Anderes zu lesen als Zeitungen.“[23]

Natürlich hatte die soziale Mobilisierung auch einschneidende individualpsychologische Folgen. Der Einzelne wurde aus den traditionellen Gesellschaftssystemen entlassen, ohne von einem neuen verbindlichen Ordnungsgefüge aufgenommen zu werden. An die Stelle allgemeingültiger Normen und Weltanschauungen einer zentripetal gegliederten ständischen Gesellschaft traten zentrifugale Ideologisierungs- und Polarisierungstendenzen. Das Individuum, das sich aus der patriarchalischen Welt löste, wurde zum Rollenträger mit weit differenzierteren Handlungsfeldern als bisher. Die dialektische Folge dieser Desintegration war der Drang nach Organisationen und Zusammenschlüssen, die dem isolierten Einzelnen die Außensteuerung des ständischen Systems ersetzen und Entscheidungshilfen bieten sollten. Ähnliche Bedeutung als stabilisierender Faktor und Lebenshilfe, aber auch zur psychischen Entlastung und Kompensation kam in immer stärkerem Maße dem Lesen zu.

Daß „die Lektüre unleugbar zum Volksbedürfnisse geworden“ war, wie der preußische Innenminister 1842 feststellte, darf aber nicht darüber hinwegtäuschen, wieviele Hindernisse sich diesem Bedürfnis für den größten Teil der Bevölkerung noch immer in den Weg stellten. Die Alphabetisierung nahm zwar stärker und schneller zu als im ausgehenden 18. Jahrhundert, aber der große Sprung war noch immer nicht erfolgt. Darüber dürfen auch zeitgenössische Erfolgsmeldungen nicht hinwegtäuschen, die (etwa in Württemberg) berichten, daß alle Konfirmierten bzw. alle Rekruten lesen und schreiben könnten, wenngleich teils „sehr mangelhaft“. Über eine solche rudimentäre Stufe hinaus war Lesen als individuelle und regelmäßige Kulturtechnik noch kaum verbreitet. Die Zahl von 40% potentieller Leser in der Gesamtbevölkerung über sechs Jahren, die Schenda für 1830 nennt, entbehrt jeder gesicherten Grundlage (und wird sogar vom optimistischen Rolf Engelsing nicht übernommen) – dies wäre bei einer Bevölkerung von rund 25 Millionen Erwachsenen ein mögliches Publikum von 10 Millionen gewesen. Realistischer erscheint eine Schätzung, die für das Jahr 1800 einen Alphabetisierungsgrad, der auch die tatsächliche Rezeption von Lektüre ermöglicht, in Höhe von 10% der Bevölkerung annimmt und diesen bis 1850 auf knapp ein Viertel der Gesamtbevölkerung steigen läßt – dies entsprach in etwa dem Anteil des Mittelstandes. Die Zahl der regelmäßig „Lesenden“ bzw. Buchkonsumenten scheint unter den Kindern der begüterteren Schichten gerade im Vormärz stark anzuwachsen: Darauf deutet eine Gründungswelle von Kinderbuchverlagen hin (1828 Winckelmann, 1831 J. F. Schreiber, 1837 Enßlin & Laiblin, 1843 Braun & Schneider, 1847 Otto Spamer, 1849 K. Thienemann usw.). Zugleich wurden von den zwanziger Jahren an die Bilderbögen zu einem wichtigen Massenkommunikationsmedium, vor allem dank der verlegerischen Initiative von Gustav Kühn in Neuruppin. Seine kolorierten Erzeugnisse wurden mit dem Spruch: „Knallrot, blitzblau, donnergrün – gedruckt und zu haben bei Gustav Kühn!“ vertrieben. Zwischen 1823 und 1832 stieg die jährliche Gesamtproduktion der Firma von etwa 8000 Bilderbögen über die Millionengrenze, 1870/71 wurden drei Millionen erreicht, einzelne Drucke erzielten eine Auflage von 200000 Stück. Während sich diese billigen und grellen Drucke an die Unterschichten wandten, versuchten die anspruchsvolleren und witzigen „Münchner Bilderbogen“ des Verlages Braun & Schneider mit Künstlern wie Wilhelm Busch und Moritz von Schwind der Jugend der begüterteren Stände Belehrung und Unterhaltung zu bieten.[24]

Es kann nicht nachdrücklich genug betont werden, daß noch bis gegen das Ende des 19. Jahrhunderts Lesen beim größten Teil der deutschen Bevölkerung schon aus finanziellen Gründen eine Ausnahme bleiben mußte. Immerhin vegetierten zehn bis zwanzig Prozent aller städtischen Haushalte unterhalb des Existenzminimums, ein weiteres Drittel, ja vielleicht sogar die Hälfte erreichten nur eben dieses Minimum bzw. überschritten es unwesentlich.[25] Ein Handwerksgeselle, wollte er sich ein Jahresabonnement in einer Leihbücherei leisten, mußte dafür um 1800 zwischen drei und zwölf Prozent seines jährlichen Einkommens ausgeben, um 1850 waren es zwei bis acht Prozent, und noch um 1900 ein bis zweieinhalb Prozent. Für einen kleinbürgerlichen Haushalt sahen die Relationen ein wenig besser aus, lassen Lektüre aber auch in der Form der bezahlten Ausleihe als kostspieligen Luxus erscheinen, geschweige denn den Bücherkauf. Sogar für einen beträchtlichen Teil der Lehrerhaushalte war nach zeitgenössischen Aussagen auch bei größter Sparsamkeit der Erwerb von Büchern eine Ausnahme.

In den dreißiger und vierziger Jahren bemühten sich aufgrund dieser Sachlage staatliche, kirchliche und private Organisationen, breiteren lesewilligen Schichten die Möglichkeit kostenloser Lektüre zu verschaffen. Orts- und Dorfbibliotheken sowie ländliche Lesevereine wurden gegründet, meist mit einem Bestand von nicht mehr denn zwei Dutzend Titeln. Natürlich wollten alle Vereine über die Auswahl der Buchbestände ihre Ideologie verbreiten – im Vordergrund standen je nach Zielsetzung sittlich-religiöse Erziehung, politische Indoktrination oder Förderung der beruflichen Qualifikation. Die Volksschriftenvereine der vierziger Jahre waren in ihrer Mitgliederstruktur vom Bildungsbürgertum geprägt, so der „Zwickauer Volksschriftenverein“, der 1841 von Karl B. Preusker (1786–1871), dem Vorkämpfer der Volksbüchereibewegung, gegründet wurde. Er verfügte 1847 über 440 Zweigvereine mit 12000 Mitgliedern – in ernüchterndem Gegensatz dazu steht die Zahl von jährlich nur rund 35000 Exemplaren verschenkter und billig verkaufter Schriften. Erfolgreicher war der „Hauptverein für christliche Erbauungsschriften in den preußischen Staaten“, der – bereits 1814 gegründet – bis 1851 164 Schriften mit insgesamt 4,5 Millionen Exemplaren verbreiten konnte. Im pietistischen Württemberg setzten Traktätchenkolporteure des Calwer Verlagsvereins Schriften wie „Das Anklopfen des Heilands an die Thüre des Menschenherzens“ geschenkt oder für ein paar Kreuzer zwischen 1832 und 1852 in 415000 Exemplaren ab.[26] Stärker als die protestantischen Vereine, die mit missionarischem Eifer erbauliche Bücher in die Hände der unteren Klassen bringen wollten, hatten die liberalen mit den alten Problemen der Volksaufklärer des 18. Jahrhunderts zu kämpfen. Ihr Lektüreangebot war kaum an den Lesebedürfnissen und Vorlieben breiterer Schichten orientiert, ihre Ideologie des Volkes war idealistisch und realitätsfern: „Auf diesem Hintergrund wird verständlich, warum das liberal geprägte Volksschriftenwesen nach 1848 beinahe schlagartig verschwand: Das Ziel, die Revolution überflüssig zu machen, war fehlgeschlagen.“[27]

Erfolgreicher waren die katholischen Aktivitäten, vor allem der 1845 gegründete und bis heute aktive „Borromäus-Verein“, der sowohl Auswahllisten empfehlenswerter Bücher erstellte als auch zur Errichtung lokaler Vereinsbibliotheken aufrief. Allerdings gelang es dem Borromäusverein ebensowenig wie dem bereits 1830 etablierten bayerischen „Katholischen Bücherverein“, über seine konfessionellen Zielgruppen hinaus breitere Resonanz zu finden. Bei diesen freilich konnten sie jahrzehntelang ihr Monopol frommen Lesestoffs verteidigen. Eingehendere Untersuchungen dazu fehlen bisher.

Wichtigste Institution der Lektürevermittlung für den extensiv lesenden Mittelstand wie die ihm benachbarten sozialen Gruppen des niederen Adels und des Kleinbürgertums blieb weiterhin die *Leihbibliothek*. Ihre zweite Entwicklungsphase, die von etwa 1820 bis 1850 reicht, ist gekennzeichnet durch die Vielzahl billiger Übersetzungsreihen und die preiswerten Lieferungsausgaben auch deutscher Autoren, die nicht nur die private Anschaffung von Büchern erleichterten, sondern auch den kalkulatorischen Spielraum der Leihbibliotheken erweiterten.[28] Gleichzeitig verengten die meisten dieser Institute ihre Funktion auf die Vermittlung von Unterhaltungsliteratur. Die von Kleist glossierten Ritter-, Räuber- und Gespenstergeschichten wurden abgelöst von den historischen Romanen in der Nachfolge Walter Scotts, von Abenteuergeschichten und humoristischen Romanen, Memoirenliteratur und frühen Kriminalromanen. Nach amtlichen Zählungen gab es 1846 in Preußen 656 Leihbibliotheken, in Sachsen 117, in Bayern 66, von denen auch in großem Umfang auswärtige, vor allem ländliche Kunden per Post beliefert wurden. Die Romanliteratur machte meist 80 bis 90 Prozent des Angebotes aus,[29] wobei die Bestände etwa seit den dreißiger Jahren einem immer schnelleren Verschleiß und Wechsel unterlagen. Das Publikum gab sich nicht mehr mit jahrzehntealten Schmökern zufrieden, sondern verlangte nach den aktuellen Modeautoren. Dieser stete Bedarf einer wachsenden Zahl von Leihbibliotheken an Belletristik garantierte den darauf spezialisierten Verlegern eine sichere Auflage bis zu 800 Exemplaren, die recht teuer kalkuliert werden konnte, da Privatkäufer sich Romane kaum leisteten. Der festen Nachfrage der Leihbibliotheken nach Unterhaltungslektüre verdankten zahlreiche Autorinnen und Autoren der Restaurationszeit neben der Arbeit für die Presse, daß sie von der Feder leben konnten. Die Verengung des Angebotes hat nach 1848 unter veränderten Bedingungen des Buchmarktes zur Krise und zum allmählichen Niedergang der Leihbibliotheken geführt.

Die Nachrichten über den Buch*besitz* des Bürgertums in der ersten Hälfte des 19. Jahrhunderts sind ebenso spärlich wie für alle anderen Perioden der Lesergeschichte. Eine systematische und serielle Auswertung einschlägiger Quellen wie Nachlaßverzeichnisse, Auktionskataloge, Bibliotheksbestände hat bisher noch nicht eingesetzt. Freilich würde auch dies ein eher verzerrendes Bild ergeben: Wesentliche Formen der Lektüre, eben in Leihbibliotheken und Lesegesellschaften, werden dabei nicht erfaßt, ebensowenig der größte Teil der tatsächlich ge- und daher zerlesenen Alltagslektüre. Eine Untersuchung der Nachlässe Tübinger (wohl Klein-)Bürger bestätigt dies: die um 1850 verstorbene Generation hinterließ Bibel und Erbauungsbuch in noch fast ungebrochener Vormachtstellung. Schöne Literatur tauchte mit jahrzehntelanger Verspätung auf, und an „weltlichen" Büchern kamen zwischen 1840 und 1850 nur drei „öfter" in Nachlässen vor: Gellerts Fabeln und Schillers Gedichte sowie Knigges „Umgang mit Menschen" – nämlich je zweimal. Dagegen fand sich ein Erbauungsbuch von J. A. Starck aus dem 18. Jahrhundert zwei dutzend mal. Aus so geringem Buchbesitz darf nicht unmittelbar auf schmale Lektüre und einen obsoleten Lesegeschmack geschlossen werden; man besaß nur intensiv und lebenslang genutzte Bücher, was man dagegen extensiv las, lieh man aus oder warf es (wie die Zeitung) anschließend weg.

Noch wissen wir sehr wenig über das lesende Publikum des Vormärz. Es wäre verführerisch, sich die bürgerliche Familie in ihre jeweilige Lektüre vertieft vorzustellen – den Vater, der politische Zeitungen und Realienliteratur bevorzugt, die Mutter, die gemeinsam mit der Tante Familienromane entleiht, den studierenden Sohn, der jungdeutsche Reisenovellen und Tendenzlyrik verschlingt, den Quartaner, der über dem Pfennigmagazin von fernen Ländern träumt, die Tochter, die aus dem Duodeztaschenbuch Liebesgedichte deklamiert, das Dienstmädchen, das in der Küche Traumbücher und Ratgeber entziffert. Doch solche Annäherung an historische Stadien der Lektüre verbietet sich, solange nicht die Forschung wesentliche Fortschritte erzielt hat.

VIII.

Der Buchmarkt in Nachmärz und Gründerzeit

Der deutsche Buchhandel befand sich zwischen 1848 und 1880 in einer schweren Absatzkrise. Erst 1879 wurde die bereits 1843 erreichte Novitätenzahl wieder übertroffen. Während die Wirtschaft in der Reaktionszeit der fünfziger Jahre einen ersten Gründerrausch erlebte, vermochte sich der Buchmarkt nur allmählich zu erholen; über ein Jahrzehnt lang stieg die Produktion kaum an. Der schnelleren Ausweitung des Marktes mit dem Beginn der Neuen Ära in Preußen setzte der Krieg von 1866 ein Ende, der erneut die Krisenanfälligkeit des Buchmarktes bewies, indem er „die in Decennien mühsam entwickelte vortreffliche Organisation unseres Standes mit eherner Ferse zermalmt und auf die primitiven Zustände des vorigen Jahrhunderts zurückgeschleudert" habe[1]. Mit dem folgenden „Klassikerjahr" 1867 begann eine Gesundung, die vom Deutsch-Französischen Krieg 1870/71 und den Gründerkrisen nicht mehr wesentlich gehemmt wurde.

Die staatlichen Rahmenbedingungen schienen oberflächlich betrachtet erfreulicher als vor der gescheiterten Revolution. Allerdings wurden 1849 nach dem Intermezzo der Pressefreiheit wieder rigorose Vorschriften zur Meinungskontrolle nach dem Prinzip der subsidiären Verantwortlichkeit erlassen; das „überlebte präventive Zensursystem wurde abgelöst durch das repressive Justizsystem"[2] – die staatlichen Maßnahmen gingen nun nicht mehr wie vor 1848 gegen das Buch, sondern stärker gegen Personen vor. Die Verrechtlichung wurde so zur Verstrafrechtlichung, zu einer subtileren und doch wirkungsvollen Kommunikationskontrolle. Erst als die Obrigkeiten nach mehr als zehn Jahren sicher sein konnten, daß vom Bürgertum keine revolutionären Eskapaden mehr zu befürchten waren, wurden die strengen Preß-, Kautions- und Konzessionsbestimmungen gelockert. 1874 begann mit einem reichseinheitlichen Pressegesetz, das Beschlagnahmungen in polizeiliches (nicht richterliches) Ermessen stellte, eine Zensurverschärfung, die sich freilich nicht gegen den staatstragenden Buchhandel richtete. 1878 machte Bismarcks „Gesetz gegen die gemeingefährlichen Bestrebungen der Socialdemokratie" die Stoßrichtung eindeutig: konfisziert wurden Schriften, „in welchen socialdemocratische, socialistische oder communistische auf den Umsturz der bestehenden Staats- oder Gesellschaftsordnung gerichtete Bestrebungen in einer den öffentlichen Frieden, insbesondere die Eintracht der Bevölkerungsclassen gefährdenden Weise zu Tage treten". Die etablierte Branche fühlte sich davon kaum betroffen – das Gesetz führt denn auch der Reihe nach „Gastwirthe, Schenkwirthe, mit Branntwein oder Spiritus Kleinhandel treibende Personen, Buchdrucker, Buchhändler, Leihbibliothekare und Inhaber von Lesecabineten" auf. Im „Kulturkampf" suchte vor allem Preußen auch den politischen Katholizismus auszugrenzen, ohne doch dessen Buchverbreitung über Wege außerhalb des traditionellen Buchhandels wesentlich zu behindern.

Nicht zuletzt dank zahlreicher Eingaben des Börsenvereins der Deutschen Buchhändler wurde nach mehreren Anläufen der Jahre 1856, 1857, 1862, 1864 und 1868 endlich am 11. Juni 1870 vom Norddeutschen Bund ein *Gesetz, betr. das Urheberrecht an Schriftwerken, Abbildungen, musikalischen Kompositionen und dramatischen Werken* erlassen und nach der Reichsgründung am 16. April 1871 unverändert als Reichsgesetz übernommen. Auch andere Gesetze zum Schutz immaterieller Güter sorgten dafür, daß die Vermarktung geistigen Eigentums sich nun auf gesicherter Rechtsgrundlage entfalten konnte.[3] Die zahlreichen Separatverträge der einzelnen deutschen Staaten gegen unberechtigten Nachdruck (vor allem mit den Niederlanden und den USA) und unberechtigte Übersetzungen wurden erst 1886 – wiederum auf Initiative des Börsenvereins – durch das erste multilaterale internationale Urheberrechtsabkommen, die *Berner Konvention*, in verbindliche Reichsverträge umgewandelt.

Während des Zeitraums zwischen 1848 und 1880 nahm die Schöne Literatur mit etwa acht bis zehn Prozent Anteil am Gesamtbüchermarkt den vierten Rang unter den Sachgebieten ein. Noch in den fünfziger Jahren standen die theologisch-religiösen Werke an erster Stelle, fast jede sechste Neuerscheinung zählte dazu. Ihnen folgten Schulbücher und Jugendschriften sowie Jurisprudenz und Literatur. Anfang der siebziger Jahre überflügelten die pädagogischen Schriften die erbaulichen, Jurisprudenz mit Politik und Statistik rückte auf den zweiten Platz vor, und die Theologie behauptete sich knapp vor der Literatur auf dem dritten Rang. In absoluten Zahlen war der niedrigste Stand an Novitäten im Jahr 1849 zu verzeichnen (8197), erst 1860 wurde die Neuntausendermarke wieder überschritten (9496), 1868

Bundes-Gesetzblatt

des

Norddeutschen Bundes.

№ 19.

(Nr. 506.) Gesetz, betreffend das Urheberrecht an Schriftwerken, Abbildungen, musikalischen Kompositionen und dramatischen Werken. Vom 11. Juni 1870.

Wir Wilhelm, von Gottes Gnaden König von Preußen ꝛc.

verordnen im Namen des Norddeutschen Bundes, nach erfolgter Zustimmung des Bundesrathes und des Reichstages, was folgt:

I. Schriftstücke.

a. Ausschließliches Recht des Urhebers.

§. 1.

Das Recht, ein Schriftwerk auf mechanischem Wege zu vervielfältigen, steht dem Urheber desselben ausschließlich zu.

§. 2.

Dem Urheber wird in Beziehung auf den durch das gegenwärtige Gesetz gewährten Schutz der Herausgeber eines aus Beiträgen Mehrerer bestehenden Werkes gleich geachtet, wenn dieses ein einheitliches Ganzes bildet.

Das Urheberrecht an den einzelnen Beiträgen steht den Urhebern derselben zu.

§. 3.

Das Recht des Urhebers geht auf dessen Erben über. Dieses Recht kann beschränkt oder unbeschränkt durch Vertrag oder durch Verfügung von Todeswegen auf Andere übertragen werden.

b. Verbot des Nachdrucks.

§. 4.

Jede mechanische Vervielfältigung eines Schriftwerkes, welche ohne Geneh-

Bundes-Gesetzbl. 1870. 51

Ausgegeben zu Berlin den 20. Juni 1870.

Das erste gesamtdeutsche Urheberrechtsgesetz (1870)

waren die Zehntausend (10563), 1874 die Zwölftausend (12070), 1881 schließlich 15191 Jahresnovitäten erreicht. Die jährlichen Produktionsziffern der Schönen Literatur stiegen von 829 im Jahr 1851 auf 1226 im Jahr 1881 an.

Diesem – verglichen mit den Zuwachsraten anderer Gewerbe während der industriellen Revolution relativ bescheidenen – Anstieg der Produktion stand im Zeichen der neuen Gewerbefreiheit eine starke Ausweitung des herstellenden und vertreibenden Buchhandels gegenüber. Die Zahl der Sortimentshandlungen vermehrte sich von 887 im Jahr 1843 auf 1325 im Klassikerjahr 1867 und auf 3375 im Jahr 1880. Die eigentlichen Buchverlage verdoppelten sich fast zwischen 1865 und 1880, von 668 auf 1238. Vor allem nach 1870 löste die neue Reichshauptstadt Leipzig als Verlagsmetropole ab, hierhin strömten die Autoren, hier expandierte auch ein besonders günstiger Absatzmarkt: „Wirkliche Schlager, d. h. Bücher, die in ganz kurzer Zeit Massenauflagen erleben und ausgesprochen Mode werden, können eigentlich nur noch von Berlin ausgehen.“[4] Im Jahr 1869 wurden in Berlin 99 Sortimentshandlungen gezählt, in Leipzig 88, Hamburg 36, Wien 35, Breslau 26, Dresden und Prag je 24, Frankfurt am Main 22, München 20 und Stuttgart 19. Von den insgesamt 1515 deutschen Sortimentshandlungen waren in Preußen 54,5 %, im Königreich Sachsen 13,6 % und im Königreich Bayern 10 % angesiedelt. 1880, also gegen Ende des in diesem Kapitel behandelten Zeitraums, bot sich im Deutschen Reich folgendes Bild der wichtigsten buchhändlerischen Geschäftszweige: 1238 reine Buchverlage, 218 Kunstverlage, 120 reine Antiquariate, 3375 Sortimentshandlungen, teils mit angegliedertem Verlag, Kunst-, Musikalien-, Landkarten- und Schreibwarenhandel, 1056 Leihbibliotheken, 642 Journal- Lesezirkel, 704 Kolportagesortimenter (teils mit eigenem Verlag) und 152 reine Kolportageverleger.[5]

Nicht in diese Zahlen einbezogen sind die Firmen des deutschen Auslands- bzw. Überseebuchhandels. Dem Börsenverein gehörten 1880 unter anderen an deutschsprachigen Sortimenten an: in Amsterdam 12 Firmen, in Brüssel 15, in Kopenhagen 25, in Stockholm 15, in St. Petersburg 31, in Riga 13, in Warschau 16, in London 30, in Bukarest 11, in Mailand 10, in Paris 45 und in New York 22.[6] Gerade in den Vereinigten Staaten verhalf die steigende Zahl von Auswanderern in der zweiten Jahrhunderthälfte dem deutschsprachigen Verlag und Sortiment zu einer erstaunlichen Konjunktur: 1888 befaßten sich fast 500 Buchläden in 208 amerikanischen Städten ausschließlich oder überwiegend mit dem Vertrieb deutschsprachiger Bücher. Verlage in Philadelphia und Chicago florierten mit unberechtigten Nachdrukken, teils als Sammelausgaben, vor allem aber mit billigen Taschenbuchreihen wie der „Deutschen Library“.[7]

Die strukturelle Unausgewogenheit des Buchmarktes – eben die Distribution einer relativ geringen Produktion durch eine Überzahl leistungs- und kapitalarmer Kleinfirmen an eine weitgehend kaufkraftschwache und zurückhaltende Käuferschicht – war zu einem beträchtlichen Teil in den buchhändlerischen Usancen und Betriebsformen der Zeit begründet. Bis gegen 1880 bestand zwischen Verleger und Sortimenter noch immer der *Konditionsverkehr.* Jede Neuerscheinung wurde vom Verlag *pro novitate* sämtlichen Buchhandlungen zugesandt, sofern sich diese die unverlangte Belieferung nicht ausdrücklich verbeten hatten. Diese reichten die erhaltenen Exemplare größtenteils umgehend an ihre Kunden als Ansichtssendung weiter. Was der Sortimenter nicht verkaufte, konnte er zu vereinbartem Termin (meist der folgenden Messe) entweder remittieren oder für eine weitere Frist disponieren. Der Sortimenter benötigte also vergleichsweise geringes Betriebskapital und riskierte nichts als die Transportkosten für die Remission, konnte dafür bei Absatz des Exemplars den Rabatt verdienen. Diese bequeme Vertriebsform der Ansichtssendung überwog bei allen Firmen – der Anteil der Ladenverkäufe war gering und bestand meist aus Geschenkliteratur und Gebet- sowie Schulbüchern. Insbesondere in Klein- und Mittelstädten wurde jeder potentielle Bücherkäufer des gehobenen Bürgertums mit unverlangten Sendungen „zur gefälligen Einsicht“ überhäuft, oft von mehreren Firmen gleichzeitig. Dabei kamen die Bücher oft aufgeschnitten bzw. gelesen zurück, ohne bestellt zu werden.

In den Gründerjahren setzte sich deshalb beim Sortiment immer mehr die Gewohnheit durch, den Bedarf an Neuerscheinungen durch sogenannte „Wahlzettel“ selbst zu bestimmen und als Rechnungsart Fest- oder Barbezug mit entsprechend günstigeren Rabattsätzen (statt 15 bis 20 % Viertel- und Drittelrabatt) zu vereinbaren. Damit war der Sortimenter nicht mehr nur wie beim Konditionsverkehr reiner Vermittler zwischen Verleger und Käufer, sondern konnte sein Angebot nach eigenem Gutdünken (und nach der gleichzeitig rapide anwachsenden Zirkular-Reklame der Verlage) zusammenstellen. Gleichzeitig verlor die langfristige Lagerhaltung wegen der verbesserten Verkehrs- und Transportverhältnisse bei Eisenbahn und Post an Bedeutung. Zahlreiche Sortimenter hielten nur mehr ein kleines Lager gängiger Artikel und bestellten ansonsten auf Anforderung der Kunden.

Die von Louis Zander 1852 begründete und vor allem von dem Kommissionär Carl Voerster durchgesetzte Einrichtung der *Barsor-*

timente verstärkte diesen Trend. Sie kauften die von den Verlegern durchwegs nur broschiert gelieferten Exemplare (Innungszwang bzw. fehlende Gewerbefreiheit verhinderten bis gegen 1870 den Verlegereinband) in großen Partien mit ca. 7 % Sonderrabatt, ließen sie einheitlich maschinell binden und boten sie dann dem Sortiment zum originalen Bar-Rabatt des Verlegers an. Ihre Werbemittel waren Buchhandelszirkulare („Nettokataloge"), die sich bald zu umfangreichen Nachschlagewerken entwickelten, und Publikumskataloge (von diesen wurden allein 1861/62 700000 Exemplare ausgegeben). Solche kapitalintensiven Barsortimente, die auf eigenes Risiko arbeiteten, wurden meist von den Leipziger Kommissionären betrieben, die den über die Buchhandelsmetropole laufenden Geschäftsverkehr zwischen Verlegern und Sortimentern in deren Auftrag (und ohne eigenes Risiko) mit umfangreichen Auslieferungslagern betreuten: 1880 gab es 1427 solche Lager bei den Kommissionären. Die stetige Konzentration des Kommissionswesens erreichte nach 1918 mit dem Zusammenschluß der Firmen Volckmar-Staackmann-Koch-Cnobloch und K. F. Koehler einen ersten Höhepunkt. Gegen die wachsende finanzielle Abhängigkeit vieler Firmen von diesem Zwischen- und Großhandel vermochte auch die Gründung von regionalen, kapitalschwachen „Vereinssortimenten" auf genossenschaftlicher Basis, die nach 1879 entstanden, wenig auszurichten (1879 schlesisches, 1880 mitteldeutsches, seit 1882 das schweizerische Vereinssortiment in Olten).

Die technischen Möglichkeiten billiger Massenauflagen verführten viele Verleger zu deren spekulativer Anwendung, was durch den Konditionsverkehr noch unterstützt wurde: „Jeder hoffte den Verlust des vorhergehenden Unternehmens durch das neue zu decken und ritt sich immer weiter hinein."[8] Die Zahl der Remittenden und unverkauften Auflagenreste wuchs. Die früher übliche Makulierung solch toten Kapitals brachte nicht zuletzt wegen der schlechten Papierqualität kaum Ertrag. Immer mehr Verlage gaben Restauflagen zu Spottpreisen an Büchertrödler und Antiquare ab, so daß meist schon nach Ablauf des „Novitätenjahres", ja gar nach wenigen Monaten, der Ladenpreis praktisch aufgehoben war. Angesichts der hohen Bücherpreise machten die Käufer von diesem „modernen Antiquariat" regen Gebrauch; ein Zeitgenosse spottete 1866: „Der gemeine Buchhändler ist der Hauptsache nach nur dazu da, die neuen Bücher durch Versendung bekannt zu machen. Was seinem Kunden davon gefällt, notirt sich dieser und bestellt es sich vom Antiquar, sobald er es in einem antiquarischen Cataloge findet."[9] Der besonders erfolgreiche

Ramscher Emil Strauß (1845–1903) in Bonn kennzeichnete seine Tätigkeit: „Dem Restantiquariat gehört die nächste Zukunft im Buchhandel, vielleicht für einige Lustra wird es bestimmend auf die Gestaltung des Sortiments einwirken, es wird dazu beitragen, dem Kapital seinen berechtigten Einfluß gegenüber der etwas sinnlosen Kreditwirtschaft im Buchhandel zu verschaffen. Ich bin nun mit ziemlich respektabler Summe in das Restgroßgeschäft hineingegangen, und zwar mit entschiedenem Glücke. Den Absatz im Buchhandel forciere ich durch Reisende, welche das deutsche Land von Königsberg bis Zürich, von Aachen bis Wien, kreuz und quer mit ihren Koffern durchziehen. Der Verkauf erfolgt nur gegen bar oder Dreimonatsakzepte, also ohne Kreditgewährung. Die vollgestopften Lager der Verleger sind unsere zunächst unerschöpflichen Reservoire, aus denen wir schöpfen, und der unauslöschliche Literaturhunger der breiten, mäßig bemittelten, aber durchschnittsgebildeten Klassen des deutschen Volkes verschlingt unweigerlich alles, was gut ist und billig.“[10]

Die modernen Antiquariate steigerten den Absatz ihrer Ware mit unkonventionellen Mitteln – großen Inseraten, Katalogen in hohen Auflagen, Massenversendung von Zirkularen und dergleichen. Nicht nur Privatkunden, sondern auch Leihbibliotheken, die Hauptabnehmer von Belletristik, deckten ihren Bedarf bevorzugt auf diesem Wege. Aber auch bei Neuerscheinungen wurde der verbindliche feste Ladenpreis immer mehr zur Fiktion. Die seit langem geübte Gewohnheit mehr oder minder hoher Kundenrabatte von zehn bis zwanzig Prozent wurde von „Schleuderern“ in den großen Städten konsequent weiterentwickelt. Auf der Grundlage massenhaften Absatzes bei Höchstrabatt, nach 1867, erst recht nach der Reichsgründung, unterstützt durch besonders günstige Pakettarife der Post, erweiterten vor allem Leipziger und Berliner Firmen durch unmittelbaren Versand oder über ein Filialnetz von Buchbindern ihr Verbreitungsgebiet bis in die entlegensten Provinzen. Die Leipziger nutzten ihren Platzvorteil, da sie ja porto- und spesenfrei am Zentralort saßen. In den umfangreichen Katalogen dieser Firmen wurden Neuerscheinungen mit Rabatten bis 25 % angeboten, ja teilweise dank größerer Partiekäufe sogar unter dem Buchhandelsnettopreis.

So sehr Verleger und Käufer von diesem rüden Geschäftsgebaren zu profitieren schienen, so hilflos war die überwiegende Zahl der Sortimentshandlungen, die nicht selten Bücher unter ihrem eigenen Einstandspreis verkauften und die entstehenden Verluste durch die Angliederung einer Leihbücherei, Buchbinderei, Schreibwarenhandlung oder eines Kolportagevertriebs aufzufangen versuchten. Die

Zahl der Bankrotte und Geschäftsaufgaben im Buchhandel stieg abrupt an. Die Einführung der Gewerbefreiheit Ende der sechziger Jahre ermöglichte es jedem Spekulanten ohne großen Kapitaleinsatz und Vorkenntnisse am Buchmarkt teilzunehmen. Auch in der Provinz eröffneten zum Schaden der etablierten Firmen Kleinhandwerker „Buchhandlungen" wie diese eine in den „Wetterauer Nachrichten" 1878 annoncierte: „Der Unterzeichnete beehrt sich hiermit anzuzeigen, daß er neben seiner Schuhmacherei eine Buchhandlung betreibt [...]. Die Schuhmacherei erleidet dadurch keinen Nachtheil und wird dieselbe in der seitherigen Weise weitergeführt. [...] Auch alle socialistischen Schriften können, wenn verlangt, unter Discretion bezogen werden."[11]

Der herkömmliche Sortimenter, seinem Selbstverständnis nach uneigennütziger Vermittler deutschen Geistes, war der Oligopolisierung durch straff organisierte Großfirmen, deren Gewinne trotz niedrigster Preise ständig stiegen, Jahrzehnte hindurch fast hilflos ausgesetzt und schien unfähig, sich dem Eindringen liberalistisch-kapitalistischer Strukturen in seinen Stand und dem industrialisierten Buchmarkt anzupassen. Die allmähliche Zerstörung des dichten Buchhandelsnetzes in Deutschland drohte. Der größte Teil des Umsatzes mit gangbarer Ware wurde von den Versandgroßfirmen und dem Kolportagehandel – von dem später zu sprechen sein wird – erzielt, wogegen die anspruchsvollere und wissenschaftliche Literatur bei geringen Rabatten individuell an den Kunden zu bringen war. Es bedurfte wie hundert Jahre zuvor beim Nachdruck, der hauptsächlich den herstellenden Branchenzweig geschädigt hatte, nun auch bei der Gefährdung des vertreibenden jahrzehntelanger Debatten, langwieriger Verhandlungen mit mehreren Fehlschlägen, bis sich Verlag, Zwischenbuchhandel und Sortiment einigten. Auch hier wartete der Buchhandel nicht auf obrigkeitliche Regelungen, sondern folgte seinem Prinzip genossenschaftlicher Selbsthilfe. Die entscheidende Initiative ergriff der Stuttgarter Großverleger und Börsenvereinsvorsteher Adolf Kröner (1836–1911). Er zeigte klar die Konsequenz des ungehemmten Schleuderns auf: „Der Verleger erhält zwar größere Bestellungen von Schleuderern, aber naturgemäß verringern sich dadurch nicht nur die Bestellungen der übrigen Sortimenter, sondern eine weitere unausbleibliche Folge ist die Schädigung und Vernichtung der dem Verleger zur gleichmäßigen Verbreitung seines Verlags, insbesondere der Novitäten, notwendigen Organisation des Sortimentsbuchhandels.

Der Bücherkäufer erhält zwar einzelne Bücher zu billigerem Preis, wird aber mit der Zeit auf den Hauptvorteil, welchen ihm die gegenwärtige Organisation des deutschen Buchhandels gewährt, verzichten müssen: auf den Bestand von Bücherlagern auch in kleineren Städten, auf die Möglichkeit, jedes neu erscheinende Buch überall rasch und kostenlos zur Einsicht zu erhalten.

Die Schriftstellerwelt endlich wird, da die Schleuderer in der Hauptsache nur die Werke bereits akkreditierter Autoren vertreiben können, die mühevolle und wenig lohnende Einführung der Werke wenig bekannter oder unbekannter Autoren aber den übrigen Sortimentern überlassen müssen, nach der durch die Schleuderer erfolgten Verdrängung der letzteren mit weit größeren Schwierigkeiten bei der Publikation ihrer Werke zu kämpfen haben, und manchem aufstrebenden Talente wird so zum Schaden unserer Literatur der Weg zur Öffentlichkeit versperrt werden."[12]

Am 25. September 1887 beschloß eine außerordentliche Hauptversammlung des Börsenvereins (wohlweislich in Frankfurt, nicht im Schleuderer-Eldorado Leipzig) die nach seinem Vorsteher benannte *Krönersche Reform*. Sie erklärte bei Verkäufen an das Publikum den vom Verleger festgesetzten einheitlichen Ladenpreis als verbindlich für alle Mitglieder in Deutschland, Österreich und der Schweiz. Zuwiderhandelnde wurden von sämtlichen Verlagslieferungen und allen Einrichtungen der Standesorganisation ausgeschlossen.

Von den meisten bisher geschilderten Problemen des Buchmarktes war jedoch ein schon hinsichtlich seines Produktionsvolumens bedeutsamer Sektor kaum betroffen: der *wissenschaftliche* Verlag. Der Wandel des „gelehrten" Buchmarktes zum fachwissenschaftlichen hatte im letzten Drittel des 18. Jahrhunderts parallel zur „Leserevolution" begonnen. Der Popularisierung des Wissens entsprach eine fachliche Differenzierung und Spezialisierung. Sie zeigte sich in neuen Publikationsformen wie den Akademieschriften, die die alten Dissertationen ablösten, und den ersten Fachzeitschriften der Universitätsdisziplinen. Über die ersten Anfänge des wissenschaftlichen Fachverlages im 18. Jahrhundert und auch seine weitere Entwicklung im 19. Jahrhundert ist bisher so gut wie gar nicht geforscht worden. Sicher korrespondierte sein Aufschwung im mittleren 19. Jahrhundert mit dem Entstehen der Natur- und Geisteswissenschaften als modernen Wissenschaftsfächern mit je eigenem methodischem Instrumentarium.

Die Wissenschafts- und Fachverlage des 19. Jahrhunderts entwikkelten sich zum Teil aus den alten Universitäts- und Universalverlagen weiter (so Vandenhoeck & Ruprecht, Winter, Barth, Veit, Reimer, aber auch Justus von Liebigs Verleger Eduard Vieweg). Diese konnten auf traditionellen Verbindungen aufbauen und besaßen mit frühesten naturwissenschaftlichen Fachzeitschriften wie den „Annalen der Physik"(seit 1790, ab 1799 bis heute bei Barth in Leipzig) einen Kristallisationskern für den Ausbau von Spezialgebieten. Nach der Jahrhundertmitte verlegten sich immer mehr Firmen auf ausgewählte Wissenssektoren: etwa auf Militärwissenschaften (Mittler & Sohn), auf klassische Philologie (Weidmann), auf Geo- und Kartographie (Justus Perthes), auf Mathematik (Teubner), auf Jura (C. H. Beck, Carl Heymann), auf Medizin (F. Enke, J. F. Bergmann, G. Thieme, Urban & Schwarzenberg), auf Musik (Breitkopf & Härtel), Sozialpolitik (Duncker & Humblot), Landwirtschaft (Paul Parey) und Nationalökonomie (Gustav Fischer), oder Kunst (F. Bruckmann). Häufig war die Pflege von jeweils ein bzw. zwei geistes- und naturwissenschaftlichen Spezialgebieten: 1858 begründete Cottas Geschäftsführer in München, Rudolf Oldenbourg ein „Journal für Gasbeleuchtung und Wasserversorgung", das zur Keimzelle eines Technik-Verlages wurde, zugleich legte er mit der „Historischen Zeitschrift" 1859 den Grundstein für einen weiteren expandierenden Verlagsbereich. Ähnlich riefen zahlreiche Verleger, teils als Publikationsforen von Fachvereinen oder einander bekämpfenden „Schulen", Zeitschriften und Referateorgane ins Leben, in denen sich der Fortschritt der Forschung aktuell manifestierte und deren Zahl mit der Ausdifferenzierung der Fachgebiete unablässig anstieg. Gleichfalls erschienen nun, teils in Zusammenarbeit mit Akademien, umfangreiche Fachenzyklopädien und Sammelwerke, Handbücher und Grundrisse, deren Erscheinen sich über Jahrzehnte erstrecken konnte und die erhebliche Finanzmittel banden. Als nützlich, ja oft notwendig erwies sich zur Risikoentlastung von der Absatzseite her die Betreuung von Veröffentlichungen für Berufs- und Fachverbände. So konnte J. Springer seine Fachpublikationen direkt an die (um 1900) 15 000 Mitglieder des Vereins deutscher Ingenieure ohne Einschaltung des Sortiments absetzen.[13] Dieses Berliner Unternehmen entwickelte sich im ausgehenden 19. Jahrhundert zum größten naturwissenschaftlich-technischen Fachverlag Deutschlands und gab 1913 insgesamt 60 Zeitschriften und Periodica heraus.

Auch der Schulbuchverlag sprengte in der zweiten Hälfte des 19. Jahrhunderts seine bescheidenen Anfänge – in Bayern war diese Sparte noch (ab 1849 verpachtetes) Staatsmonopol.

Ebenfalls in der zweiten Hälfte des 19. Jahrhunderts begann schließlich der Aufstieg *konfessionell* orientierter Verlage: Benjamin

Herder (1818–1888) machte seine Freiburger Firma zu einem Sammelbecken katholischer Theologie und Geisteswissenschaften, wirkte mit enzyklopädischen Sammelwerken wie dem „Kirchenlexikon", einem Konversationslexikon und einem „Staatslexikon" nachdrücklich an der kulturellen Erneuerung des Katholizismus mit. Als Reaktion auf den Kulturkampf ließ eine gewisse Abkapselungstendenz die konfessionell gebundenen Firmen teilweise danach streben, als Universalverlage die Gesamtversorgung ihrer Klientel mit Lexika und wissenschaftlichen, belletristischen und Jugendbüchern zu übernehmen. In St. Louis gründete Herder 1873 eine amerikanische Niederlassung mit bedeutendem Sortimentslager. Schon zuvor (1837 und 1853) hatte Benziger (Einsiedeln) diesen Schritt unternommen; auch Firmen wie Manz und Pustet und vor allem Kösel nahmen sich der Pflege katholischer Wissenschaften und Literatur an.

Die evangelische Innere Mission begann von der Jahrhundertmitte an mit der Herstellung und Verbreitung erbaulichen Schrifttums, so ab 1844 die „Agentur des Rauhen Hauses" in Hamburg. Der 1835 gegründete Verlag von Carl Bertelsmann in Gütersloh arbeitete eng mit der Erweckungsbewegung zusammen, deren „Kleine Missionsharfe" er in mehr als zwei Millionen Exemplaren verbreitete. Methodisten, Baptisten, Pietisten und freikirchliche Gemeinden gründeten in gleicher Weise Verlagshäuser und Sortimente.

Der knappe Überblick über die wichtigsten Entwicklungen und Tendenzen des Buchhandels zwischen 1848 und etwa 1890 soll im folgenden anhand einiger exemplarischer Aspekte des belletristischen Marktes vertieft werden, die bis heute wesentlich das Bild bestimmen, das wir uns vom gründerzeitlichen Buchwesen machen: das Klassikerjahr 1867, die Prachtwerke, die Kolportageliteratur, die Leihbüchereien und die Familienblätter.

Nach dem Scheitern der bürgerlichen Revolution von 1848 wandelte sich auch der Stellenwert der Schönen Literatur im öffentlichen Bewußtsein; welche Konsequenzen dies für die literarischen Autoren hatte, wird später zu erörtern sein. Auf dem Buchmarkt war die zeitgenössische Belletristik in bedrängter Lage. Die Versuche liberaler Verleger, dem entmutigten Bildungsbürgertum literarischen Trost für sein politisches Scheitern zu bieten, mißlangen – etwa die ab 1853 in hoffnungsvoll hohen Auflagen verbreitete „Deutsche Bibliothek. Sammlung auserlesener Originalromane" des Frankfurter Verlegers Meidinger. Nicht einmal die erste Ausgabe von Victor Scheffels späterem Bestseller „Ekkehard" setzte sich in dieser Reihe durch. Ähnliches gilt für alle berühmten Romane der fünfziger Jahre, ob Kellers „Grünen Heinrich" oder Stifters „Nachsommer", die (auch wegen ihres hohen Preises) so gut wie ausschließlich in den Leihbibliotheken gelesen wurden.

Die bescheidene Kaufkraft des bürgerlichen Lesepublikums wurde offensichtlich anderweitig aufgezehrt – nicht zuletzt durch die Klassikerausgaben des Cotta-Verlages. Die „Volksbibliothek deutscher Classiker" des Stuttgarter Unternehmens erschien von 1853 bis 1862 in drei Reihen zu 518 Lieferungen und wurde nur geschlossen verkauft. Cotta schrak nicht davor zurück, neben den großen Namen seines Verlages, von Goethe und Schiller, Lessing und Wieland bis Platen und Lenau auch drittrangige Autoren auf diese Weise zu verwerten, so Alxinger und Houwald, Pyrker und Steigentesch. Wer auf solchen Ballast verzichten wollte, mußte auf die spürbar teureren Einzelbände von Cottas „Miniatur-Bibliothek classischer Dichter und Dramatiker" ausweichen. Schillers „Don Carlos" etwa kostete zwei Reichstaler – Reclam bot ihn nach 1867 für ein Vierundzwanzigstel dieses Preises an, nämlich zwei Groschen.

Die Preispolitik Cottas macht verständlich, weshalb Verleger und Leser sehnsüchtig den 9. November des *Klassikerjahres* 1867 herbeiwünschten – jenes Datum, an dem sämtliche Werke vor dem 9. 11. 1837 verstorbener Autoren frei von jeder urheber- und verlagsrechtlichen Bindung wurden. Dies betraf, von wenigen Ausnahmen wie Jean Paul, Kleist oder Tieck abgesehen, fast ausschließlich den Klassikerverlag schlechthin, eben Cotta, dessen enorme Gewinne nun endlich jedem spekulativen Verleger zugänglich schienen. Schon Jahre vor dem Termin begannen einzelne Firmen ihre geplanten Ausgaben anzukündigen. Die nationalliberale Publizistik sah in diesem Tag einen „Wendepunkt in der Entwicklung des Jahrhunderts", weil nun auch das breite Volk in den Besitz seiner Klassiker komme (und mit der Annahme dieses Erbes, so hofften manche, sich ohne weitere politische Ansprüche bescheide). Aus dem Wettlauf, an dem sich renommierte Verlage wie Brockhaus, Hempel, Reclam und Meyers Bibliographisches Institut, aber auch kleinere Firmen beteiligten, schied der bisherige Monopolist recht bald aus, weil er sich den veränderten Marktbedingungen nicht anzupassen verstand.

Frappante Anfangserfolge waren die Frucht überaus intensiver Werbekampagnen, des starken publizistischen Interesses am Klassikerjahr und auch der fürs Weihnachtsgeschäft idealen Terminierung des Stichtages. Gustav Hempels „Nationalbibliothek sämtlicher deutscher Classiker", mit enormem Kapitalaufwand und bemerkenswertem Bemühen um korrekte Texte hergestellt und zum Preise von zweieinhalb Groschen pro Lieferung verkauft, erreichte eine Startauflage von 150000 Exemplaren. Doch sogar sie, erst recht die zahlreichen anderen spekulativen Klassikereditionen gerieten nach dem schnellen Abflauen des ersten Käuferinteresses ins Stocken. Hempels Unternehmen erreichte mit 714 Lieferungen erst 1879 seinen bescheidenen Abschluß. Die Auflagen der Klassiker pendelten sich bald nach 1867 wieder beim alten Cottaschen Stand ein – mit Ausnahme einer einzigen Reihe, die im Trubel des Klassikerjahres kaum beachtet worden war: der Reclamschen „Universalbibliothek", die abgeschlossene Einzelwerke aller Zeiten und Völker bot. Die programmatische erste Nummer, Goethes „Faust", erreichte in wenigen Monaten eine Auflage von 20000 Exemplaren, aber von Anfang an waren neben den Klassikern auch unterhaltende Titel vertreten. In dieser Mischung von gediegener Bildung und Unterhaltung, im niedrigen Preis von zwei Groschen und dem großen Angebot lagen die Gründe für den bis heute andauernden Erfolg des Reclamschen Konzeptes. Zum fünfzigjährigen Jubiläum konnte die Universalbibliothek 1917 auf 2,3 Millionen verkaufter Exemplare von Schillers „Wilhelm Tell" verweisen, auch die Schriften Herders und Lessings, Mörikes und Eichendorffs waren zu Hunderttausenden verbreitet, unter den ausländischen Autoren standen Ibsens Dramen mit 4,5 Millionen Exemplaren an der Spitze. Natürlich spielte die Verwendung als Schullektüre dabei eine wesentliche Rolle.

Ansonsten freilich war, wie die bürgerliche Presse enttäuscht konstatierte, die erhoffte Kausalkette von billigen Klassikerausgaben über die Erweiterung des Lesepublikums nach unten und Hebung der allgemeinen Bildung zur ideologischen Fraternisierung nicht zustande gekommen: „Man nehme den Arbeiterstand. Nicht die deutschen Geisteshelden sind bei ihm zu Worte gekommen, sondern die socialistischen Agitatoren. Zu ihrem Besten hat der Arbeiter wohl oft in einem Monate mehr ausgegeben, als für seine ästhetische Erziehung im Laufe des Jahres, ja mehrerer Jahre. [...] Man drehe sich wie man wolle: Die Kunst ist und bleibt ein *Luxus*."[14]

Immerhin scheint das Klassikerjahr das Reihenkonzept beim lesenden Publikum durchgesetzt zu haben. Von nun an traten auch rein belletristisch-unterhaltende Reihen vermehrt auf, deren Titel teils an klare Zielgruppen appellieren, teils einen übergreifenden Anspruch verraten: etwa „Familienbibliothek fürs deutsche Volk" (1874), „Für Palast und Hütte" (nach 1877), „Für den Feierabend" (1872ff.), „Deutsche Volksbibliothek für Lesevereine und Haus" (1872ff.),

„Deutsche Handwerker-Bibliothek" (1878 ff.). Das erfolgreichste Beispiel dieser Spezies war ab 1881 die „Deutsche Hand- und Hausbibliothek", die unter dem Namen ihres Verlegers als „Collection Spemann" berühmt wurde: Jeder der Oktavbände von 250 Seiten in blauem Leinen mit Goldprägung kostete nur eine Mark. Bis 1883 kamen 81 Bände mit einer Gesamtauflage von mehr als 550 000 Exemplaren heraus, die freilich bald mit der Konkurrenz der „Engelhorn'schen allgemeinen Romanbibliothek" zu kämpfen hatten. Zum Jahrhundertende reüssierten auch populärwissenschaftliche Reihen hohen Niveaus wie die „Sammlung Göschen" (ab 1889) und Teubners „Aus Natur und Geisteswelt" (ab 1898).

Illustrierte *Prachtwerke* gelten heute als typische Erscheinung der Gründerjahre. Zwar reichen ihre Anfänge bis an den Beginn des 19. Jahrhunderts zurück,[15] doch begann ihre Hochblüte um das Klassikerjahr 1867, als breitere Volksschichten durch billige Reihen zum eigenen Buchbesitz animiert werden sollten. Nun benötigte der Bildungsaristokratismus des Besitzbürgertums aufwendigere Belege seiner kulturellen Führungsrolle. Dank der technischen Entwicklung vor allem der Buchbinderei und der neuen Illustrationsverfahren erschienen nun historische, populärwissenschaftliche, vor allem aber literarische Schriften in üppiger Ausstattung zu hohen Preisen. Cotta kündigte 1864 eine Schiller-Prachtausgabe mit 43 Zeichnungen gefragter Künstler in fotografischen (!) Reproduktionen und Holzschnittvignetten in folgendem Einband an: „Prachteinband in stark en relief gepreßtem Chagrinleder in den Farben anilinroth, anilinviolett, braun und grün, mit einer Unterlage von Sammet für das Medaillon und folgenden in Bronze ausgeführten, auf galvanischem Wege echt vergoldeten Ornamenten: auf der Vorderseite: a) 4 Rosetten (Knöpfe), b) Großes Medaillon, Schillers Büste, c) Einrahmung. Auf der Kehrseite: 4 Rosetten (wie oben). Auf dem Rücken: 1 vergoldeter Schild, 2 kleinere Rosetten."

Der veräußerlichte, wesentlich auf die Vermittlung von Sozialprestige gerichtete Bildungsbegriff der Gründerjahre zeigt sich hier gekoppelt mit dem Stolz auf die nationalen technischen und gewerblichen Errungenschaften wie auf den nationalen Dichterheros, der eines solchen literarischen Monumentes für würdig befunden wurde. Natürlich wurden derlei Buchdenk- und -grabmäler kaum zu Lektürezwecken gekauft. Sie dienten (teilweise auf eigens angefertigten Ständern) als typographische Nippesfiguren – als „Bilderbücher für große Kinder, die eigentlich nur da zu sein scheinen, um auf dem Weihnachtstisch unter dem Christbaum oder zum Durchblättern für

‹Besuch› in das Salonzimmer gelegt zu werden", wie Gerhard von Amyntor 1881 tadelte. Zunächst konnte sich ausschließlich die kapitalkräftige Oberschicht den Genuß solcher Prestigeobjekte leisten. Die erwähnte Schillerausgabe Cottas kostete mit knapp 43 Talern bzw. 73 Gulden mehr als ein Viertel des jährlichen Durchschnittseinkommens der in Industrie und Handel Beschäftigten. Die Nachfrage war jedoch so groß, daß bald Surrogat-Prachtausgaben erschienen, die meist in Lieferungen durch den Reisebuchhandel verbreitet wurden und auch für den oberen Mittelstand erschwinglich waren. Zahlreiche Verlage begannen sich auf „Prachtwerke und Geschenk-Literatur" – so die übliche Rubrizierung – zu spezialisieren. Ein Adressenverzeichnis führte 1879 neben 26 wichtigen Verlagen für Schöne Literatur 24 für Prachtausgaben auf. Allerdings war der Handel mit solchen Luxusartikeln sehr krisenanfällig – nach dem Gründerkrach von 1873 und der Depression von 1877 konnten sie auf dem Weihnachtsbuchmarkt kaum abgesetzt werden.

Die Kulturideologen des Kaiserreichs rechtfertigten die illustrierten Prachtwerke ebenso als Mittel, um nationalbewußte Dichterverehrung in breitere Schichten eindringen zu lassen, wie 1867 die Klassikerbegeisterung. Tatsächlich zeigt sich in diesen Ausgaben ein spezifisch gründerzeitlicher, potentiell schichtenübergreifender Geschmackstrend im Verhalten gegenüber dem Buch: Neben die inferiore Rolle als sozial irrelevantes Verbrauchsgut ohne materiellen Wert tritt die des relativ kostengünstigen Ausweises der Zugehörigkeit zur bürgerlichen Kultur – freilich nicht mehr als Medium geselligen Räsonnements, sondern als veräußerlichtes Konsumattribut, dessen Besitz von der geistigen Vereinnahmung zugleich kündet und dispensiert.

Wenn das „Magazin für den deutschen Buchhandel" 1874 die Prachtwerke als „Colportageliteratur für das ‚bessere' Publicum" glossierte, so verschwieg es den entscheidenden Unterschied zwischen diesen beiden typischen Erscheinungsformen des Buches in der Gründerzeit: Die Kolportageschriften waren kein Salonschmuck, sondern wurden bis zum völligen Verbrauch zerlesen.

Der *Kolportage-Vertrieb* von Schriften aller Art durch wandernde, systematisch ganze Landstriche durchstreifende Hausierer war seit Gutenbergs Zeiten gebräuchlich. Noch im 18. Jahrhundert hatte der größte Teil der populären Lesestoffe und religiösen Gebrauchsliteratur auf diese Weise seinen Absatz gefunden. C. J. Meyer hatte erstmals Kolporteure in großem Stile zum Direktvertrieb anspruchsvollerer Erzeugnisse eingesetzt. Damit konnten völlig neue Käuferschichten erreicht werden, die sowohl aufgrund ihres entlegenen Wohnortes wie auch wegen hartnäckiger Schwellenangst vor dem Betreten einer Buchhandlung bislang als Kunden kaum in Erscheinung getreten waren, dabei aber intensives Leseinteresse und einen mit der Hoffnung auf sozialen Aufstieg motivierten Bildungshunger besaßen – ländliche und kleinstädtische Mittelschichten, Handwerker und Gewerbetreibende, Subalternbeamte, in den Städten außerdem im letzten Drittel des 19. Jahrhunderts Angehörige der Unterschichten in Industrie und häuslichen Diensten. Das System des Lieferungsvertriebes im Abonnement, das mit dem Erhalt eines Heftes die Bezahlung des folgenden koppelte, bot sowohl den Verlegern eine sichere Kalkulationsbasis als auch den kaufkraftarmen Beziehern eine scheinbare Zahlungserleichterung. Während bis zur Jahrhundertmitte viele Kolportageverleger die gesammelten Abonnenten der nächstgelegenen Sortimentshandlung überwiesen, erwies sich der Kolportagehandel im weiteren Verlauf als immer ernstere Konkurrenz des traditionellen Vertriebs gerade bei gängigen Artikeln. Immer mehr Sortimenter befaßten sich auch mit diesem etwas anrüchigen Gewerbezweig, 1882 waren es von 5686 deutschen Buchhandlungen 1079, also fast ein Fünftel. Viele der Kolportageverleger und -vertreiber waren jedoch branchenfremd: „Hier kommt es auf Energie und kühnes Auftreten an, das ich an Schlossergesellen pp. viel eher wahrnehme, ganz gleichgültig, ob sie richtig deutsch sprechen oder nicht. Die Inhaber der größten Reisegeschäfte sind ehemalige Schlossergesellen oder Hausknechte.“[16]

Die auf dem Wege der Kolportage vertriebenen Schriften lassen sich in drei Hauptgruppen gliedern:

Erstens Periodika: Der weitaus größte Teil der nichtwissenschaftlichen bzw. nichtfachlichen Zeitschriften ist im letzten Jahrhundertdrittel durch Kolportageabonnements abgesetzt worden (die Rolle der Zeitschriften insgesamt wird später zu behandeln sein). Die Verzehnfachung der Abnehmerzahl für unterhaltend-populärwissenschaftliche Periodika gegenüber dem Vormärz ist wesentlich das Verdienst der Kolportage. Beispielsweise hatte der Stuttgarter Verleger Schönlein seinen Zeitschriftenvertrieb nach unbefriedigendem Absatz über das Sortiment ohne weitere Werbemaßnahmen auf Kolportage umgestellt. Daraufhin erreichte seine zuvor unrentable „Chronik der Zeit“ in den siebziger Jahren eine Auflage von etwa 200000 Exemplaren. Eine einziger Kolportagevertrieb betreute um 1875 24000 Abonnements der „Gartenlaube“, 5000 von „Über Land und Meer“, 6000 der „Chronik der Zeit“, 4000 des „Buchs für alle“, aber auch 3000 des Meyerschen „Conversationslexikons“ und über tausend der verschiedenen Klassikereditionen. Die Firma behauptete, daß die meisten ihrer Kunden zunächst nur aufs spannende Lesefutter der Kolportageromane versessen gewesen seien, sich dann aber für die Zeitschriften zu interessieren begonnen hätten – dies wäre ein Beleg für tatsächliches „Hinauflesen“ vom „wilden“, weitestgehend unreflektierten Konsum eskapistischer Fiktion zur extensiven Lektüre aktueller, situatives Wissen vermittelnder Periodika.

Zweitens auch im regulären Buchhandel erhältliche Werke, deren geringer Preis oder Attraktivität für ein größeres Publikum bzw. klare Zielgruppen den Kolportagevertrieb lohnend erscheinen ließen. Das waren fast alle nach dem Klassikerjahr 1867 erschienenen Sammelwerke und Serien, außerdem Lexika, Brehms Tierleben, Fachliteratur für Gewerbetreibende in der Provinz und preiswerte Prachtausgaben. Von C. G. W. Vollmers alias Zimmermanns „Wundern der Urwelt“ wurden um 1865 100000 Exemplare und von seinem Werk „Der Mensch“ 50000 abgesetzt. Auch die von dem Berliner Verleger Otto Janke 1863 gegründete „Deutsche Roman-Zeitung“ nahm zum Teil diesen Vertriebsweg. Ihre wöchentlich erscheinenden, sehr preiswerten Hefte erreichten allerdings nur die relativ geringe Auflage von gut 15000 Exemplaren.

Drittens Artikel, die in hohen Auflagen nur für den Kolportagevertrieb produziert wurden. Die Auswahl, die ein Kolporteur mit sich führte, reichte von Kalendern, klerikalen Traktätchen, Koch- und Traumbüchern bis zu Erotica und hurrapatriotischen Kriegsschilderungen, von sozialdemokratischer Agitation bis zu medizinischen Ratgebern. Die Kolporteure selbst erhielten hohe Rabatte, so bei Abnahme von 100 Exemplaren 60%. Da jedes Werk auf eine sehr stattliche Zahl von Lieferungen, oft 150 bis 200, gestreckt wurde, kam es trotz des niedrigen Preises für das Einzelheft insgesamt weit teurer zu stehen als ähnliche Schriften im regulären Sortiment. Über die Zudringlichkeit und Skrupellosigkeit der Kolporteure, über Abonnentenfängerei mit Prämienversprechen und Täuschungsmanöver vor allem auf dem Lande wurde häufig auch vor Gericht Klage geführt.

Im Mittelpunkt der Kritik stand jahrzehntelang der *Kolportageroman*. Oft genug begann mit ihm der Eintritt der städtischen und ländlichen Unterschichten ins Reich der Lektüre. Diese Romane hatten so sprechende Titel wie „Die Selbstmörder oder Die Feinde redlicher Arbeit. Ein Bild der Verkommenheit in den höheren Gesellschaftsclassen“ oder „Der Perserkönig und die Rose von Teheran, oder: Diamanten, Brillanten und Hungersnoth. Historisch-romantische Freuden- und Leidensgeschichte eines armen Volkes" oder gar „Das Waldröschen oder Die Verfolgung rund um die Erde. Enthüllungsroman über die Geheimnisse der menschlichen Gesellschaft" (dessen Autor bekanntlich der beliebteste deutsche Schriftsteller überhaupt, Karl May, ist). Ihre Vertriebsstrategie beruhte auf etwa einer Million Gratisexemplaren des ersten Heftes und einer sinkenden Zahl kostenloser Exemplare der folgenden Nummern, bis ab Heft sechs ca. 35 000 zahlende Abonnenten übrigblieben, die bis zur hundertsten Nummer auf wenige tausend schrumpfen konnten. Spezialverleger wie Grosse in Berlin (allein in der Reichshauptstadt gab es davon mehr als zwanzig) oder Münchmeyer in Dresden vermochten mit solch dickleibigen, auf schlechtes Papier gedruckten und teils roh illustrierten Sensationswerken enorme Gewinne zu erzielen. Die Autoren dagegen wurden bescheiden entlohnt – auch der wohl fruchtbarste deutsche Schriftsteller seines Jahrhunderts, nämlich Paul Walter alias Guido von Fels mit einer Produktion von 72 Kolportage- und 900 Reihenromanen im Umfang von insgesamt mehr denn 200 000 Druckseiten.

Die Kolportageromane übernahmen oft die Funktion der einstigen geistlichen Tröster und Postillen – sie gingen, so 1875 ein Beobachter, „in manchen Familien, namentlich bei der ärmeren Landbevölkerung, von Kind auf Kindeskind über" und bildeten „oft jahrelang die einzige Lectüre für die Familie und ihre befreundeten Nachbarn, und die hierin enthaltenen Behauptungen werden von allen Familienmitgliedern als maassgebend angesehen und als die ihrigen adoptirt". Aber auch in der Reichshauptstadt wurden die „Hintertreppler", die Kolporteure von Schauer- und Schmachtliteratur, am Samstagabend (wenn der Wochenlohn frisch ausbezahlt war) in Destillen und Budiken, in Fabrikfluren und Dienstboteneingängen, Hinterhöfen und Nähstuben sehnlich erwartet; sie belieferten auch Commis, Subalternbeamte und kleine Rentiers.

Daß die Kulturideologen und Volkspädagogen des Kaiserreichs dieses „für den großen, breiten Untergrund deutscher Kultur einzige geistige Genußmittel", dieses erste Produkt einer modernen rein kommerziellen Unterhaltungsindustrie ebenso heftig wie erfolglos bekämpften, kann nicht verwundern. Diese „bewaffneten Märchen" (Ernst Bloch) mit ihrem gesellschaftskritischen Enthüllungsgestus prangerten die gründerzeitliche Feudalgesellschaft an, indem sie sie mit ausschweifendem Neid schilderten. Ihre Surrogatfunktion reduzierte freilich trotz aufmüpfiger Passagen die sozialen und politischen Probleme auf den steten Kampf zwischen Gut und Böse, befriedigte die Ursehnsucht nach Rettung und Geborgenheit mit dem obligaten Happyend. Zweifellos haben die Kolportageromane die Kaufkraft wichtiger lesefähiger und lektürehungriger Schichten bis hin zum unteren Mittelstand weitgehend absorbiert, haben ihnen den Weg zum Angebot des herkömmlichen Buchhandels erschwert – aber sie haben als elementare Lebenshilfe zugleich die Gewohnheit des Lesens als tägliche lustvolle und tröstende Praxis für Hunderttausende, wenn nicht Millionen begründet und bewahrt.

Neben der Konkurrenz der Schleuderer und Ramscher, der Buchversender und des Kolportagehandels war der deutsche Buchhandel weiterhin wie in der ersten Jahrhunderthälfte jener der *Leihbibliotheken* ausgesetzt. Sie waren nach wie vor für rund neunzig Prozent des bürgerlichen literarischen Lesepublikums und damit für den wichtigsten Kundenkreis des Sortiments die zentrale lektürevermittelnde Institution. Die Durchschnittsauflagen Schöner Literatur richteten sich ausschließlich nach dem stetig schwindenden Absatz bei den Leihbibliotheken; 1856 warnte eine Fachbroschüre die Verleger, daß von Romanen unbekannter Autoren kaum mehr als 100 Exemplare an die Leihbüchereien abzusetzen seien. Die bekannteste Bestätigung dieser Prognose ist das Schicksal von Gottfried Kellers Erstling „Der grüne Heinrich" (1853–55). Dessen Verleger Vieweg mußte dem verstörten Autor erklären, weshalb von den gedruckten 1000 Exemplaren im Mai 1855 erst 150 bestellt waren: Es bestimme nämlich „der Absatz an die Leihbibliotheken heutzutage das Schicksal *jedes* Romans, denn das reiche und gebildete Publikum kauft in der Regel in Deutschland sehr selten Romane". Das galt auch noch für die Gründerzeit, wie Otto Glagau 1883 konstatierte: „99 Procent der Deutschen Roman- und Novellen-Schreiber verdanken ihren Namen und ihre Existenz nur den Leih-Bibliotheken, zu welchen sie in dem Verhältnis der Fabrikanten stehen."

Im letzten Jahrhundertviertel wurde allerdings die umfassende Krise dieser Institution immer spürbarer, die „Leihbibliotheksfrage" wurde breit debattiert. Mit dem Wandel des Lesegeschmacks begannen auch ihre Bestände als sinkendes Kulturgut zu wandern – „sozial von den Leihbibliotheken der Besitzenden und Gebildeten zu den Leihbüchereien der kleinen Leute, regional von der Stadt aufs Land, von den kulturellen Zentren in die Provinz"[17]. Die Schauerliteratur der Goethezeit fand mit jahrzehntelanger Verspätung nach 1850 nun auch im Klein- und Ackerbürgertum Anklang. Die Zahl der Leihbibliotheken stieg nochmals deutlich an: Wie bereits erwähnt, waren sie nicht selten einem kümmernden Sortiment angegliedert, einer

von Ed. Nitzsche in Eibenstock.

Der Lesebetrag für diesen Band ist 6 Pfennige für einen bis mit 7 Tage, 12 Pfennige für 8 bis mit 14 Tage u. s. f. — Länger als 28 Tage darf derselbe nicht behalten werden. — Das Wiederverleihen an Andere kann nicht gestattet werden, findet es dennoch statt, so wird doppeltes Lesegeld erhoben.

Ed. Nitzsche in Eibenstock.

Benutzungsordnung einer Leihbibliothek in der sächsischen Provinz: (um 1870)

Schreibwarenhandlung oder Buchbinderei. Die offiziösen Buchhandelsadreßbücher nennen für den Deutschen Bund bzw. das Deutsche Reich 1865 617 Leihbibliotheken, 1880 dagegen 1056; dies wäre ein Anteil von rund zwanzig Prozent sämtlicher Buchhandelsbetriebe. Da sicher ein erheblicher Teil der Provinzfirmen dem Börsenverein nicht angeschlossen war, kann man die Gesamtzahl etwa doppelt so hoch schätzen. Die meisten Geschäfte hatten es jahrzehntelang versäumt, sich dem Wandel des Marktes anzupassen und ihre Bestände stets zu aktualisieren. So gerieten die kleineren Firmen in immer deutlichere Abhängigkeit von den größeren, deren Bestände sie billig übernahmen, verloren damit jedoch ihre Attraktivität für das gebildete Publikum. Nur eine Handvoll bedeutender Etablissements florierte und expandierte, allen voran Albert Last in Wien und Fritz Borstell in Berlin. Das letztere war mit 600000 Bänden am Jahrhundertende die bedeutendste Leihbibliothek im deutschen Kaiserreich.

Solche Großunternehmen vermochten die Überproduktion von Belletristik aufzunehmen und in aller Breite anzubieten; sie dienten damit als eine Art von Testmarkt für den Lesegeschmack. Last und Borstell erhielten von den Verlegern hohe Rabatte, weil sie Novitäten teilweise in Hunderten von Exemplaren anschafften, um sie nach wenigen Monaten an kleinere Kollegen weiterzuveräußern. Bei Borstell waren bis 1898 folgende Romane die Spitzenreiter: Gustav Freytags „Soll und Haben" mit 2315 Umlaufexemplaren, Felix Dahns „Ein Kampf um Rom" mit 1688, Freytags „Verlorene Handschrift" mit 1584, Scheffels „Ekkehard" mit 1317, die „Goldelse" der Marlitt mit 1285 Exemplaren, „Eine ägyptische Königstochter" von Georg Ebers mit 1180, Paul Heyses „Kinder der Welt" mit 1067 – und immerhin noch 630 Exemplare von Gottfried Kellers „Grünem Heinrich" und 758 seiner „Leute von Seldwyla".

Den entscheidenden Stoß versetzte den Leihbibliotheken die Funktionsverlagerung zwischen den Medien Buch und Presse. Die periodische Presse begann nicht mehr nur für Information, sondern auch für Unterhaltung zum wichtigsten Vermittler zu werden: „der Fortsetzungsroman erlangte durch das Familienblatt massenhafte Verbreitung, ebenso wie das Familienblatt durch den Fortsetzungsroman"[18]. Teilweise konnten die Leihbibliotheken diesen Trend durch die Gründung von eigenen „Journal-Lesezirkeln" auffangen, wodurch sie aber ihr Publikum nur noch stärker an die Presselektüre gewöhnten. Auch das Vordringen der Volks- und öffentlichen Büchereien sowie die Gründung billiger Buchreihen schadete ihnen. Nach 1875 begann sich auch die Partnerschaft von Romanverlegern und Leihbibliotheken zu lockern; da die Verleger nicht mehr auf den festen Absatz an diese Firmen rechnen konnten, suchten sie ihre Leserschaft auf anderen Wegen zu erreichen wie Otto Janke mit seiner „Romanzeitung". Auch die heftige Polemik der Presse gegen die geringe Hygiene der beim Marktkonkurrenten durch viele Hände wandernden Bücher mag eine Rolle gespielt haben. Ein „Verein deutscher Leihbibliothekare", der 1886 zur Meisterung der Krise gegründet wurde, löste sich bereits 1891 wieder auf – „die ‚klassische' deutsche Leihbibliothek, welche die Entfaltung und Entwicklung des Buchmarktes und der Literatur im 18. und 19. Jahrhundert mitbestimmt hatte, war nicht mehr zu retten"[19].

Die Medienkonkurrenz zwischen Buch und *Presse* trat in der zweiten Hälfte des 19. Jahrhunderts in ein entscheidendes Stadium. Der Zeitschriftenmarkt des Vormärz war gekennzeichnet durch eine Vielzahl belletristischer Journale, die über ihre literarisch-unterhaltende Funktion hinaus auch als publizistische Kommunikationsforen des liberalen Bürgertums dienten. Diese scheinbar blühende belletristische Zeitschriftenlandschaft vor 1848 veränderte die Märzrevolution radikal: Die politischen Zeitungen übernahmen nun die Führung. Der Zeitschriftenmarkt war um 1850 von einer starken Fluktuation gekennzeichnet, Hunderte von Neugründungen gingen nach kurzer Zeit wieder ein. Mit der Aufhebung des staatlichen Anzeigenmonopols zunächst in Preußen am 1. 1. 1850 und dann in den anderen deutschen Staaten konnte die Tagespresse in den Wettlauf um Anzeigenkunden eintreten. Um diesen eine möglichst hohe Leserzahl zu bieten, bemühten sich nach 1870 vor allem die regionalen und lokalen „Generalanzeiger", die sich nicht mehr durch den Vertrieb, sondern durch Inserate finanzierten und deshalb weit billiger sein konnten als die Partei- und Meinungspresse, um vielfältig unterhaltenden Inhalt. Sie waren vor allem in den rasch wachsenden Industriestädten verbreitet. In allen Tages- und Wochenblättern blühten nun die Unterhaltungsteile, Fortsetzungsromane und Feuilletonbeilagen auf.

Wie die belletristischen Zeitschriften des Vormärz so hatten auch die Pfennigmagazine nach 1848 keine Zukunft mehr und stellten bald ihr Erscheinen ein. Die Bildungs- und Besitzideologie des Bürgertums verhalf einer neuen Zeitschriftenform zum Durchbruch: den *Familienblättern,* deren Prototyp die „Gartenlaube" darstellte. Sie vermittelte die rechte Mischung aus schrankenlosem Fortschrittsglauben, maßvoll sozialkritischer Belletristik, pittoresken erd- und länderkundlichen Informationen und einem immer staatsfrömmeren Nationalliberalismus. Je deutlicher ihr Herausgeber, der einstige Demokrat Ernst Keil, und mit ihm das liberale Bürgertum ihren Frieden mit den herrschenden Verhältnissen schlossen, desto steiler stieg ihre Erfolgskurve an: 1853 mit 5000 Exemplaren gegründet, konnte sie zehn Jahre später 135000 Hefte absetzen und erreichte 1875 ihren Höhepunkt mit 382000 Exemplaren; 1883 war die Auflage wieder auf 243000 gesunken. Nicht ganz so hohe Absatzziffern erreichten die Familienblätter des Stuttgarter Verlegers Hallberger wie die „Illustrirte Welt" (gegründet ebenfalls 1853) und „Über Land und Meer" (1858 gegründet, um 1880 150000 Exemplare). Als evangelisches Gegenstück zur „Gartenlaube" konnte „Daheim" nach 1864 bis zu 80000 Heften absetzen, ähnlich hoch war später die Auflage des katholischen „Deutschen Hausschatzes". Vergleichbar entwickelten sich auch die Auflagen von Modejournalen wie dem 1855 gegründeten „Bazar" mit seiner Unterhaltungsbeilage (1872 erreichte er 140000 Exemplare). Neben den marktbeherrschenden Familienblättern gab es Dutzende weiterer, deren Titel sie hinreichend charakterisieren: „Am deutschen Herd", „Am häuslichen Herd", „Heimath", „Quellwasser fürs deutsche Haus", „Deutsches Familienblatt", „Schlesische

Gartenlaube", „Kinderlaube", „Abendglocken", „Sorgenfrei", „Feierabend", „Erholungsstunden", „Sonntagsruh" und so weiter. Auch lokale Witzblätter boten den Autoren Verdienstmöglichkeiten (der junge Anzengruber lieferte dem Wiener „Kikeriki" Witze), überregionale Verbreitung besaßen der Berliner „Kladderadatsch" und die Münchner „Fliegenden Blätter". Deutlich geringere Auflagen hatten dagegen die anspruchsvolleren Kulturzeitschriften. An ihrer Spitze stand Westermanns 1856 gegründetes „Jahrbuch der Illustrirten Deutschen Monatshefte" (bis zu 12000 Exemplaren), in dem auch die bedeutenden Dichter jener Zeit publizierten. Der enorme Bedarf einer Vielzahl von Zeitungen und Zeitschriften an belletristischen Kleinformen, Novellen und Romanen ermöglichte es den literarischen Autoren, trotz der Minimalauflagen für Leihbibliotheken von Vorabdrucks- und sonstigen Honoraren der Massenmedien zu existieren, auch wenn vor 1870 der illegitime Zeitungsnachdruck in Provinzblättchen gang und gäbe war. Ein konservativer Publizist konstatierte schon 1867: „Dem literarischen Kleingewerbe stehen literarische Fabriken gegenüber, die Ouvriers bereichern die Actionäre, und die Zeitungsschreiber die Zeitungsunternehmer. Der stolze Menschengeist ist durch die Presse in die Hörigkeit des Kapitals getreten."

Der Buchhandel paßte sich in der zweiten Hälfte des 19. Jahrhunderts der entstehenden industriellen Massenkultur an, der literarische Markt orientierte sich folgerichtig immer ausschließlicher nach dem Prinzip der Gewinnmaximierung und betrachtete Literatur als Ware. Dank der technischen Innovationen war der Buchmarkt aufnahmefähig für eine schier unbegrenzte Zahl miteinander konkurrierender Erzeugnisse, konnte ein schichtenübergreifendes anonymes Massenpublikum seine Lektürebedürfnisse umfassend befriedigen. Dagegen erscheint die Lage der *Schriftsteller* inmitten all dieser Veränderungen eher zwiespältig, gefährdet und isoliert. Ein Vergleich mit dem Kleinhandwerk liegt nahe, das in der Ursprungsphase der Industrialisierung völlig verunsichert war, entweder starr an seinen traditionellen Fertigungsweisen festhielt und damit ins soziale Abseits geriet, oder aber sich den standardisierten Technologien auslieferte, selten als selbständige Fabrikanten, meist als subalterne Arbeiter.

Es war der Schock der gescheiterten bürgerlichen Revolution, der den gesellschaftlichen Status und das Selbstverständnis der Schriftsteller grundlegend veränderte. Vor 1848 wurde ihr Anspruch auf eine kulturelle und politische Führungsrolle vom fortschrittlichen Bürgertum anerkannt – danach wurde die Verantwortung für das Scheitern der Freiheits- und Einheitsbestrebungen auf zwei Sündenböcke geladen: Auf sozialpolitischem Gebiet schienen die zügellos-bedrohlichen Haufen des Vierten Standes den redlichen Bürgern in den Rücken gefallen zu sein, und im ideologischen Bereich lag die Schuld bei der vormärzlichen Bildungselite, deren Losungen man gefolgt war. Die Einssetzung beider Sündenböcke im „Proletariat der Geistesarbeit" nahm Wilhelm Heinrich Riehl vor. Er zählte dazu „Beamtenproletariat, Schulmeisterproletariat, perennirende sächsische Predigtamtscandidaten, verhungernde akademische Privatdocenten, Literaten, Journalisten, Künstler aller Art, von den reisenden Virtuosen bis zu den wandernden Comödianten und den Drehorgelleuten und Bänkelsängern abwärts."[20] Diese Überzeugung, das deutsche Literatentum sei „das Resultat einer socialen Krankheit" teilten breite bürgerliche Schichten. Indem fortschrittliches Schriftstellertum, das sich auf seine geistige Autonomie berief, dem bürgerfeindlichen Vierten Stand zugeordnet wurde, stand es „wurzellos" außerhalb der bürgerlichen Gesellschaft und damit letztlich außerhalb der Kulturnation – eine bis heute fortwirkende Abgrenzung. Der „Deutsche Polizeiverein" überwachte denn auch bis 1866 mit konspirativen Methoden Autoren und Redakteure, Presse und Druckschriften und schrak auch vor Briefkontrolle nicht zurück.[21]

Gesellschaftliche Anerkennung konnte sich ein Schriftsteller nur verschaffen, wenn er die Rolle des Propagandisten jener Anschauungen übernahm, die während der politischen und sozialen Reaktionszeit nach 1850 dem Bürgertum zu neuer Selbstachtung verhalfen. Dies gilt vor allem für Gustav Freytag und Berthold Auerbach. Ihre Mittelmäßigkeit, ihr Mangel an Innovationskraft bei würdevollem Anspruch als Nationaldichter entsprachen dem ästhetischen, poetischen und ideologischen Erwartungshorizont des tonangebenden gebildeten Publikums und konnten sich deshalb unmittelbar in klingender Münze auszahlen. Doch solchen gesellschaftlichen und finanziellen Rang erreichten nur einzelne Autoren. Vorherrschend blieb die allgemeine Verachtung für Literaten; die Antipoden Lassalle und Bismarck waren sich darin einig, sie seien „eine Bande von Menschen, unfähig zum Elementarschullehrer, zu arbeitsscheu zum Postsecretär".

In Wahrheit konnte allerdings von Arbeitsscheu keine Rede sein – im Gegenteil: „Nehmen wir einen talentvollen und bekannten Schriftsteller an, der einen guten Roman geschrieben hat. Das Honorar, welches er *unter gewöhnlichen Umständen* dafür von dem Verleger erhält, übersteigt selten 150 Thaler für den Band, oft sind es nur 100 Thaler. Um mit einer Familie einigermaßen behaglich existieren zu können, bedarf er 1200 Thaler; er müßte also, wollte er nur von der Roman-Schriftstellerei leben, acht bis zwölf Bände jährlich schreiben, was physisch und geistig unmöglich ist."[22] Diese zeitgenössische Rechnung trifft beispielsweise für Wilhelm Raabe zu, der sich Ende der fünfziger Jahre nur dank unablässiger Novellenproduktion eine bescheidene Existenz sichern konnte.

Die Honorarmisere, bedingt vor allem durch das krasse Mißverhältnis zwischen der bescheidenen Nachfrage der Leihbibliotheken und dem Überangebot an Belletristik, besserte sich mit dem steigenden Bedarf der Presse an Unterhaltungsware. Zwar nicht das Prestige, wohl aber die ökonomische Situation der Autoren stabilisierte sich, sofern sie sich dem Prinzip des kapitalistischen Literaturmarkts unterwarfen: „Die Schriftstellerei ist gegenwärtig kein Amt, sondern ein Geschäft, und die freie Concurrenz, das Gesetz der Natur, wie der ökonomische Liberalismus sie nennt, erzeugt überall hunderttausend Bettler als Staffage eines einzigen Millionärs."[23] Auch letztere gab es durchaus: Friedrich Hackländer erzielte bis zu seinem Tode 1877 schriftstellerische Einnahmen von rund 440000 Goldmark, eine Summe, die Gustav Freytag allein für seinen Romanzyklus „Die Ahnen" einnahm. Fritz Reuter dürfte mit seinen Büchern etwa eine Million Goldmark verdient haben – Summen, die von ihrer Kaufkraft her heute wohl mit 20 multipliziert werden müßten.

Doch es war gefährlich, auf den verdienten Lorbeeren auszuruhen; Erfolgszwang bedeutete Produktionszwang. Des späteren Literaturnobelpreisträgers Paul Heyse souverän-ästhetizistische Dichterfürst-Attitüde steht in geradezu groteskem Widerspruch zu seiner gehetzten Literatenexistenz. Vom sicheren Port einer bürgerlichen Profession aus ließ sich freilich leicht den Kopf schütteln über solch hektisches Treiben. Der Briefwechsel des Zürcher Staatsschreibers Keller und des Husumer Landrichters Storm bezeugt, mit welch mitleidiger Verachtung die beiden auf Kollegen wie Karl Gutzkow und Heyse herabblickten, die über Nervenzusammenbrüche und Selbstmordversuche hinweg unablässig publizierten. Aber auch solche Autoren, die dem Literatentum ihre Verachtung bezeugten, beugten sich dem Diktat der Presse. Keller, Raabe, Storm, Fontane schrieben ebenso für Periodika wie die geschmähte Journaille. Mit seinen Kriminalgeschichten in der „Gartenlaube" oder seinen Berliner Romanen in der „Vossischen Zeitung" erreichte beispielsweise Fontane ein Millionenpublikum und verbesserte dadurch seine Marktposition gegenüber den Verlagen wesentlich, was ihn zu dem Lob animierte: „Zeitungen (dahinter bin ich nun gekommen, nachdem ich alles durchprobirt habe) sind doch das Beste: sie erscheinen alle Tage, bringen das Eingeschickte, wenn man drum bittet und gut mit ihnen steht, oft nach 12 Stunden schon, erweisen einem kleine Gefälligkeiten, kräkeln nicht, stellen nicht ewig Anstands- und Aengstlichkeitsbedingungen und zahlen prompt und gut. Allerdings verlangen sie auch Hätschelung und Courmacherei."[24] Freilich waren für die Presse formale (keine weitschweifigen Reflexionen, keine psychologische Detailmalerei) und inhaltliche (keine sittlichen Anstößigkeiten) Zugeständnisse zu machen. Der Großmeister des Feuilleton-Fortsetzungsromans der Gründerzeit, Friedrich Spielhagen, hat seine Romantheorie an den Bedingungen der periodischen Presse ausgerichtet.

Dafür konnten sich die renommierten Autoren von den siebziger Jahren an als Nutznießer des zunehmenden Konkurrenzkampfes der Presse fühlen: Theodor Storm gab sich zunächst noch mit etwa 750 Goldmark für eine Novelle zufrieden, animierte aber Paul Heyse und Gottfried Keller heftig zu höheren Forderungen und verlangte 1878 von „Westermanns Monatsheften" gar die doppelte Summe, nämlich 1500 Mark *pro Bogen.* Als der empörte Verleger dies als unerhört zurückweisen wollte, warnte ihn sein Redakteur: „Mit Abstrichen und Ersparungen können wir nur bei den kleinen und mittleren Autoren durchkommen – einem großen Schriftsteller ein kleines Honorar zu geben, heißt ihn eines Tages zur Konkurrenz treiben, wovor wir uns jetzt und in der nächsten Zeit sehr hüten müssen." Raabes und Fontanes Vorabdruckshonorare verdoppelten sich etwa zwischen 1870 und 1880, ohne daß sie die Spitzensätze Kellers und Storms erreichen konnten – geschweige denn die der wahren Erfolgsautoren: Friedrich Spielhagens „Sturmflut" wurde gleichzeitig vorabgedruckt im „Petersburger Herold", dem „Berliner Tageblatt", dem „Hannover'schen Courier", der „Breslauer Zeitung" und der „Elberfelder Zeitung", jeweils für rund 10000 Goldmark Honorar. Die führenden Familienzeitschriften, an ihrer Spitze die „Gartenlaube", konnten den Damen Marlitt, Heimburg, Eschstruth und Werner für Vorabdrucke ihrer Romane, die meist das Aschenbrödelmotiv variierten, zwischen 3000 und 15000 Mark bieten; damit standen sie mit an der Spitze der Einkommensskala im Deutschen Reich. Für die Buchpublikation kam jeweils ein etwa halb so hohes Honorar hinzu. Doch die überwältigende Mehrzahl der Autoren konnte von dergleichen Größenordnungen nur träumen.[25]

Den hohen Grad der Kommerzialisierung des literarischen Lebens in der Gründerzeit glossierte Oskar Blumenthal 1876 in einer „Allgemeinen literarischen Börsenzeitung“:

„Wir wissen jetzt sehr genau, warum wir dichten. Wir schreiben Lustspiele, weil eine feurige Tantiemensehnsucht in unserer Seele lodert. Wir schreiben Novellen, weil uns Herr Kröner eine hübsche Offerte gemacht hat. Wir schreiben Romane, weil wir einen mit Herrn Hallberger geschlossenen Vertrag nicht im Stich lassen dürfen. Selbst der Lyriker ist jetzt zu einem Arbeiter geworden, der seines Lohnes werth ist, denn es ist ja bekannt, daß er gewöhnlich gar nichts bezahlt bekommt.“[26] Ein solcher hochprofessionalisierter Markt bedurfte bereits – früher als überall sonst in Europa – einer weiteren Vermittlungsinstanz, die Literatur ausschließlich als Ware mit möglichst hoher Umsatzgeschwindigkeit und Verwertungsvielfalt ansah. In Berlin entstanden die ersten literarischen Agenturen, allen voran 1868 „Dr. Loewensteins Bureau für Vermittelung literarischer Geschäfte“ mit einem eigenem Angebotsblatt „Der literarische Verkehr“.

Das Unbehagen an dieser strikten Unterwerfung dichterischen Ingeniums unter die Gesetze des Marktes und an der eigenen prestigelosen Situation wurde von manchen Autoren auf die jüdischen Literaten der Reichshauptstadt als einflußreichste Lenker des kritischen und publizistischen Betriebes projiziert – eine antisemitische Neuauflage der einstigen Verschwörungstheorie gegen die Aufklärer. Tatsächlich hatte der jüdische Bevölkerungsteil einen enormen Bildungsvorsprung; da ihm eine Beamten- oder gar Offizierslaufbahn kaum möglich war, konzentrierte er sich auf die freien Berufe, und konnte gerade im Bereich der hauptstädtischen Presse und des Buchmarktes markante Persönlichkeiten wie Paul Lindau und Julius Rodenberg vorweisen. Noch deutlicher aber richteten sich die Vorurteile und Ressentiments im Literaturbetrieb gegen die Konkurrenz der schreibenden Frauen, die übereinstimmend als Hauptproduzenten minderer Fabrikware angesehen wurden. Freilich betrieben die allermeisten von ihnen Schriftstellerei nicht zum Broterwerb. Durch Erziehung und häusliche Untätigkeit zu schöngeistigem Zeitvertreib animiert, gaben sie erste harmlose Versuche, natürlich kostenlos, an Provinzblättchen: „Später bekommt sie ein geringes Honorar, sie wagt sich weiter an ein anderes Blatt, es glückt ihr, eine oder mehrere kleine Erzählungen unterzubringen, und nun ist sie auch fest überzeugt, daß ein Genius in ihr schlummert und daß es ihr Beruf sei zu schreiben. Die kleinen Erzählungen oder Skizzen werden zu einem Bande zusammengestellt, ein Verleger wird gefunden, weil die Honoraransprüche äußerst bescheiden sind, bescheidener als bei den meisten Schriftstellern, und das verlockt manchen Buchhändler, und nun wird das Buch hinausgesandt in die Welt. Jetzt genügt das kleine Wochen-, Winkel- oder Tageblatt nicht mehr. Eine größere Aufgabe stellt sich die Verfasserin: einen Roman usw."[27]

Gerade die Familienblätter wurden von solchen Manuskripten überschwemmt – dem „Daheim" wurden binnen eines Dreivierteljahres gegen 900 unverlangte Texte zugesandt. Immerhin bestimmte der enorme Erfolg der Marlittschen Romane Jahre hindurch das belletristische Konzept der „Gartenlaube" und in der angesehensten literarischen Revue der Gründerzeit, der „Deutschen Rundschau", erschien vor Kellers „Zürcher Novellen" die „Geierwally" der Wilhelmine von Hillern im Vorabdruck. Laut der offiziellen Berufsstatistik des Deutschen Reiches betrieben im Jahre 1895 7407 Personen Schriftstellerei als Hauptberuf, davon 5507 – unter ihnen 7,4 % Frauen – ohne anderweitigen Nebenerwerb.

Wollte er von dieser Unterhaltungsindustrie abrücken, so blieb für den literarischen Autor nur die „Tendenz zur unauffälligen Verborgenheit, zum engsten abschirmenden Kreis"[28]. Der Dichter als Speerspitze der demokratischen Avantgarde, wie ihn die Vormärzautoren proklamierten, oder als Führer der Menschheit in höhere Regionen, wie ihn Adalbert Stifter im Getümmel von 1848 erträumt hatte, war zur gesellschaftlichen Randfigur geworden. Der einstige Jungdeutsche Karl Gutzkow erkannte gegen Ende seines Lebens resigniert: „Das Literaturleben erscheint komisch? Und ist doch tragisch. Es ist die Welt des absolutesten, verzweifelnden Egoismus."[29]

Wie schon im Vormärz, gab es auch nach 1848 erneut Versuche, dem Konkurrenzdenken solidarische „Einigkeit der Einzelgänger" entgegenzusetzen. Bezeichnenderweise aber wurde nach jahrelangen Vorbereitungen und teils heftigen Diskussionen 1859 für die deutschen Schriftsteller nicht ein Verband begründet, sondern die „Schillerstiftung" als Unterstützungsverein für „ehrenwerth strebende Autoren" eröffnet. Sie war keine Standesorganisation, sondern verteilte nationale Almosen an verarmte schreibende Individuen (von denen nicht wenige solche Barmherzigkeit als peinlich ablehnten) und deren Nachkommen. Als sich Ende der fünfziger Jahre wieder Assoziationsbestrebungen regten, wurde deutlich, daß die vormärzliche Personalunion von Tagespublizist und literarischem Autor kaum mehr anzutreffen war. Sie hatte sich gespalten in den zwar gering, aber doch fest besoldeten Journalisten, der vielleicht nebenbei literarische Fingerübungen betrieb und dem Autor als Auftraggeber gegenüberstand, und den nur allzufreien Mitarbeiter, der zu steten Konzessionen und dauernder Produktion gezwungen war. Lokale Journalisten- und Autorenverbände konstituierten sich nun getrennt, wobei die ersteren in den Pressezentren Berlin und Wien angesiedelt waren, die letzteren nach wie vor im Buchhandelsmittelpunkt Leipzig domizilierten. Ein 1865 gegründeter „Deutscher Schriftsteller-Verein" bemühte sich um Mitwirkung bei der überfälligen Regelung vor allem des innerdeutschen Pressenachdrucks und internationaler Urheberrechtsfragen, spielte jedoch nur eine bescheidene Rolle. 1878 etablierte sich ein „Allgemeiner Deutscher Schriftsteller-Verband", der sich 1887 mit der kurz zuvor neubelebten Konkurrenz des „Deutschen Schriftsteller-Vereins" zum „Deutschen Schriftsteller-Verband" zusammenschloß. Doch eine beträchtliche Anzahl gerade der bedeutenden Autoren stand solchen Korporationen ablehnend gegenüber; exemplarisch hat Wilhelm Raabe seine Weigerung begründet, einer Berufsorganisation beizutreten:

„Meiner Meinung nach gibt es gar keinen Schriftsteller-*Stand* und wird auch nie einen geben. Ein Lump, der mit Feder und Dinte ein wirklich Werk schafft, ist und bleibt stets ein Autor, ob Sie ihn ausschließen wollen oder nicht, und ein ‚unbescholtener' Mann, mag er sich noch so viel ‚Schriftsteller' benamsen; hat er nichts von literarischem Werte produziert, so ist er keiner. Wir sind eben keine Gilde, und alle Vorteile und Nachteile unserer Stellung in der Welt beruhen gerade hierauf. [...] Ein allgemeines deutsches Reichssymposion germanischen Federviehs ist und bleibt eine schöne, aber platonische Idee. Wir speisen da nicht zusammen, sondern wir werden in alle Ewigkeit einzeln verspeist werden. Wir sind und bleiben ein jeglicher auf seinem Pflock auf der Leiter, dazu da, von den Philistern nach Auswahl gepackt, entkehlt, gerupft, gesotten und gebraten zu werden, oder sozusagen die große allgemeine Bettelsuppe unseres Volkes fett zu machen."[30]

Die Entwicklung des *Lesepublikums* in der zweiten Hälfte des 19. Jahrhunderts wurde von den großen sozioökonomischen und ideologischen Veränderungen bestimmt. Die Bevölkerungszahl auf dem Gebiet des Kaiserreichs wuchs zwischen 1848 und 1880 von 33 auf 45 Millionen; allerdings begann die umfassende Binnenwanderung der eigentumslosen ländlichen Schichten, die zur Herausbildung industrieller Zentren und zum Wachstum der Großstädte führte, erst zur Gründerzeit. Noch 1880 lebten knapp 60% der Bevölkerung in

Gemeinden unter 2 000 Einwohnern und nur rund zehn Prozent in Großstädten. Der Übergang zur industriellen Gesellschaft wurde bereits nach 1848 durch eine erste große Spekulationsperiode beschleunigt. Das Gespenst des Pauperismus schien durch den steigenden Bedarf an Fabrikarbeitskräften gebannt, das handwerkliche Kleinbürgertum hatte bis zur Gründerzeit eine Atempause in seinem Kampf gegen die großindustriellen Fertigungsmethoden. Das Besitzbürgertum widmete sich erfolgreich seinen wirtschaftsliberalen Aufgaben, die Aristokratie vermochte ihre politische Führungsrolle zu behaupten. Spätestens nach dem gewonnenen Krieg von 1870/71 führte der Gründerrausch zu einer unverhüllten Feudalisierung des bürgerlichen Bewußtseins, dafür setzte sich auch bei den adeligen Oberschichten das zuvor verachtete bürgerliche Besitzdenken durch. Zu den Folgen der allgemeinen Mobilisierung, die das einstige ständische System endgültig in divergierende Interessengruppen zersplitterte, gehörten auch eine sinkende Bedeutung literarischer Kommunikation im geselligen und ein Funktionswandel literarischer Rezeption im privaten Bereich. Dies kann hier anhand eines Überblicks über das Leseverhalten in den sozialen Großgruppen nur pauschalisierend skizziert werden.

Die entscheidenden Fortschritte in der Alphabetisierung breiter Schichten wurden erst gegen das Ende des 19. Jahrhunderts erzielt. Immerhin ist davon auszugehen, daß nach der Jahrhundertmitte etwa fünfzig Prozent der Bevölkerung als Lesepublikum in Frage kamen und zumindest einen einfachen Text lesen und verstehen konnten – die Kehrseite dieser Rechnung machte die „Deutsche Schriftsteller-zeitung" 1886 deutlich: „Weit über die Hälfte der Bevölkerung Preußens und auch Deutschlands ist für die Literatur verloren. Vielleicht ist es einem kommenden Jahrtausend vorbehalten, auch dieses tiefste Proletariat zu heben und heranzubilden, heutzutage aber ist es eine Unmöglichkeit."[31]

Tatsächlich sind konkrete Lektürezeugnisse von ländlichen und städtischen Arbeitern, von Dienstboten, Kleinbauern oder Soldaten recht spärlich gesät. Memoiren schreibender Arbeiter, die eine Elite repräsentieren, sind nur beschränkt aussagekräftig. Bucherwerb und auch das Abonnement in einer Leihbücherei überstiegen die Möglichkeiten eines städtischen Arbeiterhaushaltes. 1886 konnte ein Leipziger Seifenarbeiter 5,9 % seines Jahreseinkommens für „Bildung und Erholung" ausgeben. Von diesen 64,56 Mark entfielen 34,32 Mark auf Tabak, 27,04 auf Bier und der Rest von 3,20 Mark auf die Anschaffung von Schulbüchern für die Kinder. Zeitungslektüre war nur bei

Gasthausbesuchen möglich. Vielleicht hat der eine oder andere Kollege um der Anschaffung eines Kalenders und eines Kolportageromans willen die kärglichen Vergnügungen Bier und Tabak eingeschränkt. Als Lesehindernis erwiesen sich auch die bedrückenden Wohnverhältnisse – in Berlin war 1861 die Hälfte aller Wohnungen nur mit einem einzigen heizbaren Zimmer ausgestattet, das von durchschnittlich 4,3 Personen bewohnt wurde. Deshalb waren Bildungswillige oft „wegen Mangels an Licht und Wärme nicht in der Lage [...], die von der Volksbibliothek entliehenen Bücher während der Feierabende zu lesen", wie ein Bibliothekar 1876 notierte. In den Städten stimulierte die Desintegration und Anonymisierung den Lesehunger. Hier fand, wie schon erwähnt, die Kolportage fruchtbaren Boden; die Evangelische Kirchenzeitung vermerkte 1883:

„Der Kolportageroman richtet sich vorzugsweise an den Arbeiter und die Arbeiterin, an Dienstmädchen, Kellner, den kleinen Handwerker, den Unterbeamten und ihre heranwachsenden Töchter. Hier ist wenig Zeit zu lesen. Am Sonnabend Abend und Sonntag Nachmittag, während der Mahlzeiten, in den Zwischenpausen der Arbeit werden kleine Abtheilungen des dünnen Wochenheftes verschlungen, oft nur wenige Zeilen, und begleiten dann den vorstellungsarmen und -begierigen Kopf während der öden, gedankenlosen, mechanischen Arbeit des stets sich selbst gleichenden Tagewerkes, indem sie so tiefer und tiefer in das Mark des wehrlos überlieferten Lesers hineinfressen."[32]

Die Dienstboten, sozial isoliert und ohne jede Aufstiegschance, verharrten in ihren Lektüreinteressen weitestgehend auf dieser niedrigen Stufe (und sicher griff auch die Herrschaft zuweilen verstohlen zum verpönten Schmöker). Zweifellos konnten manche ehrgeizigen Leser auch Distanz zu den primitiven Prototypen der Traumfabrik gewinnen, das Angebot des Kolporteurs breiter nutzen. Dabei erwies sich die Lektürefrequenz der politisch aufgeschlossenen und organisierten Arbeiter als deutlich höher denn die der nicht organisierten. Die Erweiterung des politischen Horizontes war eine Vorbedingung für die Aneignung traditioneller Bildungswerte bis hin zum oft genannten „Faust" und „Iphigenie" rezitierenden, über Tolstoj und Zola parlierenden und Reclamhefte sammelnden Edelproletarier.

Auch das *ländliche* Leseverhalten begann sich zu wandeln und zu differenzieren. Noch besaß die Konfession prägende Bedeutung; bei den katholischen Bauern und Ackerbürgern des Südens etwa beherrschten neben Kalender und Gebetbuch weiterhin die moraldidaktischen Erzählungen eines Christoph von Schmid und seiner Epigonen das Feld der Jugend- wie Erwachsenenlektüre. Auch in den meist wenig industrialisierten katholischen Gebieten des Nordens blieb das Lesen bis zum Ersten Weltkrieg auf einer naiveren Stufe, oft noch in Form des Vorlesens durch das älteste und geübteste Schulkind.

Im sächsischen Raum dagegen hatten Heimarbeit und frühe Industrialisierung die traditionellen bäuerlichen Strukturen in den Gewerbedörfern schon früh soweit zersetzt, daß die Bücherboten aus den Leihbüchereien nahegelegener Städte willige Abnehmer fanden für die vom Mittelstand „schon zerlesenen und abgeschmackten Räuber- und Rittergeschichten oder die Phantasie irreleitenden und das Herz vergiftenden schamlosen Romane nach französischen Musterbildern" oder gar „politisch aufregende oder religiöse Zweifelsucht verbreitende Schriften" (so Karl Preusker 1843). Die Kolporteure fanden in der Provinz gerade im letzten Jahrhundertdrittel ein ergiebiges Absatzgebiet und blieben für weite Regionen einzige Lesestofflieferanten. Auch die Zeitungslektüre setzte sich spätestens mit den revolutionären Ereignissen von 1848 und den Kriegen von 1866 und 1870/71 in allen ländlichen Gebieten durch – wer nicht selbst das Wochenblatt abonnierte, fand sich zu dessen intensivem Studium regelmäßig im Wirtshaus ein. Die ländlichen Unterschichten dagegen wurden vor allem auf den Gütern Ostelbiens weiterhin energisch von jeglicher, sie nur irritierenden Lektüre ferngehalten.

Das lesende Publikum des Buchhandels, das die Bildungs- und finanziellen Voraussetzungen für regelmäßige Lektüre und Bucherwerb besaß, war der „obere Mittelstand" – das Bürgertum im eigentlichen Sinn. Eine Aufgliederung der Reichsbevölkerung anhand des Steueraufkommens rechnete um 1890 zu den „unteren Klassen" 5,25 Millionen Familien, also 43% der Bevölkerung. Zum „unteren Mittelstand" zählten 3,75 Millionen Familien bzw. 31% der Bevölkerung. Dabei handelte es sich um Kleinhändler, Handwerksmeister, Facharbeiter, höheres Verwaltungspersonal, besser verdienende Angestellte. Für diese quasi kleinbürgerliche Schicht, aus der sich die meisten Aufsteiger rekrutierten, kam vor allem kostenlose Lektüre, etwa in Gewerbevereinen und Volksbüchereien in Frage, sie frequentierte aber auch schon die Leihbibliotheken. Der starke Aufschwung der Volksbibliotheken öffentlicher, konfessioneller und privater Vereinsträger gerade in der Gründerzeit war hauptsächlich diesem Leserkreis zu verdanken. In Berlin wurden 1888 25 solche Büchereien gezählt, in Sachsen waren es 1893 1065, in Württemberg verdoppelte sich ihre Zahl zwischen 1870 und 1890. Benutzerstatistiken zeigen, daß die

Mehrzahl dem Gewerbe- und Handelsstand angehörte (darunter wiederum meist Gehilfen und Lehrlinge). Arbeiter und Beamte machten jeweils ca. zehn Prozent aus, bemerkenswert hoch war die Zahl der Gymnasiasten, Schüler und auch der weiblichen Benutzer.[33]

Der obere Mittelstand setzte sich aus Angehörigen der freien Berufe (also Anwälten, Ärzten usw.), kleinen Unternehmern, Grundbesitzern, höheren Beamten in Verwaltung, Erziehung und Wissenschaft zusammen. Er umfaßte um 1890 2,75 Millionen Familien bzw. 22% der Bevölkerung. Hier herrschte ein betont bürgerliches Selbstverständnis vor, das sich vom feudalisierten Großbürgertum mit ethischen und bildungsmäßigen Kriterien, aber auch in der Lebenshaltung abzugrenzen suchte und erst recht darauf bedacht war, sich nicht mit den unteren Klassen gemein zu machen. Die eigentliche Oberschicht, etwa zwei Prozent der Reichsbevölkerung umfassend und bestehend aus Hof- und Landadel, Großgrundbesitzern, Fabrikanten, Spitzenbeamten, Großkaufleuten, war zu einem beträchtlichen Teil aliterarisch geprägt.

Auch für den Mittelstand war der Bucherwerb keineswegs selbstverständlich. Der Schriftsteller Johannes Trojan erhielt beispielsweise als Redakteur des satirischen „Kladderadatsch" 1866 ein Jahresgehalt von 600 Talern. Dagegen kostete ein zeitgenössischer Roman broschiert durchschnittlich 5 bis 8 Taler; eine billige Ausgabe von Goethes Werken war nach 1867 bei Cotta in 36 Bändchen bereits für vier Taler zu haben, doch wenn der obligate Klassiker angeschafft war, konnte sich der literarisch interessierte Leser eine einfache Rechnung aufmachen: „Für dieselbe Geldsumme, die ein einbändiger Roman kostet, hat man ein Vierteljahr lang eine tägliche Zeitung und ein belletristisches Journal, das heißt, man hat, neben dem unentbehrlich gewordenen Nachrichtenmaterial, drei Romane, ein halbes Dutzend Novellen und drei Schock Feuilletons."[34]

1872 bezifferte der Statistiker Georg Hirth den jährlichen Gesamtumsatz an Büchern im Deutschen Reich auf 8 Millionen Taler, was pro Kopf der Bevölkerung einer Jahresausgabe für Lektüre von achtzig Pfennig entsprach. Ähnlich stellten die „Preußischen Jahrbücher" 1884 fest: „Ein Deutscher, der ein Buch ‚kauft', ist ein besonderer Mensch. Außer auf den Handwerksbedarf der einzelnen Stände, die Schulbücher und das landläufige Unentbehrliche ist der Sortimentsbuchhandel auf die ‚Besonderen' angewiesen. Dem gegenüber steht das große Bedürfniß nach Lecture, die ausufernde Production."[35]

Für die informations- und unterhaltungsorientierte Lektüre, die seit der „Leserevolution" des ausgehenden 18. Jahrhunderts das übliche Leseverhalten vor allem des Bürgertums darstellte, waren periodische Presse und Romane besonders geeignet (erst recht die Kombination von beiden im Familienblatt). Bei einer Minderheit aufmerksamer Leser verhinderte die kritische Rezeption literarischer Lektüre, die Auseinandersetzung mit stets neuem informativem und bildendem Lesestoff eine Reduzierung des Lesens auf bloßen Konsum. Der weit größere Teil des Publikums jedoch ging bereits seit dem Beginn des 19. Jahrhunderts andere Wege – neben eine schrumpfende „kulturräsonnierende" Leserschicht trat eine anonyme kulturkonsumierende Öffentlichkeit. Der Begriff „Konsum" bezeichnet dabei wertneutral eine Verengung des Rezeptionsverhaltens und eine Verlagerung der Lesemotivationen – von der aktiven Kommunikation über Lektüre innerhalb einer literarisch geprägten Gesellschaftskultur zur passiven, eher eskapistischen Aufnahme der Lektüre ohne soziale Relevanz. Bezeichnend für diese Anonymisierung der Rezeption war bereits in der ersten Hälfte des 19. Jahrhunderts der Funktionswandel der Lesegesellschaften: Von Zentren des geselligen Räsonnements über Lektüre wurden sie zu Honoratiorenzirkeln und schließlich zu Freizeitclubs. Ihre lektürevermittelnde Rolle übernahmen auch für die Oberschichten die gewerblichen, konsumorientierten Leihbibliotheken.

Mit der kommunikativen Funktion der Lektüre war auch ihr Bildungswert in Frage gestellt. So sehr Besitz und Bildung in der liberalen Ideologie auch gekoppelt waren, literarisch-ästhetische Kenntnisse waren, vom nationalbetonten Klassikerkult abgesehen, nicht mehr Indikator sozialen Ranges, boten keinen Prestigewert mehr. Das vielbeschworene „Bildungsbürgertum", das es als homogene soziale Formation ohnedies nie gegeben hatte, zersplitterte sozial, kulturell und politisch immer mehr; mit dieser Partikularisierung und Fragmentierung schwand auch der kulturelle Konsens. Eine humanistische Bildung im strengeren Sinn hatten in Deutschland nur etwa 1,5 % der männlichen erwachsenen Bevölkerung absolviert, und auch die auf den höheren Schulen vermittelte literarische Scheinbildung bot nur einen verengten Kanon von sakrosankten Klassikern und einer trivialidealistischen Tagesliteratur. Zukunftsweisende literarische Entwicklungen wurden ignoriert: Nicht Hebbel, Keller, Mörike, Storm und Stifter wurden in den Schulen behandelt, sondern Baumbach, Dahn, Ebers, Kinkel, Roquette, Scheffel, Julius Wolff und ähnliche historisierende Epigonen. Ebensowenig trug die Schule zur literarischen Geschmacksbildung der Frauen und Mädchen bei, die hauptsächlich mit Lyrik und Versepik vertraut gemacht wurden –

neben Goethe und Schiller erhielten sie unterschiedslos Goldschnittkitsch und dilettantische Sentimentalitäten vorgesetzt.[36]

Auch Buchbesitz als Nachweis der Teilhabe an bürgerlich-nationaler Identität beschränkte sich auf die obligaten Kulturgüter der Klassiker und ihrer Epigonen. Zeitgenössische Literatur von Bedeutung lasen die „gebildeten" Schichten, wenn überhaupt, so gut wie ausschließlich in Vorabdrucken der Presse oder in der Leihbibliothek. In den besseren Etablissements trafen sich die Spitzen der Gesellschaft: Zu den Benutzern der Bestände von Borstell in Berlin zählten die Hofnotabeln einschließlich Fürst und Fürstin Bismarck, ja gar Mitglieder des Hauses Hohenzollern, bei Albert Last in Wien war Kaiserin Elisabeth ebenso Kundin wie der greise Franz Grillparzer. So peinlich genau der gesamte Lebenszuschnitt dem erstrebten Sozialprestige zu entsprechen hatte und ein nicht unwesentlicher Teil des Einkommens für Repräsentationskosten reserviert werden mußte (einschließlich des Besuchs von Konzerten, Theater usw.), so gleichgültig war das Verhältnis zum Buch. Zahlreiche Beschreibungen der typischen gutbürgerlichen Hausbibliothek zur Gründerzeit ergeben ein übereinstimmendes Bild: Das unentbehrliche Konversationslexikon, einige fachwissenschaftliche Schriften, unberührte Goethe- und Schillerausgaben, ein paar illustrierte Prachtwerke und gebundene Jahrgänge von Familienblättern stellten den gesamten Buchbestand dar.

Anstatt eines verständigen Literaturpublikums sahen sich die Kulturkritiker der Gründerzeit einer schichtenunspezifischen, vom „dumpfen Trieb nach Erregung der Phantasie" geleiteten anonymen Leserschaft gegenüber. Lesen werde, so klagte Robert Prutz schon 1845, zu einer Beschäftigung, „die im Grunde keine Beschäftigung ist, nämlich ein bloßes Empfangen, ohne eigene Thätigkeit". An Erklärungen dafür war man nicht verlegen – die zunehmende wirtschaftliche und gesellschaftliche Hektik der Gründerjahre wurde als Signatur einer „Epoche der Nervosität" erklärt: „Man fährt nicht mit dem Schnellzug und empfängt die Nachrichten nicht durch den Telegraph, ohne innerlich davon beeinflußt zu werden. [...] Der gesteigerte Wettkampf auf allen Gebieten [...] hat nicht weniger Antheil an der Unruhe, die das Geschlecht ergriffen hat. Das Alles und manches Andere wirkt ja ineinander und daraus resultiert die Hetzjagd der Arbeit wie die Hetzjagd des Genusses. Dem entsprechend mußte auch die Form der Lectüre eine Veränderung erfahren. Das Buch mit seiner behäbigen Breite ist nichts für ein Geschlecht, das sich zwischen Arbeit und Genuß nur da und dort ein halbes Stündchen mit Lesen beschäftigt."[37]

Solcher Selbstgefälligkeit hatte allerdings schon 1865 Franz Dingelstedt eine bittere Prognose der kulturindustriellen und multimedialen Konsumgesellschaft entgegengehalten: „Bald wird es, trotz der äußerlichen Vermehrung literarischer Production und Consumtion, dahin gekommen seyn, daß das deutsche Publicum nur noch liest wie es lebt: per Eisenbahn und Telegraphen, hastig, wechselnd, unstät – in großen Massen, aber in kleinen Bissen, die im Flug genossen, im Flug verdaut werden – von der Hand in den Mund, von heut auf morgen, alle Gerichte ragoutartig in einander gemengt, abgenagte wissenschaftliche Knochen in einer populären Sauce, politische Brocken, schöngeistig angemacht, Poesie politisch gewürzt, jede Schüssel mit Asa foetida oder Knoblauch aus der Höllenküche der Partei versetzt, für wenig Geld so viel Waare wie möglich, zur Ersparung jeder eigenen Denkthätigkeit des bequemen Lesers mit Illustrationen für kleine und große Kinder zurecht gemacht; eine ‚gemeinnützige' Tagesliteratur in Blättern und Flugschriften, die keine andere Quelle und keinen andern Zweck hat als die Speculation, in welcher alle Tendenzen der Neuzeit auf- und zusammengehen."[38]

Die Verleger hatten sich auf das neue Leseverhalten schon frühzeitig einzustellen begonnen. 1855 kündigte Brockhaus eine „Eisenbahnbibliothek" an, deren Hauptcharakteristika neben billigem Preis und gefälliger Aufmachung „nicht zu kleine Lettern, die beim Rütteln der Waggons leicht ineinanderrinnen" sowie Beschränkung auf leichteste Kost waren; „Bergsons's Eisenbahnbücher" brachten es bis 1866 auf fast hundert Titel. Dementsprechend beschwor der einstige vormärzliche Oppositionsliterat Karl Gutzkow 1877 gegen Ende seines Lebens seinen Verleger: „Das Publikum ist jetzt aufs Grelle u Spaßige! Denken Sie über einen *farbigen* Umschlag nach ! Mit Querbuchstaben. Roth u gelb ! Das halbe Geschäft ruht auf Eisenbahnstationen, wo die Wahl rasch von Statten gehen muß!"[39]

Eine weitere Alibifunktion für den Verlust einer literarischen Gesellschaftskultur, jedoch ins Positive gewendet, besaßen nach 1870 die politischen Ereignisse. Der Kritiker Julius Rodenberg erklärte 1874: „Es ist wahr – was sie sonst auch sein mag: *populär*, in dem weitesten Sinne dieses Wortes, ist die Literatur bei uns gegenwärtig nicht. [...] Die Popularität in Deutschland gehört jetzt dem Staatsmann, dem Feldherrn und es ist wol natürlich, daß dem so sei."

Beim begüterten Großbürgertum und dem Adel war das Verhältnis zu Buch und Lektüre von weiteren negativen Vorzeichen bestimmt. Die calvinistische Arbeitsethik vieler Unternehmer gerade im rheinisch-westfälischen Raum, ihre „Verständnislosigkeit für ästhetische

Werte, mangelnde Bildung und religiöse Engherzigkeit“[40], sah jedes nicht unmittelbar ökonomisch verwertbare Geistesgut als überflüssigen Ballast an. Kaum anders stand es bei den hanseatischen Überseekaufleuten, die gerade noch Heines Lyrik tolerierten. Die seltenen Bücherkäufe der Oberschichten beschränkten sich meist auf Fachwerke und Geschenkliteratur, zeitgenössisches Schrifttum ignorierten sie, wie Gustav Wustmann 1876 beklagte: „Das bücherkaufende Publikum ist in Deutschland fast ausschließlich in den Gelehrtenkreisen, also in armen Kreisen zu suchen. [...] Die reichen Leute aber haben wohl Geld für Pferde und Wagen, für kostbare Weine, für theuere – schön brauchen sie nicht zu sein – Tapeten und Gardinen, zur Noth auch einmal für geschnitzte Möbel, die sie dann kurzweg als ‚antique‘ bezeichnen; aber wie Jemand die Wand ‚mit Büchern tapezieren‘ kann, das will ihnen nicht in den Sinn. In irgend einem Schranke, der sonst auch noch alles mögliche andere verwahrt, stehen ein paar Bände der „Gartenlaube“ oder der „Illustrirten Zeitung“, irgend eine billige Schillerausgabe und was sonst etwa zum nothdürftigsten literarischen Comfort gehört; alle Bedürfnisse, die darüber hinausliegen, kann man ja für wenige Pfennige in der Leihbibliothek befriedigen. Und selbst Gebildetere, die noblere Passionen haben, werden noch eher auf Bilder und Antiquitäten, auf eine schöne Bibliothek aber gewiß zu allerletzt verfallen.“[41]

Als Ausnahme wurden zuweilen gebildete jüdische Anwälte, Ärzte, Bankiers und Kaufleute gelobt, die in den Großstädten zu den besten Stammkunden der Buchhandlungen zählten. Theodor Fontane hat in seinem Gedicht „An meinem Fünfundsiebzigsten“ resigniert erkannt, daß der von ihm bewunderte märkische Adel ihn ignorierte – verehrt und gelesen wurde er von „Abram, Isack, Israel, / Alle Patriarchen sind zur Stell, / Stellen mich freundlich an ihre Spitze, / Was sollen mir da noch die Itzenplitze!“

Für einen großen Teil des Adels kam literarische oder zweckgerichtete Lektüre nicht in Betracht – er erwarb seine Bildung auf anderen Wegen, konnte auf die bürgerliche Surrogatfunktion des Lesens verzichten, geschweige denn auf das „Hinauflesen“. Zur Unterhaltung bevorzugte man offenbar die Favoriten des nationalkonservativen Bürgertums: Freytag und Auerbach, Spindler und Luise Mühlbach, Karl Gutzkow und Henriette Paalzow. Der weitgehend buchlose Lebenszuschnitt der „ostelbischen Junker“ bildete eine Quelle des Anstoßes, man rügte „unsere Rittergutsbesitzer in Pommern oder Mecklenburg, die, wenn sie nur einen Theil ihrer Jugend auf Universitäten verkneipt haben, nur dann zu einer Zeitung greifen, wenn sie die Geburt eines gesunden Jungen oder einen Viehmarkt annoncirt haben, aber zu einem Buche – nie, nie!"[42] Natürlich sind solche Pauschalurteile zu differenzieren; etwa beim Hochadel der Habsburgermonarchie wie auch bei baltischen Geschlechtern kann von einer teils sehr lebhaften literarischen Kultur ausgegangen werden.

Während der bayerische König Maximilian II. mit seinem von klassizistischen Bildungsidealen getragenen Mäzenatentum den Münchner Dichterkreis um sich scharte, während Gustav Freytag sich enger persönlicher Freundschaft zu Herzog Ernst II. von Coburg rühmen konnte und andere nationalliberale Autoren an zahlreichen Höfen empfangen wurden, bevorzugten die Hohenzollern derbere Kost: Ihr bestallter Vorleser hatte sich auf vaterländische Geschichte, Garnisonsgeschichten und Militärhumoresken, Grusel- und Kriminalnovellen und dergleichen zu beschränken. Der Trend zum Trivialen verband das kolportagekonsumierende Dienstmädchen mit dem preußischen König – ein eindrucksvoller Beweis für die Homogenisierung des literarischen Geschmacks, die kulturelle Assimilation aller Schichten und, wenn man will, auch für die ‚Demokratisierung' des Lesens.

IX.

Der Buchhandel um die Jahrhundertwende: „Kulturbuch“ und „Massenbuch“

Um die Wende des 19. Jahrhunderts hat die Kulturindustrie einen ersten Höhepunkt ihrer Expansion erreicht. Ihre Erzeugnisse umfassen ein breitgefächertes, differenziertes Angebot für alle sozialen Schichten, für alle Geschmackspräferenzen und Lektürebedürfnisse, in massenhaften, industriell gefertigten Auflagen zu vergleichsweise billigen Preisen. Der Buchmarkt bietet für ein kapitalkräftiges und innovationsfreudiges Unternehmertum eine fast unbegrenzte Vielfalt von Profilierungsmöglichkeiten, zugleich führt aber auch der starke Konkurrenzdruck zu einer teils hektischen Fluktuation und Selektion der Vermittlungsträger. Dies gilt ähnlich auch für den Pressemarkt, wo der Bedarf an publikumswirksamen und damit profitsteigernden Inhalten unablässig wächst. Die Vielfalt der Aspekte hat bisher eine übergreifende Darstellung dieser und der folgenden Periode verhindert; die Forschung hat sich auf – allerdings großteils sehr materialreiche – Verlegermonographien beschränkt.

Wiederum verdeutlicht ein statistischer Überblick einige markante Tendenzen des Buchmarktes um 1900.[1] Das Produktionsvolumen, das erst 1879 die Rekordmarke von 1843 wieder überboten hatte, erreichte 1889 knapp 18000 Titel, 1900 24792 und 1910 31281 Novitäten. Im letzten Friedensjahr waren 34871 Neuerscheinungen zu verzeichnen. Damit stand Deutschland an der Spitze der Weltbuchproduktion. Nimmt man für das Jahr 1826 die Indexzahl 100 an, so ist 1843 ein Stand von 276 erreicht, der bis 1890 relativ langsam auf 378 klettert, dann aber in kaum einem Vierteljahrhundert auf 700 steigt. Dies entspricht in nicht einmal neunzig Jahren einer Versiebenfachung der Novitäten und Neuauflagen. Als Spitzenreiter nahmen die Zeitschriften um das Achtzehnfache zu.

Die Rangfolge der Sachgebiete um die Jahrhundertwende zeigt an erster Stelle nach wie vor die Jugendschriften (Kinder-, Jugend- und Schulbücher sowie Werke über Erziehung, Pädagogik und zur Jugendbewegung), die 1890 14% und 1908 15,5% erreichten. Die Naturwissenschaften (einschließlich Medizin) schwankten zwischen

13,2% 1890 und 10,2% 1908, ähnlich die angewandten Wissenschaften (Handel, Technik, Verkehr, Agrarisches) zwischen 10,3% und 12,2%. Rechts- und politische Wissenschaften erreichten nur mehr zwischen 8,7% und 9,5%. Vom knappen Viertel der Geisteswissenschaften entfiel der Hauptanteil auf Religion/Theologie mit 9,3 bzw. 7,7%. Auffällig ist die Zunahme der Schönen Literatur, die 1890 9,2% der Neuerscheinungen umfaßte, 1908 jedoch bereits 14,2% – sicher spielten hier die vor der Jahrhundertwende aufkommenden belletristischen Reihen eine wichtige Rolle. Insgesamt nennt eine Statistik aus dem Jahr 1912 nicht weniger als 1773 im Sortiment vertriebene Buchreihen, davon 412 mit Schöner Literatur, 270 fachwissenschaftliche, 123 populärwissenschaftliche, 311 „praktische" (Beruf, Reise, Sport und Schule), sowie 153 konfessionell oder politisch gebundene.[2]

Aufschlußreich sind auch die 1908 ermittelten Durchschnittsladenpreise für die verschiedenen Sparten. Am teuersten waren kunst- und musikwissenschaftliche Werke mit 9,22 Mark, weitaus am billigsten die Jugendschriften mit 1,48 Mark, bei denen freilich nur gut die Hälfte der Titel Bücher im eigentlichen Sinn darstellt. Religiöse Werke kosteten durchschnittlich 2,06 Mark und literarische 2,22 Mark. Seit dem Beginn des 20. Jahrhunderts ist das Verhältnis der Umfangsgruppen an der Gesamtproduktion einigermaßen konstant geblieben: 73 (± 5)% Bücher, 26 (± 4)% Broschüren und 1,5 (± 0,5)% Flugblätter.

Wie schon in der vorigen Periode ist erneut ein Mißverhältnis zwischen dem Produktionszuwachs und jenem der erzeugenden und vertreibenden Firmen zu verzeichnen. 1839 hatte das Adreßbuch des Deutschen Buchhandels 1348 Firmen aller Branchenzweige aufgeführt, die bis 1875 auf 4614, bis 1900 auf 9360 und bis 1913 schließlich auf 12 412 zunahmen. Hier würde eine vergleichende Indexierung von 100 im Jahr 1839 für 1875 die Ziffer 343 ausweisen, für 1900 695 und für 1913 923 – trotz des 16 Jahre späteren Beginns bedeutet dies eine weit überproportionale Zunahme gegenüber dem Produktionsvolumen. Der größte Anteil daran entfiel auf die Neugründungen von Sortimenten und Kolportagehandlungen; die Zahl der Orte in Deutschland, die mindestens eine Buchhandlung aufzuweisen hatten, hat sich von 786 im Jahr 1875 auf 1675 im Jahr 1913 mehr als verdoppelt.

Die Expansion des Buchmarktes mit ihren spekulativen Begleiterscheinungen und die stete Firmenzunahme hatten in der Gründerzeit zu einer fundamentalen Krise des gesamten Distributionssystems geführt, die 1887 mit der „Krönerschen Reform" ihre Lösung fand. 1888 erließ der Börsenverein als Grundgesetz der neuen Handelsusancen eine *Buchhändlerische Verkehrsordnung*, deren wichtigster Punkt der allgemeingültige feste Ladenpreis war. Bei Nichteinhaltung wurde Börsenvereinsmitgliedern der Ausschluß angedroht, Nichtmitgliedern die Sperre des Verkehrs über Leipzig – beides kam einem Berufsverbot nahe. Weitere Bestimmungen regelten die Usancen der Lieferung und Rechnung; die Hauptbezugswege waren Konditionsgeschäft mit Remission, Festbezug und Barbezug. Der Bezug konnte direkt vom Verleger erfolgen, üblich aber war der Weg über den Leipziger Kommissionär oder der raschere über das (mit dem Kommissionär oft identische) Barsortiment. Eine „Restbuchhandelsordnung" regelte 1897 die Handelsformen der Ramscher bzw. Modernen Antiquariate, eine „Verkaufsordnung" schließlich 1909 den Verkehr zwischen Sortiment und Käufern. Dieser „Usancencodex" blieb bis 1945 im wesentlichen gültig. Die Statuten des „Vereins der österreichischen Buchhändler" (1859) und des „Schweizerischen Buchhändler-Vereins" (1849) wurden der Satzung des Börsenvereins weitgehend angepaßt. Ohnedies war Doppelmitgliedschaft die Regel, in der Schweiz bis 1922 sogar obligatorisch.

Die Abschaffung der weitverbreiteten Kundenrabatte konnte nur schrittweise und in enger Abstimmung mit den buchhändlerischen Kreis- und Ortsvereinen geschehen. Das ausnahmslose Rabattverbot war erst 1903 überall durchgesetzt, erlaubt blieb für Privatpersonen ein Barzahlungsskonto von 2,5 %, für Behörden ein Rabatt von 5 %. Dagegen erhob sich unversehens massiver Widerstand: 1903 wurde ein „Akademischer Schutzverein" ins Leben gerufen, der die Interessen der Wissenschaftler als Autoren und Käufer von Büchern offensiv gegen den Buchhandel vertreten sollte. Im Auftrage dieses Vereins publizierte der Nationalökonom Karl Bücher eine Anklageschrift „Der deutsche Buchhandel und die Wissenschaft", worin er behauptete, daß die Verleger die Autoren ausbeuteten und zugleich durch hohe Preise die Bücher überteuerten. Das Sortiment sei nur ein parasitäres Zwischenglied, das ohne nennenswerte eigene Aktivitäten den Vertriebsgewinn wie eine Art Monopolrente beziehe. Bücher griff auch die Preisbindung an: „Ein Händlerstand, welcher dem Publikum gegenüber der Mittel des freien Wettbewerbs entbehrt, ist für die Vermittlung des Absatzes einer kapitalistischen Produktion schlechthin untauglich." Daraufhin entbrannte ein naheliegenderweise so genannter „Bücher-Streit" mit zahlreichen Streitschriften aus beiden Lagern. Der Buchhandel konnte dank solidarischer Abwehr die Preisbindung sichern; auch bei „kontradiktorischen Verhandlungen“ vor dem Reichsamt des Innern setzten sich 1904 sämtliche geladenen Verleger, auch die wissenschaftlichen, vehement für die Unentbehrlichkeit des Sortimentes ein. Die Akademiker mußten sich weiterhin dieser Vermittlungsinstanz für ihren Buchbedarf bedienen. Dafür wurde der Bibliotheksrabatt auf 7,5% erhöht. In den folgenden Jahren gab es auch vergleichbare Auseinandersetzungen zwischen den Volksbildungsvereinen, die wie der katholische Borromäusverein mit 24000 Mitgliedern und fast 50000 Teilnehmern ein reges Sortiment für ihre Mitglieder gegen zwei Drittel des Ladenpreises betrieben, und dem Börsenverein. Diese Umgehung der Verkehrsordnung und Verkaufsordnung führte allerdings zu keiner grundsätzlichen Entscheidung, wahrscheinlich weil der Börsenverein die wichtigsten Bundesgenossen im gemeinsamen Kampf gegen die „Schundliteratur“, also die Konkurrenten der kommerziellen Unterhaltungsindustrie, nicht verlieren wollte.

Neben der Durchsetzung verbindlicher Handelsbräuche und der kulturpolitischen Interessenvertretung regte der Börsenverein auch die längst überfällige Gründung einer Nationalbibliothek an. 1912 wurde in Leipzig die *Deutsche Bücherei* in gemeinsamer Trägerschaft des Börsenvereins und öffentlicher Stellen ins Leben gerufen, die von jeder Neuerscheinung im Reich ein Exemplar erhielt und auch das deutschsprachige Schrifttum des Auslandes sammelte. Damit war endlich die Voraussetzung für eine periodische Nationalbibliographie geschaffen, die die bisher in privater Regie erschienenen Bücherverzeichnisse der Hinrichs'schen Buchhandlung ablöste. Die *Deutsche Nationalbibliographie* kam ab 1915 heraus und wurde ab 1931 in zwei Reihen geteilt (Reihe A mit Neuerscheinungen des Buchhandels, Reihe B mit solchen außerhalb des Buchhandels ohne Verkaufspreis). Die Deutsche Bücherei führte ihre sammelnde und bibliographische Tätigkeit bis ans Ende des Zweiten Weltkrieges fort und wurde auch in der SBZ und DDR mit diesen Aufgaben betraut. 1946 entstand für die Westzonen und die spätere Bundesrepublik in Frankfurt am Main die *Deutsche Bibliothek*, ebenfalls in gemeinsamer Regie der Öffentlichen Hand und des dortigen Börsenvereins. Beide Bibliotheken wurden 1990 organisatorisch unter Frankfurts Leitung als „Die Deutsche Bibliothek“ vereinigt.

Die staatlichen Rahmenbedingungen für den Buchhandel im Wilhelminischen Reich muteten zunächst günstig an. Das Urheberrechtsgesetz des Norddeutschen Bundes, 1871 als Reichsgesetz übernommen, erfuhr 1901 eine verbesserte Neuformulierung als *Gesetz, betreffend das Urheberrecht an Werken der Literatur und Tonkunst* (es galt bis 1965), ergänzt durch das *Reichsgesetz über das Verlagsrecht*. 1907 wurden auch das Kunst- und das Photographieschutzgesetz entsprechend revidiert. Damit, wie mit der bereits 1886 geschlossenen *Berner Übereinkunft zum Schutz von Werken der Literatur und Kunst*, wurde die privatrechtliche Sicherheit bei der Herstellung und Verbreitung von Geisteswerken ausgebaut und modifiziert. Doch trat nun die *Zensur* wieder stärker auf den Plan, sah die Obrigkeit in Buch und Presse erneut einen Hauptbeförderer sozialer, politischer und sittlicher Gefährdung.

Die „gemeingefährlichen Bestrebungen" der Sozialdemokratie, die Bismarck 1878 mit dem Sozialistengesetz abwürgen wollte, fanden nichtsdestoweniger ihre Fortsetzung – auch mit eigenen Verlagsgründungen wie dem von J. H. W. Dietz im Jahr 1881. Die Unterschichten artikulierten und organisierten sich immer entschiedener. Als Hauptmittel der politischen Agitation erwiesen sich neben den Versammlungen die Presse und die Flugschrift. Der Interessenausgleich zwischen der politisch unvermindert herrschenden Aristokratie und dem dank wirtschaftlicher Prosperität saturierten Besitzbürgertum wurde durch diese Bewußtwerdung empfindlich gestört.

Zugleich lehnte sich eine junge Schriftstellergeneration immer vehementer gegen die Stickluft der wilhelminischen Klassengesellschaft, gegen geistige Ausdörrung und kulturelle Verarmung auf. Allerdings konnte die oppositionelle Literatur seit dem Naturalismus nicht mehr wie einst das Junge Deutschland auf die Sympathie des Bürgertums hoffen, sondern galt nur als Störenfried. Die kulturellen, gesellschaftlichen und politischen Spannungen wurden von Kaiser Wilhelm II., der 1888 an die Macht kam, noch geschürt. Der herrschsüchtige und intolerante Monarch fühlte sich auch auf kulturellem Gebiet als alleinige Autorität – „eine Kunst, die sich über die von Mir bezeichneten Gesetze und Schranken hinwegsetzt, ist keine Kunst mehr", lautete sein ästhetisches Credo. Den 1859 von seinem Großvater Wilhelm I. begründeten „Schillerpreis" für zeitgenössische dramatische Werke verweigerte er dem Vertreter der verhaßten Moderne Gerhart Hauptmann und verlieh ihn statt dessen staatsfrommen Epigonen. Die Kluft zwischen Macht und Geist vertiefte sich; die herrschenden Kreise in Staat und Verwaltung, Schule und Kirche fühlten sich berufen, des Kaisers Normen rigoros durchzusetzen. Zweifellos repräsentierte diese repressive und reaktionäre Literaturpolitik des Kaiserreiches die Überzeugungen breiter Bevölkerungskreise – darunter auch eines großen Teils der aufstiegswilligen Sozialdemokraten, die den bürgerlich-idealistischen Kanon des Wahren, Schönen und Guten bereitwillig übernahmen.

Die gesellschaftlich an den Rand gedrängten fortschrittlichen Autoren (und ihre Verleger) schlossen sich dafür in Zirkeln zusammen. So gründeten die Naturalisten 1889 in Berlin den „Verein Freie Bühne", um in geschlossener Gesellschaft moderne Theaterstücke aufzuführen, deren öffentliche Darbietung verboten war. Gerade die Theaterzensur stellte den Naturalisten unbarmherzig nach; der Berliner Polizeipräsident begründete 1890 das Verbot von Sudermanns Drama „Sodoms Ende" mit den klassischen Worten: „Die janze Richtung paßt uns nich!" Während die 1892 erschienene Buchausgabe von Gerhart Hauptmanns „Die Weber" unbehelligt blieb, mußte der Autor zweieinhalb Jahre vor Gericht um eine Aufführungserlaubnis kämpfen.

Häufig bediente sich die Zensur im Kaiserreich eines Vorwandes, bei dem sie der Zustimmung breitester staatstragender Kreise sicher sein konnte: die Anklagen lauteten auf Gotteslästerung und Aufreizung zur Unzucht. In der Gründerzeit hatte die Sittenschnüffelei eher groteske Züge getragen, etwa in einer Parlamentsdebatte über den jugendgefährdenden Inhalt von Grimmelshausens barockem „Simplicissimus" oder in der Konfiskation einer Bildergeschichte von Wilhelm Busch. Unter dem neuen Kaiser wurde das Klima für oppositionelle Autoren und Verleger rauher; sie wurden vor Gericht zitiert, und Oskar Panizza erhielt 1895 für sein Drama „Das Liebeskonzil" ein Jahr Gefängnis wegen Gotteslästerung. Kaum geringer geahndet wurde im Strafmaß die Majestätsbeleidigung. Als Frank Wedekind 1898 Wilhelms II. „Morgenlandfahrt" satirisch aufspießte, wurde die Palästina-Nummer des „Simplicissimus" beschlagnahmt, der Autor erhielt sieben Monate Festungshaft zudiktiert, der Zeichner Th. Th. Heine ein ähnliches Strafmaß; der Verleger Albert Langen war ins Ausland geflohen. Mit sechs Wochen Gefängnis mußte Ludwig Thoma 1904 seine Anfrage an die eifernden protestantischen Moralapostel büßen:

„Sie haben den Schmutz wohl häufig gefunden
In Ihren sündlichen Fleischesstunden
Bei Ihrem christlichen Eheweibchen?
In Frau Pastorens Flanellenleibchen?"

Thomas satirische Verse waren nur allzu begründet, denn um 1900 nahm die Kampagne gegen Schmutz und Schund ungeahnte Ausmaße an. Was zunächst als Waffe gegen Kolportage und Massenliteratur geschmiedet worden war, erwies sich schnell als brauchbares Instrument gegen provozierende literarische Innovationen. Fast alle Theaterstücke Frank Wedekinds konnten als „unzüchtig" bis zum Ende der Kaiserzeit nicht öffentlich aufgeführt werden, ähnlich erging es Carl Sternheim. Die „Lex Heinze" (1899), eine Gesetzesnovelle, die eigentlich gegen Zuhälterei und Kuppelei gerichtet war, wollte nicht nur den Verkauf von Pornographie unter Strafe stellen, sondern auch das Feilbieten von Schriften, welche „ohne unzüchtig zu sein, das Schamgefühl gröblich verletzen." Eine heftige Protestbewegung vor allem von Schriftstellern und Verlegern formierte sich im März 1900 mit den in München und wenig später auch in Berlin gegründeten „Goethe-Bünden zum Schutz freier Kunst und Wissenschaft". Sie erreichten nach Versammlungen und Resolutionen schließlich eine Milderung des Entwurfs. Dennoch wurde auch weiterhin die löbliche Absicht des Jugendschutzes oft überwuchert durch hektische Schnüffel- und Denunziationsaktionen staatstragender Honoratioren, von öffentlichen und kirchlichen Institutionen, Lehrern und Beamten, Sittlichkeitsvereinen und Damenkränzchen. Der ideologische Hintergrund dieser Aktivitäten war unverkennbar: „Ein Großteil der Gebildeten, der sich für die Bildung und Sittlichkeit des Volkes wie der Jugend verantwortlich fühlte – vor allem Bibliothekare, Lehrer, Pfarrer, Richter –, sah sich um die Möglichkeit gebracht, seine Wertmaßstäbe, sein Menschenbild, letztlich sein Weltbild, und das heißt, seine Wirklichkeitsdefinition, gesamtgesellschaftlich durchzusetzen. Die Unterhaltungsindustrie galt ihnen als eine Spekulation, die auf Profit ausgeht, ohne einer weiteren Legitimation, eines kulturellen Auftrages, zu bedürfen. [...] Zwischen das Volk und die Obrigkeit, zwischen die Jugendlichen und die Eltern und Lehrer schob sich die Unterhaltungsindustrie ein, die hinter dem Rücken der Autoritäten mit den (oft auch erst geschaffenen) Bedürfnissen der Kunden paktierte. Mit einem Satz: es wird die obrigkeitliche Steuerung der kulturellen Reproduktion der Gesellschaft teilweise abgelöst oder zumindest bedroht durch eine ausschließlich am Profit orientierte Marktwirtschaft."[3]

Im Ersten Weltkrieg schließlich stand die verschärfte Nachrichten- und Meinungskontrolle der Militärbehörden (auf der Grundlage eines Gesetzes von 1851 über den „Belagerungszustand") völlig im Einklang mit dem Hurrapatriotismus der Bevölkerung. Das Hauptargument für die Unterdrückung mißliebiger Schriften war die Störung der nationalen Harmonie, des „Burgfriedens". Darunter hatten insbesondere die pazifistischen Autoren des Expressionismus zu leiden, so

Franz Pfemfert mit seiner Zeitschrift „Aktion“ und seiner Buchreihe „Der rote Hahn“.[4] Daß die Front nur mit gesinnungstüchtigen Schriften versorgt wurde, machte sich auch der Börsenverein zur Aufgabe. Er organisierte bald nach Kriegsausbruch einen „Gesamtausschuß zur Verteilung von Lesestoff im Felde und in den Lazaretten“, der bis März 1917 mehr als zehn Millionen Bücher an die Truppen unentgeltlich verteilte. Ebenfalls im März 1917 nennt ein Verzeichnis insgesamt 68 Adressen privatwirtschaftlicher „Feldbuchhandlungen“, die neben den offiziösen Armeebuchhandlungen zwischen Ostende und Mazedonien ein nicht allzu qualitätvolles Buchangebot bereithielten, wobei die beiden Firmen Hillger und Stilke ein weitgehendes Monopol besaßen. Natürlich machten sich auch Verlage die patriotische Konjunktur zunutze; neben Ullstein mit seinen „Kriegsbüchern“ und Reclam mit „Feldgrauen Humoresken“ waren so gut wie sämtliche Jugendschriften-Verlage vaterländisch tätig.

In einer Dissertation über das „moderne Buch“ konstatierte Helmut von den Steinen 1912 eine Zweiteilung des Buchmarktes seiner Zeit: Dem *Kulturbuch* stehe das *Massenbuch* gegenüber. Natürlich trifft diese Etikettierung nur einen Teil der Realität, eignet sich aber als Hilfsmittel für unseren großflächigen Überblick. Beide Bereiche zeigten sich am Beginn des 20. Jahrhunderts erstmals in ihren extremen Erscheinungsformen – vom kostbaren Luxusdruck bis zum Nick-Carter-Groschenheft. Dazwischen etablierte sich eine kaum überschaubare Vielzahl von Verlagen, die sich teils strikt auf ein schmales Marktsegment beschränkten, teils nach möglichst umfassender Produktionsbreite strebten. Unübersehbar sind schon seit den Gründerjahren die Konzentrationstendenzen. Exemplarisch dafür ist der bereits genannte Adolf Kröner, der sich zunächst eine Druckerei in Stuttgart (mit einem Setzer und einem Markthelfer als Personal) erheiratet hatte, 1884 die „Gartenlaube“ kaufte, 1888 nach längerer Kooperation den Cotta-Verlag übernahm, zugleich einen Jugendschriftenverlag und den Zeitschriftenverlag Schönlein vereinnahmte, 1890 auch noch den Spemann Verlag und alle aufgekauften Betriebe zur „Union Deutsche Verlagsgesellschaft“ mit mehr als 800 Angestellten vereinte. Kröners Beispiel zeigt, daß neben den Zusammenschlüssen von Verlagen immer stärker auch die anderen buchgewerblichen Branchen ins Blickfeld gerieten. Buchdruckereien, Bindeanstalten, Papierfabriken wurden einem prosperierenden Verlagsunternehmen angegliedert und umgekehrt. Diese Form des „gemischten Betriebes“ breitete sich aus. Sie verstärkte freilich die Gefahr, daß der

Produktion innerhalb des Firmenverbundes absolute Priorität zuerkannt wurde, daß der Verlag hauptsächlich die Aufgabe erhielt, ohne Stocken Nachschub für die Druckerei bereitzustellen. Heinrich Seidel glossierte schon 1880: „Es ist mir bekannt, daß einer der größten Papierfabrikanten in der Rheingegend unablässig auf neue literarische Massen-Unternehmungen sinnt und solche Bestrebungen unterstützt, einzig und allein, um Absatz für sein endlos und meilenweise erzeugtes Papier zu haben."[5] Aber auch die Tendenz, sämtliche Vermittlungsstadien zwischen Autor und Leser in einer Hand zu vereinen, war zu beobachten: immer mehr Verlage gliederten Sortimentsabteilungen an, teils zur Erleichterung des Direktvertriebes, teils auch in Form von Filialnetzen. 1911 warnte S. Fischer: „Die Entpersönlichung verlegerischer Arbeit durch die in den Buchhandel eindringende Gesellschaftsform kapitalistischer Groß- und Kleinbetriebe kann nicht ohne nachtheiligen Einfluß auf die literarische Kultur bleiben. Die Pflege der Dichtkunst als Zweig des Buchhandels gehört zu den persönlichsten Aufgaben des Verlegers."

Zugleich differenzierten sich auch die Arbeitsfelder im Verlag: das Lektorat im heutigen Sinne setzte sich im ersten Jahrhundertdrittel durch, und nicht wenige bedeutende Schriftsteller und Wissenschaftler waren regelmäßig als Gutachter für Verleger tätig, um sie über aktuelle literarische oder fachwissenschaftliche Trends zu beraten. Immer mehr Verlage überließen die Produktion ihrer Bücher nicht mehr nur der Druckerei, sondern arbeiteten selbst mit Buchgraphikern zusammen. Von der Jahrhundertwende an gewann deshalb auch der Beruf des „Herstellers" im Wissenschaftsverlag, seit den zwanziger Jahren im Publikumsverlag an Wichtigkeit.[6] Ähnlich entwickelten sich Werbung und Vertrieb als eigene Arbeitsbereiche. Auch der Verlagsvertreter sollte nun, da der persönliche Verkehr zwischen Verlag und Sortiment auf den Messen kaum mehr stattfand, den Kontakt aufrechterhalten und die Anonymität der Geschäftsbeziehungen lindern. Besonders günstige Reiserabatte sicherten ihm wohlwollende Aufnahme.[7]

Auch die Kalkulation im Verlag wandelte sich mit dem Beginn des Jahrhunderts allmählich. Bisher hatte die Drittel-Faustregel für jede Auflage gegolten: je ein Drittel des Ladenpreises entfiel auf Vertriebskosten und Gewinnspanne des Sortiments, auf Vertriebskosten und Gewinnspanne des Verlags und schließlich auf Herstellungskosten und Honorar. Dabei überwog bis nach der Mitte des 19. Jahrhunderts der Honoraranteil den der – dank niedriger Löhne geringen – Herstellungskosten deutlich.

Nun spielte der „Verlagsanteil" eine immer wichtigere Rolle, zusammengesetzt aus Risikoprämie bzw. „Wagniszuschlag", Kapitalzinsen und Gewinn. Meist mit zehn Prozent vom Ladenpreis angenommen, konnte er freilich erst nach dem Absatz der Deckungsauflage in Erscheinung treten. Um 1900 stiegen sowohl die Satzkosten wie die Durchschnittsrabatte spürbar an – letztere einschließlich des Zwischenbuchhandels von 33¹/₃ auf 45 Prozent. Die nun meist prozentual nach dem Absatz auf der Grundlage des broschierten Exemplars bezahlten Autorenhonorare bewegten sich um die Jahrhundertwende bei 15 %, teilweise erreichten sie sogar 25 %. Bei der bisherigen Voraushonorierung der gesamten Auflage hatte der Verleger allein, gleichsam stellvertretend für das Publikum, das gesamte Risiko übernommen, nun wurde der Autor vom Verkaufserfolg seines Werkes abhängiger und in den marktwirtschaftlichen Prozeß stärker eingebunden.[8] Das Verhältnis der einzelnen Kalkulationsfaktoren wurde differenzierter und die Festsetzung des „richtigen" Ladenpreises immer schwieriger.

Um die Jahrhundertwende trat erstmals ein neuer Verlegertypus ans Licht: der *Kulturverleger* oder *Individualverleger*, der „als Partner, Freund und Gleichgesinnter unter seinen Autoren lebt, sie finanziert, anregt, fördert, ihre ‚Bewegung' organisiert, ihre Öffentlichkeit steuert, ihre Bücher und die gemeinsame Zielsetzung noch vor Gericht vertritt –: ein Akteur im Literaturgeschehen, der als produktives Element an den Äußerungen, Beziehungen und Entwicklungen seiner Autoren teilhat, d. h. ein integraler Faktor ihrer Literaturgeschichte wird".[9]

Ein solch programmatischer Verleger war über sein unternehmerisches Selbstverständnis hinaus von seiner Kulturmission überzeugt: „Dem Publikum neue Werte aufzudrängen, die es nicht will, ist die schönste und wichtigste Mission des Verlegers" – so lautete die Maxime S. Fischers.[10] Diesem Verlegertypus ging es nicht um eine elitär-exklusive Produktion für gleichgesinnte Adressaten, sondern um Breiten-, ja Massenwirkung für anspruchsvolle Literatur, um das Kulturbuch zum Massenbuch werden zu lassen. Daß dies am Jahrhundertbeginn auf so außerordentliche Weise gelang, war freilich in der einzigartigen geistigen Produktivität der Epoche begründet, im Übermaß großer dichterischer Begabungen. Kurt Wolff betonte: „Die Sterilität oder Fruchtbarkeit der gegebenen Wirkungs-Periode ist Schicksal, und in einer unschöpferischen Zeit ist der Verleger zur Ohnmacht verurteilt."

Nur die wichtigsten Kulturverleger vom ausgehenden 19. Jahrhun-

Signets von „Kulturverlegern“: Eugen Diederichs, Insel, S. Fischer, Albert Langen, Kurt Wolff, Ernst Rowohlt (um 1900)

dert bis zum Ende des Kaiserreiches können kurz charakterisiert werden. Über sie alle liegen inzwischen wissenschaftliche Darstellungen und Monographien vor. Eine Vielzahl so ungewöhnlicher wie wirkungsmächtiger Persönlichkeiten muß übergangen werden, von Bruno Cassirer bis Hans von Weber. Wir beschränken uns auf ein halbes Dutzend Namen: Wilhelm Friedrich, S. Fischer, Eugen Diederichs, die „Insel“, Albert Langen und Kurt Wolff.

Wilhelm *Friedrich* (1851–1925)[11] ist heute ebenso weitgehend vergessen wie die literarische Bewegung, der er zum Durchbruch verholfen hat: die Generation des „Jüngsten Deutschland“ zwischen 1880 und 1895. In den fünfzehn Jahren seiner verlegerischen Aktivität brachte dieser „entscheidende Wegbereiter der literarischen Moderne in Deutschland“ rund tausend Werke heraus. Über die beiden Zeitschriften seines Verlages, das „Magazin für die Literatur des In- und Auslandes“ und das naturalistische Kampfblatt „Die Gesellschaft“, steuerte er wesentlich die Rezeption der modernen ausländischen Literatur (vor allem Emile Zolas), und stellte zugleich das gesamte literarische Spektrum des Naturalismus einer großteils schockierten Öffentlichkeit vor. Dazu gehörte nicht allein mäzenatische Großzügigkeit, wie gegenüber dem chronisch verschuldeten Detlev von Liliencron, sondern auch gemeinsame Verteidigung gegen die wilhelminische Zensur. Die systematische Verfolgung dieses gesellschaftskritischen Verlagsprogramms gipfelte 1890 im „Realistenprozeß“. Dieser „Makel des unseriösen Verlegers, der zweifelhafte Schriften gotteslästerlichen und sittenwidrigen Inhalts verbreitete“[12], hat dem Geschäftserfolg Friedrichs spürbar geschadet; hinzu kam die Polarisierung der Naturalisten in ein Berliner und ein Münchner Lager. Friedrich entschied sich für die ‚falsche‘ süddeutsche Richtung – die aufstrebenden Berliner Autoren, allen voran Gerhart Hauptmann, fanden ihre verlegerische Heimat nun bei S. Fischer. Friedrich resignierte Anfang der neunziger Jahre und wurde schnell verdrängt. Auch damit ist er exemplarisch für die Hauptgefährdung des Kulturverlegers: Sofern dieser nicht erkennt, daß die Avantgarde sich schnell überlebt, daß zugunsten neuer Strömungen auch bislang propagierte preisgegeben werden müssen, überrollt ihn die Entwicklung. Daß S. Fischer dieser Gefahr auf unvergleichliche Weise entkommen ist, macht seinen Rang als Cotta der Jahrhundertwende aus.

Samuel *Fischer* (1859–1934), aus Ungarn stammend, hatte sich 1886 in Berlin etabliert und spezialisierte sich wie Friedrich neben einigen Fachpublikationen bald auf die Vermittlung moderner ausländischer Literatur: Tolstoj, Zola, vor allem aber das große dramatische Vorbild der Naturalisten, Henrik Ibsen. Wie Friedrichs in München erscheinende „Gesellschaft“ das maßgebende literarische Organ der achtziger Jahre gewesen war, so brachte Fischer ab 1890 als Zeitschrift der Berliner Moderne die „Freie Bühne für modernes Leben“ heraus, die 1894 ihren Titel in „Neue Deutsche Rundschau“ und schließlich 1904 programmatisch in „Neue Rundschau“ änderte. Sie blieb bis ins Dritte Reich, zuletzt redigiert von Peter Suhrkamp, die bedeutendste Literaturzeitschrift im deutschen Sprachgebiet und band sowohl ihre Beiträger wie ihre Leser diskret an den Verlag. S. Fischer betrieb mit Vorabdrucken geschickte Autorenpflege – hier wurden sowohl Hauptmann wie Hugo von Hofmannsthal jeweils als Neuerer vorgestellt und integriert. Mit Hauptmanns Drama „Vor Sonnenaufgang“ begann 1892 eine jahrzehntelange Beziehung des Verlages zu seinem reich mit immer neuen (schlecht verkäuflichen) Sammelausgaben bedachten Autor, dessen „gerühmte und belächelte ‚Klassizität‘ der deutschen Literatur eine neue Reputation verschaffte – und mit der auch der Verlag Renommee errang“[13]. Im Unterschied zu Wilhelm Friedrich erkannte S. Fischer, daß sich der Naturalismus überlebt hatte. Seine Suche nach Talenten mit neuem Ton ließ ihn 1897 auch in der „Collection Fischer“ das Erstlingswerk des jungen Thomas Mann und 1901 trotz erheblicher Bedenken wegen des großen Umfangs dessen „Buddenbrooks“ publizieren. Auch Hermann Hesse und

Jakob Wassermann fanden ihre verlegerische Heimat bei S. Fischer. Fast immer band der Verleger die großen Namen seines Programms an sich, als sie noch in ihren Anfängen standen, keinen hat er einem Kollegen abgeworben. S. Fischer selbst hat sein Streben nach Kontinuität der Bindung zwischen Autor und Verleger folgendermaßen charakterisiert: „Der persönlich differenzierte Verlag wird mit der Zeit einen Kreis von Autoren in den Bereich seiner Wirksamkeit ziehen, der im Rahmen eines einheitlichen Verlagskomplexes deutlicher sichtbar gemacht werden kann, als verstreut an verschiedenen Verlagsstellen mannigfachen Charakters. Die Geschlossenheit und Einheit des Verlags erleichtert ihm die Schaffung des Marktes für seine Produkte. Ein Autor, der seine Werke bald da und bald dort erscheinen läßt, erschwert dem Publikum und dem Sortimentsbuchhandel die Übersicht über sein Gesamtwerk und er erschwert vor allem seinen Verlegern die Stabilisierung seiner Werke auf dem Markte."[14]

Eine Hauptrolle bei der verlegerischen Betreuung der Autoren übernahmen für die Kulturverleger die nun fest engagierten Lektoren, deren Bedeutung für die literarische Vermittlung im 20. Jahrhundert längst einer übergreifenden Würdigung bedürfte. Für S. Fischer waren zwei Lektoren tätig, die – selbst Autoren von Rang – das Profil des Verlages formten: Moritz Heimann und Oskar Loerke. Seine Forderung an den Buchhandel, einen „Markt für geistige Werte" zu schaffen, der „kulturbildende Kraft hat", suchte S. Fischer umzusetzen, indem er 1908 „Fischers Bibliothek zeitgenössischer Romane" gründete, die gute Ausstattung, sorgfältigen Druck, festen Einband bei billigem Preis mit hohem inhaltlichem Niveau verband. Bis Mitte der zwanziger Jahre erreichten viele Bände dieser Reihe hohe Auflagen: so Hermann Hesses „Unterm Rad" 149000 Exemplare, Thomas Manns Erstling „Der kleine Herr Friedemann" 107000 und Arthur Schnitzlers „Frau Berta Garlan" noch 87000 Exemplare.[15] Freilich waren billige belletristische Buchreihen schon im vorigen Jahrhundert verbreitet gewesen, allerdings hatte es sich dabei um rechtsfreie Klassiker, Übersetzungen oder Lesefutter gehandelt – jetzt aber waren zum Einheitspreis von einer Mark einige der besten lebenden Schriftsteller zu haben. An Fischers Erfolg nahmen sich die Konkurrenten ein Beispiel: 1910 drückte der Pressekonzern Ullstein mit einer umfangreichen Werbekampagne seine „Ullstein-Bücher" zum gleichen Preis auf den Markt, die eine Startauflage von 50000 bis 60000 Exemplaren besaßen, dabei aber nur gepflegte Unterhaltung enthielten; 1912 folgte die Insel-Bücherei, von der noch zu sprechen sein wird. In seinem Nachruf auf Samuel Fischer hat Thomas Mann den

Vergleich mit Cotta für zutreffend erklärt – um so mehr, als „der Sinn fürs Klassische oder fürs Klassisch werden, die Neigung, das Revolutionäre ins Klassische münden zu lassen, sehr ausgesprochen bei ihm war. Er war der Mann des Wachstums, der reifenden Lebenswerke, der schönen Gesamtausgaben"[16]. Dem Selbstverständnis der folgenden Expressionistengeneration mußte ein solcher Verlag so distanziert gegenüberstehen wie einst Cotta dem Jungen Deutschland. Gerhard Schuster hat ihn mit den anderen großen Kulturverlegern verglichen: „Fischer hielt nichts von der demonstrativen Purzelbaumästhetik Ernst Rowohlts; er war kein Herbergsvater wie Eugen Diederichs, und die vibrierende Inkonsequenz Kurt Wolffs blieb ihm so wesensfremd wie die Gelehrsamkeit Professor Kippenbergs, der Hofmannsthal auftrug, Goethes ‚einhundert schönste Gedichte' auszuwählen. Peter Suhrkamp wies Manuskripte präzeptoral mit genauen Verbesserungswünschen zurück – Fischer entschied sich zeitlebens nicht gegen Texte, sondern für Autoren, mit ‚seelischer Klugheit', wie Thomas Mann ihm gratulierte."[17] S. Fischer blieb auch unter dem Schwiegersohn Gottfried Bermann Fischer der große deutsche Verlag der klassischen Moderne.

Einen Gegenpol zu S. Fischer bildete Eugen *Diederichs* (1867–1930).[18] Wirkte jener stets im Hintergrund, so drängte es Diederichs zur Propagierung seiner Weltanschauung ins Licht der Öffentlichkeit. Sein Unternehmen war Instrument und Medium seiner volkspädagogischen und kulturpolitischen Überzeugungen: 1896 auf einer Italienreise in Florenz gegründet, zunächst in Leipzig und dann in Jena ansässig, galt der Diederichs Verlag als Sammelpunkt nationalkonservativen, aber zugleich lebensreformerischen Schrifttums im Wilhelminischen Reich. Ein Teil der Belletristik im Programm (vor allem Hermann Löns) zählte zur Heimatkunstbewegung, die mit neuromantischem, irrationalistischem und teils völkischem Gedankengut gegen Industrialisierung und Modernisierung der deutschen Kultur kämpfte. In dieses Programm fügten sich auch Diederichs' große Buchreihen: Die „Monographien zur deutschen Kulturgeschichte" waren vor allem den vorindustriellen Berufsständen gewidmet, die Sammlung „Thule" enthielt germanisch-isländische Sagas, die Titel der Reihen „Deutsche Volkheit" und „Deutsche Stammeskunde" sprechen für sich. Zu den Ursprüngen sollte auch die berühmte Reihe der „Märchen der Weltliteratur" zurückführen. Insbesondere nach 1918 war die „Volkwerdung durch Mythos und Geschichte" Schwerpunkt von Diederichs' Programm. Studenten und Wandervögel, Lebensreformer und Werkbünde, Freie Gemeinden, völkisch Bewegte und Mitglieder der Heimatschutzbünde erkannten sich in Diederichs' messianischer Kulturreligion wieder – ihr „heimlich-offener Bund" stellte nach den Worten des Verlegers eine klassenlose Leserschicht dar: „sie umfaßt Aristokrat, Bürger und Arbeiter und scheidet sie von der Masse, die nicht bloß im Proletariat, sondern auch in allen anderen Ständen zu finden ist." Zwar überschätzte der unermüdliche Organisator Diederichs seine kulturellen Wirkungsmöglichkeiten; er wurde überall an den Rand gedrängt und in den zwanziger Jahren zunehmend isoliert – auch als Vater des reformerischen „Jungbuchhandels", der in den Zeitschriften „Der Zopfabschneider" und „Der Ochs von Lauenstein" und bei den Zusammenkünften auf Burg Lauenstein 1922–1926 seine Ideale vom Dienst des Buchhändlers am Volk propagierte. Aber der von seinen Kollegen spöttisch als Stifter einer Verlagsreligion Apostrophierte war zugleich ein höchst innovativer Unternehmer. Er stand „am Beginn der Verbraucherforschung in Deutschland überhaupt", plante als erster „die Möglichkeit der Massenlektüre in ein politisches Programm im weitesten Sinn ein" und nützte dabei Verfahrensweisen, „die man als warenästhetische Strategien auch im heutigen Sinn bezeichnen darf"[19]. Seine eigenwillige Buchgestaltung (Naturleineneinband, kantige Type, Fadenheftung, Vermeidung alles Glatt-Gefälligen) erregte weithin Aufsehen, weil sie Kennzeichen traditioneller handwerklicher und kunstgewerblicher Buchherstellung für die Massenproduktion übernahm: „Das mit technischer und industrieller Raffinesse erzeugte Äußere täuscht vortechnische, vorindustrielle Seinsweise des Gegenstandes Buch vor, soll suggerieren, daß er nicht (= noch nicht) Ware ist."[20] Zweifellos war dieser „hochtechnisierte Romantizismus" (so Thomas Mann) auch einer jener Ströme, aus denen sich die völkische Ideologie speiste. Sein Tod im Jahr 1930 hat dem selbst keineswegs rassistisch verblendeten, stets undogmatischen Diederichs erspart mitzuerleben, wie im Dritten Reich sein Verlagscredo von 1912 „Wir Germanen wollen den Helden, den Qualitätsmenschen als letztes Ziel unserer Entwicklung" in die Tat umgesetzt wurde.

In Diederichs verwandtem kulturpolitischem Geist war Volksbildung durch das billige Buch, durch „vornehme Massenartikel", auch die Maxime der Brüder Karl Robert (1874–1931) und Wilhelm (1866–1934) *Langewiesche*. Karl Robert setzte seine reich illustrierte Reihe der nationalbewußten „Blauen Bücher" zu Einheitspreisen in Millionenauflagen ab, Wilhelm unternahm Ähnliches auf literarischem Gebiet mit den „Braunen Büchern" bzw. den „Büchern der Rose". Sie wurden 1906 mit einer Lyrikanthologie von Will Vesper und einer

Auswahl von Goethebriefen begonnen; bis 1915 erreichten diese Bände 120000 und 135000 Exemplare. Insgesamt erschienen in den ersten zehn Jahren der Reihe 33 Titel zum Preis von 1,80 Mark bei einer Gesamtauflage von rund zwei Millionen.[21] Ähnliche Auflagenerfolge konnte auch der lebensreformerische Kreis um den „Kunstwart" und den Callwey-Verlag verzeichnen. In der Weimarer Republik näherten sich manche von der Jugendbewegung geprägten Verleger stark dem völkischen Dunstkreis an. Besonders fanatisch kämpfte der Medizinverleger J. F. Lehmann (1864–1935) mit einer Vielzahl rassenkundlicher Schriften und auch erheblichen Finanzmitteln, seinem Selbstverständnis als völkischer Kulturunternehmer getreu, für das arische Dritte Reich der Deutschen.[22]

Wiederum einen anderen Verlegertypus als der Repräsentant der kultiviert-weltoffenen Berliner Moderne und als der Propagator eines romantisch-völkischen Aufbruchs verkörperte Albert *Langen* (1869–1909). Impulsiv, sprunghaft und wagemutig, war er der exemplarische Schwabinger Verlagsmäzen der Jahrhundertwende. Der reiche Kölner Patriziersohn hatte sein Unternehmen 1893 in Paris gegründet – mit Knut Hamsuns „Hunger" als einzigem Werk. Ein Jahr später übersiedelte er nach München, wo er französische und skandinavische Autoren der Moderne in broschierten Bänden herausbrachte, die nach Pariser Vorbild mit plakativ-bunten Umschlägen versehen wurden. Sein Geniestreich aber war im April 1896 die Gründung der großen satirischen Zeitschrift des Wilhelminischen Reiches, des Oppositionsblattes gegen preußischen Militarismus und Imperialismus, gegen Muckertum und Spießbürgerei: des „Simplicissimus". Dessen Auflage stieg in wenigen Jahren von 15000 auf 85000 Exemplare, seine Mitarbeiter waren die besten Zeichner und keckkesten Autoren – von Thomas Mann bis Ludwig Thoma, von Knut Hamsun bis Frank Wedekind. Das Blatt wurde für den Verleger zur finanziellen Goldgrube und eignete sich besonders zur Zweit- und Mehrfachverwertung der Beiträge und Zeichnungen in thematisch gebündelten Kalendern, Alben, Geschenkbändchen und Sammelausgaben. Langen war wegen der bereits erwähnten Affäre um die Palästina-Nummer nach Zürich und später Paris ausgewichen. Die lange Abwesenheit führte zu Spannungen mit der Redaktion, und nach seiner Rückkehr beteiligte der Verleger 1906 die Mitarbeiter an den Gewinnen des „Simplicissimus" – wohl das früheste Beispiel für Mitbestimmung in der periodischen Presse. Durch Langens Sprunghaftigkeit verlor der Verlag schließlich an Kapital und Profil – und nach dem überraschenden frühen Tod des Inhabers driftete er in ein völlig anderes, nationales Fahrwasser.

An dieser Stelle muß die Buchkunstbewegung erwähnt werden, die sich am Beginn des 20. Jahrhunderts der Industrialisierung und damit dem Verfall der Buchherstellung entgegenstemmte. Sie übernahm ihre Vorbilder aus England, wo 1891 William Morris seine Kelmscott Press und 1900 T. J. Cobden-Sanderson die Doves Press gegründet hatten, und breitete sich im Zeichen des ornamentalen Jugendstils und der Werkbundbewegung auch in Deutschland schnell aus. Namen wie Heinrich Vogeler, der das Gesicht des frühen Insel-Verlages prägte, Melchior Lechter, der insbesondere Stefan Georges Bücher ausstattete, E. R. Weiß und Fritz H. Ehmcke stehen für buchkünstlerische Leistungen, in denen Handwerk und Künstlertum, Typographie und Illustration eine so eigenwillige wie überzeugende Synthese eingehen. Liebhaberoffizinen widmeten sich dem schönen Buch, so die Leipziger Janus-Presse (1907), die Darmstädter Ernst-Ludwig-Presse (1907), die vor allem von Hofmannsthal inspirierte Bremer Presse (1911), die Weimarer Cranach-Presse (1913) von Harry Graf Kessler und die Münchner Rupprecht-Presse (1914). Sie wurden unterstützt von Schriftkünstlern wie Rudolf Koch, von Schriftgießern wie Karl Klingspor, von Druckern wie C. E. Poeschel. Natürlich waren die Privateditionen der Handpressen, die kostbaren Luxusdrucke und Zeitschriften der nun aufblühenden bibliophilen Vereinigungen nur für einen kleinen Kennerkreis erschwinglich. Aber sie wirkten nachdrücklich auf die Kulturverleger, die auch für ihre mit so großem Engagement betreuten Bücher ein adäquates Äußeres für notwendig hielten, um sich von den teils grell-modischen, teils verzopft-historisierenden Massenprodukten abzuheben. Man richtete Einband, Umschlag, Vorsatzpapiere, Illustrationen und Typographie auf neuromantische, neoklassizistische, impressionistische oder symbolistische Weise ein, wobei freilich nicht immer der elitären Ausstattung ein literarisch schwergewichtiger Inhalt entsprach.

Am überzeugendsten und harmonischsten unter den Publikumsverlagen gelang die Synthese von buchästhetischen Bestrebungen und literarischer Programmatik dem *Insel*-Verlag. Der überaus begüterte Alfred Walter Heymel, sein Vetter Rudolf Alexander Schröder und der Literat Otto Julius Bierbaum gründeten 1899 die exklusive, in Ausstattung, Illustration und Inhalt von teils snobistischem Ästhetizismus zeugende Zeitschrift „Die Insel". Ihr wurde 1901 ein Verlagsunternehmen angeschlossen, das 1905 nach Leipzig übersiedelte und mit Anton Kippenberg einen neuen Verleger fand. Dieser formulierte am 1. Dezember 1906 gegenüber Hugo von Hofmannsthal als Ziele seines Unternehmens, „der Weltliteratur im Goethischen Sinne zu dienen, dem Gehalt des Buches die Form anzupassen, den Sinn für Buchkunst und auch für Buchluxus immer mehr zu heben und von der zeitgenössischen Literatur wenig, aber dafür nach Möglichkeit das Dauer versprechende zu bringen. [...] Der Insel-Verlag hat gewiß an seinem bescheidenen Theil eine Kulturmission zu erfüllen, aber letzten Endes ist er ein Geschäft, und [...] so wird auch der Verleger Bücher drucken, die den Tag, der sie hervorbrachte, nicht allzu lange überdauern. Vor allem minderwertigen und schlechten freilich müssen wir uns hüten."[23] Dieses Prinzip hat Kippenberg über Jahrzehnte hinweg auf souveräne Weise verwirklicht. Die Schwerpunkte des Programms waren Einzel- und Gesamtausgaben Goethes und Editionen der Weltliteratur; bei zeitgenössischen Autoren beschränkte man sich auf wenige formstrenge Sprachmeister wie Hofmannsthal, Rilke, Rudolf Borchardt und später Hans Carossa. Seiner Kulturmission besonders gerecht wurde der Verlag 1912 durch die „Insel-Bücherei": Für 50 Pfennig erhielt der Käufer ein fest gebundenes, mit schönem Buntpapier bezogenes, auf gutem Papier musterhaft gedrucktes Bändchen anspruchsvollen Inhalts. Programmatischer erster Band war Rilkes „Weise von Liebe und Tod des Cornets Christoph Rilke" – zugleich der weit erfolgreichste Titel der Serie; an zweiter Stelle lag, bezeichnend für das gebildete nationaldenkende Käuferpublikum, Rudolf G. Bindings „Der Opfergang". Stefan Zweig lobte: „Hier beginnt der Insel-Verlag, der aristokratisch angefangen und es im Sinne der Haltung bis heute geblieben ist, durch die Tat demokratisch zu werden." Die Absicht, das schöne Buch zu demokratisieren, wurde glänzend verwirklicht. Nach zwei Jahren war bereits eine Gesamtauflage von mehr als einer Million Exemplaren erreicht, 1919 waren es fünf Millionen bei 250 lieferbaren Titeln, 1937 zwanzig Millionen.[24]

Alle um die Jahrhundertwende gegründeten Kulturverlage standen nach 1910 skeptisch vor einer sich revolutionär gebenden Avantgarde, die kaum in ihr gepflegtes Programm einzugliedern war – dem Expressionismus. Sein Hauptverleger Kurt *Wolff* (1887–1963)[25] gehörte bereits der nächsten Generation an. Er war als Teilhaber und Geldgeber in den 1908 gegründeten Verlag des gleichaltrigen Ernst *Rowohlt* (1887–1960)[26] eingetreten; die beiden hatten zunächst bibliophile Editionen („Drugulin-Drucke") zu vergleichsweise geringen Preisen publiziert, sich dann auch für junge, teils frühexpressionistische Autoren engagiert wie Georg Heym und 1912 für die erste Veröffentlichung von Franz Kafka. In diesem Jahr trennten sich die beiden. Während Rowohlt seinen eigenen Verlag erst 1919 neu eröffnete und darin nicht nur die Expressionisten förderte, trat Kurt Wolffs Firma

Der Verlag des Expressionismus: Umschlag von Frans Masereel für einen Almanach Kurt Wolffs (1927)

Ende 1913 mit einem „Fanfarenstoß für die neue Literatur" ans Licht: der Reihe „Der jüngste Tag". Sie war eine Art von Insel-Bücherei für die Avantgarde, freilich dreimal teurer als diese und trotz ansprechender Gestalt und geschickter Werbung mit Auflagen kaum jemals über 5000 Exemplaren. In ihr ist die Expressionistengeneration fast vollzählig vertreten, von Trakl und Werfel, Lasker-Schüler und Georg Heym bis zu Gottfried Benn, Kafka und Robert Walser. Zugleich brachte Wolff Kunst- und Malerbücher heraus, übernahm bereits bestehende Verlage und gründete neue (so den Ein-Autoren-„Verlag der Schriften von Karl Kraus"). Einen kaum zu überschätzenden Anteil am verlegerischen Erfolg Wolffs hatte Georg Heinrich Meyer (1858–1931), ein ideenreiches Propagandagenie, der mit „Reizpartien" arbeitete und sein Motto: „Inserieren, inserieren, inserieren – nur so können wir Bücher verkaufen" mit großformatigen Zeitungsanzeigen und sogar Plakaten an Litfaßsäulen verwirklichte. Der zunächst zurückhaltende Bildungsbürger Wolff wurde von den radikalen literarischen und gesellschaftlichen Gegenentwürfen des Expressionismus in den Kriegsjahren immer mehr mitgerissen, stellte schließlich verlegerische Mission über kaufmännische Vernunft. Doch ähnlich wie bei Wilhelm Friedrich führte diese Identifizierung mit dem allmählichen Abebben der Bewegung dazu, daß Wolff den Übergang zur Literatur der zwanziger Jahre kaum mehr bewältigte, auf andere Bereiche, vor allem den Kunstverlag auswich und teils am Markt vorbeiproduzierte – während der Aufstieg von Ernst Rowohlt nun erst begann.

Es ist freilich nicht zu rechtfertigen, will man die vielgestaltige Verlagslandschaft des Expressionismus mit dem Verweis auf Kurt Wolff abtun. Doch müssen hier wenige Sätze genügen, da eine Anzahl einschlägiger Spezialuntersuchungen vorliegt.[27]

Der frühe Expressionismus läßt sich verlagsgeschichtlich in zwei große Gruppen aufteilen: den avantgardistischen Kreis um Herwarth Waldens 1910 begründete Zeitschrift „Sturm", und jenen um die 1911 von Franz Pfemfert gegründete, stärker politisch akzentuierte „Aktion". Beide schlossen ihren Zeitschriften wenig später auch Verlage an, deren Schwergewicht bei Buch*reihen* lag, die ein Charakteristikum expressionistischer Publikationsstrategie bildeten. Die meisten bedeutenden Schriften der Bewegung erschienen in schmalen Bändchen der Serien „Aktionsbücherei der Aeternisten", „Der Rote Hahn", „Der Jüngste Tag", „Lyrische Flugblätter", „Die Weißen Bücher", „Die Silbergäule" undsoweiter. Die rund 2300 Bücher des Expressionismus sind nach Berechnungen Paul Raabes in nicht weniger als 450 Firmen verlegt worden, oft natürlich Eigen- und Kleinstverlagen wie denen von Alfred Richard Meyer (gegründet 1907) und Heinrich F. S. Bachmair (gegründet 1911), aber später auch in konservativen oder etablierten Unternehmen wie S. Fischer, Georg Müller und der Insel; wesentliche Verdienste um die Verbreitung expressionistischer Dichtung haben sich rund 50 Verlage erworben. Viele dieser Firmen waren kurzlebig, fusionierten, wurden aufgekauft, hatten während des Krieges gegen Verbote zu kämpfen, machten bankrott. Eine spezifisch expressionistische Buchkultur, wie sie Paul Raabe annimmt, ist freilich kaum ausfindig zu machen, will man nicht eben die Vielfalt, die Experimentierlust als gemeinsamen Nenner betrachten:

Antiqua stand neben Fraktur, noble Handpressendrucke neben schlampigen Broschüren auf zerfallendem Holzpapier, typographische Wagnisse neben erlesenen Produkten renommierter Offizinen, eher konventionelle Illustrationen neben solchen von Beckmann und Heckel, Kirchner und Kokoschka.

Die Rolle der Kulturverleger um die Jahrhundertwende und im expressionistischen Jahrzehnt sprengte den Rahmen herkömmlicher ökonomischer Vermittlung und Verwertung von Geisteswerken. Diese Unternehmerpersönlichkeiten haben den literarischen Aufbruch zur Moderne nicht nur begleitet und propagiert, sondern waren selbst ein wesentlicher, ja für seine Wirkung entscheidender Teil davon.

Der Persönlichkeit des Kulturverlegers stand um die Jahrhundertwende jedoch kein „Kultursortimenter" gegenüber. Auch wenn das Buch bereits im Verlauf des 19. Jahrhunderts zur massenhaft verbreiteten Ware geworden war, hatte das traditionelle, noch immer genossenschaftlich geprägte Sortiment es doch jahrzehntelang versäumt, die Konsequenz einer entsprechend standardisierten Distribution zu ziehen, und deren erfolgreiche Durchsetzung konkurrierenden Vertriebsnetzen überlassen – der Kolportage, den Volksschriftenvereinen und den Leihbibliotheken. Das Sortiment, dem nach wie vor „der gemeine Hauffe den Buchladen nicht viel kothig" machte, beharrte auf seiner überkommenen Rolle. Es befriedigte den klar artikulierten, von kategorisierbaren Berufs- oder Geschmackspräferenzen bestimmten Bedarf einer überschaubaren Leserschaft, die entweder dem Bildungsbürgertum angehörte oder doch dessen Kulturstandards übernahm bzw. anstrebte. Einem solchen größtenteils persönlich bekannten Kundenkreis, der Bildung mit Besitz vereinte, entsprach die etablierte Vertriebsform der ständigen individuellen Ansichtssendungen. Vor Weihnachten kam die Geschenksaison hinzu, die mit Publikumskatalogen der Barsortimente in Hunderttausenderauflagen vor allem den Bedarf der Damen und der Jugend befriedigte.

Für ein sozial völlig heterogenes, anonymes und geschmacksegalitäres Massenpublikum aber war diese traditionelle Distributionsform denkbar ungeeignet. Denn hier war das Sortiment nicht als kulturvermittelnde Institution gefordert, hier genügte es auch nicht, den Bedarf eines sich beruflich ausdifferenzierenden, nach fachlicher Bildung verlangenden Mittelstandes zu decken. Notwendig war vielmehr eine Reaktion auf die zunehmende kulturelle Standardisierung bei wachsender sozialer Differenzierung, war der als werbendes Schlagwort beliebte „Massenabsatz" mittels rationeller Formen stationären

Vertriebes. Dies aber verlangte neue, offensive Verkaufsstrategien, auf die sich das Sortiment nur zögernd einstellte. Als Vorreiter fungierten jene Firmen, die ihr Angebot bereits diversifiziert hatten, die Musikalien, Kunstblätter, Schreibwaren anboten. Im Laufe dieser Jahre entstand der „praktische Sortimenter", wie ihn die Buchhandelslehrbücher der Zeit erziehen wollten. Die Ansichtssendungen beschränkten sich nun auf die obersten sozialen Schichten, das Sortiment begann sich anzufreunden mit Inseraten, Prospektversand, Schaufensterarrangements, attraktiver Ausstattung der Geschäftsräume. Das Prinzip der Massenhaftigkeit begann sich als Absatzstrategie durchzusetzen, ob im Schaufenster oder Laden – die billigen Reihen, die populären Broschüren, die Ramschartikel sollten schon durch ihre vielfache Präsenz dem Kunden Aktualität und Akzeptanz suggerieren, sollten damit das Gebrauchsgut Buch seines elitären Kulturnimbus entkleiden helfen und Schwellenängste abbauen. Diesem Ziel widmeten sich vor allem die nun entstehenden Vorort- und Werksbuchhandlungen.

Bei seinen Bemühungen um die Gewinnung neuer Käuferschichten hatte das Sortiment allerdings mit einer steigenden Zahl von Konkurrenten zu rechnen:

- In den Vorstädten und Provinzorten waren dies die oft kombinierten Schreibwarenhandlungen und *Buchbindereien*. Wegen des unaufhaltsamen Vordringens des Verlegereinbandes bemühten sich die Buchbinder nachdrücklich um den Handel mit Brotartikeln für ein breites Publikum – Schulbücher, Kalender, Jugendschriften, Kochbücher, billige Unterhaltungsserien und Familienblätter.
- Der *Bahnhofsbuchhandel* nahm stetig zu. Schon 1854 war auf dem Heidelberger Bahnhof die erste Verkaufsstelle für Reiseliteratur eröffnet worden, aber erst um die Jahrhundertwende wurden solche Kioske zur ernsten Konkurrenz des Sortiments bei der Belletristik; die völlige Anonymität der Distribution zogen gerade männliche Käufer pikanter Reiselektüre vor. Außerdem hatte schon 1914 der Reclam-Verlag auf 1600 deutschen Bahnhöfen seine Bücher-Automaten aufgestellt, die jeweils zwölf Titel à 20 Pfennig (in den dreißiger Jahren à 40 Pfennig) bereithielten.
- Auch beim *Kaufhausbuchhandel* fiel die Schwellenangst fort, der nun mit dem Aufkommen der Warenhäuser in den Großstädten Fuß faßte, sich vor allem auf billige Reihen, Modernes Antiquariat und Ramschartikel konzentrierte. Über ihn fehlt bisher eine Untersuchung.
- Unvermindert groß war die Bedeutung der *Kolportage* für die lektürehungrigen Unterschichten und des *Reisebuchhandels* für den

Mittelstand. Ein Großteil der Familienzeitschriften und Illustrierten, Mode- und Witzblätter wurde als besonders lohnende Handelsware auf diesem Wege abgesetzt, aber auch Werkausgaben beliebter Romanciers in Lieferungen. Der „Central-Verein Deutscher Kolportage-Buchhändler" mit 1912 rund tausend Mitgliedern suchte sich neben dem Buchhändlerbörsenverein als gleichrangig zu behaupten.

- Eine geringere, aber nicht zu unterschätzende Rolle spielte auch der *Direktvertrieb* durch die Verleger unter Umgehung des Sortiments, der die ohnedies stets schwelende Mißstimmung zwischen herstellendem und vertreibendem Buchhandel schürte. Er nahm vor allem mit der Spezialisierung der Verlage zu, der eine Organisierung der Interessentenkreise entsprach. Auch die Büchertische der konfessionellen „Schriftenmissionen" machten gerade den kirchennahen Firmen sehr zu schaffen.
- Obgleich die *Leihbüchereien* am Jahrhundertende ihr früheres Monopol nicht mehr besaßen, blieben sie doch ein wichtiger Faktor für die Kaufkraftabschöpfung bei kleinbürgerlichen und Unterschicht-Lesenden. Im Aufwind waren dagegen die *Journallesezirkel*, deren Zahl sich zwischen 1860 und 1890 auf mehr als 900 verdreifacht hatte.
- Illustrierte Zeitungen und Familienblätter bildeten ebenfalls die bevorzugte Lektüre in den *Volksbüchereien* und öffentlichen *Bücherhallen*, die dem ungebrochenen Trend ihres Publikums zum Trivialen hinhaltenden, aber letztlich hilflosen Widerstand entgegensetzten.

Von kaum zu überschätzender Bedeutung für die Lage des Sortiments im Kaiserreich war schließlich die notorische Finanznot der meisten Provinzfirmen und der kleineren städtischen Buchhandlungen. Auf einen Durchschnittsumsatz von 100000 Mark jährlich kamen nur größere Stadtbuchhandlungen in guter Lage, die ihrem Besitzer damit stattliche 6000 Mark Jahreseinkünfte bescherten.

Ein nicht geringer Teil des Sortiments blieb weiterhin abhängig von Krediten und Kulanz des *Zwischenbuchhandels*, dessen marktdominierende Rolle sich noch ausweitete. 1910 betreuten in Leipzig 156 Kommissionäre 11219 Kommittenten, allen weit voran die Firmen K. F. Koehler und Friedrich Volckmar. Dessen Jahresumsatz von 40 Millionen Goldmark um 1910 soll etwa acht Prozent des Gesamtumsatzes des deutschen Buchhandels entsprochen haben. Der Zwischenbuchhandel bemühte sich um stete Rationalisierung und steigende Effizienz und trug damit wesentlich zur – vom Ausland oft beneideten – Leistungsfähigkeit des deutschen Buchhandels bei. Freilich wurde diese Marktmacht auch zur Selektion des Angebotes eingesetzt. Um die Jahrhundertwende beklagte der Verleger Wilhelm Ruprecht, daß das Barsortiment die Verleger und Sortimenter voneinander entfremde, ersteren die Bedingungen diktiere, unter denen „ihren Verlagswerken überhaupt die Gnade der Aufnahme in seine Kataloge zu Theil würde", letzteren jede Fähigkeit und Neigung nehme, „andere Werke zu beschaffen und vorzulegen als die vom Barsortiment gehandelten Brotfrüchte". Doch alle Projekte genossenschaftlicher Selbsthilfe konnten sich nicht durchsetzen.

Die Literaturwissenschaft hat für die Jahrhundertwende konstatiert, es bestehe „in ästhetisch-politischen Fragen eine grundsätzliche Dissonanz zwischen Denk-, Wahrnehmungs- und Handlungskategorien der Literaturproduzenten, Literaturkritiker und ihrer Rezipienten, oder, allgemeiner gesagt, zwischen dem kulturellen Code der ästhetischen Produkte und dem sozialen Code des Publikums"[28]. Anders ausgedrückt: die Entfremdung zwischen Schriftsteller und Gesellschaft hatte einen extremen Grad erreicht. Natürlich wird eine solche globale Feststellung der Vielfalt von Schriftstellerrollen nicht gerecht; sie muß zumindest eingegrenzt werden auf die ästhetisch und artistisch anspruchsvolle „Kunstliteratur", die sich schon seit dem ausgehenden 18. Jahrhundert der Dichotomie von Kunstanspruch und Warencharakter des Geisteswerkes und der von geistigem Führungsanspruch und Marktabhängigkeit des Autors mit wachsender Irritation bewußt wurde. Ein Teil der literarisch Tätigen zog die Konsequenz einer rigorosen Verweigerung gegenüber dem Kulturbetrieb und beschränkte sich auf elitäre Gruppenbildung.

Bekanntestes Beispiel dafür ist der Kreis um Stefan George, der sich als geschlossener Bund von Eingeweihten um den erwählten Führer verstand und zu dessen betonter Marktferne auch eine eigene Publikationsstrategie der Gegenöffentlichkeit gehörte. Sein Organ, die „Blätter für die Kunst" (1892–1918), war nur für einen „geschlossenen und von den Mitgliedern geladenen Leserkreis" bestimmt, seine Publikationen erschienen in einem sorgsam ausgewählten und instruierten Verlag (Georg Bondi), in eigener Typographie und Gestaltung. Die exklusiven Kleinauflagen gelangten kaum in den profanen Buchhandel, was ihren Marktwert nur erhöhte.[29]

Die weit überwiegende Mehrzahl aller Autoren aber lehnte solche Priester- und Führerattitüde ab. Sie akzeptierten die Distributionsmechanismen des Marktes und suchten sich darin zu behaupten. Dies konnte mit Aufbruchspathos und Reformeifer geschehen wie bei den Naturalisten und Expressionisten, aber auch mit nachdrücklicher Distanz gegenüber allen literarischen Gruppen wie bei Thomas Mann, Hofmannsthal oder Rilke. Die Bandbreite schriftstellerischer Existenzmöglichkeiten um die Jahrhundertwende – unter den Bedingungen eines sich ausdifferenzierenden literarischen Marktes – läßt sich nicht in wenigen Sätzen charakterisieren. Manche Autoren konnten eine großbürgerliche Existenz mit Villa, Park und Bedienten führen, wobei die literarischen Erträge aufs angenehmste durch familiäres Vermögen oder reiche Heirat ergänzt wurden, wie im Falle Thomas Manns. Andere gingen wie der Arzt Schnitzler oder der Versicherungsangestellte Kafka einem bürgerlichen Beruf nach, der manchmal die literarische Unabhängigkeit sicherte, zuweilen aber nicht einmal die Familiengründung ermöglichte. Wieder andere waren auf adeliges Mäzenatentum oder uneigennützige vermögende Freunde angewiesen, die jenes aristokratische Ambiente boten, das etwa ein Rilke bei persönlich bescheidenster Lebensführung benötigte.

Neben solche Schriftsteller hohen literarischen Ranges traten Hunderte talentierter und begabter wie auch Tausende mediokrer Autoren, die gleichfalls von ihrer Feder zu leben beanspruchten. Sie befriedigten mit traditioneller Bildungs- und Zerstreuungsliteratur die Ansprüche des mittelständischen Lesepublikums (besonders in Form der Heimatkunst) oder betätigten sich als Produzenten der kulturindustriell erzeugten und vertriebenen Massenliteratur. Wie schon zur Gründerzeit waren sie alle auf die periodische Presse und deren unersättlichen Bedarf an Feuilletons, Humoresken, Novelletten, Rezensionen als Grundlage ihres finanziellen Fortkommens angewiesen. Noch mehr als die Familienblätter, frühen Illustrierten und Kulturzeitschriften benötigte die Tagespresse dank ihres täglichen Feuilletonteils und mehrfacher wöchentlicher Beilagen einen steten Nachschub an literarischer Tagesware – allein der jährliche Bedarf an Fortsetzungsromanen soll bei 20000 gelegen haben. Der Unterhaltungsteil war ein wesentliches Mittel zur Auflagensteigerung: Während die Durchschnittsauflage kleiner Provinzblätter bei 6000 angesiedelt war, erreichte die Generalanzeigerpresse in Mittelstädten zehntausende, in Großstädten hunderttausende von Exemplaren, so das „Berliner Tageblatt" des Pressekonzerns Mosse 245000.

Der regen Nachfrage stand ein erdrückendes Überangebot gegenüber. Die Redaktionen wurden täglich mit Dutzenden von Manuskripten überschwemmt, so daß sie den durchschnittlichen Honorarsatz auf 10 Pfennig pro Druckzeile senken konnten. Schon seit der

Mitte des 19. Jahrhunderts versuchten die Autoren, gegen solche Ausbeutung anzukämpfen. Nun häuften sich Beschreibungen des Schriftstellerelends – der alte Theodor Fontane konstatierte bündig: „Die Stellung eines Schriftstellers ist miserabel. Welchem Lande nach dieser Elendsseite hin der Vortritt gebührt, mag schwer festzustellen sein, doch wird sich vielleicht sagen lassen, daß Preußen-Deutschland immer mit an erster Reihe figuriert hat und erfolgreich bemüht ist, sich auf dieser alten Höhe zu halten. Die, die mit Literatur und Tagespolitik handeln, werden reich, die sie machen, hungern entweder oder schlagen sich durch. Aus diesem Geld-Elend resultiert dann das Schlimmere: der Tintensklave wird geboren. Die für die Freiheit arbeiten, stehen in Unfreiheit und sind oft trauriger dran als mittelalterliche Hörige."[30]

Der im vorigen Kapitel erwähnte „Deutsche Schriftstellerverband", 1887 aus der Fusion zweier rivalisierender Gruppen entstanden, zeigte sich mehr an repräsentativen Kongressen als an täglicher Kleinarbeit interessiert; 1899 erhielt er mit dem von Max Hirschfeld gegründeten „Allgemeinen Schriftstellerverein" eine Konkurrenz, die sich eher als privates Dienstleistungsunternehmen des Gründers verstand und vor allem von Dilettanten frequentiert wurde, die Ratschläge und Vermittlung suchten. Immerhin hatte die Verbandszeitschrift des ASV, „Die Feder", ein langes Leben: 1935 von den Nationalsozialisten eingestellt, hat sich ihr Name bis heute im Organ des VS erhalten – „die ganze, oft triste praktische Alltagswelt berufsmäßigen Literatentums hat hier ihre Reflexe hinterlassen"[31].

Der Durchbruch zu einem schlagkräftigen Interessenverband literarischer Autoren kam von unerwarteter Seite. Ein halbes Dutzend renommierter und vielgedruckter, nichtsdestoweniger bescheiden verdienender Lyriker war es leid, unablässig von Herausgebern lyrischer Anthologien um unentgeltliche Abdrucksrechte angegangen zu werden. Arno Holz und Richard Dehmel gründeten deshalb 1902 das „Cartell lyrischer Autoren". In dessen Vorstand traten umgehend nicht nur Otto Julius Bierbaum und der notorisch geldlose Detlev von Liliencron ein, sondern auch – zum blanken Entsetzen Stefan Georges – Hugo von Hofmannsthal. Ihr Ziel war die „Erlangung eines bestimmten materiellen Mindestentgelts für den Nachdruck literarischer Produkte"[32]. Sie beanspruchten zunächst mindestens 50 Pfennig je Verszeile, was bei einem 40zeiligen Gedicht dem Wochenlohn eines Arbeiters gleichkam, ermäßigten diese Forderung aber 1904 auf 25 Pfennig. Das Abdrucksentgelt wurde jeweils vom Vorstand eingezogen und den beteiligten Mitgliedern angewiesen. Bis

1906 waren bereits 123 Lyriker beigetreten; angesichts dieser überraschenden Solidarität fügten sich die zunächst heftig widerstrebenden Verlage – sie konnten zwar auf einzelne renitente Beiträger verzichten, aber nicht auf diese Vielzahl. In den zwanziger Jahren schwand der Einfluß des Kartells; es lehnte sich immer stärker an den *Schutzverband deutscher Schriftsteller* (SDS) an, und wurde 1933 ohne viel Aufhebens liquidiert.

Dieser Schutzverband war bis zum Beginn des Dritten Reiches die bedeutendste deutsche Autorenorganisation. 1909 von Berliner Autoren, darunter Theodor Heuß, begründet, erhob der SDS programmatisch den Anspruch, „die erste Schriftsteller-Organisation auf wirtschaftlicher und gewerklicher Basis zu sein. Unser Bund hat, von seinen idealen Zielen einmal abgesehen, den Ehrgeiz, die wirtschaftliche Selbständigkeit des deutschen Autors zu stärken und sie gegenüber vielfältig schädlichen Einwirkungen zu behaupten; gegen Einwirkungen, die geeignet sind, das Niveau des deutschen Geisteslebens zugunsten einseitig materieller Ziele des Kapitalismus herabzudrücken."[33]

Materielle Ziele verfolgte natürlich auch und vor allem der SDS. Die offiziöse Programmbroschüre von W. Fred aus dem Jahre 1911, „Literatur als Ware", unterrichtete die Wortproduzenten über Preisbildung und besonders gefragte Artikel. Ein Schriftsteller, der ein gutes Einkommen erzielen und sich einen gewissen Marktwert verschaffen wolle, müsse sich entweder auf die Verfertigung von Theaterstücken konzentrieren oder versuchen, Romane zum Fortsetzungsabdruck in der Presse unterzubringen. Nach Freds Berechnungen waren mit Dramen, insbesondere Lustspielen, leicht jährliche Einkommen von 10 000 bis 15 000 Mark erzielbar, die bei Publikumserfolgen bis auf 100 000 Mark ansteigen konnten (dies entsprach den Tantiemen von Gerhart Hauptmann). Bei jährlicher Verfertigung von zwei erfolgreichen Romanen sei mit 25 000 bis 50 000 Mark Jahreseinkommen zuzüglich Buchhonoraren zu rechnen. An der unteren Grenze der schriftstellerischen Einkommensskala reihte Fred jene Autoren ein, die vom journalistischen Vertrieb kleinerer Arbeiten lebten: Sie hätten sich mit weniger als 10 000 Mark im Jahr zu bescheiden. Immerhin lag das Durchschnittseinkommen eines Verwaltungsangestellten damals bei 2500 Mark jährlich. Fred bescheinigte dem Schriftsteller jedoch Anspruch auf „angemessene Lebensführung". Seine Argumentation verdeutlicht, daß zu den charakteristischen Zügen des SDS die „,Ausschaltung alles Gefühlsmäßigen', die grimmige Entschlossenheit zum Gruppenegoismus und zum emanzipatorischen Kampf auf wirtschaftlicher Ebene" gehörten.[34]

Die praktische Arbeit des Schutzverbandes nahm sich einer Vielzahl von Problemen an: Rechtsschutz vor Gericht, Urheberrechtsfragen, Zeitungsnachdruck, Honorar- und Vertragsstreitigkeiten, Kampf gegen die Zensur und auch Literaturförderung (die Anregung zum Kleist-Preis ging vom SDS aus). Mit dem strengen Aufnahmekriterium der literarischen Betätigung zu Erwerbszwecken – was Dilettanten fernhalten sollte – nahm der SDS bis 1914 auf 804 Mitglieder zu, darunter Ludwig Ganghofer, Gerhart Hauptmann, Hugo von Hofmannsthal, Thomas Mann, Arthur Schnitzler, Richard Strauß, Frank Wedekind und Stefan Zweig. Der Anteil schreibender Frauen betrug immerhin ein Fünftel. Abseits hielten sich natürlich Stefan George, aber auch Hermann Hesse und Rainer Maria Rilke.

Trotz einer leicht linksliberalen Färbung des Vorstandes erwies sich der SDS als politisch neutrale Interessenvertretung für Autoren aller Weltanschauungen, außer der deutschvölkisch-antisemitischen. 1914 dennoch der nationalen Kriegsbegeisterung erlegen, zog er sich 1917 wieder behutsam in Neutralität und Politikferne zurück. Ernst Fischer sieht darin „eine Achillesferse des SDS und aller Schriftstellerorganisationen überhaupt. Die vielleicht subjektiv aufrichtige, aber illusionäre Überzeugung von der Möglichkeit einer unpolitischen, rein auf wirtschaftlicher Basis stehenden Interessensvertretung setzt eine Abgrenzbarkeit dieser wirtschaftlichen Sphäre von gesellschaftlichen und damit politischen Zusammenhängen voraus, die ein theoretisches Konstrukt wäre; wo sie über alle Realität hinweg statuiert wird, verurteilt sich ein Verband zur weitgehenden Unwirksamkeit. Umgekehrt aber führt die Politisierung eines Berufsverbandes unweigerlich zu seiner Isolierung und Zersplitterung; auch wird ihm die Abhängigkeit von größeren politischen Blöcken immer wieder die Hände binden und seine wirtschaftlichen Interessen werden sich den ideologischen Zwängen unterordnen müssen. Die Irrfahrt des SDS zwischen Scylla und Charybdis dieser Positionen führte ihn nach den Abenteuern der ersten Weltkriegsjahre vorderhand zurück zu einer weitgehend unpolitischen Grundhaltung."[35]

Auch eine Umrißskizze des *Lesepublikums* um 1900 kann nur den unzulänglichen Forschungsstand wiedergeben.

Sicher ist das oft kolportierte Bild einer von der Mitte des 18. bis zum Beginn des 20. Jahrhunderts stetig zunehmenden Schreib- und Lesefähigkeit falsch. Erst im letzten Drittel des 19. dürfte die statistische Kurve steil nach oben gestiegen sein, erst am Beginn des 20. Jahrhunderts waren im Rahmen einer zunehmenden Demokratisierung der Gesellschaft die Voraussetzungen für eine möglichst breite Aneignung dieser Kulturtechniken gegeben und machten sie sowohl für den Einzelnen wie für den Staat erforderlich. Im Zeitalter der hochkapitalistischen industriellen Expansion stieg auch der Bedarf an qualifiziertem Personal an, zugleich gewann die höhere gymnasiale Bildung vor allem bei Protestanten an Zulauf. Überproportional groß war der Anteil der Gymnasial- und Hochschulbildung beim jüdischen Bevölkerungsteil. An der Schwelle des Ersten Weltkrieges dürften die Grundvoraussetzungen zur verständigen Rezeption gedruckter Texte etwa bei zwei Dritteln der deutschen Erwachsenenbevölkerung vorhanden gewesen sein (ein Prozentsatz von mindestens 20 bis 25 % ist bekanntlich heute noch jeder Lesekultur unzugänglich).

Kaum hoch genug kann als leseförderndes Moment die Einführung der Petroleumlampe gegen Ende des 19. Jahrhunderts bewertet werden; sie ermöglichte gerade den ärmeren Schichten das Lesen zur einzig dafür verfügbaren Abend- und Nachtzeit. Mit der Einführung des Gasglühlichtes und der elektrischen Beleuchtung nach der Jahrhundertwende verbesserten sich diese Voraussetzungen weiter. Ein grundlegendes Hindernis blieb jedoch nach wie vor bestehen: die Einkommensverhältnisse.[36] Nach den preußischen Steuerstatistiken erzielten noch 1912, also nach Jahrzehnten wirtschaftlicher Prosperität, rund 52 % der etwa 15,7 Millionen preußischer Steuerbürger (Familienvorstände) ein Jahreseinkommen unter 900 Mark und waren damit nicht steuerpflichtig. Weitere 43 % lagen zwischen 900 und 3000 Mark. Damit galten insgesamt 95 % der preußischen Bevölkerung offiziell als „minderbemittelt". Das wohlsituierte Bürgertum mit einem Jahreseinkommen zwischen 3000 und 6000 Mark umfaßte nur 3,5 % aller Steuerpflichtigen, weitere 1,5 % verfügten über noch höhere Einkünfte.

In den Einkommensklassen bis etwa 1200 Mark jährlich blieb der Kauf eines Buches ein kaum erschwinglicher Luxus. Die maximal zehn Mark, die in einem Arbeiterhaushalt für Lektürezwecke abgezweigt werden konnten, waren mit einem Zeitungsabonnement und vielleicht einem Kolportagelieferungsroman schon verbraucht. Etwas besser sah es bei den „Privatbeamten", also Angestellten, aus, bei qualifizierten Facharbeitern und niederem Verwaltungspersonal. Bei mittleren Beamten, Lehrern und Handwerkern war einerseits „der Etat nicht so groß, um Bücher nach Belieben erwerben zu können, andererseits verlangte die soziale Stellung einen gewissen Grundstock an zweckfreier Bildung und damit Bücherbesitz"[37].

Auch bei besser situierten, bürgerlich-mittelständischen Familien scheint jedoch das Bücherbudget nicht vermehrt, sondern prozentual eher vermindert worden zu sein. Man knauserte bei den Ausgaben für Bildung, geschweige denn Zerstreuung, und frequentierte lieber das kostenlose Lektüreangebot der Volksbibliotheken und „Bücherhallen". Diese wurden um 1900 als weltanschaulich neutrale, jedermann offene Büchersammlungen unterhaltender, informierender und bildender Art teils in kommunaler Trägerschaft gegründet, häufiger durch Vereine sowie industrielle und private Stiftungen ins Leben gerufen. Ihrer Unterstützung diente 1901–1932 eine „Deutsche Dichter-Gedächtnis-Stiftung", deren Ziel es war, aus eigenem und fremdem Verlag an ländliche, Krankenhaus-, Schul-, Fabrik- und Gefängnisbüchereien niveauvolle Schriften zu verteilen.[38] Das „billige Buch", das marktbewußte Verleger am Jahrhundertbeginn verstärkt anboten, war offensichtlich vor allem für dieses Publikum der Bücherhallen gedacht, das sich Originalausgaben nicht leisten wollte. Bei ihm hatte das „Kulturbuch" nur eine Chance, wenn es als „Massenbuch" angeboten wurde.

Eine Vielzahl von Statistiken und zeitgenössischen Äußerungen läßt vermuten, daß überhaupt Lektüre ohne Buchbesitz relativ weit verbreitet war – sogar auf dem Lande. Eine Umfrage bei Landfrauen der Provinz Brandenburg kurz vor 1914 erwies immerhin rund die Hälfte als Leserinnen[39] – wobei offenbleiben muß, wieweit dabei der Rahmen von Kochbuch, Gebetbuch und Zeitung gesprengt wurde. Die Benutzerstatistiken öffentlicher Büchereien weisen zur gleichen Zeit jeweils etwa ein rundes Drittel Handwerker und Gewerbetreibende samt deren Lehrlingen aus, zwischen 10 und 15 Prozent Kaufleute und Beamte, an Arbeitern gar 15 bis 20 Prozent.[40] Sicher ist dabei eine starke Binnendifferenzierung zu berücksichtigen: Der Industrieproletarier las weniger als der Schlosser oder Dreher, erst recht als der Lederarbeiter oder Buchdrucker. Schon vor 1900 mehrten sich wie hundert Jahre zuvor bei den Aufklärern, die gegen die „Lesesucht" fochten, die enttäuschten Warnungen progressiver Bildungspolitiker, daß „ziellose Bereicherung des Wissens" nicht im Interesse des Klassenkampfes sei. Man wehrte sich offensichtlich gegen eine „falsche" Form des Hinauflesens, nämlich die Anlehnung an den evasorischen Lektüregeschmack des Kleinbürgertums. Die Herausbildung einer proletarischen „Gegenkultur", auf die die Sozialdemokraten bei der Gründung von Arbeiterbibliotheken soviel Hoffnung setzten, ließ auf sich warten: Dort fanden Werke von Marx und Lassalle, Bebel und Bernstein so gut wie keine Entleiher, dafür aber Gerstäcker, Zola und der lüstern antiklerikale „Pfaffenspiegel".[41] Politisch gebundene wie unorganisierte Arbeiter bevorzugten übereinstimmend, wie Ausleihstatistiken erweisen, über Jahrzehnte und politische Umwälzungen hinweg, belletristisch- unterhaltende Lektüre mit einem Anteil von rund 80%. Wollte man die Leserwünsche qualitativ manipulieren, war eine Stagnation der Ausleihen das Ergebnis.[42]

Von wesentlicher Bedeutung für die Lektüre der unterbürgerlichen Schichten blieb weiterhin die Kolportage bzw. der Straßenverkauf. Den „vornehmen Buchladen" betrat das Volk, so Karl Bücher 1903, „wie eine Apotheke nur im äußersten Notfall". Der lieferungsweise an die Wohnungstür gebrachte Kolportageroman wurde abgelöst durch den Kioskvertrieb von Romanheftserien, deren Absatz vor 1914 bei jährlich 25 bis 30 Millionen Exemplare gelegen haben soll.[43] Die 32 bis 64 Seiten starken, mit grellen Umschlägen versehenen Groschenhefte kosteten meist zwischen 10 und 25 Pfennig und wurden außer durch die Kioske vor allem über den Schreibwaren- und Tabakhandel vertrieben – so avancierten die unzähligen städtischen Tabakgeschäfte zum wichtigsten Vergnügungslieferanten der Arbeiterschicht. Schon kurz nach 1900 begann der Import amerikanischer Massenware: allein die Serie „Buffalo Bill" soll es von 1905 bis 1914 auf 12 386 Nummern gebracht haben. Das 32 Seiten starke Heft war mit 20 Pfennig relativ teuer, was aber seiner Beliebtheit keinen Abbruch tat. Ähnlich erfolgreich wurden die Abenteuer des Detektivs „Nick Carter". Mit dieser „Übernahme der seriell, nach festgelegtem Schema produzierten amerikanischen Ware vollzog sich ein wichtiger Schritt beim Aufbau der internationalen Unterhaltungsindustrie"[44]. Nach 1914 gesellte sich zu dieser von den Gebildeten bekämpften Schundliteratur ein von ihnen propagierter „patriotischer Industrieschund" (R. Schenda) hinzu.

Der Lektüregeschmack des bürgerlichen Mittelstandes, also der wesentlichen bücherkaufenden und entleihenden Schicht, kann nur anhand einiger Schlaglichter beleuchtet werden. Die Verkaufsstatistik eines Berliner Warenhauskonzerns aus dem Jahr 1899 listete 150000 Bilderbücher, 120000 Unterhaltungsschriften und 110000 Kochbücher auf, aber nur 8000 Werke von Klassikern.[45] Dabei muß berücksichtigt werden, daß der überwiegende Teil der Kaufhausbelletristik sich aus Beständen des Modernen Antiquariats zusammensetzte, oft Restauflagen von Romanen der siebziger bis neunziger Jahre.

Aufschlußreich ist eine in den Jahren 1900 bis 1906 durchgeführte Umfrage des „Literarischen Echos" nach den meistgefragten literarischen Werken sowohl im Sortiment wie in den Leihbibliotheken.[46] Diese „Bestenliste" zeigt folgende Spitzentitel:

1900 „Eysen“ von Georg von Ompteda und „Das Schweigen im Walde“ von Ludwig Ganghofer, dahinter u. a. auch Titel von Tolstoj und Zola.

1901 „Das tägliche Brot“ von Clara Viebig, erneut „Eysen“, gefolgt unter anderem von Ganghofer und Jakob Wassermann.

1902 „Jörn Uhl“ von Gustav Frenssen und „Die Wacht am Rhein“ von Clara Viebig.

1903 „Jena oder Sedan“ von Franz Adam Beyerlein, „Briefe, die ihn nicht erreichten“ von Elisabeth von Heyking, ein neuer Roman Frenssens, aber auch Thomas Manns „Buddenbrooks“.

1904 „Götz Krafft“ von Eduard Stillgebauer und „Das schlafende Heer“ von Clara Viebig sowie wiederum Frenssen und die „Buddenbrooks“.

1905 wiederum „Götz Krafft“ sowie Margarethe Böhmes „Tagebuch einer Verlorenen“, Romane von Clara Viebig, Ganghofer, Ompteda, natürlich Frenssen und die „Buddenbrooks“, aber auch Hermann Hesses „Peter Camenzind“.

1906 schließlich Frenssens „Hilligenlei“, Clara Viebigs „Einer Mutter Sohn“ und das vorjährige „Tagebuch einer Verlorenen“.

Außer den „Buddenbrooks“ und Hesses „Peter Camenzind“, der nach vier Jahren das fünfzigste Tausend erreicht hatte, zählt keines dieser Bücher zum Kanon der deutschen Literaturgeschichte. Die Grundtendenz des Lesegeschmacks ist überdeutlich – neben Kriegerisch-Deutschtümelndem wurde vor allem Heimatliteratur geschätzt. Zu ihr gehörte der Lieblingsautor Kaiser Wilhelms II., Ludwig Ganghofer, zählten Clara Viebig und Hermann Löns, Ernst Zahn und J. C. Heer wie Felicitas Rose („Heideschulmeister Uwe Carsten“), vor allem aber der Bestsellerkönig der Jahrhundertwende, Gustav Frenssen. Von seinem Ende 1901 veröffentlichten „Jörn Uhl“ waren bis 1903 150000 Exemplare abgesetzt, 1905 200000, und bis 1940 stieg die Gesamtauflage auf 463000 Exemplare. Von seinem Roman „Peter Moors Fahrt nach Südwest“ sollen gar 1906 in einem Vierteljahr 250000 Exemplare verkauft worden sein. Im selben Jahr gab Deutschlands größte Leihbibliothek, Borstell in Berlin, die Liste ihrer zehn meistentliehenen Bücher bekannt. Auch hier standen Werke von Gustav Frenssen auf den Plätzen eins, zwei, vier und fünf.

In dieser antimodernen, schollenbewußten, oft sentimentalen und ideologisch unterfütterten Heimatkunst fanden sich sowohl die erste Generation landflüchtiger Arbeiter wieder wie das Kleinbürgertum, das neiderfüllt zum agrarischen Mittelstand aufblickte, der nationalstolze Besitzbürger und auch der vermögende Gutsbesitzer, ja sogar der Junker. Solche Hohelieder auf Nation und Natur bildeten jahrzehntelang die Hauptlektüre der sozialen Aufsteiger bis hin zum städtischen Mittelstand in einer sich industrialisierenden Massengesellschaft.[47]

In seiner fundierten Untersuchung über Lektüre in Wien zwischen 1889 und 1914 verweist Alberto Martino auf einen gleichen Trend. Hier hatte sich die Lektürefrequenz des zunächst nur rund 6% der Bevölkerung umfassenden Publikums der Leih- und Volksbüchereien in wenigen Jahrzehnten vervielfacht – mit klaren Präferenzen: „Alles, reich und arm, jung und alt, las fast ausschließlich Belletristik. Weder die erzieherischen noch die religiösen noch die klassenkämpferischen Erwartungen, weder die integrativen noch die restaurativen noch die revolutionären Hoffnungen hatten sich erfüllt."[48] Dieser umfassende Trend zum Belletristischen charakterisiert die Rolle der Lektüre im gesamten 20. Jahrhundert. Man darf ihn vielleicht ästhetisch oder moralisch, keinesfalls aber sozialhistorisch geringschätzen, wie Martino prägnant verdeutlicht: „Diese Art von Literatur übte nämlich wichtige, in einer hochindustrialisierten und hochbürokratisierten, von Entwurzelten bewohnten Großstadt sogar unersetzliche Funktionen aus. Der Zwang, sich in einer von rasanter regionaler und sozialer Mobilität geprägten Gesellschaft zu orientieren und sich dem neuen Milieu und den neuen Arbeitsverhältnissen in der Industrie anzupassen, der Verlust der alten Bindungen und Gewißheiten, die Vereinsamung und Erfahrungsarmut hatten ein akutes Bedürfnis nach Unterhaltung und Orientierung, nach psychologischem Ausgleich und kompensatorischen Erlebnissen hervorgerufen. Die Funktion, Sekundärerfahrungen und Informationen zu vermitteln, Orientierung und Lernvorgänge im fiktiven Rollenspiel zu ermöglichen, Sozialisationsprozesse zu fördern und zu beschleunigen, die Funktion, Trost für die verlorenen Bindungen und Gewißheiten zu spenden, durch Identifikation mit fremden Schicksalen die Überwindung der eigenen Isolation realisierbar scheinen zu lassen und nicht zuletzt Unterhaltung zu gewähren, all dies hatten zu einem guten Teil die massenweise produzierte Belletristik und der Kolportage-Roman übernommen. Indem aber die Belletristik – wie später der Film und der Rundfunk – diese Funktionen ausübte, die von emanzipatorischen Nebenwirkungen begleitet waren, leistete sie einen bedeutenden Beitrag gerade zu jener Homogenisierung des literarischen Geschmacks und zu jener kulturellen Integration der verschiedenen sozialen Klassen, die sich die bürgerlichen Volksbildner vorgenommen hatten."[49]

Diese positive Bilanz ließe sich freilich auch kulturpessimistisch deuten. Das anspruchsvolle kulturräsonnierende Lesepublikum hatte sich seit seiner Entstehung im 18. Jahrhundert kaum erweitert. Die am Beginn des 20. Jahrhunderts weitgehend vollzogene Demokratisierung des Lesens bewirkte nur zum Teil den Ausgang aus der eigenen Unmündigkeit im Kantischen Sinn, sondern führte meist zu einer um so größeren Abhängigkeit von den massenhaft verbreiteten Produkten einer alle kulturellen Bereiche umgreifenden Unterhaltungsindustrie.

X.

Der Buchhandel in der Weimarer Republik

Die Jahre zwischen 1918 und 1933, zwischen dem verlorenen Krieg und der nationalsozialistischen Machtübernahme, wird heute niemand mehr als „Goldene Zwanziger" bezeichnen wollen. Es war eine politisch und wirtschaftlich fast unablässig von Krisen gebeutelte Zeit, geprägt durch eine extreme Polarisierung und politische Ideologisierung breiter Teile der Bevölkerung. Zugleich war das geistige Leben durch eine verwirrende und kaum überschaubare Vielfalt heterogenster, einander oft erbittert bekämpfender Richtungen und Moden gekennzeichnet: Spätexpressionismus und Dadaismus, Neue Sachlichkeit und „proletarisch-revolutionäre Literatur", Regionalismus und Präfaschismus, dazu zahllose Einzelgänger und Querdenker. Ähnlich schwer zu überblicken ist auch die Geschichte des Buchhandels in diesen gut vierzehn Jahren; nur ein einziger, wenig brauchbarer Sammelband zum Thema liegt neben einigen Verlagsmonographien vor. Entsprechend lückenhaft ist auch dieser Überblick, der dafür zeitgenössischen Stimmen breiteren Raum gibt.

Wer allein die Statistik betrachtet, käme zu dem irrigen Eindruck einer Stagnation auf hohem Niveau. Im letzten Friedensjahr 1913 waren 34871 Novitäten erschienen, 1918 nur mehr 14743, aber 1920 bereits wieder 32 245. Sieben Jahre später war nach Inflation und Deflation mit 37 886 Titeln ein Kulminationspunkt erreicht, doch trotz der Wirtschaftskrise konnte sich die Produktion auch in den Folgejahren bei rund 34000 Titeln halten. Bei genauerem Hinsehen jedoch wird deutlich, daß so gut wie alle Steigerungen nicht den Büchern im engeren Sinn, sondern den Zeitschriften zuzurechnen sind: 1920 erschienen 4552 Zeitschriften, 1930 dagegen 7303 – dies ist nicht nur ein Indiz für die Spezialisierung der Wissenschaften, sondern auch für die Hektik und Zersplitterung des kulturellen Lebens. Die Produktionszahlen der Bücher im engeren Sinne dagegen sahen etwas bescheidener aus: Von 31595 Büchern, die 1925 herauskamen, sank ihre Zahl mit der wirtschaftlichen Depression 1928 auf 27794, ja 1932 auf nur mehr 21452 Titel, also fast ein Drittel weniger als 1925. Der Anteil der Schönen Literatur an der Gesamtproduktion, der im letzten Vergleichsjahr 1908 bei 14,2% lag, stieg 1920 auf nicht weniger als 23,4%, doch war dies offenbar nur ein kurzfristiger Boom im ersten richtigen Friedensjahr. 1931 war der Prozentsatz wieder auf exakte 14,2% gefallen. Ein auffälliges Indiz für die Innovationskraft des Marktes war das Verhältnis der literarischen Erstausgaben zu den Neuauflagen: Erstere wuchsen von 68,8% im Jahr 1920 auf nicht weniger als 84,3% im Vorjahr der Machtergreifung.

Gerhard Menz hat 1930 Schätzungen über den Gesamtumsatz des deutschen Buchhandels angestellt und diesen für die dreißiger Jahre des 19. Jahrhunderts auf rund 15,75 Millionen Mark beziffert, 1865 auf rund 25 und 1875 auf rund 55 Millionen; für 1913 wurden etwa 500 Millionen ermittelt und für seine Gegenwart rechnete Menz mit mindestens 600 Millionen – „was in Anbetracht der Kaufkraftminderung des Geldes seit dem Kriege auf einen mengenmäßigen Rückgang der Umsätze oder deren noch weiter fortgeschrittene Atomisierung zu schließen veranlaßt."[1]

Ein eher hektisches Bild bietet die Firmenstatistik. Waren die Zahlen von 1913 bis 1920 während Krieg und Revolution weitgehend gleich, so fanden bis 1925 etwa 1000 Neugründungen statt, wogegen fünf Jahre danach die Zahl wieder um 1500 zurückgegangen war und nur mehr 9145 Firmen in 1601 Orten umfaßte. 1920 wurden 175 Verlagsneugründungen registriert, 1921 148, 1922 119, 1923 75, 1924 85 und 1925 nur mehr sechs – die 1925 bestehenden mit einer Fragebogenaktion ermittelten 4298 Verlage pflegten nicht weniger als 383 Spezialgebiete.[2] Allein in Berlin gab es 1929 524 reine Sortimente, 217 Verlags- und Sortimentsfirmen, sowie 870 Verlage. Hier und in Leipzig, München und Stuttgart war mehr als die Hälfte aller deutschen Verlage und ein Fünftel aller Sortimente angesiedelt.

Die Branche hatte offensichtlich wieder einmal eine schwere Krise durchzustehen, worauf schon die ungewöhnliche Fluktuation der Firmen hinweist. Tatsächlich war der Buchhandel in besonderem Maße von den Problemen des Währungsverfalls und des damit verbundenen Kaufkraftverlustes betroffen; mit der gesunkenen Einwohnerzahl des Reiches (der Vorkriegsstand von knapp 65 Millionen wurde erst 1933 wieder erreicht) hatte auch sein Publikum sich verkleinert. Die öffentliche Hand war als Abnehmer sparsamer geworden, so daß die wissenschaftlichen Verleger mit erheblichen Kürzungen der Bibliotheken bei Zeitschriften-Abonnements und Fortsetzungswerken zu kämpfen hatten. Eine staatliche „Nothilfe für das wissenschaftliche Buch" subventionierte zwar mit Druckkostenzuschüssen viele Firmen, aber schon die Gründungsdaten einer „Arbeitsgemeinschaft wissenschaftlicher Verleger" (1920) und einer „Arbeitsgemeinschaft wissenschaftlicher Sortimenter" (1928) deuten auf die Probleme dieses Branchenzweiges. Auch die kulturelle Hektik trug zur Unübersichtlichkeit bei; das „Börsenblatt" klagte 1928, „der Buchhandel, dessen volkswirtschaftlicher Zweck es ist, [...] geistige Werte in marktgängige Werte zu verwandeln und zu verbreiten, ist gezwungen, sich dem andauernden schnellen Wechsel der Anschauungen immer wieder anzupassen"[3].

Die schlechte Wirtschaftslage und die Krisensymptome führten nicht zu einer verstärkten Solidarität des Buchgewerbes, sondern zum Rückzug auf Partikularinteressen. Dies hatte bereits während des Krieges eingesetzt, als den Druckereien die Papierzuweisungen gekürzt wurden; Bücher unterlagen noch bis zum 1. Oktober 1920 der Zwangswirtschaft. Als Interessenvertretung des Sortiments wurde – neben dem Börsenverein – 1916 die „Buchhändlergilde" gegründet, die dem seit 1886 bestehenden „Deutschen Verlegerverein" entschiedener als der schon 1863 ins Leben gerufene Sortimenter-Verein entgegentreten sollte. Gegenüber diesen Rivalitäten verwies der sich organisierende Jungbuchhandel auf den Solidargedanken; er begann in den beiden schon erwähnten Zeitschriften der Lauensteiner Bewegung und ab 1926 in den „Jungbuchhändler-Rundbriefen" ein neues berufspraktisches Bildungs- und Gemeinschaftsideal zu propagieren.

1918 beschloß der Börsenverein eine Notstandsordnung, deren Hauptpunkt die Einführung eines Teuerungszuschlages in Höhe von 10% auf den Verkaufspreis aller Bücher bildete. Dieser Zuschlag blieb auch nach Kriegsende in Kraft. Er wurde im Januar 1920 auf 20% erhöht, was mehrere Verleger veranlaßte, den Direktvertrieb zu intensivieren, wurde jedoch im Oktober desselben Jahres wieder auf 10% gesenkt. Mit zunehmendem Währungsverfall ersetzte ihn eine „Schlüsselzahl", mit der der jeweilige Grundpreis des Buches zu multiplizieren war. Sie spiegelt eindrucksvoll die Sprünge der Inflation: Bei ihrer Einführung am 13. September 1922 betrug sie 60, am 27. Dezember 600, am 21. Juni 1923 war sie auf 6300 gestiegen, am 11. August auf 300000, am 7. September auf 2400000, am 20. November auf 660 Millionen, am 22. November 1923 schließlich auf 110 Milliarden. Somit kostete beispielsweise ein Bändchen von Reclams Universalbibliothek, das man von 1867 bis 1917 für zwei Silbergroschen bzw. 20 Pfennig kaufen konnte, gegen Ende der Inflation 330 Milliarden Papiermark.

Am 5. Dezember 1923 war der Milliardenspuk vorüber, die Schlüsselzahlen verloren ihre Gültigkeit, und die Rentenmark auf Dollarbasis wurde zur neuen Währung. Der feste Ladenpreis war in den Jahren zwischen 1917 und 1923 faktisch außer Kraft gesetzt gewesen. In den Anzeigen war von „unverbindlichen" und „Tagespreisen" die Rede, die Sortimenter gaben schließlich die Preisauszeichnung der Bücher auf. Offensichtlich im Zusammenhang damit verlor der Konditionsverkehr in diesen Jahren weitgehend an Bedeutung und beschränkte sich auf Bereiche wie das wissenschaftliche Buch. Die seitdem vorherrschende Festbestellung hat für den Buchmarkt deutliche Konsequenzen – insbesondere „daß der Sortimenter in Folge dieses Prinzips normalerweise sehr vorsichtig einkaufen muß, daß die Präsenz vor allem schwieriger Neuigkeiten hierdurch beeinträchtigt werden kann, daß die Konkurrenz der Verleger dem Sortimenter gegenüber sehr viel schärfer geworden ist, daß schließlich das Risiko des Sortimenters größer geworden ist".[4] Die Konsolidierung des Preisgefüges war in den folgenden Jahren – neben einer Satzungsreform 1928 – eine der Hauptaufgaben des Börsenvereins, stieß jedoch auf ähnlichen Widerstand wie am Jahrhundertbeginn, als Karl Bücher seine Anklagen gegen das Buchhandelskartell formuliert hatte. In der Nachfolge Büchers veröffentlichte Edmund Winterhoff 1927 seine Dissertation „Die Krisis im deutschen Buchhandel als Folge seiner Kartellierung", worin er nachzuweisen versuchte, daß die Probleme der Branche „ganz überwiegend endogener Natur" seien. Das Sortiment sei völlig überfordert durch die uferlose Produktion, bevorzuge hochrabattierte Werke und gängige Novitäten, vernachlässige dagegen die Pflege der wissenschaftlichen und anspruchsvolleren literarischen Produktion. Diese „einseitige Förderung populärer Neuerscheinungen" sei eine „spezifische Wirkung des Buchhändlerkartells: ein Umstand, der die Verlagsproduktion entscheidend beeinflußt hat und der für die schriftstellerische Tätigkeit von richtunggebender Bedeutung geworden ist"[5]. Das durch die Kartellierung verursachte Kernproblem des Buchhandels sei der Verlust der Fähigkeit des Sortiments, die Produktion zu regulieren. Der feste Ladenpreis verhindere die einzige Gesundungsmöglichkeit, nämlich die freie Konkurrenz. Er blähe die Produktion zu hohen Preisen auf, fördere die Kommerzialisierung der schriftstellerischen Arbeit durch die strikte Orientierung an der Marktgängigkeit und sei auch am wachsenden Mißtrauen der Autoren gegenüber ihren Verlegern schuld.

Winterhoffs Diagnose der Mißstände war großteils treffend, doch seine Therapievorschläge überzeugten nicht: Ohne festen Ladenpreis könnten Spezialbuchhandlungen in Großstädten bestimmte Bereiche völlig abdecken, wissenschaftliche Werke sollten im Versand vertrieben werden, der Rückgang des kapitalschwachen Kleinsortiments würde die Überproduktion beseitigen, der Kommissionshandel könne verschwinden, die Verleger müßten stärker mit Warenhäusern kooperieren, die Konsumenten könnten sich in Beteiligungsbuchhandlungen organisieren und so den Rabatt in die eigene Tasche stecken.

Die rege publizistische Diskussion im „Börsenblatt“ und in Gegenschriften von Verlegern konnte Winterhoff schnell die Schwachstellen seiner Argumentation nachweisen, aber seine Schrift zeigte exemplarisch das weitverbreitete Krisenbewußtsein und leitete eine erneute Reformdiskussion ein. Wie ernst es dem Buchhandel mit der Sicherung der Preisbindung war, bewies die Reaktion auf die Notverordnung vom 8. Dezember 1931: Vor die Wahl gestellt, eine generelle Preissenkung von zehn Prozent vorzunehmen oder die Preisbindung aufzugeben, entschieden sich die Verleger für die Verbilligung und sicherten so den Fortbestand des bisherigen Sortiments.

Besonders verheißungsvoll erschien das Modell einer genossenschaftlichen Organisierung der Produktion wie der Konsumtion. Nach Kriegsende mehrten sich in allen Bereichen des literarischen Lebens die Sozialisierungstendenzen. Der *Schutzverband Deutscher Schriftsteller* propagierte 1918 Autorenräte, die als eine Art Kontrollinstanz und Interessenvertretung die Tätigkeit der Privatverlage überwachen sollten. Zugleich wurden Sozialisierungsmodelle wissenschaftlicher Privatverlage diskutiert, eine Verstaatlichung des Sortiments, ja, auch der Leihbibliotheken und des Bahnhofsbuchhandels. Wolfram Göbel, der die Sozialisierungstendenzen dreier expressionistischer Verlage, darunter des Kurt Wolff Verlages, nach 1918 untersucht hat, führt ihr schnelles Scheitern zurück auf die „Unfähigkeit der Expressionisten zur Realpolitik, ihre Naivität in buchhändlerischen Fragen, mangelnde Einsicht in die nationalökonomischen Verhältnisse und die Radikalität der abstrakten ‚literarischen‘ Konzeptionen“[6].

Während den Sozialisierungstendenzen im Verlag kein Erfolg beschieden war, versuchten genossenschaftliche Assoziationen wie Vereinssortimente und andere Warenbeschaffungskonsortien für zentralen und damit günstigeren Einkauf, sich gegen die Marktmacht des Zwischenbuchhandels zu behaupten. Diese hatte sich vermehrt durch die schrittweise, 1924 abgeschlossene Fusion der beiden größten Kommissions- und Barsortimentsfirmen Koehler und Volckmar, die jeweils zuvor schon kleinere Zwischenbuchhandelsfirmen angegliedert hatten. Über den Einfluß dieses neuen ungemein leistungsstarken Großkonzerns auf den Gesamtbuchhandel fehlen bisher Forschungen. 1922 versuchten kleine und mittlere Firmen mit der Gründung einer „Buchhändler-Abrechnungs-Genossenschaft" (BAG) den Kreditverkehr an den Kommissionären vorbeizuleiten, mußten aber bereits 1923 einen Kompromiß mit diesen eingehen. Auch im Verlagsbuchhandel setzte sich der Konzentrationsprozeß fort: Bekanntestes Beispiel im wissenschaftlichen Verlagswesen ist die 1919 entstandene „Vereinigung wissenschaftlicher Verleger Walter de Gruyter und Co.", zu der sich die fünf traditionsreichen Firmen Göschen, Guttentag, Reimer, Trübner und Veit aus Kostengründen und zur Vertriebsreform zusammenschlossen. Zu verlegerischen Großunternehmen entwickelten sich auch die *Deutsche Verlagsanstalt* und als produktionsstärkster deutscher Verlag der zwanziger Jahre der medizinische, naturwissenschaftliche und technische Fachverlag Julius *Springer* mit (1927) 562 Titeln im Jahr, mit angeschlossenem Antiquariat, Sortiment und Direktversand. Beim Medienkonzern *Ullstein* stand das Presse-Imperium im Vordergrund.[7]

Zur weitaus erfolgreichsten genossenschaftlichen Organisationsform auf dem Buchmarkt dieses Jahrzehnts wurden die *Buchgemeinschaften*. Ihre Kennzeichen waren preiswerte Massenauflagen bei guter Ausstattung, teils in Eigenproduktion, teils als Lizenzausgaben, die ausschließlich an Mitglieder vertrieben wurden. Diese verpflichteten sich im Sinne eines Abonnements zu einer Mindestdauer der Mitgliedschaft sowie zu einer Mindestabnahme von Büchern.

Als Vorläufer der Buchgemeinschaften können der 1873 zur Abwehr der Leihbibliotheken gegründete „Allgemeine Verein für Deutsche Literatur" und der „Verein der Bücherfreunde" von 1891 gelten; 1916 entstand die „Deutschnationale Hausbücherei" des „Deutschnationalen Handlungsgehilfenverbandes" (1924 umbenannt in „Deutsche Hausbücherei"), 1919 der „Volksverband der Bücherfreunde", 1920 schließlich ein „Deutschmeister Bund". Zwischen 1924 und 1928 kamen zwölf weitere hinzu, vor allem 1924 die „Deutsche Buch-Gemeinschaft" und die „Büchergilde Gutenberg"[8]. Insgesamt sollen bis 1933 mehr als 30 Buchgemeinschaften gegründet worden sein. Wirtschaftliche Gründe scheinen nahezuliegen, doch stand die ideologische Komponente im Vordergrund. Denn all diese Institutionen traten mit dem Anspruch auf, nicht nur die Anschaffung von Büchern enorm zu verbilligen, sondern insbesondere den scheinbar chaotischen, durch Überproduktion und Spekulation unüberschaubaren Buchmarkt transparenter zu machen, das Angebot vorzusichten, den isolierten und irritierten anonymen Buchfreund in eine Gemeinschaft Gleichgesinnter einzubinden und dabei nicht profitorientiert, sondern gemeinnützig zu wirken. Das Mitglied einer Buchgemeinschaft sonderte sich zumindest teilweise vom traditionellen Buchmarkt ab und konzentrierte sich auf einen Binnenmarkt mit klarem Orientierungsrahmen.

Die Buchgemeinschaften der Weimarer Republik umfaßten so gut wie sämtliche Spielarten des ideologisch-politischen und konfessionellen Spektrums. Die „Deutsche Hausbücherei" richtete sich an völkisch-nationale Zielgruppen, der „Volksverband der Bücherfreunde" und die „Deutsche Buch-Gemeinschaft" mit recht breitem Angebot eher an bürgerlich-konservative Kreise, die „Katholische Buchgemeinde" und „Bonner Buchgemeinde" wie die „Deutsch-Evangelische Buchgemeinschaft" an die beiden großen Konfessionen, der „Heine-Bund" an Juden, die „Büchergilde Gutenberg" war gewerkschaftlich orientiert, der „Bücherkreis" wirkte für die SPD, die „Universumbücherei für Alle" gehörte zu Willi Münzenbergs kommunistischem Pressekonzern. Die Mitgliederzahlen, soweit sie überhaupt nachzuweisen sind, verhielten sich entsprechend: An der Spitze stand 1929/30 mit 600000 Mitgliedern der konservative „Volksverband der Bücherfreunde", ihm folgte mit 500000 Mitgliedern die ähnlich getönte „Deutsche Buch-Gemeinschaft". Die „Büchergilde Gutenberg" erreichte um 1930 knapp 80000 Mitglieder, die übrigen dürften darunter gelegen haben. Insgesamt ist wohl mit anderthalb Millionen auf diese Weise organisierten Lesern (samt ihren Haushalten) zu rechnen, großteils kleinen Beamten, kaufmännischen und anderen Angestellten und Facharbeitern. Allerdings war das tatsächliche Verhältnis der Mitglieder zu ihrer Buchgemeinschaft keineswegs genossenschaftlicher Natur – auch sie waren letztlich nur Kunden eines Gewerbebetriebes, der freilich dank der Vereinigung von Produktion und Distribution erhebliche finanzielle Vorteile erzielte und weitergeben konnte. Zwar waren die Durchschnittspreise nicht niedriger als die der billigen Buchreihen, dafür war die Ausstattung jener der etwa doppelt so teuren regulären gebundenen Ausgaben gleichwertig. Zweifellos bot gerade dieses „gediegene" Äußere der Buchgemeinschaftseditionen einen wesentlichen Anreiz für die Mitglieder, die sich so bei bescheidener Kaufkraft eine Büchersammlung ohne das Odium der Billigkeit aufbauen konnten. Für Aufsteiger, die Buchbesitz noch als sozialen Indikator ansahen, war der Erwerb eines Leder- oder Halblederbandes mit Rückenschildchen attraktiver als der eines schlichten Pappbandes.

Über die jeweiligen Erfolgstitel der Buchgemeinschaften, über die Ausstattung und deren Unterschiede, über Auflagen und Werbestrategien ist bisher wenig bekannt. Sie vereinnahmten sicher einen wesentlichen Teil des Bücherbudgets ihrer Mitglieder, zu denen auch Zielgruppen des Sortiments gehörten. Die Versuche des Börsenvereins, die neue Konkurrenz mit Protestresolutionen, Boykottdrohungen und Prozessen niederzuhalten, waren kaum erfolgreich. Insbesondere belletristische Verlage konnten dank Buchgemeinschaftslizenzen ihrerseits kostengünstiger produzieren und anbieten. Will man Alfred Döblin glauben, so waren die Autoren mit den „literarischen Konsumgemeinschaften" uneingeschränkt zufrieden: „Sie sind keine Avantgarde im Literarischen wie unsere Privatverlage, sie sind aber eine Avantgarde im Kulturpolitischen [...]. Sie geben [dem Autor] einen festen kulturfähigen Leserstamm und machen ihn unabhängig von einer Zufallsreklame oder von einem Konjunkturerfolg. Sie gewähren auch dem Autor einen großen ideellen Vorteil mit diesen weiten Lesermassen. [...] Es folgt für ihn daraus auch die Bindung an diese Masse, die produktionssteigernd ist, – geistig produktionssteigernd.

Ganz besonders ist das der Fall bei den ideell gebundenen Buchgemeinschaften, bei den weltanschaulich oder politisch gebundenen Buchgemeinschaften. Sie lobe ich am meisten. Sie erhebe ich über die neutralen – *weltanschaulich* neutralen – Buchgemeinschaften; denn nichts ist für einen Autor wichtiger als eine feste ideelle Hand. So also die evangelischen, katholischen und meinetwegen auch die völkischen Buchgemeinschaften!"[9] Döblins bemerkenswerte Äußerung belegt, wie stark beim freien Schriftsteller noch immer die Sehnsucht nach einer Gemeindebildung das Selbstwertgefühl bestimmte, wie groß die Abneigung gegen die Anonymität des Publikums war, selbst um den Preis literarischer und ideologischer Partikularisierung, Polarisierung und Radikalisierung.

Am Ende der zwanziger Jahre kulminierte das diffuse Krisenbewußtsein aller am literarischen Vermittlungsprozeß Beteiligten im Schlagwort von der *Bücherkrise*, die Hauptsymptom eines allgemeinen Kulturverfalls sei. S. Fischer konstatierte 1926 „eine unheimliche Stille auf dem Büchermarkt" und der konservative Ästhet Rudolf Borchardt sekundierte ihm in seiner weitbeachteten Rede „Die Aufgaben der Zeit gegenüber der Literatur" (1929) mit der Diagnose, daß „die bürgerliche Gesellschaft [...] in Auflösung begriffen ist"[10], daß das Publikum hartnäckige Kaufunlust zeige, die Bücherpreise zu hoch und die Produktion zu groß seien. In einer umfangreichen publizistischen Diskussion suchten Autoren, Verleger und Sortimenter die Hauptschuld jeweils beim Anderen, klagten aber auch das Publikum an, das an hemmungsloser Novitätensucht kranke und durch die beiden neuen Leitmedien Stumm- bzw. Tonfilm und Rundfunk anspruchsvollerer Literatur entfremdet werde. S. Fischer hielt es für „sehr bezeichnend, daß das Buch augenblicklich zu den entbehrlichsten Gegenständen des täglichen Lebens gehört. Man treibt Sport, man tanzt, man verbringt die Abendstunden am Radioapparat, im Kino, man ist neben der Berufsarbeit vollkommen in Anspruch genommen und findet keine Zeit, ein Buch zu lesen."[11]

Als Hauptmittel, die Entfremdung des Publikums vom Buch wieder zu beheben, diente nun erstmals Produktwerbung in großem Stile, von Konzernen wie Ullstein eröffnet und bald auch von literarischen Verlagen übernommen; von exemplarischen Werbefeldzügen für Thomas Mann und Erich Maria Remarque wird noch die Rede sein. Natürlich leistete man durch die (von den meisten Autoren abgelehnte) Reklame der getadelten Novitätensucht erst recht Vorschub; ein Symptom der beklagten „Amerikanisierung" des Buchmarktes waren auch die Bestsellerlisten, die ab September 1927 von der „Literarischen Welt" veröffentlicht wurden.

Der konservative und national denkende Börsenverein, der immerhin 1927 erstmals einen Werbeausschuß ins Leben rief, und mit ihm zahlreiche Sortimenter zogen sich gegenüber solchen Tendenzen auf die Pflege des „guten deutschen Buches" zurück. 1929 wurde ein „Tag des Buches" jeweils zum 22. März, dem Todesdatum Goethes, proklamiert. Er sollte volksbildend wirken und mit Kundgebungen, Vorträgen und Sonderschaufenstern im ganzen Reichsgebiet die „geistigen Kräfte der Nation" wachrütteln. Die Motti „Jugend und Buch" (1930) und „Frau und Buch" (1931) gipfelten 1933 folgerichtig in „Volk und Buch".

Wie reagierte auf die skizzierten Probleme das Verlagswesen? Die Herstellungs- und Vertriebskosten waren gegenüber der Vorkriegszeit um 80 bis 100% gestiegen, die Bücherpreise dagegen nur um etwa 30 bis 40%. Dabei sank die Durchschnittsrendite im schöngeistigen Verlag laut Winterhoff bei Absatz der gesamten Auflage auf etwa die Hälfte der Vorkriegszeit ab.[12] Angesichts der geistigen und ideologischen Zersplitterung und Polarisierung des Publikums suchten viele ihr Heil in der Gründung von Weltanschauungsverlagen, die sich als Sprachrohre der jeweiligen politischen und literarischen Parolen verstanden. Diese Tendenz zur Formierung, ja zur Abkapselung von ideologisch Andersdenkenden, ist exemplarisch für die Kommunikationsstrukturen der Weimarer Republik. Am Beispiel des rechten Lagers ist zu erkennen: „Hinsichtlich des Vertriebs und der Verbrei-

Der überforderte Sortimenter in der Weimarer Republik
(Karikatur von Karl Arnold 1925)

tung ihrer Literatur haben völkische Verleger nichts dem Zufall und wenig dem Buchmarkt überlassen. Abgesehen von den ohnehin existierenden engen persönlichen Kontakten, der Mitgliedschaft einzelner Verleger oder Verlagsmitarbeiter in denselben politischen Parteien, Bünden oder Glaubensgemeinschaften, hat sich die völkische Verlagsszene ein Netz spezieller Organisationen geschaffen, das oftmals außerhalb des von Leipzig aus organisierten Buchvertriebs der Distribution völkischer Literatur und Publizistik diente. [...] Im Bild eines Ritterordens aus Verlegern, Autoren und Lesern kulminieren [...] die Wünsche einiger Völkischer nach Distanz zur Moderne, zu anderen weltanschaulichen Gruppierungen und zu den ökonomischen Konkurrenten auf dem Buchmarkt."[13] Charakteristisch waren aber auch das Umschwenken bisher neutraler Firmen in verschiedene Lager und das Bestreben, sich allen Strömungen und Richtungen zu öffnen, sofern sie ökonomischen Erfolg versprachen. Auch die Kulturverleger der Jahrhundertwende konnten sich dieser Politisierung nicht entziehen. So erweiterte S. Fischer sein Programm Ende der zwanziger Jahre um zeitgeschichtliche, politische und wirtschaftspolitische Titel. Ernst Rowohlt beantwortete 1930 die Frage, weshalb sich „mein Verlag, der sich mit Energie und Erfolg vielen Büchern republikanischer und demokratischer Tendenz widmete und widmet, dazwischen auch das Buch eines Rechtsradikalen herausbringt" mit der Maxime: „Als Verleger aber habe ich nicht die Berufung, einer bestimmten Politik zum Siege zu verhelfen; meine Aufgabe ist es, *wichtige* Bücher dem Publikum zugänglich zu machen, Bücher, von denen der Leser einen *Gewinn* hat."[14] Mit solch undogmatischer Verlagspolitik wurde Rowohlt zum erfolgreichen Verleger sowohl der berühmten expressionistischen Anthologie „Menschheitsdämmerung" wie des kühlen Romanmonuments „Der Mann ohne Eigenschaften", der kecken Satiren Kurt Tucholskys wie der populären politischen Biographien Emil Ludwigs.

S. Fischers Bemühungen um das billige Kulturbuch gipfelten in einem Experiment, an dem sich die Berechtigung der Klagen über hohe Bücherpreise ebenso erwies wie die entscheidende Rolle neuzeitlicher Werbemaßnahmen: der Volksausgabe von Thomas Manns großem Roman „Buddenbrooks". Der Verlag Th. Knaur, der sich mit seiner Reihe „Romane der Welt" auf den Massenabsatz in Kaufhäusern spezialisiert hatte, machte Thomas Mann 1929 das Angebot, von dem bereits 1901 veröffentlichten Buch eine Auflage von maximal einer Million Exemplaren gegen ein Voraushonorar von hunderttausend Mark zu publizieren. Der umfangreiche Band mit 736 Seiten sollte statt der regulären 17 Mark nur mehr 2,85 Mark kosten. Das Risiko war nicht gering – denn bisher hatte der jährliche Absatz der teuren Ausgabe kaum je 6000 Exemplare überstiegen. Auf Drängen des Autors und seines Schwiegersohns entschloß sich S. Fischer, unterstützt durch einen Lizenzvertrag mit einer Buchgemeinschaft, den ihn unsolide dünkenden Coup selbst zu wagen. Am 7. November 1929, also wohlberechnet zum Weihnachtsgeschäft, kamen die ungekürzten „Buddenbrooks" in Ganzleinen zum Preis von 2,85 Mark auf den Markt – in einer Startauflage von 150000 Exemplaren. Fünf Tage darauf erhielt Thomas Mann für eben dieses Buch den Literaturnobelpreis. Damit war der Erfolg gesichert und noch vor Weihnachten das 650. Tausend erreicht, im November 1932 näherte sich die Sonderausgabe mit 980000 der Millionenschwelle. Immerhin brachte es Alfred Döblins ungleich schwierigerer „Berlin Alexanderplatz“, der wenige Tage nach der „Buddenbrooks“-Sonderausgabe erstmals erschien, in demselben Zeitraum auch auf 50000 Exemplare. Das angesehene Unternehmen blieb von allen Vorwürfen gegen die offensive, im Ruch der Unseriosität stehende Preispolitik unberührt; Gottfried Bermann-Fischer konstatierte lakonisch: „Neben dem speziell Verlegerischen liegt in dem Organisatorischen und Vertriebsmäßigen eine der wichtigsten Aufgaben des modernen Verlegers.“[15]

Dieser Maxime folgten nicht nur die großen und mittleren belletristischen Kulturverlage, sondern ebenso jene Firmen, die weltanschaulichen Lagern zuzurechnen waren. Für das linke wie das rechte sei jeweils ein exemplarischer Vermittler genannt: der Malik Verlag und der Langen-Müller Verlag.

Der *Malik*-Verlag[16] erhielt seinen Namen nach einem Roman von Else Lasker-Schüler. Am 1. März 1916 eröffnet, war er von Anfang an dem Argwohn der Zensurinstanzen ausgesetzt. Sowohl sein Eigentümer Wieland Herzfelde als auch sein Hauptmitarbeiter, der schonungslos aggressive Zeichner George Grosz, standen als Deserteure vor dem Kriegsgericht. Als im Dezember 1918 die Kommunistische Partei Deutschlands gegründet wurde, zählten die beiden neben Herzfeldes Bruder Helmut zu ihren ersten Mitgliedern. Die Erfolglosigkeit der radikalen kommunistischen Parolen kommentierten sie höhnisch mit der satirischen Zeitschrift „Jedermann sein eigner Fußball“, deren Programm lautete, „alles, was den Deutschen bisher lieb gewesen sei, in den Dreck zu treten“, und nach dem schnellen Verbot des Blattes mit der „illustrierten Verschwörerzeitschrift“ „Die Pleite“, die gleichfalls stete Attacken der Zensur zu erdulden hatte. Der intensive, aber nur kurze Flirt des Verlages mit dem Dadaismus wurde abgebrochen, als die Partei ihr Befremden über diesen dekadenten Unsinn kundtat. Statt dessen verhalf ein weiterer Prozeß anläßlich George Grosz' antimilitaristischer Mappe „Gott mit uns“ 1921 dem Verlag zu breiter Publizität für ein Programm, das sich der proletarischen Revolution verschrieb. Neben parteitreuen Autoren wie Johannes R. Becher, Georg Lukács und Mitgliedern des „Bundes proletarisch-revolutionärer Schriftsteller“ wurden auch unabhängige linke Geister wie Oskar Maria Graf und Franz Jung, Erich Mühsam und Leonhard Frank betreut. Nach 1925 konzentrierte sich der Malik-Verlag auf sowjetische Autoren und auf den sozialkritischen amerikanischen Schriftsteller Upton Sinclair, von dem nicht weniger als 29 Werke übersetzt wurden. Der finanzielle Erfolg der Sinclair-Ausgaben beruhte insbesondere auf der Ausstattung durch Helmut Herzfelde – er nannte sich nun John Heartfield. Seine Photomontagen auf Schutzumschlägen und Einbänden wurden schnell zu einem (bald imitierten) Markenzeichen für satirisch-progressive Belletristik und Publizistik. 1933 mußte der Verlag ins Prager Exil ausweichen. Von dort 1938 vertrieben, gründete Herzfelde 1944 in New York den *Aurora*-Verlag, an dem unter anderen Brecht, Bloch, Döblin, Feuchtwanger, Graf und Heinrich Mann beteiligt waren – er mündete nach der Rückkehr Herzfeldes in den Ostberliner *Aufbau*-Verlag.

Bei aller Nähe zur kommunistischen Ideologie war der Malik Verlag jedoch kein eigentliches Parteiunternehmen – auch dieser Typus erlebte in der Weimarer Zeit seine erste Blüte. Die Verlage der KPD bemühten sich um proletarische Gegenkultur und übernahmen dabei das Rezept der billigen Reihen, so mit dem „Roten Eine-Mark-Roman" des *Internationalen Arbeiter Verlags*. Erfolgreicher war allerdings die Pressepolitik der KP, organisiert durch Willi Münzenberg und seine „Internationale Arbeiter-Hilfe". Seine „Arbeiter-Illustrierte Zeitung (A-I-Z)" erreichte Anfang der dreißiger Jahre im Kolportageverkauf eine Auflage von mehr als 300 000.

Exemplarisch für die rechte Seite des Verlagsspektrums, auf der mit hektischem Aktivismus „hunderte kleiner Verlage, Dutzende neuer Zeitschriften und eine unübersehbare Flut von Broschüren und Büchern"[17] entstanden, ist der *Langen-Müller Verlag*.[18] Die beiden am Jahrhundertbeginn hochrenommierten Münchner Kulturverlage von Albert Langen und Georg Müller waren 1927 und 1931 vom „Deutsch-Nationalen Handlungsgehilfen-Verband" aufgekauft und im letzteren Jahr fusioniert worden. Trotz seines altfränkischen Namens betrieb der kapitalkräftige Verband eine ungemein erfolgreiche Kultur- und Medienpolitik, die sich immer stärker zum Völkischen hin radikalisierte. Von der *Hanseatischen Verlagsanstalt* ausgehend, kaufte der DHV Verlage und Sortimente auf, stand auch hinter der „Deutschen Hausbücherei", förderte völkisch-nationale Autoren und setzte seine erheblichen Finanzmittel gezielt zu ideologischen Zwekken ein. Man trennte sich billigst von alten Beständen profitbringender Unterhaltungsliteratur, konzentrierte sich auf nationale Missionierungsarbeit, bemühte sich, nichtvölkische Autoren vom Markt zu verdrängen, und verstand sich insgesamt als „Kampfmittel gegen den jüdischen und undeutschen Geschäftemachergeist in der Verwaltung des geistigen Gutes des deutschen Volkes"[19]. So spielten bei einer billigen Ausgabe von Hans Grimms völkischem Programmroman „Volk ohne Raum“ kommerzielle Erwägungen kaum eine Rolle: Das Honorar des Autors wie die Sortimentsrabatte waren äußerst großzügig bemessen, der Werbeaufwand ungewöhnlich. Auf dem Umschlag des „Börsenblattes“ wurde als Anzeige ein fiktiver Brief an den Verlag placiert, der mit dem Appell endete: „Werfen Sie die ersten Hunderttausend des billigen ‚Volk ohne Raum‘ noch zu diesem Herbst in die Buchläden. Nicht *ein* Stück davon wird liegenbleiben – und gemeinsam mit Grimm erfüllen Sie eine nationale Pflicht, die hinauszuzögern oder zu unterlassen bei der ins Übermaß gesteigerten äußeren u. geistigen Not unseres Volkes nicht mehr statthaft ist.“[20]

Die im Herbst 1931 erscheinende Volksausgabe des Buches kostete, obwohl von vornherein auf Verlust kalkuliert, immerhin noch 8,50 Mark, also rund das Dreifache der „Buddenbrooks“. Dennoch konnte der Verlag nach vier Wochen den Absatz von 50000 Exemplaren melden, nach einem weiteren Monat waren 100000 verkauft – für ein literarisch eher dürftiges und auch kaum unterhaltsames Elaborat eine bemerkenswert hohe Zahl; wie die Wähler der NSDAP vervielfachte sich offenbar das Zielpublikum völkischen Schrifttums. Nachdrücklich warb der Verlag um jüngere Künder nationalen Erwachens und publizistische Widersacher des Staates der „Novemberverbrecher“. Der Langen-Müller Verlag konnte nach 1933 ohne jede „Gleichschaltung“ sein Programm fortführen, ging zwangsweise in den Besitz der „Deutschen Arbeitsfront“ über und wurde damit einer Parteigliederung unterstellt. Als führender Literaturverlag des Dritten Reiches „mit seiner einerseits systemkonformen und andererseits ‚anspruchsvollen‘, scheinbar ideologiefreien Literatur“ entsprach er freilich gezielt nicht dem Klischee eines Parteiverlages: „Sinn dieser Camouflage war offenbar, das Münchner Unternehmen in der gleichgeschalteten literarischen Landschaft bei seiner spezifischen kulturpolitischen Aufgabe, die analog der des ‚Inneren Reiches‘ war, zu unterstützen: Das Renommee und die Durchsetzungsfähigkeit nationalsozialistischer Kulturpolitik im In- und Ausland zu erhöhen.“[21]

Daß ein finanzstarker Medienkonzern wie der Deutschnationale Handlungsgehilfenverband aus ideologischen Gründen Verluste hinnahm, ja einplante, war freilich eine Ausnahme. Die beiden großen Pressekonzerne der Weimarer Republik, Hugenberg und Ullstein, befaßten sich mit dem Buchverlag ausschließlich aus Profitgründen. Der Aufstieg des Deutschnationalen Alfred *Hugenberg*, der überzeugt war, den Trommler Hitler als Werkzeug benutzen zu können, war um 1930 im wesentlichen abgeschlossen. Zu seinem Konzern gehörten die Filmgesellschaft UFA und die größte Nachrichtenagentur (Telegrafen-Union), dazu zahlreiche verschachtelte Pressegesellschaften. Fünfhundert bis sechshundert Provinzzeitungen standen unter Hugenbergs Einfluß und damit etwa die Hälfte der gesamten deutschen Presse; in manchen Regionen wie in Pommern erschienen so gut wie ausschließlich reaktionär-nationalistische Hugenberg-Zeitungen. Die Buchverlage seines Imperiums spielten demgegenüber eine marginale Rolle.

Was Hugenberg für die Provinzpresse bedeutete, war *Ullstein* für die Reichshauptstadt. Während der deutschvölkische Intrigant gerne im Hintergrund die Fäden zog, führten die Gebrüder Ullstein ihren Konzern auf eine Weise, die Arthur Koestler so kennzeichnete: „Das Haus Ullstein war eine politische Macht und gleichzeitig die Verkörperung des fortschrittlichen und kosmopolitischen Geistes der Weimarer Republik."[22] Die meisten renommierten Autoren der zwanziger Jahre schrieben regelmäßig oder zuweilen für Ullsteins Periodica: für die „Berliner Illustrirte Zeitung" mit einer Auflage von fast 1,9 Millionen (1929), für die „Grüne Post" mit knapp einer Million Auflage, die „Berliner Morgenpost" mit etwa 615000 Exemplaren, für den „Uhu" mit gut hunderttausend oder wenigstens den ambitionierten „Querschnitt" mit 16000 Exemplaren. Die „Berliner Illustrirte" konnte Erfolgsautoren wie Vicki Baum und Ludwig Wolff Vorabdruckshonorare bis zu 50000 Reichsmark bieten. Die gelben Ullsteinbücher waren der Inbegriff leichter Unterhaltungsliteratur und durch geschickte Werbekampagnen gerade zur Ferienzeit allgegenwärtig. 1919 übernahm Ullstein die aufwendigsten Titel des Georg Müller Verlages und gründete damit den *Propyläen*-Verlag mit anspruchsvollen Ausgaben der Weltliteratur, mit der berühmten Kunstgeschichte, aber auch mit einer Theaterabteilung, die Brecht und Feuchtwanger, Horváth und Zuckmayer betreute. Zum verlegerischen Höhepunkt wurde der Kriegsroman des jungen Erich Maria Remarque, Sportredakteur beim Konkurrenten Hugenberg. S. Fischer konnte dem Manuskript wenig abgewinnen, Ullstein witterte den Erfolg – nach einem Vorabdruck in der „Vossischen Zeitung" erschien Ende Januar 1929 „Im Westen nichts Neues" als Buch. Nach etwa einem Jahr war die unerhörte Zahl von einer Million Exemplaren verkauft – der bis dato größte deutsche Bucherfolg. Vier Jahre später landete das ungeschönte Zeugnis des Ersten Weltkrieges auf den Scheiterhaufen der Nationalsozialisten.

Allerdings waren solche Erfolge seltene Ausnahmen inmitten der allgemeinen Depression. Unablässig beklagte das Sortiment das Verschwinden des bücherkaufenden Publikums. Ein ungesund hoher Anteil des Umsatzes mußte mit billigen Ausgaben erzielt werden und die kapitalschwachen Kleinbuchhandlungen sahen sich auch noch Anfang der dreißiger Jahre dem „grauenhaften Würgeengel" der Krise ausgesetzt. Trotz Bücherkrise und Medienkonkurrenz war der Lesehunger freilich ungebrochen – er verlagerte sich jedoch auf andere Gebiete. Überraschenderweise erlebten am Ende der zwanziger Jahre die *Leihbibliotheken* eine letzte Blüte. Nach zeitgenössischen Quellen soll sich die Zahl kommerzieller Buchverleiher rasant vermehrt und 1932 bis zu 18000 Firmen umfaßt haben.[23] Darunter befanden sich nur etwa 750 buchhändlerische Betriebe ambitionierteren Zuschnitts, die weit überwiegende Zahl bestand aus pfandlosen „Leihstuben", die Friseur- und Gemüsegeschäften angeschlossen sein konnten. In diesen obskuren Etablissements wurden die Zerstreuungsbedürfnisse des schnell wachsenden Arbeitslosenheers vor allem durch Kriegs-, Kriminal- und Sittenromane befriedigt. Die enorme Fluktuation solcher Winkelfirmen zwang die überbesetzte Branche zu Preisnachlässen und zur Beschränkung auf meistgefragte Titel.

Auch die Situation des *Schriftstellers* in der Weimarer Republik ist durch die Grundtendenzen der Ideologisierung und Polarisierung in der literarischen Theorie wie der publizistischen Praxis gekennzeichnet. Er verließ endgültig den Elfenbeinturm und verstand sich als öffentliche Person, die – gefragt und ungefragt – ihre politischen und ästhetischen Überzeugungen artikulierte: in Broschüren, Vorträgen und Feuilletonartikeln, bei Umfragen, im Rundfunk und auf Kundgebungen. Diese von rechts bis links unverhohlen beanspruchte (wenngleich selten eingelöste) geistige Führungsrolle entsprach dem allgemeinen Bedarf nach Sinnstiftung, nach neuer Orientierung als Reaktion auf die nicht nur militärische, sondern geistige Niederlage des Kaiserreiches, die auch den längst eingeleiteten sozialen Umbruch von der Agrar- zur Industriegesellschaft für viele erst schmerzhaft sichtbar werden ließ. Daß die junge Demokratie sich programmatisch als Kulturstaat begriff und im Heiligtum deutscher Literatur gegründet wurde, schien endlich die Versöhnung von Geist und Macht zu ermöglichen. Natürlich reiften solche Blütenträume nicht. Je hoffnungsloser sich die Republik in ihre politischen und wirtschaftlichen Aporien verstrickte, desto rapider sank ihr Ansehen bei den Autoren, die ihr Heil zunehmend bei radikaleren Entwürfen suchten. Eine nicht allzu breite Mitte von bürgerlich-demokratischen Schriftstellern wie Gerhart Hauptmann und Thomas Mann verteidigte mit unterschiedlicher Vehemenz und Autorität die freiheitliche erste deutsche Republik, eine beträchtliche Zahl der älteren national- und schollenbewußten Autoren sehnte sich auch literarisch nach dem Wilhelminischen Reich zurück, die junge Generation aber sah zu einem großen Teil ihre kommunistischen, anarchischen oder völkischen Überzeugungen von diesem Staate unterdrückt und blickte angewidert auf den langwierigen, von Kompromissen geprägten Prozeß parlamentarischer Konsensbildung.

Der ideologische Orientierungshunger wurde begleitet von sozialer Deklassierung. Die vielbeklagte Proletarisierung breiter Mittelschichten durch Umsturz und Wirtschaftskrisen betraf auch die Schriftsteller. 1923 veröffentlichte der renommierte Heidelberger Soziologe Alfred Weber seine Untersuchung „Die Not der geistigen Arbeiter" zur ökonomischen Situation der mittelständischen Intellektuellen. Das Bildungsbürgertum der Akademiker, Anwälte, Ärzte, Wissenschaftler und Freiberufler hatte seine Vermögenswerte in scheinbar risikolosen Kriegsanleihen, rückzahlbar nach dem Endsieg, vergeudet. Kaum einer konnte von den schmalen Nachkriegsgehältern allein existieren. Das galt auch für die Honorarmisere der Schriftsteller, wie die „Weltbühne" 1923 bilanzierte: „Sie wollen nicht zugeben, daß sie proletarisiert sind, und sie können nicht der ‚Wirtschaft' dienen, sie lavieren und sie kommen zu keinem Ende, sie sind kaum noch produktiv, und ihre Bücher werden nicht gekauft, ihre Verleger können und wollen nichts für sie tun, Zeitungen haben keinen Raum für sie, und wenn sie Raum haben, so zahlen sie erbärmlich, Zeitschriften gibt es nur noch wenige in Deutschland, Theater spielen nur Werke, die irgend Aussicht auf sensationellen Erfolg haben [...]; es gibt keine junge Literatur – mit der Generation, die heute um die 32 ist, bricht die Entwicklung ab."[24]

Schnell war auch der Sündenbock für diese desolate Situation gefunden: der Verleger. Mit dem Fortschreiten von Inflation und Verelendung in den ersten Jahren der Republik verschärften sich die Angriffe der Autoren gegen ihre „Ausbeuter" – man fühlt sich an die Polemiken des ausgehenden 18. Jahrhunderts erinnert. Die Verleger bemühten sich wortreich zu erklären, daß Papier und Druckkosten wesentlich verteuert waren, wogegen das kaufkraftschwache Publikum entsprechende Preiserhöhungen nicht akzeptierte, daß somit die Gewinnspannen schrumpften und auch die Autoren Abstriche an den Honoraren zu erdulden hätten. Öffentlich wurden Kontroversen ausgetragen, weshalb das deutsche Buch zu teuer sei, die bekannteste zwischen Kurt Tucholsky und seinem Verleger Rowohlt. Die wichtigsten schöngeistigen Verlage – nämlich Georg Bondi, Bruno Cassirer, J. G. Cotta, die Deutsche Verlagsanstalt, Eugen Diederichs, S. Fischer, Insel, Alfred Kröner, Ernst Rowohlt und Kurt Wolff – versandten an ihre Autoren ein gemeinsames gedrucktes Rundschreiben, legten ihre Sicht der Probleme dar und warben dafür, daß auch der Schriftsteller sich „mit einem niedrigeren Anteil, als er vielleicht früher gewohnt war, bescheidet. In demselben Maße, wie dies geschieht, wird auch der Verleger in der Lage und bereit sein, weiterhin Opfer für die Erhaltung des deutschen Geisteslebens zu bringen; stellt sich aber ein Autor, wie das leider manchmal vorkommt, auf den rechtlich wie praktisch gleich unhaltbaren Standpunkt, daß er als ‚Arbeitnehmer' des Verlegers für seine Arbeit nach Maßgabe der aufgewendeten Mühe honoriert werden müßte, so wird jedes ersprießliche Zusammenarbeiten unmöglich."[25] Die wenig geschickte Argumentation wich dem zentralen Kritikpunkt der Autoren aus. Denn während Verleger und Sortimenter sich über die immer schneller galoppierende Inflation mit Teuerungszuschlägen hinwegzuretten suchten, wurden die Autorenhonorare nach wie vor meist auf der Basis des weitgehend fiktiven (Grund-) Ladenpreises berechnet. Dieses Honorar erhielten die Autoren als letztes Glied der Kette entsprechend den Abrechnungsvereinbarungen großenteils je nach Absatz in halbjährlichen oder jährlichen Tranchen. Angesichts der fortschreitenden Geldentwertung konnte sogar bei beschleunigter Abrechnung binnen weniger Wochen die Kaufkraft des Entgelts auf einen Bruchteil schrumpfen.

Die Erbitterung der Autoren umfaßte, wie eine kleine Blütenlese zeigt, alle politischen und ästhetischen Lager. Der sehr produktive Neuromantiker Herbert Eulenberg, der unter anderem von Bruno Cassirer, Engelhorn und Kurt Wolff verlegt wurde, nannte 1924 in der „Weltbühne" konkrete Zahlen:

„Es herrscht wohl unter sämtlichen Beteiligten keine Meinungsverschiedenheit darüber, daß sich von allen Unternehmern in Deutschland nach dem Kriege die Verleger das Tollste an Ausbeutung geleistet haben. [...] Die wenigen großen Ausnahmen durchleuchten diese trübe Zeit wie ein paar Sterne eine düstere, wolkenüberjagte Novembernacht. [...] Wozu sind die Dichter denn in der Welt da, als um zu Objekten der kaufmännischen Ausnutzung gemacht zu werden? Ich nehme ein Beispiel: mich selbst, weil ich es am besten beurteilen kann. Ich habe an die dreißig Bücher geschrieben. Einige von ihnen gehen recht gut. Haben es sogar auf fast hundert Auflagen gebracht. Nun wohl, ich bin bereit, eidesstattlich folgendes zu erhärten. Ich habe seit dem ersten Tag des Jahres 1923 für alle diese Bücher an jedem

Die Inflationskrise zwischen Autoren und Verlegern – ein Pamphlet von Else Lasker-Schüler (1925)

Monatsersten von meinen deutschen Verlegern weniger, viel weniger Geld erhalten, als ich für ein einziges Buch bekomme, das ich mit einer persönlichen Widmung in jedem Monat einem amerikanischen Maecen zuschicke. Er zahlt mir nämlich einen einzigen vollen Dollar dafür. Also ich empfange, als ein leidlich geachteter und anerkannter deutscher Dichter von fast fünfzig Jahren, für meine ganze Lebensarbeit von den Verlegern meiner Bücher seit Anfang 1923 im Monat nicht ganz vier Goldmark. [...] Wie mag es erst weniger bekannten Schriftstellern, wie unsern Anfängern ergehen? Mit einer Kälte, einer Stumpfsinnigkeit ohne gleichen sieht der deutsche Verlegerstand seine Geister zugrunde gehen. Wenn er selber nur notdürftig seinen ‚Betrieb' aufrechterhalten kann. [...] Können wir Schriftsteller uns nicht endlich selber helfen? Aber nicht mit selber unterstützungsbedürftigen Schutzverbänden noch mit langweiligen Kommissionen, die dem Reichskanzler Denkschriften zur Verscharrung überreichen, sondern, indem wir, wie die römische Plebs in ihrer höchsten Not, zwei oder drei Volkstribunen erwählen, die unsre Sache vertreten. [...] Aber vielleicht können bei diesen Verlegern nur noch Sturmtrupps etwas erzielen?"[26]

Ähnlich erbost rechnete wenig später Carl Sternheim seinem Verleger Kurt Wolff öffentlich vor, daß er „für die Produktion von 20 glorreichen Dichterjahren" in einem ganzen Jahr insgesamt 0,75 Goldmark erhalten habe und forderte ihn auf, sich zu erschießen; Alfred Döblin stichelte gleichermaßen gegen seinen Verleger S. Fischer wie Tucholsky gegen Rowohlt. Aufsehen erregte der Fall des expressionistischen Dramatikers Georg Kaiser, der 1921 zu einem Jahr Gefängnis wegen Diebstahls verurteilt wurde, nachdem seine Familie wochenlang buchstäblich von Wasser und Brot vegetiert hatte. Auch Else Lasker-Schüler, die als anerkannte Dichterin höchst bescheiden leben mußte, machte sich mit einer im Selbstverlag erschienenen Anklageschrift „Ich räume auf!" Luft, hielt den Verlegern Wolff und Cassirer ihre sprechenden Namen vor und endete wie Eulenberg mit dem Appell: „Organisieren wir uns doch wie die Arbeiter, machen wir unsere Kunst staatlich. Unser blauer Tempel gehört nicht einem Geldmenschen, er gehört der Menschheit. Wir Dichter aller Künste wollen uns zusammenschließen, daß wir stark werden. Wir wollen vor die Tore unserer Ausbeuter ziehen."[27]

Nüchterner benannte Arnold Zweig die Aporie des freien Schriftstellers:

„Welchen Weg auch immer die geistige Leistung heute nimmt, sie trifft auf organisierte Umstände. Die Zeitungen, die Verleger, die Sortimenter und in den Buchgemeinschaften selbst die Bücherkäufer bilden heute einen klaren aktiven Staat im allgemeinen Staate der wirtschaftlichen Reibungen. Es reiben sich große Schollen aneinander, und der Schriftsteller, der als Einzelner zwischen sie gerät, wird immer der Zerriebene sein. Den berechtigten Forderungen der organisierten Buchbinder, Buchdrucker oder Sortimenter wird er nur seine eigene Organisation entgegensetzen können, oder ein unendliches Quantum Leidensfähigkeit und Energie seinem Talent abringen müssen, um seinem Schicksal standzuhalten."[28]

Ein Teil der Autoren besaß die notwendige Verbindung von Talent und Energie, um sich auf dem immer wölfischer werdenden Markt durchzusetzen. Zu den Spitzenverdienern gehörte etwa Gerhart Hauptmann, der für Vorabdrucke und Filmrechte glänzend honoriert wurde und sogar während der Inflationsjahre als einziger Autor des S. Fischer Verlages ein Anteilshonorar von zwanzig Prozent des Ladenpreises erhielt. Dies ermunterte ihn, für sein Hexameter-Epos „Till Eulenspiegel“ die enorme Vorausbezahlung von 100000 Mark zu fordern – wie der sehr schleppende Verkauf des Buches bewies, waren das rund 70000 Mark zuviel gewesen. Hauptmann, der gerne mit seiner vermeintlichen Naivität in finanziellen Fragen kokettierte, war sich seines Marktwertes sehr genau bewußt, was Alfred Kerr 1933 in das vernichtende Resümee faßte: „Hauptmanns Geldbedarf ließ ihn Stükke, die nicht gar gewesen sind, in aller Unfertigkeit auf den Markt werfen [...] und Romane schmieren, darin sein Genie nur erkennbar blieb unter dem Schutt [...]. Der weltberühmte Dichter eines antikapitalistischen Dramas wurde durch Geld zur Strecke gebracht.“[29]

Daß sich proletarische Gesinnung und merkantile Gerissenheit nicht ausschlossen, bewies noch unverblümter als Hauptmann Bert Brecht. Dem vielversprechenden Jungautor sicherte ein Fünfjahresvertrag mit Ullstein ein monatliches Fixum von 500 Mark; sein erfolgreichstes Stück, die „Dreigroschenoper“, hatte er aus dem Vertrag freilich ausgeklammert und konnte sich als einen der seltenen Fälle rühmen, „in denen Ullstein von einem Autor ausgebeutet“ werde. 1925 verfaßte er das Gedicht „Singende Steyrwägen“ als poetische Gegenleistung für ein Autogeschenk dieser Firma; als er den Wagen zu Schrott fuhr, vermarktete er auch den Unfall literarisch und sicherte sich damit das nächste unentgeltliche Modell.[30] Daß keineswegs alle bedeutenden Autoren der zwanziger Jahre fähig und willens waren, sich den Gesetzen des literarischen Marktes zu beugen, sei mit dem Namen Robert Musils angedeutet. Ihm ermöglichte der Verleger Ernst Rowohlt jahrelang mit monatlichen Überweisungen die Arbeit am „Mann ohne Eigenschaften“, dessen erster Band bei seinem Erscheinen 1930 zwar hymnische Kritiken, aber miserablen Absatz erzielte.

Die von Arnold Zweig genannte Alternative zum Einzelgängertum war die korporative Interessenvertretung. Sie gab es bekanntlich bereits: den mitgliederstarken *Schutzverband Deutscher Schriftsteller*, zu dessen Vorsitzenden Alfred Döblin und Arnold Zweig, Theodor Heuß und Heinrich Mann zählten (auch Thomas Mann war 1928–1933 Erster Vorsitzender des Gaues Bayern). Die Entwicklung dieses SDS spiegelt exemplarisch die literaturgesellschaftlichen Tendenzen.[31] In der Umbruchszeit von 1918 bis 1920 forderte er „Räte der geistigen Arbeiter“ und Sozialisierungen, ja benannte sich in „Gewerkschaft deutscher Schriftsteller“ um, kehrte dann aber im Interesse seiner meist eher liberalen Mitglieder von solch vordergründiger Politisierung zur eigentlichen Verbandsarbeit zurück. Die Mitgliederzahl stieg von 1400 im Jahr 1920 auf 2404 im Jahr 1932. Den Fachgruppen des „Deutschen Verlegervereins" suchte man durch einen „Bund der Erzähler", „Bund der Lyriker", „Bund deutscher Übersetzer" und die gescheiterte Gründung eines Essayistenkartells Paroli zu bieten. Ohne spektakuläre Aktionen bemühte sich der SDS um Unterstützung für notleidende Autoren sowie um steuerrechtliche, berufspolitische und urheberrechtliche Probleme und nahm sich vor allem der Rechtsfragen bei der Ausstrahlung literarischer Texte durch den jüngst etablierten Rundfunk an, beteiligte sich auch an der 1926 gegründeten „Gesellschaft für Senderechte". Dieses neue Medium für das gesprochene Wort brachte zwar vor allem Dramenbearbeitungen aus dem Theaterrepertoire, hatte aber doch wachsenden Bedarf auch an Hörspielen – Brechts „Mann ist Mann" wurde gesendet, noch ehe es aufs Theater kam, und Alfred Döblin stellte „Berlin Alexanderplatz" 1930 kurz nach dem Erscheinen als Hörspielfassung vor. Döblin zählte auch zu den ersten Autoren, die Radiolesungen veranstalteten, und bald erwies sich der Rundfunk als Mäzen für junge Talente – Stefan George freilich hatte schon 1926 eine Rezitation seiner Gedichte über den Äther untersagt.[32]

Weniger erfolgreich verliefen die Beziehungen sowohl der Autoren wie ihrer Organisation zum anderen neuen Massenmedium, dem *Film*.[33] Die enthusiastischen Erwartungen mancher Expressionisten in den Stummfilm wurden meist enttäuscht, weil nur wenige von ihnen sich der dramaturgischen und künstlerischen Möglichkeiten souverän zu bedienen verstanden. Mit dem Aufkommen des Tonfilms suchten die Filmgesellschaften nach anspruchsvolleren Drehbüchern, und einzelne Autoren, so Hauptmann und Döblin, konnten erste Lizenzeinnahmen erzielen. Die meisten Schriftsteller aber blieben reserviert gegenüber einer Kulturindustrie, die sie nur als Zulieferer zu verwenden gedachte. Bert Brecht antwortete auf eine Umfrage „Warum schreiben Sie keine Filme" so lapidar wie repräsentativ: „Die Filmindustrie ist zu doof und muß erst bankrott gehen." Seine Skepsis wurde bestätigt, als er 1930 einen Prozeß gegen die Nero-Filmgesellschaft führen mußte, weil sein Mitbestimmungsrecht am Drehbuch der „Dreigroschenoper"-Verfilmung ignoriert worden war. Auch gegenüber den Bemühungen des SDS, die Interessen der Autoren zu vertreten, blieb die Filmindustrie sehr zurückhaltend.

Eine Hauptaufgabe sah der Schriftstellerverband im Kampf gegen die *Zensur*. Die entschiedene Bekundung der Weimarer Verfassung

„Eine Zensur findet nicht statt" hatte nämlich den Zusatz „doch [...] sind zur Bekämpfung der Schund- und Schmutzliteratur [...] gesetzliche Maßnahmen zulässig". Damit war die Hintertür für provinzielle Sittenschnüffelei weit geöffnet, verbunden mit allgemeiner Polemik gegen das „verjudete" und „verniggerte" Sündenbabel Berlin. Die großteils nationalkonservative Beamtenschaft ließ nach rechts auch hier Milde walten, ging aber gegen „linke" Literaturexzesse mit drakonischer Strenge vor. Noch 1922 wurde gegen Arthur Schnitzlers Fin-de-siécle-„Reigen" prozessiert wie gegen „gotteslästerliche" Dramen von Carl Einstein und Walter Hasenclever. 1926 brachten die Konservativen ein Schmutz- und Schundgesetz im Parlament ein, das die Autoren stark an die unselige Lex Heinze erinnerte. Es trat gegen die Stimmen der Linksparteien und trotz aller Proklamationen des SDS in Kraft. Auch die beiden feindlichen Brüder Heinrich und Thomas Mann hatten dagegen ihre Stimme erhoben – ersterer schrieb in seinem Essay „Schmutz und Schund" prophetisch: „Gedankenfreiheit wird endlich wieder zum Problem [...]. Die Frage, ob der ehemals bürgerliche Begriff der Freiheit noch gelten soll, ist für die Gegenwart praktisch schon verneint. Fehlt einzig noch die ausdrückliche Zustimmung der Öffentlichkeit zur Durchführung des ‚trockenen' Faschismus."[34] 1931/32 sollten Notverordnungen des Reichspräsidenten publizistische „Maßlosigkeiten" unterdrücken.

Zur „Bücherkrise" trat damit die „Kulturreaktion", wie der SDS die repressiven Maßnahmen des Staates nannte: „Die kritische literarische Intelligenz gewann durch eine solche Politik den Eindruck eines Kesseltreibens gegen sie und nahm eine wachsende oppositionelle Haltung zum Staat ein, zu einer Republik, die ihren liberalen Charakter nach und nach verlor"[35] – und auch ihre engagiertesten Verteidiger.

Die weltanschauliche Radikalisierung der Autoren führte nach 1926 zu einer kommunistischen Fraktion im SDS und in deren Konsequenz im Oktober 1928 zur Gründung des „Bundes proletarisch-revolutionärer Schriftsteller" (BPRS). Seine Mitglieder, darunter der spätere DDR-Kulturminister Johannes R. Becher, Ludwig Renn und Anna Seghers, betrachteten ihr Schaffen als Waffe der Agitation und Propaganda im Klassenkampf. Der eng mit der KPD verflochtene BPRS wirkte auch im Schriftstellerverband destabilisierend, gründete eine „Opposition im SDS" und rief zur Eingliederung der elitären Standesorganisation in die Front der werktätigen Massen auf. Als Gegenstück zur kommunistischen Fraktion formierte sich eine „Arbeitsgemeinschaft nationaler Schriftsteller", der Vorstand reagierte nervös, verhängte Ausschlüsse und nahm sie zurück – der Zerfall war vorhersehbar und wurde 1933 mit der Gleichschaltung des SDS nur besiegelt.

Die ideologische und literarische Polarisierung spielte sich auch auf anderen Schauplätzen ab. In der Sektion für Dichtkunst der Preußischen Akademie der Künste gipfelten die Kontroversen 1931 im demonstrativen Austritt der nationalen Autoren Erwin Guido Kolbenheyer, Wilhelm Schäfer und Emil Strauß, die inmitten der „linken und jüdischen Literatencliquen" Berlins ihr völkisches Bewußtsein gefährdet sahen. Alfred Döblin mokierte sich daraufhin über diese „überzeitlichen Fabrikanten von Ewigkeitswerten" und ihre „Kunst der Scholle, des sehr platten Landes", woraufhin ihm der für den Deutschnationalen Handlungsgehilfenverband agitierende Rechtspublizist Wilhelm Stapel drohte: „Der Geist des deutschen Volkes erhebt sich gegen den Geist von Berlin. Die Forderung des Tages lautet: Aufstand der Landschaft gegen Berlin."[36] Dem Antisemitismus des völkischen Kleinbürgertums entsprach die Polemik seiner Ideologen gegen die verwestlichten jüdischen Intellektuellen und kapitalistischen Pressemagnaten, die angeblich einer nationalen Wiedergeburt im Wege standen.

Immer mehr Autoren zogen sich angeekelt und resigniert von diesem gar in Handgreiflichkeiten ausartenden Gezänk zurück – oder orientierten sich vorsichtig um. Der junge Walther Karsch prophezeite 1932 in der"Weltbühne" hellsichtig das Verhalten der Intellektuellen im Dritten Reich: „Merkt ihr, wie's bröckelt? Wie sich hier und da langsam einer oder der andere dem Kreise Derer entzieht, die zu der intellektuellen Linken im weitesten Sinn gehören? An manchem Schriftsteller, an manchem, der einst führend in einer linken Organisation tätig war, läßt sich der Vorgang beobachten. Sie stellen sich um, angesichts der Millionen, die hinter Hitler herlaufen. Natürlich springen sie nicht von heute auf morgen in sein Lager hinüber, so grob verfährt man denn doch nicht, das wäre zu offenkundig gesinnungslos. Vielmehr: sie entpolitisieren und verinnerlichen sich, das wahrt den äußeren Anschein. [...] Zwei Erscheinungen haben bei dieser uneingestandenen Akklimatisierung an den Faschismus das Übergewicht: die Absage an das Rationale und Intellektuelle, die Fixierung also auf das Irrationale und das Liebäugeln mit dem ‚Nationalen'. [...] Man wendet sich ab von der Sphäre der Politik, man steigt auf eine angeblich ‚höhere Warte'; in Wahrheit begibt man sich in eine absolut ungefährliche und unverbindliche Isolation, die dann mit allerlei Mystizismen umkleidet wird.

[…] Und wer sind diese unsichern Kantonisten, die sich heute schon die Ideologie schaffen, unter der sie dann unbehelligt das Dritte Reich überleben werden? Es sind genau Dieselben, die sich früher besonders radikal gebärdeten und sich an den extremsten Formulierungen und Forderungen berauschten. Das war zu jener Zeit genau so unverbindlich wie heute ihre Flucht in das Reich der ‚Innerlichkeit'. […] Kramt ein wenig in der Vergangenheit Derer, die heute langsam aus unsrer Mitte abrutschen, ihr werdet finden, daß es die Gleichen sind, die einst nicht laut genug schreien, nicht aufdringlich genug einen unentwegten Intellektualismus predigen, nicht kraß genug die Zertrümmerung alles Bestehenden fordern konnten."[37]

Bei der Betrachtung des *Lesepublikum*s der Weimarer Republik spielt der Analphabetismus kaum mehr eine Rolle; die „Demokratisierung" des Lesens hatte die sozialen und regionalen Grenzen weitestgehend überwunden. Aber die Lesemöglichkeiten hielten mit der Lesefähigkeit nicht Schritt. Die Einkommen waren gegenüber der Vorkriegszeit bis weit in die bürgerlichen Mittelschichten hinein deutlich gesunken. 1925 betrug der durchschnittliche Netto-Monatsverdienst der Arbeitnehmer nach heutiger Kaufkraft 576 DM (1990 waren es 2425 DM). Eine Statistik für das Jahr 1928[38] weist knapp 58 % der Einkommensbezieher, also rund 18 Millionen, der untersten Stufe (bis 1200 Mark jährlich) zu, weitere knapp 32% mit rund 10 Millionen der Stufe zwischen 1200 und 3000 Mark. Die Einkommen zwischen 3000 und 8000 Mark jährlich, die in etwa den Mittelstand repräsentierten, umfaßten knapp 9% bzw. 2,8 Millionen Einkommensbezieher. Mehr als 8000 Mark Jahreseinkommen hatten nur 470000 Personen, etwa 1,5 % der Gesamtbevölkerung. Die Ausgaben für „Bildung" im weitesten Sinn betrugen bei Arbeitern rund zwei Prozent des Gesamteinkommens, bei Angestellten drei, bei Beamten etwa dreieinhalb Prozent – an diesem Gesamtbetrag hatten Druckwerke einschließlich Zeitungen und Illustrierten nur einen bescheidenen Anteil. Kurt Tucholsky rechnete seinem Verleger vor, daß ein qualifizierter Angestellter zum Erwerb eines deutschen Romanes im Preis von 10 Mark etwa 6 Stunden arbeiten müsse.

Verleger und Kritiker stellten übereinstimmend fest, daß sowohl das Zeit- wie das Finanzbudget der potentiellen Buchleser insbesondere der jüngeren Generation durch die neuen Medien Film und Funk sowie durch Sport und Tanz weitgehend erschöpft seien; wer sich trotzdem noch dem Buch zuwende, sei meist vom Novitätenhunger befallen, der an der Überproduktion Schuld trage. Solcher

Irritation des Buchhandels über die Unberechenbarkeit des Lesegeschmacks hat Malik-Verleger Wieland Herzfelde (wiederum mit dem Schollenvergleich, den auch Arnold Zweig wählte) entgegengehalten: „Heute [...] treiben die Konsumenten wie auf Eisschollen auf des Marktes Wellen; der Verleger muß sehen, auf welche Scholle er springt. Die Sache wäre einfach, wenn die zwei großen Absatzgebiete, die sich aus dem Durcheinander bereits abheben – Proletariat und Bourgeoisie – bereits existieren. Wir befinden uns aber erst mitten in dem Prozeß, den man Auflösung des ‚Volkes' nennen könnte. Und diese Auflösung geht ganz und gar nicht ordentlich vor sich."[39] Wiederum also die Partikularisierung des Lesepublikums und seiner Präferenzen, die freilich nicht in Richtung des von Herzfelde erhofften Dualismus – hie Proletariat, dort Bourgeoisie – sich schichtenspezifisch entwickelte. Der völkische Hilfsarbeiter und der Kanzleidiener mit anarchistischen Neigungen, der jüdische Viehhändler und die höhere Fabrikantentochter, die emanzipierte Berliner Garçonne und der dichtende ostpreußische Apothekenprovisor – sie alle waren in ihrem Lektüregeschmack unabhängig von ihrer sozialen Situierung allzu unterschiedlich, als daß man mehr skizzieren könnte denn große Trends. Der Literarhistoriker Werner Mahrholz hat 1929 als Merkmale des „modernen" Lesers seiner Zeit genannt: dieser habe weniger Zeit und Kraft für das Buch dank des intensiven Arbeitslebens wie dank der Konkurrenz der „Augen-, Ohren- und Körperkultur" mit der Buchkultur; er verlasse die individualistischen Bildungstraditionen und sei „auf der ganzen Linie seines Lebens und Wirkens gezwungen, sich kollektivistisch einzuordnen"; er verlange deshalb vom Buch eine ausgeprägte Tendenz. Dieser moderne Leser besitze „den gesunden Instinkt eines Barbaren, alles das abzulehnen, was ihm nur Tradition und nur Bildungsgerede aufladen will".[40] Diese Thesen finden im Buchmarkt der Zeit, wie er hier skizziert wurde, weitgehend ihre Bestätigung.

In diesen Jahren verstärkten sich die Bemühungen um „Leserlenkung"[41], die seit der Wilhelminischen Ära quer durch alle weltanschaulichen Lager betrieben wurden: Sozialdemokratische Arbeiterbildungsvereine, evangelische Volksmissionen wie der katholische Borromäusverein trafen sich im Kampf gegen „Schmutz und Schund" und der Ablehnung der literarischen Moderne. Aber die Leser zeigten sich (wie auch später unter den massiven Indoktrinationsversuchen des Nationalsozialismus) erstaunlich resistent gegen solche Einflußnahme, befriedigten ihre Lektürebedürfnisse weiterhin nach eigenem Gusto. Aufschlußreich dafür ist die 1930 aufgestellte Liste der erfolgreichsten bzw. absatzstärksten Novitäten des Jahrzehnts[42]: unangefochten an der Spitze lag Remarques „Im Westen nichts Neues", von dem 1929/30 eine Million Exemplare verkauft werden konnte. Stefan Zweigs „Sternstunden der Menschheit" hatten es bis zu diesem Zeitpunkt auf 250000 Exemplare gebracht, Emil Ludwigs Enthüllungsbiographie „Wilhelm II." auf 200000, Ludwig Renns „Krieg" auf 150000, Emil Ludwigs „Juli 14" auf 140000, Thomas Manns „Zauberberg" auf 125000, Werner Beumelburgs „Sperrfeuer um Deutschland" auf 120000 und Upton Sinclairs „Petroleum" auf gut hunderttausend Exemplare. Unzweifelhaft dominierte die Vergangenheitsbewältigung: Man hatte den Schock der Niederlage noch immer nicht überwunden, suchte nach Erklärungs- und Rechtfertigungsmustern, verklärte gedemütigt das heldenhafte Ringen der Front. Dabei hielten sich, vom Sensationserfolg Remarques abgesehen, die Verkaufsziffern von Renns linksdemokratischem Kriegsbuch und von Beumelburgs völkischer Klitterung fast die Waage – auch dies ein Beleg für die Polarisierung der Leserschichten.

Diese war freilich eine Etage tiefer wieder weitgehend aufgehoben. Denn partei- wie schichtenübergreifend delektierte sich ein vorwiegend weibliches Lesepublikum an der erfolgreichsten Autorin, die es in Deutschland je gegeben hatte: Hedwig Courths-Mahler (1867–1950). Ihre schriftstellerische Bilanz betrug 207 Romane, davon 122 während der Weimarer Republik und noch 38 zur Nazizeit – dies zum großen Mißfallen der braunen Machthaber, die ihre Bücher zwar nicht offiziell zu verbieten wagten, aber die Papierzuteilung so drosselten, daß ab 1941 kein Werk von ihr mehr erscheinen konnte. Eine ihrer gleichfalls schreibenden Töchter starb an den Folgen von Zwangsarbeit, ein Schwiegersohn kam im KZ um. Die Frauenromane der Courths-Mahler, die im kleinen Rothbarth Verlag und bei Ensslin & Laiblin herauskamen, erreichten bis 1941 eine Gesamtauflage von rund 30 Millionen; 14 Titel kamen auf mehr als 500000 Exemplare, die Durchschnittsauflage betrug 145000. Natürlich verdiente die Erfolgsautorin glänzend: Mit Übersetzungs- und Verfilmungstantiemen erzielte sie teilweise Einkünfte von 30000 RM monatlich.

Kaum geringer als die Anziehungskraft der Courths-Mahler war die ihres männlichen Pendants Karl May (1842–1912) auch nach seinem Tode. Zahlreiche Leserumfragen aus den zwanziger Jahren bezeugen seine ungebrochene Faszination auf jugendliche und auch erwachsene, vorwiegend männliche Leser. Abenteuerromane blieben insgesamt bevorzugte Lektüre der Heranwachsenden, vor allem die teils aus Amerika importierte Heftchenliteratur: Zu Buffalo Bill kamen neben anderen „Billy Jenkins", „John Klings Abenteuer", „Rolf Torring" und „Jörn Farrow". Angelsächsischer Import waren auch die Kriminalromane von Edgar Wallace, die bei Goldmann sehr hohe Auflagen erzielten.

Zweifellos hat das verbreitete und begründete Krisenbewußtsein dieser Jahre die Tendenz zum evasorischen Konsum, den Hunger nach Ablenkung von der deprimierenden und turbulenten sozialen und politischen Realität massiv verstärkt. Bezeichnend ist dabei, daß literarische wie triviale Produkte der Vorkriegszeit unverminderte, ja verstärkte Attraktivität besaßen, daß also die Krise im Rückgriff auf die scheinbar heile Welt vor 1914 kompensiert werden sollte. Die Sehnsucht nach einstiger nationaler Identität und imperialer Macht wie nach einem starken Führer spiegelt sich auch in einem großen Teil der Massenliteratur.

Die „Bücherkrise" entpuppte sich – auf dem Hintergrund der wirtschaftlichen Depression – als generelle Kulturkrise. Die Absatzprobleme des Buchhandels waren Symptome allgemeiner Desorientierung, einer umfassenden Hilflosigkeit gegenüber der rapide beschleunigten Modernisierung, Rationalisierung und Technisierung auf der einen, zugleich aber Ideologisierung und Irrationalisierung auf der anderen Seite. In seinen „Ketzereien zum Büchertag", die 1929 in der „Weltbühne" erschienen, hat Carl von Ossietzky treffsicher und prophetisch wie kein anderer die Situation des Buches und der Literatur in der Weimarer Republik diagnostiziert und ihre Zukunft vorhergesagt – sein Essay ist es wert, als Resümee ausführlicher zitiert zu werden:

„Die Frage, wie der deutsche Verlagsbuchhandel in seine heutige miserable Lage gekommen ist, soll hier nicht in ihren letzten wirtschaftlichen Ursachen durchleuchtet werden, was doch schließlich immer auf den Nachweis hinausliefe, daß die Armut von der Powerteeh kommt. Das deutsche Volk ist nachweislich ärmer geworden, seine Lebenshaltung hat sich verschlechtert, sein geistiger Habitus reduziert, aber an der Bücherproduktion sind diese nicht ganz geheimen Tatsachen ziemlich spurlos vorübergegangen. Auf ein Volk, das in breiten Schichten einem heitern Analphabetentum zustrebt und dessen heranwachsende Generation auf leichten Kreppsohlen über den von den Vätern gehäuften Bildungshausrat steigt, kommt ein Büchersturz herab, als wäre jeder einzelne unsrer Mitbürger ein Dichter und Denker und jeder dritte Mann ein Studienrat.

Lebenskraft und Unternehmungslust unsres Buchgeschäfts sind gewiß nicht zu verachten, aber in der Grundkalkulation muß da etwas nicht stimmen. Der Appetit nach Geistesfutter wird weit, weit überschätzt, und um ihn zu reizen, greift man zu Mitteln, die wohl vorübergehend begehrlich machen, aber im ganzen die geistigen Aufnahmeorgane abstumpfen.

Hinzu kommt, daß der Verlagsbuchhandel, der sich so willig dem sagenhaften Rhythmus der Zeit anvertraut, nach seiner ganzen Art sehr konservativ ist. [...] Der in Leipzig residierende christliche Buchhandel ist vor allem auf seine Tradition stolz, dazu gesellt sich auch ein geistig-politisches Rückschrittlertum, das sich kein Stand gestatten sollte, der jene Güter verwaltet, die Vergangenheit und Zukunft verbinden. Für den Daseinskampf ist die Repräsentation des Buchhandels mehr mit Anmaßungen als Ideen gepanzert und in der Propaganda, gelinde gesagt, etwas zurück. [...]

Die Ursache der Krise liegt in der Literatur selbst, und der Verleger ist auch nur Opfer, wenngleich er mit nervösen Experimenten oft verschlimmernd dazwischengreift. Seit der Auflösung des Expressionismus hat sich ein alles-verschlampender Eklektizismus ausgebreitet, der keine Gesetze oder Richtmaße mehr kennt, sondern nur die alles umfassende Liebe, mit der die Herren Buchrezensenten jede halbwegs erfolgreiche Erscheinung begrüßen. Es gibt kaum noch Autoren, die auf den Stolz des eignen Stils, der eignen und selbsterrungenen Form halten. Alles vermischt und vermanscht sich. In einer Saison torkeln in hundert Nachahmungen alle Stilarten der Weltliteratur über den Markt und verscheuchen mit ihren großsprecherischen Bauchbinden das Publikum mehr als daß sie es verlocken. Die Buchkritik der großen Zeitungen hält sich in allem Prinzipiellen durchweg in zornloser Toleranz; eingeengt zwischen Inseratenspalten ergeht sie sich ohne die Mühe einer Begründung in lobenden oder verdonnernden Superlativen. Sie gibt Schlagworte über das Buch, nichts von seinem Inhalt. Im Allgemeinen überwiegt die Neigung zur Überschätzung, und über jedem belletristischen Windei rauschen die Flügelschläge der Ewigkeit.

Schnell sind seit zehn Jahren literarische Moden gekommen und gegangen, und geblieben ist nur ein riesiger unsortierter Bücherhaufen. Grade unter den geistigen Menschen herrscht eine ungeheure Überfressenheit an Literatur, ein Mißtrauen gegen Werdendes, eine spöttisch verneinende Haltung gegen alte Bildungswerte. Und die große Menge der Bücherleser irrt ohne Kompaß und Chronometer im Zauberwald der Neuerscheinungen, faßt wahllos zu, ist bitter enttäuscht, wenn der best seller nicht den heiß gegessenen Superlativen entspricht und schwört es sich zu, sich möglichst von

‚Modernem' fernzuhalten. Einen Monat später ist der best seller versackt.

Der Erfolg von Büchern wird in Berlin gemacht, von ein paar Blättern und – sagen wir – einem Dutzend Kritikern. Das hat seine ernsten Folgen. [...] Dadurch wird wohl einer Novität zum Durchbruch verholfen, günstigstenfalls eine Mode gestartet, aber für das geistige Gesamtniveau ist gar nichts getan. Wo der kurze Aktionsradius der literarischen Kritik aufhört, taumelt Kunst und Kitsch durcheinander, und kein Instinkt erkennt die Merkmale. Wer sich nur ein paar Tage lang das Börsenblatt des Buchhandels ansieht, der bekommt eine schwache Ahnung davon, wie es um das Lesebedürfnis aussieht und welches Genre bevorzugt wird. Da stößt man auf höchst erfolgreiche Schriftsteller, deren Namen selbst besten Kennern und Beobachtern von Neuerscheinungen kaum jemals aufgefallen ist und auf Auflagezahlen, die unsern bekanntesten literarischen Verlegern den Atem rauben können. [...]

Ein breiter Riß zieht sich hin zwischen Literatur und Volk. Der Film hat die Sehnsucht nach Bewegung und Geschehnissen wieder erweckt, die psychologisierende Epoche beendet und die ungezählten ‚stillen Bücher' auf ewig still gemacht. Die Verleger aber machten aus der Not eine Konjunktur. In schrankenloser Fülle fluteten Abenteuerbücher auf den Markt. [...] Der Schmöker von einst sieht jetzt aus wie ein richtiges Buch und ist von der verschämten Sünderecke in den vordersten Schaukasten gerückt, neben die pikfeinsten literarischen Erzeugnisse. Der Erfolg egalisiert, Schund steht mit ruhiger Selbstverständlichkeit neben Qualität. Die Distanz ist aufgehoben, es gibt keine Wertmaße mehr.

Der bedrängte Verleger aber braucht Erfolg um jeden Preis. Er bestellt, impft Ideen ein oder was er dafür hält, zwingt einen Autor, der zu Dunkel neigt, hell zu schreiben; er verwirrt ihn, nimmt ihm den persönlichen Zug. Oder er nötigt einen Autor, den ein Zufallserfolg hochgehoben hat, nun weiter auf gleichem Feld zu ackern, er lehnt andre Vorschläge als nicht zugkräftig ab. Er raubt seinen Leuten damit das Recht auf die Entwicklung, nimmt der Literatur den Reiz der Vielfältigkeit, stellt seine genormten Autoren wie gespießte Schmetterlinge nebeneinander. Oder er greift kritiklos auf, was ein Andrer grade mit Erfolg begonnen hat. Der Respekt vor dem Original, vor der Einzigartigkeit einer Leistung ist dahin. Rasende Reportage, Petroleum, Kriegsromane – eben wars noch neu und eine Idee. Und gleich ist es abgegriffen, durch Dutzende von Nachahmern verkleinert und als Genre verdächtig gemacht. Erreicht ein Buch, neuartig in Form oder Motiv, in ein paar Tagen Beachtung, so heißt es gleich in soundsovielen Verlagskontoren: ‚So etwas müssen wir auch haben!' in diesem Wort liegt das ganze Unheil des deutschen Buches beschlossen. Die Tätigkeit zahlreicher deutscher Verleger ist nicht mehr als eine geistverlassene Doublettenzucht. Wenn einer einen Einfall hatte, leben sofort zwanzig Konkurrenten davon. [...]

Aber vielleicht liegt dahinter doch eine große Hilflosigkeit, der Wunsch nach Vereinigung von Literatur und Gegenwart. [...]

Das ist ein sehr großes Dilemma und man ahnt hinter alledem die Götterdämmerung, das Heraufkommen eines neuen Barbarentums, das schrecklich aufräumen wird unter den Werten, an denen wir heute noch hängen. Dem fettgewordenen Geist steht eine harte Abmagerungskur bevor, aber er wird daran nicht sterben, sondern jung und sehnig wieder aufstehen. Heute wird noch die Ablaßglocke geläutet und für den Buchbetrieb die liebe Caritas auf die Beine gebracht. [...] Aber an einem andern Tag, der vielleicht noch sehr fern liegt, wird es keine mildtätige Lösung mehr geben. Dann wird es heißen, das zu stoßen, was doch fallen will."[43]

Der Tag lag näher, als Ossietzky ahnte. Am 30. Januar 1933 übernahmen die Nationalsozialisten die Macht in Deutschland.

XI.

Der Buchhandel im Dritten Reich und im Exil

Am 30. Januar 1933 ernannte der senile Reichspräsident Hindenburg Adolf Hitler zum Kanzler einer rechten Koalitionsregierung. Kaum einen Monat später stand das Reichstagsgebäude in Flammen, was den willkommenen Anlaß zur Ausschaltung der politischen Opposition lieferte. Nochmals zwei Monate später symbolisierte ein Feuer auch das Ende der Geistesfreiheit. Am 10. Mai 1933 fanden sich in den deutschen Universitätsorten die Studenten zusammen, um ein Exempel am „undeutschen Geist" zu statuieren; sie karrten die Bücher jüdischer und „Asphaltliteraten" zu Scheiterhaufen zusammen und brüllten markige, teils von den Universitätsrektoren erdachte Feuersprüche:

„Gegen Klassenkampf und Materialismus, für Volksgemeinschaft und idealistische Lebenshaltung! Ich übergebe der Flamme die Schriften von Marx und Kautsky.

Gegen Dekadenz und moralischen Verfall! Für Zucht und Sitte in Familie und Staat! Ich übergebe der Flamme die Schriften von Heinrich Mann, Ernst Glaeser und Erich Kästner.

[...]

Gegen seelenzerfasernde Überschätzung des Trieblebens, für den Adel der menschlichen Seele! Ich übergebe der Flamme die Schriften des Sigmund Freud.

[...]

Gegen Frechheit und Anmaßung, für Achtung und Ehrfurcht vor dem unsterblichen deutschen Volksgeist! Verschlinge, Flamme, auch die Schriften der Tucholsky und Ossietzky!"

Keineswegs zentral von der Partei organisiert, sondern örtlichen Initiativen völkischer Studenten entsprungen, sind die Bücherverbrennungen bei allem vielzitierten Symbolwert geeignet, ein eher irriges Bild von der Natur der NS-Kulturpolitik zu geben. Was ihr barbarischer Exzeß verdeckt, war der Wille zur „systematischen Säuberung und Lenkung der deutschen Literatur durch eine ihrem Wesen nach unöffentliche und bürokratische Schrifttumspolitik von beträchtlicher herrschaftstechnischer Intelligenz"[1]. Wie das gesamte politische, wirtschaftliche, öffentliche und kulturelle Leben wurden auch die Produktion und Distribution von Geisteswerken „gleichgeschaltet“, wurden zum Instrument der diktatorischen Manipulation und Kontrolle auch ihrer Rezeption.[2]

In der ersten Phase nach der Machtübernahme, den Jahren 1933 und 1934, gingen dieser Gleichschaltung allerdings vielfältigste und oft verwirrend unkoordinierte Aktionen zur Ausschaltung oppositionellen Geistes voraus. Die neuen Machthaber konnten sich dabei der tatkräftigen Mithilfe, ja des vorauseilenden Gehorsams der Vermittlungsinstanzen sicher sein. Der noch bürgerlich-konservative Vorstand des Börsenvereins hoffte auf Unterstützung des frischetablierten Regimes bei seinem bisher vergeblichen Kampf gegen die Konkurrenz von Buchgemeinschaften und Warenhäusern und gegen die buchhändlerische Betätigung von Vereinen, Parteien, Gewerkschaften und der öffentlichen Hand. Deshalb gab die Standesorganisation umgehend eine Ergebenheitserklärung gegenüber der „nationalen Erhebung“ ab und erklärte ungefragt ihre Bereitwilligkeit, die „Judenfrage“ im Buchhandel regeln zu wollen. Nach den Bücherverbrennungen veröffentlichte das „Börsenblatt“ eine Liste von zwölf Autoren, die „für das deutsche Ansehen als schädigend zu erachten“ seien (darunter Lion Feuchtwanger, Alfred Kerr, Heinrich Mann, Kurt Tucholsky und Arnold Zweig) mit dem Appell: „Der Vorstand erwartet, daß der Buchhandel die Werke dieser Schriftsteller nicht weiter verbreitet.“

Dem Verkaufsverbot korrespondierten umfangreiche Beschlagnahmeaktionen der Politischen Polizei und Säuberungsmaßnahmen der Volksbüchereien wie der Schul- und studentischen Bibliotheken auf der Grundlage umfänglicher Schwarzer Listen. Die Autoren dieser Bücher, als „Kulturbolschewisten und Asphaltliteraten“ geschmäht, waren großteils bereits in den ersten Monaten nach der Machtübernahme ins Exil geflüchtet oder – wie Ossietzky – in die Hände der Schlägertrupps gefallen. Aus der „Sektion für Dichtkunst“ der Preußischen Akademie der Künste wurden die politisch oder rassisch „untragbaren“ Autoren ausgeschlossen, sofern sie nicht freiwillig zurücktraten, darunter Heinrich und Thomas Mann, Alfred Döblin und Franz Werfel. An ihre Stelle traten die Künder des neuen Geistes Hans Grimm, Hanns Johst, Agnes Miegel, Werner Beumelburg, Hans Friedrich Blunck und E. G. Kolbenheyer. Ähnlich gleichgeschaltet wurde die deutsche Sektion des PEN-Clubs.

Nach den kulturpolitischen Machtkämpfen der ersten Monate vermochte Joseph Goebbels die Initiative an sich zu reißen. Mit seinem neugegründeten „Reichsministerium für Volksaufklärung und Propaganda" beanspruchte er die Herrschaft über das gesamte Geistesleben. Zur Durchsetzung dieses Ziels galt es, „sämtliche Kulturschaffenden in einem alle sozialen, wirtschaftlichen und geistigen Partikularinteressen aufhebenden Kulturbestand zusammenzuführen und diese kulturelle Einheitsfront, die ‚Gemeinschaft der Schaffenden', in den Dienst des neuen Staates zu stellen"[3]. Goebbels hatte sich dabei nicht nur gegen Parteirivalen wie Alfred Rosenberg und Robert Ley zu behaupten, sondern auch gegen andere Ministerien, von denen er Kompetenzen übernahm – die Zuständigkeit für Schule, Hochschule und Wissenschaft verblieb beim Reichserziehungsministerium. Am 22. September 1933 wurde das *Reichskulturkammer-Gesetz* erlassen. Als Körperschaften des öffentlichen Rechts wurden dem Propagandaministerium unterstellt:

eine Reichsschrifttumskammer
eine Reichspressekammer
eine Reichsrundfunkkammer
eine Reichstheaterkammer
eine Reichsmusikkammer
eine Reichsfilmkammer
und eine Reichskammer der bildenden Künste.

Neben der machtpolitischen und herrschaftstechnischen Bedeutung dieser Kammern darf ihre Rolle als „soziale Harmonisierungsinstanz", ja „völkisches Modernisierungsmodell" (V. Dahm) nicht unterschätzt werden, ihre Funktion als Interessenvertretung für die wirtschaftlichen, sozialen und rechtlichen Belange ihrer Mitglieder in der Nachfolge der aufgelösten Verbände. Die Mitgliedschaft in den einzelnen Kammern war obligatorisch – ihnen mußte beitreten, wer als Autor oder Vermittler am kulturellen Prozeß mitwirken wollte, ob Einzel- oder juristische Person. Wer nicht der für ihn zuständigen Kammer angehörte oder – bei nur gelegentlicher Aktivität – von ihr einen Befreiungsschein erhielt, war von jeder kulturellen Produktion ausgeschlossen – wer, wie der dehnbare Paragraph zur Ablehnung schädlicher Elemente formulierte, „die für die Ausübung ihrer Tätigkeit erforderliche Zuverlässigkeit nicht besitzt", konnte somit nicht an die Öffentlichkeit treten.

Wir beschränken uns im folgenden auf die Reichsschrifttumskammer (RSK), über die V. Dahm und J. P. Barbian differenziertere Erkenntnisse vorgelegt haben, und ihre Unterorganisationen. Der *Schutzverband Deutscher Schriftsteller*, mit den anderen Autorenorganisationen bereits im Juni 1933 zwangsfusioniert, erhielt als Nachfolgeorganisation einen *Reichsverband Deutscher Schriftsteller* (RDS), der im Herbst 1933 in die RSK eingegliedert wurde. Dabei mußten, da es sich um eine Zwangsorganisation handelte, auch 428 jüdische Autoren aufgenommen werden, meist ehemalige Frontkämpfer. Die Aufnahmeanträge von rund 1500 weiteren jüdischen Schriftstellern wurden jahrelang nicht entschieden, was ihnen schriftstellerische Betätigung unmöglich machte. 1937 wurde ihnen die Ablehnung ihrer Anträge mitgeteilt, gleichzeitig mit der „Säuberung" der RSK von den noch verbliebenen jüdischen Autoren.

Wie die Schriftsteller gehörten auch die Buchhändler der RSK zwangsweise an; alle reichsdeutschen Börsenvereinsmitglieder wurden automatisch überführt. Der *Börsenverein der Deutschen Buchhändler* selbst mit seinen ausländischen Mitgliedern wurde in seinen Aufgaben stark eingeschränkt und diente hauptsächlich als Wirtschaftsverband. 1934 übernahm der berufsständische *Bund Reichsdeutscher Buchhändler* seine bisherigen wesentlichen Aufgaben; angegliedert wurden ihm Fachschaften der Buchvertreter, der Leihbüchereien, der Buchhandelsangestellten sowie der Buchgemeinschaften. Als „Leiter des Deutschen Buchhandels" ließ sich der Vorsitzende des Bundes und Vorsteher des Börsenvereins in Personalunion titulieren, der 29jährige Berliner Verlagsleiter im Parteiverlag Franz Eher Nachf. und natürlich fanatische Nationalsozialist Wilhelm Baur. Eine erste Kostprobe seines neuen Führungsstils gab er am 1. Oktober 1934 mit folgender Bekanntmachung im Börsenblatt: „Noch im Laufe dieses Sommers haben vereinzelte Buchhandlungen durch ihre Auslagen im Schaufenster und Ladeninnern, durch Prospektversand und Verzeichnisse erkennen lassen, wie wenig sie sich von Grundsätzen bestimmen lassen, die für den guten Buchhandel im nationalsozialistischen Staate verpflichtend sind. Wir begegnen in der Presse und im Schriftverkehr immer wieder dem Vorwurf, daß hier und da Firmen fortfahren, schädliche und unerwünschte Bücher anzubieten, die den Bücherkäufer unnötig belasten und enttäuschen müssen.

Die verbotenen Bücher sind jeweils im Börsenblatt angezeigt worden; wer außerdem im Zweifel ist, ob das eine oder andere Buch Anspruch auf Vertrieb durch den Buchhandel hat, wende sich an die Geschäftsstelle.

Auch ohne ausdrückliche amtliche Anweisung muß jeder Buchhändler wissen, auf was es heute ankommt. Wer volksschädliches Schrifttum vertreibt, wird sein Recht auf Berufsausübung verlieren."

Dies war keine leere Drohung. Politisch unzuverlässige Buchhändler konnten ebenso wie oppositionelle Autoren mit Berufsverbot belegt werden. Besondere Aufmerksamkeit galt der Ausschaltung der jüdischen Buchhändler und Verleger, die statistisch 2,45 % der insgesamt etwa 2500 Verlage und etwa gleichviel Sortimente ausmachten. In seiner denunziationsgespickten Zeitschrift „Die neue Literatur" wies Will Vesper 1935 darauf hin, es gebe „namentlich in den Großstädten noch immer zahlreiche Buchhandlungen und auch gerade Bahnhofsbuchhandlungen, die aus alter Gewohnheit die Werke der jüdischen Verleger bevorzugen, der S. Fischer, Cassirer, Rowohlt (dessen Hintermänner Juden sind), Zsolnay usw. [...] Weit gefährlicher als der kleine jüdische Schriftsteller ist der allmächtige jüdische Verleger. Es geht nicht an, jenen aus dem Reichsverband der deutschen Schriftsteller auszuschließen, diesen aber ruhig weiter wirken zu lassen."[4]

Das größte Medienunternehmen in jüdischem Besitz, der Ullstein-Konzern, wurde bereits 1934 „arisiert". Das Presse- und Buchverlagshaus ging für sechs Millionen Reichsmark, ein Zehntel des tatsächlichen Wertes, in das Eigentum einer Finanzierungsgesellschaft über, hinter der sich die Partei versteckte. Verständlicherweise waren die Nationalsozialisten vor allem an der Macht über die periodische Presse interessiert – und sie erreichten ihr Ziel. Am Tage der Machtergreifung besaß die NSDAP knapp 2,5 % aller deutschen Zeitungen, zehn Jahre später beherrschte sie 82,5 %. Die Arisierung der Buchverlage ging zunächst schleppender voran. Als besonders heikler Fall galt der hochrenommierte S. Fischer Verlag, der im Interesse auch seiner exilierten Autoren, darunter Thomas Mann, möglichst lange auszuhalten suchte und deshalb lavieren mußte, was ihn gleichermaßen den Pöbeleien der Nationalsozialisten wie den Verdächtigungen vieler Emigranten aussetzte. Nach dem Tode von S. Fischer 1934 begann sein Schwiegersohn Gottfried Bermann Fischer mit langwierigen Verhandlungen, die 1936 zu dem Ergebnis führten, daß Peter *Suhrkamp* den Verlag namens einer „arischen" Kommanditgesellschaft übernahm und ihm 1940 auch den Namen „Suhrkamp Verlag, vormals S. Fischer" geben mußte.[5]

Alle jüdischen Buchhändler und Verleger, die ihre Firma nicht freiwillig liquidiert oder an einen „Arier" verkauft hatten, erhielten ab Ende 1935 die formelle Ausschlußverfügung der RSK mit dem kargen Wortlaut: „Da Sie jüdischer Abstammung sind, halte ich Sie nicht für geeignet, in einem kulturvermittelnden Beruf tätig zu sein." Jüdischer Buchhandel war nach dem 30. Juli 1937 nur mehr mit Sondergenehmigungen als eine Art „Ghetto-Buchhandel" möglich: Ausschließlich jüdische Schriften durften an ein nur jüdisches Publikum unter eindeutiger Firmierung verkauft werden. Zionistische Verlage konnten, weil sie zur Übersiedlung nach Palästina aufriefen, sogar des Wohlwollens mancher Parteigremien sicher sein. Unter den 1937 noch existierenden 27 jüdischen Verlagen und 61 Sortimentshandlungen war der weitaus bedeutendste der erst 1931 gegründete kulturzionistische *Schocken*-Verlag.[6] Er brachte zwischen einem Drittel und einem Viertel aller nach 1933 im Dritten Reich verlegten jüdischen Bücher heraus. Das anspruchsvolle Programm wurde von dem Nichtjuden Lambert Schneider verantwortet, sein erfolgreichster und produktivster Autor und Mitarbeiter war Martin Buber. Vor allem die 83 Titel umfassende „Bücherei des Schocken Verlages" fand als bedeutendste Sammlung deutschjüdischer Literatur beim jüdischen Publikum großen Anklang. 1935 konnte sogar eine Gesamtausgabe Franz Kafkas begonnen werden, die der emigrierte Klaus Mann enthusiastisch begrüßte als „die edelste und bedeutendste Publikation, die heute aus Deutschland kommt" – was wiederum zu deren sofortigem Verbot führte. Neben Schocken wäre vor allem der *Philo*-Verlag zu nennen, dessen „Philo-Lexikon" mit rund 30000 Exemplaren zum erfolgreichsten jüdischen Buch der NS-Zeit wurde.

Das Ende des jüdischen Kulturlebens im Dritten Reich und damit auch des Ghettobuchhandels kam mit der Pogromnacht vom 9./10. November 1938. Goebbels ordnete zum 31. Dezember des Jahres die Einstellung allen jüdischen Buchhandels an. Herausgabe und Vertrieb der noch erlaubten Publikationen wurden dem *Verlag Jüdischer Kulturbund* übertragen, der nun zwar ein riesiges Buchlager, aber so gut wie keine Verkaufsstellen besaß und vor allem den Buchexport gegen Devisen organisierte. 1941 wurde auch er verboten, Ende 1942 gab es für die wenigen noch nicht deportierten Juden im Reich nur mehr eine einzige Buchverkaufsstelle in Berlin. Ihre Bestände wurden Anfang 1943 von der Gestapo vernichtet. Ab 1942 kam es im Vorzeigelager Theresienstadt zu einer makabren Blüte des jüdischen Buches: Die SS schaffte riesige konfiszierte Bestände heran, so daß bei Auflösung des Lagers eine sorgfältig organisierte Ghettobibliothek einen Bestand von rund 180000 Bänden verfügbar hatte[7] – ihre Benutzer waren in die Vernichtungslager transportiert worden.

Neben das literaturpolitische Steuerungsinstrument des Berufsverbotes für Buchhändler trat das wichtigere des Buchverbotes. Nach einem anfänglichen weitgehenden Kompetenzchaos wurde ab 1935 die Repressivzensur durch die RSK vereinheitlicht, die alle Buchverbote genehmigen mußte. Umfangreiche und jährlich ergänzte „Listen des schädlichen und unerwünschten Schrifttums“ erschienen bis 1942, die jedoch als streng geheim den staatlichen Organen vorbehalten waren und dem Buchhandel nicht mitgeteilt wurden – „das Gros der Verleger und Buchhändler war auf die wenig attraktive Möglichkeit verwiesen, bei den Dienststellen der RSK oder der Gestapo Auskünfte einzuholen oder auch in die Liste Einblick zu nehmen“.[8] Dies war ein wesentlicher Unsicherheitsfaktor für den buchhändlerischen Vermittlungsprozeß. Die RSK weigerte sich darüber hinaus, Vorzensur auszuüben, da man den Verlegern die Verantwortung für ihre Neuerscheinungen nicht abnehmen wolle und bei den Sortimentern Feingefühl dafür voraussetzen müsse, was unerwünscht sei. Allerdings scheint der erhoffte Einschüchterungseffekt nicht überall eingetreten zu sein; vor allem in Leihbüchereien und Antiquariaten sah sich die Gestapo mehrfach zu großen Säuberungsaktionen veranlaßt.

Eine Analyse der Verbotslisten zeigt, daß Einzelindizierungen im Vordergrund standen. Dazu kamen Globalverbote bestimmter Autoren und nach 1938 auch die Gesamtindizierung der Produktion von Emigrantenverlagen. Nicht selten, etwa bei marxistischen Schriften, überschnitten sich Einzel- und Globalverbote. Verboten war das Gesamtwerk von Emigranten, die gegen die Diktatur schrieben, so Thomas Mann und Annette Kolb, von Gegnern des Nationalsozialismus, darunter Parteiabweichlern wie Gregor Straßer, von „dekadenten Zivilisationsliteraten“ wie Arthur Schnitzler und Gustav Meyrink, Robert Musil und Joseph Roth, darüber hinaus ein breites Spektrum politisch und ideologisch mißliebiger, aber auch freimaurerischer und pornographischer Schriften. Die Verlagsverbote betrafen die hauptsächlichen Emigrantenverlage wie Allert de Lange und Querido in Amsterdam, Malik in London und Bermann Fischer in Stockholm. Bis 1940 praktizierten die Indizierungen noch keinen strikten Antisemitismus; „assimilatorisches“ Schrifttum galt als verbotsträchtiger denn zionistisches.

Neben der Globalsteuerung durch Buch- und Berufsverbote sowie durch umfassende Konzessionierungsdirektiven für alle Buchhandelssparten wurde die Buchvermittlung auch einer Feinsteuerung unterworfen: den „informellen Anweisungen“ in Form vertraulicher Mitteilungen für die Fachschaften des Bundes Reichsdeutscher Buchhändler. Diese lückenhaft überlieferten Anweisungen harren noch einer Analyse; sie gaben gezielte Direktiven für die tägliche Arbeit der Verlage, Sortimente und Leihbibliotheken. Beispielsweise konnte auf diese Art Heinrich Heine ohne formelle Indizierung zur Unperson erklärt werden, indem für seine Schriften auch im Rahmen von Klassikereditionen nicht mehr geworben werden durfte.[9] Auch die Literaturvermittlung in der Presse unterlag klaren Anweisungen – so betonte das Propagandaministerium in Januar 1942, Kurzgeschichten und Romane dürften nichts enthalten von „wunderbaren Autofahrten im Gebirge, Liebeserlebnissen im Motorboot, kostbaren Roben, herrlichen Diners und leichtem Einkauf wunderbarer Sachen in den Läden [...], in diesen Momenten dürfe nichts erscheinen, was das Volk psychologisch aufreizen könne." Und 1944 wurde erneut gefordert: „Auch das Feuilleton (Romane, Skizzen) muß in Stil und Haltung den Forderungen des totalen Kriegseinsatzes entsprechen und alles vermeiden, was an sattes Friedensmilieu und ähnliche unzeitgemäße Dinge erinnert."[10]

Von solchen geheimen Verbotslisten und informellen Anweisungen, die der lesenden Öffentlichkeit keinesfalls bekannt werden durften, ist denn auch nicht die Rede in der 1941 veröffentlichten Abhandlung Jürgen Soenkes „Studien über zeitgenössische Zensursysteme"; darin werden zwar die Buchverbote der katholischen Kirche und der Sowjetunion als Zeichen geistiger Unterdrückung kritisiert, dagegen wird die „weise Schrifttumspolitik" des NS-Regimes gepriesen, das nur auf dem Sektor des Parteischrifttums „positive Zensur" ausübe. Nur in diesem Bereich durfte die de facto den gesamten Buchmarkt reglementierende Überwachung ans Licht treten. Es ist charakteristisch für die polykratischen Herrschaftsstrukturen des Regimes, daß auch hier zwei konkurrierende Parteiinstanzen während der gesamten NS-Zeit in erbitterten Kompetenzkämpfen die alleinige Macht für sich reklamierten, woraus letztlich das Propagandaministerium Nutzen zog. Der Parteiideologe Alfred Rosenberg, der bei der Machtergreifung keinen wichtigen Posten erhalten hatte, suchte sich zu profilieren als „der Beauftragte des Führers für die Überwachung der gesamten geistigen und weltanschaulichen Schulung und Erziehung der NSDAP". Seine „Reichsstelle zur Förderung des deutschen Schrifttums" begutachtete ungemein betriebsam mit (1940) rund 1400 ehrenamtlichen Lektoren die Buchproduktion, um sie Partei- und Schulungsbüchereien zu empfehlen oder abzulehnen. Auch die kulturellen Massenorganisationen wie „Kraft durch Freude" und die NS-Kulturgemeinde orientierten sich an Rosenbergs Zensuren.

Parallel dazu hatte sich ab 1934 eine „Parteiamtliche Prüfungskommission zum Schutze des NS-Schrifttums" etabliert, die darauf achtete, daß die Ideologie nicht verfälscht wurde; auch sollten „Systemverlage" wie Rowohlt daran gehindert werden, in Konkurrenz zu den Parteifirmen die Nazikonjunktur auf dem Buchmarkt zu nutzen. Genehmigte Bücher wurden ab 1936 in einer „Nationalsozialistischen Bibliographie“ registriert, mißliebige beanstandet. Auch die weltanschauliche Überwachung der Lexika war Aufgabe der PPK. Die beiden großen Lexikonverlage Brockhaus und Meyer hatten sich seit längerer Zeit darauf geeinigt, ihre jeweiligen überarbeiteten Neuausgaben abwechselnd im Turnus herauszubringen. Brockhaus hatte das Glück, daß sein Lexikon vor 1933 bereits abgeschlossen war, Meyer mußte nach längerem Zögern die fällige Neubearbeitung in Zusammenarbeit mit der Partei betreiben. Allerdings erschienen von diesem „braunen Meyer“ nur die Bände von A bis Soxleth. Schließlich oblag der PPK auch die politische Kontrolle des gesamten Kalenderschrifttums, was neben den 127 festangestellten Mitarbeitern rund 700 Außenlektoren nötig machte.[11]

Für Rosenbergs Amt und die PPK waren demnach insgesamt mehr als zweitausend Lektoren alias Zensoren und Helfer tätig. Allerdings gab es trotz dieser systematischen Kontrolle des Buchmarktes keine allgemeine Vorlagepflicht für Neuerscheinungen – eine solche galt nur für NS-Schrifttum, Übersetzungen, okkulte und astrologische Schriften und Judaica, im Kriege auch für Wehrschrifttum. Eine lückenlose Vorzensur war schon wegen der schieren Menge der Novitäten unmöglich, und als ungleich wirkungsvoller erwies sich das Damoklesschwert des Berufsverbotes, das über Autoren, Verlegern und Buchhändlern schwebte und sie zu vorauseilendem Gehorsam anhielt.

Mit der Überwachung des Marktes und der Ausmerzung unerwünschten Schrifttums war es freilich nicht getan – hinzu kam die Förderung des Erwünschten, die Durchsetzung des „artgemäßen“ deutschen Buches. „Öffentliche Buchwerbung“, getragen von staatlichen und Parteistellen, war zentraler Bestandteil der NS-Schrifttumspolitik. Für diese Aktivitäten war insbesondere die „Reichsschrifttumsstelle“ des Propagandaministeriums zuständig. Sie erweiterte den Weimarer „Tag des Buches“ zur herbstlichen „Woche des Deutschen Buches“ mit zentralen und regionalen Veranstaltungen wie Großkundgebungen, Buchausstellungen und Dichterlesungen. Angesichts des erheblichen organisatorischen Aufwands, der publizistischen Unterstützung durch Presse, Rundfunk und Parteigliederungen, durch Werbelisten in Millionenauflagen, Sonderhefte, Preisausschreiben usw. scheint die Resonanz beim Sortiment und Publikum recht zurückhaltend gewesen zu sein, ja bis zu passivem Widerstand gereicht zu haben. Natürlich ging es nicht um eine Dokumentation der aktuellen Gesamtproduktion; eine „Jahresschau des deutschen Schrifttums" verzeichnete zu diesem Anlaß nur die vom Propagandaministerium empfohlenen 400 bis 500 Titel. Die Motti der Buchwochen verraten genug über ihre Tendenz: 1934 „Arbeitsbeschaffung-Volksgesundheit-Bauerntum", 1935 „Das Buch ein Schwert des Geistes", 1936 „Das Volk lebt im Buch", 1937 „Die Zeit lebt im Buch", 1938 „Das Buch ein Kraftquell der Nation", 1940 „Buch und Schwert – ein Sinnbild unserer Zeit" und 1941 naheliegenderweise erneut „Buch und Schwert". Schon 1942 fand die letzte Buchwoche nur mehr in bescheidenem Rahmen statt – als Mittel zur Durchsetzung des NS-Buches hatte sie sich nicht bewährt.

Vor allem zur Buchwoche hatten auch die Autoren ihren Beitrag zur völkischen Erneuerung des Schrifttums zu leisten. Sie wurden geradezu dienstverpflichtet von einer „Zentralstelle für den Dichtereinsatz im gesamten Dienstbereich des Reichspropagandaministeriums und der Reichsschrifttumskammer"; nach deren Anweisungen wurden die Vortragstourneen generalstabsmäßig geplant. Kaum ein Schriftsteller hatte den Mut, sich als Volksschädling zu entlarven, indem er diese nationale Pflichtübung verweigerte. Allein im Jahr 1938 wurden auf diese Weise rund zehntausend Dichterlesungen organisiert (auch dies unter Fehden und Intrigen einander feindlicher Partei- und Ministerialinstanzen).

Ebenfalls gleichgeschaltet wurde die Verleihung von Literaturpreisen, die bisher von unterschiedlichsten Trägern vergeben worden waren. Da eine 1933 in der RSK eingerichtete „Arbeitsgemeinschaft der Stiftungen und Verteiler literarischer Preise" nicht störungsfrei funktionierte, behielt sich Goebbels ab 1937 jeweils die Genehmigung aller öffentlichen Kunst-und Kulturpreise vor. Natürlich wurden mit den zwischen 1933 und 1945 insgesamt vergebenen 107 periodischen Literaturpreisen fast nur Autoren völkischer Dichtung bedacht. Von den Trägern des renommierten Goethepreises in dieser Zeit kann nur Hans Carossa literarischen Ansprüchen genügen. Wie manche Autoren, die dem Regime innerlich fernstanden, ließ er sich doch als Aushängeschild benutzen, auch beim ab 1938 jährlich stattfindenden „Großdeutschen Dichtertreffen" in Weimar.

Wie entwickelte sich der *Buchmarkt* unter dieser umfassenden Lenkung? Der 1925 erreichte Höchststand von 31595 Publikationen wurde wegen der Wirtschaftskrise bis 1932 nicht mehr überboten – auch nicht während des Dritten Reiches. Natürlich spielten die rigorosen Säuberungsaktionen eine wesentliche Rolle. 1934 war mit

20852 Buch- und Zeitschriftentiteln ein Tiefststand seit 1918 zu verzeichnen, ein deutlicher Aufwärtstrend wurde 1939 mit Kriegsbeginn gebrochen; im Krieg sank die Titelzahl zunächst langsam, ging jedoch 1944 auf 11 714 zurück. Im Januar 1945 wurden noch 215 Novitäten verzeichnet. Dabei blieb trotz aller Repressivmaßnahmen der Marktanteil der Belletristik unverändert, ja das religiöse Schrifttum, das nach der Belletristik den zweiten Platz in der Rangfolge einnahm, konnte sogar einen Zuwachs verzeichnen; mehr als verdoppelt hat sich freilich zwischen 1933 und 1938 auch das Volumen der „wehr- und kriegswissenschaftlichen Literatur".

Die Verlagslandschaft des Dritten Reiches war gekennzeichnet durch die Ausschaltung mißliebiger, vor allem jüdischer Firmen, worunter einige der bedeutendsten Literatur-, Kunst- und Wissenschaftsverlage fielen, durch den stetigen, wenngleich unterschiedlich raschen Rückgang des Produktionsvolumens bürgerlicher und weltanschaulich neutraler Unternehmen, vor allem aber durch die Marktbeherrschung der Firmen, die der Partei und ihren Gliederungen gehörten. Hier steht die Forschung freilich erst in den Anfängen.

Die Hauptrolle spielte der offizielle *Zentralverlag der NSDAP Franz Eher Nachf.* in München, gegründet 1921. Bis 1941 hatte er Bücher und Broschüren in einer Gesamtauflage von 132 Millionen Exemplaren veröffentlicht.[12] Sein Programm umfaßte neben dem „Völkischen Beobachter" alle Sparten, von Romanen bis zu Straßenkarten, von Liederbüchern bis zu Kalendern, von Verordnungen bis zu Rassenkunden, alles natürlich strikt im NS-Geist. Auch Hitlers „Mein Kampf" erschien 1925 in diesem Verlag und brachte es schon bis zum April 1933 auf fast 340000 Exemplare. Im April 1940 war die Gesamtauflage auf sechs Millionen angestiegen, weil der Band bei Trauungen und anderen Anlässen obligatorisch überreicht wurde. Das neben der Bibel wohl meistverteilte deutsche Buch hat freilich, wie alle Zeitgenossen beteuern, so gut wie niemand je gelesen. Sein Autor bezog dafür dennoch vom Verlag Honorare und Vorschüsse in Millionenhöhe.

Neben dem Eher-Verlag, der bis ans Kriegsende mit Papierzuteilungen großzügig bedacht wurde, betreuten insgesamt rund 70 weitere Gau-, Partei-, SS- und anderen Gliederungen gehörende Unternehmen nicht nur das NS-Schrifttum, sondern suchten alle Bereiche des Buchmarktes einschließlich der Unterhaltungsliteratur abzudekken. Nicht wenige privatfirmierende Verlage (darunter „arisierte") gehörten ebenfalls der Partei bzw. ihren Gliederungen. Freilich konnte bei Langen-Müller auch eine Zeitschrift wie „Das Innere Reich"

An das deutsche Sortiment!

Unsere Firma hat schon seit ihrem Bestehen als nationalsozialistischer Parteiverlag den **Kampf gegen das Judentum** und den volkszersetzenden Marxismus auf ihre Fahne geschrieben. Diesem Grundsatz gemäß haben wir auch, soweit uns dies möglich war, den jüdischen und marxistischen Buchhandel ausgeschaltet. Da es uns trotz unseren Bemühungen nicht gelungen ist, den jüdischen Buchhandel in Deutschland restlos namentlich kennenzulernen, rufen wir das deutsche Sortiment auf, uns diejenigen Fälle mitzuteilen, in denen jüdische Firmen versuchen, aus dem Verkauf von nationalsozialistischem Geistesgut finanzielle Vorteile zu schlagen. Soweit es an uns liegt, wollen wir das Judentum restlos an dem Vertrieb unserer Verlagswerke ausschalten.

Zu gleichem Vorgehen fordern wir nicht nur die deutschen Sortimenter, sondern auch die deutschen Verleger auf.

München, April 1933

Frz. Eher Nachf., G.m.b.H.
Zentralparteiverlag der N.S.D.A.P.

Nach der Machtübernahme: Der Parteiverlag der NSDAP droht im Börsenblatt (1933)

erscheinen und mußten, wie die Memoiren des Verlegers Karl Baur berichten, auch genehme Firmen im Dickicht der Zuständigkeiten und Intrigen Behinderungen hinnehmen.[13]

Nur in Einzelfällen ist aus Erinnerungen und Monographien bekannt, wie sich liberale Verleger dem wachsenden Druck zu entziehen suchten. Ihnen war eine „innere Emigration“ nicht möglich, sie waren im Interesse ihrer Autoren oft zum Lavieren und zu Zugeständnissen gezwungen, konnten aber auch diskreten Widerstand leisten. Nicht wenige bemühten sich, die literarische Moderne des Auslandes weiterhin zu vermitteln; Ernst Rowohlt, der als Judenfreund verfemt 1938 nach Brasilien auswanderte, jedoch Ende 1940 zurückkam, nahm sich besonders der Werke von William Faulkner und Thomas Wolfe an, die 1932 gegründete Hamburger Albatross-Edition legte bis 1939 mehrere hundert Titel moderner englischer Literatur in der Originalsprache vor, darunter Joyces „Dubliners“, Graham Greenes „Brighton Rock“ und Hemingways „The Sun Also Rises“.[14] Peter Suhrkamp brachte im ehemaligen S. Fischer Verlag zwischen 1936 und 1944 immerhin 178 Neuerscheinungen heraus, darunter tolerierte Bücher von Gerhart Hauptmann und Hermann Hesse, Oskar Loerke und Ernst Penzoldt sowie Erstlinge von Lothar Günther Buchheim, Hermann Kasack und Luise Rinser. Trotz einiger gewinnbringender Unternehmen wie der noblen Anthologie „Deutscher Geist“ wurde die finanzielle Situation des Verlages immer prekärer, hinzu kamen Denunziationen und Zensureingriffe. 1943 wurde die Veröffentlichung von Hesses „Glasperlenspiel“ untersagt, 1944 wurde Suhrkamp des Hoch- und Landesverrates angeklagt und kehrte nach zehn Monaten physisch zerrüttet aus dem KZ zurück. Anpassung, Arisierung und Widerstand der Wissenschaftsverlage sind (ausgenommen J. Springer) noch kaum erforscht.

Auch wie sich der Sortimentsbuchhandel mit dem Dritten Reich arrangierte, es unterstützte oder bekämpfte, muß erst noch untersucht werden. Sicher gab es manche Möglichkeiten für passiven Widerstand und diskrete Opposition, hielt man für vertraute Kunden unerwünschte Bücher unter dem Ladentisch bereit und bestellte aus dem Ausland, solange möglich, Äußerungen freien Geistes (wenngleich natürlich keine Exilautoren). Doch das Risiko war nicht gering, bei Durchsuchungen und Spitzel-Testkäufen ertappt oder auch von Kollegen denunziert zu werden. 1937 beschwerte sich Gustav Langenscheidt, daß manche Buchhandlungen „systematisch Prospekte jüdischer Verlage verteilt und in den Räumen, sogar in den Schaufenstern, Plakate solcher jüdischer Verlage ausgehängt“ hätten, und 1938 zeigte das mächtige Leipziger Kommissionsunternehmen Koehler & Volckmar einen Konkurrenten bei der RSK an, weil dessen Barsortimentskatalog noch verbotene Titel u.a. des Bermann Fischer Verlages aufführe.[15] Die dem Börsenverein angeschlossenen Österreicher und Schweizer Verlage konnten noch bis zum Anschluß bzw. bis in die ersten Kriegsjahre über Leipzig ausliefern. Manche Sortimenter leisteten sich auch subtile Späße wie der Hamburger Buchhändler Felix Jud, der sein gesamtes Schaufenster mit einer Neuauflage des Südseereisenden Richard Katz füllte – ihr Titel: „Heitere Tage unter braunen Menschen". Insgesamt blieb die wirtschaftliche Lage des Sortiments auch im Dritten Reich so gefährdet wie zuvor. Vor allem erwuchs ihm im parteiamtlichen Buchvertrieb eine starke Konkurrenz, gegen die kaum anzukämpfen war.

Nach nur sechs Jahren hatte sich der Buchmarkt (einschließlich der Firmen der einverleibten „Ostmark") den Bedingungen der Kriegswirtschaft zu unterwerfen. Das Verhältnis von Neuerscheinungen zu Neuauflagen, das noch 1938 trotz der Verdrängung unerwünschten Schrifttums vier zu eins betragen hatte, war 1942 fast auf eins zu eins egalisiert – der Markt zehrte von der Substanz. Der Hauptgrund dafür war die Kontingentierung des bereits zuvor knappen Rohstoffes Papier, vor allem des holzfreien; sie führte dazu, daß Verleger der risikolosen Neuauflage eines bereits genehmigten Werkes den Vorzug gaben vor dem Wagnis, von der zuständigen „Wirtschaftsstelle des deutschen Buchhandels" für eine nicht kriegswichtige Novität keine Zuteilung mehr zu erhalten. Ohnehin durften ab Kriegsbeginn Werke englischer und französischer Autoren nicht mehr ausgeliefert werden. 1940 wurden im Zuge der „Säuberung des leichten Unterhaltungsschrifttums von feindlichen Einflüssen" auch Kriminal- und Wildwestromane angloamerikanischer Thematik vom Markt genommen. Zusätzlich trat 1941 eine Gründungssperre für neue Verlage in Kraft, ab Januar 1943 begannen Maßnahmen, deren Ziel die Schließung von zwei Dritteln der noch übrigen Verlage auf Kriegsdauer war. Von Produktionsdrosselungen für den totalen Kriegseinsatz und Stillegungen waren natürlich vor allem mißliebige Verlage betroffen. Gegen Ende des Krieges hatten nur mehr die reinen Parteiverlage die Möglichkeit, mehr als ein Notprogramm auszuliefern.

Die Verknappung des Buchangebotes führte zu einem Nachfrageüberhang, der schließlich nur mehr durch Bestellsperren und ab 1943 durch ein Zuteilungsverfahren reglementiert werden konnte. Zur Versorgung des offenbar enormen Lesehungers der Soldaten wurden Frontbuchhandlungen, Lazarettbuchhandlungen und Standortbüchereien eingerichtet, die schließlich über Buchspenden von 20 Millionen Bänden verfügten. Gerade „bürgerliche" Verlage (am erfolgreichsten Bertelsmann) konnten ihre Bilanz oft nur durch die Herstellung von Sonderauflagen für die Wehrmacht und Feldpostausgaben ausgleichen, deren Anteil an Papierzuteilungen bei 40 % der Gesamtauflagen lag. Da für die Wehrmacht weniger Indoktrination als leichte Unterhaltung gesucht wurde, hatten auch nur tolerierte Autoren zusätzliche Publikationschancen. Bis 1944 brachten über 30 Verlage mehr als 70 Millionen Exemplare an Feldposteditionen heraus, die freilich wegen der allgemeinen Buchverknappung auch in der Heimat lebhafte Nachfrage hervorriefen. Dank dieser Reihen entfiel während des Krieges fast ein Drittel der Gesamtauflagenzahl auf die Schöne Literatur. Zusätzlich sollten „Altbuchaktionen“, Hortungsverbote und Produktionsabgaben der Verlage den wachsenden Büchermangel nach 1942 überbrücken helfen.

Die Auswirkungen des Luftkrieges betrafen vor allem das Leipziger Buchhändlerviertel, wo riesige Kommissionslager vernichtet wurden, und das „graphische Viertel“, wo die Produktionsanlagen konzentriert waren, aber auch die Hauptverlagsorte Berlin, München und Stuttgart. Viele Firmen wurden ausgebombt, verloren ihre Läger und Geschäftsunterlagen, oft auch Manuskripte und halbfertige Projekte. Die wenigen Privatverlage, die am Kriegsende noch arbeiten konnten, bestanden meist aus ein bis zwei Zimmern und ebensovielen Personen. Der stolze deutsche Buchhandel schien zugrunde gerichtet.

Die Situation der *Schriftsteller* im Dritten Reich kann in wenigen Sätzen nicht hinreichend charakterisiert werden. Es wäre falsch, all jene, die aus verschiedensten Gründen nicht in die Emigration gingen, als Mitläufer abzustempeln. Freilich reichte das offizielle Spektrum nur mehr von ganz rechts bis zur rechten Mitte, aber bei genauerem Hinsehen eröffnet sich eine durchaus nuancierte Literaturlandschaft, zeigen sich, wie unter jeder Diktatur, höchst differenzierte Mischformen aus Anpassung und Obstruktion, Kollaboration aus ehrenwerten Motiven und Opposition aus zweifelhaften. Die Zahl der fanatischen Nationalsozialisten unter den Autoren war vergleichsweise gering, von jungen SA- und SS-Dichtern wie Gerhard Schumann und anderen Mitgliedern der „jungen Mannschaft“, vom HJ-Barden Herbert Reinecker oder Gestalten wie Hans Zöberlein abgesehen. Der weit größere Teil der nun staatsgenehmen Autoren hatte in den zwanziger Jahren dem völkisch-nationalen Dunstkreis angehört; manche ließen sich willig von den neuen Herren vereinnahmen wie die beiden RSK-Präsidenten Blunck und Johst, andere wie Hans Grimm distanzierten sich starrsinnig vom doktrinären NS-Totalitarismus. Auch Anbiederer wie Will Vesper waren nicht davor gefeit, unversehens nach Bedarf abgedrängt zu werden. Der größte Teil der konservativen Autoren glaubte sich notgedrungen arrangieren zu müssen.[16] Hans Carossa, der 1933 aus Protest die Preußische Dichterakademie verlassen wollte, aber nichtsdestoweniger 1941 von Goebbels zum Präsidenten einer „Europäischen Schriftstellervereinigung" befohlen wurde, war sich des Doppellebens schmerzlich bewußt. Man habe eine Bedrohung der Familie riskiert, wenn man sich der dichterischen Gratulation zu Hitlers fünfzigstem Geburtstag verweigert hätte, wurde argumentiert. Als Suhrkamps „Neue Rundschau" das Jubelfest 1939 überging, ohne Notiz davon zu nehmen, drohte ihr das Verbot. Es wird berichtet, daß daraufhin der einzige Parteigenosse unter den Mitarbeitern mit einer Cognacflasche ins Verlagsbüro gesperrt worden sei, wo er binnen zweier Stunden eine schamlose Eloge auf den Führer fabriziert und damit die Zeitschrift gerettet habe.

Nicht jeder hatte die Möglichkeit, sich wie Gottfried Benn nach anfänglichem Sündenfall angewidert in die Armee als „aristokratische Form der Emigration" zurückzuziehen und dort Angriffe der SS und 1938 den Ausschluß aus der RSK zu überstehen; nicht jeder besaß den Mut Ernst Wiecherts, den das Regime „aus erzieherischen Gründen" für zwei Monate ins KZ Buchenwald einlieferte und dessen im Jahr 1939 durch ein Zensurversehen veröffentlichter Roman „Das einfache Leben" Goetheschen Humanismus der NS-„Boxerethik" entgegenhielt; kaum einer brachte die Würde Ricarda Huchs auf, die 1933 ostentativ die Dichterakademie verließ und alle ihr gebauten goldnen Brücken nicht betrat; nicht jeder hielt zu jüdischen Ehefrauen wie Stefan Andres, der 1940 nach Italien auswich, wie Jochen Klepper, der sich 1942 vor der Deportation seiner Frau mit ihr das Leben nahm, wie Werner Bergengruen, der schon 1937 aus der RSK ausgeschlossen wurde. Allerdings wurden auch Linksintellektuelle der Weimarer Zeit toleriert, wenn sie sich systemkonform verhielten oder schwiegen – wie die „Verbrannten" Ernst Glaeser und Erich Kästner (die unter Pseudonym schreiben durften), bis 1944 Günther Weisenborn und der besonders kompromißbereite Hans Fallada. Dabei scheint mitten in der autoritären Anarchie des NS-Herrschaftsapparates die RSK zumindest unter dem Vorsitz H. F. Bluncks bis Ende 1935 ein Hort „deutschvölkischer Rechtsstaatlichkeit" gewesen zu sein: Wer „Arier" war, wurde von ihr normativ und formal korrekt behandelt, ja bei belasteter Vergangenheit zuweilen zwar ausgeschlossen, aber mit einer Sondergenehmigung versehen. Unter dem Präsidenten Johst verschlimmerte sich die Lage. In seiner programmatischen Rede zur Woche des Deutschen Buches 1936 tönte er: „Noch gibt es nun deutsche Schriftsteller, die da sagen: was heißt Partei, Bewegung, Staatsform; wir treiben keine Tagespolitik, wir sind die unsterblichen Dichter, denn unsere Kunst ist Ewigkeit an sich, kurz: wir sind in aller Bescheidenheit die Würdenträger des inneren Reiches. Und ihr kommt auf die Dauer ohne uns nicht aus [...]

Ich sage diesen vergreisten Ewig-Vorgestrigen: wir kommen ohne euch wunderbar aus. Wir pfeifen auf den Hochmut von sogenannten Dichtern, die da glauben, auf dem Umweg von Innerlichkeit und den Phrasen von Ewigkeitswerten dem schlichten, anständigen, eindeutigen Bekenntnis zum Nationalsozialismus und der Tatsache des Dritten Reiches aus dem Wege gehen zu können. [...] Die Entscheidung im Raum des deutschen Schrifttums über Vergangenheit und Gegenwart trifft die Reichsschrifttumskammer. Sie ist damit die Herzkammer des nationalsozialistischen Bewußtseins und Verantwortungsgefühls. Sie ist damit keine Organisation, sondern das Organ, von dem aus der Blutkreislauf der schöpferischen Sehnsucht Deutschlands getrieben und geschlagen wird."

An den Buchhandel gerichtet fügte Johst hinzu: „Es geht in der kommenden Zeit nicht um die Pro-Vision des Verdienstes, sondern um den Dienst an der Vision der deutschen Kultur! – Der Buchhändler, der hier aus privaten Interessen heraus versagt, scheidet in Zukunft aus. [...] Ich werde Laue und Kompromissler auszuscheiden wissen und werde den Satz von der Diktatur des kaufenden Publikums nicht länger dulden. Wer diesen Satz benutzt, beweist nur, daß er von der kämpferischen Natur des Nationalsozialismus noch völlig unberührt blieb. Das kaufende Publikum ist nämlich Volk, und Volk will und soll geführt und überzeugt werden."[17]

Die meisten Autoren versuchten die heikle Gratwanderung zwischen Lippenbekenntnissen und literarischem Rückzug ins „innere Reich". So hieß denn auch programmatisch die Literaturzeitschrift des nationaldenkenden Bildungsbürgertums, die von 1934 bis 1944 von Paul Alverdes bei Langen-Müller herausgegeben wurde und einen gewissen Freiraum zu gewähren schien. Hier tauchen bereits zahlreiche Namen auf, die nach 1945 als Exponenten eines völligen Neubeginns gelten sollten, wie Günther Eich, Peter Huchel und Johannes Bobrowski. Ihre sensiblen Sprachkunstwerke neben der heroischen Durchhaltelyrik der Mitläufer zeugen für das „gespaltene Bewußtsein" (H.-D. Schäfer), das zum Charakteristikum schriftstellerischen Überlebens unter der Diktatur wurde. Bis in den Krieg hinein tolerierte das Regime die Alibi- und Ventilfunktion scheinbar politikferner Freiräume und funktionalisierte diese damit zur Stabilisierung seiner Herrschaft. Unter solchen Bedingungen traten junge Autoren an die Öffentlichkeit, die nach 1945 das literarische Erscheinungsbild der frühen Bundesrepublik prägten, wie Alfred Andersch,

Wolfgang Borchert, Erhart Kästner, Marieluise Kaschnitz, Wolfgang Koeppen, Karl Krolow, Hermann Lenz, Hans Erich Nossack, Luise Rinser, Wolfdietrich Schnurre und Wolfgang Weyrauch. Günther Eichs Erzählung „Katharina" brachte es als Feldpostausgabe auf 32000 Exemplare. Noch bis Kriegsbeginn konnte eine politikfeindliche, nichtvölkische junge Moderne, der die Diktatur eher neutral gegenüberstand, ihr Kommunikationssystem aufrechterhalten.[18] Dazu trugen die literarischen Zeitschriften als Publikations- und Verständigungsorte bei, in bemerkenswertem Maße auch die Feuilletonbeilagen großer Tageszeitungen, die in Hunderten von Beiträgen die internationale Literatur der Moderne würdigten, ja mit erstaunlichem Freimut verteidigten.[19] Natürlich wurde keiner der Autoren vom Kriegsdienst zurückgestellt; im Gegenteil sollte das Fronterlebnis die Dichter von „weltfremder Versponnenheit" kurieren, und 1944 ließ die RSK lapidar verlauten: „Die Kunst aber ist zur Zeit weder absolut noch relativ erforderlich."[20]

Während die Produktion und Distribution von Büchern weitestgehender Kontrolle unterworfen war, erwies sich die Überwachung und Beeinflussung der *Rezeption* als weitaus schwieriger. Dies kann freilich nur indirekt erschlossen werden, etwa anhand der Buchumsätze und Spitzenauflagen.[21] Die Förderung völkisch-nationaler Autoren durch das Regime ließ selbstverständlich ihre Auflagen steigen – durch Aufnahme in Partei- und Schulbüchereien, durch Schenkungen und gezielte Kaufaktionen. Auf diese Weise wurden oft am regulären Buchhandel vorbei Blut-und-Boden-Schriften von Hans Friedrich Blunck, Hans Zöberlein, Werner Beumelburg, Edwin Erich Dwinger, Kuni Tremel-Eggert und Josefa Behrens-Totenohl in Hunderttausenden von Exemplaren verbreitet. Doch wurden ihre Erfolge übertroffen durch die Auflagenhöhen tolerierter, jedoch nicht geförderter christlich-klassizistischer Autoren: Ernst Wiechert brachte es mit seiner „Hirtennovelle" und dem „Einfachen Leben" auf jeweils über 250000 Exemplare, Ina Seidel mit ihrem „Wunschkind" auf 210000. Auch Gertrud von Le Fort, Werner Bergengruen, Isolde Kurz und Hans Fallada fanden stetigen Absatz. Favorit des unpolitischen Bürgertums aber blieb Hermann Hesse, der das Glück hatte, schon vor dem Ersten Weltkrieg aus Deutschland emigriert zu sein: Von seinen Büchern wurden nach 1933 481000 Exemplare verkauft.

Nicht zu unterschätzen ist die unverminderte Beliebtheit ausländischer Autoren mit Pflanzersagas und Arztromanen, nordischen Familienepen und Liebesromanzen. An ihrer Spitze stand Trygve Gulbranssen mit „Und ewig singen die Wälder" (545 000 Exemplare von 1935 bis 1945) und dem „Erbe von Björndal" (455 000 Exemplare in neun Jahren), auch Margaret Mitchells Weltbestseller „Vom Winde verweht" brachte es auf eine Auflage von 250 000. Etwas geringere Zahlen sind für Gwen Bristow, Louis Bromfield, Pearl S. Buck, Warwick Deeping, Archibald J. Cronin oder den Schweizer John Knittel nachzuweisen – Autoren, die nach 1945 bis in die sechziger Jahre ihre Bestsellererfolge fortführten. Von „geistiger Einkerkerung" und „Absperrung von der ausländischen Moderne" konnte in den dreißiger Jahren nicht die Rede sein.[22] In Übersetzungen publiziert wurden während der Diktatur unter anderem Werke von Bernanos, Claudel, Mauriac, Julien Green, D. H. Lawrence, Somerset Maugham, Evelyn Waugh und Thornton Wilder. Antoine de Saint-Exupérys „Wind, Sand und Sterne", 1940 veröffentlicht, erreichte bereits 1943 das 120. Tausend. 1942 ordnete das Propagandaministerium eine Neuausgabe von Sinclair Lewis' „Babbit" und 1943 von John Steinbecks „Früchte des Zorns" an, um den „häßlichen Amerikaner" zu zeigen.

Allerdings waren die Leser solcher anspruchsvoller Literatur Minderheiten. Eine Statistik aus dem Jahr 1938[22] verzeichnet jene Werke, die bis zu diesem Datum – unabhängig von ihrem Erscheinungstermin – Auflagen von mehr als einer halben Million Exemplare erreicht hatten. Diese Liste der Longseller des deutschen Publikums zeigt eindrucksvoll die Geschmackskonstanz in Kaiserreich, Weimarer Republik und Drittem Reich:

Richard Voß: „Zwei Menschen" (860 000)
Waldemar Bonsels: „Die Biene Maja" (770 000)
Ludwig Ganghofer: „Schloß Hubertus" (677 000)
Felix Dahn: „Ein Kampf um Rom" (615 000)
Rudolf Herzog: „Die Wiskottens" (583 000)
Paul Keller: „Heimat" (573 000)
Rudolf G. Binding: „Opfergang" (525 000)
Hermann Löns: „Der Werwolf" (504 000)
Rainer Maria Rilke: „Die Weise von Liebe und Tod des Cornets Christoph Rilke" (500 000)
Felicitas Rose: „Heideschulmeister Uwe Carstens" (500 000)
Walter Flex: „Der Wanderer zwischen zwei Welten" (500 000)

Daß die sentimentale und wehrhaft-nationale „Heimatkunst" der Jahrhundertwende unverminderte Beliebtheit genoß, wurde von der NS-Schrifttumspolitik toleriert. Neuere tendenzfreie Unterhaltungsliteratur wie Heinrich Spoerls „Wenn wir alle Engel wären" (1944 im 325. Tausend) wurde zur beherrschenden Zweckform, ja galt als „staatspolitisch wichtig, wenn nicht sogar kriegsentscheidend" (so Goebbels 1942 in seinem Tagebuch), weil sie „durch Zerstreuung oder säkularisierte Erbauung den Leser vom Widerspruch zum Hitler-Staat"[24] zurückhielt. Auch die von den Nationalsozialisten geförderte Literatur hatte sich oft nur oberflächlich dem neuen Geist und Stil angepaßt. Baldur von Schirach spöttelte: „Vor 1933 duftete die Mehrzahl der deutschen Romane nach dem perversen Parfüm des Kurfürstendamms, seit 1933 stinken sie alle bloß nach Mist." Es gelang der NS-Literaturpolitik nicht, eine genehme Jugend-, Kriegs- oder Zeitliteratur von Rang zu entdecken und zu fördern. Freilich war das Buch als Propagandainstrument insgesamt neben den Massenmedien Film, Funk, Illustrierten und Zeitungen eher zweitrangig. Die Indoktrination durch die gleichgeschaltete Presse, durch die scheinbar unpolitischen UFA-Filme und Leni Riefenstahls apologetische Streifen, durch Wochenschauen und Volksempfänger war ungleich wirksamer als die schwierigere durch das Buch. Deshalb blieb trotz aller Lenkungs- und Überwachungsmaßnahmen die Umformung des Lesegeschmacks ein deutliches Defizit der NS-Kulturpolitik. Dies galt auch für die Lektüre der Unterschichten: Obwohl etwa die Heftliteratur als „Überbleibsel der Systemzeit" verpönt war, wurden zwischen 1933 und 1939 sechzig Millionen Groschenhefte des Kriminal-, Wildwest-, Frauen- und Landsergenres über Kioske und Bahnhofsbuchhandlungen abgesetzt; Helden wie Alaska-Jim, Tom Shark, Rolf Torring, Jörn Farrow, John Kling, Jens Clark und Billy Jenkins – schon durch die Namen als Mischung aus nordischem Edelmenschen und amerikanischem Abenteurer ausgewiesen – verhalfen den Pimpfen dank der stockenden Überprüfung des „Volksliteratur"-Genres noch bis 1939 zum schmökernden Rückzug aus der Diktatur. Erst bei Kriegsbeginn wurden sie scharfer Kontrolle unterzogen und 1940 auf eine Schwarze Liste gesetzt.

Noch immer bildeten auch die *Leihbüchereien* einen wesentlichen Rezeptionsort. Die etwa 6500 gewerblichen Leihbüchereien, die es 1937/38 noch gab, dürften rund 10 Millionen Leser und damit etwa ein Viertel der erwachsenen Bevölkerung zwischen 14 und 60 Jahren erreicht haben.[25] Frauen-, Abenteuer-, Kriminal- und Zukunftsromane vor allem von Zane Grey, Edgar Wallace und der Courths-Mahler bildeten mit ca. 55 % den Schwerpunkt der meist sehr anspruchslosen Bestände. Wie beim Sortiment führte der Krieg auch hier zu einem starken Umsatzzuwachs, wobei das leichteste Unterhaltungsschrifttum zum Mißvergnügen der Funktionäre unangefochten an der Spitze rangierte. Trotz solcher politikfreien Bereiche, die den Leihbüchereien zugestanden wurden, waren auch sie staatlicher Reglementierung wie Lizenzierung, Gebührenordnung, Arisierung, Säuberungen der Bestände und Empfehlungslisten unterworfen. Die gleichgeschalteten Buchgemeinschaften konnten 1940 etwa 1,7 Millionen Mitglieder verzeichnen.

Als nach dem Ende des Schreckens Walter von Molo und Frank Thieß, die nicht emigriert waren, Thomas Mann zur Rückkehr aufforderten, begründete dieser seine Ablehnung auch mit den Sätzen: „Es mag Aberglaube sein, aber in meinen Augen sind Bücher, die von 1933 bis 1945 in Deutschland überhaupt gedruckt werden konnten, weniger als wertlos und nicht gut in die Hand zu nehmen. Ein Geruch von Blut und Schande haftet ihnen an. Sie sollten alle eingestampft werden." Die sehr pauschale Äußerung (immerhin war noch Manns eigener Josephsroman 1934 in Berlin bei S.Fischer erschienen) kennzeichnet das Selbstbewußtsein des *Exils*: Die Besten der deutschen Literatur waren 1933 außer Landes gegangen. Etwa 1800 namentlich bekannte belletristische, politische und journalistische Schriftsteller haben nach der Machtübernahme ihre Heimat verlassen – ein geringer Teil jener halben Million Menschen (zur Hälfte jüdischer Abstammung), die vor der Diktatur floh. Die Autoren der Emigration waren in ihren ästhetischen und politischen Überzeugungen so heterogen, ja feindlich wie einst in den Weimarer Jahren. Was sie dennoch einte, war die Gegnerschaft zu den Nationalsozialisten – und die Verfolgung durch diese. Die völlige Zersplitterung des Exils war nicht nur eine räumliche, sondern auch eine geistige – von der oft beschworenen Einheitsfront konnte keine Rede sein. Diese Tatsache hat auch die Erforschung der Exilverlage bisher gehemmt.

Die Emigration von literarischen Autoren und Verlegern verlief gleichsam in drei konzentrischen Kreisen. Zunächst versuchten sie sich im deutschsprachigen Ausland oder der europäischen Hauptstadt Paris anzusiedeln. In dieser ersten Phase zwischen Machtergreifung und Anfang des Jahres 1938 überwog die politische Emigration die rassische; man hoffte von Wien und Prag, Zürich und Amsterdam aus den publizistischen Kampf fortsetzen und vielleicht gar ins Reich hineinwirken zu können. Der Wiener Zsolnay Verlag etwa klammerte sich noch jahrelang an die Hoffnung, bei politischer Enthaltsamkeit weiterhin ins Reich liefern zu können (und stellte gar für Franz Werfel einen Aufnahmeantrag beim RDS); ja er paktierte um des Überlebens willen mit Österreichs deutschvölkisch-„nationalen" Autoren, freilich ohne jeden Erfolg beim Regime.

Ein zweiter, weiter ausgreifender Kreis führte nach 1938 zum Rückzug vor der nun immer unverhüllteren inneren und äußeren Aggressivität des Regimes. Die Pogromstimmung der „Reichskristallnacht" machte auch dem letzten anpassungswilligen Intellektuellen deutlich, daß ein Arrangement mit dem Terror unmöglich war. Mit der Besetzung Österreichs und wenig später der Tschechoslowakei verlor die Emigration ihre beiden Hauptstützpunkte – zu den Exulanten aus dem Altreich kamen noch Zehntausende aus den besetzten Gebieten hinzu. Sie wurden nirgendwo mit offenen Armen aufgenommen – bekanntlich ist der Judenstern im Reisepaß eine Schweizer Idee gewesen –, fanden aber etwa an Badeorten der französischen Küste wie Sanary-sur-mer Unterschlupf. Immer mehr erkannten, daß nicht die größtmögliche Nähe zur alten Heimat, sondern die möglichst weite Distanz überlebenswichtig war: Karl Wolfskehl floh bis nach Neuseeland, andere nach Ostasien, die kommunistischen Autoren flüchteten sich in die Arme des großen Moskauer Bruders, die meisten jedoch suchten ihr Heil in den Vereinigten Staaten, die zum weitaus bedeutendsten Kultur- und Wissenschaftsexil wurden. Als der Krieg begann, wurden die Visa nach Übersee und die Schiffspassagen aus den französischen und portugiesischen Häfen, die oft nur über Schleichwege erreichbar waren, zur letzten lebensrettenden Chance. Die Emigranten wurden jedoch nach Kriegsausbruch als Angehörige der Feindnation meist ebenso interniert wie Reichsdeutsche. Dadurch sind gerade in Frankreich viele Intellektuelle ohne einflußreiche Freunde den vorrückenden Deutschen in die Hände gefallen, ja von den Vichy-Kollaborateuren ausgeliefert worden.

Wem die Flucht gelungen war, blieb dennoch – mit wenigen Ausnahmen wie Stefan Zweig, Lion Feuchtwanger oder Thomas Mann – existentiell bedroht: Robert Musil in der Schweiz, Paul Zech in Argentinien, Anna Seghers in Mexiko, Kurt Tucholsky in Schweden, Alfred Döblin und Heinrich Mann in den USA; Bert Brecht kam über Tschechoslowakei, Österreich, Dänemark, Schweden und die Sowjetunion in die Vereinigten Staaten. Sie alle hatten oft nur das nackte Leben gerettet, aber waren ihres kulturellen Nährbodens beraubt. Lion Feuchtwanger hat in seinem Essay über „Arbeitsprobleme des Schriftstellers im Exil" neben den äußeren Problemen die ebenso bedrängenden inneren aufgeführt – vor allem die „bittere Erfahrung, abgespalten zu sein vom lebendigen Strom der Muttersprache". Tatsächlich hatten die geflüchteten Autoren ihr Publikum so gut wie gänzlich verloren. Das war nicht nur ein ökonomisches, sondern ein zentrales künstlerisches Problem. Gerade in dieser Situation kam den Verlagen des Exils eine kaum zu überschätzende Bedeutung zu, wie Wieland Herzfelde betonte: „Wer wird uns verlegen? Das war die brennende Frage, mit der die deutschen Schriftsteller im Exil ihre Arbeit wieder aufnahmen."[26] Die ähnlich brennende Frage für die Verleger aber war, wie sie überhaupt einen einigermaßen geregelten Geschäftsbetrieb aufrechterhalten sollten. Die zu überwindenden Hindernisse waren entmutigend hoch. Ausreichendes Kapital für einen Neubeginn war nur in den wenigsten Fällen vorhanden, die Raumbeschaffung und Gewinnung von Mitarbeitern, Werbung und vor allem der schwierige Vertrieb kosteten viel Kraft, urheber- und handelsrechtliche Probleme waren zu lösen, Satz und Druck durch einheimische Kräfte im fremdsprachigen Exilland sorgten für zusätzliche Probleme. Manche Exilländer verweigerten, teils aus politischen Gründen, die Arbeitserlaubnis. Auch hatte der Absatz der Exilverlage bei den Auslandsdeutschen mit der erheblichen Konkurrenz des reichsdeutschen Buchexports zu kämpfen, der 1935 auf Anordnung von Goebbels die Auslandspreise (mit Ausnahme der Schweiz) um 25 % senkte und teils auch beschlagnahmte Bestände von emigrierten Autoren zu Schleuderpreisen verramschte. Unter solchen Umständen ergab sich eine eher deprimierende Bilanz der deutschen Exilverlage: „Weder hat es während der 12 Jahre (oder danach) einen zentralen Exilverlag gegeben, der einen großen Teil der Vertriebenen hätte aufnehmen können, noch blieb von den über 600 Verlagen, in denen [...] Werke der Exilanten erschienen, auch nur ein geringer Teil auf die Dauer erfolgreich."[27] Über den Wissenschaftsverlag im Exil fehlen Untersuchungen. Nur zwei Firmen (Junk und Karger) konnten mit ihren Beständen emigrieren; jüdische Wissenschaftsverleger gründeten aus naheliegenden Gründen keine eigenen Exilfirmen, sondern stellten ihre Kenntnisse und Konnexionen in den Dienst amerikanischer Kollegen, insbesondere bei der Durchsetzung von Reprintprogrammen (W. Johnson).

Zu den fruchtbarsten Exilverlagen zählte der von Gottfried *Bermann Fischer*. 1936 hatte er unter relativ glimpflichen Bedingungen seine Berliner Firma an Peter Suhrkamp übergeben und konnte die Verlagsrechte der verbotenen Autoren und ein Lager von 780 000 Bänden mitnehmen, allerdings nicht wie erhofft in die Schweiz, wo die seine Konkurrenz fürchtenden Verleger für die Ablehnung seines Gesuches sorgten, sondern nach Österreich. Den vielversprechenden Anfängen machte nach kaum zwei Jahren der Anschluß ein Ende.

Nun plante Bermann Fischer, seine Tätigkeit in die USA zu verlegen, und erbat den Rat seines wichtigsten Autors, Thomas Mann. Doch dieser, dessen reichsdeutscher Verbreitung zuliebe der Verleger nicht zuletzt noch unter der Diktatur ausgeharrt hatte, riet ihm kühl: „Sie müssen bedenken, daß Sie nie ein Emigrationsverlag haben sein wollen; Sie haben das auch noch in Wien abgelehnt. Es ist nicht leicht, denen zu widersprechen, die erklären, daß Sie das moralische Recht verscherzt haben, jetzt, wo es gar nicht mehr anders geht, *den* deutschen Emigrations-Verlag in Amerika aufzutun. Sie hatten nicht die Entschlußkraft und Weitsicht zu tun, was Querido unter Opfern getan hat, diesen Emigrationsverlag, und sogar die Zeitschrift dazu, draußen im Freien zu schaffen, sondern haben sich an Deutschland festgeklammert und es erst in dem Augenblick verlassen, wo es mit jüdischen Verlegern dort endgültig zu Ende war. Welche Möglichkeiten hätte der S. Fischer Verlag gehabt, wenn er im Jahr 33 oder 34 in die Schweiz gegangen wäre!“[28] Thomas Mann, der auf einen amerikanischen Verleger hoffte, riet Bermann Fischer, statt dessen zum Arztberuf zurückzukehren. Doch dieser übersiedelte mit dem Verlag ins neutrale Schweden, wo noch im November 1939 (gedruckt und gebunden in Holland) die Erstausgabe von „Lotte in Weimar“ herauskam. Mit den beiden Amsterdamer Exilverlagen *Querido* und *Allert de Lange* ging Bermann Fischer eine Vertriebsgemeinschaft ein. Darin erschienen vor allem für den skandinavischen Markt Offsetreproduktionen von Originalausgaben Werfels, Schnitzlers, Annette Kolbs und der Brüder Mann als broschierte Taschenbücher in der Reihe „Forum-Bücherei“. Nach Kriegsausbruch mußte der Verleger Schweden, das ängstlich auf seine Neutralität bedacht war, in Richtung USA verlassen und führte den Verlag über Mittelsmänner weiter. Immerhin erschienen in Stockholm während des Krieges 120 Titel, so Werke von Zuckmayer, Stefan Zweig, Döblin und Remarque und die Stockholmer Ausgabe von Thomas Manns gesammelten Werken. Als Bermann Fischer, dessen 1941 mit Fritz Landshoff gegründeter englischsprachiger Verlag auf dem amerikanischen Markt kaum reüssierte, nach dem Krieg das Berliner Stammhaus wieder übernehmen wollte, kam es zum Zerwürfnis mit Peter Suhrkamp. Die beiden trennten Firmen und Rechte 1950. Von den 48 Autoren verließen 33, darunter auch Hermann Hesse, mit Suhrkamp den S. Fischer Verlag.

Die beiden renommiertesten Exilverleger neben Bermann Fischer wurden soeben genannt: Schon kurz nach der Machtübernahme gliederten die holländischen Verleger Emanuel Querido und Gerard de Lange ihren florierenden Firmen deutschsprachige Abteilungen an, freilich eher aus moralischen denn merkantilen Gründen. Diese Verlage, geleitet von den drei ehemaligen Lektoren des Kiepenheuer-Verlages Fritz Landshoff, Walter Landauer und Hermann Kesten, konnten bis zum Einmarsch der deutschen Truppen im Frühjahr 1940 zusammen fast zweihundert Titel von mehr als hundert Autoren veröffentlichen – so von Bertolt Brecht, Max Brod, Lion Feuchtwanger, Sigmund Freud, Oskar Maria Graf, Ödön von Horváth, Heinrich Mann, Joseph Roth, Anna Seghers und Stefan Zweig. Die Auflagen betrugen meist 300 Exemplare, konnten aber bei gefragten Autoren wie Feuchtwanger, Vicki Baum oder Remarque bis auf 10000 oder gar 20000 steigen. Diese drei gelangten denn auch im Exil zu Wohlstand, wogegen die übrigen Genannten meist von Vorschüssen und Monatsraten lebten. Beim Einmarsch der Deutschen wurden beide Verlage, wie einige kleinere wissenschaftliche Exilunternehmen, sofort liquidiert, Emanuel Querido starb im KZ.

Dagegen konnte der Schweizer Verleger Emil *Oprecht* trotz mancher Anfeindungen sein linksbürgerlich geprägtes Programm gegen den Nationalsozialismus bis zum Kriegsende verbreiten. Bei ihm sind 145 Titel von 115 Exilautoren erschienen, darunter die ambitionierte, von Thomas Mann mitherausgegebene Literaturzeitschrift „Maß und Wert“, Werke von Heinrich Mann und Arthur Koestler, Else Lasker-Schüler und Ludwig Renn. Besonders wichtig war Oprecht die politische Auseinandersetzung mit dem Dritten Reich: Von den Enthüllungsschriften Konrad Heidens und Hermann Rauschnings über Hitler wurden mehr als hunderttausend Exemplare abgesetzt, auch Willy Brandts „Krieg in Norwegen“ kam 1942 bei Oprecht heraus, der schon 1937 eine Zweigstelle seines *Europa*-Verlages in New York eröffnet hatte. Andere Schweizer Exilverlage spielten eine weit geringere Rolle. Bekannt wurde der kleine Luzerner *Vita Nova*-Verlag durch Walter Benjamins Briefauswahl „Deutsche Menschen“ (unter dem Pseudonym Detlef Holz). Der Verleger Rudolf Roeßler nutzte die Firma hauptsächlich zur Tarnung seiner Geheimdienstaktivitäten für die Rote Armee und die Alliierten.

Von den insgesamt 78, großteils sozialdemokratischen und kommunistischen, Exilverlagen der Tschechoslowakei, in denen zusammen nicht mehr als 270 Werke erschienen, war nur Wieland Herzfeldes Prager *Malik*-Verlag von größerer Bedeutung. Der Verleger hatte schon vor der Machtergreifung Gelder im Ausland deponiert und konnte deshalb schnell mit der Produktion beginnen. Das Schwergewicht der 40 Titel von 22 Autoren lag bei linken Kampfschriften, die wichtigsten literarischen Veröffentlichungen stammten von Bert

Brecht (dessen geplante Gesamtausgabe nur zur Hälfte erscheinen konnte), Oskar Maria Graf und Johannes R. Becher. Die Durchschnittsauflage betrug immerhin 400 Exemplare, wovon ein nicht geringer Teil im Lande unter der deutschen Bevölkerung abgesetzt werden konnte. Die Zeitschrift „Neue Deutsche Blätter", die ein Forum aller antifaschistischen Kräfte sein sollte, mußte schon 1935 nach zweijährigem Erscheinen aufgeben. 1938 gelang Herzfelde unter erheblichen Schwierigkeiten nach dem Einmarsch der deutschen Truppen über Paris und London die Flucht in die USA.

Während einige kleinere tschechische Exilverlage von der SPD finanziert wurden, waren die beiden wichtigsten französischen in den Händen der KPD und der Kommunistischen Internationale: die *Editions du Carrefour* und die *Editions Prométhée* in Paris, die zusammen mehr als 70 Bücher publizierten. Willi Münzenbergs Edition du Carrefour verlegte neben Brecht, Becher, Kisch und Anna Seghers zwei vielbeachtete Braunbücher über den Reichstagsbrand und den Hitlerterror. 1937 sagte sich Münzenberg von der KP los und eröffnete in Straßburg einen kurzlebigen *Sebastian-Brant*-Verlag. Die Editions Prométhée verbreiteten, nicht ganz ihrem Namen entsprechend, die Agitation von Walter Ulbricht und Wilhelm Pieck. Frei von kommunistischer Ideologie war eine der rührigsten Exilzeitschriften, die von 1933 bis 1940 in Paris erschien: Leopold Schwarzschilds „Neues Tagebuch" verstrickte sich im Gegenteil in eine Zweifrontenpolemik gegen den Nationalsozialismus, den er als „kommunistischen Kapitalismus" bezeichnete, und gegen Exilautoren, die er als Sowjetagenten verdächtigte – das gewohnte Bild parteilicher Polarisierung im Angesicht des gemeinsamen Gegners. Auffälligerweise konnte Frankreich keinen bedeutenden nichtkommunistischen Exilverlag vorweisen, obgleich in Paris und an der Mittelmeerküste Autoren wie Joseph Roth, Döblin, Horvath, Feuchtwanger, Schickele, Kracauer und Klaus Mann lebten. Schon ab 1938 begannen hellsichtige Emigranten das Land zu verlassen.

Schwarzschilds Mißtrauen gegen die kommunistische Unterwanderung des Exils war nicht unbegründet. Denn als einziger Staat betrieb die Sowjetunion eine intensive Kulturpolitik mit dem Ziel, ihre Ideologie als allein erfolgversprechende Alternative zum Faschismus den Emigranten nahezubringen. Als Asylanten nahm sie freilich nur linientreue Genossen auf, wogegen Publikationsmöglichkeiten auch für Sympathisanten wie Feuchtwanger und Graf bestanden. Dank großzügiger Subventionierung konnten die deutschen Autoren in den Staatsverlagen der UdSSR, bis 1938 bei der „Verlagsgenossenschaft ausländischer Arbeiter", vor allem bei *Meshdunarodnaja Kniga* (Das Internationale Buch) in Moskau, der knapp 50 deutschsprachige Bücher herausbrachte, oder dem Staatsverlag der nationalen Minderheiten in Kiew und Charkow (mit 36 Titeln) üppige Auflagen erzielen: Brecht, Bredel, Feuchtwanger und Plivier durften mit mindestens 10000 Exemplaren rechnen, und allein die Schriften Johannes R. Bechers sollen (einschließlich armenischer und ukrainischer Übersetzungen) eine Gesamtauflage von mehr als einer Viertelmillion erreicht haben. An den beiden Zeitschriften „Internationale Literatur" (1931–1945) und „Das Wort" (1936–1939) war jeweils die ideologische Linie der Exil-KPD und der Volksfrontbewegung zu verfolgen. Alle Buch- und Zeitschriftenhonorare wurden in Rubeln ausbezahlt und mußten in der Sowjetunion selbst verbraucht werden – was nicht linientreuen Autoren kaum möglich war.

Eine besondere Form größtenteils kommunistischer Exilverlage bildeten die kleinen und kleinsten Druckereien in Österreich, der Tschechoslowakei und Frankreich, die illegale antifaschistische Tarnschriften herstellten und auf konspirativen Wegen ins Reich schmuggelten. Fast sechshundert solcher Schriften sind noch nachzuweisen, die mit unverfänglichem Äußeren brisante politische und während des Krieges auch defätistische Inhalte transportierten. Besonders beliebt waren Tarnumschläge von Reclam-Bändchen mit gesinnungstreuen Titeln, aber auch Prospekte, Tee- und Puddingpulverbeutel dienten als Verpackung von Texten, in denen nicht nur Themen wie Molotows Bericht über den dritten Fünfjahresplan der UdSSR traktiert wurden, sondern auch Sabotageanleitungen und Ratschläge zum Simulieren von Krankheiten für Soldaten. Die Auflage betrug durchschnittlich zehntausend Exemplare; die illegalen Verteiler im Reich setzten ihr Leben aufs Spiel und konnten nicht auf Gnade der Gestapo rechnen.

Nach dem Ausbruch des Zweiten Weltkrieges war auf dem gesamten Kontinent mit Ausnahme der Sowjetunion und der vorsichtig lavierenden neutralen Länder Schweden und Schweiz die Arbeit von Exilverlagen unmöglich geworden; in Großbritannien gab es übrigens keinen einzigen bemerkenswerten Emigrantenverlag. Auch in den USA, wo so viele Autoren Zuflucht gefunden hatten, scheiterten alle Versuche eines repräsentativen verlegerischen Forums. Weder Salman Schocken noch Tauchnitz-Verleger Kurt Enoch, weder Kurt Wolff noch die Gebrüder Ullstein hatten sich darum bemüht, nur der Wiener Phaidon-Verleger Friedrich Ungar brachte deutschsprachige Titel in größerer Zahl heraus – etwa ein Drittel der etwa 350 zwischen

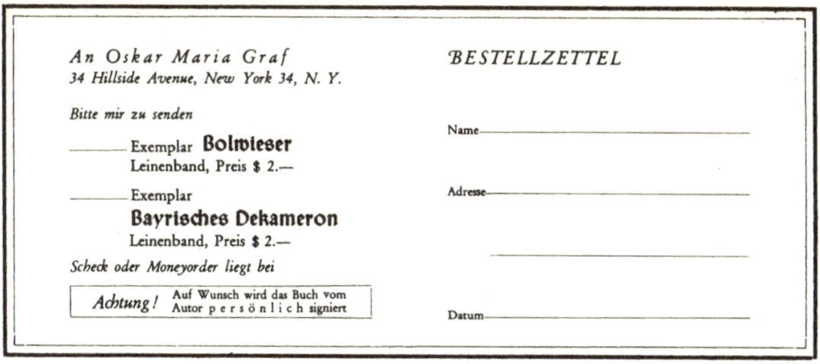

An Oskar Maria Graf
34 Hillside Avenue, New York 34, N. Y.

Bitte mir zu senden

______ Exemplar **Bolwieser**
Leinenband, Preis $ 2.—

______ Exemplar
Bayrisches Dekameron
Leinenband, Preis $ 2.—

Scheck oder Moneyorder liegt bei

Achtung! Auf Wunsch wird das Buch vom Autor p e r s ö n l i c h signiert

BESTELLZETTEL

Name ______

Adresse ______

______

Datum ______

O.M. Grafs Selbstverlagsversuche im amerikanischen Exil (nach 1940)

1933 und 1955 in den USA erschienenen Exilpublikationen. Doch dies waren größtenteils Klassikerausgaben.[29] Wieland Herzfeldes erst 1944 als Gemeinschaftsunternehmen von elf Autoren wie Bloch, Brecht, Döblin, Feuchtwanger, Graf und Heinrich Mann gegründeter *Aurora* Verlag brachte es nur auf zwölf Titel, die großen amerikanischen Firmen wie Knopf oder Simon & Schuster waren nur an Übersetzungen erfolgsträchtiger Autoren wie Feuchtwanger, Thomas Mann und Werfel interessiert und lehnten ein Modell à la Querido ab. Nur wenige Emigranten vermochten in Hollywood als Drehbuchautoren Anerkennung zu finden, die meisten lebten ärmlich und isoliert in den Großstädten wie Oskar Maria Graf (der seine Bücher auf eigene Kosten drucken ließ und vertrieb) und Heinrich Mann; Zuckmayer zog sich auf eine Farm in Vermont zurück und betrieb Landwirtschaft, nur Thomas Mann und Feuchtwanger konnten sich an der Pazifikküste relativ großbürgerlich einrichten.

Der erfolgreichste Exilverlag auf dem amerikanischen Kontinent war in Mexico ansässig: 1942 hatten meist kommunistische Autoren in Mexico-Stadt *El libro libre* gegründet. Unter der Verlagsleitung von Walter Janka erschienen bis 1946 sechsundzwanzig Bücher, darunter „Das siebte Kreuz" von Anna Seghers, „Lidice" von Heinrich Mann und „Stalingrad" von Theodor Plivier. Sie wurden in den USA ebenso wie in der Sowjetunion vertrieben, und der Verlag konnte seine Tätigkeit, als die Beteiligten 1946 größtenteils in die sowjetische Besatzungszone übersiedelten, mit einem Reingewinn von 40000 Pesos einstellen.

Nirgends läßt sich, wie Alexander Stephan betont[30], „die weltanschauliche Variationsbreite des deutschen Exils handgreiflicher demonstrieren als an der Geschichte der Exilorganisationen. Nirgends trat aber auch der lähmende Effekt von Cliquenwirtschaft, ideologischen Querelen, politischer Zersplitterung und das Fehlen eines gemeinsamen Arbeits- und Kampfprogramms unter den Exilanten konzentrierter zutage." Ein kurzer Blick auf die Aktivitäten der Schriftstellerorganisationen, die Zentren der Gruppensolidarität und des literarischen Lebens in der Fremde bildeten, bestätigt dies. Der 1928 gegründete „Bund proletarisch-revolutionärer Schriftsteller" hatte Ortsgruppen in Österreich, der Schweiz, der Tschechoslowakei, Frankreich und natürlich der Sowjetunion gegründet, bemühte sich um Volksfrontsolidarität, führte erbitterte Debatten über die Ästhetik des sozialistischen Realismus und versuchte gar, den Expressionismus für die Arbeiterliteratur zu vereinnahmen.

Der *Schutzverband Deutscher Schriftsteller*, im Dritten Reich gleichgeschaltet, konstituierte sich im Sommer 1933 im Exil neu. In Paris organisierten Mitglieder der einstigen linken Berliner SDS-Opposition 1935 einen „Internationalen Schriftstellerkongreß zur Verteidigung der Kultur", veranstalteten Diskussionen und Vortragsabende und betätigten sich vor allem politisch sehr aktiv im Kampf gegen die Diktatur – 1934 eröffneten sie in Paris eine „Deutsche Freiheitsbibliothek" der verbotenen und verbrannten Bücher, 1938 veranstalteten sie dort eine „Deutsche Kulturwoche". Damit erwies sich der SDS als führende kulturelle Exilorganisation. Bei Kriegsausbruch wurde er jedoch von den französischen Behörden wegen seiner als Sowjetagenten verdächtigten Funktionäre aufgelöst, die meisten seiner Mitglieder interniert. Ähnliches Mißtrauen riefen wenig später in den Vereinigten Staaten die humanitären Hilfsorganisationen für bedürftige Exilautoren hervor, insbesondere die „German-American Writers Association". Die meisten kulturellen Komitees und Vereinigungen der Emigranten in den USA wurden vor allem nach dem Hitler-Stalin-Pakt zwischen den politischen Fronten zerrieben. Bei vielen Exilorganisationen der Autoren drängt sich das Bild ideologischen Eiferertums auf; man hatte aus den nutzlosen Flügelkämpfen der Weimarer Zeit keine Lehren gezogen. Daneben bestand allerdings eine diskrete Solidarität unter den Schriftstellern, die nicht wenigen das Überleben ermöglichte. Begüterte Kollegen wie Vicki Baum, Feuchtwanger und Stefan Zweig leiteten Honorare an ärmere weiter, auch der „notorische Villenbesitzer" Thomas Mann unterstützte nicht nur seinen Bruder Heinrich, sondern schrieb unermüdlich Empfehlungen und Bittbriefe. Goebbels hatte den Emigranten 1933 zynisch prophezeit: „Ihr Lebensfaden ist abgeschnitten, sie sind Kadaver auf Urlaub." Tatsächlich sind manche an den physischen und psychischen Belastungen des Exils zerbrochen – Selbstmord begingen Walter Benjamin, Walter Hasenclever, Ernst Toller, Kurt Tucholsky, Stefan Zweig und letztlich auch Joseph Roth.

Als die Diktatur 1945 endlich besiegt war, zeigte sich schnell, wie tief, ja fast unüberbrückbar die Kluft zwischen den beiden deutschen Literaturen geworden war. Das Exil dauerte im physischen wie geistigen Sinne größtenteils fort. Zwar stellten die Exilverlage bis etwa 1950 ihre Tätigkeit ein, ein Teil von ihnen versuchte, wieder an die einstige Tradition vor 1933 anzuknüpfen. Aber kaum etwas von dem, was in diesen zwölf Jahren außerhalb des Dritten Reiches geschrieben worden war, trat ins Bewußtsein der nachholbedürftigen deutschen Leser. Die zahlenmäßig überwiegende kommunistische Exilliteratur wurde fast ausschließlich in der sowjetischen Besatzungszone rezipiert, ihre Autoren wie Anna Seghers, Johannes R. Becher, Arnold Zweig und Bertolt Brecht (der seinen österreichischen Paß behielt) riefen zur Übersiedlung ins „bessere", sozialistische Deutschland auf. Linksliberale Exulanten wie Feuchtwanger und Graf, die den Kommunismus inzwischen kennengelernt hatten, zogen es jedoch vor, in ihren Gastländern zu bleiben. Schriftsteller, die als Funktionäre der Siegermächte zurückkehrten wie Alfred Döblin oder Karl Jakob Hirsch, stießen auf Reserve, ja teils unverhüllte Ablehnung.

Auf besonders eindringliche Weise zeigt sich die Kluft zwischen den Geflohenen und den Zurückgebliebenen in der Kontroverse um die Rückkehr von Thomas Mann. Walter von Molo, der sich als Hauptvertreter einer „inneren Emigration" fühlte, hatte bereits 1945 Thomas Mann als Repräsentanten des konservativen Exils in einem offenen Brief zur sofortigen Rückkehr aufgefordert: Er solle damit dem kranken deutschen Volk, das im innersten Kern nichts gemein habe mit den „Missetaten und Verbrechen", wie ein „guter Arzt" zur Gesundung verhelfen, das ansonsten „in seiner Schwächung durch Demütigung und Enttäuschungen neu krank und dann vielleicht unheilbar" zu werden drohe.

Frank Thieß sekundierte Molo: Er selbst habe es für seine Pflicht gehalten, lieber auszuharren als „aus den Logen und Parterreplätzen des Auslandes" der deutschen Tragödie zuzuschauen. Er erwarte keine Belohnung dafür, „daß wir unsere kranke Mutter Deutschland nicht verließen. Es war für uns natürlich, daß wir bei ihr blieben" – aber wenn Thomas Mann, der vom sichren Port aus gute Ratschläge erteilt habe, nicht umgehend zurückkehre, sei dies „sehr unnatürlich". Der Angegriffene, verwundert über die „naive Unmittelbarkeit des Wiederanknüpfens, so als seien diese zwölf Jahre gar nicht gewesen", antwortete in einem „Offenen Brief für Deutschland": „Ich gestehe, daß ich mich vor den deutschen Trümmern fürchte, daß die Verständigung zwischen einem, der den Hexensabbat von außen erlebte, und euch, die ihr mitgetanzt und Herrn Urian aufgewartet habt, immerhin schwierig wäre." Ihn ziehe derzeit nichts in die fremd gewordene Heimat zurück.

Darauf meldete sich Thieß mit einer pathetisch „Abschied von Thomas Mann" betitelten Replik, warf diesem „schülerhafte Unwissenheit" und mangelndes Mitleid mit den Millionen deutscher Ostflüchtlinge vor. Die entscheidenden Sätze lauteten: „Ein Dichter kann nicht jahrzehntelang ungestraft die Luft eines fremden Kontinents atmen, und so wird auch Thomas Mann sich klarmachen müssen, daß die Entscheidung darüber, ob er noch zu Deutschland und Europa gehöre, nicht drüben, sondern hier gefällt werden wird. Und sie wird nicht von Literaten und Kritikern gefällt werden, sondern vom Volke, das als Ganzes, als Großorganismus, eine untrügliche Witterung dafür hat, ob etwas fremd, ob etwas zugehörig ist." Mit solch völkisch besudelten Phrasen aus dem Wörterbuch des Unmenschen, mit der Androhung eines literarischen Ariernachweises also, verdrängte und leugnete Thieß jede persönliche und kulturelle Schuld der „inneren Emigration" an der Prostitution von Sprache und Literatur.

Seine Haltung sollte sich als exemplarisch herausstellen. Die Emigranten mußten verbittert erkennen, daß ihre literarischen Bewältigungsversuche von Exil und Terror auf dem westdeutschen Buchmarkt so gut wie keine Resonanz fanden – die kollektive und individuelle Verdrängung hatte eingesetzt. Als einziger Sündenbock für den Pakt der deutschen Literatur mit dem Nationalsozialismus blieb Hanns Johst bis an sein Lebensende verfemt. Ansonsten wurde Rechenschaft von den Autoren kaum verlangt und gegeben, wurde verdrängt und geleugnet – von national denkenden Formkünstlern wie Ernst Jünger und auch Gottfried Benn, von Mitläufern wie Paul Alverdes, Bruno Brehm, Ina Seidel, und erst recht von Nazibarden wie Herbert Reinecker und Gerhard Schumann, der bald einen Verlag für völkisches Schrifttum gründete. Lediglich ein Sechstel der unter Aufsicht von Goebbels und der Reichschrifttumskammer mit Literaturpreisen ausgezeichneten völkisch-national-konservativen und nationalsozialistischen Schriftsteller hat nach 1945 *keine* Bücher mehr veröffentlicht.[31] Die literarische Szenerie der Besatzungs- und auch der Adenauerzeit ist untergründig in einem bis heute kaum gesehenen Umfang von Schriftstellern bestimmt worden, deren literarische Erfahrungen vom Dritten Reich geprägt oder geformt waren. Der totale Herrschaftsanspruch der Diktatur über Buch und Geist hatte zwar die Lesekultur nicht wesentlich umzugestalten vermocht, aber doch das kulturelle Selbstverständnis Deutschlands bis in die Gegenwart tief beschädigt.

XII.

Buchhandel und Buchmarkt nach 1945

Am 9. Mai 1945 erklärte das Dritte Reich seine totale Kapitulation. Das Ergebnis der nationalsozialistischen Gewaltherrschaft waren Millionen von Opfern in den Vernichtungslagern, Millionen toter deutscher und alliierter Soldaten und Zivilisten, ein großteils zerstörtes und gegenüber der Ausdehnung von 1937 um ein Viertel verkleinertes Land, dessen Bewohner ihre Heimat, ihr Dach über dem Kopf, ihre Existenzmittel verloren hatten. Die politische, ökonomische, soziale und geistige Zäsur vermittelte die Überzeugung, am Nullpunkt zu stehen – zwar materiell vieles oder alles verloren zu haben, aber endlich wieder in Freiheit leben zu können. Doch geschah der Neubeginn keineswegs im herrschaftsfreien Raum. Das politische, wirtschaftliche und kulturelle Leben war vielmehr einer strengen Reglementierung unterworfen. Die erste Phase der Nachkriegszeit von der Kapitulation bis zur Gründung der Bundesrepublik 1949 stand im Zeichen der vier Besatzungsmächte – die Vereinigten Staaten, Großbritannien, die Sowjetunion und Frankreich übten in ihren Besatzungszonen (und in Berlin gemeinsam) die Regierungsgewalt aus.

Die Vier Mächte unterwarfen von Anfang an auch den Buchmarkt einer strengen Kontrolle, weil sie dem Buch eine tragende Rolle bei der politischen Bewußtseinsbildung und „reeducation" zubilligten. Schon drei Tage nach Kriegsende, am 12. Mai 1945, wurde „das Drucken, Erzeugen, Veröffentlichen, Vertreiben, Verkaufen und gewerbliche Verleihen von Zeitungen, Magazinen, Zeitschriften, Büchern, Broschüren, Plakaten, Musikalien und sonstigen gedruckten oder mechanisch vervielfältigten Veröffentlichungen" grundsätzlich verboten – zugleich knüpfte eine Ausführungsbestimmung Ausnahmen von diesem Verbot an bestimmte Bedingungen. Die Wieder- oder Neugründung von Verlagen mußte bis 1949 durch förmliche Lizenzierung geschehen; vorgeschrieben war außerdem in der französischen Zone eine Einzelgenehmigung für jede Publikation, sowie eine generelle Vorzensur, die in der amerikanischen Zone bereits im Oktober 1945, in der britischen erst 1947 aufgehoben wurde. Auch die

Eröffnung eines Sortiments oder einer Leihbücherei bedurfte der Lizenz; ihre Bestände wurden selbstverständlich kontrolliert.

Die gemeinsamen Direktiven des Viermächtekontrollrates wurden in den einzelnen Besatzungszonen sehr unterschiedlich befolgt. Das jeweilige politische Interesse der Besatzungsmacht genoß angesichts der wachsenden Spannungen zwischen den Siegern unbedingte Priorität vor allen Willensbekundungen zur gemeinsamen Umerziehung der Deutschen. Exemplarisch zeigt dies der Kontrollratsbefehl vom 13. Mai 1946, mit dem das nationalsozialistische und militaristische Schrifttum in Bibliotheken und Buchhandel eingezogen und vernichtet werden sollte. Während die Amerikaner und Franzosen nur lockere Kontrollen anhand einer amerikanischen, tausend Titel umfassenden „Illustrative List" durchführten, ging die sowjetische Militäradministration systematisch vor und gab eine fast 30000 Titel starke, mehrfach ergänzte „Liste der auszusondernden Literatur" heraus. Die Überwachung der Aussonderung wurde den örtlichen Behörden und Bürgermeistern zur Pflicht gemacht.

Der *Buchmarkt und die Buchpolitik in der sowjetischen Besatzungszone und späteren DDR* können in unserem Zusammenhang nur in Umrissen nachgezeichnet werden.[1] Die seit der Vereinigung weit (für manche allzuweit) geöffneten Archive haben bereits erste umfangreiche Quellenstudien ermöglicht; dadurch sind apologetische Darstellungen, etwa in den Bänden der offiziösen „Beiträge zur Geschichte des Buchwesens", überholt. Obgleich manche Aktenbestände gesäubert und manipuliert wurden, verfügen wir nun über unerwartete Einblicke in die Strukturen und Mechanismen der Planung, Lenkung und Kontrolle der Produktion, Distribution und Rezeption von Büchern, ja von Gedrucktem überhaupt in der DDR.[2] Daß (ähnlich wie bei der NS-Zeit) das Faszinosum Zensur und damit die Herrschaftsperspektive das Interesse der Forschung weitgehend absorbierten, ist verständlich, aber problematisch. Weit weniger Aufmerksamkeit fanden dagegen die Mehrzahl der Verlage (insbesondere die nicht belletristischen)[3], die Rolle des Sortiments, vor allem aber das Lesepublikum. Ohne vorschnelle Stereotypisierung bleiben Verlagslandschaft, Buchdistribution und literarische Öffentlichkeit in der DDR zu analysieren als durchaus komplizierte „Orte von Hegemoniekämpfen und Herrschaftsdiskursen, von Resistenz-, Oppositions- und Widerstandsverhalten in einem".[4]

Im Unterschied zu den Westzonen waren es nicht nur die Kulturoffiziere der Roten Armee, die vom ersten Augenblick der Besetzung an eine konsequente Strategie der Umgestaltung des Buchmarktes betrieben, sondern auch aus der UdSSR heimkehrende linientreue Emigranten wie Johannes R. Becher.[5] Bereits im Juli 1945 erfolgte die programmatische Neugründung dreier Verlage: als erstes des Parteiverlages Dietz für die ideologischen Bedürfnisse der KP/SED, dann die des Aufbau-Verlages,[6] zunächst im Besitz von Bechers „Kulturbund", später der SED, der die kulturpolitische Öffnung zum fortschrittlichen Bürgertum und dessen Literaturerbe repräsentieren sollte und bis 1948 150 Titel Schöner Literatur herausbrachte. Zur selben Zeit entstand Volk und Wissen als zentraler Schulbuchverlag – mehr als die Hälfte der SBZ-Produktion bestand aus Schulbüchern. Dietz und Aufbau waren „organisationseigene Verlage", damit systemspezifische (und lukrative) Öffentlichkeitsforen der gleichgeschalteten „gesellschaftlichen Kräfte". Ihre Eigner waren Parteien und Massenorganisationen, so beim Verlag Tribüne der FDGB, bei Neues Leben die FDJ, beim Verlag der Nation die NDPD. Der Kinderbuchverlag gehörte der „Pionierorganisation Ernst Thälmann" und konnte bereits Ende 1950 46 Titel meist proletarischer und sowjetischer Kinderliteratur in 1,5 Millionen Exemplaren vorweisen. Als unerreichbarer Meister der Profitmaximierung durch das Buch erwies sich die SED. Sie besaß nicht nur Papierfabriken, Druckereien und zahlreiche Verlage, sondern vereinnahmte (ein bis zum Ende der DDR sorgfältig gehütetes Geheimnis) auch sämtliche Gewinne des „Volksbuchhandels", also des vorgeblich „volkseigenen" Sortiments, sowie jene des LKG (Leipziger Kommissions- und Großbuchhandel), des ab 1952 monopolisierten Zwischenbuchhandels. Bei manchen Verlagen schob die Staatspartei linientreue Altgenossen als offizielle Teilhaber vor. So mußte Willi Bredel am Hinstorff Verlag (Rostock) beteiligt werden, damit dessen Zulassung als scheinbarer Privatverlag überhaupt möglich wurde. Traditionsreiche „bürgerliche" Unternehmen erhielten dagegen ab 1946 zwar zunächst eine Lizenz, um den Exodus in den Westen zu stoppen. Doch wurden Firmen wie Breitkopf & Härtel, Brockhaus, Insel, Reclam und Teubner in den Folgejahren in ihrer unternehmerischen Freiheit immer stärker beschnitten, schließlich großteils zu „volkseigenen" Betrieben erklärt oder doch unter Kuratel der Partei gestellt. Nach dem Mauerbau von 1961 sorgte im Verlagswesen eine sogenannte „Profilierung" in Form einer strikten Zusammenlegung von Firmen mit ähnlichen Programmen für die Steigerung der planwirtschaftlichen Effizienz. Gewollter Nebeneffekt war die Ausschaltung kleinerer Privatverlage. Von den bis 1949 in der SBZ erteilten 160 Verlagslizenzen waren am Ende der DDR nur mehr

78 übriggeblieben. Bereits 1951 befanden sich davon nur mehr 20 und 1989 schließlich 17 in vorgeblichem Privat- bzw. in nichtstaatlichem (insbesondere kirchlichem) Besitz.

Der Auf- und Ausbau des sozialistischen Buch- und Verlagswesens wurden nach Fünfjahresplänen vorangetrieben. Organisatorisch war der DDR-Buchhandel scheinbar traditionsbewußt im Leipziger Börsenverein samt Vorsteher und mit eigenem Börsenblatt zusammengefaßt. Die jährliche Leipziger Frühjahrsmesse diente als Leistungsschau des Buchgewerbes, nicht selten mit potemkinschen Zügen für westliche Teilnehmer, wurde aber vom lesenden Publikum als wichtigste Informationsquelle über westliche Novitäten geschätzt.[7] Nach der (bezweifelbaren) offiziellen Statistik stieg die Buchproduktion der DDR von 1998 Titeln im Gründungsjahr 1949 auf 6093 Titel im Jahr 1989. Diese Verdreifachung der Produktionshöhe war jedoch schon in den sechziger Jahren erreicht und stagnierte seitdem. Die Gesamtauflagenzahl wuchs im selben Zeitraum von 33,4 Millionen auf 136,8 Millionen Exemplare, ebenfalls stagnierend seit 1980. Die Hauptsparten der Produktion waren mit jeweils 22 bis 24% Anteil die politisch-ideologischen („gesellschaftswissenschaftlichen") Schriften und die Belletristik.

Die Buch- und Literaturpolitik der DDR gründete auf eindeutigen ideologischen und institutionellen Voraussetzungen.[8] Bert Brechts Aufruf zur Freiheit der Kunst wurde 1951 von Ministerpräsident Otto Grotewohl klar beantwortet: „Literatur und Bildende Kunst sind der Politik untergeordnet. [...] Was sich in der Politik als richtig erweist, ist es auch unbedingt in der Kunst."[9] Der gesamte Buchmarkt war kulturpolitischer Planwirtschaft unterworfen, was dem totalitären System gemäß nach dem Prinzip von Zuckerbrot und Peitsche geschah: mittels der massiven Förderung genehmer und der rigiden Unterdrückung oppositioneller Literatur, überwölbt von einem umfassenden, wenngleich nicht monolithischen Kontrollsystem. Diese „Lenkung und Leitung und Planung des Literaturprozesses" geschah im Gegensatz zur NS-Diktatur in Form lückenloser Präventivzensur. Bis 1951 mußten sämtliche Manuskripte die Zensurstelle eines „Kulturellen Beirats" passieren, dessen Einrichtung eine Bedingung der Sowjets für die Lizenzierung von Privatverlagen gewesen war. Er hatte die Alibifunktion, wegen der tatsächlich schwierigen Produktionsverhältnisse Prioritäten bei beantragten Verlagsprojekten zu setzen. Dies wuchs sich aus zu einem Instanzenlabyrinth mit oft mehrjährigen Genehmigungsverfahren, was die Abwanderung privater Verlage in den Westen beschleunigte. An die Stelle des „Kulturellen

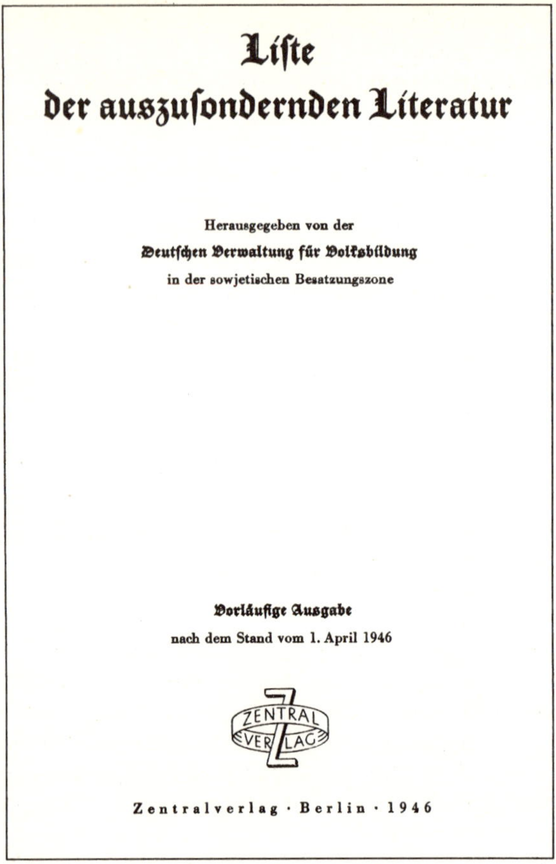

Liste
der auszusondernden Literatur

Herausgegeben von der
Deutschen Verwaltung für Volksbildung
in der sowjetischen Besatzungszone

Vorläufige Ausgabe
nach dem Stand vom 1. April 1946

ZENTRAL VERLAG

Zentralverlag · Berlin · 1946

Titelblatt des umfänglichen sowjetischen Säuberungskataloges (1946)

Beirats" trat das „Amt für Literatur und Verlagswesen", das sämtliche Lizenzen einzog und nur zwanzig neue an private Firmen ausgab. Es versteht sich, daß staats-, partei- und organisationseigene Großverlage in jeder Hinsicht massiv begünstigt wurden.

Oberste Bewilligungs- und Zensurinstanz war schließlich ab 1963 die „Hauptverwaltung Verlage und Buchhandel des Ministeriums für Kultur". Sie regelte für sämtliche Verlage der DDR die, wie es offiziell hieß, „gesamte thematische Perspektiv- und Jahresplanung der Literatur und die Verteilung der Materialkontingente für drucktechnische Erzeugnisse". Zur Überwachung der Tendenzen des aktuellen

Buchmarktes und Entwicklung neuer Konzeptionen wurde eine interne „Analysegruppe" konstituiert, die Hefte mit „Diskussionsmaterialien" vorlegte und darin die sich wandelnden politischen Vorgaben formulierte. Die von dieser Gruppe vorbereiteten „Empfehlungen" der Hauptverwaltung Verlage und Buchhandel (HV) engten als eine Art belletristische Fünfjahrespläne die Entscheidungs- und Handlungsspielräume der Verlage wesentlich ein. Die „Richtlinien für die Begutachtung" der HV behielten ihre Gültigkeit bis 1989. Zur generellen Überwachung der Verlagsprogramme kam das bereits von den Nationalsozialisten und der Besatzungsmacht genutzte Mittel der Papierzuteilung (noch 1989 bedauerte Kulturminister Klaus Höpcke vorgebliche „Rohstoffknappheit"). Die Auflagenhöhen unterlagen keineswegs marktwirtschaftlichen Erwägungen, sondern ausschließlich ideologischen Vorgaben, die Ladenhüter des parteieigenen Dietz-Verlages genossen stets Vorrang. Auf Planerfüllung der Verlage wurde streng geachtet, insbesondere beim Export. Die Publikation eines kritischen Werkes wurde zuweilen als Ventil und zugleich Beweis von Liberalität zugelassen, wobei die geringen Erstauflagen gerne am hungrigen Publikum vorbei in Armee- und Organisationsbuchhandlungen geschleust wurden.

Als „nachgeordnete Einrichtungen" der HV hatten die Verlage ihrerseits Lenkungsaufgaben gegenüber den Autoren wahrzunehmen. Am Beispiel des Mitteldeutschen Verlags Halle (MDV) und des Aufbau Verlages, der beiden führenden Belletristikverlage der DDR, läßt sich diese Verlagsarbeit jetzt genauer nachvollziehen.[10] Aufbau galt bis zum Ende der DDR als wichtigster und größter Literaturverlag; bis 1989 waren hier 4500 Titel als Erstauflagen in 125 Millionen Exemplaren erschienen. Die relative Aufgeschlossenheit gegenüber fortschrittlicher westlicher Literatur wurde allerdings von manchen Funktionären als bürgerlich, dekadent und revisionistisch verdächtigt. Der dafür mitverantwortliche Verlagsleiter Walter Janka wurde nach dem ungarischen Aufstand von 1956 als heimlicher Demokrat verhaftet und nach einem Schauprozeß wieder ins selbe Zuchthaus Bautzen eingeliefert, in dem er bereits unter den Nazis inhaftiert gewesen war. Zum Verlagsauftrag gehörte insbesondere die literarische „Erbepflege" – die ab 1955 erscheinende „Bibliothek Deutscher Klassiker" brachte es auf 153 preiswerte Leinenbände. Bei mehreren Versuchen, Texte der jungen kritischen Avantgarde zu publizieren, half dem Verlag auch seine Funktion als Aushängeschild wenig – die fertigen Auflagen wurden eingestampft, Kader und Lektoren gemaßregelt. Während Aufbau sich insbesondere der Klassiker, des Kanons, der Emigranten und der „bürgerlichen“ Moderne annahm, galt der MDV (ab 1950 im Besitz der SED) als hauptsächlicher Publikationsort konformer Gegenwartsliteratur. Die interne Vorzensur, bevor höheren Ortes um Druckgenehmigung nachgesucht wurde, war Aufgabe des Lektors. Er mußte in engster Zusammenarbeit, ohne Rücksicht auf Termin- und ökonomische Zwänge, die eingereichten Manuskripte teils massiv überarbeiten und umformulieren, bis eine Publikation bewilligt werden konnte: „Was Du schreibst, entscheidest du; was gedruckt wird, wir!“[11] Bei bescheidenen, aber staatsfrommen Talenten wie Erik Neutsch konnte erst solche grundlegende Neubearbeitung die Veröffentlichungsqualität sicherstellen. Wie andere wichtige Autoren wurde er von einem eigenen „Entwicklungslektor“ betreut. Die Lektorenzahl von 60 (bei insgesamt rund 180 Mitarbeitern) des Aufbau Verlages und von 23 des MDV belegt die zentrale Rolle des Lektorats bei der Durchsetzung linientreuer Programme. Bereiche wie Werbung, Absatz, Vertrieb kamen mit wesentlich weniger Mitarbeitern aus. Die Lektoren sollten laut Parteiauftrag „unerbittlich sein in der Herausbildung ideologischer Klarheit“ und wurden flankiert von Kritikern und Literaturwissenschaftlern, die zusätzliche Außengutachten verfaßten. Als erster Zensor (oft auch IM der Staatssicherheit) vereinte der Lektor die Rollen des literaturkritischen Beraters und des politisch-ideologischen Betreuers. Setzte er sich für die Publikation heikler Titel ein wie Christa Wolfs „Nachdenken über Christa T.“, konnten ihm Parteistrafen oder gar Entlassung drohen.[12] Dennoch mußte das Ministerium für Staatssicherheit (MfS) immer wieder tadeln, daß Lektoren auch profilierter Verlage wie Aufbau „eine feindliche Einstellung zur Kulturpolitik der Partei“ besäßen.[13] Insgesamt freilich konnte von einem monolithischen Zensursystem in der DDR ebensowenig die Rede sein wie in der NS-Diktatur. Gekennzeichnet von Eifersüchteleien, Kompetenzstreitigkeiten, Partei-Intrigen, Verteilungskämpfen erwies sich die Geisteskontrolle als „ein kompliziertes Geflecht voneinander abgeschotteter und durch verschlungene Pfade verbundenener bürokratischer Subsysteme, das auch den Kundigsten immer wieder Rätsel aufgab“.[14] Im Fachbuch- und wissenschaftlichen Bereich spielte die Zensur naturgemäß eine eher formale Rolle.

Schon früh wurde das Buch durch Druckaufträge für das „kapitalistische Ausland“ und gemeinsame Verlagsprojekte für die beiden deutschen Märkte als Exportartikel und dringend notwendiger Devisenbringer eingesetzt.[15] Die auf hochpreisige bibliophile Reprints spezialisierte „Edition Leipzig“ ist ausdrücklich zu diesem Zweck gegründet worden. Der Interzonenhandel war bestimmt von Clearing- und Kompensationsverträgen, bei denen die DDR wissenschaftliche Titel bevorzugte. Die Rolle der Druckaufträge nahm aus Qualitäts- und Planwirtschaftsgründen stetig ab. Freilich wurden oft genug Bücher für weniger als 50 % der Gestehungskosten verkauft, um überhaupt Exporterlöse in harter Währung zu erzielen. Daß umgekehrt bei der Lizenznahme von Westverlagen mit nichtbezahlten „Plusauflagen" in Höhe von mehreren zehntausend Überschußexemplaren operiert wurde, ist kennzeichnend für das stete Bestreben, den Klassenfeind zu übertölpeln. Heute freilich loben einstige DDR-Verlagshierarchen dies wie die Raubdrucker des 18. Jahrhunderts als Dienst an Werk und Autor. Die Kontrolle des grenzüberschreitenden Literaturverkehrs oblag dem „Büro für Urheberrechte", das den Autoren Veröffentlichungen im Ausland (meist: der Bundesrepublik) erlaubte oder verbot und die Devisen abschöpfte. Der innerdeutsche Literaturaustausch war in den ersten Jahren des Kalten Krieges stark beeinträchtigt durch alliierte Bücherverbote, mehr noch durch die Enteignungen, auf die der Frankfurter Börsenverein mit einem zeitweisen Messeausschluß für sämtliche DDR-Verlage reagierte. Später allerdings stellten diese Kontakte ein wichtiges „Loch in der Mauer"[16] dar. Zwischen ideologischer Abschottung und Devisenhunger versuchte die DDR je nach der aktuellen politischen Lage die Kontakte mit dem westdeutschen Buchmarkt zu unterbinden oder zu forcieren. Ein enteigneter Verlag wie Gustav Fischer (Stuttgart) vermochte über Jahrzehnte hinweg mit dem östlichen Stammhaus (Jena) gemeinsam Hunderte von Titeln aus dem Bereich der Biomedizin zu veröffentlichen.[17]

Auch der Buchvertrieb wurde von Anfang an der SED-Ideologie unterworfen. Unter Berufung auf sozialistische Tradition wurde das private Sortiment weitgehend ersetzt durch den *„Volksbuchhandel"* zur „Versorgung der Bevölkerung mit fortschrittlicher Literatur". Er war freilich keineswegs Eigentum des Staatsvolkes, sondern mehrte ausschließlich das Vermögen der herrschenden Partei. Zunächst der Abteilung „Finanzverwaltung und Parteibetriebe" der SED zugeordnet, unterstand er ab 1964 unmittelbar der Hauptverwaltung Verlage und Buchhandel im Kulturministerium. Dieses pseudostaatliche Sortiment umfaßte 1989 710 Zweigbetriebe, aufgegliedert in 17 größere Bezirks-„Häuser des Buches", 239 Kreis- und 316 Stadtbuchhandlungen, sowie 87 Spezialbuchhandlungen (nämlich 30 Antiquariate, 29 Musikalienhandlungen, 18 Kunst- und 10 „Internationale" Buchhandlungen, die meist aus sowjetischen Armeebuchhandlungen hervorgegangen waren). Hinzu kamen etwa 50 auf dem Lande und in den Betrieben kolportierende „Literaturvertriebsmitarbeiter" – ihre Zahl soll in früheren Jahrzehnten mehrere tausend umfaßt haben, doch fehlen gesicherte Informationen. Prunkstück des Volksbuchhandels war die zentral gelegene Leipziger Buchhandlung Franz-Mehring-Haus, die dank intensiver „Außenarbeit" und Werbung als umsatzstärkstes DDR-Sortiment galt. Der Groß- und Zwischenbuchhandel war als „Leipziger Kommissions- und Großbuchhandel" (LKG) ebenso Monopolunternehmen wie der Im- und Export von Büchern über den „Außenhandelsbetrieb Buchexport". Daneben existierten knapp 400 nichtstaatliche Buchhandlungen bzw. „Buchverkaufsstellen"; dies waren zum kleineren Teil kirchliche Sortimente (darunter etwa 60 evangelische), in deren Angebot sich neben religiöser Literatur besonders Kunstbände und Belletristik fanden, meist aber Schreibwarenläden und Kleinstfirmen. Der Volksbuchhandel konnte auf niedrige, stark subventionierte Buchpreise ebenso wie bevorzugte Belieferung vertrauen und verzehnfachte in den Jahren 1950 bis 1960 seinen Umsatz. Die Filialenzahl stieg im selben Zeitraum von 243 auf 712, stagnierte dann bei dieser Versorgungsdichte bis zum Ende der DDR. Auch der Antiquariatshandel war bis auf wenige Ausnahmen verstaatlicht, das „Zentralantiquariat der DDR" verkaufte in großem Umfang alte Bibliotheksbestände (und enteignete Privatsammlungen) gegen Devisen in den Westen.

Noch nicht erforscht ist die Geschichte der oft sehr traditionsreichen privaten Sortimente in der DDR. Fast alle diese Refugien geistiger Unabhängigkeit wurden mit teils subtilen, meist aber recht rüden Mitteln dazu gebracht, aufzugeben, sich als Filiale dem örtlichen Volksbuchhandel anzugliedern, zumindest aber den Familienbetrieb in eine Kommanditgesellschaft mit staatlicher Beteiligung umzuwandeln, was als „kalte Enteigung" galt. Die Steuerlast war existenzgefährdend hoch, Gewinne wurden rigoros abgeschöpft. Einen Eindruck von den Arbeitsbedingungen gibt die Erinnerung des Erfurter Buchhändlers Peterknecht: „Einmal haben wir durch einen Bearbeitungsfehler 3000 Auto-Atlanten bekommen. Sonst bekamen wir ja nur zwei! Die 3000 haben wir in einer Woche verkauft [...]. Um Bücher ranzuholen, haben wir nichts unversucht gelassen. Ich habe die Verlage nach Restbeständen abgeklappert. Monat für Monat sind wir zur Buchausstellung des LKG nach Leipzig gefahren. Die dort beschäftigten Damen kriegten den guten ‚Rondo'-Kaffee, und ich habe dazu blaue Augen gemacht. Ohne deren Hilfe hätten wir es nicht geschafft."[18]

Der vertreibende Buchhandel konnte (und sollte) die enorme Nachfrage nach Sachbüchern und Schöner Literatur nicht befriedigen. Rund die Hälfte aller Publikationen mit der relativ hohen Durchschnittsauflage von 6500 Exemplaren war bereits bei Erscheinen vergriffen und avancierte zur „Bückware" unter dem Ladentisch für bevorzugte Kunden. Die für alle Verlage obligatorische Zentralauslieferung LKG teilte die Bücher über einen Verteilerschlüssel zu, der die Privatsortimente eklatant benachteiligte: 69% erhielten die Volksbuchhandlungen, die 80% des Branchenumsatzes zu erbringen hatten, die hohe Quote von 24% ging in den Export sowie an Partei-, MfS- und Armeebuchhandlungen, die der Buchversorgung der Funktionäre und Militärs dienten. Nur der klägliche Rest von sieben Prozent stand den privaten Firmen zur Verfügung, die nur einen Umsatz von 5% der Gesamtbranche erwirtschaften durften. Dem Mangel an begehrten Schriften, die teils als Alibipublikationen zum Erweis der Geistesfreiheit in schnellst ausverkauften Erst- und einmaligen Auflagen angeboten wurden, korrespondierte ein Überangebot an kaum absetzbaren ideologischen Traktaten. Was planwirtschaftlich und ideologieverbissen ohne Rücksicht auf Marktgängigkeit und Publikumsbedürfnisse produziert wurde, steigerte den Verlagsumsatz der DDR zuletzt auf 1,2 Milliarden Mark im Jahr. Die Kehrseite war allerdings ein riesiger Lagerbestand der LKG an unabsetzbarer Ware mit schließlich rund 320 Millionen Mark Buchwert. Nach der Wende wurde der weit überwiegende Teil dieses Lagers makuliert bzw. auf Deponien verbracht. Nachdrücklich ist jedoch zu betonen und von einer künftigen Geschichtsschreibung zu würdigen, daß unter diesen schwierigsten Bedingungen dennoch über die Jahrzehnte hinweg mit großem Enthusiasmus und Wagemut von Verlegern, Lektoren, Grafikern und Typographen auch bemerkenswerte buchkünstlerische Leistungen entstanden[19], herausragende Illustrationswerke, sorgfältige Editionen klassischer wie vergessener Autoren im Rahmen der „Erbepflege", wissenschaftliche Großtaten und Dichtungen hohen Ranges.

Wie in jedem totalitären Staat genossen die *Autoren* auch in der DDR besondere Aufmerksamkeit. Sie waren von der Nachfrage eines kapitalistischen Marktes unabhängig, von der Prostitution vor einem spröden Publikum befreit, der zermürbenden Konkurrenzzwänge ledig. Sie hatten jedoch für die vielbeschworene Einheit von Geist und Macht einen hohen Preis zu bezahlen: gefordert war die Anerkennung der herrschenden Literaturdoktrin, somit die Eingliederung in eine „sozialistische Literaturgesellschaft" als Mitglied einer intellektuell-ideologischen Elite einerseits, jedoch Unterwerfung unter die Weisungen der Staatspartei und Lenkbarkeit andererseits. Wie in der NS-Zeit wurde auf diese Weise massiv Druck auf nicht konforme Autoren ausgeübt, war finanzielle Alimentierung gekoppelt mit der Androhung jahrelanger Verzögerung von Publikationsmöglichkeiten, sofern die vorauseilende Selbstzensur[20] verweigert wurde.

Ein „Institut für Literatur Johannes R. Becher" in Leipzig stellte die einzige staatliche Hochschule zur Autorenausbildung im deutschen Sprachraum dar – von den einen als Kaderschmiede, von den anderen als liberale Zuflucht bezeichnet. Von den 800 Mitgliedern des reich alimentierten Schriftstellerverbandes waren nur 300 bis 350 Autoren, der größere Teil bestand aus Übersetzern, Lektoren und Kritikern. Der Verband sollte im öffentlichen Leben eine bedeutsame Rolle als Transmissionsriemen der Partei spielen, er sicherte seinen botmäßigen Mitgliedern eine ökonomische Grundversorgung: Hohe Erst- und Nachauflagen, Darlehen, Staatspreise, Ämterpatronage, Lesungen, Übersetzungsaufträge, Film- und Funkarbeit – all dies erlaubte regimeloyalen Autoren unverhältnismäßig hohe Einkommen, auch war das Sozialprestige des Schriftstellers in der DDR um ein Vielfaches höher als im Westen. Doch der Verband verstand sich wie zuvor die Reichsschrifttumskammer hauptsächlich als Gleichschaltungsorgan und arbeitete auch eng, ja denunziatorisch, mit der Staatssicherheit zusammen. Als Erich Honecker 1971 die Macht übernahm, häuften sich zunächst die Absichtsbekundungen kultureller Liberalisierung, denen jedoch keine kulturpolitischen Taten folgten. Vielmehr nahm bald wieder die Repression zu und fand ihren Höhepunkt 1976 mit der Ausbürgerung von Wolf Biermann. Entsprechend deutlich vermehrte sich die schriftstellerische Opposition trotz aller teils subtilen, teils brutalen Überwachungs- und Disziplinierungsmaßnahmen. Auf der Verbandssitzung im Juni 1979 wurden neun Autoren, unter ihnen Stefan Heym, als „kaputte Typen", die „emsig mit dem Klassenfeind kooperieren" (so Dieter Noll), bezeichnet und auf Betreiben des Verbandspräsidenten Hermann Kant ausgeschlossen. Die inzwischen veröffentlichten MfS-Akten dieses IM „Martin"[21] dokumentieren eindrucksvoll, wie ein lavierender Literaturfunktionär (trotz eigener Probleme mit der Zensur) sich bereitfand, unbotmäßige Autoren im Auftrag der Staatsmacht massiv unter Druck zu setzen. Auch renommierte Autoren wurden teils über Jahre hinweg von der Staatssicherheit zur konspirativen Zusammenarbeit aufgefordert, bedroht und gelockt. Reiches und deprimierendes Anschauungsmaterial über das „engmaschige und flächendeckende Netz der Konspiration" im

„Sicherungsbereich Literatur" bietet die Monographie von Joachim Walther.[22] 1987 waren von 123 Mitgliedern der zentralen Leitung des DDR-Schriftstellerverbandes 49 „inoffizielle Mitarbeiter" des MfS.[23] Daß der gelegentlich vorgebrachte Vergleich mit der Repression der Biedermeierzeit verharmlost, belegen die Erinnerungen und Dokumentensammlungen der Bespitzelten. Der Lyriker Reiner Kunze war über viele Jahre hinweg einer lückenlosen Bespitzelung und systematischen Zermürbung seiner Familie unterworfen, die auf insgesamt 3491 Aktenblättern säuberlich dokumentiert sind; ähnlich mußte nicht nur Erich Loest erkennen: „Die Stasi war mein Eckermann".[24] Der Publikationsverweigerung folgte mehrfach ein Erscheinen der abgelehnten Bücher in der Bundesrepublik, was wiederum zu Strafverfahren wegen Devisenvergehen und Verstoßes gegen die „Anordnung über die Wahrung der Urheberrechte" führen konnte.[25] Regimeloyalen Autoren wie Stephan Hermlin oder Christa Wolf wurden gewisse Freiräume gewährt, die sie zum Eintreten für Oppositionelle nutzen konnten. Seit den siebziger Jahren vermochte eine literarische Gegen-Öffentlichkeit fragile Teilautonomien und Nischen für ihre Publikationsstrategien zu ertrotzen. Doch sah ein wesentlicher Teil der literarischen Begabungen des Landes nur die Übersiedlung in den Westen aus Ausweg. Die Liste der Emigranten umfaßte bald Dutzende von Namen engagierter und anerkannter Autoren: darunter Walter Kempowski, Horst Bienek, Uwe Johnson, Heinar Kipphardt, Hans Mayer, Christa Reinig, Peter Huchel, Wolf Biermann, Thomas Brasch, Reiner Kunze, Jurek Becker, Hans Joachim Schädlich, Sarah Kirsch, Günter Kunert, Erich Loest, Monika Maron. Andere blieben und nannten (etwa auf dem X. Schriftstellerkongreß 1987) wie Günter de Bruyn und Christoph Hein das streng verpönte Unwort Zensur beim Namen. Gegen Ende der DDR begann auch eine alternative Gegen-Buchkultur von Einzelgängern zu keimen. Doch auch und gerade diese Avantgarde war seit Anbeginn durchsetzt von Zuträgern der Staatssicherheit, die ihre Denunziantentätigkeit bis zur Überführung kategorisch leugneten. Die DDR hat das Thema „Deutsche Schriftsteller und Staatsmacht" ein zweites Mal in diesem Jahrhundert um ein unerfreuliches Kapitel erweitert.

Mit unverhohlenem Stolz lobte sich die DDR stets als „Buchland". Noch 1990 versicherte der leitende Funktionär Klaus Höpcke: „Das Losungswort ‚Bücher für alle' praktizieren wir als gesellschaftlichen Anspruch."[26] Tatsächlich räumte sie der ideologischen Vermittlung durch das Buch einen weit höheren Stellenwert ein als das NS-Regime – vielleicht, weil die prägenden Strukturen ihres Kultur- und

Literatursystems von literarischen Emigranten geschaffen worden waren. Hatte man jahrzehntelang neidvoll die vollmundige Propaganda von der „hochentwickelten sozialistischen Buchkultur" der DDR für bare Münze genommen, so ist heute offensichtlich, daß in Wahrheit wenig mehr als Verwaltung des Mangels betrieben und der Bücherhunger der Bevölkerung auf dem Stand der unmittelbaren Nachkriegszeit gehalten wurde. Davon, daß „alle Bürger ständigen Zugang zur Literatur haben" (Höpcke), konnte keine Rede sein. Das Verdienst an der Existenz des vielgerühmten „Leselandes DDR"[27], das sich die Partei- und Kulturfunktionäre zuschrieben, war in Wirklichkeit ausschließlich eines der Leser. Möglicherweise aber trifft die Behauptung K. Höpckes zu, in der DDR seien nicht weniger als 91 % aller Erwachsenen aktive Leser gewesen – denn „in einer geschlossenen Gesellschaft vom Typus der DDR mit einer langweiligen Tagespresse, faden Illustrierten, gleichgeschalteten elektronischen Medien, einer kümmerlichen Unterhaltungsindustrie blieb den halbwegs Interessierten fast nichts anderes übrig, als Bücher zu lesen."[28] Eine noch zu schreibende Lesergeschichte der DDR müßte nicht nur die historisch-politische Periodisierung berücksichtigen (Mauerbau, Helsinki-Schlußakte usw.), sondern auch regionale Differenzierungen (Berlin/Großstädte/Provinz) und Altersstufen (rapider Rückgang der Lektüre nach dem Beginn des Berufslebens). Dem totalitären Buchmarkt konnten sich – anders als im NS-Deutschland – die Leser jedoch zumindest teilweise entziehen. Bis 1961 wurden aus der „Frontstadt Westberlin" Millionen von Büchern privat eingeführt, danach erlaubten die liberal bereitgestellten Bestände der Deutschen Bücherei und anderer Bibliotheken wenigstens einer intellektuellen Minderheit den Zugang zu westlicher Literatur – die Hauptrolle aber spielte neben der Leipziger Buchmesse ab 1972 der innerdeutsche Reiseverkehr.[29]

Die etwa 14000 öffentlichen Bibliotheken, deren Bestände einen großen Anteil an Belletristik und Jugendbüchern aufwiesen, zeugen von dem Bemühen, die unbefriedigende Literaturversorgung zu kompensieren; ihre hohen Ausleihzahlen sind allerdings ab 1989 rapide geschrumpft. Daß sich trotz vierzigjähriger Indoktrination kein spezifisch sozialistischer Lesertypus herausbildete, daß vielmehr die Geschmacksangleichung an die Bundesrepublik offensichtlich binnen weniger Monate fast vollständig erfolgt ist, kann den mit der Resistenz der Lektürepräferenzen über historische Zeiträume hinweg Vertrauten nicht überraschen. Gerade bei Jugendlichen in den neuen Bundesländern ist ein Umbruch im Leseverhalten zu beobachten: ein

Rückgang vor allem belletristischer Lektüre, ja ein prägnanter Funktionsverlust von Literatur überhaupt. Dies ist kaum verwunderlich angesichts der Überfülle audiovisueller Konkurrenten des Buches, deren Versorgungsgrad auch in den neuen Ländern inzwischen fast dem des Westens entspricht. Unverkennbar ist der gesamtdeutsche Trend, „daß die audiovisuellen Medien, vor allem im Bereich der aktionsgeladenen Themen und Stoffe (Abenteuer, Science fiction, Krimi) zu einer immer stärkeren Konkurrenz für adäquate Lesestoffe“[30] werden. Doch während Unterhaltungs- und Entspannungsbedürfnisse kaum mehr typographisch, sondern audiovisuell befriedigt werden, gewinnt Sach- und Fachbuchlektüre weiterhin an Bedeutung.

Nach 1990 mußten sich das staatsmonopolistische Literatursystem und der Buchmarkt der ehemaligen DDR in einem schwierigen Übergangsprozeß marktwirtschaftlichen Anforderungen anpassen.[31] Der Schriftstellerverband stellte seine Tätigkeit zum 31. Dezember 1990 ein, am folgenden Tag vereinigten sich die beiden Börsenvereine, das „Börsenblatt“ erscheint seitdem nur mehr in Frankfurt. Ausgebaut wurde dagegen zur Förderung und Sicherung des „Leipziger Platzes“ die Frühjahrsbuchmesse, auch ein „Haus des Buches“ wurde im einstigen „Graphischen Viertel“ der Leipziger Innenstadt errichtet.

In den personell durchwegs stark überbesetzten Verlagen wie in den kapital- und marketingschwachen Sortimenten, die allesamt privatisiert wurden, herrschte zunächst die Angst vor einem „Dampfwalzeneffekt“ der westlichen Branche. Die Gefahr der Übernahme ehemals staatlicher Buchhandelsketten durch branchenfremde Großinvestoren und damit Fortsetzung von Zentralisierung und Dirigismus wurden beschworen. Bereits im Frühjahr 1991 waren etwa 80 % des ehemaligen Volksbuchhandels in private Hände übergegangen, die Anzahl der Buchhandlungen in den neuen Ländern wuchs zwischen 1989 und 1998 von 685 auf 799 an. Freilich sind die meisten dieser Firmen eher unterkapitalisiert und umsatzschwach, entsprechend der deutlich geringeren Kaufkraft. Zugleich breiten sich westdeutsche Buchhandelsketten bzw. Filialisten aus. Solcher Verdrängungswettbewerb, rasch steigende Ladenmieten und Unkosten bei stagnierenden Verkaufszahlen sind jedoch ein gesamtdeutsches Zentralproblem des Sortiments.

Zahlreiche Staatsverlage wurden aufgelöst bzw. von westlichen Unternehmen, Investoren und Konzernen aufgekauft, einige konnten sich – wie Aufbau – dank kräftiger Kapitalspritzen auf dem Markt behaupten. Andere sind (wie Reclam Leipzig) mit der einst übersiedelten Westfirma wiedervereinigt; dies ging durchwegs mit einer erheblichen Reduzierung des Personals einher. Kleinere Verlage wurden in einer wahren Gründungseuphorie neu ins Leben gerufen. Nicht alle davon konnten auf Dauer überleben, doch ist ein zaghaftes Blühen der Verlags- und Buchhandelslandschaft in den neuen Ländern nicht zu leugnen. Auf dem Gebiet des Buchmarktes und literarischen Lebens wird sich – außer einigen Funktionären – sicherlich niemand das totalitäre, zutiefst inhumane System der DDR zurückwünschen.

Von der Mitte des Jahres 1945 bis zur Währungsreform wurden in den Westzonen und in West-Berlin insgesamt rund 15 000 Bücher, Broschüren und Kleinschriften sowie rund 1 000 Zeitschriften publiziert; sie erschienen in etwa 850 Verlagen, von denen fast die Hälfte von den Amerikanern lizenziert worden war. Voraussetzung für diese Lizenz waren eine einwandfreie demokratische Gesinnung sowie berufsspezifische Grundkenntnisse. Neben diese personelle Auswahl trat die Förderung und Hemmung des Programms mittels der Papierzuteilung – wer Papier erhielt, konnte angesichts des Nachfragestaus und Kaufkraftüberhangs mit risikolosem Erfolg rechnen. Die Papierbewirtschaftung wurde in der Bizone Mitte 1948, in der französischen am 1. April 1949 aufgehoben.

Die Literaturpolitik der westlichen Besatzungsmächte war darauf gerichtet, jeweils die Buchproduktion des eigenen Landes als Vorbild demokratischen Bewußtseins zu propagieren. So verwaltete die amerikanische „Information Control Division“ sämtliche Copyrights von US-Autoren und traf die Auswahl zu übersetzender Werke nach den Kriterien demokratischer Vorbildhaftigkeit, einer möglichst positiven Darstellung amerikanischer Realität und erst dann auch literarischen Wertes, was von Verlegern wie Kritikern getadelt wurde. Für solche Übersetzungen wurde bevorzugt Papier zugeteilt. Dagegen behinderten bis 1947 der Kontrollratsbefehl „Trading with the Enemy Act“ ebenso wie die Devisenbewirtschaftung, die auch für Honorare und Lizenzen galt, die freie Übernahme der Werke von Exil- oder fremdsprachigen Autoren.

Aufgrund der historischen Entwicklung waren die Herstellungskapazitäten in den vier Besatzungszonen höchst ungleich verteilt. Die SBZ verfügte über 75 % der Druckereien und Buchbindereien, in den Westzonen waren mehr als 40 % der Druck- und 60 % der Bindekapazitäten zerstört. In seinem Vortrag „Die Rolle des Buches im Nachkriegsdeutschland“ umriß Gottfried Bermann Fischer 1948 die Probleme des Büchermachens unter den Vorzeichen von Papiermangel wegen allzu großzügiger Lizenzierungen, fehlender Koordination der Verlagsprogramme mit entsprechendem Risiko von Doubletten, überaus mangelhaften Post- und Verkehrsverhältnissen und zu geringen Kapazitäten der Druckereien und Buchbindereien:

„Die Herstellung eines Buches wird so für den Verleger zu einem abenteuerlichen Unternehmen, dessen Ende er niemals voraussehen kann. Geradezu mysteriös aber gestaltete sich das Schicksal eines Buches in Deutschland, wenn es schließlich fertig geworden ist. Mit dem Moment seiner Auslieferung an den Buchhandel verschwindet es spurlos. Was mit diesen Büchern geschieht, läßt sich nur vermuten. In den zahlreichen Buchhandlungen, die sich im letzten Jahr in den größeren Städten niedergelassen haben, sind neue Bücher nicht zu finden. Bei der geringen Auflage des Einzeltitels (5000, höchstens 10000 Exemplare) entfallen auf den einzelnen Buchhändler nur wenige Exemplare, die er zum Teil an seine ständigen Kunden verkauft, zum anderen Teil aber als wertbeständige Ware auf seinem Lager hält, um sie im schwarzen Markt als Tauschobjekt zu verwenden, oder aber um sie für eine Zeit aufzubewahren, in der die Mark wieder einen stabilen Wert hat. Im schwarzen Markt ist ein Buch eine Ware wie jede andere und wird genau so zu Phantasiepreisen gehandelt. Der Bedarf nach Lese- und Lernstoff ist enorm und das Angebot so gering, daß für ein wissenschaftliches Buch oder das Werk eines bekannten Autors aus der Emigration viele Hunderte Mark bezahlt werden, das Monatsgehalt eines mittleren Angestellten und mehr."[32]

Eine wichtige, hier nur zu erwähnende Rolle bei der Befriedigung dieses zunächst unersättlich scheinenden geistigen Nachholbedarfs spielten die Kulturzeitschriften, die zuerst von den Militärregierungen selbst herausgebracht, wenige Monate darauf auch an Lizenzträger vergeben wurden und von 1946 bis zur Währungsreform ein überaus vielgestaltiges Panorama boten.[33] Diskussionsforen wie „Die Sammlung", „Die Gegenwart", die „Frankfurter Hefte", „Der Monat", „Merkur" und „Die Wandlung" boten philosophische und kulturpolitische, literarische und sprachkritische Essays, von der Diktatur verbotene Blätter wie die „Deutsche Rundschau" und die „Weltbühne" erschienen wieder. Erich Kästner leitete die Jugendzeitschrift „Pinguin", Alfred Döblin gab „Das Goldene Tor" heraus – doch auf eine Titelliste sei verzichtet. Das Bedürfnis der Leser nach Neuorientierung und Sinngebung wurde mehr als nur befriedigt: „die ethischen Geschütze feuern fast pausenlos Salutsalven in die Logik des Transzendenten. Die Auseinandersetzung mit der Vergangenheit, die Deutung der Gegenwart und die Vorschau auf die Zukunft laufen auf höchsten Touren. Welches Publikum auch immer angeredet wird, der

MILITARY GOVERNMENT-GERMANY

MILITÄRREGIERUNG DEUTSCHLAND

INFORMATION CONTROL - NACHRICHTENKONTROLLE

LICENSE

ZULASSUNG NR. 8

1. Subject to the conditions set forth in Paragraph 2, the following-named person

1. Gemäß den im Paragraph 2 festgesetzten Bedingungen, ist die folgende Person

GEORG KURT SCHAUER

hereinafter referred to as "licensee" is authorized to engage in the following activities:

welche im Nachfolgenden als „Zulassungsinhaber“ bezeichnet wird, autorisiert, folgende Tätigkeit auszuführen:

To publish the periodical "Börsenblatt für den deutschen Buchhandel" and books and pamphlets essential as book trade publications.

Die Zeitschrift Börsenblatt für den deutschen Buchhandel und Bücher und Broschüren, die als Fachliteratur des Buchhandels notwendig sind, zu veröffentlichen.

2. This license is granted subject to the following conditions:

2. Diese Zulassung ist erteilt unter folgenden Bedingungen:

a) That all laws, ordinances, regulations and instructions of Military Government are complied with.

a) Daß alle Gesetze, Verordnungen, Verschriften und Anweisungen der Militärregierung befolgt werden.

b) That this license be prominently displayed on the premises of the licensee at all times.

b) Daß diese Zulassung im Betrieb des Zulassungsinhabers jederzeit öffentlich angeschlagen ist.

c) That all newspapers, books, periodicals, pamphlets, posters, printed music or other publications, sound recordings or motion picture films published or produced under this license shall bear in such manner as may be prescribed the legend: Published (or produced) under Military Government Information Control License No. 8..

c) Daß sämtliche Zeitungen, Bücher, Zeitschriften, Broschüren, Plakate, Musikalien oder irgendwelche andere Veröffentlichungen, ebenso Schallplatten und sonstige Tonaufnahmen und Filme, die gemäß dieser Zulassung hergestellt oder veröffentlicht werden, folgende Aufschrift in vorgeschriebener Weise tragen: „Veröffentlicht (oder hergestellt) unter der Zulassung Nr. 8.. der Nachrichtenkontrolle der Militärregierung“.

d) That no person, not reported on the application for this license as having a financial interest in the business enterprise conducted under this license, shall be given nor shall receive any part of the profits of the business enterprise, nor shall any interest in the business enterprise be held for any such person, except with the express written permission of Military Government.

d) Daß keine Person, die nicht in diesem Gesuch als an diesem Geschäftsunternehmen finanziell interessiert eingetragen ist, irgendeinen Anteil an dem Nutzen aus dem Geschäftsunternehmen erhält; ferner, daß kein finanzieller Anteil an dem Geschäftsunternehmen für eine im Gesuch nicht erwähnte Person ohne ausdrückliche schriftliche Erlaubnis der Militärregierung zurückbehalten wird.

e) Other conditions: None.

As stated in policy and operating instructions.

e) sonstige Bedingungen: Keine.

Wie in "Richtlinien" und "Betriebsanweisungen" festgelegt.

3. This license is not granted for a stated term, is not a property right, is not transferable and is subject to revocation without notice or hearing.

3. Diese Zulassung wird für keine bestimmte Zeitfrist erteilt und stellt kein Eigentumsrecht dar; sie ist nicht übertragbar und kann ohne Kündigungsfrist oder Untersuchung rückgängig gemacht werden.

Wiesbaden,
9 August 1945

ROBERT A. McCLURE
Brigadier General, GSC
Information Control Division
United States Forces, European Theater

Lizenz der US-Besatzungsmacht
für das wiederbegründete „Börsenblatt“ (1945)

Mann, die Frau, der Jugendliche, das Kind, es regnet Maßstäbe, die uns an die Hand gegeben werden."[34] Als „unabhängige Blätter der jungen Generation" gab Alfred Andersch mit Hans Werner Richter ab 1946 „Der Ruf" heraus, der einen „sozialistischen Humanismus" forderte und mit seiner Auflage von mehr als hunderttausend Exemplaren die Besatzungsmächte so irritierte, daß den beiden ab Heft 17 die Redaktion entzogen wurde. Unter anderer Leitung erreichte auch ihn das allgemeine Zeitschriftensterben nach der Währungsreform. Alle Auflagen sanken rapide, die Verleger zeigten sich bei steigenden Herstellungs- und Vertriebskosten „deprimiert über die schlagartig einsetzende Interesselosigkeit meiner Zeitschriftenleser, die nun in harter DM ihre geistige Anteilnahme bekunden sollten"[35].

Die möglichst rasche Sättigung des Bücherhungers war – ganz im Sinne der Besatzungsmächte – oberstes Programmprinzip der Lizenzverleger. In jeder Zone wurden einzelne Firmen besonders gefördert, die sich deshalb schnell als die wichtigsten Literaturverlage der unmittelbaren Nachkriegszeit profilieren konnten – bei den Amerikanern Kurt Desch, im britischen Sektor Berlins mit einer Lizenz vom 26. Oktober 1945 Peter Suhrkamp (er erhielt am 4. Oktober 1946 auch in Frankfurt am Main seine Lizenz), in Hamburg durfte Eugen Claassen am 31. Oktober 1945 seinen Verlag eröffnen. Die französische Militärregierung bestimmte als ersten Verleger den christlich-demokratisch gesinnten Hermann Leins, dessen *Rainer-Wunderlich*-Verlag auch Theodor Heuß betreute.

Kurt *Desch*[36] hatte am 17. November 1945 die erste Lizenz der US-Zone erhalten, weil er sich geschickt, wenn auch nicht ganz zutreffend, als politisch Verfolgter darstellte. Sein Programm wurde zur Gänze akzeptiert, er erhielt jegliche organisatorische Unterstützung und vor allem großzügige Papierzuteilungen, teils aus einstigen Parteibeständen, und wurde zudem in mehreren Treuhandfunktionen für andere Verlage eingesetzt. Schon kurz nach der Gründung konnten, rechtzeitig zum Weihnachtsgeschäft 1945, neun Bücher bzw. Broschüren mit einer Gesamtauflage von 247000 Exemplaren ausgeliefert werden. 1946 bis 1948 folgten 146 Titel in zusammen fast zwei Millionen Exemplaren. Um den Absatz brauchte sich Desch, der stets sein Produktmanagement virtuos mit den Gegebenheiten des Buchkontrollsystems zu koordinieren verstand, keinerlei Sorgen zu machen – im Gegenteil: Lieferbeschränkungen waren an der Tagesordnung. Schwerpunkt des Programms bildeten zunächst Autoren der Inneren Emigration, insbesondere Ernst Wiechert; er galt als der einflußreichste „Umerzieher" für die jüngere Generation, dessen Schriften allein bei Desch bis zur Währungsreform eine Auflage von 187000 Exemplaren erzielten. Daneben griff Desch auf rechtsfreie Titel der Weltliteratur zurück und übernahm amerikanische Bestseller. Die ungewöhnliche Erfolgskurve seines Verlages stieg unbeschadet der Bücherkrise nach der Währungsreform bis in die fünfziger Jahre hinein weiter an, allerdings mit einem heterogenen Programm, bei dem die unterhaltsame Vergangenheitsbewältigung des Hans Hellmut Kirst („08/15") im Vordergrund stand.

Die erste Lizenz in allen vier Besatzungszonen erhielt Ernst *Rowohlts* Sohn H. M. Ledig-Rowohlt für seine Teilfirmen in Berlin, Stuttgart, Baden-Baden und schließlich Hamburg, das 1950 auch endgültiger Verlagssitz wurde. Der Verlag befriedigte den Nachholbedarf des deutschen Publikums auf besondere Weise: Ab 1946 gab Ledig-Rowohlt die Zeitschrift „story. Erzähler des Auslands. Ein monatliches Leseheft" heraus, deren Motto lautete: „Jedes Heft der Story (mit 32 Seiten) entspricht dem Umfang eines 168seitigen Buches. Gesammelt und später gebunden werden sie zu einem billig erworbenen Schatz der modernen Weltliteratur." Der Preis betrug 60 Pfennig – ein Zehntel einer Zigarette. Ende 1946 setzte der junge Ledig-Rowohlt sein Prinzip: „Möglichst viele Buchstaben auf möglichst wenig Papier für möglichst wenig Geld" auf noch erfolgreichere Weise um: Es erschienen die zehn Pfennig billigeren „Rowohlts Rotations Romane", einprägsam Ro-Ro-Ro abgekürzt. Sie wurden im Zeitungsformat und Zeitungsdruck auf Rotationsmaschinen hergestellt, die weit leichter verfügbar waren als Buchdruckmaschinen, und nutzten den 60:40-Schlüssel bei der Papierzuteilung zugunsten der periodischen Presse aus. Ernst Rowohlt sah als wichtigste Aufgabe dieses zeitgemäßen Zwitters, das „geistige Vakuum in der Generation, die doch jetzt den Karren aus dem Dreck ziehen soll", zu beenden. Die außerordentlichen Auflagen von 100000 bis 150000 Exemplaren reichten nicht immer zur Deckung der Nachfrage, und der Verlag wies protestierende Interessenten abwiegelnd darauf hin: „Ro-Ro-Ro ist keine Zeitschrift, sondern ein aus der Not geborener Ersatz für das gute Buch, das stets nur einen bestimmten Kreis von Lesern haben wird. Jeder Rotationsroman sollte, wenn irgend möglich, nur in die Hände eines Käufers gelangen, der wirklich daran interessiert ist." Die Titel der ersten Romane zeigen die Breite des Spektrums und die Einbeziehung moderner Weltliteratur wie der Emigration: Ernest Hemingway: „In einem andern Land", Kurt Tucholsky: „Schloß Gripsholm", Theodor Plivier: „Stalingrad", Ignazio Silone: „Fontamara", Anna Seghers: „Das siebte Kreuz", André Gide: „Die Verliese des Vatikan", sowie Werke von Alain-Fournier, Joseph Conrad und Thyde Monnier. Nichts kam aus den leeren Schubladen der jüngeren in Deutschland gebliebenen Autoren, sehr wenig aus den vollen des Exils; größtenteils wurde auf erfolgreiche Namen zurückgegriffen, von denen immerhin zehn auch noch nach 1933 in Deutschland veröffentlicht worden waren.

Nach der Währungsreform bzw. -umstellung, im Zeichen des stetigen wirtschaftlichen Aufschwungs, scheinen die Leser Aufmachung und Format solcher auf stark holzhaltigem Papier gedruckten Surrogatbücher immer mehr als unzeitgemäß und unbequem empfunden zu haben; auch das Sortiment klagte über zu geringe Verdienstmöglichkeiten. „story" wurde zunächst auf Digestformat umgestellt und 1949 aufgegeben. An die Stelle der 25 bis dahin erschienenen Zeitungsformatromane traten 1950 die „rororo-Taschenbücher" mit einer Startauflage von jeweils 5000 Exemplaren, aber noch immer im Rotationsverfahren bei gleichzeitigem Schön- und Widerdruck und mit einer neuen, von Erich Lumbeck erfundenen, billigen Klebebindung. Die Herstellungskosten einschließlich der Honorare betrugen ein Drittel des Ladenpreises, der Reinerlös des Verlages knapp 4% vom Nettopreis. Für die Kalkulation war nicht unerheblich, daß erstmals mitten in einem Buche für Waren und Dienstleistungen geworben wurde, insbesondere für Zigaretten und Wertpapiere, oft mit geschickter Anspielung auf den jeweiligen Stand der Handlung. Die von Mitte Juni bis Mitte Oktober 1950 erschienenen zwölf Auftaktbände mit zusammen 620000 Exemplaren waren umgehend so gut wie ausverkauft. Nicht wenige Lieblingsautoren der jungen Generation in der Adenauerzeit wie Wolfgang Borchert, Ernest Hemingway und Kurt Tucholsky fanden fast ausschließlich in diesen Ausgaben ihr Publikum. Bei Rowohlt kam 1949 auch das erste *Sachbuch* der Nachkriegszeit heraus, vom Lektor Kurt W. Marek alias C.W. Ceram verfaßt: „Götter, Gräber und Gelehrte". Die neue Darstellungsform verhalf ihm zu einem ungewöhnlichen Erfolg, 1957 war das 564. Tausend erreicht.

Eine Umfrage beim literarischen Publikum im Jahr 1949 ergab die folgende Rangliste renommierter Verlage: Insel, Suhrkamp, Desch, Rainer Wunderlich, Deutsche Verlagsanstalt (ebenfalls von Hermann Leins geleitet), Piper, „Münchner Verlag", Bertelsmann, Rowohlt. Die ersten Lizenzträger hatten offensichtlich ihre Chance genutzt und sich neben, ja vor die Altverlage placiert. Allerdings gab es auch Gegenbeispiele, für die der Verlag von Willi *Weismann* exemplarisch ist. Der Widerstandskämpfer hatte seine Lizenz im März 1946 in

München erhalten und konsequent ein Konzept verfolgt, das einerseits Werke höchsten ästhetischen Ranges zu Unrecht erfolgloser Autoren sowie die ambitionierte Literaturzeitschrift „Die Fähre" umfaßte, andererseits zur finanziellen Absicherung leichteste Kost wie das an Ullstein-Erfolge vor 1933 anknüpfende „Neue Magazin". Vor allem um die Durchsetzung von Hermann Broch, Elias Canetti und Hans Henny Jahnn hat sich Weismann ebenso nachdrücklich wie erfolglos bemüht. 1948 erschien Canettis „Blendung" in 5000 Exemplaren, wenig später kamen Teilausgaben von Jahnns großer Trilogie „Fluß ohne Ufer", 1950 nach komplizierten Verhandlungen Brochs „Die Schuldlosen" heraus. Dessen Publikation hatte Brochs eigentlicher Verleger Daniel Brody illusionslos abgelehnt, weil er die Weigerung des deutschen Publikums vorhersah, sich dieser hochartifiziellen Vergangenheitsbewältigung und Abrechnung zu stellen.[37] Weismann geriet darüber hinaus in die Mühlen des Kalten Krieges und wurde als Kommunistenfreund verfemt, außerdem wegen einer kecken Fotogegenüberstellung einer leeren Metzgereiauslage und eines weiblichen Aktes im Februarheft 1949 des „Neuen Magazins" als Verbreiter unzüchtiger Schriften verurteilt. Als ihn daraufhin die Druckerei boykottierte, verlor der Verlag seine finanzielle Basis, bestand aber noch bis 1954 weiter. Weismann verlegte zwanzig Jahre lang in seinem *Parabel*-Verlag „linke" Kinderbücher und schloß sich nach 1968 der antiautoritären Bewegung an.

Am 21. Juni 1948 wurde in den drei Westzonen anstelle der bisherigen Reichsmark die Deutsche Mark eingeführt, erstere zugleich im Verhältnis eins zu zehn abgewertet und ein Kopfgeld von 40.– DM ausgegeben. Wie das übrige Wirtschaftsleben, so stand auch der Buchhandel nach der Währungsreform vor einem völlig neuen Markt. Bis dahin konnten dank des scheinbar unersättlichen Lesehungers und der relativ geringen Bücherpreise, angesichts des schmalen Angebotes sonstiger Waren auch hohe Auflagen spielend abgesetzt werden, ja Sortimenter begannen gar ihre Bestände als begehrte Sachwerte zu horten. Nun wurden die Käufer weitaus wählerischer – immer mehr lang entbehrte Gebrauchsgüter erschienen auf dem Markt, deren Anschaffung vordringlich war. Dies brachte den Buchhandel in eine Absatzkrise, ein nicht geringer Teil der Bücher erwies sich als Ladenhüter. Der rauhe Wind eines liberalisierten Nachfragemarktes blies in den Jahren zwischen 1948 und 1952 insbesondere neugegründeten Verlagen ohne eine solide backlist gängiger Belletristik ins Gesicht – Firmen, die jenen epochenübergreifenden „bequemen Hang zum Risikolosen, Traulichvertrauten" nicht befriedigen konnten, den Ursula von Kardorff 1949 aus einer Buchmessen-Umfrage herauslas.

Auch die *Organisation* des deutschen Buchhandels wandelte sich entsprechend den politischen Veränderungen. Als das zunächst von US-Truppen besetzte Buchhandelszentrum Leipzig den Sowjets übergeben wurde, richtete man zugleich eine Zweigstelle des Börsenvereins in Wiesbaden ein, dem Sitz des Alliierten Hauptquartiers. Dort begann ab Oktober 1945 auch ein eigenes Börsenblatt für die Westzonen zu erscheinen, das 1946 nach Frankfurt am Main verlegt wurde. Der Buchhandel schloß sich zunächst regional und zonal, dann bizonal zusammen. Diese Verbände vereinigten sich 1948 zum „Börsenverein Deutscher Verleger- und Buchhändlerverbände" mit Sitz in Frankfurt; wenig später traten auch die französische Zone und (West-)Berlin bei. Er wurde 1955 zu einem „Börsenverein des Deutschen Buchhandels" mit Einzelmitgliedschaft umgewandelt. Weiterhin bestehen innerhalb dieser Organisation rechtlich selbständige Landesverbände und Arbeitsgemeinschaften von Verlegern, Sortimentern und Zwischenbuchhändlern. Dem Börsenverein gehörten 1998 insgesamt 7034 Mitgliedsfirmen an, davon 2115 des herstellenden Buchhandels, 4790 des verbreitenden, 74 des Zwischenbuchhandels und 53 Verlagsvertreter. Ein Blick auf die entsprechenden Zahlen von 1990 zeigt, daß damals aus den neuen Bundesländern 72 Verlage Mitglieder waren – nun sind es 134; damals 288 Sortimente – jetzt 770.

Dieser Börsenverein gehört trotz aller immer wieder aufflammenden Kritik zu den effizientesten Standesorganisationen Deutschlands. Er sieht sich freilich auch einer Vielzahl von Problemen gegenüber. Von zentraler Bedeutung ist die Bewahrung des festen Ladenpreises, nach wie vor Grundlage der kulturwirtschaftlichen Aufgabe des deutschen Buchhandels. Dieses Privileg ist die Voraussetzung für die Durchführung auch von Kleinst- und Einzelbestellungen ohne Preisaufschlag überall in Deutschland und verpflichtet den Sortimenter zu bibliographischen Recherchen und Auskünften. 1958 wurde die vertikale Preisbindung für Verlagserzeugnisse gesetzlich verankert, 1977 auch für Schulbücher; diese vom Gesetzgeber als Ausnahme tolerierte Preisbindung wurde 1984 in einer Bundestagsentschließung aller Parteien als kulturpolitische Notwendigkeit bekräftigt. 1997 bestätigte der Bundesgerichtshof die Preisbindung auch für CD-ROMs. Jahrzehntelang flammte die Diskussion um die Berechtigung dieses Privilegs immer wieder auf, ohne daß neue Argumente hinzugekommen wären, doch seit kurzer Zeit ist sein Fortbestand gefährdet.

Die grenzüberschreitende Preisbindung zwischen Deutschland und Österreich wurde von der Wettbewerbsdirektion der EU verworfen und eine Deregulierung gefordert. Wegen dann unausbleiblicher Re-Importe müßte dies auch das Ende des binnendeutschen Systems bedeuten. Für diesen Fall schlug die EG-Kommission wenig marktwirtschaftlich vor, die Angebotsvielfalt durch Subventionen zu sichern. Alle deutschen Politiker erklärten sich mit dem Börsenverein solidarisch, der umfängliche Gutachten in Auftrag gab. Ihr Ergebnis wird untermauert mit zahlreichen kulturpolitischen und volkswirtschaftlichen Argumenten, ebenso eindeutig ist der vergleichende und höchst ernüchternde Blick auf Staaten ohne Preisbindung.[38] Eine kaum geringere Gefahr für den festen Ladenpreis bedeutet der fortschreitende Schwund der Branchensolidarität. Rabattmanipulationen, Lagerräumungen, Preisherabsetzungen, Ramschaktionen mit „Mängelexemplaren" entlasten spekulative Verleger auf Kosten des Sortiments. Bewahrt werden konnte bisher der mehrfach bedrohte halbe Mehrwertsteuersatz für Verlagserzeugnisse.

Weitere wichtige Aktivitäten dieses privatwirtschaftlichen Verbandes unterstreichen seine kulturelle Aufgabe: Unter Mitwirkung des Börsenvereins entstand in Frankfurt am Main 1946 für die Bundesrepublik eine „Deutsche Bibliothek", die auch die „Deutsche Bibliographie" herausgibt. Seit 1990 ist sie als „Die Deutsche Bibliothek" mit ihrem Leipziger Pendant organisatorisch vereinigt, das als Untergliederung ebenso wie das Deutsche Musikarchiv erhalten bleibt. Ein „Friedenspreis des Deutschen Buchhandels" wird seit 1951 jeweils zur Frankfurter Buchmesse verliehen. Diese Messe wurde 1949 neu ins Leben gerufen und knüpft an die seit dem Erscheinen des letzten Frankfurter Meßkataloges zweihundert Jahre lang unterbrochene Tradition der Stadt an. Die Zahl der Aussteller wuchs von zunächst 205 deutschen auf 9587 aus aller Welt im Jahr 1998, davon 2534 aus der Bundesrepublik. Die Frankfurter Buchmesse ist nach wie vor das weitaus wichtigste internationale Kommunikationsforum der Branche.

Seit 1971 gibt der Börsenverein das „Verzeichnis lieferbarer Bücher" (VLB) heraus, seit 1988 auch auf CD-ROM. Er war auch 1953 beteiligt an der Neugründung der „Buchhändler-Abrechnungs-Gesellschaft" (BAG), die als zentrale Abrechnungsstelle zwischen Verlag und Sortiment gerade für Kleinumsätze in der Nachfolge der Leipziger „Abrechnungs-Genossenschaft Deutscher Buchhändler" steht. Der Berufsbildung dienen seit 1952 die „Deutsche Buchhändlerschule" bzw. die in Seckbach bei Frankfurt ansässigen „Schulen des Deutschen Buchhandels". Der Förderung der Buchkunst ist der Wettbewerb „Die schönsten Bücher" gewidmet, der bereits 1929–1932 in Leipzig veranstaltet worden war und 1951 in Frankfurt, 1952 in Leipzig wiederaufgenommen wurde. Die 1965 in Frankfurt vom Börsenverein mitgegründete „Stiftung Buchkunst" unterstützt diese Aufgabe.

Daß der Börsenverein unter einem Verbandsdach herstellende und verbreitende Betriebe vereint, ist ungewöhnlich. Er ist deshalb besonders bemüht um Verständigung und Ausgleich zwischen den oft kontroversen Interessen der Branchensparten Verlag, Zwischenbuchhandel und Sortiment. Die stete Reformdiskussion beschränkte sich nicht nur auf organisatorische und wirtschaftliche Erwägungen, sondern schlug sich 1984 auch in einem „Spartenpapier" nieder, das Verhaltensgrundsätze zwischen den Handelspartnern formulierte. Eine Erneuerung und Fortschreibung des Papiers wird in der Branche angesichts der veränderten Herausforderungen des Marktes als überfällig empfunden.

Der Börsenverein mußte sich, wie auch die Schriftstellerorganisationen, nach 1948 mehrfach gegen Tendenzen der Unterdrückung des freien Geistesverkehrs zur Wehr setzen. Zwar sind die Versuche staatlicher Bevormundung des Buchhandels und Überwachung des Buches in der Bundesrepublik insgesamt eher gering. Nach Artikel 5 des Grundgesetzes findet eine Zensur nicht statt, und auch repressive Maßnahmen werden nur in Ausnahmefällen ergriffen, die dann freilich um so spektakulärer anmuten. Genannt seien nur die Gerichtsentscheide zu Klaus Manns Schlüsselroman „Mephisto" in den Jahren 1964 bis 1972, die dem Persönlichkeitsschutz Vorrang vor der Kunstfreiheit einräumten, und die Kampagne gegen „Katz und Maus" von Günter Grass (1962–63). In den Jahren nach 1968 versuchte man sich radikaler Ideen sowohl politischer wie erotischer Art durch Indizierungen und Prozesse zu erwehren: Vor allem die Produktion des Melzer Verlages (Olympia-Press) wurde als pornographisch inkriminiert. Bis zur Gegenwart reichen die Versuche der „Bundesprüfstelle für jugendgefährdende Schriften", erotische Taschenbücher, die einen festen Marktanteil halten, in Durchführung des „Gesetzes über die Verbreitung jugendgefährdender Schriften" vom Markt zu verbannen. 1990 betonte das Bundesverfassungsgericht in einem Grundsatzurteil am Beispiel der angejahrten „Josefine Mutzenbacher", daß Kunst und Pornographie einander nicht ausschlössen. Politisch motivierte Verbote trafen vor allem Schriften aus dem Umfeld der RAF wie „Über den bewaffneten Kampf in Westeuropa" (1971 bei Klaus

Wagenbach erschienen). Die insgesamt eher geringe Aktivität institutioneller Zensur darf nicht darüber hinwegtäuschen, daß in der Bundesrepublik phasenweise ein Klima intellektueller Repression herrschte, wie es sich etwa an den Auseinandersetzungen um Heinrich Bölls „Ehre der Katharina Blum" manifestierte. Informelle Selbstzensur und „vorauseilender Gehorsam" haben sich vor allem in den audiovisuellen Medien unter dem Diktat der „Ausgewogenheit" und der parteipolitischen wie privatwirtschaftlichen Einflußnahme etabliert. Auch an den Zulassungsverfahren für Schulbücher wurde unter diesem Aspekt mehrfach Kritik geübt.

Die Aufbauperiode des Buchmarktes, die von der Währungsreform bis ans Ende der sechziger Jahre reichte, stand im Zeichen einer stetigen Produktionsausweitung. Die Titelzahl stieg von 14094 im Jahr 1951 auf 45369 im Jahr 1970. Die Veränderungen im Kaufverhalten nach der Währungsreform sorgten dafür, „daß der Marktvorsprung der neugegründeten Lizenzunternehmen dem freien Wettbewerb nicht lange standhielt. Von dem zum Zeitpunkt der Währungsreform lizenzierten rund 850 Verlagen waren jedenfalls 1955 nach der sogenannten ‚Reinigungskrise' des Buchhandels bereits ein Drittel vom Markt verschwunden."[39] Viele „Altverleger", darunter manche belasteten, kehrten mit ihren teils umfangreichen Rechtsbeständen und Longseller-Titeln wieder. Aus der sowjetischen Besatzungszone, vor allem aus Leipzig, siedelten die wichtigsten Firmen wie Brockhaus, Diederichs, Insel, Kiepenheuer, List, Meyer, Reclam und zahlreiche Wissenschaftsverlage über. Eigenwillige Neu- und Wiedergründungen kennzeichnen den oft recht kleinen literarischen Individualverlag der fünfziger Jahre: Max Niedermayers Limes-Verlag, die Freunde Eugen Claassen in Hamburg und Henry Goverts in Stuttgart, Joseph Caspar Witsch, der 1948 in Hagen (später Köln) eine Zweigstelle des Weimarer *Kiepenheuer*-Verlag eröffnete, und Ingeborg Stahlberg in Karlsruhe boten Schriftstellern wie Gottfried Benn und Heinrich Böll, Arno Schmidt und Wolfgang Koeppen eine verlegerische Heimat im altmodisch-persönlichen Sinn.

Ökonomischen Erfolg erzielten dagegen eher einem neuen Verlagskonzepte folgende Unternehmen wie Erwin Barth von Wehrenalps 1950 gegründeter *Econ*-Verlag, der den Sachbuchmarkt wesentlich prägte. 1955 erzielte er mit Werner Kellers „Und die Bibel hat doch recht" seinen ersten Bestseller (bis heute mehr als zwei Millionen Exemplare). Zum meistverbreiteten Econ-Autor wurde Erich von Däniken mit seinen extraterrestrischen Spekulationen. Die Marketingstrategie des Verlages gründete sich vor allem auf die Förderung deutscher Sachbuchautoren und die internationale Auswertung ihrer Nebenrechte.[40] Die großen Erfolge dieses Buchtyps führten dazu, daß immer mehr belletristische Verlage auch Sachbuchlektorate einrichteten.

Der Strukturwandel des westdeutschen Buchmarktes in dieser etwa zwanzigjährigen Periode war, summarisch betrachtet, gekennzeichnet durch neue bzw. neubelebte Vertriebs- und Buchformen wie Buchgemeinschaften und Taschenbuch, durch die Tendenz zu Konzentration und Rationalisierung vor allem im Verlag und Zwischenbuchhandel, durch eine strikte Marktorientierung der Angebotspolitik („Marketing") sowie auf Sortimentsseite durch die wachsende Konkurrenz branchenfremder Anbieter wie Versender und Großfirmen. Vor allem gegen die Konkurrenz der Buchgemeinschaften waren 1953 bis 1972 die „Bücher der Neunzehn" gerichtet, ein Zusammenschluß von 19 Verlagen, die in Zusammenarbeit mit großen Sortimenten wohlfeile Ausgaben von insgesamt 200 Erfolgstiteln monatlich gleichsam als „Hauptvorschlagsbände" unter erhöhtem Werbeaufwand auf den Markt brachten und dabei eine Gesamtauflage von etwa 6,5 Millionen Exemplaren erzielten. Ein ähnliches Ziel verfolgte die Vertriebsgemeinschaft von 14 Verlagen „Das moderne Sachbuch" (1962-1971).

Die Bedeutung des *Leihbuchhandels*,[41] der von der Spätaufklärung bis ins Dritte Reich die wichtigste Vermittlungsinstanz für Unterhaltungslektüre geblieben war, schwand nach einer leicht erklärlichen Spätblüte in den Jahren 1945 bis 1947 rapide. Einige Verlage spezialisierten sich auf Titel, die in Auftragsarbeit nur für diesen Abnehmerkreis produziert wurden. Doch von der Mitte der fünfziger Jahre an, als sich das Fernsehen immer schneller durchsetzte, gingen die Umsätze bzw. Ausleihzahlen stark zurück, nämlich binnen fünf bis sechs Jahren auf etwa die Hälfte. Dem Verdrängungswettbewerb gegen das neue Medium wie gegen Taschenbücher und Buchgemeinschaften war die Leihbibliothek nicht gewachsen. Allein in München schrumpfte die Zahl der Leihbüchereien von 162 im Jahr 1962 auf fünf im Jahr 1988. Der Reise- und Versandbuchhandel dagegen konnte seine Marktposition ebenso wie der Bahnhofsbuchhandel behalten, zum Teil durch intensive Werbemaßnahmen auch erweitern.

Die wichtige Rolle der *Buchgemeinschaften* für den Buchmarkt der fünfziger und sechziger Jahre kann kaum hoch genug eingeschätzt werden.[42] Der heute gewinnträchtigste „privatwirtschaftliche Kulturvermittler der Welt" (so die Eigendefinition der *Bertelsmann* AG

Gütersloh) hat seinen damaligen Aufstieg im wesentlichen diesem Marktsegment zu verdanken. Der Marktanteil des Gütersloher Konzerns mit seinem 1950 gegründeten „Bertelsmann Lesering" nebst kleineren Clubs (Europäische Bildungsgemeinschaft, Deutsche Buchgemeinschaft, Deutscher Bücherbund u.a.) hat sich von 66% (1981) auf erdrückende 97,5% (1992) gesteigert. Zum Konzern gehören auch die österreichische Buchgemeinschaft „Donauland" und der Schweizer „Europaring". Der zweitgrößte deutsche Verlagskonzern, die Holtzbrinck-Gruppe, hatte seinen „Deutschen Bücherbund", in dem vier kleinere Clubs aufgegangen sind, mit etwa 1,4 Millionen Mitgliedern 1989 an Leo Kirch verkauft, der damit das strategische Ziel eines Verbundes von Print- und elektronischen Medien verfolgte, ihn jedoch 1992 an Bertelsmann weitergab. Der sehr kleine Marktrest entfiel auf die ambitionierte gewerkschaftsnahe „Büchergilde Gutenberg", die nach einem Verkauf an ehemalige Mitarbeiter derzeit umstrukturiert wird, sowie die katholische „Herder-Buchgemeinde". Noch um 1990 waren in diesem „Buchmarkt der neuen Leser" rund 6 Millionen Menschen organisiert, anders ausgedrückt: „in jedem vierten Haushalt lebt ein Buchclubmitglied, in jedem zweiten lebt ein früheres oder jetziges Mitglied".[43] Nach der starken Expansion der fünfziger und sechziger Jahre folgte ein stetiger Rückgang. Die Hoffnung auf eine Stabilisierung, als Bertelsmann in den neuen Bundesländern binnen weniger Monate 600000 Mitglieder werben konnte, trog. Die Mitgliederzahl in Deutschland ist mittlerweile bei etwa 4,6 Millionen angelangt (weltweit sind in Bertelsmann-Buchclubs etwa 25 Millionen organisiert). Ob das trotz der starken Diversifikation des Angebots oft als überaltert empfundene Clubkonzept angesichts der starken Konkurrenz von Billigversendern noch tiefgreifend modernisiert werden kann, bleibt offen. Ähnlich den Leihbüchereien dürfte die Blütezeit der Buchgemeinschaften jedenfalls hierzulande endgültig vorüber sein.

Als typische Mitgliederstruktur wurde in den siebziger Jahren ermittelt: 55% waren Frauen, 57% besaßen Volksschulabschluß, 30% Mittlere Reife, 7% Abitur.[44] Das größte Leserpotential waren dabei Angehörige mittlerer Bildungsschichten in kleineren Städten. Die Buchgemeinschaften wählen aus dem riesigen Markt insbesondere „gehobene" Unterhaltungsliteratur aus, wogegen Sachbücher, Klassiker, Kunstbände und Ratgeberliteratur, die in den Nachkriegsjahren für den Nachholbedarf an Bildung kennzeichnend waren, heute einen geringeren Teil des Angebots ausmachen. Eine klare politische bzw. ideologische Orientierung fehlt den großen Clubs im

Unterschied zu den Buchgemeinschaften der Weimarer Republik. Dank der Verpflichtung der Mitglieder zu vierteljährlichem Bucherwerb konnte die Kalkulation sich lange darauf konzentrieren, „publikumswirksame Titel zielgruppenorientiert zu lancieren"[45]. Die Zahl derer, die den jeweils allen Mitgliedern ohne eigene Wahl zugeteilten (und für die Clubs besonders gewinnträchtigen) „Hauptvorschlagsband" bezogen, sank von 50 % im Jahr 1956 auf rund 12 % im Jahr 1980 (was bei Bertelsmann immer noch einer Auflage von mehr als 300 000 Exemplaren entsprach).

Wie schon in den zwanziger Jahren sah der traditionelle Buchhandel diese Konkurrenz auch nach 1950 mit großer Zurückhaltung. Im „Hamburger Abkommen" von 1952 wurden den Buchclubs Preisvergleiche untersagt und Karenzfristen für die Originalausgaben vereinbart, dafür trat der Börsenverein vom Plan einer Buchgemeinschaft des Buchhandels zurück. Gegen das Bundeskartellamt mußte diese Vereinbarung allerdings noch jahrelang verteidigt werden. Für die größeren Publikumsverlage erwiesen sich die Buchgemeinschaften als ein ersprießlicher zusätzlicher Vertriebsweg. Die relativ kleine Zahl marktdominanter Verlage im Bereich der Belletristik und des populären Sachbuchs bezogen die Buchclublizenzen als wesentlichen Faktor in ihre Kalkulationen ein; insgesamt stieg der Umsatzanteil von Lizenzen und sonstigen Nebenrechten von vielleicht 5 % in den fünfziger Jahren auf inzwischen etwa ein Drittel. Ob ein geplanter Titel auch für die Auswertung in den Buchgemeinschaften in Frage kommt, wurde zu einem Hauptkriterium für die Programmpolitik vieler Verlage – nicht nur bei Autoren wie Konsalik oder Simmel, sondern sogar bei Heinrich Bölls „Die verlorene Ehre der Katharina Blum". Der Roman hatte im Buchhandel eine Auflage von 172 000 erreicht und konnte über die Buchclubauswertung zusätzlich 377 000 Käufer erreichen. Die Großkonzerne bemühten sich deshalb, ihrerseits lizenzgebende Verlage in ihren Besitz zu bringen: Bertelsmann und Holtzbrinck übernahmen seit den fünfziger Jahren nicht nur zahlreiche Druckereien, Plattenfirmen und -preßwerke, Versandzentralen, Illustrierte und audiovisuelle Betriebe, sondern auch immer mehr zuvor unabhängige Publikumsverlage. Dieser Prozeß gewann in den achtziger und neunziger Jahren immer mehr an Dynamik.

Während sich die Verlage mit den Buchgemeinschaften zu arrangieren verstanden, sah sich das Sortiment von ihnen existentiell gefährdet. Die teils aggressiven Methoden der Vertreterwerbung riefen heftige Kritik hervor, das Kooperationsmodell von Bertelsmann mit „Lesering-Ecken" in den Buchhandlungen stieß nur beim Reise- und

Versandbuchhandel auf größere Gegenliebe. In den sechziger Jahren richteten die Buchgemeinschaften als eine Art Sortimente für ihre Mitglieder „Bücherstuben" ein, die inzwischen zeitgemäß zu „Club-Centern" veredelt wurden. Ihre Zahl dürfte zur Zeit bei rund 300 liegen. Eine Sonderrolle spielt die 1949 gegründete „Wissenschaftliche Buchgesellschaft", die sich als Selbsthilfeorganisation versteht, aber längst neben Nachdrucken älterer Titel auch Neupublikationen herausbringt.

Sicherlich waren die Buchgemeinschaften in den fünfziger und sechziger Jahren ein stabilisierender Marktfaktor. Als Multiplikatoren ideologisch neutraler Unterhaltungsliteratur haben sie den Massengeschmack kanalisiert, die Gewohnheit regelmäßigen Bucherwerbs popularisiert und damit die „Schwellenangst" abgebaut. Sie zwangen den traditionellen Buchhandel auch dazu, neue Strategien gegen die Gefahr zu entwickeln, daß Clubmitglieder ihren gesamten „Grundbedarf" an Büchern ausschließlich dort befriedigten und das Sortiment nur für Spezialwünsche aufsuchten.

Der wichtigste Beitrag des Buchhandels zur Demokratisierung der literarischen Kultur nach 1950 war zweifellos das *Taschenbuch*. Sein steiler Aufstieg vor allem zwischen 1960 und 1980 korrespondierte mit der Stagnation der Buchgemeinschaften und hatte daran sicher auch Anteil. Ernst Rowohlts 1950 nach dem Vorbild der amerikanischen „pocket books" gegründete Reihe mußte noch gegen eine Front skeptischer Bildungsbürger (und Buchhändler) kämpfen. Der spätere verdienstvolle *dtv*-Verleger Heinz Friedrich nannte es „tragisch, daß sich ein Verleger heute dieser Mittel bedienen muß, um den ramponierten Menschen der Gegenwart aus dem Sumpf seiner seelischen Abstumpfung zurückzulocken"[46].

Die von Mitte Juni bis Mitte Oktober 1950 erschienenen zwölf Auftaktbände von rororo mit zusammen 620000 Exemplaren waren umgehend so gut wie ausverkauft. Nicht wenige Lieblingsautoren der jungen Generation in der Adenauerzeit wie Wolfgang Borchert, Ernest Hemingway und Kurt Tucholsky fanden fast ausschließlich in diesen Ausgaben ihr Publikum. Rowohlts überwältigender Erfolg rief schnell die Nachfolger auf den Plan. Ab 1952 erschien die Fischer Bücherei, später begannen die Serien von Ullstein, Herder, Heyne, Goldmann, List, Knaur, Suhrkamp, und ab 1961 wurde als Gemeinschaftsunternehmen von zwölf Gesellschafterverlagen der *Deutsche Taschenbuchverlag* gegründet.

Die anfängliche Ausrichtung des Marktes auf erfolgsträchtige Belletristik des Auslands fand Ergänzung durch Sachbücher und wissenschaftliche Literatur, aber auch durch Klassikereditionen und in steigendem Maße auch Originalausgaben zeitgenössischer deutscher Autoren. Das Taschenbuch deckte neben dem Unterhaltungsbedürfnis immer mehr auch jenes nach Information und Bildung ab und erwies sich als vielseitig verwendbares Instrument zum Transport heterogener Inhalte. Auch Taschenbuchverleger betreiben heute eine Programmpolitik mit umfänglichen und langwierigen Projekten, die dem Selbstverständnis herkömmlicher Originalverlage entspricht. Nur mehr etwa die Hälfte der Produktion ist der Belletristik vorbehalten; Unterhaltungsreihen stehen vor allem bei einem der wichtigsten Vertriebswege, dem Bahnhofsbuchhandel, im Mittelpunkt. Seit den sechziger Jahren setzte sich als Indiz eines neuerwachten Bedürfnisses nach dem Besitz zeitgemäßer „Klassiker" die Form der Taschenbuchkassette zunächst mit literarischen Werksammlungen durch. Bald folgten Taschenbuchlexika wie jenes von dtv-Brockhaus, das in mehreren hunderttausend Exemplaren Verbreitung fand, schließlich mit überraschendem Erfolg streng wissenschaftliche und kostspielige Unternehmen wie die Weimarer Ausgabe von Goethes Werken und das Grimmsche Wörterbuch.

Kulturkritikern, die wie Hans Magnus Enzensberger die beliebige Verfügbarkeit und den Warencharakter von „Bildung als Konsumgut" tadelten, wurde entgegengehalten, daß das Taschenbuch gerade in den kulturell benachteiligten Sozialregionen der Bundesrepublik gelesen werde. Die Anzahl der Taschenbuchleser mit Volksschulbildung stieg allein von 1963 bis 1967 um zwei Drittel, der Kreis der Taschenbuchkäufer auf dem Lande verdoppelte sich während dieser wenigen Jahre. Zwischen 1960 und 1971 schwoll die Zahl der jährlichen Taschenbuchnovitäten von rund 1000 auf 3500 an und erreichte 1980 knapp 7800. Dem entsprach ihr zunehmender Anteil am Gesamtumsatz des Buchhandels: Mindestens jedes dritte verkaufte Buch war ein Taschenbuch. Allerdings zeigte der Markt seit der Mitte der siebziger Jahre Krisensymptome. Die Durchschnittsauflagen, die zuvor meist zwischen 30000 und 50000 lagen, wurden deutlich reduziert (auf 20000, ja teils unter 10000 Exemplare), der hektische monatliche Titelausstoß von knapp 200 zurückgeschraubt. Dennoch beteiligten sich an diesem Markt im Jahr 1982 92 Verleger mit 8602 Titeln in mehr als 200 Reihen, wobei freilich der Konzentrationsprozeß unübersehbar ist: Etwa die Hälfte aller Erstauflagen wurde in nur sechs Verlagen (Heyne, Rowohlt, dtv, Goldmann, Fischer, Insel/Suhrkamp) produziert. Wie die Buchgemeinschaften, so erwies sich das Taschenbuch für die Hardcover-Verleger nicht nur als Konkurrenz, sondern auch als wichtiger Lizenznehmer, sofern sie nicht ohnedies Erst- und Zweitverwertung im eigenen Hause koppelten.

Der Niedergang der Leihbibliotheken korrespondierte mit der Ausweitung des Käuferkreises der Taschenbücher; vielleicht übernahmen gerade die unterhaltenden Reihen einen Teil der Funktionen, die die Bestände der Leihbüchereien zuvor innehatten. Andere Taschenbuchverlage vermochten auf die fortschrittliche Kulturszene der Bundesrepublik wesentlichen Einfluß auszuüben; schon in ihrer äußeren Gestalt dokumentierten ihre Bände (wie vor allem in den Regenbogenfarben der „edition suhrkamp") den Originalitätsanspruch und die Kommunikationsstrategie der Verlage, die sich nicht als Verwertungsinstanzen, sondern als gesellschaftspolitische Institutionen begriffen. Damit lieferten sie sich jedoch auch der politisch-ideologischen Konjunktur aus und waren (so wiederum die edition suhrkamp) zu deutlichen Programmrevisionen genötigt. Zweifellos bleibt das Taschenbuch, längst des Stigmas minderwertiger Konsumware ledig, auch künftig die adäquate Präsentationsform der Kulturware Buch im Zeichen wachsender Medienkonkurrenz.

1996 wurden in Deutschland mehr als 10000 Taschenbücher veröffentlicht, die Verkaufszahlen dürften 100 Millionen Exemplare erreichen, rund 40000 Titel sind derzeit lieferbar. Der Markt ist durch einen deutlichen Verdrängungswettbewerb gekennzeichnet, die größten Taschenbuchverlage sind derzeit Goldmann, Heyne, dtv, Rowohlt, Fischer und Bastei-Lübbe. Für die Zukunft des Taschenbuchmarktes ist die Lizenzsituation entscheidend: Schon treten Taschenbuchverleger in Umkehr des traditionellen Verhältnisses als Lizenzgeber für Hardcover-Ausgaben internationaler Bestseller auf, deren Rechte sie ihrerseits erworben haben.

Um die Mitte der sechziger Jahre mehrten sich in der Bundesrepublik die Symptome eines zunächst diffusen politischen, sozialen und kulturellen Krisenbewußtseins. Man sah sich am Ende der Nachkriegs- und Aufbauphase, erkannte, daß die Scheinharmonie des restaurativen Wirtschaftswunders ein zunehmendes Konfliktpotential nicht mehr überdecken konnte. Die politischen Ereignisse – von den Notstandsgesetzen und Studentenprotesten bis zur Regierungsübernahme der sozialliberalen Koalition – veränderten auch das kulturelle Klima. Die junge Generation der „Achtundsechziger" verstand sich als intellektuelle außerparlamentarische Opposition, die mit immer schärferen Tönen eine radikale gesellschaftliche und ideologische Modernisierung forderte. In diesem Umfeld war auch der Buchmarkt beherrscht von der Polarität zwischen vielfältiger Aufbruchsstimmung und den Behauptungstendenzen der überkommenen Strukturen. Symbolhaft zeigte sich dies auf den Buchmessen von 1967 und 1968, die von der Konfrontation zwischen Demonstranten und Polizei geprägt waren. Zugleich begann die technologische Revolution der Buchherstellung durch die neuen elektronischen Satz- und Druckverfahren und verkündete Marshall McLuhan das Ende der „Gutenberg-Galaxis"; zur selben Zeit begann auch eine neue Phase in den Organisationsbestrebungen der Autoren. All dies bewirkte, ähnlich wie in den letzten Jahren der Weimarer Republik, eine verbreitete Krisen- und Endzeitstimmung. Der Tod der Literatur wurde ebenso proklamiert wie jener von „Opas Buchhandel", der Belletristikverleger und des kapitalistischen Literaturbetriebes wie des Buches insgesamt. Tatsächlich hat der Buchmarkt der Bundesrepublik seit dieser Umbruchszeit sein Gesicht gewandelt, wenngleich kaum im Sinne solcher Parolen.

Die Verlagslandschaft der jüngeren Vergangenheit ist nach wie vor gekennzeichnet durch Konzentrationstendenzen sowohl hinsichtlich des Umsatzes wie der Titel, sowohl hinsichtlich internen wie externen Unternehmenswachstums. Dies sollen eine Anzahl statistischer Angaben belegen.

Die Titelproduktion der Bundesrepublik Deutschland (einschließlich Berlin/West, ab 1991 einschließlich neue Bundesländer) entwikkelte sich in folgendem Umfang:

1951	14 094
1960	22 524
1970	47 096
1980	67 176
1991	67 890
1997	77 889

Dabei erzielen acht Prozent der knapp zweitausend Verlage mehr als drei Viertel des Branchenumsatzes. Im Unterschied zu Ländern wie USA, Frankreich und den Niederlanden ist die Konzentration im Verlagswesen jedoch noch wenig fortgeschritten – auf die zehn größten Unternehmen entfallen hier nur 17% des Umsatzes. Auch die Präsenz ausländischer Konzerne auf dem deutschen Buchmarkt ist eher bescheiden. Aktuelle Ranglisten deutscher Buchverlage und Verlagsgruppen[47], die nach Umsätzen geordnet sind, differenzieren nach Publikums- und Fachverlagen. Bei den ersteren steht an vorderster Stelle der international agierende Medienriese Bertelsmann, der als größter und ertragreichster Verlag der Welt gilt. Er setzte 1997 weltweit 25 Milliarden Mark um, 6,7 Milliarden mit Printmedien, davon im deutschsprachigen Raum 985 Millionen, mit Büchern 465 Millionen. Es folgen die Verlagsgruppe von Holtzbrinck mit rund 360 Millionen (sie sieht sich als „größter Anbieter gedruckter Literatur auf dem deutschen Markt"), die Langenscheidt-Gruppe (297 Millionen), die im Besitz der deutschen Diözesen befindliche Weltbild-Gruppe (254 Millionen), Heyne (173), Ganske (Hoffmann und Campe, Gräfe & Unzer), das Münchner Verlagshaus Goethestraße (116), die Langen-Müller-Gruppe (110), Falken (96), Bastei-Lübbe (81), die Suhrkamp-Gruppe (etwa 80) und Diogenes (68). Bei den Fach- und Wissenschaftsverlagen steht an der Spitze die großteils direktvermarktende Firmengruppe Weka (676 Millionen), es folgen Bertelsmann Fachinformation (577), der naturwissenschaftliche Springer-Verlag (399), der Süddeutsche Verlag (226), der Verlag C.H. Beck (etwa 200). Bei den Schulbuchverlagen folgen auf die Cornelsen-Gruppe (270 Millionen) die Klett-Gruppe (230), Westermann (159) und Schroedel (118). Bei Jugendbüchern dominiert die Egmont-Gruppe mit 123 Millionen Umsatz.

1958 führte erstmals München die Rangordnung der deutschen Verlagsorte nach Titelzahl an, 1981 nahm es europaweit diese Position ein und wird weltweit nur noch von New York übertroffen. 1997 kamen in München 8899 Titel in Erstauflage heraus, es folgten Berlin mit 6342, Frankfurt mit 4424 und Stuttgart mit 3820 Titeln – damit produzierten diese vier Städte knapp 41% aller erstmals aufgelegten Titel in Deutschland. Verlage in den neuen Ländern veröffentlichten 1997 4,6% aller deutschen Erstauflagen, dies mit stetig steigender Tendenz.

Nach Sachgruppen gliederte sich der deutsche Buchmarkt 1997 folgendermaßen auf: Belletristik erzielte 12,2% (beim Taschenbuch 38,2%), Medizin und Wirtschaft jeweils 5,7%, Kinder- und Jugendliteratur 5,4%, Recht 5,3% Schulbücher 4,9%.[48] Der Anteil der Taschenbücher an allen Erstauflagen betrug 9,2%.

Der deutsche herstellende Buchhandel sieht sich vor einer Vielzahl von Problemen, die teils der Besonderheit spezifischer Marktsegmente entspringen, teils auch übergreifender Natur sind: Die großen und mittleren Buchverlage bemühen sich verstärkt um internationale Kooperation bzw. Expansion; gerade bei Wissenschaftsverlagen spielt dies eine oft existenzsichernde Rolle. Da der Export deutschsprachiger wissenschaftlicher Literatur stetig zurückgeht und damit gerade in den Naturwissenschaften keine kostendeckenden Verkaufsauflagen mehr erreicht werden, produzieren die Verlage verstärkt Originalpublikationen in englischer Sprache, die bis zu 90 % für den Export bestimmt sind.

Anderen Faktoren als der Wissenschafts- ist der Schulbuchverlag unterworfen, der hinter den schöngeistigen bzw. Publikumsverlagen und den juristischen Fachverlagen an dritter Stelle hinsichtlich der Titelzahl rangiert. Als Stichworte seien föderalistische Lernmittelfreiheit, Fotokopieren, Medienverbund, Schulreformen und Richtlinienwirrwarr, Rabattprobleme, rigide Etatkürzungen und demographische Entwicklungen angeführt, schließlich die Umstellung auf multimediales Lernen. Die umstrittene Rechtschreibreform verdeutlicht die Abhängigkeit dieses Branchenzweigs von staatlichen Vorgaben.

Neuen Auftrieb (und neue Konkurrenz) erhielt der Kinderbuchmarkt durch das Engagement größerer Verlagshäuser. Ein besonders stark wachsendes Marktsegment ist auch die Ratgeberliteratur, die 1997 rund 20 % zur privaten Buchnachfrage beitrug.

Natürlich bestimmt bei wachsender Betriebsgröße und einer vielfach beklagten Kosteninflation strikte Rationalisierung von Herstellung und Vertrieb wesentlich die Verlagsprogramme; Bereiche wie die Auslieferung werden immer häufiger in eigene Tochter- oder Gemeinschaftsunternehmen ausgegliedert. Nicht zuletzt dank des wachsenden Umsatzanteils des Zwischenbuchhandels ist der Durchschnittsrabatt, den die Verlage dem Buchhandel gewähren, um drei bis vier Prozent (auf 45–46 %) gestiegen, so daß auch der Gemeinkostenanteil erhöht werden mußte – dies schmälert die Erlöse, senkt die Rendite. Auch Personal- und Materialkosten nehmen stetig zu. Der Ausweg einer Erhöhung des Ladenpreises ist angesichts des Konkurrenzdrucks kaum gangbar. Insgesamt sind die Durchschnittsladenpreise für Bücher weit weniger gestiegen als die allgemeinen Lebenshaltungskosten, nämlich von 6,84 DM im Jahr 1951 auf 40,46 DM im Jahr 1997. Ein Roman, der damals zehn Mark kostete, müßte (nach Stundenlöhnen berechnet) heute für 185 Mark verkauft werden. Gegenüber dem Management kommen dem Lektorat oft nur mehr Hilfs- und Zulieferfunktionen zu. Auch mittelständische belletristisch-literarische Verlage richten ihre Programmstrategien inzwischen nicht selten nach Marketingkriterien aus, bemühen sich dabei aber um die Wahrung ihrer Verlagsidentität.

Was der Hauptvorschlagsband für die Buchgemeinschaften darstellte, bedeutete für die Publikumsverlage vor allem von den ausgehenden sechziger Jahren bis zum Beginn der achtziger Jahre der *Bestseller*. Er war „ein existenznotwendiger Umsatzfaktor, [...] er fängt in den meisten Fällen einen Teil der allgemeinen Kosten [...] auf. Ein

Bestseller erhält dem Verlag die Präsenz im Buchhandel, das wirkt sich positiv auf den Gesamtverkauf aus. Und: ein Bucherfolg schafft günstige Voraussetzungen für den Handel mit Nebenrechten." [49] Beispielhaft führte 1970 der Wiener Verleger Fritz Molden der Branche vor, wie mittels zielgruppenorientierten Marketings ein Bestsellerfolg zu provozieren war. Für die Memoiren der Schauspielerin und Sängerin Hildegard Knef „Der geschenkte Gaul" wurde eine Verlagskalkulation aufgestellt, die hier als exemplarisch wiedergegeben sei:[50]

Kalkulation für 50 000 Exemplare bei einem Ladenpreis von 29,80 DM

	Erlöse	Ausgaben
Händlerrabatt 47,5 %		
von 29,80 = 14,15		
14,15		
15,65 50 000	782 500	
Herstellungskosten		
pro Buch 3,72		186 000
Honorar 15 % von 29,80		223 500
Auslieferung 8 % von 15,65		62 600
Vertreter 5 % von 15,65		39 125
Gemeinkosten 22 % von 15,65		172 150
Werbung		250 000
	782 500	933 375

Wegen der enorm hohen, jedoch verbindlich vereinbarten Werbungskosten und einem ebensohohen Garantiehonorar bestand für die Originalausgabe allein eine erhebliche Unterdeckung. Nur die Nebenrechte für Buchclub-, Taschenbuch-, Nachabdruck und Auslandsausgaben konnten diese kalkulatorische Unterdeckung entscheidend senken, wobei die Vorabdrucksrechte bereits von der Agentur separat an die Illustrierte „Jasmin" für 250 000 DM verkauft worden waren, also für den Verlag ausfielen:

Buchclub 250000 (70:30)	75000
Taschenbuch 50000 (60:40)	20000
Nachabdruck 20000 (50:50)	10000
Ausland 40000 (80:20)	8000
	113000

Damit war die kalkulatorische Unterdeckung auf 37875 DM entscheidend gesunken. Nur die Nebenrechte hielten das Risiko verantwortbar. Der besonders intensiven Werbekampagne gelang es, daß die Knef-Memoiren als einer der größten Bucherfolge der Nachkriegszeit in mehr als 300000 Exemplaren schon binnen einer Saison verkauft wurden; die Nebenrechtseinnahmen überstiegen 1,5 Millionen DM. Das Beispiel machte Schule: Verlage wie Droemer-Knaur, Ullstein, Scherz, Rowohlt und Hoffmann & Campe setzten ihren Ehrgeiz darein, mit möglichst vielen Titeln auf den Bestsellerlisten vertreten zu sein, und beteiligten sich deshalb an regelrechten Auktionen um die deutschen Rechte amerikanischer Erfolgstitel. 1973 konzentrierte der Verlag Hoffmann & Campe vierzig Prozent seines gesamten Werbeetats auf die Verkaufsförderung von nur drei Titeln seines fünfzig Novitäten umfassenden Programms, auf Kosten weniger umsatzträchtiger Autoren. Nach etwa zehn Jahren geriet auch die Bestsellerstrategie an ihre Grenzen – die Preise für US-Erfolge wurden unbezahlbar, zugleich wurden die Risiken unkalkulierbar. Immer häufiger erwies sich teuer eingekaufte, hoch aufgelegte und massiv beworbene amerikanische Boulevard-Literatur auf dem deutschen Markt als Mißerfolg. Als erster mußte Fritz Molden nach massiven Fehlspekulationen aufgeben, weniger spürbar traf es Piper, Droemer und S. Fischer, weil sie über eine solide „backlist" verfügten. Inzwischen ist der Wettkampf um (großteils amerikanische) Bestseller zu sehr hohen Lizenzsummen wieder neu entbrannt. Der Kampf um Marktanteile drückt sich auch darin aus, daß 1997 die Werbekosten der Verlage gegenüber dem Vorjahr um 9,7 % anstiegen, zugleich auch die Remissionsquote neun Prozent aller Titel erreichte.

Für alle Publikumsverlage hat die Rolle der Nebenrechte erheblich an Bedeutung gewonnen.[51] Bis weit ins 20. Jahrhundert hinein spielte diese Zusatzauswertung für die Verleger eine ihrem Namen entsprechende untergeordnete Rolle, für die Kalkulation war der Umsatz der Originalausgabe maßgeblich. Dies änderte sich seit den fünfziger Jahren radikal. In den Druck- und später elektronischen Medien tat sich eine Vielzahl neuer Verwertungsstufen auf – Vorabdruck, Buchclub, Taschenbuch, Sonderausgabe, Anthologie sowie Film, Fernsehen, Rundfunk, Video und Auslandslizenzierung in all diesen Sparten und schließlich Merchandising, die Vergabe von Titel- und Figurennutzungsrechten an die Konsumgüterindustrie. Bei den großen Publikumsverlagen geht die „Kalkulation einer Originalausgabe – gleichgültig, ob sie als Hardcover, Paperback oder Taschenbuch erscheint – [...] in der Regel mit plus-minus-null aus, ohne Ergebnis für das Unternehmen".[52] Erstmals in der Verlagsgeschichte haben sich die Verhältnisse umgekehrt: Kostengünstigen Nebenrechten kommt für die

Kalkulation und damit auch für die Programmplanung herausragende Bedeutung zu.

Angesichts der fortschreitenden internationalen und intermediären Verflechtungen wird auch die Rolle der literarischen Agenturen beim Handel mit Rechten und Lizenzen immer wichtiger. Sie handeln im Auftrag eines Lizenzgebers auf prozentualer Gewinnbeteiligungsbasis mit Haupt- und Nebenrechten, vermitteln Lizenzen und betreuen Verträge. Im deutschen Sprachraum bestehen etwa 50 solche Firmen, davon zwölf bedeutende, die fast ausschließlich für Verlage tätig sind; im Unterschied zu den Vereinigten Staaten sind Autorenagenturen hierzulande sehr selten. Der angloamerikanische belletristische und Sachbuchmarkt steht dabei im Mittelpunkt.

Gerade im Bereich der Publikumsverlage wetteifern die beiden Firmengruppen Bertelsmann und Holtzbrinck um die Marktführerschaft. Bertelsmann setzt auf eine möglichst lückenlose vertikale Verwertungskette von Papierfabriken und Druckereien über Verlage, Auslieferungen, Buchclubs, Fernseh- und Radiostationen sowie Neue Medien. Der Konzern avancierte 1998 mit dem Kauf von Random House zum größten Verleger englischsprachiger Bücher; in Deutschland zählen zu seinem Bereich u.a. die Verlage Blanvalet, Blessing, Goldmann, Knaus, Mosaik, Siedler und – nach kurzer Selbständigkeit – der ambitionierte Berlin Verlag. Zur Holtzbrinck-Gruppe gehören etwa Droemer-Knaur, Fest, S. Fischer, Kindler, Krüger, Rowohlt, Metzler-Poeschel, Scherz, Schroedel, Wunderlich, Urban & Schwarzenberg sowie Gustav Fischer und ein Teil von Kiepenheuer & Witsch. Inzwischen hat der Presse- und Fernseh-Konzern Axel Springer, der bisher nur einen geringen Teil seines Umsatzes mit Büchern machte, das Münchner Verlagshaus Goethestraße (u.a. mit Econ, List, Claassen, Südwest) übernommen. Im Herbst 1998 vereinbarten die Holtzbrinck Gruppe und Weltbild (Augsburg) eine strategische Allianz; dadurch soll die populäre Verlagsproduktion der ersteren verstärkt über den stark expandierenden Weltbild-Versandhandel (monatlich 3,5 Millionen Kataloge) und die rund hundert Filialen der „Weltbild-Plus"-Ladenkette vertrieben werden. Wenig später übernahm Bertelsmann die Mehrheit am großen Wissenschaftsverlag Springer.

Die Anzahl renommierter Belletristikverlage ohne Konzernbindung wie Suhrkamp, Hanser (mit Zsolnay und Sanssouci), Luchterhand (mit Limes, Volk und Welt) oder Aufbau verringert sich. Sie expandieren durch Firmenkäufe und Programmausweitungen und können ihr Risiko durch Fach- und Zeitschriftenverlage absichern.

Exemplarisch für ihre Programmpolitik der langjährigen Autorenpflege[53] steht der Suhrkamp Verlag. Für ihn optierten 30 der 44 S. Fischer-Autoren bzw. deren Rechtsnachfolger bei der Trennung im Jahr 1950, er besaß mit Hermann Hesse und Bert Brecht die Rechte an jahrzehntelang höchst ergiebigen modernen Klassikern, die seiner von Schweizer Geldgebern unterstützten Neugründung erst die Rentabilität sicherten. „Als dann die Nachfrage nach den Werken Hesses geringer wurde, entfalteten sich die Werke von Brecht und Frisch, und dies wiederum machte es möglich, daß der Verlag an zunächst so unverkäufliche Werke wie die von Proust und Walter Benjamin denken konnte", betonte Suhrkamps Nachfolger S. Unseld.[54] Der Verlag blieb zunächst eher konservativ denn avantgardistisch; der 1959 verstorbene Peter Suhrkamp mochte sich mit der Taschenbuchkultur nicht anfreunden. Er verzichtete auf Unterhaltungsbelletristik wie auf ein politisches Verlagsprogramm und rückte allmählich an die Spitze der literarischen Verlage. Theodor W. Adorno hat die Rolle dieses vielleicht letzten großen Kulturverlegers alter Schule in einem „Dank an Peter Suhrkamp" charakterisiert: „Kompromißlos steuerte er hindurch zwischen dem über die ganze Welt sich ausbreitenden Typus des Massenverlags [...] und der Haltung der intransigenten Avantgarde [...]. Der eingefrorenen Alternative hat er nicht pariert; hat bewiesen, daß heute noch die Spontaneität eines einzelnen gesellschaftlich Unmögliches ermöglichen kann."[55] Die geschickte Vielfachvermarktung von Gesamt-, Einzel-, Auswahl- und Sonderausgaben seiner „Klassiker" bot in den Folgejahren eine solide Basis für die Verstärkung des Verlagsprofils eines elitär-progressiven Literaturvermittlers.

Besonders wichtig dafür wurde nach 1968 die 1963 begründete „edition suhrkamp", die wesentliche Programmtexte der Kritischen Theorie neben politischen Manifesten der intellektuellen Opposition und aufklärerischer Literatur von Max Frisch, Peter Weiß, Uwe Johnson in markantem Design vorlegte. Sie brachte es bis zum Erscheinen des Bandes 1500 auf annähernd dreißig Millionen verkaufter Exemplare.[56] Der Suhrkamp-Verleger Siegfried Unseld, der sich das Verlagsprinzip von S. Fischer zu eigen machte, aus Revolutionären Klassiker werden zu lassen, und zugleich mit der Übernahme des Insel-Verlages eine umfangreiche backlist an Klassikerausgaben erwarb, hat dank seiner spezifischen Mischung aus kühlem Kommerzdenken und enthusiastischer Neugier die jeweiligen Zeitströmungen zu erfassen und in verlegerische Erfolge umzusetzen verstanden: ob Hesse-Renaissance oder Neue Innerlichkeit, Backlistbelebung durch

„weiße Programme" oder die Gründung des „Deutschen Klassiker Verlages".

Nach diesem größten Verlag zeitgenössischer Literatur wären zahlreiche weitere zu nennen, die ihr ambitioniertes schöngeistiges oder (wie C.H. Beck) kulturhistorisches Programm auf der Grundlage eines wissenschaftlichen Fachverlages pflegen. Als Individualverlage moderner Prägung erscheinen Firmen wie Wolfgang Schafflers *Residenz*-Verlag in Salzburg, bei dem bis zu dessen Tode die moderne österreichische Literatur ihre Heimstatt hatte, Daniel Keels Züricher *Diogenes*-Verlag, der neben der Betreuung von Autoren wie Dürrenmatt mit Patrick Süskinds „Das Parfüm" auch einen der größten Bestsellererfolge der jüngsten Zeit erzielte, oder der von Keels einstigem Lektor gegründete Haffmanns Verlag, der sich insbesondere des Werkes von Arno Schmidt annimmt, die „Frankfurter Verlagsanstalt", der Schöffling Verlag und andere. So kurz wie exemplarisch ist die Geschichte des Verlages von Franz *Greno*: Binnen fünf Jahren (1984–1989) schien der große Erfolg seines herstellerisch (Bleisatz und Fadenheftung sowie sorgfältige Ausstattung), werblich (zu jedem Band der von Hans Magnus Enzensberger betreuten „Anderen Bibliothek" erschien ein kostenloses „Magazin") und vor allem inhaltlich ambitionierten Programms (u.a. eine große Wielandausgabe) alle Skeptiker Lügen zu strafen. Doch gerade diese ungezügelte Expansion führte zu Liquiditätskrisen. Das eher altmodisch nach Art einstiger Kulturverlage betriebene Unternehmen war den Anforderungen straffsten Marketings nicht gewachsen, etwa bei der systematischen Verwertung von Nebenrechten, so daß Greno just im Augenblick eines auch kommerziellen Erfolges mit Christoph Ransmayers „Letzter Welt" aufgeben mußte. In den neunziger Jahren wurde eine Reihe weiterer Belletristikverlage gegründet, deren originelle Programme (wie beim Berlin Verlag oder A. Fest) schnell die Begehrlichkeit der großen Konzerne weckten. Zugleich eröffneten Traditionsverlage wie C.H. Beck oder DuMont belletristische Abteilungen, andere suchten ihr Marktprofil mittels „Imprints" zu schärfen.

Vom herkömmlichen Verlagssystem, das in stetig steigendem Maße sowohl hinsichtlich des Umsatzes wie der Produktion durch Konzentration gekennzeichnet ist, setzten sich nach 1968 die *alternativen Kleinverlage* besonders nachdrücklich ab. Wie die Raubdrucker und die Bewegung der „Literaturproduzenten" verstanden sie sich als Teil einer linken Gegenöffentlichkeit. Als „Literaturproduzenten" hatten sich 1968 eine Anzahl von Autoren, Buchhändlern und Verlagsmitarbeitern zusammengeschlossen, die sich als politische Vertretung aller sozialistischen Schaffenden im Literaturmarkt verstanden und als Ziel die „Aufhebung der branchen- und sektionsspezifischen Organisationsformen“[57] anstrebten. Mit dem Manifest „Literaturproduzenten!“ betrieben Frank Benseler und Hannes Schwenger die „Eingliederung der Literaturproduzenten in die Reihen des kämpfenden Proletariats“, gipfelnd in der Parole: „Noch ist nicht ausgemacht, ob die deutsche Revolution eine Armee unter Waffen brauchen wird; daß sie die Waffen der Literaturproduzenten brauchen kann, das ist gewiß.“[58] In diesem Dunstkreis entwickelten zahlreiche Alternativverlage ein Gegenmodell zum nach ihrer Überzeugung kapitalistischen, auf Gewinnmaximierung und Ausbeutung von Angestellten wie Autoren gerichteten Profitverlag in Form einer sozialistischen, mitbestimmenden Kooperative aller am Entstehungsprozeß der Ware Buch Beteiligten. Der Suhrkamp-Lektor Karlheinz Braun gründete nach seinem Ausscheiden 1969 als GmbH & Co. KG einen Theater-„Verlag der Autoren“, der Eigentum seiner gewinnbeteiligten Autoren und Angestellten ist; deren gewählte Delegierte führen die Verlagsgeschäfte. Der angesehenste marxistische Theaterautor, Peter Weiß, lehnte eine Teilnahme an diesem „Zwitterwesen“ jedoch mit einem Kompliment für die herkömmlichen Vermittlungsinstanzen ab: Weil er seine „Angriffe gegen den Kapitalismus und Imperialismus auf breitester Basis durchführen möchte, bleibe ich in dem Verlag, der mir bisher die Möglichkeit dazu gegeben hat“[59].

Ein Erfolg dieser Bewegung war, daß herkömmliche, meist literarische Verlage wie Hanser und Luchterhand in Verlagsstatuten Mitbestimmungsmodelle bzw. Autorenbeiräte etablierten, daß C. Bertelsmann eine „Autoren-Edition“ gründete und die Angestellten am Aktienkapital beteiligte. Das Modell von Klaus Wagenbach ging noch weiter; die dadurch freilich provozierte Gefahr der Entmachtung des Verlegers führte zur Abspaltung des Rotbuch-Verlages.

Während die bunte Vielfalt der Alternativpresse nach kurzer Blüte auf wenige überlebensfähige Blätter schrumpfte, erwiesen sich die Alternativverlage als ungemein vermehrungsfreudig und fanden auch zu einer lockeren organisatorischen Struktur: Neben der „Mainzer-Minipressen-Messe“ (ab 1971) veranstaltete von 1977 bis 1984 eine „Arbeitsgemeinschaft alternativer Verlage“ in Frankfurt eine Gegenbuchmesse, ein Literarisches Informationszentrum wurde gegründet, eine Katalogreihe „Bücher, die man sonst nicht findet“ begonnen. Oft genug freilich führten mangelnde Professionalität, ja Abneigung gegen ökonomische Effizienz zu einer ausschließlich subkulturellen Resonanz und weitgehender Ferne vom normalen Buchmarkt mit seinen Vertriebsmöglichkeiten und seinem Publikum.

Deshalb paßte sich seit der Mitte der siebziger Jahre eine wachsende Zahl der Alternativverlage dem verpönten System zumindest hinsichtlich der Qualität ihrer Produkte und der Erschließung neuer Vertriebswege an – etwa die Hälfte dieser Firmen gehört inzwischen dem Börsenverein an. Manche sind ihren alternativen Anfängen längst entwachsen und können auf große kommerzielle Erfolge verweisen. Andere beschränken sich weiterhin auf ein spezifisches Marktsegment wie die feministischen Unternehmen, müssen dabei freilich gewärtig sein, daß ihre Autoren und Zielgruppen bald auch von Großverlagen umworben werden (so von Rowohlt mit der Reihe „neue frau"). Nicht selten führt chronische Unterfinanzierung samt „Selbstausbeutung" der Mitarbeiter zu einer schleichenden Auszehrung, andere vermögen ihr anspruchsvolles Programm hochprofessionell zu vermarkten. Daß trotz oft minimaler Werbeetats und zahlreicher Vertriebsprobleme, etwa mit dem an Großauflagen interessierten Zwischenbuchhandel, die alternative Produktion ihre Käufer findet, ist nur zum Teil dem traditionellen Sortiment zuzuschreiben; in vielen Großstädten und Universitätsquartieren haben sich alternative Kleinsortimente etabliert. Diese Subkultur hat freilich mit dem Wandel ihres in die Jahre gekommenen Stammpublikums zu kämpfen; wie sich dessen Lektürepräferenzen wandelten, ließe sich exemplarisch an der Programmpolitik des einst alternativen *Zweitausendeins*-Versandes zeigen.

So gut wie völlig verschwunden ist ein weiteres Charakteristikum des oppositionellen Buchmarktes nach 1968: die *Raubdrucke* bzw. „proletarischen Reprints", die sich als Protest gegen die kapitalistische Monopolverwertung geistigen Kollektiveigentums verstanden (und mit ihren Gemeinwohl-Argumenten, ohne es zu wissen, jene der Nachdrucker des 18. Jahrhunderts paraphrasierten). Tatsächlich waren für die Ideologie der Neuen Linken bedeutsame Schriften etwa von Theodor W. Adorno und Wilhelm Reich Ende der sechziger Jahre nicht im Buchhandel greifbar. Ihr illegitimer Nachdruck zu billigen Preisen erfüllte zweifellos ein politisches Bedürfnis. Nach wenigen Jahren aber orientierten sich auch diese Raubdrucker immer stärker am Profit, weiteten ihr Angebot auf gängige Titel, ja Bestseller wie Michael Endes „Unendliche Geschichte" aus, die sie in passabler Ausstattung etwa zum halben Preis der Originalausgabe vertrieben – wobei sie, ohne Sortimentsrabatt und Autorenhonorar, nicht geringe Gewinne erzielten. Der alternative Buchhandel und sein Publikum distanzierten sich von solch pseudoprogressiver Spekulation, und gezielten Abwehrmaßnahmen des Börsenvereins gelang es, die Raubdrucke in den kriminellen Untergrund abzudrängen.

Als Hauptproblem im deutschen Verlagswesen erweisen sich künftig zweifellos die Möglichkeiten und Grenzen des elektronischen Publizierens. Die Innovationen der elektronischen Druckverfahren werden auch die Verlagslandschaft verändern. Als selbstverständlich gilt heute die Manuskriptabgabe der Autoren in digitaler Form, so daß die Texte über Datenbanken der Verlage auf unterschiedlichste Weise publiziert werden können. Für wissenschaftliche Verlage bieten sich die Produktion umfangreicher Datenmengen auf CD-ROM und die kostengünstige Herstellung kleinerer Auflagen mit Laserdruckern ebenso an wie die „On demand"-Publikation digital gespeicherter Texte, sowohl im Druck wie auf Abruf über Datenfernübertragung. Bei einigen Marktsegmenten gerade im Sach- und Fachbuchbereich wird künftig die Leitfunktion der Printmedien zurücktreten, trotz aller Synergieffekte zwischen Büchern und „Non-books". Der weltweiten Regelung bedarf die Wahrnehmung von Urheber- und Verwertungsrechten, da die digitale Text- und Bilderfassung sowie deren Speicherung auf elektronischen Offline-Trägermedien und unbegrenzte Online-Verbreitung über Datennetze eine unkontrollierte internationale Nutzung ermöglichen. Zu klären ist auch das künftige Verhältnis zu den Bibliotheken und wissenschaftlichen Institutionen, die ihrerseits als Informationsanbieter verlegerisch auftreten wollen. Gegen branchenfremde Anbieter bemüht sich der Buchhandel, seine Funktion als zentraler Informationsvermittler zu verteidigen und auszubauen, indem er sich als „Content provider" definiert, der mit Inhalten handele, wobei das Trägermedium sekundär sei. Immer mehr Fachverlage haben dies erkannt und eigene Lektorate für Elektronisches Publizieren eingerichtet.

Wie der herstellende, so war auch der vertreibende Buchhandel in den vergangenen Jahrzehnten einem umfassenden Strukturwandel unterworfen. Nach wie vor ist das Sortiment der wichtigste Distributionsfaktor des Buches, aber seine Konkurrenten haben beträchtlich aufgeholt. Auf das Sortiment entfielen 1997 nur mehr 59,3 des Buchumsatzes, auf 4,7 % schrumpfte der Anteil der Kaufhäuser, auf 6,9 % der des Reise- und Versandbuchhandels, auf nur mehr 3,8 % jener der Buchgemeinschaften. Stark zugenommen haben demgegenüber mit 15,9 % der Direktvertrieb durch die Verlage sowie mit 9,4 % die „sonstigen Verkaufsstellen", die Bücher nur als Teilsortiment führen.

Neben die bracheninterne Konkurrenz tritt immer mehr die branchenfremde: Einige Jahre taten sich Kaffeeröster mit Billigstangeboten von Lexika, Atlanten und Bildbänden hervor, nicht nur in Tankstellen und Supermärkten gehören Taschenbücher längst zum Angebot. Den 4790 im Börsenverein organisierten Sortimenten stehen weitere fast 3000 Buchvertreiber gegenüber, die nicht der Standesorganisation angehören. Sie alle sehen sich einer unablässig wachsenden Titelzahl gegenüber. Aus den 14094 Veröffentlichungen des Jahres 1951 sind 1997 77889 (davon 57680 Erstauflagen) bei insgesamt mehr als sechshunderttausend lieferbaren Titeln geworden. Der Gesamtumsatz des Buchhandels an die Endabnehmer wuchs von ca. 7,5 Milliarden DM im Jahr 1981 auf rund 15,8 Milliarden 1997. Freilich sind die Gewichte hier sehr ungleich verteilt. Buchhandelsbetriebe mit weniger als einer Million DM Jahresumsatz stellten 1997 mit 75,6% mehr als drei Viertel der Unternehmen, erzielten aber nur 22,5% des Gesamtumsatzes. Rund hundert Buchhandlungen tätigten dagegen knapp 40% des Umsatzes. Deshalb konzentrieren sich viele der kapitalschwachen Kleinfirmen auf eine Lagerhaltung gängiger Taschenbücher, besonders günstig rabattierter Schwerpunkttitel der großen Publikumsverlage, auf den Brotbedarf an Ratgebern und Sachbüchern und vertrauen im übrigen auf das hocheffiziente Vertriebssystem des Zwischenbuchhandels.

Zu ihm zählten 1997 74 Börsenvereinsmitglieder, davon sechs allgemeine Barsortimente, einige Spezialbarsortimente und Importeure/Exporteure, Verlagsauslieferungen, Bücherwagendienste u.a.[60] Als einzige Branchensparte hat der Zwischenbuchhandel eine kontinuierlich sinkende Mitgliederzahl (allein von 1986 bis 1990 gaben fast zehn Prozent der Firmen auf). Die Barsortimente tätigten 1971 26% Anteil des Verkehrs zwischen Verlag und Sortiment, er sank zwischenzeitlich auf 16% und liegt heute wieder bei etwa 20 %. Ihr Angebot von 250000 Titeln aus 2800 Verlagen (so KNOE/KV) deckt mehr als 90% der Nachfrage ab. Sie erhalten dafür einen in seiner Höhe umstrittenen „Funktionsrabatt" von 15%. Die Wettbewerbssituation zwischen den einzelnen Zweigen des Zwischenbuchhandels führte zu internen Querelen wie auch zu Verteilungskonflikten mit den Verlagen: Die „Neutralität" der Barsortimente durchkreuzt die Markenartikelstrategie, die Folge sind Rabattkürzungen von seiten der Verlage, die wiederum „Titelbereinigungen", nämlich Streichungen aus den Katalogen provozieren. Die Zustelldienste des Zwischenbuchhandels vermögen die meisten gewünschten Bücher binnen Tagesfrist zu beschaffen. Die beiden großen Barsortimente (KNOE und Libri) haben elektronische on-line-Kommunikationssysteme und CD-ROMs zur Bibliographierung und Bestellung für das Sortiment entwickelt, die die Bearbeitung von Kundenwünschen wesentlich erleichtern, allerdings bisher miteinander nicht kompatibel sind, so daß der kleinere Sortimenter sich für einen der beiden Konkurrenten entscheiden muß. Wenn freilich Buchhandlungen (und seit einiger Zeit auch Kunden) nur mehr mit CD-ROMs der Barsortimente bibliographieren, wächst die Macht dieser Firmen darüber, welches Buch überhaupt noch im Handel vertreten ist. Solche Abhängigkeit gerade des kleineren Sortiments würde durch eine neuerdings diskutierte „regal- bzw. schrankfertige Lieferung" weiter wachsen. Auch Großsortimenter beziehen aus Liquiditäts- und Rationalisierungsgründen immer mehr Titel (v.a. die kleineren Bestellmengen) über das Barsortiment und bei ausgesuchten Großverlagen („Stapel oder Barsortiment heißt die Alternative der Zukunft"). Zurückgedrängt werden die Einzelbestellungen bei Verlagen als unrentabel, weil gerade bei belletristischen Titeln die Bezugskosten über der Handelsspanne liegen. Bei einer fortschreitenden Bündelung der Bestellungen über das Barsortiment fürchten kleinere Verlage, daß ihre Vertreter nicht mehr empfangen werden, somit ihr Angebot nicht mehr präsent sein kann und nur mehr auf ausdrücklichen Wunsch des Kunden beschafft wird. Zugleich wächst erneut die Befürchtung, die Bevorzugung des Barsortiments störe die Rückkoppelung von Verlag und Markt. Unbestreitbar ist, daß die Barsortimente dank ihrer enormen Rationalisierungseffekte das Überleben vieler Buchhandlungen und Verlage sichern helfen.

Bei schwindender Eigenkompetenz und kleinem Lager vermag das Sortiment oft seine Beraterfunktion nur in bescheidenem Umfang auszuüben. Es wird teilweise auch von Verlagsvertretern nur eingeschränkt besucht, erhält damit schlechtere Konditionen und ist zum Teil trotz erheblichen personellen Einsatzes hochgradig überschuldet. Unter solchen Umständen wachsen die Schwierigkeiten, dem Selbstverständnis als Zentrum kultureller Kommunikation gerecht zu werden. Dennoch zeugt die nach wie vor steigende Zahl von Kleinsortimenten von einer Gründungseuphorie ohne gesicherte Erfolgsaussichten. Wie bei den Verlagen, haben auch Spezialsortimente jeweils eigene Strukturprobleme. So ist das wissenschaftliche Fachsortiment, das etwa acht Prozent des Buchhandels ausmacht – naturgemäß meist größere Firmen – und nach wie vor mit Konditionsverkehr und Remissionsrecht arbeiten kann, besonders von den drastischen Etatkürzungen der Bibliotheken betroffen. Sein Selbstverständnis überdenken muß auch das derzeit mit 460 evangelischen und 406 katholischen Firmen bezifferte konfessionell orientierte Sortiment.

Auch beim vertreibenden Buchhandel ist die Notwendigkeit strikt marktorientierter Betriebsführung erkannt worden, sind überall Rationalisierungs- und Konzentrationstendenzen zu verzeichnen; sie gipfeln in den erfolgreichen Großsortimenten wie Hugendubel, Phönix-Montanus und neuerdings der stark expandierenden Weltbild-Gruppe, die sich als Buchkaufhäuser in zentralen Lagen mit mehreren Etagen, Verkaufsflächen von mehreren tausend Quadratmetern, einem Angebot von einigen zehntausend Titeln samt Modernem Antiquariat, Zeitschriften- und Videoabteilungen präsentieren. Ihnen wird vorgeworfen, sie florierten auf Kosten des traditionellen Sortiments (mit hohen Rabattforderungen an die Verlage) und verstärkten den Trend zur raschen Fluktuation der Novitäten, zur Selektion der umsatzintensivsten Titel, ja führten sogar zur weitestgehenden Entfremdung zwischen Verlag und Käufer. Gegenstimmen verweisen darauf, daß Großsortimente Käufer erreichten, die den traditionellen Buchhandel mieden, und als Schutzschild gegen branchenfremde Konzerne dienen könnten.

Die Rezepte zur Umsatzsteigerung für den modernen Sortimenter sind mannigfaltig: Standortflexibilität, neue Ladenbaukonzepte, verbesserte Präsentation, Selbstbedienung, zusätzliche Dienstleistungen wie Veranstaltungsservice und Reisevermittlung, natürlich die Aufnahme von „Non-Books" und Multimedialem in die Produktpalette, aber auch Spezialisierung und Warenwirtschaftssysteme sind die wichtigsten Schlagworte. Kostensenkung soll erreicht werden durch selektiven Personaleinsatz und niedrigere Bezugskosten, Spannenerhöhung durch Konzentration auf besser rabattierende Verlage und Vermeidung von Einzelbestellungen – als Vorbild wird der Sortimentsmarktführer Hugendubel genannt, der etwa 80% seines Umsatzes mit nur rund zwei Prozent der lieferbaren Titel macht. Die Umsetzung solcher Forderungen freilich läßt vielfach auf sich warten, weil sie das etablierte Selbstverständnis und Berufsbild des Buchhandels stark irritieren. Seit Jahren werden auch Kooperations- bzw. „Franchising"-Modelle für kleinere Firmen diskutiert. Der Erhalt der pluralistischen Vertriebsstruktur durch die Überlebensfähigkeit mittlerer und kleinerer Sortimente wird künftig eine Hauptaufgabe der Berufspolitik des Buchhandels sein, und damit letztlich eine Rechtfertigung seiner kulturellen Funktion. Eine verbesserte Transparenz der Warenströme ist freilich unabdingbar. Am einfachsten dürfte das Überleben den sehr großen und den kleinen Firmen gelingen – den einen dank ihrer Angebotsvielfalt und dem Erlebnischarakter des Buchkaufs, den anderen dank ihrer Anpassungsfähigkeit und persönlichen Kundenbetreuung. Keine Buchhandlung aber wird auf die multimediale Erweiterung ihrer Angebotspalette verzichten können. Wieweit die Verlage auch ihre elektronischen Produkte bevorzugt über die traditionellen Vertriebswege anbieten werden, ist allerdings offen. Vorreiter der Entwicklung ist der Buchhandel im Internet, an dem sich mehr als tausend Sortimente beteiligen, wenngleich in sehr unterschiedlicher Intensität. Im World Wide Web richten vor allem wissenschaftliche Fachbuchhandlungen virtuelle Ableger ein, ohne einen Quadratmeter zusätzlicher Verkaufsfläche. Hier werden Fachkataloge sowie Auflistungen aller lieferbaren Titel ins Netz gespeist, mit denen der Kunde bibliographieren und recherchieren, sich über Novitäten informieren, auch weltweit bestellen kann. Gerade für Spezial- und Nischenanbieter im Sortiment ergeben sich vielversprechende Möglichkeiten als „Navigator durch den digitalen Ozean". Deshalb hat auch hier bereits ein intensiver Wettbewerb eingesetzt, das international führende Unternehmen Amazon.com hat 1998 den deutschen Vorreiter ABC-Bücherdienst übernommen.

Von der Zukunft wieder zurück zur jüngeren Vergangenheit, zu einer freilich nur kursorischen Skizze der Rolle der *Schriftsteller* auf dem Buchmarkt seit 1945. Sie läßt sich in eine erste Periode der Nachkriegs- und Restaurationszeit bis ans Ende der sechziger Jahre und eine zweite gliedern, die durch die Motti vom „Ende der Bescheidenheit" und der „Einigkeit der Einzelgänger" charakterisiert ist.

Die Organisationsbestrebungen der Autoren standen nach 1945 zunächst unter eher ungünstigen Vorzeichen; sie wurden vor allem durch die unterschiedlichen kulturpolitischen Ziele der Besatzungsmächte behindert. Das erste gesamtdeutsche Autorentreffen im Nachkriegsdeutschland fand vom 5. bis 8. Oktober 1947 in Berlin statt und stand bereits im Zeichen ideologischer Differenzen; es endete mit einem Eklat, bei einem zweiten Kongreß im folgenden Jahr in Frankfurt am Main fehlten fast alle Autoren aus der Sowjetzone. Die Gründung eines gesamtdeutschen „Verbandes Deutscher Autoren" unter gewerkschaftlicher Beteiligung wurde in Flügelkämpfen und ideologischen Zwistigkeiten zerrieben. Es blieb nur „ein loser Zusammenschluß berufsständischer Verbände, in deren Satzungen die ‚Pflege des deutschen geistigen Lebens' und die ‚Reinhaltung des Standes' vorgesehen waren. Hier, wie im neugegründeten Dachverband, der ‚Bundesvereinigung Deutscher Schriftstellerverbände', gaben jetzt die Wortführer der ehemals ‚Inneren Emigration' [...] den Ton an."[61] Die Interessenpolitik konzentrierte sich insbesondere auf die Novellierung des Urheberrechts, die 1965 die Schutzfrist auf 70 Jahre nach dem Tode des Autors ausdehnte. Sie war ansonsten aber kaum erfolgreich, so daß Ingeborg Drewitz 1967 bilanzieren konnte: „Kaum ein Schriftsteller von Rang ist heute aktives Mitglied eines deutschen Schriftstellerverbandes. Diese Verbände sind zu Altherrenclubs der Enttäuschten und Zurückgebliebenen geworden."[62]

Nicht als Autorenorganisation, sondern als geschlossener Kreis verstand sich eine informelle Vereinigung, deren Bedeutung für die Literatur der Adenauerzeit zum Stereotyp geworden ist: die einer privaten Initiative Hans Werner Richters entsprungene „Gruppe 47" aus Autoren, Kritikern, Verlegern. Ihre Geschichte lief parallel zur Restauration der Bundesrepublik, als deren intellektueller und literarischer Gegenpol sie sich verstand. Dieses Selbstbewußtsein, aber auch eine unbestreitbare Meinungs- (und damit Markt-)macht sicherten ihr wütende Polemiken wie jene des CDU-Politikers Dufhues, sie sei eine „geheime Reichsschrifttumskammer"; dabei hielten sich die jährlichen Tagungen von politischen Diskussionen fern und waren strikt ästhetisch und kritisch auf die vorgestellten Texte zentriert. Von wenigen bedeutenden Ausnahmen wie Arno Schmidt abgesehen, repräsentierte die Gruppe 47 tatsächlich die innovatorische Literatur der Adenauerzeit; die Liste ihrer Preisträger Günther Eich (1950), Heinrich Böll (1951), Ilse Aichinger (1952), Ingeborg Bachmann (1953), Martin Walser (1955), Günter Grass (1958) und Uwe Johnson (1961) belegt dies. Mit dem politischem Ende der Ära Adenauer löste sich die Gruppe 47 bezeichnenderweise auf: 1966 kritisierte der junge Peter Handke auf der Tagung in Princeton die Erstarrung des Gruppendiskurses, 1967 fand das letzte Treffen auf der Pulvermühle bei Waischenfeld statt.

Als dezidiert politisch im antikapitalistischen Sinn verstand sich die Dortmunder „Gruppe 61", von der sich 1970 der „Werkkreis Literatur der Arbeitswelt" abspaltete. Das elementare Bedürfnis der Schriftsteller nach Kommunikation mit Gleichgesinnten inmitten des anonymen Literaturbetriebs hatte zur Folge, daß 1990 in der Bundesrepublik insgesamt etwa hundert größere und kleinere Autorenvereinigungen bestanden.

Aus den bis dahin nur locker liierten berufsständischen Autorenverbänden wurde 1969 unter Heinrich Bölls Devise „Ende der Bescheidenheit" in Köln der *Verband deutscher Schriftsteller (VS)* gebildet. Als seine wichtigsten Aufgaben nannte der erste Vorsitzende

Dieter Lattmann eine berufseigene Altersversorgung, die schließlich 1983 mit dem im Buchhandel zunächst umstrittenen „Künstlersozialversicherungsgesetz“ geregelt wurde, weiterhin die Aufhebung des ‚Schulbuchparagraphen‘, der den kostenlosen Abdruck von Texten in Schulbüchern erlaubte, eine an den Bücherentleihungen orientierte Abgabe der Bibliotheken in einen Sozialfonds der Autoren, aber auch eine gerechtere steuerliche Behandlung. Nach heftigen Debatten schloß sich der VS auf seinem zweiten Kongreß in Hamburg 1973 korporativ der IG Druck und Papier an; einige konservative Autoren traten aus und riefen den „Freien Deutschen Autorenverband“ ins Leben. Mit der Novellierung des Urheberrechtsgesetzes im Jahr 1972, die Schulbuchhonorierung und Bibliotheksgroschen einführte, hat der VS wichtige Ziele erreicht, konnte aber hinsichtlich der Kopiergebühren und der Mehrwertsteuer noch keine befriedigenden Ergebnisse verzeichnen. Trotz berufspolitischer Erfolge traten zeitweise ideologische Differenzen innerhalb des Verbandes in den Vordergrund, insbesondere unter Lattmanns Nachfolger Bernt Engelmann, von dessen Kooperationsbereitschaft gegenüber der offiziösen DDR-Literaturpolitik sich gerade DDR-Emigranten brüskiert fühlen mußten. Nach dem Rücktritt des Engelmann-Vorstandes 1984 konzentrierte sich der VS auf das Ziel einer Einheitsorganisation aller Medienbeschäftigten, die 1985 als Kartellgewerkschaft gegründete *IG Medien*, die im April 1989 als Verbindung der „Gewerkschaft Kunst“ und der „IG Druck und Papier“ in eine Mitgliedergewerkschaft umgewandelt wurde. Die Schriftsteller haben sich in einem solchen Verbund von gut 180000 Mitgliedern gegen die andersgearteten Interessen größerer Gruppen wie Setzer und Kameramänner bisher wenig Gehör verschaffen können. Einige Autoren haben sich wie Günther Grass pessimistisch aus dem VS zurückgezogen.

Auf die soziale Lage, die Produktionsformen und das Selbstverständnis der Autoren hat der Organisationsgrad allerdings nur einen bescheidenen Einfluß. 1972 erschien eine Interviewsammlung, in der die beschämende soziale Situation älterer Schriftsteller in der Bundesrepublik deutlich wurde. Marianne Langewiesche antwortete auf die Frage nach ihrer Altersversorgung mit „Ja, Veronal“, auch renommierte Autoren wie Ernst Kreuder („Bis an den Grabesrand werde ich schreiben müssen.“) und Wolfgang Koeppen („Werde ich krank, unfähig, bleibe ohne Einfall, stürze ich ab.“) zeichneten ein düsteres Bild des allzufreien Schriftstellers.[63] Im gleichen Jahr erschien der materialreiche „Autorenreport“ von Karla Fohrbeck und Andreas Wiesand, der auf der Befragung von 4700 Autoren gründet. Er belegt mit einer Fülle von Beispielen, daß sich die Wirkungsmöglichkeiten für Schriftsteller durch Hörfunk und später Fernsehen wesentlich erweitert hatten, um so mehr, als das Rundfunkwesen nach dem Kriege dezentralisiert wurde. Vor allem in den fünfziger Jahren waren die Hörspiel- und Literaturabteilungen der Rundfunkanstalten, mit Redakteuren wie Alfred Andersch und Helmut Heißenbüttel, Hauptmäzene des Literaturbetriebs. 69% der Schriftsteller aus dem Belletristik- und Sachbuchbereich arbeiteten laut „Autorenreport" regelmäßig für Funk und Fernsehen, 56% auch für die periodische Presse, mehr als ein Drittel bezog von dort sein Haupteinkommen. Diese Tendenzen haben sich seitdem noch erheblich verstärkt. Die Produktion genuin literarischer Werke, die gemeinhin als entscheidendes Kennzeichen schriftstellerischer Arbeit angesehen wird, macht nur mehr einen – tendenziell eher zurückgehenden – Teil der Autorentätigkeit aus; im Vordergrund steht die multimediale Beschäftigung bei Presse und audiovisuellen Medien, Vortrags- und Lektorentätigkeit für Volkshochschulen, Verbände usw. Auch den Erlösen aus Nebenrechten kommt wachsende Bedeutung zu.

Den stetig steigenden Bedarf der Medien nach Wortbeiträgen vermag der Autor freilich nur zu befriedigen, wenn er medienspezifisch und medienkonform zu arbeiten vermag: „Durch Konzentrationserscheinungen, Konkurrenzmechanismen und Umstrukturierungen der inneren Organisation der Medien nach Managementsgesichtspunkten, auch durch die Neuentwicklung audiovisueller Medien und Kommunikationsverfahren sowie durch den zunehmenden Berufscharakter ihrer Tätigkeit (Professionalisierung) ergeben sich für die Autoren Leistungszwänge, wie sie in anderen Produktionsbereichen der Wirtschaft längst üblich sind."[64] Mit der multimedialen Kulturindustrie der Gegenwart kann das noch vom 19. Jahrhundert geprägte Selbstverständnis des „freien" Schriftstellers nicht mehr Schritt halten – der Autor befindet sich „in einer eigenartigen Zwitterstellung als wortproduzierender Kleinunternehmer einerseits und als lohnabhängiger Schreiber andererseits"[65]. Die seit Gutenberg bestehende Abhängigkeit des Autors vom Medium Buch ist endgültig obsolet geworden. An ihre Stelle ist ein differenziertes und komplexes Geflecht partieller multimedialer Abhängigkeiten getreten, das seinen Freiraum sowohl erweitert wie einengt, ihn auf jeden Fall zur Professionalisierung zwingt. Zu diesem Geflecht gehört auch die öffentliche und gesellschaftliche Literaturförderung mit 22 Stadtschreiberstellen, 263 Literaturpreisen und zahlreichen Stipendien. Als Verkörperung des marktkonform operierenden Wortproduzenten kann der „Producer" gelten, der ein Buch von der Idee bis zum fertigen Produkt im Verlagsauftrag entwickelt – freilich keine literarischen Werke, sondern Sach- und Ratgeberbücher. Ein Roland Göóck hat auf diese Weise für Medienkonzerne etwa 250 Titel mit einer Gesamtauflage von ca. 45 Millionen Exemplaren geschrieben und/oder „produziert", etwa „Alle Wunder dieser Welt", „Die 100 berühmtesten Rezepte dieser Welt", Sport-, Olympiade- Do-it-yourself- und Spielebücher, Jugend- und Kinderlexika, Karl-May-, Jules-Verne- und Defoe-Ausgaben.[66]

Zur *Lesekultur* der Bundesrepublik liegt eine kaum überschaubare Fülle empirischer, oft sehr ausführlicher Untersuchungen vor, die meisten davon aus dem Blickwinkel der Marktforschung[67], mit teils kontroversen Ergebnissen. Solche demoskopischen Umfragen bilden bei aller begrenzten Aussagekraft zumindest mittelfristige Trends ab. Daten über Buchbesitz, Buchnutzung und allgemeines Freizeitverhalten stehen dabei im Vordergrund. Die Frage der Lesefähigkeit im Sinne der jahrhundertelangen Analphabetenproblematik stellte sich nach 1945 kaum mehr (von einem geringen Bodensatz des Primäranalphabetismus abgesehen). Sie scheint aber heute durch einen zunehmenden Sekundäranalphabetismus neue Virulenz zu gewinnen. Eine vergleichende europäische Studie bezifferte 1995 den Bevölkerungsanteil, der nicht imstande ist, kompliziertere Leseaufgaben zu bewältigen, in Deutschland auf 48 % der Erwachsenen.

Umfragen aus den fünfziger und sechziger Jahren ergaben, daß damals rund ein Drittel der Erwachsenen über 16 Jahren im Bundesgebiet kein einziges Buch besaß. Weitere zwanzig Prozent der Besitzer mindestens eines Buches kauften keine Bücher, nur etwa zehn Prozent der Bevölkerung verfügten überhaupt über einen nennenswerten eigenen Buchbestand, und als regelmäßige Bücherkäufer konnten nur vier bis fünf Prozent der Bevölkerung gelten – Verhältnisse, die sich seit dem ausgehenden 18. Jahrhundert kaum verändert zu haben schienen.

Dabei hatte das Buch in den fünfziger Jahren noch kaum mit der Medienkonkurrenz zu kämpfen. Die Buchausgaben von Illustriertenromanen erreichten hohe Auflagen, vor allem, sofern sie sich mit Kriegs- und Gefangenschaftsthematik befaßten, etwa die Romane von H. H. Kirst („08/15" mit 450000 Exemplaren), Heinz G. Konsalik oder Josef Martin Bauer („Soweit die Füße tragen" mit 780000 Exemplaren). Natürlich konnten solche Zahlen sich dennoch nicht mit der eigentlichen Massenlektüre messen, den *Heftromanen*. Bei ihnen wurden bereits früh multimediale Verwertungsstrategien erprobt: „nachdem sich die Krimi-Heftserie ‚Jerry Cotton' auf dem Markt mit beständig hohen Verkaufszahlen durchgesetzt hat, schiebt der Bastei-Verlag Taschenbuch-Ausgaben und Schallplatten nach; parallel dazu entstehen Filme mit der Titelfigur".[68] Ähnlichen Erfolg verzeichnete die Science-Fiction Figur „Perry Rhodan". Mitte der sechziger Jahre erschienen die Abenteuer des Detektivs und des Raumfahrers mit einer wöchentlichen Auflage von 200000 bis 300000 Stück. Schon um die Mitte der fünfziger Jahre wurde die jährliche Gesamtproduktion von Heftromanen in der Bundesrepublik auf fünfzig bis sechzig Millionen Exemplare geschätzt, 1970/71 auf bis zu 220 Millionen. Das bedeutete 1966 einen wöchentlichen Ausstoß von etwa vier Millionen solcher Landser-, Western-, Kriminal-, Science Fiction- und Horror-Romane für die männliche und Heimat-, Berg-, Arzt-, Adels-, Schicksals- und Frauenromane für die weibliche Leserschaft. Nach einer Krise um 1970 expandierte der Heftromanmarkt bis in die Mitte der achtziger Jahre erneut beträchtlich, wobei Science Fiction zum auflagenstärksten Genre geworden ist.[69] Dabei hat sich der „männliche" Heftroman zunehmend brutalisiert, wogegen beim „weiblichen" nach wie vor die Rollen- und Verhaltensklischees des 19. Jahrhunderts maßgebend sind. Die enormen Profite der Heftromanverleger haben diese teilweise auch dazu verleitet, am seriöseren Taschenbuch- oder gar Hardcover-Geschäft teilzunehmen, so die Firmen Moewig/Pabel, vor allem aber den marktführenden Bastei-Verleger Gustav Lübbe.

Die Leserschaft dieser bewußtseinsindustriellen Massenliteratur ist hinreichend präzise einzugrenzen: „Nach wie vor sind Heftromane unter angelernten Arbeitern, Facharbeitern, einfachen und mittleren Angestellten und Beamten verbreiteter als unter leitenden Angestellten, höheren Beamten und freiberuflich Tätigen. 40% aller angelernten Arbeiter nennen sie als Lektüre, 30% aller Facharbeiter, 26% aller einfachen und mittleren Angestellten und Beamten, aber immerhin auch 13% aller leitenden Angestellten und höheren Beamten und 14% aller freiberuflich Tätigen." [70] Romanheftlektüre ist demnach, wenngleich nach oben abnehmend, in allen sozialen Schichten verbreitet. Die meist vermutete enge Korrelation zwischen Beruf und Bildungsstand einerseits und den Lektürepräferenzen andererseits läßt sich hier allerdings nicht belegen.

Wie alle anderen Freizeitbeschäftigungen auch, wird Bücherlesen sicher wesentlich mitbestimmt von den Bedingungen der Arbeitswelt. Je geringer der soziale und berufliche Status ist, desto bescheideneren Wert hat auch das Lesen, es dient höchstens als Mittel zur Ablenkung und Entspannung, nicht aber zur weiteren Qualifizierung, zum „Emporlesen". Natürlich ersetzen gerade in diesen Schichten die elektronischen Medien die Lektüre, wobei der Heftroman von solcher Konkurrenz relativ wenig bedrängt erscheint, weil er überall verfügbar ist – auf dem Weg zur und von der Arbeit, in Arbeitspausen usw. Seit Beginn der siebziger Jahre steigt die Beliebtheit von *Comics*, die nicht mehr wie zuvor nur an den Kiosken als Hefte verkauft, sondern auch fest gebunden vom traditionellen Buchhandel vertrieben werden. Insgesamt ist von jährlich 60 Millionen Gesamtauflage der Hefte und Alben auszugehen, darunter nicht wenige „alternative", die von Kleinverlagen publiziert werden. Comics haben sich auch bei Erwachsenen einen festen Leserstamm gesichert, wenngleich der Absatz an Jugendliche bei rund 70 % liegt.

Das Publikum des Sortiments besaß nach einer Umfrage aus dem Jahr 1968 folgende Lektürepräferenzen: An der Spitze standen Kriminalromane und praktische Ratgeber für Hobby, Haushalt, Gesundheit, am Ende Lyrik und christliche Unterhaltungsliteratur. Auch Klassikerlektüre war wenig gefragt.[71] Die Berufslektüre im engeren Sinn bleibt bei solchen Umfragen freilich ausgeklammert. Für den Buchhandel dagegen bildet sie nach wie vor eine unverzichtbare Grundlage. So war das erste urheberrechtlich geschützte deutschsprachige Buch, das die Drei-Millionen-Grenze überschritt, 1960 das „Tabellenbuch für Metallgewerbe, Ausgabe A" mit 938 Auflagen, gefolgt von den Gauß'schen Logarithmentafeln mit 400 Auflagen.

Im letzten Drittel des 20. Jahrhunderts beeinflussen markante demographische und soziokulturelle Veränderungen das Mediennutzungsverhalten. Seit dem „Wirtschaftswunder" nahm das Zeitbudget der Bevölkerung immer mehr zu, der wachsende Wohlstand äußerte sich in steilem Anstieg des Freizeitkonsums. Die Veränderung der Altersstruktur führte sowohl zur überproportionalen Zunahme der jungen Erwachsenen wie der älteren Personen. Zugleich steigt der Anteil der Ein- bis Zwei-Personen-Haushalte ständig an, die durch besonders flexible Mediennutzung gekennzeichnet sind und aus einem breiten Angebot mit lückenloser Versorgungsdichte wählen können. Von der anhaltenden Konjunktur für die multimediale Unterhaltungsindustrie profitierte das Buch nur zum Teil. Die täglich verfügbare Freizeit vermehrte sich allein von 1964 bis 1974 um 78 Minuten, was auch den Medien zugute kam. Die Durchschnittsdauer des Zeitungslesens wuchs in diesem Jahrzehnt um drei Minuten, doch die Hörfunknutzung um 24 und die des Fernsehens um 55 Minuten. Die durchschnittliche tägliche Lesezeit betrug 1994 in Deutschland

51 Minuten. Von den sechs täglichen Stunden des Medienkonsums erwachsener deutscher Bürger entfallen dagegen rund 80% auf die elektronischen Massenmedien, auf die Lesemedien der Rest, davon sieben Prozent auf Zeitschrift und Buch. Die Wirkung des weiterhin ansteigenden Fernsehkonsums auf das Leseverhalten wird bis heute kontrovers diskutiert. Die Vielzahl pointierter kulturpessimistischer Äußerungen, von Marshall McLuhans Abgesang auf die Gutenberg-Galaxis bis zu Neil Postmans „Wir amüsieren uns zu Tode", ist bisher wissenschaftlich nicht verifiziert worden. Wahrscheinlicher dürfte eine Differenzierung des Rezeptionsverhaltens sein. Die tagesaktuellen Medien wie Zeitung, Hörfunk und Fernsehen sind untereinander relativ mühelos austauschbar. Dagegen könnte das Buch von einer „intermedialen Stimulation" profitieren – es steht außerhalb dieser Konkurrenz und wird eher komplementär genutzt. Buchlektüre fordert spürbar mehr Aktivität und Ich-Bezug als die aktuellen Medien. Ein Zusammenhang zwischen formaler Bildung und Buchnutzung ist unverkennbar, scheint sich aber zu lockern. Dabei sehen Vielleser ebensohäufig fern wie Wenigleser, hören außerdem mehr klassische Musik, gehen eher spazieren, treiben mehr Sport und haben insgesamt ein vielseitigeres Freizeitverhalten. Lesekompetenz fördert generell die Informationsaufnahme auch durch andere Medien. Jedes neue Medium stimuliert die Mediennutzung insgesamt.

Die Zahl der Buchkäufer hat in den letzten Jahrzehnten spürbar zugenommen, was freilich noch keine Intensivierung des Lesens bedeutet.[72] Sechs Prozent der Privathaushalte (vor allem Senioren) sind ohne Bücher, der Buchbestand der anderen lag 1978 bei durchschnittlich 186 Büchern (mit erheblicher sozialer Streuung von 520 Büchern in der obersten und 30 in der untersten Sozial- bzw. Bildungsschicht). Auch dies läßt noch keine Rückschlüsse auf tatsächliche Lektüre zu; immerhin scheint auch das Buch von der Expansion des Freizeitkonsums zu profitieren. Zwar nennen Umfragen als Freizeitbeschäftigung pro Woche zu 80% Fernsehen und nur zu 32% Buchlektüre, doch wird letzterer ein erheblich höheres Maß an Befriedigung und Wohlbefinden bescheinigt.

Die Zahl der täglichen wie die der Nichtleser betrug bis vor einigen Jahren jeweils ein gutes Viertel der deutschen Bevölkerung; die andere Hälfte zählte sich zu den Gelegenheitslesern. Neue Zahlen sprechen jedoch nur mehr von 18% täglicher Leser, womit Deutschland das absolute Schlußlicht in Europa wäre, verglichen mit Englands 49, Hollands 47 und noch Spaniens 40%. Solch krasse Differenzen machen mißtrauisch, um so mehr, als sie der für die Industriestaaten gebräuchlichen „Drittelformel“ widersprechen: Von drei erwachsenen Bürgern ist einer Viel-, einer Wenig- und einer Nichtleser. Diese Proportionen scheinen stabil trotz wachsender audiovisueller Konkurrenz, aber auch trotz der stetig steigenden Zahl der Buchkäufer. Die Stagnation des prozentualen Verhältnisses zwischen Lesern und Nichtlesern in den Umfragen zwischen 1967 und 1984 deutet auf eine Verhaltenskonstanz hin, wobei Männer Fach- und Informationslektüre bevorzugen, Frauen dagegen (noch?) Freizeit- und Unterhaltungslektüre.

Die Zukunft des Lesens in der multimedialen Gesellschaft hängt wesentlich von der Einstellung der jungen Generation ab, die man durch Leseerziehung und Leseförderung zu beeinflussen unternimmt; hier scheint die Rolle der Eltern bzw. der Sozialisation für das spätere Medienverhalten noch wichtiger als die der Schule zu sein. Wer in einem kulturell interaktiven Milieu als habitueller Leser aufwächst, liest später oft als „Selbstverwirklicher“, wer jedoch daheim ein kulturell-kommunikatives Vakuum auszuhalten hatte, zählt meist zu den passiven Medienkonsumenten und eskapistischen „Genießern“ nur unterhaltender Angebote. Seit 1985 versucht auch der Börsenverein in Verbindung mit anderen Institutionen und privaten Geldgebern, mit einer „Stiftung Lesen“ Jugendliche systematisch zur Lektüre zu animieren. Während lange Zeit die demoskopischen Zahlen ein erfreulich hohes, vor allem berufliches Lektüreinteresse der Jugendlichen diagnostizierten, wie es erst wieder bei Lesern über 60 Jahren erreicht werde, glauben jüngere Studien einen gegenläufigen Erosionstrend, ja einen „Verfall der Lesezeit“ wahrzunehmen, weil Leseförderung in Schule und Elternhaus kaum mehr betrieben werde.

Marshall McLuhan hat in seinem vieldiskutierten Buch „Die Gutenberg-Galaxis“ die These vertreten, daß die „alphabetisch-typographische Kultur“ des Buchdrucks einseitig das logische Denken gefördert und durch diese Dominanz des Rational-Wissenschaftlichen ganzheitliche Formen menschlicher Existenz verdrängt habe – die „elektronische“, nachalphabetische Kultur des Fernsehens befreie von dieser Diktatur des gedruckten Wortes durch die Faszination der Bilder. Zweifellos endet die jahrhundertelange Vormacht der Schriftkultur, die die Neuzeit kennzeichnet, drängt eine scheinbare sinnliche, durch bewegte Bilder vermittelte Realität wieder in den Vordergrund. Der Philosoph Hans Blumenberg hat konstatiert:

„Zwischen den Büchern und der Wirklichkeit ist eine alte Feindschaft gesetzt. Das Geschriebene schob sich an die Stelle der Wirklichkeit, in der Funktion, sie als das endgültig Rubrizierte und Gesicherte überflüssig zu machen. Die geschriebene und schließlich gedruckte Tradition ist immer wieder zur Schwächung von Authentizität der Erfahrung geworden. Es gibt so etwas wie die Arroganz der Bücher durch ihre bloße Quantität, die schon nach einer gewissen Zeit schreibender Kultur den überwältigenden Eindruck erzeugt, hier müsse alles stehen und es sei sinnlos, in der Spanne des ohnehin allzu kurzen Lebens noch einmal hinzusehen und wahrzunehmen, was einmal zur Kenntnis genommen und gebracht worden war."[73]

Das Buch hat inzwischen seine Funktion als kulturelles Leitmedium weitgehend an die audiovisuellen Medien abgetreten, deren Akzeptanz und Verbreitung in den letzten Jahren enorm gewachsen ist; das „Papier hat als hauptsächliches Medium seine Systemgrenze erreicht" (Martin Grötschel). Das aus Digitalisierung und Mediatisierung der Realität einerseits und dem Vordringen einer ganzheitlichen, teils irrationalistischen Spiritualität andererseits merkwürdig zusammengewürfelte gesellschaftliche Bewußtsein der Postmoderne hat sowohl die Produzenten wie die Rezipienten von Büchern erfaßt. Zwar expandiert der Buchmarkt nach wie vor, wachsen die Titelzahlen, vermelden Verlage und Sortimente Umsatzrekorde. Fraglich ist jedoch, ob damit Neuland erobert oder doch nur bereits okkupiertes Terrain gesichert wird. Die Konsumleser und vor allem die informationsorientierten Buchbenutzer wechseln zu anderen Medien, die ihre Bedürfnisse schneller und müheloser befriedigen. Allerdings sind gerade Computer-Nutzer und Internet-Surfer auch besonders fleißige Leser (nicht nur der Bedienungshandbücher) – umgekehrt ziehen Gewohnheitsleser den größten Nutzen aus dem explodierenden Medienangebot.[74] Das gute Viertel der deutschen Bevölkerung, das sich ohnedies dem Lesen und dem Buch verweigert, wird von sekundärem Analphabetismus bedroht sein und die Kulturtechnik Lesen tendenziell verlernen. Die jüngste Schätzung für die Bundesrepublik Deutschland geht von etwa 15 % der erwachsenen Bevölkerung als funktionalen Analphabeten aus.[75] Die Zahl der Bücherleser, die den individuellen Freiraum der Phantasie und des Intellektes für existenznotwendig halten, wird kaum ansteigen, und damit dürfte das Buch auch für die Medienkonzerne noch stärker als bisher zur kostenintensiven, ja anachronistischen Nebensache werden. Manche sehen es als „kulturhistorischen Normalfall", wenn die Gesellschaft sich nicht mehr, wie von der Mitte des 18. bis zur Mitte des 20. Jahrhunderts, über das Buch definiert.

Aber auch wenn die Demokratisierung des Lesens ihren Höhepunkt überschritten haben mag, die Exklusivität des Lesens als einer privilegierten Kulturtechnik wieder zunehmen wird – das Lesen selbst wird nicht verschwinden. Mehr als fraglich bleibt auch, ob die elektronischen Medien, die an die Stelle des Buches zu treten hoffen, seine Funktion als individuellstes und damit menschlichstes abendländisches Kommunikationsmedium tatsächlich werden übernehmen können. Zweifellos wird das „elektronische Buch" das herkömmliche dank seiner enormen Speicherfähigkeit, Multimedialität und ergonomischen Struktur auf einigen Gebieten ablösen. Möglicherweise wird ein digitales „RocketBook" in Taschenbuchgröße als Träger für stets neu aus PC oder Internet (gegen Gebühr) aufladbare Texte insbesondere Fachbuchnutzer ansprechen. Jedoch behalten magnetische Speichermedien kaum länger als zehn Jahre ihre Daten unversehrt, besitzen optische wie die CD eine theoretische Haltbarkeit von nur dreißig Jahren. Wegen der immer kürzeren Erneuerungszyklen der Betriebssysteme sind riesige Datenmengen aus jüngster Vergangenheit schon nicht mehr verwertbar bzw. lesbar. Nicht zuletzt sind die neuen Medien elementar abhängig von technischen Voraussetzungen, sind verwundbar und manipulierbar. All dies belegt die Einzigartigkeit von Gutenbergs mühelos Jahrhunderte überdauerndem Datenträger. Während die elektronischen Medien mit unerschöpflichen, kaum bewältigbaren Informationsfluten den überforderten Benutzer bedrängen, besitzt das Buch nach wie vor die „Kraft, Disparates, weit Auseinanderliegendes, Widerstrebendes, Fremdes und Vertrautes am Ende als Einheit zu begreifen"[76]. Deshalb ist nach 550 Jahren die Geschichte des gedruckten Buches und seiner Verbreitung noch längst nicht an ihrem Ende angelangt.

Anmerkungen

I. Der Buchhandel vor Gutenberg und in der Frühdruckzeit

1 Erich Bethe: Buch und Bild im Altertum. Leipzig: Harrassowitz 1945, S. 17.
2 Hannsferdinand Döbler: Schrift, Buch, Wissenschaft. (Döblers Kultur- und Sittengeschichte der Welt). München 1978, S. 65. Zum antiken Buchhandel insgesamt s. Hans Widmann: Herstellung und Vertrieb des Buches in der griechisch-römischen Welt. In: AGB 8 (1967), Sp. 546–640.
3 Brockmeyer: Die soziale Stellung, S. 243.
4 Ebda.: S. 248.
5 Joachim Bumke: Höfische Kultur. Literatur und Gesellschaft im hohen Mittelalter. München: Deutscher Taschenbuchverlag 1986, S. 601 ff., hier S. 617.
6 G. Eis: Vom Lesestein, S. 46.
7 Ebda.: S. 57.
8 Klaus Schreiner: Grenzen literarischer Kommunikation, S. 12.
9 F. A. Schmidt-Künsemüller: Gutenbergs Schritt in die Technik, S. 124.
10 Hellmut Rosenfeld: Wann und wo wurde die Holzschnittkunst erfunden? In: AGB 34 (1990), S. 327–342, hier S. 338.
11 Wolfgang von Stromer: Ulman Stromer, 1329 –1407. Das Handelshaus Stromer und die Papiermühle. In J. Franzke/W. v. Stromer (Hg.): Zauberstoff Papier. München: Hugendubel 1990, S. 15–36, hier S. 35.
12 F. A. Schmidt-Künsemüller: Gutenbergs Schritt in die Technik, S. 131.
13 Vgl. M. Giesecke: Medien, S. 76.
14 T. Brandis: Handschriften- und Buchproduktion, S. 188 f.
15 Carl Wehmer: Zur Beurteilung des Methodenstreits in der Inkunabelkunde. In: Gutenberg-Jahrbuch 1933, S. 250–325, hier S. 282.
16 Severin Corsten: Der frühe Buchdruck und die Stadt. In S. Corsten: Untersuchungen zum Buch- und Bibliothekswesen. Frankfurt: Lang 1988, S. 123–148, hier S. 127.
17 Einen nach wie vor anregenden Problemaufriß bietet dafür die Einleitung „Der Buchhandel und seine Ware" in Gerhard Menz: Deutsche Buchhändler, S. 1–48. Vgl. auch Herbert G. Göpfert: Vom Autor zum Leser, S. 19 ff.
18 G. Menz: Deutsche Buchhändler, S. 21.
19 Vgl. H. M. Winteroll: Summae innumerae, S. 38.
20 Zum folgenden vgl. H. Grimm: Die Buchführer, Sp. 1753 ff.
21 Vgl. ebda.: Sp. 1168.
22 Zit. nach K. Schottenloher: Bücher bewegten die Welt, Bd. 1, S. 133. Vgl. auch Bertold Hack: Notizen zur Geschichte des buchhändlerischen Katalogs. In: Börsenblatt für den Deutschen Buchhandel 1955, S. 93–102.
23 O. von Hase: Die Koberger, S. 226.

24 W. L. Schreiber, zit. nach R. Hirsch: Printing, selling and reading, S. 48.
25 Zit. nach F. Kapp: Geschichte, Bd. I, S. 389.
26 Zit. nach K. Schottenloher: Bücher bewegten die Welt, Bd. 1, S. 161. Derselbe Topos findet sich auch in einem Brief von M. Movemius an Amerbach aus dem Jahr 1497 (vgl. H. Widmann: Urkunden, Bd. I, S. 25).
27 S. dazu Hans-Joachim Koppitz: Zum Erfolg verurteilt. Auswirkungen der Erfindung des Buchdrucks auf die Überlieferung deutscher Texte bis zum Beginn des 16. Jahrhunderts. In: Gutenberg-Jahrbuch 55 (1980), S. 67–78.
28 Vgl. dazu H. M. Winteroll: Summae innumerae, S. 430f.
29 Lore Sprandel-Krafft: Über das Verhältnis von Autor und Druckherr in der Inkunabelzeit. In: AGB 24 (1983), Sp. 353–384, hier Sp. 364.
30 F. Kapp: Geschichte, Bd. I, S. 325.
31 T. Brandis: Handschriften- und Buchproduktion, S. 181.
32 R. Schenda: Lesestoff. Blatt und Heft. In A. C. Baumgärtner (Hg.): Lesen – Ein Handbuch, S. 26–47, hier S. 26.
33 Auch hier gibt es freilich Gegenbelege. Hellmut Rosenfeld hat in Zeitschrift für Volkskunde 62 (1966), S. 204–208 eine dörfliche(!) Teilabschrift des Sigenot-Epos aus dem Jahr 1482 im Dinkelsbühler Land nachgewiesen.
34 R. Engelsing: Analphabetentum und Lektüre, S. 11.
35 Vgl. M. Giesecke: Medien, S. 78.

II. Der Buchhandel im Zeitalter der Konfessionskämpfe

1 Zit. nach H. Widmann: Urkunden, Bd. II, S. 141.
2 O. v. Hase: Die Koberger, S. 255.
3 F. Kapp: Geschichte, Bd. I, S. 407f.
4 H. Widmann: Urkunden, Bd. I, S. 346.
5 F. Kapp: Geschichte, Bd. I, S. 408.
6 Erdmann Weyrauch: Reformation durch Bücher: Druckstadt Wittenberg. In: Gutenberg. 550 Jahre Buchdruck in Europa. (Ausstellungskatalog der Herzog August Bibliothek Wolfenbüttel 62). Weinheim 1990, S. 53–64, hier S. 54.
7 Zit. nach H. Widmann: Geschichte, S. 79.
8 F. Kapp: Geschichte, Bd. I, S. 425.
9 E. Weyrauch: Überlegungen, S. 246.
10 K. Schreiner: Grenzen literarischer Kommunikation, S. 9.
11 H.-J. Köhler: Die Flugschriften der frühen Neuzeit, S. 337.
12 Ebda.: S. 338.
13 Vgl. dazu Michael Schilling: Bildpublizistik der frühen Neuzeit. Aufgaben und Leistungen des illustrierten Flugblatts in Deutschland bis um 1700. Tübingen: Niemeyer 1990.
14 Zit. nach D. Breuer: Zensur, S. 34.
15 Zit. nach H. Widmann: Urkunden, Bd. I, S. 29ff.
16 E. Weyrauch: Überlegungen, S. 248.
17 F. Kapp: Geschichte, Bd. I, S. 431.
18 Zit. nach ebda.: S. 536ff.

19 Vgl. Hermann Rafetseder: Bücherverbrennungen. Die öffentliche Hinrichtung von Schriften im historischen Wandel. Wien: Böhlau 1988.

20 F. Kapp: Geschichte, Bd. I, S. 548f.

21 Ebda.: S. 573 f.; s. auch D. Breuer: Zensur, S. 35ff.

22 Zit. nach B. Wendt: Von Buchhändlern, Sp. 1599.

23 R. Engelsing: Analphabetentum, S. 27; vgl. D. Breuer: Zensur, S. 30f.

24 Michael Giesecke: Von der Schreibstube des Mittelalters zur Druckerei der Neuzeit. In: Gutenberg. (Ausstellungskatalog der Herzog August Bibliothek Wolfenbüttel 62). Weinheim 1990, S. 9–22, hier S. 17.

25 K. Schottenloher: Bücher bewegten die Welt, Bd. 1, S. 254.

26 Zit. nach B. Wendt: Von Buchhändlern, Sp. 1610ff.

27 Zit. nach H. Grimm: Die Buchführer, Sp. 1171.

28 F. Kapp: Geschichte, Bd. I, S. 470.

29 Ebda.: S. 617.

30 Vgl. Dieter Breuer: Oberdeutsche Literatur 1550 bis 1650.

31 Ebda.: S. 25.

32 Zit. nach H. Widmann: Urkunden, Bd. II, S. 72.

33 D. Breuer: Zensur, S. 42.

34 Stiftsbuch des Güldenen Almosen, S. 8f. (Bayerisches Hauptstaatsarchiv München GL 2708/ 569).

35 H. Grimm: Die Buchführer, Sp. 1661.

36 [Gabriel de Puy-Herbault, übersetzt durch Johann Baptist Fickler]: Tractat Herrn Gabriel Putherbeien von Thuron/etc. Von verbot vnnd auffhebung deren Bücher vnd Schrifften […]. München: Adam Berg 1581, Vorrede Bl. 12 verso f.

37 W. Krieg: Materialien, S. 58ff.

38 Günther Hess: Von der Kunst zu überleben. Die Scheltrede des Conrad Celtis an den Rat von Nürnberg (Oden III, 11). In Albrecht Weber (Hg.): Handbuch der Literatur in Bayern. Regensburg: Pustet 1987, S. 163–174, hier S. 170.

39 K. Schreiner: Grenzen literarischer Kommunikation, S. 13.

40 R. Engelsing: Analphabetentum, S. 29 und 32ff.

41 Vgl. M. Schilling: Bildpublizistik, S. 40.

42 Zit. nach B. Wendt: Von Buchhändlern, Sp. 1602.

43 Vgl. Michael R. Hackenberg: Private book ownership in sixteenth-century german-language areas. Phil. Diss. Berkeley. Ann Arbor: University Microfilms International 1983.

44 Vgl. Rudolf Juchhoff: Was lasen die Kölner um die Wende vom 15. zum 16. Jahrhundert zu ihrer Unterhaltung und Belehrung? In: Essays in honour of Victor Scholderer. Mainz: Pressler 1970, S. 201–212, hier S. 203.

45 E. Weyrauch: Überlegungen, S. 248f.

46 Eine jüngst erschienene marxistische Darstellung zur Lesergeschichte mißdeutet die gefragten Spezialisten freilich als frühproletarische „ausgebeutete Tagelöhner". Vgl. Ursula E. Köhler: Lesekultur in den beiden deutschen Staaten. Ein Vergleich. In: Archiv für Soziologie und Wirtschaftsfragen des Buchhandels, S. W 2382.

47 [G. de Puy-Herbault/J. B. Fickler]: Tractat Herrn Gabriel Putherbeien, Vorrede, Bl. 2 verso ff.

48 Ebda.: Bl. 4 verso f.

49 Ernst Kelchner/ Richard Wülker (Hg.): Mess-Memorial des Frankfurter Buchhändlers Michael Harder. Fastenmesse 1569. Faksimile. Frankfurt/ Main: Baer 1873.

50 Hans-Joachim Koppitz: Zur Verbreitung unterhaltsamer und belehrender deutscher Literatur durch den Buchhandel in der zweiten Hälfte des 16. Jahrhunderts. In: Jahrbuch für Internationale Germanistik 7/2 (1975), S. 20–35, hier S. 33 f.

51 Zit. nach K. Schottenloher: Bücher bewegten die Welt, Bd. 1, S. 223.

III. Der Buchhandel der Barockzeit – das „Tauschzeitalter"

1 Die Zahlen nach J. Goldfriedrich: Geschichte, Bd. II, S. 17 f., 69 f., 76 ff., und 179. Vgl. auch Peter Düsterdieck: Buchproduktion im 17. Jahrhundert. Eine Analyse der Meßkataloge für die Jahre 1637 und 1658. In: AGB 14 (1974), Sp. 163–220 sowie David L. Paisey: Literatur, die nicht in den Meßkatalogen steht. In: P. Raabe (Hg.): Bücher und Bibliotheken im 17. Jahrhundert in Deutschland, S. 115–125.

2 J. Goldfriedrich: Geschichte, Bd. II, S. 89.

3 Ebda.: S. 389.

4 A. Beier: Kurtzer Bericht, S. 47.

5 Hans Jürgen Schrader: Literaturproduktion und Büchermarkt des radikalen Pietismus. Göttingen: Vandenhoeck & Ruprecht 1989.

6 Johann Gottfried Zeidler: Buchbinder⸗Philosophie Oder Einleitung In die Buchbinder Kunst. Halle: Renger 1708, S. 151.

7 Vgl. dazu am Beispiel Stuttgarts R. Wittmann: Ein Verlag und seine Geschichte, S. 19 ff., 127 ff. und öfter.

8 Ebda.: S. 24 ff. (dort in Originalfassung).

9 Übergangen werden muß auch der im 17. und beginnenden 18. Jahrhundert besonders fruchtbare jüdische bzw. hebräische Buchvertrieb, der in fränkischen Städten wie Fürth und Sulzbach Zentren von weit überregionaler Bedeutung besaß.

10 J. Goldfriedrich: Geschichte, Bd. II, S. 229.

11 Ebda.: S. 243.

12 Karl Schottenloher/Johannes Binkowski: Flugblatt und Zeitung. München: Klinkhardt & Biermann 1985. Bd. 2, S. 53.

13 D. Breuer: Oberdeutsche Literatur, S. 129.

14 Nach D. L. Paisey: Deutsche Buchdrucker, Buchhändler und Verleger 1701–1750, passim.

15 J. Goldfriedrich: Geschichte, Bd. II, S. 350.

16 Vgl. dazu Paul Raabe: Gelehrte Nachschlagewerke im 18. Jahrhundert in Deutschland. In Bernhard Fabian/Paul Raabe (Hg.): Gelehrte Bücher vom Humanismus bis zur Gegenwart. Wiesbaden: Harrassowitz 1983, S. 97–117.

17 J. Goldfriedrich: Geschichte, Bd. II, S. 256.

18 Gerhard Menz, zitiert nach R. Wittmann: Buchmarkt und Lektüre, S. 94.

19 J. Goldfriedrich: Geschichte, Bd. II, S. 271.

20 Ebda.: S. 402.
21 Ebda.: S. 403.
22 A. Beier: Kurtzer Bericht, S. 14.
23 Vgl. Hans Dieter Gebauer: Bücherauktionen in Deutschland im 17. Jahrhundert. Bonn: Bouvier 1981.
24 Zit. nach J. Goldfriedrich: Geschichte, Bd. II, S. 38. Vgl. dazu auch Annegret Stein-Karnbach: Leibniz und der Buchhandel. In: AGB 23(1982), Sp. 1189–1418.
25 J. A. Birnbaum: Gedancken, S. 16–18.
26 A. Henning: Gepriesener Büchermacher, S. 112–121 (gekürzt).
27 A. Fritsch: Abhandlungen, S. 37 f. (deutsche Ausgabe des bereits 1675 in lateinischer Sprache erschienenen Textes).
28 Martin Vogel: Deutsche Urheber- und Verlagsrechtsgeschichte, S. 50.
29 Kontrakt vom 25. 8. 1700 zwischen dem Verleger Augustus Metzler in Stuttgart und dem Tübinger Juristen Ferdinand Chr. Harpprecht, zit. nach R. Wittmann: Ein Verlag und seine Geschichte, S. 83.
30 Beide Beispiele bei J. Goldfriedrich: Geschichte, Bd. II, S. 483.
31 Ebda.: S. 482.
32 A. Schöne in: Stadt-Schule-Universität-Buchwesen, S. 150.
33 Zit. nach D. Breuer: Zensur, S. 67.
34 Gerhard Dünnhaupt: Terra barocca incognita. In: Philobiblon 33 (1989), S. 283–292, hier S. 284.
35 Manfred Koschlig: Das Ingenium Grimmelshausens und das ‚Kollektiv'. München: Beck 1977, S. 275.
36 Vgl. H. Lohmeier in A. Schöne (Hg.): Stadt-Schule-Universität-Buchwesen, S. 151.
37 Vgl. D. Breuer: Zensur, S. 82 ff. und Wolfgang von Ungern-Sternberg: Die Armut des Poeten. Zur Berufungsproblematik des Dichters im frühen 18. Jahrhundert. In: Johann Christian Günther (Text und Kritik 74/75. München 1982), S. 85–109.
38 Zit. nach Hans J. Gabler: Tod des Mäzens, S. 48.
39 Ebda.: S. 45.
40 R. Wittmann: Ein Verlag und seine Geschichte, S. 97.
41 D. Breuer: Oberdeutsche Literatur, S. 121.
42 A. Beier: Kurtzer Bericht, S. 5 und 44.
43 So E. Trunz, zit. nach A. Martino: Barockpoesie, S. 111.
44 Der vertheidigte/beliebte und gelobte Postillen⸗Reuter. Dresden: J. C. Mieth 1688, S. 4.
45 A. Martino: Barockpoesie, S. 111.
46 Ebda.: S. 116.
47 Ebda.: S. 140.
48 Gotthard Heidegger: Mythoscopia Romantica. Zürich: Geßner 1698, Bl. (7).
49 J. C. Günther: Sammlung von [...] Gedichten. Breslau: Hubert 1735, S. 170. Vgl. ähnlich die Schilderungen der romanlesenden Bummelstudenten in den Moralischen Wochenschriften, zit. bei W. Martens: Die Botschaft der Tugend. Stuttgart: Metzler 1968, S. 500 f.
50 Heinscheidt 1722, zit. nach M. Welke: Gemeinsame Lektüre, S. 32 f.

51 Ebda.: S. 38.
52 Ebda.: S. 41 f.

IV. Die Entstehung des modernen Buchhandels: Nettohandel, Nachdruck, Reformversuche

1 J. Goldfriedrich: Geschichte, Bd. III, S. 248.
2 Ebda.: Bd. II, S. 270.
3 Ebda.: S. 271.
4 F. G. Schlosser: Etwas zur Apologie des Meß-Catalogus. In: Journal von und für Deutschland 1789, Heft 9, S. 202 f.
5 J. Goldfriedrich: Geschichte, Bd. II, S. 449.
6 Vgl. R. Wittmann: Johann David Hallberger – Antiquar und Auktionator in Stuttgart. Ein Beitrag zur Frühgeschichte des Antiquariats in Deutschland. In R. Wittmann/B. Hack (Hg.): Buchhandel und Literatur. Wiesbaden: Harrassowitz 1982, S. 32–54.
7 Teubner an Reich, zit. nach A. Schürmann: Die Entwickelung, S. 43.
8 Vgl. F. H. Meyer: Reformbestrebungen im achtzehnten Jahrhundert. In: Archiv für Geschichte des deutschen Buchhandels XII(1889), S. 201–300, hier S. 240.
9 M. Lehmstedt: Philipp Erasmus Reich, S. 77.
10 Hazel Rosenstrauch: Buchhandelsmanufaktur und Aufklärung. Die Reformen des Buchhändlers und Verlegers Ph. E. Reich (1717–1787). In: AGB 26 (1986), Sp. 1–129, hier Sp. 60.
11 M. Vogel: Deutsche Urheber- und Verlagsrechtsgeschichte, Sp. 80.
12 M. Lehmstedt: Philipp Erasmus Reich, S. 44.
13 Brief vom 8. 11. 1769, zitiert nach M. Lehmstedt: Philipp Erasmus Reich, S. 106.
14 Insbesondere in meinem Beitrag: Der gerechtfertigte Nachdrucker? Auf ihm beruhen die folgenden Ausführungen; dort auch umfangreiche Literaturnachweise.
15 [C. G. Schmieder?]: Wider und für den Büchernachdruck, aus den Papieren des Blauen Mannes. O. O. 1790, S. 50.
16 Zit. nach Ursula Giese: Johann Thomas Edler von Trattner. Seine Bedeutung als Buchdrucker, Buchhändler und Herausgeber. In: AGB 3 (1961), Sp. 1013–1454, hier Sp. 1019.
17 In einem Brief an F. A. Ebert vom 21. 11. 1825, zit. nach: Reliquien von F. Perthes. In: Archiv für Geschichte des deutschen Buchhandels I (1878), S. 205 ff.
18 Brief des Züricher Buchhändlers Heidegger 1772 an Ph. E. Reich, zit. nach Karl Buchner: Aus den Papieren der Weidmannschen Buchhandlung. Berlin: Weidmann 1871, S. 36.
19 J. Pezzl: Reise durch den baierschen Kreis, zit. nach R. Wittmann: Die frühen Buchhändlerzeitschriften, Sp. 751 f.
20 Zit. nach ebda: Sp. 632.
21 J. F. Hartknoch in: Nordische Miscellaneen, Stück 11/12 (Riga 1786), S. 448 ff.

22 Zit. nach: Buchhändlerzeitung. Augsburg: Klett 1789, S. 156f.
23 Vgl. den Reprint mit ausführlichem Nachwort.
24 J. Goldfriedrich: Geschichte, Bd. III, S. 244.
25 Zit. nach E. Rietzschel: Gelehrsamkeit ein Handwerk, S. 36.
26 Zit. nach R. Wittmann: Die frühen Buchhändlerzeitschriften, Sp. 629.
27 A. Schürmann: Die Entwickelung, S. 150.
28 Unter anderem [F. C. Francke]: Ueber den jetzigen Verfall des Buchhandels in Teutschland überhaupt und in den Preußischen Staaten insbesondere. Teutschland 1802; [J. C. Gädicke]: Der Buchhandel von mehreren Seiten betrachtet. Weimar 1803; P. H. M-r: Ueber Buchhandel und Romanen-Fabricatur. Eisleben 1803. Vgl. die insgesamt acht Schriften umfassende Reprintsammlung in R. Wittmann (Hg.): Die Reformdiskussion am Jahrhundertende. (Quellen zur Geschichte des Buchwesens Bd. 9). München: Kraus 1981.
29 Zit. nach R. Wittmann: Zur Verlegertypologie, S. 108.
30 Zu ihm vgl. R. Wittmann: Der Verleger J. C. Weygand in Briefen des Göttinger Hains. In: AGB 10 (1970), Sp. 319–344.
31 Zu ihm vgl. Bernhard Fabian (Hg.): Friedrich Nicolai. Essays zum 250. Geburtstag. Berlin: Nicolai 1983.
32 Zu ihm fehlt noch immer eine neuere Monographie. Vgl. jedoch Viscount Goschen: Das Leben Georg Joachim Göschens. 2 Bde. Leipzig: Göschen 1905, sowie Dietmar Debes: G. J. Göschen. Die typographische Leistung des Verlegers. Leipzig 1965.
33 Vgl. Liselotte Lohrer: Cotta. Geschichte eines Verlags 1659–1959. Stuttgart: Cotta 1959. Einige neuere im AGB publizierte Arbeiten erweitern und vertiefen diese Monographie.
34 Zit. nach H. G. Göpfert: Vom Autor zum Leser, S. 160.
35 G. Menz: Der deutsche Buchhandel, S. 107.
36 Neues Archiv für Buchhändler, Gelehrte und Antiquare, zit. nach J. Goldfriedrich: Geschichte, Bd. III, S. 473.
37 So D. Breuer: Zensur, S. 93.
38 Vgl. die Reprintausgaben der österreichischen und baierischen Indices in R. Wittmann (Hg.): Die Zensur. (Quellen zur Geschichte des Buchwesens Bd. 6.1 und 6.2). München: Kraus 1981.
39 Zit. nach D. Breuer: Zensur, S. 104.
40 Ebda.: S. 137.
41 Reskript Karl Theodors an die Landesregierung vom 11. Oktober 1780 (Staatsarchiv für Oberbayern, General-Registratur 793, Faszikel 27).

V. Der Dichter auf dem Markt – die Entstehung des freien Schriftstellers

1 J. W. von Goethe: Dichtung und Wahrheit, Dritter Teil, 12. Buch, S. 517f.
2 H. Pape: Klopstocks Autorenhonorare, Sp. 16.
3 J. W. von Goethe: Dichtung und Wahrheit, Zweiter Teil, 10. Buch, S. 398.
4 W. von Ungern-Sternberg: C. M. Wieland, Sp. 1253.
5 H. J. Haferkorn: Der freie Schriftsteller, Sp. 615.

6 Friedrich Nicolai: Das Leben und die Meinungen des Herrn Magister Sebaldus Nothanker. Zweyte verbesserte Auflage. Berlin: Nicolai 1774, Bd .1, S. 87f., 93.

7 J. G. Herder: Brief an J. F. Hartknoch, zit. nach J. Goldfriedrich: Geschichte, Bd. III, S. 125f.

8 [Julius F. Knüppeln]: Charakteristik von Berlin. Stimme eines Kosmopoliten in der Wüste. 2. Bändgen. Philadelphia [= Leipzig] 1785, S. 97f.

9 E. B. Schwickert, zit. nach G. E. Lessing: Hamburgische Dramaturgie. O. O. [= Leipzig: Schwickert] 1769, Zweyter Theil, 101.–104. Stück, S. 404f.

10 Ebda.: S. 406 ff. Schwickert fügte als Replik auf Lessings Tadel seinem Nachdruck ein weiteres „Intermezzo“ gegen den „Schleichhandel der Autoren“ an (S. 408–412), das bisher noch nicht das Interesse der Forschung gefunden hat.

11 J. Goldfriedrich: Geschichte, Bd. III, S. 141f.

12 J. W. von Goethe: Dichtung und Wahrheit, Dritter Teil, 12. Buch, S. 518.

13 So der Advokat Scheel aus Itzehoe 1781 an Klopstock, zit. nach H. Pape: Klopstocks Autorenhonorare, Sp. 158. Zum Kollekteurswesen insgesamt vgl. R. Wittmann: Die frühen Buchhändlerzeitschriften, Sp. 906–914 sowie R. Wittmann: Subskribenten- und Pränumerantenverzeichnisse als Quellen zur Lesergeschichte. In R. Wittmann: Buchmarkt und Lektüre, S. 46–68.

14 J. W. von Goethe: Dichtung und Wahrheit, Dritter Teil, 12. Buch, S. 519.

15 [L. G. v. Goeckingk]: Ueber den schlechten Bücherdruck in Deutschland. In: Journal von und für Deutschland 1785, 12. Stück, S. 547.

16 J. Goldfriedrich: Geschichte, Bd. III, S. 153.

17 W. v. Ungern-Sternberg: C. M. Wieland, Sp. 1341.

18 Ebda.: Sp. 1369f.

19 Ebda.: Sp. 1508.

20 C. M. Wieland: Allgemeine Vorerinnerung des Herausgebers des Merkurs zu den Anzeigen neuer Bücher (1784). Zit. nach E. Rietzschel (Hg.): Gelehrsamkeit ein Handwerk, S. 101 f.; vgl. auch J. G. Heinzmann: Appel an meine Nation, S. 154ff.

21 R. Vierhaus: Der aufgeklärte Schriftsteller. In: H. E. Bödeker/U. Herrmann (Hg.): Über den Prozeß der Aufklärung in Deutschland im 18. Jahrhundert. Göttingen 1987, S. 53–65, hier S. 65.

22 Während zu den anderen genannten Autoren entweder keine oder nur schmale, ältere Darstellungen vorliegen, ist zu Jean Paul kürzlich erschienen Ludwig Fertig: ‚Ein Kaufladen voll Manuskripte‘. Jean Paul und seine Verleger. In: AGB 32(1989), S. 273–395.

23 Aus der einschlägigen Literatur seien nur genannt Waltraud Hagen: Goethes Werke auf dem Markt des deutschen Buchhandels. In: Goethe-Jahrbuch 100 (1983), S. 11–58, sowie die ausführliche Rezension der vierbändigen Dokumentation: Quellen und Zeugnisse zur Druckgeschichte von Goethes Werken (Berlin 1966–1986) durch H. G. Göpfert. In: Buchhandelsgeschichte 1990/3, S. B 90–B 114 (dort weitere Literaturverweise). Vgl. auch R. Wittmann: Goethe und seine Verleger. ‚Die Buchhändler sind alle des Teufels.‘ In: Börsenblatt für den Deutschen Buchhandel, Frankfurter Ausgabe Jg. 38 (1982), S. 821–825, sowie jetzt Siegfried Unseld: Goethe und seine Verleger. Frankfurt 1991.

VI. Die Entstehung des modernen Publikums: die „Leserevolution"

1 Zur Kritik an J. Habermas vgl. u. a. die eingehende und anregende Darstellung von E. Schön: Der Verlust der Sinnlichkeit oder die Verwandlungen des Lesers.

2 J. Habermas: Strukturwandel der Öffentlichkeit, S. 44.

3 Ebda.: S. 69.

4 R. Engelsing: Die Perioden der Lesergeschichte, Sp. 133.

5 Ebda.: Sp. 140f.

6 Vgl. R. Schenda: Volk ohne Buch, S. 443f.; auf diese Angaben stützt sich auch R. Engelsing.

7 Zu Belegen dafür und zum folgenden vgl. R. Wittmann: Der lesende Landmann. Dort auch die Nachweise der zitierten zeitgenössischen Äußerungen.

8 Vgl. dazu die umfangreiche Pionierarbeit von Reinhart Siegert: Aufklärung und Volkslektüre.

9 Zu ihnen vgl. ausführlich die gleichnamige Monographie von Wolfgang Martens: Die Botschaft der Tugend. Die Aufklärung im Spiegel der deutschen Moralischen Wochenschriften. Stuttgart: Metzler 1968.

10 Vgl. Annette Uphaus-Wehemeier: Zum Nutzen und Vergnügen – Jugendzeitschriften des 18. Jahrhunderts. München: Saur 1984, S. 193.

11 Zit. nach Wolfgang Promies: Kinderliteratur im späten 18. Jahrhundert. In Rolf Grimminger (Hg.): Deutsche Aufklärung bis zur Französischen Revolution. (Hansers Sozialgeschichte der deutschen Literatur vom 16. Jh. bis zur Gegenwart 3). München: Hanser 1980, S. 765–831, hier S. 784.

12 R. Engelsing: Perioden der Lesergeschichte, Sp. 143.

13 E. Schön: Der Verlust der Sinnlichkeit, S. 327.

14 Luise Mejer an H. C. Boie, Brief vom 1. Januar 1784. Zit. nach Ilse Schreiber (Hg.): Ich war wohl klug, daß ich dich fand. H. C. Boies Briefwechsel mit Luise Mejer 1777–1785. München: Biederstein 1961, S. 275.

15 Vgl. dazu Georg Jäger: Die Wertherwirkung. Ein rezeptionsästhetischer Modellfall. In W. Müller-Seidel (Hg.): Historizität in der Sprach- und Literaturwissenschaft. München 1974, S. 389–409.

16 Jean Paul: Kleine Nachschule zur ästhetischen Vorschule, I. Miserikordias-Vorlesung. Zit. nach Jean Paul: Werke, hg. von Norbert Miller, Bd. 5, München: Hanser 1963, S. 495.

17 York-Gothart Mix: Die deutschen Musenalmanache des 18. Jahrhunderts. München: Beck 1987, S. 39.

18 E. Schön: Der Verlust der Sinnlichkeit, S. 167.

19 Vgl. dazu Eva-Maria Hanebutt-Benz: Die Kunst des Lesens. Lesemöbel und Leseverhalten vom Mittelalter bis zur Gegenwart. Ausstellungskatalog Frankfurt/Main 1985, S. 109ff.

20 E. Schön: Der Verlust der Sinnlichkeit, S. 113.

21 Ebda.: S. 287.

22 J. G. Heinzmann: Appel an meine Nation, S. 139–144.

23 Siegfried J. Schmidt: Die Selbstorganisation des Sozialsystems Literatur im 18. Jahrhundert. Frankfurt/Main: Suhrkamp 1989, S. 357. Für Schmidts

Kompetenz ist S. 340 f. bezeichnend, wo er von den Leihbibliotheken die „Laienbibliotheken" abgrenzt, aber auch S. 330, wo er zwischen Sortimenter und „Einzelbuchhändler" unterscheidet.

24 O. Dann: Lesegesellschaften, S. 23.
25 M. Prüsener und H. G. Göpfert: Lesegesellschaften, S. 291.
26 Ebda.: S. 299.
27 Ebda.: S. 298.
28 G. Jäger/J. Schönert: Die Leihbibliothek, S. 20.
29 So der m.W. früheste deutsche Beleg für das Leihbibliotheksgeschäft bei Hieronymus Freyer: Das XX. Programma Vom Romanenlesen den 29. Martii 1730. In ders.: Programmata Latino-Germanica. Halle 1737, S. 449–478, hier S. 474.
30 G. Jäger/J. Schönert: Die Leihbibliothek, S. 39f.
31 Allgemeiner Literarischer Anzeiger 45(1799), Sp. 444.
32 W. von Ungern-Sternberg: Leihbibliothek und Zensur im 18. und 19. Jahrhundert. In G. Jäger/J. Schönert (Hg.): Die Leihbibliothek, S. 255–310, hier S. 290.
33 R. Schenda: Volk ohne Buch, S. 88.
34 B. Haug: Das Gelehrte Wirtemberg. Stuttgart 1790, S. 26–32, zit. nach M. Hasselhorn: Der altwürttembergische Pfarrstand im 18. Jahrhundert. Stuttgart: Kohlhammer 1958, S. 33f.
35 Jean Paul: Briefe und bevorstehender Lebenslauf. Konjektural-Biographie, sechste poetische Epistel. Zit. nach Jean Paul: Werke, hg. von Norbert Miller, Bd. 4, München: Hanser 1962, S. 1070.

VII. Der Buchhandel zwischen Wiener Kongreß und Märzrevolution

1 Zu den Produktionsziffern vgl. I. Rarisch: Industrialisierung und Literatur, S. 26.
2 Vgl. J. Goldfriedrich: Geschichte, Bd. IV, S. 219.
3 Ebda.: S. 58.
4 Zit. nach M. Vogel: Deutsche Urheber- und Verlagsrechtsgeschichte, Sp. 134.
5 Zit. nach E. Ziegler: Literarische Zensur, S. 116. Vgl. auch Edda Ziegler: Zensurgesetzgebung und Zensurpraxis in Deutschland 1819–1848. In: R. Wittmann/B. Hack (Hg.): Buchhandel und Literatur, S. 185–220.
6 Ebda.: S. 120.
7 Ausführlich zu diesem Zensurfall siehe R. Wittmann: Ein Verlag und seine Geschichte, S. 457–478.
8 Zit. nach G. Menz: Der deutsche Buchhandel, S. 125.
9 [A. Prinz]: Der Buchhandel, S. 41.
10 [F. C. Perthes]: Die Bedeutung des deutschen Buchhandels, besonders in der neuesten Zeit. Zit. nach F. Perthes: Der deutsche Buchhandel, S. 49ff.
11 Zit. nach Adalbert Brauer: Dümmler-Chronik. Bonn: Dümmler 1958, S. 87.
12 Wilhelm Hauff: Die Bücher und die Lesewelt. In W. Hauff: Sämtliche Schriften, hg. von Gustav Schwab. Stuttgart: Brodhag 1830, Bd. 18, S. 31f.

13 Ebda.: S. 32f.
14 In Zeitung für die elegante Welt 1833, zit. nach Ruth Horovitz: Vom Roman des Jungen Deutschland zum Roman der Gartenlaube. Breslau 1937, S. 8.
15 Vgl. dazu R. Wittmann: Kaufleute, Spekulanten, Revolutionäre. Dort auch Literaturhinweise.
16 E. Ziegler: Julius Campe, S. 324.
17 Vgl. Wolfram Siemann: Grund- und menschenrechtliche Gehalte der Kommunikationsfreiheit in historischer Perspektive. In Johannes Schwartländer/Eibe Riebel (Hg.): Neue Medien und Meinungsfreiheit im nationalen und internationalen Kontext. Kehl: Engel 1990, S. 11–26, hier S. 21.
18 Vgl. J. Goldfriedrich: Geschichte, Bd. IV, S. 266ff.
19 Vgl. dazu die Untersuchung von Walter Hömberg: Zeitgeist und Ideenschmuggel. Die Kommunikationsstrategie des Jungen Deutschland. Stuttgart: Metzler 1975.
20 Hermann Hauff: Gedanken über die moderne schöne Literatur. In: Deutsche Vierteljahrsschrift 1840, zit. nach Max Bucher/Werner Hahl/Georg Jäger/Reinhard Wittmann (Hg.): Realismus und Gründerzeit. Manifeste und Dokumente zur deutschen Literatur 1848–1880. Band 2. Stuttgart: Metzler 1975, S. 586–593, hier S. 587f.
21 Zu ihm vgl. Wolfgang Stegers: Der Leipziger Literatenverein von 1840. Die erste berufsständische Schriftstellerorganisation. In: AGB 19 (1978), Sp. 229 bis 364.
22 Zit. nach Heinz Sarkowski: Der Buchvertrieb von Tür zu Tür im 19. Jahrhundert. In R. Wittmann/B. Hack (Hg.): Buchhandel und Literatur, S.221–246, hier S. 228.
23 [A. Prinz]: Der Buchhandel, S. 26f. und 28.
24 Vgl. dazu Wolfgang von Ungern-Sternberg: Medien. In Karl-Ernst Jeismann/Peter Lundgreen (Hg.): Handbuch der deutschen Bildungsgeschichte Bd. III. München: Beck 1987, S. 379–416, hier S. 396.
25 Vgl. zum folgenden Diedrich Saalfeld: Materialien zur Beurteilung der Buchpreise und Leihgebühren im Rahmen der allgemeinen Preisentwicklung und der Lebenshaltungskosten des 19. Jahrhunderts. In G. Jäger/J. Schönert (Hg.): Die Leihbibliothek, S. 63–88, hier S. 72ff.
26 Vgl. Ulrich Hohoff: Bibliotheken und Lektüre im Königreich Württemberg um 1840–1860. In P. Vodosek (Hg.): Das Buch in Praxis und Wissenschaft (s. Kap. 12), S. 427–461, hier S. 452.
27 Michael Knoche: Volksliteratur und Volksschriftenvereine im Vormärz. In: AGB 27(1986), S. 1–130, hier S. 114.
28 Vgl. G. Jäger/J. Schönert: Die Leihbibliothek, S. 20 und 32f.
29 Vgl. G. Jäger: Die deutsche Leihbibliothek im 19. Jahrhundert, S. 115.

VIII. Der Buchmarkt in Nachmärz und Gründerzeit

1 O. Mühlbrecht: Die politisch-historische Literatur des Jahres 1866. In: Börsenblatt für den deutschen Buchhandel 1867, S. 158.
2 W. Siemann: Grund- und menschenrechtliche Gehalte der Kommunikati-

tionsfreiheit (vgl. Kap. 7, Anm. 17), S. 17.

3 So 1876 das Warenzeichenschutzgesetz, Geschmacksmustergesetz, Kunstschutz- und Photographieschutzgesetz, 1877 das Patentgesetz, 1891 das Gebrauchsmustergesetz. Vgl. Martin Vogel: Die Geschichte des Urheberrechts im Kaiserreich. In: AGB 31 (1988), S. 203–219, hier S. 204.

4 G. Menz: Der deutsche Buchhandel, S. 134.

5 Zu den statistischen Angaben vgl. R. Wittmann: Das Literarische Leben 1848–1880. In R. Wittmann: Buchmarkt und Lektüre, S. 111–231. Das folgende Kapitel beruht großteils auf diesem Beitrag; dort auch ausführliche Quellen- und Literaturhinweise.

6 Nach A. Schürmann: Die Entwickelung, S. 319.

7 Vgl. Robert E. Cazden: Der Nachdruck deutschsprachiger Literatur in den Vereinigten Staaten 1850–1918. In: AGB 31 (1988), S. 193–202.

8 [A. Prinz]: Der Buchhandel vom Jahre 1854 bis zum Jahre 1855. Hamburg und Altona: Verlags-Bureau 1856, S. 37.

9 Zit. nach J. Goldfriedrich: Geschichte, Bd. IV, S. 443.

10 Zit. nach G. Menz: Der deutsche Buchhandel, S. 140.

11 Zit. nach Börsenblatt für den deutschen Buchhandel 1878, S. 93.

12 A. Kröner im Börsenblatt für den Deutschen Buchhandel 1887, zit. nach dem umfangreichen Quellenwerk: Die Reformbewegung im Deutschen Buchhandel 1878–1889. 3 Bde. (Publikationen des Börsenvereins der Deutschen Buchhändler XI–XIII). Leipzig: Verlag des Börsenvereins 1908–1912, hier Bd. 2, S. 233 f.

13 Vgl. dazu H. Sarkowski: Die Entwicklung ingenieurwissenschaftlicher Verlagsprogramme im 19. Jahrhundert. In: Buchhandelsgeschichte 1988/1, S. B 1–B 8.

14 H. Herrig: Billige Ausgaben. In: Die Gegenwart 17 (1880), S. 87. Zum Klassikerjahr insgesamt vgl. auch Birgit Sippell-Amon: Die Auswirkungen der Beendigung des sogenannten ewigen Verlagsrechts am 9. 11. 1867 auf die Editionen deutscher ‚Klassiker'. In: AGB 14 (1974), Sp. 349–416.

15 Zur Geschichte des literarischen Prachtwerkes vgl. die demnächst erscheinende Dissertation von Ira Diana Mazzoni.

16 Aus dem Absagebrief eines Kolportagehändlers auf eine Buchhändlerbewerbung, zit. nach F. Schulze: Der deutsche Buchhandel, S. 174.

17 G. Jäger: Leihbibliotheken, Lesegesellschaften und Buchmarkt im 18. und 19. Jahrhundert. In: Aus dem Antiquariat (Beilage zum Börsenblatt für den Deutschen Buchhandel) 1986/6, S. A 245- A 254, hier S. A 252.

18 Dieter Barth: Das Familienblatt – ein Phänomen der Unterhaltungspresse des 19. Jahrhunderts. In: AGB 15 (1975), Sp. 121–316, hier zit. nach.: ebda., S. A 251.

19 G. Jäger: Die deutsche Leihbibliothek, S. 132. Vgl. auch Georg Jäger/Valeska Rudek: Die deutschen Leihbibliotheken zwischen 1860 und 1914. Analyse der Funktionskrise und Statistik der Bestände. In Monika Dimpfl/Georg Jäger (Hg.): Zur Sozialgeschichte der deutschen Literatur im 19. Jahrhundert. Einzelstudien Teil II. Tübingen: Niemeyer 1990, S. 198–295.

20 Wilhelm Heinrich Riehl: Die bürgerliche Gesellschaft. Stuttgart: Cotta 1851, zit. nach M. Bucher/W. Hahl/G. Jäger/R. Wittmann: Realismus und Gründerzeit, Bd. 2, S. 593.

21 Zur Zensur nach 1848 vgl. Wolfram Siemann: Von der offenen zur mittelbaren Kontrolle. Der Wandel in der deutschen Preßgesetzgebung und Zensurpraxis des 19. Jahrhunderts. In H. G. Göpfert/E. Weyrauch (Hg.): ‚Unmoralisch an sich ...' Zensur im 18. und 19. Jahrhundert. Wiesbaden: Harrassowitz 1988, S. 293–308.

22 E. Schmidt-Weißenfels: Die Literatur und der Buchhandel. In: Börsenblatt für den Deutschen Buchhandel 1867, S. 1714.

23 Joseph Lukas: Die Presse, ein Stück moderner Versimpelung. Regensburg: Pustet 1867, S. 25.

24 Theodor Fontane: Brief an G. Friedländer vom 2. 1. 1887. Zit. nach T. Fontane: Werke, Schriften und Briefe 4/3. München: Nymphenburger Verlagsanstalt 1980, S. 510. Vgl. auch Eva D. Becker: ‚Zeitungen sind doch das Beste.' Bürgerliche Realisten und der Vorabdruck ihrer Werke in der periodischen Presse. In: H. Kreuzer (Hg.): Gestaltungsgeschichte und Gesellschaftsgeschichte. Stuttgart: Metzler 1969, S. 382–408.

25 Ausführliche Nachweise zur Honorarsituation für Erzählprosa, Dramen und Lyrik siehe R. Wittmann: Das Literarische Leben 1848–1880, S. 166 ff.

26 Zit. nach ebda.: S. 161.

27 Frauenliteratur. In: Blätter für literarische Unterhaltung 1863/I, S. 291.

28 Fritz Martini: Deutsche Literatur im bürgerlichen Realismus 1848–1898. Dritte erw. Auflage Stuttgart: Metzler 1974, S. 89.

29 Karl Gutzkow: Dionysius Longinus. Oder: Ueber den ästhetischen Schwulst in der neuern deutschen Literatur. Stuttgart: Gutzkow 1878, S. 59.

30 Brief an E. Eckstein vom 10. 8. 1878, zit. nach R. Wittmann: Das Literarische Leben 1848–1880, S. 185.

31 Zit. nach ebda.: S. 200.

32 Zit. nach ebda.: S. 201.

33 Vgl. A. Martino: Publikumsschichten und Leihbibliotheken. In H. A. Glaser (Hg.): Deutsche Literatur. Eine Sozialgeschichte. Bd. 7, Reinbek: Rowohlt 1982, S. 59–69, hier S. 67 f.

34 Emil Peschkau: Die Zeitungen und die Literatur. In: Die Gegenwart Jg. 1884, S. 59.

35 Der deutsche Sortimentsbuchhandel. In: Preußische Jahrbücher 53 (1884), S. 89–92, hier S. 90.

36 Vgl. G. Jäger: Die höhere Bildung. In R. Wittmann: Das Literarische Leben 1848–1880, S. 210–226.

37 E. Peschkau: Die Zeitungen und die Literatur, S. 59.

38 Franz Dingelstedt: Die deutsche Schillerstiftung. In: Allgemeine Zeitung 1865, zit. nach M. Bucher/W. Hahl/G. Jäger/R. Wittmann (Hg.): Realismus und Gründerzeit, Bd. 2, S. 601–607, hier S. 602.

39 Karl Gutzkow an Hermann Costenoble, Brief vom 25. 12. 1877. Zit. nach R. Wittmann: Sortimentsbuchhandel im Kaiserreich, S. 246.

40 Friedrich Zunkel: Der Rheinisch-Westfälische Unternehmer 1834–1879. Köln 1962, S. 76.

41 G. Wustmann: Der deutsche Buchhandel auf der Weltausstellung in Philadelphia. In: Die Grenzboten 1876, S. 321–330, hier S. 330.

42 S. Gätschenberger: Die unwürdigen Literaturzustände im neuen deutschen Reiche. Würzburg 1874, S. 11.

IX. Der Buchhandel um die Jahrhundertwende: „Kulturbuch" und „Massenbuch"

1 Vgl. dazu die von Ernst Umlauff erhobenen Zahlen bei H. Widmann: Geschichte, S. 154ff.

2 Vgl. Marcel Müller: Die ‚Deutsche Dichter-Gedächtnis-Stiftung'. In: AGB 26 (1986), S. 131–215, hier S. 174.

3 G. Jäger: Der Kampf gegen Schmutz und Schund, S. 176.

4 Vgl. dazu D. Breuer: Zensur, S. 198f. und 210ff.

5 Zit. nach Herbert G. Göpfert: Lesefrüchte. In A. Swierk (Hg.): Beiträge zur Geschichte des Buches und seiner Funktion in der Gesellschaft. Festschrift Hans Widmann. Stuttgart: Hiersemann 1974, S. 70–78, hier S. 71.

6 Vgl. H. Sarkowski: Der Herstellerberuf. Entstehung und Wandel. In: Buchhandelsgeschichte 1988/3, S. B 107–B 118.

7 Zur Rolle des Verlagsvertreters vgl. den anekdotenreichen Sammelband von Hans Jordan (Hg.): Auf Verlegers Rappen. München: Ehrenwirth 1986.

8 Vgl. dazu Herbert G. Göpfert: Zur Geschichte des Autorenhonorars. In H. G. Göpfert: Vom Autor zum Leser, S. 155–164.

9 Manfred Hellge: Der Verleger Wilhelm Friedrich und das ‚Magazin für die Literatur des In- und Auslandes'. Ein Beitrag zur Literatur- und Verlagsgeschichte des frühen Naturalismus in Deutschland. In: AGB 16 (1976), Sp. 791–1216, hier Sp. 1165.

10 Peter de Mendelssohn: S. Fischer und sein Verlag. Frankfurt/Main: Fischer 1970, S. 47.

11 Zu ihm vgl. die in Anm. 9 genannte Arbeit.

12 Ebda.: Sp. 1155.

13 F. Pfäfflin/I. Kussmaul: S. Fischer, S. 97.

14 Ebda.: S. 241.

15 Vgl. P. de Mendelssohn: S. Fischer, S. 526.

16 F. Pfäfflin/I. Kussmaul: S. Fischer, S. 11.

17 G. Schuster: Ein Glückskind und eine Art von Genie. In: Börsenblatt für den Deutschen Buchhandel 1990, S. 1735–1738, hier S. 1737.

18 Vgl. zu ihm Ulf Diederichs (Hg.): Eugen Diederichs, Selbstzeugnisse und Briefe von Zeitgenossen. Düsseldorf: Diederichs 1967 sowie Erich Viehöfer: Der Verleger als Organisator. Eugen Diederichs und die bürgerlichen Reformbewegungen der Jahrhundertwende. In: AGB 30 (1988), S. 1–147.

19 K. Rossbacher: Heimatkunstbewegung, S. 103.

20 Ebda.: S. 105.

21 Vgl. U. Zöller: Der Verlag Langewiesche-Brandt, S. 3.

22 Vgl. zu ihm Gary D. Stark: Der Verleger als Kulturunternehmer. Der J. F. Lehmanns Verlag und Rassenkunde in der Weimarer Republik. In: AGB 16 (1976), Sp. 29–328.

23 Anton Kippenberg an Hugo von Hofmannsthal, Brief vom 1. 12. 1906, zit. nach Gerhard Schuster (Hg.): Hugo von Hofmannsthal. Briefwechsel mit dem Insel-Verlag 1901–1929. In: AGB 25 (1984), Sp. 1–1090, hier Sp. 206f.

24 Vgl. Bernhard Zeller (Hg.): Die Insel. Eine Ausstellung zur Geschichte des Verlages unter Anton und Katharina Kippenberg. (Ausstellungskatalog des Schiller-Nationalmuseums 15). Stuttgart 1965, S. 146.
25 Zu ihm vgl. Wolfram Göbel: Der Kurt Wolff Verlag 1913–1930. Expressionismus als verlegerische Aufgabe. In: AGB 15(1975), Sp. 521–962.
26 Zu dessen Frühzeit vgl. Wolfram Göbel: Der Ernst Rowohlt Verlag 1910–1913. In: AGB 14(1974), Sp. 465–608.
27 Vgl. insbesondere Paul Raabes Handbuch: Die Autoren und Bücher des literarischen Expressionismus. Stuttgart: Metzler 1988.
28 B. Pinkerneil/D. Pinkerneil/V. Žmegač (Hg.): Literatur und Gesellschaft. Zur Sozialgeschichte der Literatur seit der Jahrhundertwende. Frankfurt: Athenäum 1973, S. XVIII.
29 Zur Publikationsstrategie vgl. Monika Dimpfl: Die Zeitschriften ‚Der Kunstwart', ‚Freie Bühne/Neue Deutsche Rundschau' und ‚Blätter für die Kunst': Organisation literarischer Öffentlichkeit um 1900. In Monika Dimpfl/Georg Jäger (Hg.): Zur Sozialgeschichte der deutschen Literatur im 19. Jahrhundert. Einzelstudien Teil II. Tübingen: Niemeyer 1990, S. 116–197.
30 Zit. nach E. Ruprecht/D. Bänsch: Literarische Manifeste der Jahrhundertwende 1890–1910. Stuttgart: Metzler 1970, S. 1.
31 W. Martens: Lyrik kommerziell, S. 40.
32 Ebda: S. 50.
33 E. Fischer: Der ‚Schutzverband Deutscher Schriftsteller', Sp. 56.
34 Ebda.: Sp. 62.
35 Ebda.: Sp. 171.
36 Zum folgenden vgl. U. Zöller: Langewiesche, S. 24 ff.
37 Ebda.: S. 29.
38 Vgl zu ihr die in Anm. 2 genannte Arbeit von Marcel Müller.
39 R. Engelsing: Analphabetentum, S. 129.
40 Ebda.: S. 124 f.
41 Vgl. dazu Lutz Winckler: Autor – Markt – Publikum. Zur Geschichte der Literaturproduktion in Deutschland. Berlin: Argumente-Verlag 1986, S. 61 ff.
42 Vgl. die eingehenden Analysen bei Dieter Langewiesche: Zur Freizeit des Arbeiters. Bildungsbestrebungen und Freizeitgestaltung österreichischer Arbeiter im Kaiserreich und in der Ersten Republik. Stuttgart: Klett-Cotta 1980, S. 174 ff.
43 Vgl. R. Schenda: Schundliteratur, S. 87.
44 G. Jäger: Medien. In: Handbuch der deutschen Bildungsgeschichte Bd. IV (im Erscheinen).
45 Vgl. R. Engelsing: Analphabetentum, S. 136.
46 Vgl. K. H. Rossbacher: Heimatkunstbewegung, S. 100 f.
47 Ebda.: S. 98.
48 A. Martino: Lektüre in Wien, S. 392.
49 Ebda.: S. 393 f.

1 G. Menz: Kulturwirtschaft. Leipzig: Lindner 1933, S. 108.
2 Albert Schramm: Deutschlands Verlagsbuchhandel. Leipzig: Tondeur 1925, S. VII–XIII.
3 Börsenblatt für den Deutschen Buchhandel 1928, Nr. 76, S. 341.
4 Herbert G. Göpfert: Bücherpreise: Kalkulationen und Relationen. In H. G. Göpfert: Vom Autor zum Leser, S. 119–142, hier S. 139.
5 E. Winterhoff: Die Krisis im deutschen Buchhandel, S. 44.
6 Wolfram Göbel: Sozialisierungstendenzen expressionistischer Verlage nach dem ersten Weltkrieg. In: IASL 1 (1976), S. 178–200, hier S. 199.
7 Vgl. Lutz Franz: Die Konzentrationsbewegung, S. 111 ff.
8 Zu ihr vgl. Bernadette Scholl: Die Büchergilde Gutenberg 1924–1933. In: Buchhandelsgeschichte 1983/3, S. B 89–B 109.
9 A. Döblin: Der moderne schöngeistige Verlag. Vortrag zum „Tag des Buches" am 22. 3. 1929, abgedruckt in: Börsenblatt für den Deutschen Buchhandel, Nr. 79 vom 6. April 1929, S. 374–376, hier S. 375.
10 S. Fischer, zit. nach F. Pfäfflin/I. Kußmaul: S. Fischer, S. 357 f. Vgl. auch Gisela Bruchner: Rudolf Borchardt und der Buchhandel. In: AGB 14 (1974), Sp. 285–348.
11 Ebda.
12 E. Winterhoff: Die Krisis im deutschen Buchhandel, S. 69.
13 Justus H. Ulbricht: „Die Quellen des Lebens rauschen in leicht zugänglicher Fassung ..." Zur Literaturpolitik völkischer Verlage in der Weimarer Republik. In Monika Estermann/Michael Knoche (Hg.): Von Göschen bis Rowohlt. Festschrift für Heinz Sarkowski. Wiesbaden: Harrassowitz 1990, S. 177–197, hier S. 194, 197. Vgl. dazu insgesamt auch Gary D. Stark: Entrepreneurs of Ideology. Neoconservative Publishers in Germany, 1880–1933. Chapel Hill: The University of North Carolina Press 1981 (u. a. zu Diederichs, der Hanseatischen Verlagsanstalt, Lehmanns und Stalling).
14 E. Rowohlt in Leopold Schwarzschild (Hg.): Das Tagebuch, Jg. 1930, S. 1762.
15 Zur „Buddenbrooks"-Kampagne s. F. Pfäfflin/I. Kußmaul: S. Fischer, S. 368 ff., das Zitat S. 372.
16 Zu ihm vgl. Gabriele Leschke: Der Malik-Verlag. In: Buchhandelsgeschichte 1985/3, S. B 81–B 98.
17 J. Ulbricht: „Die Quellen", S. 187.
18 Vgl. Andreas J. Meyer: Die Verlagsfusion Langen-Müller sowie ders.: Der Verleger des ‚Simplicissimus' und seine Nachfolger.
19 A. J. Meyer: Die Verlagsfusion, S. 220 (Zitat einer Absichtserklärung des DHV aus dem Jahr 1924).
20 Börsenblatt für den Deutschen Buchhandel Nr. 214 vom 15. 9. 1931; vgl. dazu A. J. Meyer: Die Verlagsfusion, S. 120.
21 Ebda: S. 218.
22 Zit. nach Hans Schwab-Felisch: Bücher bei Ullstein. In: Hundert Jahre Ullstein 1877–1977. Berlin: Ullstein 1977, Bd. 1, S. 179–216, hier S. 214.
23 Vgl. dazu R. Kast: Der deutsche Leihbuchhandel, S. 16.

24 Zit. nach A. Kaes (Hg.): Weimarer Republik, S. 76.
25 Zit. nach F. Pfäfflin/I. Kußmaul: S. Fischer, S. 345 f.
26 Zit. nach A. Kaes (Hg.): Weimarer Republik, S. 78 f.
27 Zit. nach J. Kuckart/J. Aufenanger: Else Lasker-Schüler. In Karl Corino (Hg.): Genie und Geld, S. 387–398, hier S. 393.
28 Zit. nach A. Kaes (Hg.): Weimarer Republik, S. 69.
29 Zit. nach Ulrich Lauterbach: Gerhart Hauptmann. In K. Corino (Hg.): Genie und Geld, S. 291–316, hier S. 314.
30 Vgl. dazu Leopold Schuwerack: Bertolt Brecht. In K. Corino (Hg.): Genie und Geld, S. 360–373, hier S. 365 ff.
31 Vgl. zum folgenden E. Fischer: Der ‹Schutzverband deutscher Schriftsteller›, Sp. 243 ff.
32 Vgl. dazu Gerhard Hay: Literatur und Rundfunk 1923–1933. Hildesheim: Gerstenberg 1975.
33 Vgl. dazu Ludwig Greve/Margot Pehle/Heidi Westhoff: Hätte ich das Kino! Die Schriftsteller und der Stummfilm. (Ausstellungskatalog des Schiller-Nationalmuseums 27). München: Kösel 1976.
34 Zit. nach D. Breuer: Zensur, S. 229.
35 E. Fischer: Der ‚Schutzverband deutscher Schriftsteller', Sp. 539.
36 Vgl. zu diesen Auseinandersetzungen Jochen Meyer: Berlin Provinz. Literarische Kontroversen um 1930. (Marbacher Magazin 35). Stuttgart 1985.
37 Zit. nach A. Kaes (Hg.): Weimarer Republik, S. 672 f.
38 Vgl. Gerhard Menz: Kulturwirtschaft, S. 255.
39 W. Herzfelde in: Das Tagebuch, Bd. 10 (1929), S. 476.
40 Werner Mahrholz: Der moderne Leser. Vortrag zum „Tag des Buches" 1929, zit. nach Börsenblatt für den Deutschen Buchhandel Nr. 87 vom 16. April 1929, S. 417 f.
41 Vgl. Dieter Langewiesche: ‚Volksbildung' und ‚Leserlenkung' in Deutschland von der Wilhelminischen Ära bis zur nationalsozialistischen Diktatur. In: IASL 14/1 (1989), S. 108–125.
42 Vgl. Walter Nutz: Massenliteratur. In H. A. Glaser (Hg.): Deutsche Literatur. Eine Sozialgeschichte. Bd. 9, Reinbek: Rowohlt 1983, S. 200–211, hier S. 202.
43 Carl von Ossietzky: Ketzereien zum Büchertag. In: Die Weltbühne Jg. 25 (1929), Heft 12, S. 441–445.

XI. Der Buchhandel im Dritten Reich und im Exil

1 Volker Dahm: Die nationalsozialistische Schrifttumspolitik, S. 51.
2 Zum gesamten Thema jetzt unentbehrlich die Studie von Jan-Pieter Barbian: Literaturpolitik im „Dritten Reich". (Institutionen, Kompetenzen, Betätigungsfelder. In: AGB Bd. 40 (1993), S. 1–394. 2. Auflage München: dtv 1995.
3 Ebda.: S. 44.
4 Zit.nach I. Behlke: In den Katakomben. Jüdische Verlage in Deutschland 1933 –1938. (Marbacher Magazin 25). Marbach 1983, S. 78.
5 Vgl. Gottfried Bermann-Fischer: Bedroht – bewahrt. Weg eines Verlegers. Frankfurt/Main: Fischer 1971.

6 Vgl. zu ihm die grundlegende Studie von Volker Dahm: Das jüdische Buch im Dritten Reich und der Schocken Verlag.
7 Vgl. zum Vorhergehenden V. Dahm: Kulturelles und geistiges Leben, S. 264 f.
8 V. Dahm: Die nationalsozialistische Schrifttumspolitik, S. 61.
9 Ebda.: S. 67.
10 Anweisungen der Kulturpolitischen Pressekonferenz, zit. nach Helga Geyer-Ryan: Wunschkontrolle-Kontrollwünsche. Die Gleichschaltung der Populärliteratur im Dritten Reich. In J. Theunecke (Hg.): Leid der Worte, S. 177–206, hier S. 203.
11 V. Dahm: Die nationalsozialistische Schrifttumspolitik, S. 76.
12 Vgl. D. Strothmann: Nationalsozialistische Literaturpolitik, S. 362.
13 Vgl. Karl Baur: Wenn ich so zurückdenke ... Ein Leben als Verleger in bewegter Zeit. München: Deutscher Taschenbuch Verlag 1985.
14 Vgl. H. D. Schäfer: Das gespaltene Bewußtsein, S. 15 f.
15 Vgl. Joseph Wulf: Literatur und Dichtung im Dritten Reich. Gütersloh: Mohn 1963, S. 425 f. und Bundesarchiv Koblenz R 56 V/71, Bl. 29–38. Bei Koehler & Volckmar rivalisierten parteifromme und liberale Teilhaber, letztere konnten sich 1938 behaupten.
16 Vgl. auch Gerhard Renner: Frank Thiess: Ein ‚freier Schriftsteller' im Nationalsozialismus. In: Buchhandelsgeschichte 1990/2, S. B 41–B 50.
17 Bundesarchiv Koblenz, Bestand R 56 V/34, 211 f. (Hinweis von A. Holzwig).
18 Vgl. H. D. Schäfer: Das gespaltene Bewußtsein, S. 11.
19 Vgl. dazu Klaus Dieter-Oelze: Das Feuilleton der Kölnischen Zeitung im Dritten Reich. Frankfurt am Main: Lang 1990.
20 H. P. Meister: Der Künstler im Krieg. In: Die Reichskulturkammer 1944/2, S. 140 (Hinweis von J. P. Barbian).
21 Vgl. dazu D. Strothmann: Nationalsozialistische Literaturpolitik, S. 376 ff.
22 Vgl. H. D. Schäfer: Das gespaltene Bewußtsein, S. 12 ff. mit zahlreichen Belegen.
23 D. Strothmann: Nationalsozialistische Literaturpolitik, S. 381.
24 H. D. Schäfer: Das gespaltene Bewußtsein, S. 111.
25 Vgl. dazu und zum folgenden Raimund Kast: Der deutsche Leihbuchhandel, S. 184 ff. 1934 sprach das Reichsbuchamt dagegen von „etwa 4 Millionen Volksgenossen wöchentlich" als Leihbibliothekskunden (zit. nach H. Geyer-Ryan: Wunschkontrolle, S. 183).
26 Zit. nach A. Stephan: Die deutsche Exilliteratur, S. 84.
27 Ebda.
28 Zit. nach F. Pfäfflin/I. Kußmaul: S. Fischer, S. 505.
29 Vgl. Friedrich Pfäfflin (Hg.): Tribüne und Aurora. Wieland Herzfelde und Berthold Viertel Briefwechsel 1940–1949. Mainz: v. Hase & Köhler 1990, S. 13.
30 A. Stephan: Die deutsche Exilliteratur, S. 119 f.
31 Vgl. Hans Sarkowicz: Die literarischen Apologeten des Dritten Reiches. Zur Rezeption der vom Nationalsozialismus geförderten Autoren nach 1945. In J. Theunecke (Hg.): Leid der Worte, S. 435–459, hier S. 436.

1 Die älteren Darstellungen aus westlicher wie östlicher Perspektive sind wegen ihrer eingeschränkten Quellenbasis bzw. ihrer tendenziösen Darstellung nicht mehr brauchbar. Eine umfassende neue Untersuchung steht aus. Vgl. jedoch Frank Wagner: ‚Stiefkind' DDR-Verlagsgeschichte? In: Buchhandelsgeschichte 1997/4, S. B199–B 208 (mit Bibliographie). S. auch das Verzeichnis neuerer Forschungsliteratur am Ende der Literaturhinweise.

2 Das gilt vor allem für den vorzüglichen Band von Simone Barck/Martina Langermann/Siegfried Lokatis: „Jedes Buch ein Abenteuer." Zensur-System und literarische Öffentlichkeit in der DDR bis Ende der sechziger Jahre. (Zeithistorische Studien 9) Berlin: Akademie Verlag 1997.

3 Vgl. dazu Siegfried Lokatis / Stefan Tiepmar: Verlagsarchive der DDR. Ein Überblick. In: Leipziger Jahrbuch zur Buchgeschichte 6 (1996), S. 451–466.

4 Barck/Langermann/Lokatis: „Jedes Buch ein Abenteuer", S. 15.

5 Vgl. dazu die Beiträge von S. Lokatis ebda.

6 Zu ihm vgl. Carsten Wurm: Der frühe Aufbau-Verlag 1945–1961. Konzepte und Kontroversen. Wiesbaden: Harrassowitz 1996.

7 Vgl. dazu anschaulich Klaus G. Saur: Die Leipziger Buchmesse 1946 bis 1989. In: Lehmstedt/Lokatis: Das Loch in der Mauer, S. 121–131.

8 Vgl. den auch zur Entwicklung der Zensur überaus materialreichen Band von Barck/Langermann/Lokatis sowie den Sammelband von Ernest Wichner/Herbert Wiesner (Hg.): „Literaturentwicklungsprozesse". Die Zensur der Literatur in der DDR. Frankfurt/Main: Suhrkamp 1993.

9 Zit. nach D. Breuer: Zensur, S.244.

10 Vgl. Barck/Langermann/Lokatis: „Jedes Buch ein Abenteuer" v.a. Kap. 6–7 (S. 227–347) zum MDV und Carsten Wurm: Der frühe Aufbau-Verlag 1945–1961.

11 So der Lektor Overbeck zum Autor Schuster in Günter de Bruyn: Preisverleihung. Halle: Mitteldeutscher Verlag 1972, hier zitiert nach der Ausgabe Frankfurt/M.: Fischer Taschenbuch Verlag 1993, S. 70.

12 Vgl. Konrad Franke: „Deine Darstellung ist uns wesensfremd". In: Wichner/Wieser: „Literaturlenkungsprozesse", S. 101–127, hier S. 114 ff.

13 J. Walther: Sicherungsbereich Literatur, S. 764 ff. Beispiele für die Arbeit der Lektoren bietet u.a. die dreibändige, vom einstigen Verlagschef mitdierte Auswahlausgabe von Autorenkorrespondenz des Aufbau-Verlages: Elmar Faber/Carsten Wurm (Hg.): „Allein mit Lebensmittelkarten ist es nicht auszuhalten ..." (1945–1949), „... und leiser Jubel zöge ein" (1950–1959), „Das letzte Wort hat der Minister" (1960–1969). Berlin: Aufbau 1991–1994.

14 Barck/Langermann/Lokatis, S. 432.

15 Vgl. Mark Lehmstedt/Siegfried Lokatis (Hg.): Das Loch in der Mauer. Der innerdeutsche Literaturaustausch. Wiesbaden: Harrassowitz 1997.

16 So der Titel des gleichnamigen Sammelbandes von Mark Lehmstedt und Siegfried Lokatis.

17 Vgl. Wulf D. von Lucius: Die Zusammenarbeit der Gustav Fischer Verlage

in Stuttgart und Jena 1953 bis 1989. In: Lehmstedt/Lokatis: Das Loch in der Mauer, S. 198–219.

18 „‚Stiller' im Stahlschrank." Gespräch mit Kurt Peterknecht. In: Börsenblatt für den deutschen Buchhandel 99 vom 12. 12. 1995, S. 12–13.

19 Carsten Wurm: Der frühe Aufbau-Verlag 1945–1961, S. 237 weist auf das „wegweisende Modell des buchkünstlerisch anspruchsvollen Massenbuches" in der DDR hin.

20 Vgl. Manfred Jäger: Das Wechselspiel von Selbstzensur und Literaturlenkung in der DDR. In: Wichner/Wieser: „Literaturlenkungsprozesse", S. 18–49.

21 Karl Corino (Hg.): Die Akte Kant. IM „Martin", die Stasi und die Literatur in Ost und West. Reinbek: Rowohlt 1995.

22 Joachim Walther: Sicherungsbereich Literatur. Schriftsteller und Staatssicherheit in der Deutschen Demokratischen Republik. Berlin: Links 1996.

23 Ebda., S. 558.

24 Vgl. Reiner Kunze: Deckname „Lyrik". Eine Dokumentation. Frankfurt am Main: S. Fischer 1990 sowie auch Günter de Bruyn: Vierzig Jahre. Ebda. 1996.

25 Vgl. die Dokumentensammlung „Drohgebärden" in Wiesner/Wichner, S. 128 ff.

26 Klaus Höpcke: Leser und Lesen in Gegenwart und Zukunft. In: Leser und Lesen in Gegenwart und Zukunft. Hg. vom Institut für Verlagswesen und Buchhandel Karl-Marx-Universität Leipzig 1990, S. 23–48, hier S. 33.

27 Vgl. dazu die apologetische, bereits bei Erscheinen obsolete Arbeit von Ursula E. Köhler: Lesekultur in den beiden deutschen Staaten. In: Archiv für Soziologie und Wirtschaftsfragen des Buchhandels (Beilage zum Börsenblatt für den Deutschen Buchhandel) LXIV (1990), S. W 2369–W 2462.

28 Karl Corino: Die Akte Kant, S. 13.

29 Vgl. dazu Mark Lehmstedt: Im Dickicht hinter der Mauer – der Leser. In: Lehmstedt/Lokatis: Das Loch in der Mauer, S. 348–357.

30 Bernd Lindner: Funktionswandel von Literatur und Lesen. In: IASL 18/2 (1993), S. 145–160, hier S. 152.

31 Vgl. dazu die leider fehlerhafte Studie von Marie-Kristin Rumland: Veränderungen in Verlagswesen und Buchhandel der ehemaligen DDR 1989–1991. Wiesbaden: Harrassowitz 1994.

32 Zit. nach F. Pfäfflin/I. Kußmaul: S. Fischer, S. 655 ff.

33 Vgl. dazu Gerhard Hay/Hartmut Rambaldo/Joachim W. Storck: „Als der Krieg zu Ende war". Literarisch-politische Publizistik 1945–1950. (Ausstellungskatalog des Schiller-Nationalmuseums). München: Kösel 1973.

34 Hartmann Goertz: Die Flucht in die Zeitschrift. In: Die Neue Zeitung, 13. 1. 1947, zit. nach ebda.: S. 162.

35 Lambert Schneider, zit. nach ebda.: S. 504.

36 Vgl. zu ihm die im AGB erschienene Dissertation von Bernd R. Gruschka.

37 Vgl. dazu Christina Bylow: Hermann Broch und der Verleger Willi Weismann,. In AGB 38 (1992), S. 191–255.

38 Vgl. Die Buchpreisbindung aus europarechtlicher, ökonomischer und kul-

turhistorischer Sicht. Frankfurt: Buchhändler-Vereinigung 1997. S. auch die konzise Argumentation in Börsenblatt für den Deutschen Buchhandel vom 7. Juli 1998, Extra, S. 2–20.

39 Hannes Schwenger: Buchmarkt und literarische Öffentlichkeit. In Ludwig Fischer (Hg.): Hansers Sozialgeschichte der deutschen Literatur. Bd. 10, S. 99–124, hier S. 105.

40 Vgl. dazu Ulf Diederichs: Annäherungen an das Sachbuch. In Rudolf Radler (Hg.): Die deutschsprachige Sachliteratur. (Kindlers Literaturgeschichte der Gegenwart). München: Kindler 1978, S. 1–37, hier S. 26f.

41 Dazu jetzt umfassend neben A. Martino Raimund Kast: Der deutsche Leihbuchhandel und seine Organisationen im 20. Jahrhundert. In: AGB 36 (1991), S. 163–349.

42 Vgl. dazu Michael Kollmannsberger: Buchgemeinschaften im deutschen Buchmarkt. Wiesbaden: Harrassowitz 1995, zur aktuellen Situation S. 46ff.

43 H. L. Arnold: Literaturbetrieb, S. 113.

44 Ebda.: S. 115.

45 R. Schnell: Die Literatur der Bundesrepublik, S. 35.

46 Zit. nach H. Friedrich: Aufräumarbeiten. München: Deutscher Taschenbuch Verlag 1987, S. 107.

47 Vgl. zuletzt Buchreport 1998/14, S. 40–76.

48 Diese und weitere statistische Angaben zum Jahr 1997 nach: Buch und Buchhandel in Zahlen 1998. Frankfurt: Buchhändler-Vereinigung 1998. Die Titelstatistik wird von der Deutschen Bibliothek neuerdings nur auf der Basis der Erstauflagen berechnet.

49 H. L. Arnold: Literaturbetrieb, S. 90.

50 Nach Gerd Frederking: Verlagskalkulation und Nebenrechtsverwertung. In P. Vodosek (Hg.): Das Buch in Praxis und Wissenschaft, S. 106–113, hier S. 108f.

51 Vgl. dazu insgesamt G. Frederkings Beitrag.

52 Ebda.: S. 112.

53 Vgl. dazu Florian Tilebier-Langenscheidt: Werbung für deutsche Gegenwartsliteratur. In: AGB 23(1983), Sp. 1–386.

54 Siegfried Unseld: Der Autor und sein Verleger. Frankfurt am Main: Suhrkamp o.J., S. 43.

55 Zit. nach H.G. Göpfert: Der Briefwechsel Hesse-Suhrkamp. In: Börsenblatt für den Deutschen Buchhandel 1969, Nr. 78, S. 2265.

56 Vgl. dazu Roger Thiel: Ästhetik der Aufklärung – Aufklärung der Ästhetik. Eine kritische Physiognomie der edition suhrkamp. In: Wolfenbütteler Notizen zur Buchgeschichte XV(1990), S. 1–47.

57 Zit. nach R. Schnell: Die Literatur der Bundesrepublik, S. 33.

58 H. Schwenger: Literaturproduzenten – eine deutsche Kulturrevolution. In F. Benseler/H. May/H. Schwenger: Literaturproduzenten! Berlin: Voltaire (1970), S. 5–28, hier S. 28.

59 Vgl. Peter Urban (Hg.): Das Buch vom Verlag der Autoren 1969–1989. Frankfurt/Main: Verlag der Autoren 1989, S. 29.

60 Vgl. dazu Thomas Bez: Probleme des Zwischenbuchhandels. In P. Vodosek (Hg.): Das Buch in Praxis und Wissenschaft, S. 380–407.

61 H. Schwenger: Buchmarkt und literarische Öffentlichkeit, S. 116. Vgl. auch

Ulrike Buergel-Goodwin: Die Reorganisation der westdeutschen Schriftstellerverbände 1945–1952. In: AGB 18 (1977), Sp. 361–524.

62 Zit. nach ebda.: S.118.

63 Angelika Mechtel. Alte Schriftsteller in der Bundesrepublik. Gespräche und Dokumente. München: Piper 1972.

64 K. Fohrbeck/A. Wiesand: Der Autorenreport, S. 19.

65 R. Schnell: Die Literatur der Bundesrepublik, S. 14.

66 Vgl. Claus J. Franck: Producer – die verhinderten Verleger. In P. Vodosek (Hg.): Das Buch in Praxis und Wissenschaft, S. 41–48, hier S. 46.

67 Vgl. vor allem die Beilage des Börsenblattes „Archiv für Soziologie und Wirtschaftsfragen des Buchhandels“ und die „Bertelsmann Briefe“ sowie die Studie von Ulrich Saxer/Wolfgang Langenbucher/Angela Fritz: Kommunikationsverhalten und Medien. Gütersloh: Bertelsmann Stiftung 1989.

68 L. Fischer: Heftromane. In ders.: Hansers Sozialgeschichte der deutschen Literatur. Bd.10, S. 546–563, hier S. 547.

69 Vgl. Reinhold Krämer: Die gekaufte Zukunft. Zu Produktion und Rezeption von Science Fiction in der Bundesrepublik Deutschland nach 1945. In: AGB 34 (1990), S. 117–266, hier S.153 f.

70 Ebda.: S. 242.

71 Vgl. G. Schmidtchen: Lesekultur in Deutschland. In: Börsenblatt für den Deutschen Buchhandel 1968, Nr. 70.

72 Vgl. Helmut Größer: Die Zukunft des Lesens. In P. Vodosek (Hg.): Das Buch in Praxis und Wissenschaft, S. 612–631, hier S. 616f.

73 H. Blumenberg: Die Lesbarkeit der Welt. Frankfurt: Suhrkamp 1983, S. 17.

74 Frank Wössner: Lesekompetenz schafft Medienkompetenz. In: Klaus Ring/Klaus von Trotha/Peter Voß (Hg.): Lesen in der Informationsgesellschaft – Perspektiven der Medienkultur. Baden-Baden: Nomos 1997, S. 77–81, hier S. 77.

75 Diese unterste Stufe des Leseverständnisses verharrt bei der Identifikation von Einzelinformationen ohne Fähigkeit zur Verknüpfung. Vgl. dazu Rainer H. Lehmann: Wie gut können Deutsche lesen? – Neue Untersuchungsergebnisse. In: Ring/Trotha/Voß, S. 126–136.

76 H. Blumenberg: Die Lesbarkeit der Welt, S. 17f.

Literaturverzeichnis

Dieses Verzeichnis enthält nach einem Überblick über die Standardliteratur zum Thema jeweils kapitelweise weiterführende Titel in strenger Auswahl. Nur ein- oder zweimal zitierte Titel sind in den Anmerkungen vollständig nachgewiesen, die dort nur in Kurzform erwähnten Titel sind hier verzeichnet; sofern ein Werk für mehrere Kapitel heranzuziehen ist, wird es jeweils nur beim erstenmal angegeben.

Zur Geschichte und aktuellen Lage der Buchhandelsgeschichte

Werner Arnold u.a. (Hg.): Die Erforschung der Buch- und Bibliotheksgeschichte in Deutschland. (Festschrift Paul Raabe). Wiesbaden: Harrassowitz 1987.

Herbert G. Göpfert: Buchhandel und Literaturwissenschaft. In Friedrich Uhlig (Hg.): Buchhandel und Wissenschaft. (Schriften zur Buchmarkt-Forschung 5). Gütersloh: Bertelsmann 1965, S. 118–134.

Paul Raabe: Die Geschichte des Buchwesens. Probleme einer Forschungsaufgabe. In ders.: Bücherlust und Lesefreuden. Beiträge zur Geschichte des Buchwesens im 18. und frühen 19. Jahrhundert. Stuttgart: Metzler 1984, S. 1–20.

Bibliographien

Wolfenbütteler Bibliographie zur Geschichte des Buchwesens im deutschen Sprachgebiet 1840–1980 (WBB). Bearbeitet von Erdmann Weyrauch unter Mitarb. v. Cornelia Fricke. Bd. 1 ff. München: Saur 1990 ff.

Bibliographie der Buch- und Bibliotheksgeschichte (BBB). Bearbeitet von Horst Meyer. Bad Iburg: Meyer 1982 ff.

Katalog der Bibliothek des Börsenvereins der Deutschen Buchhändler. 2 Bde. Leipzig: Börsenverein 1885 –1902.

Periodica

Archiv für Geschichte des Deutschen Buchhandels. Hg. von der Historischen Commission des Börsenvereins der Deutschen Buchhändler. 21 Bde. Leipzig: Börsenverein 1878–1898, 1930.

Archiv für Geschichte des Buchwesens. (AGB). Hg. von der Historischen Kommission des Börsenvereins des Deutschen Buchhandels. Frankfurt/Main: Buchhändler-Vereinigung 1958 ff.

Bertelsmann Briefe. Hg. von der Verlagsgruppe Bertelsmann. Wiesbaden/Gütersloh: Verlag für Buchmarkt und Medienforschung 1960 ff.

Börsenblatt für den Deutschen Buchhandel. Leipzig: Börsenverein 1835 ff. (seit 1945: Börsenblatt für den deutschen Buchhandel. Frankfurter Ausgabe.

Frankfurt/Main: Buchhändler-Vereinigung 1945 ff.; Börsenblatt für den deutschen Buchhandel. Fachzeitschrift für Verlagswesen und Buchhandel. Leipzig: Verlag für Buchhandel und Bibliothekswesen 1945–1990).

Buchhandelsgeschichte. Aufsätze, Rezensionen und Berichte zur Geschichte des Buchwesens. Hg. von der Historischen Kommission des Börsenvereins. Beilage zum Börsenblatt für den deutschen Buchhandel. Frankfurt/Main: Buchhändler-Vereinigung 1979 ff.

Gutenberg-Jahrbuch. Begründet von A. Ruppel, hg. von der Gutenberg-Gesellschaft. Mainz: Gutenberg-Gesellschaft 1926 ff.

Internationales Archiv für Sozialgeschichte der deutschen Literatur. (IASL). Hg. von W. Frühwald/G. Jäger/A. Martino. Tübingen: Niemeyer 1976 ff.

Wolfenbütteler Notizen zur Buchgeschichte. Hg. von der Herzog August Bibliothek Wolfenbüttel. Hamburg: Hauswedell u. a. 1976 ff.

Lexika

Lexikon des gesamten Buchwesens. Hg. von Severin Corsten, Günther Pflug und F. A. Schmidt-Künsemüller. Zweite, völlig neu bearb. u. erweiterte Auflage. Stuttgart: Hiersemann 1985 ff.

Gesamtdarstellungen (auch einzelner Bereiche)

Alfred C. Baumgärtner (Hg.): Lesen – Ein Handbuch. Hamburg: Verlag für Buchmarkt-Forschung 1973.

Dieter Breuer: Geschichte der literarischen Zensur in Deutschland. Heidelberg: Quelle & Meyer 1982.

Rolf Engelsing: Analphabetentum und Lektüre. Zur Sozialgeschichte des Lesens in Deutschland zwischen feudaler und industrieller Gesellschaft. Stuttgart: Metzler 1973.

Geschichte des Deutschen Buchhandels. Im Auftrag des Börsenvereins der Deutschen Buchhändler hg. von der Historischen Kommission desselben. Leipzig: Börsenverein 1886–1923 (Reprint Leipzig 1972). Bd. 1: Friedrich Kapp: Geschichte des Deutschen Buchhandels bis in das siebzehnte Jahrhundert. 1886. Bd. 2: Johann Goldfriedrich: Geschichte des Deutschen Buchhandels vom Westfälischen Frieden bis zum Beginn der klassischen Litteraturperiode (1648–1740). 1908. Bd. 3: Johann Goldfriedrich: Geschichte des Deutschen Buchhandels vom Beginn der klassischen Litteraturperiode bis zum Beginn der Fremdherrschaft (1740–1804). 1909. Bd. 4: Johann Goldfriedrich: Geschichte des Deutschen Buchhandels vom Beginn der Fremdherrschaft bis zur Reform des Börsenvereins im neuen Deutschen Reiche (1805–1889). 1913. Registerband, bearbeitet von Johann Goldfriedrich. 1923.

Herbert G. Göpfert: Vom Autor zum Leser. Beiträge zur Geschichte des Buchwesens. München: Hanser 1977.

Walter Krieg: Materialien zu einer Entwicklungsgeschichte der Bücherpreise und des Autoren-Honorars vom 15. bis zum 20. Jahrhundert nebst einem Anhange: Kleine Notizen zur Auflagengeschichte der Bücher im 15. und 16. Jahrhundert. Wien: Stubenrauch 1953.

Gerhard Menz: Der deutsche Buchhandel. (Die deutsche Wirtschaft und ihre Führer Bd. 4). Gotha: Flamberg 1925.

Gerhard Menz: Deutsche Buchhändler. Vierundzwanzig Lebensbilder führender Männer des Buchhandels. Leipzig: Lehmann 1925.

Karl Schottenloher: Bücher bewegten die Welt. Eine Kulturgeschichte des Buches. 2 Bde. Stuttgart: Hiersemann ²1968.

Gerd Schulz: Buchhandels-Ploetz. Abriß der Geschichte des deutschsprachigen Buchhandels von Gutenberg bis zur Gegenwart. Würzburg/Freiburg: Ploetz/Herder 1973.

Hans Widmann: Geschichte des Buchhandels. Vom Altertum bis zur Gegenwart. Teil 1: Bis zur Erfindung des Buchdrucks sowie Geschichte des deutschen Buchhandels. Wiesbaden: Harrassowitz 1975.

Hans Widmann (Hg.): Der deutsche Buchhandel in Urkunden und Quellen. Unter Mitwirkung von Horst Kliemann und Bernhard Wendt. 2 Bde. Hamburg: Hauswedell 1965.

I. Der Buchhandel vor Gutenberg und in der Frühdruckzeit

Tilo Brandis: Handschriften- und Buchproduktion im 15. und frühen 16. Jahrhundert. In L. Grenzmann/K. Stackmann (Hg.): Literatur und Laienbildung, S. 176–193.

Norbert Brockmeyer: Die soziale Stellung der ‹Buchhändler› in der Antike. In: AGB 13(1973), Sp. 237–248.

Gerhard Eis: Vom Lesestein und der spätmittelalterlichen Literatur. In G. Eis: Vom Werden altdeutscher Dichtung. Literarhistorische Proportionen. Berlin: Schmidt 1962, S. 39–57.

Elizabeth L. Eisenstein: The printing press as an agent of change. Communications and cultural transformations in early-modern Europe. 2 Bde. Cambridge: Cambridge University Press 1979.

Ferdinand Geldner: Inkunabelkunde. Eine Einführung in die Welt des frühesten Buchdrucks. Wiesbaden: Reichert 1978.

Michael Giesecke: Als die alten Medien neu waren. Medienrevolutionen in der Geschichte. In Rüdiger Weingarten (Hg.): Information ohne Kommunikation? Frankfurt/Main: S. Fischer 1990, S. 75–97.

Ludger Grenzmann/Karl Stackmann (Hg.): Literatur und Laienbildung im Spätmittelalter und in der Reformationszeit. Symposion Wolfenbüttel 1981. Stuttgart: Metzler 1984.

Heinrich Grimm: Die Buchführer des deutschen Kulturbereichs und ihre Niederlassungsorte in der Zeitspanne 1490 bis um 1550. In: AGB 7 (1967), Sp. 1153 –1772.

Oscar von Hase: Die Koberger. Eine Darstellung des buchhändlerischen Geschäftsbetriebes in der Zeit des Übergangs vom Mittelalter zur Neuzeit. Leipzig: Breitkopf & Härtel ²1885 (Reprint 1967).

Rudolf Hirsch: Printing, selling and reading 1450–1550. Wiesbaden: Harrassowitz 1967.

Albert Kapr: Johannes Gutenberg. Persönlichkeit und Leistung. München: Beck 1987.

Albrecht Kirchhoff: Die Handschriftenhändler des Mittelalters. 2 Bde. 1853–1855 (Reprint Osnabrück 1966).

Hans Lülfing: Schreibkultur vor Gutenberg. In Hans Widmann (Hg.): Der gegenwärtige Stand der Gutenbergforschung, S. 48–67.

Wolfgang Oeser: Die Brüder des gemeinsamen Lebens in Münster als Bücherschreiber. In: AGB 5 (1964), Sp. 197–398.

Manfred Sauer: Die deutschen Inkunabeln, ihre historischen Merkmale und ihr Publikum. Diss. phil. Köln. Düsseldorf: Triltsch 1956.

Friedrich Adolf Schmidt-Künsemüller: Gutenbergs Schritt in die Technik. In Hans Widmann (Hg.): Der gegenwärtige Stand der Gutenberg-Forschung, S. 122–147.

Klaus Schreiner: Grenzen literarischer Kommmunikation. Bemerkungen zur religiösen und sozialen Didaktik der Laienbildung im Spätmittelalter und in der Reformation. In: L. Grenzmann/K. Stackmann (Hg.): Literatur und Laienbildung, S. 1–20.

Hans Widmann (Hg.): Der gegenwärtige Stand der Gutenberg-Forschung. Stuttgart: Hiersemann 1972.

Hans M. Winteroll: Summae innumerae. Die Buchanzeigen der Inkunabelzeit und der Wandel lateinischer Gebrauchstexte im frühen Buchdruck. Stuttgart: Heinz 1987.

II. Der Buchhandel im Zeitalter der Konfessionskämpfe

Josef Benzing: Die deutschen Verleger des 16. und 17. Jahrhunderts. Eine Neubearbeitung. In: AGB 18 (1977), Sp. 1077–1322.

Dieter Breuer: Oberdeutsche Literatur 1550–1650. Deutsche Literaturgeschichte und Territorialgeschichte in frühabsolutistischer Zeit. (Zeitschrift für Bayer. Landesgeschichte Reihe B, Beiheft 11). München: Beck 1979.

Ulrich Eisenhardt: Die kaiserliche Aufsicht über Buchdruck, Buchhandel und Presse im Heiligen Römischen Reich Deutscher Nation (1496–1806). Ein Beitrag zur Geschichte der Bücher- und Pressezensur. Karlsruhe: Müller 1970.

Herbert G. Göpfert/Peter Vodosek/Erdmann Weyrauch/Reinhard Wittmann (Hg.): Beiträge zur Geschichte des Buchwesens im konfessionellen Zeitalter. (Wolfenbütteler Schriften zur Geschichte des Buchwesens 11). Wiesbaden: Harrassowitz 1985.

Hans Joachim Köhler (Hg.): Flugschriften als Massenmedium der Reformationszeit. Beiträge zum Tübinger Symposion 1980. Stuttgart: Klett-Cotta 1981.

Hans Joachim Köhler: Die Flugschriften der frühen Neuzeit. In: W. Arnold u. a. (Hg.): Die Erforschung der Buch- und Bibliotheksgeschichte in Deutschland, S. 307–345.

Fritz Krafft/Dieter Wuttke (Hg.): Das Verhältnis der Humanisten zum Buch. (Kommission für Humanismusforschung, Mitt. Bd. 4). Bonn: Deutsche Forschungsgemeinschaft 1977.

Martin Vogel: Deutsche Urheber- und Verlagsrechtsgeschichte zwischen 1450 und 1850. In: AGB 19 (1978), Sp. 1–190.

Bernhard Wendt: Von Buchhändlern, Buchdruckern und Buchführern. Ein kritischer Beitrag des Johann Friedrich Coelestin aus dem 16. Jahrhundert. In: AGB 13 (1973), Sp. 1587–1624.

Erdmann Weyrauch: Überlegungen zur Bedeutung des Buches im Jahrhundert der Reformation. In H. J. Köhler (Hg.): Flugschriften als Massenmedium der Reformationszeit, S. 243–259.

Rainer Wohlfeil: Reformatorische Öffentlichkeit. In: L. Grenzmann/ K. Stackmann (Hg.): Literatur und Laienbildung, S. 41–52.

III. Der Buchhandel der Barockzeit – das „Tauschzeitalter"

Adrian Beier: Kurtzer Bericht von Der Nützlichen und Fürtrefflichen Buch-Handlung und Deroselben Privilegien. Jena: Meyer 1690.

J. A. Birnbaum: Eines Auffrichtigen Patrioten Unpartheyische Gedancken über einige Quellen und Wirckungen des Verfalls der ietzigen Buchhandlung. Schweinfurt 1733.

Heinrich Bosse: Autorschaft ist Werkherrschaft. Über die Entstehung des Urheberrechts aus dem Geist der Goethezeit. Paderborn: Schöningh 1981.

Wolfgang Brückner/Peter Blickle/Dieter Breuer (Hg.): Literatur und Volk im 17. Jahrhundert. Probleme populärer Kultur in Deutschland. (Wolfenbütteler Arbeiten zur Barockforschung 13). Wiesbaden: Harrassowitz 1985.

Ahasverus Fritsch: Abhandlungen von denen Buchdruckern/Buchhändlern/Papiermachern und Buchbindern/ Insonderheit von deren Statuten/ Freyheiten/ Streitigkeiten, der Bücher-Censur [...]. Regensburg: Seiffahrt 1750.

Hans Jürgen Gabler: Der Tod des Mäzens. Politische Rhetorik im Dienste des literarischen Marktes. In: Rhetorik im 18. Jahrhundert. (Rhetorik 3), S. 35–64.

Aegidius Henning: Gepriesener Büchermacher Oder Von Büchern/ und Bücher machen ein zwar kleines/ jedoch lustiges und erbauliches Büchlein. Frankfurt: Zunner 1666.

Alberto Martino: Barockpoesie, Publikum und Verbürgerlichung der literarischen Intelligenz. In: IASL 1(1976), S. 107–145.

David L. Paisey: Deutsche Buchdrucker, Buchhändler und Verleger 1701–1750. Wiesbaden: Harrassowitz 1988.

Paul Raabe (Hg.): Bücher und Bibliotheken im 17. Jahrhundert in Deutschland. (Wolfenbütteler Schriften zur Geschichte des Buchwesens 6). Hamburg: Hauswedell 1980.

Albrecht Schöne (Hg.): Stadt – Schule – Universität – Buchwesen und die deutsche Literatur im 17. Jahrhundert. München: Beck 1976.

Johann Balthasar Schupp: Der Bücherdieb. Hamburg 1658.

Wolfgang von Ungern-Sternberg: Schriftsteller und literarischer Markt. In Rolf Grimminger (Hg.): Deutsche Aufklärung bis zur Französischen Revolution. (Hansers Sozialgeschichte der deutschen Literatur vom 16. Jh. bis zur Gegenwart 3). München: Hanser 1980, S. 133–185.

Martin Welke: Gemeinsame Lektüre und frühe Formen von Gruppenbildungen im 17. und 18. Jahrhundert: Zeitunglesen in Deutschland. In Otto Dann (Hg.): Lesegesellschaften und bürgerliche Emanzipation, S. 29–53 [s. Kap. VI].

Reinhard Wittmann (Hg.): Bücherkataloge als buchgeschichtliche Quellen in der frühen Neuzeit. (Wolfenbütteler Schriften zur Geschichte des Buchwesens 10). Wiesbaden: Harrassowitz 1985.
Reinhard Wittmann: Buchmarkt und Lektüre im 18. und 19. Jahrhundert. Beiträge zum literarischen Leben 1750–1880. (Studien und Texte zur Sozialgeschichte der deutschen Literatur 6). Tübingen: Niemeyer 1982.
Reinhard Wittmann (Hg.): Das Buchwesen im Barock. (Quellen zur Geschichte des Buchwesens 1). München: Kraus Reprint 1981. (Reprints der Schriften von A. Beier, A. Fritsch, A. Henning und J. B. Schupp).
Reinhard Wittmann (Hg.): ‹Verfall der Buchhandlung› und erste Reformpläne. (Quellen zur Geschichte des Buchwesens 3). München: Kraus Reprint 1981. (Reprints der Schrift von J. A. Birnbaum u. a.).
Reinhard Wittmann: Ein Verlag und seine Geschichte. 300 Jahre J. B. Metzler. Stuttgart: Metzler 1982.

IV. Die Entstehung des modernen Buchhandels: Nettohandel, Nachdruck, Reformversuche

Giles Barber/Bernhard Fabian (Hg.): Buch und Buchhandel in Europa im 18. Jahrhundert. (Wolfenbütteler Schriften zur Geschichte des Buchwesens 4). Hamburg: Hauswedell 1981.
Ernst Fischer (Hg.): Der Buchmarkt der Goethezeit. Eine Dokumentation. 2 Bde. Hildesheim: Gerstenberg 1986.
Johann Georg Heinzmann: Appell an meine Nation. Ueber die Pest der deutschen Literatur. Bern 1795. Reprint mit Nachwort von R. Wittmann. Hildesheim: Gerstenberg 1977.
Rudolf Jentzsch: Der deutsch-lateinische Büchermarkt nach den Leipziger Ostermeß-Katalogen von 1740, 1770, und 1800 in seiner Gliederung und Wandlung. Leipzig: Voigtländer 1912.
Helmuth Kiesel/Paul Münch: Gesellschaft und Literatur im 18. Jahrhundert. Voraussetzungen und Entstehung des literarischen Markts in Deutschland. München: Beck 1977.
Mark Lehmstedt: Philipp Erasmus Reich (1717–1787). Verleger der Aufklärung und Reformer des deutschen Buchhandels. (Ausstellungskatalog). Leipzig 1989.
August Schürmann: Die Entwickelung des Deutschen Buchhandels zum Stande der Gegenwart. Halle: Buchhandlung des Waisenhauses 1880.
Lutz Winckler: Autor – Markt – Publikum. Zur Geschichte der Literaturproduktion in Deutschland. Berlin: Argument 1986.
Reinhard Wittmann: Die frühen Buchhändlerzeitschriften als Spiegel des literarischen Lebens. In: AGB 13(1973), Sp. 613–932.
Reinhard Wittmann: Der gerechtfertigte Nachdrucker? In R.Wittmann: Buchmarkt und Lektüre, S. 69–92.
Reinhard Wittmann: Zur Verlegertypologie der Goethezeit. In: Jahrbuch für Internationale Germanistik 8/1 (1976), S. 99 –130.

V. Der Dichter auf dem Markt – die Entstehung des freien Schriftstellers

Johann Wolfgang von Goethe: Aus meinem Leben. Dichtung und Wahrheit. Goethes Werke. Hamburger Ausgabe Bd. IX. München: Beck 1974.

Hans Jürgen Haferkorn: Der freie Schriftsteller. Eine literatursoziologische Studie über seine Entstehung und Lage in Deutschland zwischen 1750 und 1800. In: AGB 5 (1964), Sp. 523–712.

Helmut Pape: Klopstocks Autorenhonorare und Selbstverlagsgewinne. In: AGB 10 (1970), Sp. 1–268.

Evie Rietzschel (Hg.): Gelehrsamkeit ein Handwerk? Bücherschreiben ein Gewerbe? Dokumentation zum Verhältnis von Schriftsteller und Verleger im 18. Jahrhundert. Leipzig: Reclam 1982.

Wolfgang von Ungern-Sternberg: G.E.Lessing: ‹Leben und leben lassen. Ein Projekt für Schriftsteller und Buchhändler.‘ In: R. Wittmann/B. Hack (Hg.): Buchhandel und Literatur (Festschrift Herbert G. Göpfert). Wiesbaden: Harrassowitz 1982, S. 55–128.

Wolfgang von Ungern-Sternberg: Schriftstelleremanzipation und Buchkultur im 18. Jahrhundert. In: Jahrbuch für Internationale Germanistik 8/1 (1976), S. 72–98.

Wolfgang von Ungern-Sternberg: Christoph Martin Wieland und das Verlagswesen seiner Zeit. Studien zur Entstehung des freien Schriftstellertums in Deutschland. In: AGB 14(1974), Sp. 1211–1534.

VI. Die Entstehung des modernen Publikums – die „Leserevolution“

Otto Dann (Hg.): Lesegesellschaften und bürgerliche Emanzipation. Ein europäischer Vergleich. München: Beck 1981.

Rolf Engelsing: Der Bürger als Leser. Lesergeschichte in Deutschland 1500–1800. Stuttgart: Metzler 1974.

Rolf Engelsing: Die Perioden der Lesergeschichte in der Neuzeit. Das statistische Ausmaß und die soziokulturelle Bedeutung der Lektüre. In: AGB 10 (1970), Sp. 945–1002. (Erweiterte Fassung in ders.: Zur Sozialgeschichte deutscher Mittel- und Unterschichten. Göttingen: Vandenhoeck und Ruprecht 1973, S. 112–154).

Jürgen Habermas: Strukturwandel der Öffentlichkeit. Untersuchungen zu einer Kategorie der bürgerlichen Gesellschaft. Neuwied: Luchterhand 1962.

Georg Jäger/A. Martino/R. Wittmann (Hg.): Die Leihbibliothek der Goethezeit. Hildesheim: Gerstenberg 1979.

Georg Jäger/ Jörg Schönert (Hg.): Die Leihbibliothek als Institution des literarischen Lebens im 18. und 19. Jahrhundert. (Wolfenbütteler Schriften zur Geschichte des Buchwesens 3). Hamburg: Hauswedell 1980.

Georg Jäger/ Jörg Schönert: Die Leihbibliothek als literarische Institution im 18. und 19. Jahrhundert – ein Problemaufriß. In G. Jäger/J. Schönert (Hg.): Die Leihbibliothek als Institution des literarischen Lebens, S. 7–60.

Alberto Martino: Die deutsche Leihbibliothek und ihr Publikum. In A. Martino/G. Häntzschel/G. Jäger (Hg.): Literatur in der sozialen Bewegung. Tübingen: Niemeyer 1977, S. 1–26.

Marlies Prüsener/Herbert G. Göpfert: Lesegesellschaften. In E. L. Hauswedell/Chr. Voigt (Hg.): Buchkunst und Literatur in Deutschland 1750 bis 1850. 2 Bde. Hamburg: Maximilian-Gesellschaft 1977, S. 285–303.
Marlies Prüsener: Lesegesellschaften im 18. Jahrhundert. Ein Beitrag zur Lesergeschichte. In: AGB 13 (1973), Sp. 369–594.
Rudolf Schenda: Volk ohne Buch. Studien zur Sozialgeschichte der populären Lesestoffe 1770–1910. Frankfurt: Klostermann 1970.
Erich Schön: Der Verlust der Sinnlichkeit oder Die Verwandlungen des Lesers. Mentalitätswandel um 1800. Stuttgart: Klett-Cotta 1987.
Reinhart Siegert: Aufklärung und Volkslektüre. Exemplarisch dargestellt an R. Z. Becker und seinem ‚Noth- und Hülfsbüchlein'. In: AGB 19 (1978), Sp. 565 –1348.
Reinhard Wittmann: Der lesende Landmann. Zur Rezeption aufklärerischer Bemühungen durch die bäuerliche Bevölkerung im 18. Jahrhundert. In R. Wittmann: Buchmarkt und Lektüre, S. 1–45.
Reinhard Wittmann (Hg.): Die Leserevolution. (Quellen zur Geschichte des Buchwesens 10). München: Kraus 1981 (Reprintsammlung).

VII. Der Buchhandel zwischen Wiener Kongreß und Märzrevolution

Georg Jäger: Die deutsche Leihbibliothek im 19. Jahrhundert. Verbreitung – Organisation – Verfall. In: IASL 2(1977), S. 96–133.
Georg Jäger unter Mitarbeit von U. Dannenhauer: Die Bestände deutscher Leihbibliotheken zwischen 1815 und 1860. Interpretation statistischer Befunde. In R. Wittmann /B. Hack (Hg.): Buchhandel und Literatur, S. 247–313.
Friedrich Perthes: Der deutsche Buchhandel als Bedingung des Daseins einer deutschen Literatur. Schriften, hg. von Gerd Schulz. Stuttgart: Reclam 1967.
[August Prinz]: Der Buchhandel vom Jahre 1815 bis zum Jahre 1843. Bausteine zu einer späteren Geschichte des Buchhandels. Altona: Verlags-Bureau 1855. (Reprint mit e. Nachwort hg. von Heinz Sarkowski. Heidelberg: Winter 1981).
Ilsedore Rarisch: Industrialisierung und Literatur. Buchproduktion, Verlagswesen und Buchhandel im 19. Jahrhundert in ihrem statistischen Zusammenhang. Berlin: Colloquium 1976.
Hanns-Peter Reisner: Literatur unter der Zensur. Die politische Lyrik des Vormärz. Stuttgart: Klett 1975.
Rudolf Schenda: Die Lesestoffe der Kleinen Leute. Studien zur populären Literatur im 19. und 20. Jahrhundert. München: Beck 1976.
Friedrich Schulze: Der deutsche Buchhandel und die geistigen Strömungen der letzten hundert Jahre. Leipzig: Verlag des Börsenvereins 1925.
Reinhard Wittmann: Die bibliographische Situation für die Erforschung des literarischen Lebens im 19. Jahrhundert (1830–1880). In R. Wittmann: Buchmarkt und Lektüre, S. 232–252.
Reinhard Wittmann: Kaufleute, Spekulanten, Revolutionäre. Über Literaturverleger 1815–1848. In: Aus dem Antiquariat (Beilage zum Börsenblatt für den Deutschen Buchhandel) 10 (1986), S. A 405–A 415.

Edda Ziegler: Julius Campe. Der Verleger Heinrich Heines. Hamburg: Hoffmann und Campe 1976.
Edda Ziegler: Literarische Zensur in Deutschland 1819–1848. Materialien, Kommentare. München: Hanser 1983.

VIII. Der Buchmarkt in Nachmärz und Gründerzeit

Max Bucher/Werner Hahl/Georg Jäger/Reinhard Wittmann (Hg.): Realismus und Gründerzeit. Manifeste und Dokumente zur deutschen Literatur 1848–1880. 2 Bde. Stuttgart: Metzler 1975–6.
Michael Davidis: Der Verlag von Wilhelm Hertz. Beiträge zu einer Geschichte der Literaturvermittlung im 19. Jahrhundert. In: AGB 21 (1980), Sp. 1253–1590.
Peter Uwe Hohendahl: Literarische Kultur im Zeitalter des Liberalismus 1830–1870. München: Beck 1985.
Friedhelm Kron: Schriftsteller und Schriftstellerverbände. Schriftstellerberuf und Interessenpolitik 1842–1973. Stuttgart: Metzler 1976.
August Schürmann: Der deutsche Buchhandel der Neuzeit und seine Krisis. Halle: Waisenhausbuchhandlung 1895.
Reinhard Wittmann: Das Literarische Leben 1848 –1880. In R. Wittmann: Buchmarkt und Lektüre, S. 111–231.
Reinhard Wittmann: Der Sortimentsbuchhandel im Kaiserreich. Bemerkungen zum ‚Allgemeinen Wahlzettel für den deutschen Buchhandel'. In: AGB 31 (1988), S. 231–246.

IX. Der Buchhandel um die Jahrhundertwende: „Kulturbuch" und „Massenbuch"

Karl Bücher: Der deutsche Buchhandel und die Wissenschaft. Denkschrift im Auftrag des Akademischen Schutzvereins. Leipzig: Teubner 1903.
Ernst Fischer: Der ‹Schutzverband deutscher Schriftsteller› 1909–1933. In: AGB 21 (1980), Sp. 1–666.
Gustav Fischer: Grundzüge der Organisation des deutschen Buchhandels. Jena: Fischer 1903.
W. Fred [d. i. Alfred Wechsler]: Literatur als Ware. Bemerkungen über die Wertung schriftstellerischer Arbeit. Hg. im Auftrage des Schutzverbandes deutscher Schriftsteller. Berlin: Oesterheld 1911.
Hartwig Gebhardt: Illustrierte Zeitschriften in Deutschland am Ende des 19. Jahrhunderts. In: Buchhandelsgeschichte 1983/2, S. B41–B65.
Georg Jäger: Der Kampf gegen Schmutz und Schund. Die Reaktion der Gebildeten auf die Unterhaltungsindustrie. In: AGB 31 (1988), S. 163–191.
Ernst Johann: Die deutschen Buchverlage des Naturalismus und der Neuromantik. Weimar: Böhlau 1935.
Wolfgang Martens: Lyrik kommerziell. Das Kartell lyrischer Autoren 1902–1933. München: Fink 1975.
Alberto Martino: Lektüre in Wien um die Jahrhundertwende (1889 –1914). In R. Wittmann/B. Hack (Hg.): Buchhandel und Literatur, S. 314–394.
Peter de Mendelssohn: S. Fischer und sein Verlag. Frankfurt/Main: Fischer 1970.

Andreas Meyer: Der Verleger des ‹Simplicissimus› und seine Nachfolger. Zur Geschichte des Albert Langen Verlages von 1909–1931. In: Buchhandelsgeschichte 1988/3, S. B 81–B 106, Buchhandelsgeschichte 1989/1, S. B 1–B 29.
Friedrich Pfäfflin/ Ingrid Kussmaul: S. Fischer, Verlag. Von der Gründung bis zur Rückkehr aus dem Exil. (Ausstellungskatalog des Deutschen Literaturarchivs Marbach 40). Marbach 1985.
Karlheinz Rossbacher: Heimatkunstbewegung und Heimatroman. Zu einer Literatursoziologie der Jahrhundertwende. Stuttgart: Klett 1975.
Rudolf Schenda: Schundliteratur und Kriegsliteratur. In R. Schenda: Die Lesestoffe der Kleinen Leute. München: Beck 1976, S. 78–104.
Helmut von den Steinen: Das moderne Buch. Heidelberg 1912.
Udo Zöller: Der Verlag Langewiesche-Brandt im literarischen Vermittlungsprozeß der Zeit 1906–1914. Weilheim: Spheroid 1982.

X. Der Buchhandel in der Weimarer Republik

Das Buch in den Zwanziger Jahren. (Wolfenbütteler Schriften zur Geschichte des Buchwesens 2). Hamburg: Hauswedell 1978.
Karl Corino (Hg.): Genie und Geld. Vom Auskommen deutscher Schriftsteller. Nördlingen: Greno 1987.
Lutz Franz: Die Konzentrationsbewegung im deutschen Buchhandel. Heidelberg: Winter 1927.
Anton Kaes (Hg.): Weimarer Republik. Manifeste und Dokumente zur deutschen Literatur 1918–1933. Stuttgart: Metzler 1983.
Raimund Kast: Der deutsche Leihbuchhandel im 20. Jahrhundert. Diss. phil. masch. München 1989.
Andreas Meyer: Die Verlagsfusion Langen-Müller. Zur Buchmarkt- und Kulturpolitik des Deutschnationalen Handlungsgehilfen-Verbandes (DHV) in der Endphase der Weimarer Republik. In: AGB 32 (1989), S. 1–271.
Wilhelm Moufang: Die gegenwärtige Lage des deutschen Buchwesens. München: Schweitzer 1921.
Heinz Sarkowski: Der Wissenschaftsverleger und seine Autoren. In: Buchhandelsgeschichte 1985/4, S. B 134–B 143.
Edmund Winterhoff: Die Krisis im deutschen Buchhandel als Folge seiner Kartellierung. Karlsruhe: Braun 1927.

XI. Der Buchhandel im Dritten Reich und im Exil

Dietrich Aigner: Die Indizierung ‚schädlichen und unerwünschten Schrifttums' im Dritten Reich. In: AGB 11 (1971), Sp. 933 –1034.
Gottfried Bermann Fischer: Bedroht – bewahrt. Weg eines Verlegers. Frankfurt/Main: Fischer 1967.
Volker Dahm: Das jüdische Buch im Dritten Reich und der Schocken Verlag. In: AGB 20 (1979), Sp. 1–300 und 22 (1981), Sp. 301–916.
Volker Dahm: Die nationalsozialistische Schrifttumspolitik nach dem 10. Mai 1933. In U. Walberer (Hg.): 10. Mai 1933, S. 36–83.
Volker Dahm: Kulturelles und geistiges Leben. In Wolfgang Benz (Hg.): Die Juden in Deutschland 1933–1945. München: Beck 1988, S. 75–267.

Gerhard Renner: Österreichische Schriftsteller und der Nationalsozialismus (1933–1940). In: AGB 27 (1986), S. 195–303.
Gerhard Sauder (Hg.): Die Bücherverbrennung. Zum 10. Mai 1933. München: Hanser 1983.
Hans Dieter Schäfer: Das gespaltene Bewußtsein. Deutsche Kultur und Lebenswirklichkeit 1933–1945. München: Hanser 1981.
Alexander Stephan: Die deutsche Exilliteratur 1933–1945. München: Beck 1976.
Dietrich Strothmann: Nationalsozialistische Literaturpolitik. Ein Beitrag zur Publizistik im Dritten Reich. Bonn: Bouvier 1960.
Jörg Theunecke (Hg.): Leid der Worte. Panorama des literarischen Nationalsozialismus. Bonn: Bouvier 1987.
Ulrich Walberer (Hg.): 10. Mai 1933. Bücherverbrennung in Deutschland und die Folgen. Frankfurt: Fischer 1983.
Hans-Albert Walter: Deutsche Exilliteratur 1933–1950. Darmstadt: Luchterhand 1972–74, Stuttgart: Metzler 1978–84.

XII. Buchhandel und Buchmarkt nach 1945

Heinz Ludwig Arnold (Hg.): Literaturbetrieb in der Bundesrepublik Deutschland. Ein kritisches Handbuch. Zweite völlig veränderte Auflage. München: Text und Kritik 1981.
Buch und Buchhandel in Zahlen. Hg. vom Börsenverein des Deutschen Buchhandels. Frankfurt/Main: Buchhändler-Vereinigung 1952ff.
Ludwig Fischer (Hg.): Literatur in der Bundesrepublik Deutschland bis 1967. (Hansers Sozialgeschichte der deutschen Literatur 10). München: Hanser 1986.
Karla Fohrbeck/Andreas J. Wiesand: Der Autorenreport. Reinbek: Rowohlt 1972.
Herbert G. Göpfert/ Ruth Meyer/ Ludwig Muth/ Walter Rüegg (Hg.): Lesen und Leben. Eine Publikation des Börsenvereins zum 150. Jahrestag der Gründung. Frankfurt 1975.
Ehrhardt Heinold: Bücher und Büchermacher. Heidelberg: R. v. Decker und C. F. Müller 1987.
Harro Kieser (Hg.): Literatur und literarisches Leben in Deutschland 1945–1949. (Ausstellungskatalog der Deutschen Bibliothek). Bonn: o. V. 1989.
Peter Meyer-Dohm/ Wolfgang Strauß (Hg.): Handbuch des Buchhandels. 4 Bde. Hamburg: Verlag für Buchmarktforschung 1971–1977.
Ulrich Saxer/Wolfgang Langenbucher/ Angela Fritz: Kommunikationsverhalten und Medien. Lesen in der modernen Gesellschaft. Gütersloh: Verlag Bertelsmann Stiftung 1989.
Ralf Schnell: Die Literatur der Bundesrepublik. Autoren, Geschichte, Literaturbetrieb. Stuttgart: Metzler 1986.
Ernst Umlauff: Der Wiederaufbau des Buchhandels. Beiträge zur Geschichte des Büchermarkts in Westdeutschland nach 1945. In: AGB 17 (1977–78), Sp. 1–1724.

Peter Vodosek (Hg.): Das Buch in Praxis und Wissenschaft. 40 Jahre Deutsches Bucharchiv München. Eine Festschrift. (Buchwissenschaftl. Beiträge aus dem Deutschen Bucharchiv 25). Wiesbaden: Harrassowitz 1989.

Helmut Volpers: Alternative Kleinverlage in der Bundesrepublik Deutschland. Göttingen: Davids Drucke 1986.

Auswahl wichtiger Publikationen der Jahre 1991–1998

Jan Pieter Barbian: Literaturpolitik im „Dritten Reich". In: AGB Bd. 40 (1993), S. 1–394. 2. Auflage München: dtv 1995.

Frédéric Barbier: L'empire du livre. Le livre imprimé et la construction de l'Allemagne contemporaine (1815–1914). Paris: Éditions du Cerf 1995.

Simone Barck/Martina Langermann/Siegfried Lokatis: „Jedes Buch ein Abenteuer." Zensur-System und literarische Öffentlichkeit in der DDR bis Ende der sechziger Jahre. (Zeithistorische Studien 9) Berlin: Akademie Verlag 1997.

Hans Benecke: Eine Buchhandlung in Berlin. Erinnerung an eine schwere Zeit. Frankfurt/Main: Fischer 1995.

Horst Blanck: Das Buch in der Antike. München: Beck 1992.

Dietrich Bode (Hg.): Reclam. 125 Jahre Universal-Bibliothek. Stuttgart: Reclam 1992.

Die Buchkultur im 15. und 16. Jahrhundert. Erster Halbband. Hamburg: Maximilian-Gesellschaft 1995.

Volker Dahm: Das jüdische Buch im Dritten Reich. Zweite überarb. Auflage. München: Beck 1993.

Elizabeth Eisenstein: die druckerpresse. kulturrevolutionen im frühmodernen europa. Wien: Springer 1997 [gekürzte Übersetzung von The Printing Revolution in Early Modern Europe].

Holger Flachmann: Martin Luther und das Buch. Eine histor. Studie zur Bedeutung des Buches im Handeln u. Denken des Reformators. Tübingen: Mohr 1996.

Helmut Gier/Johannes Janota (Hg.): Augsburger Buchdruck und Verlagswesen. Von den Anfängen bis zur Gegenwart. Wiesbaden: Harrassowitz 1997.

Michael Giesecke: Der Buchdruck in der frühen Neuzeit. Frankfurt/Main: Suhrkamp 1991.

Ludwig Gieseke: Vom Privileg zum Urheberrecht. Die Entwicklung des Urheberrechts in Deutschland bis 1845. Göttingen: Schwartz 1995.

Bernd R. Gruschka: Der gelenkte Buchmarkt. Die amerikanische Kommunikationspolitik in Bayern und der Aufstieg des Verlages Kurt Desch 1945 bis 1950. In: AGB Bd. 44 (1995), S. 1–186.

Alexandra Grünert: Die Professionalisierung des Buchhandels im Kaiserreich. In: AGB Bd. 49 (1998), S. 267–342.

Murray G. Hall: Österreichische Verlagsgeschichte 1918–1938. 2 Bde. Wien u. a.: Böhlau 1985.

Andreas Herzog (Hg.): Das literarische Leipzig. Kulturhistorisches Mosaik einer Buchstadt. Leizig: Edition Leizig 1995.

Gangolf Hübinger (Hg.): Versammlungsort moderner Geister. Der Eugen Diederichs Verlag – Aufbruch ins Jahrhundert der Extreme. München: Diederichs 1996.
Frank Holl: Produktion und Distribution wissenschaftlicher Literatur. Der Physiker Max Born und sein Verleger Ferdinand Springer 1913–1970. In: AGB Bd. 45 (1996), S. 1–226.
Ivan Illich: Im Weinberg des Textes. Frankfurt/Main: Luchterhand 1991.
Raimund Kast: Der deutsche Leihbuchhandel und seine Organisationen im 20. Jahrhundert. In: AGB 36 (1991), S. 163–349.
Hans-Jörg Künast: „Getruckt zu Augspurg". Buchdruck und Buchhandel in Augsburg zwischen 1468 und 1555. Tübingen: Niemeyer 1997.
Mark Lehmstedt: Philipp Erasmus Reich. Leipzig 1989.
Mark Lehmstedt/Siegfried Lokatis (Hg.): Das Loch in der Mauer. Der innerdeutsche Literaturaustausch. Wiesbaden: Harrassowitz 1997.
Leipziger Jahrbuch zur Buchgeschichte. Hg. von Mark Lehmstedt und Lothar Poethe. Bd. 1 ff. Wiesbaden: Harrassowitz 1991 ff.
Siegfried Lokatis: Die Hanseatische Verlagsanstalt. Politisches Buchmarketing im „Dritten Reich". In: AGB Bd. 38 (1992), S. 1–190.
Alberto Martino: Die deutsche Leihbibliothek. Wiesbaden: Harrassowitz 1990.
Alberto Martino: Lektüre und Leser in Norddeutschland im 18. Jahrhundert. (Chloe 14) Amsterdam: Rodopi 1993.
Heinz Sarkowski: Der Springer Verlag. Stationen seiner Geschichte. Teil I 1842-1945. Berlin u. a.: Springer 1992.
Britta Scheideler: Zwischen Beruf und Berufung. Zur Sozialgeschichte der deutschen Schriftsteller von 1880 bis 1933. In: AGB Bd. 46 (1997), S. 1–337.
Harald Steinert: Das Autorenhonorar – seine Entwicklungsgeschichte vom 17. bis 19. Jahrhundert. Wiesbaden: Harrassowitz 1998.
Manfred Tietzel: Literaturökonomik. Tübingen: Mohr 1995.
Siegfried Unseld: Goethe und seine Verleger. Frankfurt/Main: Suhrkamp 1991.
Hans-Albert Walter: Fritz H. Landshoff und der Querido Verlag 1933–1950. (Marbacher Magazin 78) Marbach: Deutsche Schillergesellschaft 1997.
Joachim Walther: Sicherungsbereich Literatur. Schriftsteller und Staatssicherheit in der Deutschen Demokratischen Republik. Berlin: Links 1996.
Ernest Wichner/Herbert Wiesner (Hg.): „Literaturentwicklungsprozesse". Die Zensur der Literatur in der DDR. Frankfurt/Main: Suhrkamp 1993.
Reinhard Wittmann: Hundert Jahre Buchkultur in München. München: Hugendubel 1993.
Carsten Wurm: Der frühe Aufbau-Verlag 1945–1961. Wiesbaden: Harrassowitz 1996.

Zeittafel

1390	Erste deutsche Papiermühle U. Stromers in Nürnberg
Um 1400	Erfindung des Holzschnittes
1440	Fiktives Jahr der Erfindung der Buchdruckerkunst
1446	Erster datierter Kupferstich
Um 1447	Diebold Laubers Handschriftenverzeichnis
1450	Gutenbergs Vertrag mit Fust
1455	Vollendung der Gutenbergbibel
1457	Erste Datierung und Verlagsangabe in einem gedruckten Buch
1468	Tod Gutenbergs
Um 1469	Erste bekannte Bücherplakate
1469	Ältestes bekanntes Druckprivileg (für J. von Speyer in Venedig)
1486	Erzbischof Berthold von Henneberg richtet für die Diözese Mainz die erste Zensurkommission ein
1517	Luthers Thesenanschlag
1521	Wormser Zensuredikt v. a. gegen lutherische Schriften
1559	Erster katholischer „Index librorum prohibitorum“
1564	Georg Willers Meßsortimentskatalog
1569	Frankfurter Bücherkommission
1573	Erste deutsche Buchdruckerordnung (Frankfurt am Main)
1594	Erster Leipziger Meßkatalog (bis 1860)
1598	Erster Frankfurter Ratsmeßkatalog (bis 1750)
1609	Erste erhaltene Zeitungen aus Straßburg und Wolfenbüttel
1642	Erfindung der Schabkunst
1671	Erstes bekanntes Buchhändlerexamen in Königsberg
1682	Erste wissenschaftliche Zeitschrift in Deutschland (Acta eruditorum)
1688	Erste deutschsprachige Zeitschrift von Christian Thomasius
1744	„Europäisches Bücherlexicon“ von Th. Georgi
1750	Letzter Frankfurter Meßkatalog
1765	Gründung der „Deutschen Buchhandelsgesellschaft“ durch P. E. Reich
1773	Kursächsisches Mandat gegen den Nachdruck
1775	Hanauer Bücherumschlag
1781	Buchhandlung der Gelehrten in Dessau
1788	Nürnberger Schlußnahme
1791	Buchhändlerbörse in Leipzig
1797	Erfindung der Lithographie durch Alois Senefelder
1798	Erfindung der Papiermaschine durch N. Louis Robert
1800	Erste ganz aus Eisen gefertigte Presse (Stanhope)
1802	Reformdiskussion
1806	Erfindung der maschinellen Papierleimung (M. Illig)

1812	Erfindung der Zylinderdruckpresse durch F. König
1819	„Karlsbader Beschlüsse“ zur Zensur
1825	Gründung des „Börsenvereins der Deutschen Buchhändler“
1830	Erfindung der Tiegeldruckpresse (Bostonpresse)
1834	Gründung des „Börsenblattes für den Deutschen Buchhandel“
1835	Verbot unerlaubten Nachdrucks durch Bundesbeschluß
1837	Preußisches Urheberrechtsgesetz
1838	Erfindung der Galvanoplastik (M. H. v. Jacobi)
1839	Erfindung der Photographie durch L. Daguerre
1839	Erstes Buchhändler-Adreßbuch
1840	Erfindung der Strichätzung (Blasius Hoefel)
1842	Gründung der Leipziger Bestellanstalt
1844	Erfindung der Papierfabrikation aus Holzschliff durch F. G. Keller
1849	Gründung des Schweizerischen Buchhändler-Vereins
1852	Erstes Barsortiment durch L. Zander
1852/3	Gründung der Buchhändlerlehranstalt in Leipzig
1859	Gründung des Vereins der österreichischen Buchhändler
1863	Erste Rotationsdruckmaschine
1865	Holzzellstoff für die Papierfabrikation
1867	Erste Schreibmaschine
1867	„Klassikerjahr“ (Ablauf der Schutzfristen aller vor 1837 verstorbenen Autoren)
1868	Erster Lichtdruck
1869/72	Einführung der Gewerbefreiheit
1870	Reichseinheitliches Urheberrechtsgesetz
1872	Gründung des „Allgemeinen Deutschen Buchhandlungs-Gehilfen-Verbandes“
1881	Erfindung der Autotypie (Georg Meisenbach)
1885	Erfindung der Fadenheftmaschine
1886	O. Mergenthalers Zeilensetz- und Gießmaschine Linotype
1886	Berner Übereinkunft
1886	Gründung des Deutschen Verlegervereins
1887	Neue Satzung des Börsenvereins (Kröner'sche Reform)
1888	Buchhändlerische Verkehrsordnung
1891	Gründung des „Vereins der Bücherfreunde“ (erste Buchgemeinschaft)
Um 1900	Verlagsgründungen von „Kulturverlegern“ (S. Fischer 1886, A. Langen 1893, E. Diederichs 1896, Insel 1899, G. Müller 1903, 1908 E. Rowohlt, 1913 K. Wolff)
1901	Neufassung des Urheber- und Verlagsrechts
1903	"Bücherstreit"
1906	Gründung der „Vereinigung des katholischen Buchhandels“ und des „Verbands evangelischer Buchhändler“
1907	Offsetdruck erstmals in Deutschland
1909	Gründung des „Schutzverbandes Deutscher Schriftsteller“
1912	Gründung der „Deutschen Bücherei“ in Leipzig
1916	Gründung der „Buchhändlergilde“
1922	Gründung der Buchhändlerabrechnungsgenossenschaft (BAG)

1924	Gründung der „Büchergilde Gutenberg“ und der „Deutschen Buchgemeinschaft“
1927	Erneute Kartelldiskussion (Winterhoff)
Um 1930	Erste Lichtsetzmaschinen (E. Uher)
1933	Bücherverbrennung
1933	Gründung der Reichschrifttumskammer
1934	50jährige Urheberschutzfrist nach dem Tod des Verfassers
1940	Entwicklung des Siebdrucks
1946	Gründung der „Deutschen Bibliothek“ in Frankfurt am Main und der Buchhändlerschule in Köln
1948	Gründung des Börsenvereins in Frankfurt am Main
1949	Erste Buchmesse nach ca. 200 Jahren wieder in Frankfurt am Main
1951	Erstmalige Vergabe des Friedenspreises des Deutschen Buchhandels
1953	Wiedergründung der BAG
1954	Erste Linotype-Fotosatzmaschine
1962	Erster Einsatz von EDV für die Satzherstellung
1965	Urheberrechtsgesetz für die BRD (Schutzfrist wird auf 70 Jahre erweitert)
1969	Gründung des Verbandes Deutscher Schriftsteller
1969	Einführung der ISBN
1989	Gründung der IG Medien als Mitgliedergewerkschaft
1991	Vereinigung des Frankfurter und Leipziger Börsenvereins

Namen- und Firmenregister

Beiläufige Namensnennungen wurden nicht berücksichtigt.

Nachweis der Abbildungen